Wolfgang Schroeder

Das Modell Deutschland
auf dem Prüfstand

Wolfgang Schroeder

Das Modell Deutschland auf dem Prüfstand

Zur Entwicklung der industriellen Beziehungen in Ostdeutschland (1990 – 2000)

Westdeutscher Verlag

Die Deutsche Bibliothek – CIP-Einheitsaufnahme
Ein Titeldatensatz fur diese Publikation ist bei
Der Deutschen Bibliothek erhaltlich

Dieses Werk wurde gefordert durch die Hans-Bockler-Stiftung.

Alle Rechte vorbehalten
© Westdeutscher Verlag GmbH, Wiesbaden, 2000

Der Westdeutsche Verlag ist ein Unternehmen der Fachverlagsgruppe BertelsmannSpringer.

Das Werk einschließlich aller seiner Teile ist urheberrechtlich geschutzt. Jede Verwertung außerhalb der engen Grenzen des Urheberrechtsgesetzes ist ohne Zustimmung des Verlags unzulassig und strafbar. Das gilt insbesondere fur Vervielfaltigungen, Ubersetzungen, Mikroverfilmungen und die Einspeicherung und Verarbeitung in elektronischen Systemen.

www.westdeutschervlg.de

Hochste inhaltliche und technische Qualitat unserer Produkte ist unser Ziel. Bei der Produktion und Verbreitung unserer Bucher wollen wir die Umwelt schonen. Dieses Buch ist auf saurefreiem und chlorfrei gebleichtem Papier gedruckt. Die Einschweißfolie besteht aus Polyathylen und damit aus organischen Grundstoffen, die weder bei der Herstellung noch bei der Verbrennung Schadstoffe freisetzen.

Umschlaggestaltung: Horst Dieter Burkle, Darmstadt

ISBN-13: 978-3-531-13524-3   e-ISBN-13: 978-3-322-83355-6
DOI: 10.1007/ 978-3-322-83355-6

Inhalt

Vorwort 9

A. Wandel und Kontinuität: Modell Deutschland und Transformationsdebatte 11

    1. Einleitung - Aufbau der Studie 11
    2. Kapitalismen 17
    3. Politik des "mittleren Weges" 20
    4. Deutsches Modell industrieller Beziehungen: Wandel und Vergleich 32
    5. Herausforderungen vor der deutschen Einheit 37
    6. Transformationsdebatte 39

B. Ostdeutsche Ausgangsgesellschaft und Selbsttransformationsversuche 49

  I Ausgangsgesellschaft 49
    1. Eine "durchherrschte Arbeitsgesellschaft" 50
    2. Wirtschaftliche Innovationsblockade 57
    3. Metall- und Elektroindustrie der DDR 60
    4 FDGB und seine "Fachabteilungen" 63
    5. Betriebsgesellschaft: Informeller Tausch und passive Vetomacht .. 71

  II Selbsttransformationsversuche 76
    1. Umbruch: Vom "Dritten Weg" zur Beitrittsbewegung 76
    2. IG Metall/DDR: Weder Selbsttransformation noch Fusion 78
    2.1 Unmut in den Betrieben 78
    2.2 Vom Aufbruch zur Auflösung 84
    2.3 Erneuerungsversuche 87
    2.4 Ursachen der gescheiterten Selbsttransformation 97
    3. Aufbau von Arbeitgeberverbänden: Zwischen ostdeutscher Eigeninitiative und westdeutschem Paternalismus 99

  III. Resümee: Gescheiterte Selbsttransformation als Ergebnis des DDR-Erbes und der beitrittsorientierten Konsumentenrevolution ... 113

C Westdeutscher Ursprungskontext und Institutionentransfer 119

    I   IG Metall 119
           1   Historische Entwicklungslinien 119
           2   "Zukunftsdebatten" am Vorabend des Zusammenbruchs der DDR 127
           3   Entspannungspolitik und Ergänzungsdiplomatie 132
           4.   Kooperation und Nichteinmischung 135
           5.   Einmischung 141
           6.   Auflösung und Ausdehnung 150

    II.   Metallarbeitgeberverbände 158
           1.   Historische Entwicklungslinien 158
           2.   Der Arbeitskampf 1984 und seine Folgen 175
           3   Arbeitgeberverbände suchen neues Selbstverständnis 179
           4   Reaktionen auf den Zusammenbruch der DDR 182

           5.   Westdeutscher Einfluß beim Aufbau
               ostdeutscher Arbeitgeberverbände 190

    III. Resümee: Verbändeaufbau als stabilitätsorientierter
        Institutionentransfer 197

D Organisationspolitische Entwicklung der Tarifparteien
   1990 - 1999 207

    I.   IG Metall 208
           1   Absage an einen ostdeutschen Sonderweg 208
           2.   IG Metall in Ostdeutschland 212
           3.   Mitglieder, Betriebräte und Funktionäre 216
           4   Kooperation und Konkurrenz 225
           5.   Strategie der IG Metall 228

    II.   Metallarbeitgeberverbände 231
           1   Mitgliederentwicklung 232
           2   Ursachen der Verbandsabstinenz 234
           3.   Regionale Vielfalt 244
           4.   Arbeitgeberverbände ohne Tarifbindung 252
           5.   Strategien der ostdeutschen Arbeitgeberverbände 254

    III. Resümee: Prekäre verbandliche Normalität, polarisierender
        Regionalismus und betriebliche Flexibilisierungsgemeinschaften 256

E. Tarifpolitik 1990 - 1999 267

    I. Tarifpolitische Startphase 1990/1991 268
        1. Wirtschafts-, Währungs- und Sozialunion als Referenzpunkt ... 268
        2. Vorstrukturierung durch die Verbandszentralen 275
        3. Stapellauf: Drei Tarifrunden in einem Jahr 282
        4. Stufentarifvertrag: Zwischen politischer Vernunft
           und politischer Hypothek 293

    II. "Revision" der Startphase 1991-1993 301
        1. Rahmenbedingungen 302
        2 Offensivstrategie der Arbeitgeber 307
        3. Verteidigungsstrategie der IG Metall 316
        4. Verhandlungen - Streik - Kompromiss 322

    III. Vom Stufentarifvertrag zur blockierten Angleichung 1993-1999 327
        1 Härtefallklausel· Unsicherheiten und Konflikte 328
        2. Angleichung West, Dezentralisierung und
           Beschäftigungssicherung 338
        3. Tarifvertragliche Pluralisierung und verhandlungspolitische
           Polarisierung 341
        4. Tarifrealität Ost: Flexibel regulierte Leuchttürme und
           unregulierte Kleinbetriebe 351

    IV. Resümee: Von der Angst vor Differenzierung hin zur
        Pluralisierung der Handlungsarenen 360

F. Fazit: Ostdeutschland im deutschen Modell. Zwischen
    Eigensinn und Paternalismus 373

Literaturverzeichnis 393
Abkürzungsverzeichnis 419
Verzeichnis der Tabellen und Schaubilder 422

Für Hannah und Jan

Vorwort

Die Akteure des deutschen Modells industrieller Beziehungen sind unter erheblichen Handlungsdruck geraten. Dabei gehen die wichtigsten Einflüsse von der verschärften wirtschaftlichen Europäisierung und Globalisierung sowie vom sozialen Wandel aus. Auf der Grundlage dieser säkularen Tendenzen entwickelte sich der Untergang der DDR zur bislang größten Herausforderung für das deutsche Modell, das vor allem wegen dieses Ereignisses und seiner Folgen (mehr Ungleichheit, weniger Ressourcen etc.) auf dem Prüfstand steht. In dieser Arbeit geht es deshalb um den Einfluß der deutschen Einheit und den Aufbau der industriellen Beziehungen in den fünf neuen Ländern.

Als 1990 die Mauer fiel und das wirtschaftliche Fiasko der ehemaligen DDR sichtbar geworden war, befürchteten manche, dass unter kapitalistischen Bedingungen in den fünf neuen Ländern das deutsche Mezzogiorno entstehen würde. Das vorhandene Wirtschafts- und Wohlfahrtsgefälle gab dazu reichlich Anlass. Jene Prognosen jedenfalls, die auf eine kurzfristige Annäherung setzten, wurden schnell von der Wirklichkeit überholt. Bis auf den heutigen Tag ist der Aufbau Ost eine zentrale Anfrage an das Selbstverständnis und die Leistungsfähigkeit des deutschen Modells. Manche stellen deshalb gar die Frage, ob dies nicht sogar den irreversiblen Niedergang des deutschen Modells zur Folge haben würde.

Das vorliegende Buch befasst sich mit den Veränderungen der industriellen Beziehungen in der bewegtesten Phase der deutschen Nachkriegsgeschichte. Wie wirkt sich der Zusammenbruch der DDR und deren Beitritt zur Bundesrepublik auf die Handlungsfähigkeit der deutschen Tarifparteien aus? Wie haben sich die industriellen Beziehungen in den fünf neuen Ländern in den letzten zehn Jahren entwickelt? Um Antworten auf diese Fragen geben zu können, habe ich die Beziehungen der Tarifparteien in der Metall- und Elektroindustrie untersucht, dem wichtigsten industriellen Sektor der Bundesrepublik. Es geht dabei sowohl um die Akteure, die Arenen wie auch um die konflikthaften Aushandlungsprozesse, die die Angleichungspolitik in den letzten Jahren bestimmt haben.

Auftakt für meine Auseinandersetzung mit den ostdeutschen Umbrüchen wurde ein Interview mit Wolfgang Thierse (10. November 1989).[1] Mit Bewunderung verfolgte ich ab 1990 wie die Funktionäre der IG Metall in Ostdeutschland einen maßgeblichen Beitrag zum Aufbau und zur Weiterentwicklung des Sozialstaates leisteten. Als ich 1991 als Sozialwissenschaftler bei der IG Metall in der Frankfurter Vorstandszentrale, Abteilung für Grundsatzfragen, eine Aufgabe wahrnahm, konnte ich die mühevolle Arbeit am Aufbau der deutschen Einheit aus nächster Nähe beobachten. Schließlich erhielt ich durch meine Beteiligung bei der tarifpolitischen Koordination für die ostdeutschen Länder einen authentischen Einblick in die Angleichungsproble-

---

[1] Schroeder, Wolfgang, Gespräch mit Wolfgang Thierse. Die DDR ist ein Teil Deutschlands. Gespräch am 10. November 1989 in Ost-Berlin, abgedruckt in: Thierse, Wolfgang, Mit eigener Stimme sprechen, München 1992, S 13-36

matik Dass dieses Buch geschrieben wurde, ist also von einigen Zufällen abhängig Noch wichtiger ist vielleicht der Ehrgeiz, die vielen Debatten, an denen ich teilnehmen durfte und die Erfahrungen, die ich in der IG Metall und mit den Arbeitgeberverbänden gemacht habe, politikwissenschaftlich einzuordnen.

In den Gesprächen mit Berthold Huber, meinem damaligen Abteilungsleiter, entwickelte sich Ende 1997 die Idee, eine Analyse der industriellen Beziehungen in den fünf neuen Ländern und ihrer Auswirkungen auf das deutsche Modell anzufertigen Intendiert war ein Text, der nicht nur einen Beitrag zur organisationsinternen Selbstverständigung leistet, sondern auch ein Angebot an Aussenstehende ist, die Umbrüche, die gegenwärtig die Tarifparteien bewegen, vor dem Hintergrund der Geschichte und Strukturen des deutschen Modells besser einordnen zu können.

Ohne vielfältige Unterstützung wäre der Fortgang dieses Projektes nicht in vergleichsweise kurzer Zeit möglich gewesen: 1998 startete ich die regelmäßige Debatte meiner Texte mit Rainer Deppe am Institut für Sozialforschung/Frankfurt/M. Er arbeitete zur gleichen Zeit an seinem letzten großen Forschungsprojekt zur ungarischen Entwicklung. Seine Erfahrungs- und Forschungsperspektive eröffnete mir den Blick für eine vergleichende Betrachtung zwischen der Entwicklung in der ehemaligen DDR und den umliegenden RGW-Ländern. Im Sommer 1999 konnte ich am Berliner Wissenschaftszentrum (WZB) auf die freundschaftliche Unterstützung von Bernhard Weßels zurückgreifen, der stets mit großem Engagement neue Ideen, Texte und Einordnungsmöglichkeiten für mein umfängliches Material anbot. Im Anschluss an einen Vortrag im WZB erhielt ich einige wichtige Anregungen durch Max Kaase, Hans-Dieter Klingemann und Edeltraud Roller.

Eine stete Hilfe bei der Entwicklung meines umfassenden Textes war mir Monika Denker, die als Kollegin in der Tarifabteilung stets ein offenes Ohr für und einen kritischen Blick auf den Fortgang meiner Arbeit hatte. Für ihre Hilfsbereitschaft möchte ich mich auch bei den Kolleginnen und Kollegen aus der IG Metall-Bibliothek, dem Tarifarchiv und der Dokumentation bedanken. Neben den hier Genannten gab es eine Vielzahl von Gesprächspartnern, die mir weitergeholfen haben. Besonders erwähnen möchte ich Christiane Benner, Joachim Bergmann, Karlheinz Blessing, Reimar Birkwald, Ernst Eisenmann, Berthold Huber, Peter Hübner, Klaus Lang, Günter Lorenz, Alf Lüdtke, Matthias Möhring-Hesse, Manfred Müller, Anne-Kathrin Oeltzen, Walter Riester, Claudius Rosenthal, Burkhard Ruppert, Hans-Joachim Schabedoth. Sebastian Simsch, Rainer Weinert und Helmut Wiesenthal. Schließlich waren es Josef Esser, mein akademischer Lehrer seit dem ersten Frankfurter Studiensemester, Tilla Siegel und Josef Schmidt, die in unprätentiöser Weise mit Ratschlägen zur Seite standen und einen schnellen Abschluss des Projektes gewährleisteten. Last but not least gilt mein besonderer Dank Karin Sold: Ohne ihr unermüdliches Engagement wäre es vermutlich schwieriger geworden, eine ordentliche Textfassung zu erstellen. Die Drucklegung wurde von der Hans-Böckler-Stiftung unterstützt.

A. Wandel und Kontinuität: Modell Deutschland und Transformationsdebatte

1. Einleitung - Aufbau der Studie

Es gibt Konjunkturen in der Rezeptur für wirtschaftliche Prosperität. Dabei mutieren Nationen gleichsam zu internationalen Modellen. Nach dem 2. Weltkrieg war das Land der unbegrenzten Möglichkeiten, die USA, das unbestrittene westliche Referenzmodell, an dem sich die kleinen Brüder, allen voran das westdeutsche Wirtschaftswunderland orientierten. Dazu versuchte die Sowjetunion ein Gegenmodell aufzustellen; ebenfalls mit kleinen Brüdern, allen voran die DDR. Als sich die Hegemonie der USA dem Ende zuneigte und das sowjetische Imperium gleichzeitig Risse zeigte, differenzierte sich auch die Modell-Landschaft aus. Im Westen fand beispielsweise der schwedische und in den 90er Jahren der niederländische Weg Aufmerksamkeit. Im Osten Europas Ungarn mit seiner "dualen" Wirtschaft, und statt China wurde Japan zur "gelben Gefahr". Kennzeichnend für die Entwicklung der letzten Jahre ist ein immer schneller werdender Durchlauf vom Modell zum Auslaufmodell. Wir haben es also mit Konjunkturen nationaler Vorbilder zu tun. Genau betrachtet sind es spezielle Konstellationen, denen man Aufmerksamkeit schenkt. Für die deutsche Variante des Kapitalismus spielte beispielsweise stets die besondere Form der industriellen Beziehungen eine herausragende Rolle. Gerade darin wurde ein zentraler Grund für stabile politische Verhältnisse, wirtschaftliche Prosperität, sozialen Ausgleich, geringe Konflikthäufigkeit und ausgeprägte Transformationsfähigkeit gesehen, weshalb angelsächsische Beobachter auch gerne vom "consensus" oder "stakeholder capitalism" sprechen und den deutschen Weg längere Zeit als nachahmenswertes Modell empfahlen.

Seit den 80er Jahren sind die Zweifel an der Leistungsfähigkeit des deutschen Modells nicht mehr verstummt. Mehr noch: Der deutsche Weg steht auf dem Prüfstand. Und zwar doppelt: Zum einen stellt sich die Frage, ob er in der Lage ist, auf die Europäisierung und Globalisierung zu reagieren, indem er zu einer prosperitätssichernden Stellung Deutschlands in der Weltwirtschaft beiträgt. Die zweite große Herausforderung ist die Wiedervereinigung. Seit 1990 ist viel darüber spekuliert worden, ob es gelingt, Ostdeutschland trotz der gänzlich anderen Ausgangsbedingungen in das westdeutsche System zu integrieren. Konsens besteht darüber, dass der Transfer westdeutscher Institutionen eine existentielle Herausforderung für das deutsche Modell ist. Manche sprechen von einem "sozialen Großversuch", einem "natürlichen Experiment" oder gar von einem Laboratorium, in dem die Zukunft Deutschlands neu vermessen werde.[1] Doch die Prognosen über die wahrscheinlichen Ergebnisse

---

1 Vgl. Giesen, Bernd/Leggewie, Claus (Hrsg), Experiment Vereinigung Ein sozialer Großversuch, Berlin 1991

fallen sehr unterschiedlich aus· Bei den meisten sozialwissenschaftlichen Beobachtern dominiert Skepsis Nicht ganz zu unrecht: Schließlich existieren die Bedingungen, die das westdeutsche Modell bis in die 80er Jahre zu einem international beachteten Erfolgsmodell werden ließen, in Ostdeutschland nicht. Im Gegenteil: Deindustrialisierung, Massenarbeitslosigkeit, anhaltender finanzieller Transferbedarf aus dem Westen sowie eine Tarifpolitik, die dem Produktivitätsniveau vorauseilt, sind zentrale Phänomene, die den öffentlichen Zweifel an der erfolgreichen Übertragung des westdeutschen Weges in Ostdeutschland nähren. Besonders alarmierend wirkt, dass ein großer Teil der mittelständischen Arbeitgeber derzeit nicht gewillt ist, sich an der Fortführung des westdeutschen Modells in Ostdeutschland zu beteiligen Ein hoffnungsloser Optimist scheint deshalb zu sein, wer angesichts solch erdrückender Belege gleichwohl meint, dass es mit dem deutschen Modell nicht zu Ende gehe

In der Debatte über Vorbild oder Auslaufmodell nimmt der Einfluss der Wiedervereinigung auf die industriellen Beziehungen eine herausragende Rolle ein. Die vorliegende Studie geht exemplarisch ins Detail; sie befasst sich mit den industriellen Beziehungen in der Metall- und Elektroindustrie der fünf neuen Länder zwischen 1990 und 1999 Nachgezeichnet wird ein Integrations- und Transformationsprozess unter erschwerten Bedingungen, der als ein konflikthafter Aushandlungsprozess beschrieben wird Untersucht wird die Frage, ob und wie es gelungen ist, das westdeutsche System industrieller Beziehungen in der ostdeutschen Metallindustrie zu implementieren und zu konsolidieren. Hinsichtlich der Übertragung nach und der Funktionsweise des westdeutschen Modells in Ostdeutschland werden vier eng miteinander verbundene Fragen behandelt·

- In welchem Zustand befanden sich die westdeutschen Tarifparteien am Vorabend des Einigungsprozesses?
- Mit welchen Instrumenten und Strategien reagierten die tarifpolitischen Akteure auf die ostdeutschen Verhältnisse?
- Wie wirkten die westdeutschen Institutionen in Ostdeutschland?
- Welche Rückwirkungen hat die ostdeutsche Entwicklung auf die Akteure und Instrumente des westdeutschen Modells?

Die Bezugnahme auf das deutsche Modell zielt in dieser Arbeit nicht auf eine international vergleichende Perspektive, wenngleich diese mitgedacht wird. Es geht vielmehr um die konkrete Veränderungsdynamik in Deutschland, also um eine longitudinale Binnenperspektive. Anders formuliert: Bleibt die deutsche Variante der industriellen Beziehungen in ihren Grundzügen bestehen oder verliert sie ihr originäres Profil und verschwindet? Diese Studie geht von der These aus, dass sowohl die Wandlungs- und Anpassungsprozesse der industriellen Beziehungen in Westdeutschland als auch die Entwicklung in Ostdeutschland seit 1990 stark geprägt sind durch die historisch geronnene Konfiguration des westdeutschen Kapitalismus. In diesem kam der Metall- und Elektroindustrie stets eine herausragende Stellung zu. Der im Rahmen der Tarifautonomie von IG Metall und Gesamtmetall regulierte Wirtschaftsbereich bildet nach

Umsatz und Beschäftigtenanteil die wichtigste industrielle Domäne im bundesdeutschen System der industriellen Beziehungen. Die herausragende Stellung der Metallindustrie ergibt sich aber nicht nur aus ihrer wirtschaftlichen Bedeutung. Als industrieller Leitsektor hat sie die anderen Branchen in den vergangenen Jahrzehnten auch tarifpolitisch geprägt und darüber die Entwicklung der sozialen Standards am Industriestandort Deutschland maßgeblich beeinflusst. Zugleich besitzt sowohl die Regulationspraxis als auch die Konfliktrhetorik eine Spezifik, die sich deutlich von anderen Branchen, wie etwa der Chemieindustrie[2], unterscheidet. Während in der Verteilungspolitik die Metallindustrie zumeist der Referenzpunkt für die übrigen Branchen ist, haben sich jedoch bei manch anderer tarifpolitischen Thematik[3] durchaus auch andere Sektoren mit eigenen Modellen profiliert.

Aufbau der Studie

Hinsichtlich des Forschungsstands zum Institutionentransfer und zur Tarifpolitik in Ostdeutschland fallen vier Defizite ins Auge· Erstens werden die spezifischen Bedingungen der ostdeutschen Ausgangsgesellschaft und des Ursprungskontextes der westdeutschen industriellen Beziehungen nur unzureichend berücksichtigt. Zweitens wird das Handeln der Institutionen zu wenig prozessorientiert betrachtet und nicht in den Kontext von politischen Kräfteverhältnissen eingebunden, sondern von einer modelltheoretisch entworfenen Folie abgeleitet. Drittens wird die Verknüpfung zwischen west- und ostdeutschen Institutionen und Aktivitäten nur unzureichend hergestellt. Viertens wird die historische Dimension des deutschen Modells undifferenziert als Belastung deklariert, um auf die neuen Herausforderungen in Ostdeutschland angemessen reagieren zu können. Dies schlägt sich auch im analytischen Vorgehen nieder: Nur wenige Autoren lassen sich auf die Strukturen der historisch gewachsenen Institutionen ein. Genau dies aber ist erforderlich, will man die organisationspolitischen Handlungsoptionen analytisch angemessen durchdringen und prognostisch einordnen.

Bemerkenswert ist, dass sich viele Arbeiten zu den industriellen Beziehungen zwar auf den Metallsektor und dessen Akteure beziehen; gleichwohl liegt bislang keine Studie vor, die sich mit den sektoralen, verbandlichen Hauptakteuren und ihrer Transitionspolitik umfassend auseinandersetzt. In dieser Studie geht es im Kern um den Leitsektor des deutschen Systems industrieller Beziehungen. Um die sektorale Governance-Entwicklung zu profilieren, wird die organisatorische und strategische Entwicklung von IG Metall und metallindustriellen Arbeitgeberverbänden in der ostdeutschen Metall- und Elektroindustrie ebenso analysiert wie die von ihnen verant-

---

2   Vgl. Kädtler, Jürgen/Hertle, Hans-Hermann, Sozialpartnerschaft und Industriepolitik. Strukturwandel im Organisationsbereich der IG Chemie-Papier-Keramik, Opladen 1997.
3   Beispielsweise bei den Arbeitszeitregelungen oder beim gemeinsamen Entgelttarifvertrag von Arbeitern und Angestellten.

wortete Tarifpolitik Lassen sich Belege für die Prognose eines von Ostdeutschland ausgehenden Desorganisationsprozesses finden, der die Richtung des deutschen Modells industrieller Beziehungen bestimmt? Welche Rolle spielen die exogenen und welche die endogenen Einflusskräfte zur Erklärung der Entwicklungsprozesse in Ostdeutschland? Welche tarifpolitischen Etappen wurden in Ostdeutschland zurückgelegt; welchen Schluss kann man daraus für die Frage nach der Integration Ostdeutschlands in das deutsche System industrieller Beziehungen ziehen? Inwieweit kann auf dem Gebiet der industriellen Beziehungen von einem konsolidierten Transitionsprozess ausgegangen werden?

Die Bearbeitung dieser Fragen bedarf einiger methodischer Klärungen. Es fällt auf, dass sich bis in die 90er Jahre hinein die überwältigende Mehrheit der Autoren im Forschungsfeld der industriellen Beziehungen einer oder mehrerer Gewerkschaften widmete. Hingegen ist die vorliegende Arbeit als eine institutionengenetisch und prozessorientierte Fallstudie angelegt.[4] Es geht also nicht nur um eine Organisation, sondern um interaktive und konfliktorische Aushandlungsprozesse zwischen den Hauptakteuren von Arbeit und Kapital innerhalb eines definierten Sektors. Im Anschluss an das Konzept sektoraler "governance", das aus dem neuen Institutionalismus der Politikwissenschaft[5] und der Institutionenökonomik[6] hervorgegangen ist, wird davon ausgegangen, dass nicht die unsichtbare Hand des Marktes für die wirtschaftlichen Ergebnisse verantwortlich ist, sondern sektorale Lenkungsformen, in denen Märkte, Unternehmen sowie öffentliche und halböffentliche Instanzen zusammenwirken Der Anteil der einzelnen Instanzen an der Lenkungsstruktur ist in jedem nationalen und sektoralen Kapitalismus sowie phasenabhängig unterschiedlich zu gewichten. Dies entspricht der These von den Kapitalismus-Variationen. Hinter diesem Konzept steht auch die Grundannahme, dass eine politische und soziale Einbettung der Institutionen notwendig ist, um Verlässlichkeit von Handlungen herzustellen und Unsicherheit sowie Komplexität für die betroffenen Akteure zu reduzieren. Um im Kontext der Modell Deutschland-Debatte Thesen über die Bedeutung des Einigungsprozesses aufstellen zu können, werden konzeptionelle Überlegungen des Governance-Ansatzes mit dem akteurszentrierten Institutionalismus[7] zusammengebracht. Zu letzterem gehört die Grundannahme, dass sich die handelnden Akteure im Raum historisch gewachsener Strukturen bewegen, die ihnen bestimmte Verhaltensweisen und Problemlösungen nahelegen. Denn aus den historisch verfestigten institutionellen Konfigurationen resultieren bestimmte Deutungen der Wirklichkeit, die zu strategischem Handeln führen, womit die organisatorische Steuerung sowie die Kooperation zwischen den Organisationen eine gewisse dauerhaf-

---

4   Diesen methodischen Dreiklang fordert für die Transformationsforschung beispielsweise Hellmut Wollmann (ders , Institutionenbildung in Ostdeutschland Neubau, Umbau und "schöpferische Zerstörung", in· Kaase. Max et al 1996, S 50)
5   Vgl Schneider. Volker/Kenis, Patrick (Hrsg), Organisation und Netzwerk: Institutionelle Steuerung in Wirtschaft und Politik, Frankfurt/M 1996
6   Vgl Williamson, Oliver, The Economic Institutions of Capitalism, New York 1985
7   Vgl Mayntz, Renate. Der Ansatz des akteurszentrierten Institutionalismus, in dies (Hrsg.), Gesellschaftliche Selbstregulierung und politische Steuerung, Frankfurt 1992, S 39-72

te und verlässliche Dimension erreicht. Politischer und institutioneller Wandel wird aus dieser Perspektive vor allem "pfadabhängig" gedacht; oder wie es Gerhard Lehmbruch pointiert formuliert: "Die kollektiven Akteure bewegen sich innerhalb eines Entwicklungspfades, dessen Spielräume in einem beträchtlichen Maße durch die in der Vergangenheit ausgebildeten Strukturen, überlieferten Situationsdeutungen und eingeübten strategischen Muster bestimmt sind"[8]. Das Besondere an der ostdeutschen Situation ist die Dominanz der externen Pfadabhängigkeit und damit die im Vergleich zu allen anderen ehemaligen RGW-Ländern schwächste interne Pfadabhängigkeit.

Gewachsene institutionelle Strukturen können einen Puffer gegenüber konjunkturell auftretenden Umweltveränderungen bilden. Im Umkehrschluss können sie aber auch zum Hindernis werden, wenn es um schnelle Anpassungsprozesse an veränderte Umweltbedingungen geht. Gleichwohl ist unter bestimmten Konstellationen sowohl durch exogene wie auch durch endogene Veränderungen von Kräfteverhältnissen eine nicht pfadabhängige Entwicklung möglich. Hinsichtlich der Interpretation von Ursachen und Wirkungen ist eine besondere methodische Schwierigkeit darin zu sehen, dass für die sozialwissenschaftliche Analyse häufig nur das Ergebnis dieser Prozesse sichtbar ist, aber nicht deren Zustandekommen. Dies führt dazu, dass Richtungskämpfe innerhalb von Organisationen zu wenig berücksichtigt werden. Dabei finden solche Kämpfe innerhalb und zwischen den Organisationen permanent statt, weil divergierende Wirklichkeitsdeutungen und Interessen miteinander konkurrieren: Mal in manifester Form, manchmal sogar durch öffentlich agierende Fraktionen; mal eher latent und für den externen Beobachter kaum erkennbar. Der Prozesscharakter von Politik nimmt also in dieser Studie einen besonders großen Raum ein.

Im ersten Kapitel wird das spezifische Profil der ostdeutschen Ausgangsgesellschaft untersucht. Denn um zu verstehen, was im Prozess der Einheit geschah und geschieht, benötigen wir ein Verständnis darüber, was die DDR zusammenhielt und wie sich die Individuen mit den herrschenden Bedingungen arrangierten. Zwar sind die formalen Institutionen der industriellen Beziehungen der ehemaligen DDR 1990 aufgelöst worden, gleichwohl beeinflusst die dort erfahrene Sozialisation, insbesondere die dominante Rolle der Erwerbsarbeit und des Betriebes als Ort, der gleichermassen system- und sozialintegrativen Charakter besass, die Entwicklung der industriellen Beziehungen nach 1990. Des weiteren werden die DDR-spezifischen Selbsttransformationsversuche der Übergangsphase analysiert. Auf dieser Basis kann gezeigt werden, dass der Institutionentransfer in der Metallindustrie 1990 alles andere als ein kolonialistischer Akt war.

Im zweiten Kapitel stehen die westdeutschen Tarifparteien im Mittelpunkt. Orientiert am Ansatz des akteursorientierten Institutionalismus werden zunächst die historisch gewachsenen Strukturen von IG Metall und metallindustriellen Arbeitgeberverbänden dargestellt. Die Ausgangsthese lautet, dass in den Organisationsstrukturen

---

8   Lehmbruch. Gerhard Die Rolle der Spitzenverbände im Transformationsprozess· Eine neoinstitutionalistische Perspektive, in. Kollmorgen, Raj/Reißig, Rolf/Weiß, Johannes (Hrsg.), Sozialer Wandel und Akteure in Ostdeutschland, Opladen 1996, S. 119

ein zentraler Schlüssel für die Problemdeutungen, Interessensartikulations- und Handlungsfähigkeit innerhalb und zwischen den Verbänden liegt. Um die Reaktionsweisen der Tarifparteien auf das "unmögliche" Ereignis des Zusammenbruchs der DDR einzuordnen, werden nicht nur deren Organisationsstrukturen analysiert, sondern auch die inhaltlichen Probleme und Debatten, die das "Leben" der beiden Verbände am Vorabend des Einigungsprozesses prägten. Beide wurden überrascht; befassten sie sich doch gerade mit der Herausforderung des europäischen Einigungsprozesses und mit den Wirkungen des gesellschaftlichen sowie ökonomischen Strukturwandels. Sodann schließt sich eine Darstellung an, die sich mit "Versuch und Irrtum" angesichts der neuen Verhältnisse befasst.

Im dritten Kapitel geht es um die längsschnittartige Analyse der organisationspolitischen und programmatischen Entwicklung der Tarifparteien zwischen 1990 und 1999. Signifikant ist die gegenläufige Mitgliederentwicklung bei der IG Metall und den regionalen Arbeitgeberverbänden: Während die IG Metall in den neuen Ländern auch 10 Jahre nach dem Fall der Mauer immer noch über einen im Vergleich zu Westdeutschland überproportional hohen Organisationsgrad verfügt, liegt der Fall bei den Arbeitgeberverbänden genau umgekehrt Eine genauere Betrachtung der Mitgliederentwicklung der Arbeitgeberverbände zeigt jedoch, dass die Desorganisationsthese unzutreffend ist. Der Vergleich beider Organisationen macht vielmehr deutlich, dass sich in den Arbeitgeberverbänden die endogenen, spezifisch ostdeutschen Entwicklungskräfte im Verlauf des Transitionsprozesses deutlich stärker profilierten als in der IG Metall.

Das vierte Kapitel befasst sich mit der Entwicklung der Tarifpolitik in den fünf neuen Ländern auf der sektoralen Ebene der Metall- und Elektroindustrie. Die Rolle des Staates und der Betriebe wird nur insoweit berücksichtigt, wie sie eine für die zwischenverbandliche Austauschebene politikwirksame Dimension besaßen. Die Entwicklung der Tarifpolitik zwischen Institutionentransfer und Konsolidierung verläuft in drei Phasen: Zunächst die 1990/91 zu lokalisierende Startphase, die sich nicht an den tradierten tarifpolitischen Parametern orientierte, sondern an der politisch gesetzten Anpassungslogik. Es folgte zwischen 1992 und 1993 die erste Revisionsphase, in der um die Geltungskraft der politischen Startprogrammierung gerungen wurde, und schließlich die seit 1994 andauernde, konfliktreiche und widersprüchliche Konsolidierungsphase. Die Analyse der tarifpolitischen Entwicklung wird durch eine Untersuchung der Geltungskraft der Tarifverträge abgerundet. Dabei wird deutlich, dass im Segment der großen Betriebe eine in der Tendenz vergleichbare Tarifbindung besteht wie in Westdeutschland; dagegen besteht eine deutlich niedrigere Bindung im Bereich der kleinen und mittleren Unternehmen. Es folgt eine abschließende Einordnung und Zusammenfassung der wichtigsten Ergebnisse.

Zu guter Letzt noch eine Anmerkung zur Materialbasis dieser Studie. Neben der vorliegenden wissenschaftlichen Literatur konnte ich nicht nur auf Zeitungsartikel, Geschäftsberichte der Verbände, eine große Zahl von Gesprächen mit verantwortlichen Akteuren, sondern auch auf eigene Eindrücke als teilnehmender Beobachter des Aufbaus und der Wirkungsweise der Tarifautonomie seit 1991 zurückgreifen. Darüber hinaus wurden in dieser Studie zwei eigene Erhebungen verarbeitet, die ich 1997 und 1998 über die Bedeutung der großen ostdeutschen Betriebe für die industriellen Beziehungen durchgeführt habe.

2. Kapitalismen

Es gab Zeiten, in denen dominierte in der politisch-ökonomischen Debatte die Rede von "dem" Kapitalismus. In einem solchen Kontext wurden die einzelnen Länder bestenfalls danach unterschieden, in welchem Stadium der kapitalistischen Entwicklung sie sich befanden. Dagegen unterstellt die Rede vom Modell Deutschland oder vom rheinischen Kapitalismus eine Vielfalt von Kapitalismen.[9] Mit einer solchen, in der sozialwissenschaftlichen Diskussion seit längerem diskutierten Perspektive wird der Blick für nationale Konstellationen geöffnet, also für spezifische institutionelle Steuerungskapazitäten, mittels derer sich nationale Volkswirtschaften mehr oder weniger erfolgreich an veränderte Rahmenbedingungen anpassen und diese auch wiederum selbst aktiv beeinflussen können.

Auch wenn es Debatten und Phasen gab, in denen der Differenzierung der Kapitalismen keine große Bedeutung beigemessen wurde, so ist diese Perspektive keinesfalls neu. Für unsere Frage nach der Spezifik des deutschen Modells stellt die Arbeit von Andrew Shonfield aus dem Jahre 1965 einen ersten Meilenstein dar,[10] der die divergierenden Erscheinungsformen der nationalen Kapitalismen auf ihre historischen und kulturellen Wurzeln zurückführte. Eine höhere Komplexitätsstufe entwickelte sich mit der Neokorporatismusforschung, die sich mit den besonderen Verflechtungsmustern zwischen Staat und Verbänden befasste. Dabei konzentrierte sich das Forschungsinteresse primär auf die Gewerkschaften. Dies entsprach der seinerzeit vorherrschenden Ansicht, wonach die Integrationsfähigkeit der Gewerkschaften gleichsam als Achillesferse für Effektivität und Stabilität der industriellen Beziehungen zu deuten sei In der zweiten Hälfte der 80er Jahre trat dann zunehmend das Interesse an der Rolle der Arbeitgeberverbände innerhalb der nationalen politischen Ökonomie in den Vordergrund.[11] Mittlerweile gibt es eine Vielzahl analytischer Zugänge, um die Differenzen zwischen den Kapitalismen zu beschreiben und zu erklären; sie lassen sich in Anlehnung an Peter A. Hall[12] wie folgt systematisieren:

---

9   Vgl Kitschelt, Herbert, et al (Hrsg), Continuity and Change in Contemporary Capitalism, Cambridge 1999; Schmidt. Gert/Trinczek, Rainer (Hrsg.), Globalisierung Ökonomische und soziale Herausforderungen am Ende des zwanzigsten Jahrhunderts (Soziale Welt, Sonderband 13), Baden-Baden 1999.
10 Vgl Shonfield, Andrew, Modern Capitalism. The Changing Balance of Public and Private Power, Oxford 1965
11 Vgl Thelen, Kathleen, Beyond Corporatism Toward a New Framework for the Study of Labor in Advanced Capitalism, in: Comparative Politics, October 1994, S. 107ff.
12 Vgl Hall, Peter, The Political Economy of Europe in an Era of Interdependence, in˙ Kitschelt Herbert et al. 1999, S. 136-145.

Tabelle 1: Divergierende Ansätze in der vergleichenden OECD- Kapitalismusanalyse

Analytischer Ansatz	Wichtige Autoren	Akzente und Stärken
Nationaler Politikstil	Shonfield	• Differenzen der nationalen politischen Ökonomien sind verknüpft mit der Geschichte und Kultur eines Landes
Neokorporatistische Analysen	Schmitter/ Lehmbruch, Katzenstein, Esser	• heben die unterschiedliche Ausprägung der Verflechtung zwischen Interventionsstaat und Verbänden im organisierten Kapitalismus hervor • räumen den Gewerkschaften eine prominente Rolle ein • unterstreichen die Bedeutung zentraler Verhandlungsebenen in der Lohnpolitik
Neoinstitutionalistische Analysen	Scharpf/Hall	• Ausdehnung auf politische Institutionen, Firmen und das Finanzsystem • Mehrebenenperspektive
Produktionskonzepte und -regime	Piore/Sabel, Herrigel, Kern/Schumann, Buraway	• Auswirkungen der Unternehmensorganisation, der zwischenbetrieblichen Verbindungen, der Arbeitsmarktstrukturen und der Arbeitsorganisation sowie des politischen Systems auf die ökonomische Performance und die sozialen Kräfteverhältnisse
Sektorale Governance-Strukturen	Hollingsworth/ Schmitter/Streeck	• Sektorspezifische Konstellationen als Ausgangspunkt • staatliche Politik kann einen maßgeblichen Einfluss auf die industriellen Beziehungen ausüben • Netzwerke und Lenkungsstrukturen haben maßgeblichen Einfluss auf ökonomische Performanz
Dezentralisierte Koordination	Chandler, Schumpeter	• Veränderungsdynamik geht von den Firmen aus • Firmen schließen sich zu neuen Netzwerken zusammen • Firmenstrategien begrenzen die vorhandenen überbetrieblichen Optionen
Varieties of capitalism	Soskice, Crouch/Streeck	• "coordinated market economies" versus " liberal market economies" • Interaktionskonzept • im Gegensatz zur neokorporatistischen Perspektive der 70er Jahre werden die Arbeitgeber und ihre Organisationsfähigkeit zum zentralen Ausgangspunkt der Analyse erklärt
Koalitionstheorien im Kontext von internationalen Interdependenzen	Gourevitch/Rogowski	• Veränderungen der internationalen Ökonomie verändern die Interessen der ökonomischen Schlüsselakteure • neue Formen der Koalitionsbildung

Quelle Peter Hall (1999) © Wolfgang Schroeder

Diese Zusammenstellung bezieht sich auf die entwickelten kapitalistischen Länder. Die Kapitalismen in der sogenannten Dritten Welt, den Schwellenländern oder in Mittel- und Osteuropa werden mit diesen Ansätzen nicht oder nur unzureichend erfasst. Diese Tabelle macht unterschiedliche analytische Zugänge sichtbar, die allerdings keineswegs immer konkurrieren. Sie repräsentieren vielmehr häufig verschiedene Entwicklungsstufen der Debatte und setzen zuweilen nur andere Akzente, die sich auf die Untersuchungsebene oder das zeitlich veränderte Problembewusstsein zurückführen lassen. Mit Blick auf die zukünftige Entwicklung der Kapitalismen stehen sich Konvergenz- und Divergenzpositionen gegenüber. Vor allem modernisierungstheoretische Ansätze gehen von einer evolutionären Ausdifferenzierung vorhandener Teilsysteme aus, mit der Tendenz einer globalisierungsbedingten internationalen Konvergenz. Dagegen akzentuieren institutionalistische und akteursorientierte Perspektiven eher die historischen Unterschiede und damit die Wahrscheinlichkeit der Divergenz. Ungeachtet dieser Unterschiede geht es in beiden Perspektiven primär um institutionelle Differenzen, die als maßgeblicher Schlüssel herangezogen werden, um ökonomische sowie soziale Performanzunterschiede zu erklären und Entwicklungstrends zu prognostizieren Dass der Fokus des Interesses sich derart pointiert auf die Institutionen richtet, resultiert aus der Hypothese, dass sich in ihnen die Spezifik der nationalen Wettbewerbsfähigkeit verdichtet.[13]

Auch wenn die Zusammenstellung nicht den chronologischen Verlauf der Debatte abbildet, so spiegeln sich in den verschiedenen Zugangsmöglichkeiten doch wellenförmige Veränderungen der jüngeren vergleichenden Kapitalismusforschung wider. Um den Wandel in der Forschungsperspektive zu erklären, drängen sich zwei Antworten auf: Einerseits sind dafür veränderte "innere" Problemkonstellationen - wie die Verschiebung des Interesses von den Gewerkschaften auf die Arbeitgeberverbände - verantwortlich; andererseits ist dieser Wandel auch das Ergebnis einer längeren und intensiveren sozialwissenschaftlichen Debatte, die zu analytisch komplexeren Modellen führt. Eine enorme Schubkraft für die Kapitalismen-Debatte geht von den osteuropäischen Transformationsprozessen aus, in deren Sog sich die Palette kapitalistischer Varianten nachhaltig erweitert.[14]

Heute besteht in der vergleichenden Kapitalismusforschung Konsens darüber, dass es eigenständige institutionelle Konfigurationen gibt, die einen maßgeblichen Einfluss auf die ökonomische und soziale Performanz ausüben. Dazu zählt man insbesondere das landesspezifische System industrieller Beziehungen. Darüber hinaus wird ein Zusammenhang zwischen institutioneller Struktur und strategischer Anpassungsfähigkeit an veränderte Umweltbedingungen unterstellt. Die wichtigsten analytischen Zugänge können wie folgt unterschieden werden: Erstens nach der Rolle der überbetrieblichen Verbände und ihrer Organisationseigenschaften; zweitens nach den strategischen Verhaltensweisen der Firmen; drittens nach der Interaktion zwischen nationaler, regionaler und sektoraler Ebene und viertens nach den interdependenten Reaktionen verschiedener Politikfelder, Institutionensysteme und Akteursgruppen auf internationale Veränderungen. Zieht man diese vier unterschiedlichen analytischen

---

13 Vgl als Überblick. Kitschelt Herbert et al., Convergence and Divergence in Advanced Capitalist Democracies, in: dies. (Hrsg) 1999, S. 427 - 460.
14 Staniszkis, Jadwiga, The Politics of Post-Communist Institutionalisation in Historical Perspective (Working Papers Series no. 1. Advanced Study Center, International Institute), University of Michigan 1995.

Zugänge zur Systematisierung idealtypischer Kapitalismusvarianten heran, so lassen sich folgende vier Typen unterscheiden: der liberale, primär auf marktlichen Prozessen beruhende; der national koordinierte, der Sektor-koordinierte und der firmennetzorientierte. Diese Typen sind eingebettet in eine historisch-kulturell bestimmte Institutionenkonfiguration, zu denen insbesondere staatliche Instanzen, das Parteiensystem, die Klassenkompromisse und die spezifische Ausgestaltung der industriellen Beziehungen zählen. Auffallend ist, dass es keine unmittelbar zwingende Kompatibilität zwischen den Ergebnissen der vergleichenden Forschung der industriellen Beziehungen und den Varianten von Kapitalismen gibt. Da es in dieser Arbeit um die Veränderungen einer sektoralen Konfiguration im Kontext einer radikal gewandelten landesspezifischen Konfiguration geht, bilden Ansätze zur Analyse sektoraler Lenkungsstrukturen einen wichtigen Referenzpunkt.

3. Politik des "mittleren Weges"[15]

Neben der Differenzierung der Kapitalismen nach institutionellen Gesichtspunkten ist eine zum Teil darauf aufbauende Länder- oder Regionenzuordnung üblich Es wird beispielsweise vom US-amerikanischen, japanischen, angelsächsischen, nord-europäischen und asiatischen Kapitalismus gesprochen. Die Rede vom Modell Deutschland oder vom rheinischen Kapitalismus folgt diesem Prinzip. Die in der Überschrift gewählte Formulierung vom "mittleren Weg" sucht das deutsche Modell industrieller Beziehungen entlang einiger Schlüsselindikatoren komparativ zu verorten. Bevor auf die Besonderheiten der deutschen industriellen Beziehungen eingegangen wird, werden einige allgemeine Überlegungen zur konzeptionellen Analyse des "Modell-Deutschland-Ansatzes" vorgetragen, die deutlich machen, dass das Politik- und Institutionenfeld industrieller Beziehungen Teil eines umfassenderen, komplexen Systems ist.

Ende der 70er Jahre entwickelte eine Konstanzer Forschergruppe den "Modell Deutschland-Ansatz", der in der politikwissenschaftlichen Debatte seither als eigenständiger, wenngleich nicht eng spezifizierter, analytischer Referenzrahmen zur Interpretation der Handlungs- und Leistungsfähigkeit des politisch-ökonomischen Systems firmiert.[16] Das zentrale Anliegen dieses Konzeptes wird von einem ihrer Vertreter folgendermaßen beschrieben: "Dem Ansatz geht es darum, grundlegende ökonomische, soziale und politische Strukturen der Bundesrepublik - vor allem im Unterschied zu anderen westlichen Industriegesellschaften darzustellen, um die Aufgaben und das Handeln politischer Akteure innerhalb dieser Strukturen sowie

---

15 Vgl Schmidt, Manfred G , "Die Politik des mittleren Weges", in: Aus Politik und Zeitgeschichte, 1990, B 9-10, S 23-31.
16 Vgl Simonis, Georg, Das Modell Deutschland - Strukturmerkmale und Entwicklungslinien eines theoretischen Ansatzes, in. ders (Hrsg) Deutschland nach der Wende Neue Politikstrukturen, Opladen 1998, S 257 ff

deren Modifikationen durch politisches Handeln erkennen und erklären zu können."[17] Die Grundidee besteht darin, von einer Wechselbeziehung zwischen internationalem und nationalem System auszugehen. Danach sind die nationalen Koalitionen und Institutionen Antworten auf die Herausforderungen und die spezifische Stellung eines wirtschaftlichen Sektors in der Weltwirtschaft.

In seiner stabilen Phase - zwischen den 50er und 80er Jahren - zeichnete sich das Modell Deutschland durch vier zentrale Strukturmerkmale aus, die gleichsam als Schlüssel dienen, um die Verbindung von Wachstumsmodell und Gesellschaftsprojekt empirisch und analytisch zu erfassen[18]:

- Erstens durch erfolgreiche exportorientierte Kernsektoren, deren Wettbewerbsfähigkeit durch staatliche, verbandliche sowie finanz- und industrieorientierte Dienstleistungen flankiert und unterstützt wird.
- Zweitens durch einen politisch regulierten Infrastruktursektor.
- Drittens durch gut organisierte Interessenverbände von Kapital und Arbeit als Basis einer zwischen-betrieblichen und intersektoralen Selbstorganisation im Rahmen der Tarifautonomie. In überbetrieblich agierenden Tarifparteien wird ein wichtiger Motor für die beständige Verbesserung der internationalen Wettbewerbsfähigkeit gesehen, da das konfliktminimierende und rationalisierungsfördende Instrument des Flächentarifvertrages hohe Löhne und Qualifikationsniveaus sowie beständige Innovationsfähigkeit miteinander verbindet.
- Das vierte Strukturelement besteht im funktional vernetzten Verhandlungsstaat, der durch seine wirtschafts- und gesellschaftspolitischen Steuerungsinitiativen darauf hinwirkt, dass die Reproduktion der Gesellschaftsformation mit dem spezifischen Integrationsmodus in das Weltwirtschaftssystem kohärent verbunden wird.

Eine etwas andere Akzentsetzung nimmt Roland Czada vor, wenn er als Schwerpunkte des "Modell Deutschland-Ansatzes" die Bereiche makroökonomische Steuerung, institutionelle Sektorkoordination und makro- sowie mesokorporatistische Arrangements unterscheidet.[19] Für das Verhältnis von Bundesregierung, Länderregierungen und autonomen intermediären Organisationen im Modell Deutschland hat der amerikanische Politologe Peter J. Katzenstein die Formulierung vom "semisovereign state"[20] entwickelt. Dessen Halbsouveränität werde durch die Strukturen der deutschen Verhandlungsdemokratie sowie durch unabhängige Instanzen wie die Bundesbank, das

---

17 Ebd
18 Vgl hierzu· Simonis, Georg, 1998, S. 257 ff., vgl. Esser, Josef, Das Modell Deutschland in den 90er Jahren - wie stabil ist der soziale Konsens? in. Simonis, Georg (Hrsg)1998, S.123.
19 Vgl. Czada, Roland, Der Vereinigungsprozeß - Wandel der externen und internen Konstitutionsbedingungen des westdeutschen Modells, in· Simonis, Georg (Hrsg.) 1998, S. 58f.
20 "West German politics is distinguished by an intricate web of relations among different political actors As a result, the power of state officals is both severely circumscribed and widely diffused The organisation of power shapes West German policy" (Katzenstein, Peter J., Policy and Politics in West Germany. The Growth of a Semisovereign State, Philadelphia 1987, S. XXIII).

Bundesverfassungsgericht und die gesellschaftlichen Verbände fundiert.[21] Die ubiquitäre Existenz verhandlungsorientierter Austauschstrukturen führe dazu, dass in der Regel ein Ausgleich zwischen den wichtigsten organisierten Interessengruppen geschaffen werde Dabei bildeten die auf diese Weise gewonnenen langfristigen Orientierungen zugleich die Basis für gesellschaftlichen Konsens. Dagegen seien abrupte und grundlegende Strukturbruche die absolute Ausnahme. Das deutsche Modell mit seiner engen Kooperation zwischen politisch-staatlichem und gesellschaftlich verbändebezogenem System sei durch den Prozess inkrementaler Veränderungen geprägt. Infolgedessen seien die statistischen Mittelwerte für die wichtigsten Parameter der industriellen Beziehungen in der Regel stabil, die Streuungskoeffizienten gering und die Extremfälle an beiden Polen selten.[22]

Auf Manfred G. Schmidt geht die Spezifizierung des deutschen Modells als einer "Politik des mittleren Weges"[23] zurück, der "zwischen dem nordeuropäischen Wohlfahrtskapitalismus, der wesentlich von einer politisch dominanten Sozialdemokratie geprägt wird, und dem nordamerikanischen marktorientierten Kapitalismus"[24] liege. Das deutsche Modell zeichne sich durch eine Machtverteilung aus, deren Schwerpunkt in der "Mitte" liege. Dies gelte nicht nur für die Besonderheiten der Staatstätigkeit, sondern auch für das Mitte-orientierte Parteiensystem und die Bund-Länder-Institutionenordnung. Stabilisierende Prinzipien dieses "mittleren Systems" sind nach Schmidt bislang der Vorrang der Preisstabilität, wirtschaftliche Effizienz und ein transferintensiver Sozialstaat, der als "delegierender Sozialstaat" hoheitliche Aufgaben an gesellschaftliche Verbände delegiert. In Anlehnung an Schmidt kann auch für die industriellen Beziehungen eine mittlere Lage konzediert werden, was sich sowohl durch Indikatoren zur Organisationsfähigkeit belegen lässt wie auch durch die spezifischen Mischungsverhältnisse zwischen zentralen und dezentralen Entscheidungs- und Verhandlungsstrukturen.

Eine Gefährdung des Modells des "mittleren Wegs" geht insbesondere von den veränderten internationalen Rahmenbedingungen aus, die mit den Stichworten Globalisierung und neoliberale Umbauprojekte erfasst werden. Letztere zielen darauf, den staatlichen und verbandlichen Einfluss einzuschränken, um durch Deregulierung eine stärkere Dezentralisierung, Flexibilisierung und Individualisierung der Regelungsebenen und Leistungsniveaus zu erwirken. Schmidt kommt beim Vergleich der aktuellen Situation mit der Periode zwischen 1960 und 1989 zu dem Ergebnis, dass die Politik des mittleren Weges im vereinten Deutschland zwar nicht ans Ende geraten, aber brüchiger geworden sei, weil die Delegation hoheitlicher Aufgaben aus zwei Gründen schwieriger geworden sei; erstens aufgrund der staatlichen Deregulierungs-

---

21 Vgl Katzenstein, Peter J , Ein Blick auf Deutschland von draußen, in Kaase, Max/Schmid, Günther (Hrsg), Eine lernende Demokratie 50 Jahre Bundesrepublik Deutschland (WZB-Jahrbuch 1999), Berlin 1999, S 563 ff
22 Vgl Streeck, Wolfgang, Der deutsche Kapitalismus Gibt es ihn? Kann er überleben?, in ders , Korporatismus in Deutschland. Zwischen Nationalstaat und Europäischer Union, Frankfurt 1999, S 13 ff
23 Schmidt, Manfred G 1990
24 Ebd

politik und zweitens aufgrund der schrumpfenden Regelungskapazität der Sozialpartner im Rahmen der Tarifautonomie. Zudem sei der Preis für den mittleren Weg gestiegen, während der spezielle Konkurrenzvorteil bei der Bekämpfung der Inflation durch die Nachahmung der Preisstabilitätspolitik in anderen Ländern sowie durch die Übertragung der geldpolitischen Kompetenzen an die europäische Zentralbank zugenommen habe.[25]

Auch wenn die divergierenden Einflüsse auf den Wandel der nationalen Kapitalismen nicht immer eindeutig voneinander getrennt werden können, lassen sich doch begründete Abgrenzungen vornehmen, so dass neben den Institutionen und Akteuren von der Existenz dreier zusätzlicher Faktoren ausgegangen werden kann: Erstens vom Europäisierungs- und Globalisierungsprozess, zweitens von den miteinander verknüpften sozialen, politischen und technologischen Wandlungstendenzen und drittens vom Einfluss außerordentlicher Ereignisse wie dem deutschen Einigungsprozess. Diese Fallstudie befasst sich mit der zuletzt genannten Ebene und analysiert, ausgehend vom Konstanzer "Modell Deutschland-Ansatz", welchen Einfluss die Wiedervereinigung auf das System der industriellen Beziehungen ausübt. Da dieses Politikfeld ein Grundpfeiler des Modells Deutschland als "semisovereign state" ist, kann damit geprüft werden, ob und wie die neue Bundesrepublik an die Leistungsfähigkeit der alten anknüpfen kann oder ob ein grundlegender Umbau des Modells hinsichtlich der industriellen Beziehungen bevorsteht, der von der Politik des "mittleren Weges" fortführt.

Die Hauptakteure der industriellen Beziehungen[26]

Der hier zugrunde liegende "Modell-Deutschland-Ansatz" geht von einer hohen Sensibilität für verteilungspolitische Strukturen und Konflikte aus. Dies entspricht der Bedeutung, die dem wirtschaftlichen Wachstum und dem Verteilungskompromiss für den bundesrepublikanischen Basiskonsens zukommt.[27] Die industriellen Beziehungen leisten an der Nahtstelle zwischen Wirtschaft und Gesellschaft einen wichtigen Beitrag zur ökonomischen wie auch zur politischen Stabilität und fundierten damit den bundesrepublikanischen Basiskonsens. Rückblickend lässt sich in der Geschichte der Bundesrepublik ein vergleichsweise gut funktionierendes Zusammenspiel zwischen leistungsfähiger Volkswirtschaft, flächendeckendem, innovativem Technikeinsatz, hochentwickelter Qualifikation der Mehrheit der Beschäftigten und relativ egalitärem Lohnniveau feststellen. Ein weiteres Markenzeichen der westdeutschen industriellen

---

25 Vgl ders, Immer noch auf dem "mittleren Weg"? Deutschlands politische Ökonomie am Ende des 20. Jahrhunderts, Ms 1999.
26 In diesem Abschnitt werden nur die allgemeinen Strukturprinzipien des deutschen Modells eingeführt, die sektorspezifische Konkretisierung und Vertiefung für die Metall- und Elektroindustrie erfolgt in Kapitel C und D
27 Vgl Weßels. Bernhard, Erosion des Wachstumsparadigmas Neue Konfliktstrukturen im politischen System der Bundesrepublik? Opladen 1992

Beziehungen besteht in einer bislang gut entwickelten Anpassungsfähigkeit an veränderte Rahmenbedingungen durch ausgefeilte deeskalierende Konfliktbewältigungsstrategien. Das wichtigste institutionelle Merkmal der deutschen industriellen Beziehungen besteht darin, dass es als ein von zwei rechtlich getrennten Hauptarenen der Konfliktregelung getragenes duales System funktioniert: Einerseits die betriebliche Sphäre, welche durch das Betriebsverfassungsgesetz judifiziert wird, und andererseits, die durch das Tarifvertragsgesetz strukturierte überbetriebliche, verbandliche Ebene. Daneben gibt es noch die durch das Mitbestimmungsgesetz judifizierte unternehmensbezogene Ebene.

Schaubild 1: Duales Interessenvertretungssystem Modell Deutschland

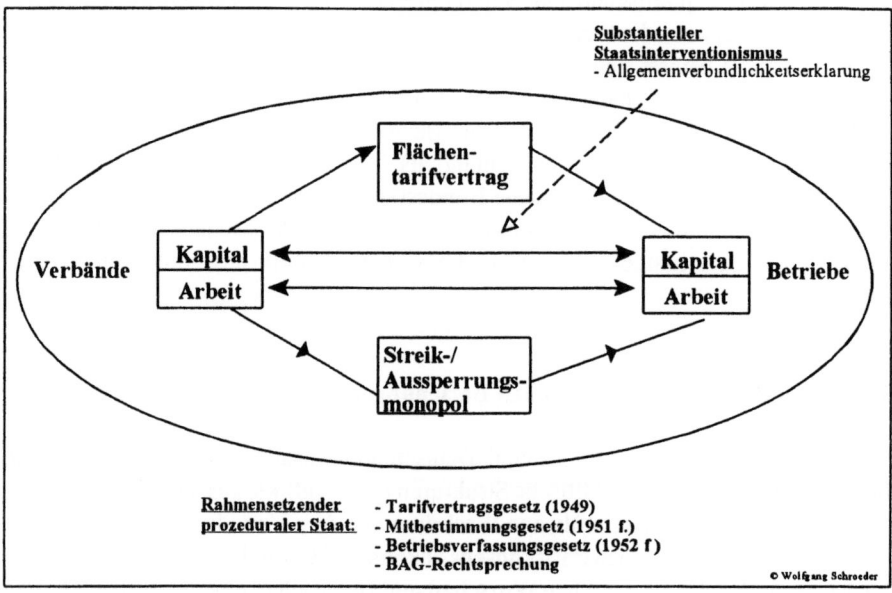

Die Trennung zwischen betrieblicher, verbandlicher und staatlicher Sphäre hat jedoch nur auf der juristischen Ebene eine gewisse Statik. Darüber hinaus handelt es sich um ein dynamisches Modell, das in unterschiedlichen zeitlichen Phasen andere Schwerpunkte und Vernetzungsformen zwischen den Sphären herausgebildet hat. Das Entstehen von Rollendifferenzierung und Handlungsspielräumen bei den einzelnen Akteuren sowie deren Interaktion ist das Ergebnis eines längeren Entwicklungsprozesses. Dass sich zentrale Elemente des deutschen Systems industrieller Beziehungen bereits im Kaiserreich und in der Weimarer Republik herausbildeten und nach 1945 lediglich die bereits vor 1933 strukturierten Pfade neu benutzt und durch das Tarifvertrags- (1949) und Betriebsverfassungsgesetz (1952) sowie die verschiedenen Mitbestimmungsgesetze normiert und aktualisiert wurden, zeigt, dass die Institutionenordnung grundlegende Strukturveränderungen durch die handelnden Akteure extrem begrenzt. Im Kern ist das deutsche Modell industrieller Beziehungen durch die duale Interessenvertretungsstruktur und die Tarifautonomie geprägt, für deren Funktionieren die Verbände, der Staat und die betrieblichen Akteure von zentraler Bedeutung sind.

Die Tarifparteien

Das Feld der Tarifautonomie wird durch mitgliederstarke, bürokratisierte und professionalisierte Tarifverbände gestaltet, die gewissermaßen ein Interessen- und Vermittlungsmonopol besitzen. Ihr Repräsentationsanspruch kann so umfassend sein, weil es den Arbeitgeberverbänden bislang gelang, hinreichend viele Betriebe, unterschiedliche Betriebsgrößen, Regionen und Branchen zu erfassen und die Gewerkschaften als Einheits- und Industriegewerkschaften über die politischen und beruflichen Fragmentierungsmerkmale der Beschäftigten hinweg alle Arbeitnehmergruppen organisieren. Für den Gestaltungsanspruch der Arbeitgeberverbände sowie der Gewerkschaften ist eine hohe Mitgliederzahl aus mindestens zwei Gründen notwendig[28]: Erstens, um die finanziellen Ressourcen der Verbände, vom Personal bis zu den Kosten für ihr durchsetzungsorientiertes, konfliktorisches Handeln (Streik- und Aussperrungskasse) zu sichern und zweitens, um ihr Quasi-Repräsentationsmonopol auf der Einflussebene zu sichern. Darüber hinaus sind beide Tarifparteien darauf angewiesen, dass neben der "passiven Folgebereitschaft" der Mehrheit auch ein bestimmter Mitgliederanteil einen aktiven Beitrag leistet, um die Verbandsinteressen zu verteidigen und weiter zu entwickeln. Zugespitzt kann man sagen, dass die Struktur des deutschen Modells - mit seiner starken Fixierung auf mitgliederstarke und verpflichtungsfähige intermediäre Verbände - die Tarifparteien aus Finanz-, Repräsentations- und Einflussgründen dazu zwingt, einen hohen Mitgliederstand zu organisieren. Während die Mitgliederstärke beispielsweise in Frankreich nur eine untergeordnete Rolle spielt, scheint von einem drastischen Mitgliederrückgang in Deutschland eine Bestandsgefahr für das deutsche Modell auszugehen. Bisher war entscheidend, dass der Organisationsgrad der Arbeitgeberverbände deutlich über dem der Gewerkschaften lag. Dass sich die Organisationsgrade beider Verbände in den letzten Jahren zunehmend stärker nach unten angleichen, kann die Dynamik des Wandels innerhalb des deutschen Modells nachhaltig beeinflussen. Offensichtlich ist, dass die traditionellen Versuche, Mitgliederproblemen durch Strategien externer und interner Organisationssicherung zu begegnen, bislang nicht in der Lage waren, die sukzessive Abnahme des Mitgliederbestandes aufzuhalten. Die Ursachen für die dahinter stehenden Rekrutierungsprobleme, die besonders drastisch in den neuen "Branchen" der industriellen Dienstleistungen

---

28 Für den Bereich der Gewerkschaften vgl.: Hassel, Anke, Gewerkschaften und sozialer Wandel. Mitgliederrekrutierung und Arbeitsbeziehungen in Deutschland und Großbritannien, Baden-Baden 1999; Streeck. Wolfgang, Gewerkschaftliche Organisationsprobleme in der sozialstaatlichen Demokratie, Königstein 1981.

ausfallen, sind nicht einfach in einem linearen Prozess des sozialen Wandels zu suchen. Zu berücksichtigen ist auch das im politischen Prozess sich wandelnde Verhalten der verbandlichen und staatlichen Akteure.

Für die Durchsetzungs- und Gestaltungskraft der Tarifverbände sind nicht nur die Mitgliederinteressen, -zahlen und -aktivitäten entscheidend, sondern auch ihre besonderen organisatorischen Strukturen und Kompetenzen, wozu im deutschen Modell vor allem ihre grundsätzliche Zentralisierungsfähigkeit zählt. Diese befähigt sie zur Verhandlungs- und Verpflichtungsfähigkeit im Kontext korporatistischer Bündnisse. Da die lokalen und regionalen Subeinheiten der Tarifparteien jeweils Teil von bundesweit agierenden Organisationen sind, besteht die Möglichkeit, regional gefundene Kompromisse zur bundesweiten Norm zu erklären. Indes ist diese Zentralität bei den Gewerkschaften strukturell weitaus stärker verankert als bei den Arbeitgeberverbänden, deren Strukturen dezentralen Charakter haben Der Zentralisierungsvorteil der Gewerkschaften kann aber dazu eingesetzt werden, dass auch die Arbeitgeberverbände ihre dezentrale Struktur fallweise überwinden und sich auf eine zentrale Handlungsebene begeben. Eng verbunden mit der sektoralen Handlungskompetenz sind die beiden wichtigsten Steuerungsressourcen, über die die Tarifparteien in der Arena der Tarifautonomie verfügen: einerseits der sektoral geltende Flächentarifvertrag und andererseits das rechtlich verankerte Monopol auf Streik- und Aussperrung. Folglich wird das verbandszentrierte System des Flächentarifvertrages durch eine entsprechende organisationszentrierte, konfliktminimierende und prozedurale Regelungsstruktur flankiert.

Im Hinblick auf die Transformationsfähigkeit besitzen die Verbände eine Schlüsselstellung. Ihre Handlungslogik wäre gefährdet, wenn sich ihre Aufgabe darauf konzentrierte, die Funktionsfähigkeit des politischen und ökonomischen Systems durch die Entlastung der Betriebe und des Staates zu fördern. Obwohl die Tarifverbände staatlich-hoheitliche Aufgaben bewältigen, leitet sich ihr Handeln nicht einfach daraus ab. Vielmehr beanspruchen sie für sich einen eigenen Einfluss und folgen eigenen Handlungsmaximen, die nicht unbedingt identisch sind mit den Funktionslogiken der politischen und ökonomischen Systembereiche. Sie müssen dies tun, weil ihre Handlungsfähigkeit auch von der Akzeptanz ihrer Mitglieder abhängt, wie immer sich das Verhältnis zwischen Einfluss- und Mitgliederlogik historisch betrachtet verschoben haben mag.[29] Verbandliche sowie zwischenverbandliche Autonomie und Eigendynamik trugen bislang dazu bei, den Wettbewerb durch kooperative Steuerung zu konstituieren. Das deutsche Modell ist ein hochreguliertes "komplexes Muster multipler Interessenvertretung"[30], das vom jeweils neu zu justierenden Zusammenspiel zwischen Institutionen und Akteuren lebt. Hinsichtlich des Transformationsprozesses ergibt sich daraus die Frage: Können die Kernakteure des deut-

---

29 Vgl Offe, Claus, The Attribution of Public Status of Interest Groups, in ders , Disorganized Capitalism, Oxford 1985
30 Lepsius. M Rainer, Modernisierungspolitik als Institutionenbildung Kriterien institutioneller Differenzierung, in ders , Interessen, Ideen und Institutionen, Opladen 1990, S 74

schen Modells industrieller Beziehungen auch zukünftig eine situationsadäquate tarifpolitische Handlungsfähigkeit herstellen?

Der Staat

Mit der Tarifautonomie delegiert der Staat eine hoheitliche Aufgabe an die Tarifparteien und entlastet sich selbst von Konflikten, die seine eigene Legitimität und Handlungsfähigkeit untergraben könnten.[31] Dieser Entlastungsvorgang hat sowohl funktionale Gründe - gewissermaßen ein Moment im Prozess funktionaler Differenzierung gesellschaftlich-staatlicher Steuerungsprozesse - wie auch historische, die mit den Folgen des Schlichtungsengagements des Staates in der Weimarer Republik zusammenhängen. Wenngleich der Staat qua Gesetz nicht in die industrielle Verhandlungsdemokratie eingreifen darf, ist er nicht unbeteiligt. Das ist auf insbesondere drei Gründe zurückzuführen: Erstens ist er in vielfältiger Weise von den Entscheidungen und Ergebnissen der Tarifpolitik betroffen; zweitens sind die Tarifparteien in manchen Situationen und Bereichen nicht in der Lage, konsensfähige Lösungen herbeizuführen, so dass eine oder beide versucht(en), staatliche Unterstützung zu gewinnen. Drittens ist der Staat qua öffentlichem Dienst selbst Tarifpartei und Arbeitgeber.

Zur Typisierung[32] des Verhältnisses zwischen Staat und Tarifverbänden unterscheiden wir im deutschen System zwischen dem substantiellen Interventionismus, für den Fall, dass der Staat direkt interveniert, und dem prozeduralen, der darin besteht, dass der Staat die Rahmenbedingungen konstituiert und gewährleistet. Zu den staatlich garantierten Rahmenbedingungen zählen insbesondere das Tarifvertragsgesetz, das die Dominanz des Flächentarifvertrages gegenüber betrieblichen Verträgen juristisch absichert, und das Betriebsverfassungsgesetz, das die friedliche Zusammenarbeit des Betriebsrates und damit indirekt das Streikmonopol der Gewerkschaften absichert. Über ein eigenes tarifpolitisches Instrument verfügt der Staat in Form der Allgemeinverbindlichkeitserklärung. Von den 49.540 Tarifverträgen, die 1999 gültig waren, erklärte der Bundesarbeitsminister lediglich 591 für allgemeinverbindlich.[33] In der folgenden Tabelle wird das westdeutsche Modell industrieller Beziehungen bis 1990 hinsichtlich der Rolle des Staates (Legislative und Judikative) in drei Phasen unterteilt.

---

31 Das Prinzip der Tarifautonomie ist im Dezember 1918 erstmals in Deutschland gesetzlich verankert worden. Hugo Sinzheimer, einer der geistigen Väter des kollektiven Arbeitsrechts, hat für dieses Konzept als Teil einer staatlichen Entlastungsstrategie bereits 1916 geworben "Das moderne Wirtschaftsgetriebe ist zu kompliziert, als dass es allein durch staatliche Normen reguliert werden könnte Um einer wirksamen Rechtsentwicklung willen muß der Staat einen Teil seiner Rechtsmacht an soziale Lebenskreise abgeben, die dann ihrerseits das Recht suchen und finden, das ihren wechselnden Bedürfnissen und Verhältnissen entspricht" (Sinzheimer, Hugo, Arbeitsrecht und Rechtssoziologie, Gesammelte Aufsätze und Reden, Bd 1, Frankfurt 1976, S 174)
32 Prigge differenziert drei Typen im Verhältnis zwischen Staat und Tarifverbänden· Voluntarismus, Interventionismus und Korporatismus. Den Interventionismus differenziert er in: substantieller, prozeduraler und organisationsbezogener Dimension (Prigge, Wolfgang Ulrich, Metallindustrielle Arbeitgeberverbände in Großbritannien und in der Bundesrepublik Deutschland, Opladen 1987, S 44 f.).
33 Vgl Bundesministerium für Arbeit, Tarifvertragliche Arbeitsbedingungen, Bonn 2000, S. 12.

Tabelle 2: Rolle des Staates im zeitlichen Wandel der industriellen Beziehungen der Bundesrepublik (1949 - 1989)

	Rahmengesetze	Streikrecht /Rechtsprechung	Flankierende staatliche Institutionen
1949-1966	1949 Tarifvertragsgesetz 1951 Montanmitbestimmung 1952 Betriebsverfassungsgesetz	BAG-Beschluss 1955 Ultima-Ratio-Prinzip beim Streik, Verbot spontaner und politischer Streiks und Anerkennung der Aussperrung	ab 1963 Sachverständigenrat
1967-1982	1967 Stabilitätsgesetz 1972 Reform des BetrVG 1976 Reform des MitbstG	BAG-Beschluss 1971· Einschränkung der lösenden Aussperrung	Konzertierte Aktion (1967-1977)
1983-1989	1985 Beschäftigungsförderungsgesetz 1988 Änderung des Betriebsverfassungsgesetzes	Änderung des § 116 AFG (1986)	Deregulierungskommission (1988-1991)

© Wolfgang Schroeder

Offensichtlich ist die hohe Kontinuität des deutschen Systems industrieller Beziehungen. Änderungen der Rahmenbedingungen durch staatliches Handeln vollziehen sich in der Regel als evolutionäre Ausdifferenzierung bestehender Gesetze oder Rechtsprechungen. Neue Institutionen, die den Aushandlungsprozess innerhalb der Tarifautonomie flankieren sollten, waren bis 1989 lediglich der Sachverständigenrat und die Konzertierte Aktion. Beide konnten aber keinen nachhaltigen Einfluss ausüben. Demgegenüber kann der hier nicht weiter behandelte tarifpolitische Einfluss der Bundesbank als autonomer intermediärer Organisation, die sich dem Ziel der Geldwertstabilität verpflichtet weiß, als relativ hoch eingeschätzt werden. Auffallend hinsichtlich der Rolle des Staates ist, dass bei sozialdemokratischer Regierungsbeteiligung eher flankierende Institutionen eingesetzt werden, die die Handlungsfähigkeit der Tarifparteien stärken, während konservativ-liberale Regierungen häufig dazu neigen, die betriebliche gegenüber der verbandlichen Sphäre zu stärken. Letzterem Anliegen sah sich die 1988 eingerichtete Deregulierungskommission ausdrücklich verpflichtet.

Die betrieblichen Akteure

Neben den Verbänden und dem Staat bilden die betrieblichen Akteure die dritte entscheidende Säule des deutschen Modells. Ihr Handeln bewegte sich in zentralen Fragen der Arbeitsbedingungen bis in die 80er Jahre hinein im Rahmen überbetrieblich ausgehandelter sowie staatlich normierter Standards. Insofern hat sich in Deutschland eine betriebliche Sozialordnung herausgebildet, die sich an überbetrieblichen Regelungsmustern orientiert, ohne sie bloß nachzuvollziehen. Das deutsche Modell erlaubt eine Bandbreite betrieblicher Handlungskonstellationen und Austauschmuster, wenngleich deren Spezifik durch übergreifende strukturelle Rahmenbedingungen begrenzt wird. So muss die Geschäftsführung in personalpolitischen Fragen die Interessen der Belegschaft und des Betriebsrates ebenso berücksichtigen wie die Vorgaben der überbetrieblichen Instanzen. Umgekehrt hat der Betriebsrat "seine Funktion der Interessenvertretung der Beschäftigten mit der einer Mitverantwortung für Produktivität und wirtschaftlichen Erfolg des Unternehmens"[34] zu verbinden. Eine der größten Leistungen des deutschen Modells besteht darin, die normative Trennung zwischen Betriebsrat und Gewerkschaft weniger zu einer unüberwindlichen Konkurrenz als vielmehr zu einer alltagsweltlichen Verzahnung geführt zu haben. Seit über vier Jahrzehnten sind etwa 80 Prozent aller Betriebsräte zugleich Gewerkschaftsmitglieder und nehmen in den Gewerkschaften herausragende ehrenamtliche Funktionen wahr. Während der Betriebsrat im Spannungsfeld zwischen Belegschaft, Betriebsführung und Gewerkschaft als "Grenzinstitution"[35] agiert, muss die betriebliche Geschäftsführung zwischen Belegschaft, Betriebsrat und den entscheidenden Interessen bzw. Vorgaben der Unternehmensleitung sowie denen des Arbeitgeberverbandes pendeln Interessengegensätze zwischen Betriebsrat und Geschäftsführung werden verfahrensorientiert ausgetragen; der offene Konflikt ist die Ausnahme. Dort, wo offene Konflikte entstehen, sind häufig die außerbetrieblichen Akteure involviert. Betriebsrat und Geschäftsführung sind die wichtigsten Basisakteure der ihnen zugeordneten Verbandsarenen; sie haben unterschiedlichen Rechtscharakter und in der Regel ungleiche Machtressourcen, so dass es sich zumeist nicht um gleichstark agierende Akteure im Politikfeld der industriellen Beziehungen handelt. Die betrieblichen Akteure verzichten auf Dispositionsrechte zugunsten der verbandlichen Entscheidungsebene und folgen damit einem historisch gewachsenen Institutionenmuster, das bislang einen Kooperationsmodus förderte, dessen wichtigste Komponenten sich primär in politische und ökonomische differenzieren lassen.

Die partielle Akzeptanz der überbetrieblichen Entscheidungsebene in arbeitspolitischen Bereichen durch die betriebliche ist keinesfalls selbstverständlich, sondern auch Ausdruck von politischen Kräfteverhältnissen. Denn dort, wo Geschäftsleitungen Chancen sehen, eigene tarifpolitische Wege zu gehen, ohne dass der betriebliche Frieden und die ökonomische Leistungsfähigkeit darunter leiden, wird dies mitunter versucht, und zwar in den vergangenen Jahren immer häufiger. Neben der politischen Opportunität ist zu berücksichtigen, dass es die Chance auf Beteiligung geben muss. Für die Legitimität und Akzeptanz überbetrieblicher Politik ist es wichtig, dass die betrieblichen Akteure auf der Verbandsebene ihren Einfluss und ihre Interessen hinreichend berücksichtigt sehen. Dies ist in der Regel eine Voraussetzung für die Verbände, um ein hohes Maß an Loyalität und Verpflichtungsfähigkeit zu erreichen. Tradition ist das dritte Element, das die politische Dimension der industriellen Bezie-

---

34 Vgl Müller-Jentsch, Walther: Krise oder Modernisierung der kollektiven Interessenrepräsentation? Über die Zukunft der Mitbestimmung, in. Cattero, Bruno 1998, S. 142.
35 Vgl zum Betriebsrat: Fürstenberg, Friedrich, Der Betriebsrat - Strukturanalyse einer Grenzinstitution, in: Kölner Zeitschrift für Soziologie und Sozialpsychologie, 1958, S. 418-429.

hungen prägt. Über einige Jahrzehnte gab es in der Mehrzahl der deutschen Betriebe eine bewährte, nicht grundlegend hinterfragte Aufgabenteilung, die zwischen den Generationen tradiert wurde. Die kulturell-traditionellen Bindekräfte zwischen Verbänden und betrieblichen Akteuren scheinen indes an Einflusskraft zu verlieren: Seit den 80er Jahren ist ein Trend festzustellen, dass die verbandliche Normierungskraft geschwächt wird. Management und Betriebsräte gehen immer häufiger eigene Wege, artikulieren öffentlich ihr Unbehagen an verbandlichen Entscheidungen und verweigern die Folgebereitschaft Ein zentraler ökonomischer Anreiz für die Orientierung der betrieblichen Akteure an der überbetrieblichen Konfliktlösung besteht darin, dass auf diese Weise die betrieblichen Transaktionskosten minimiert und damit ein entscheidender Entlastungseffekt erreicht werden kann, der die Effizienz unternehmerischen Handelns fördert. Dagegen will die Arbeitnehmerseite durch den Flächentarifvertrag einen der wirtschaftlichen Leistungskraft angemessenen Lohnanstieg für eine möglichst große Zahl der Erwerbstätigen erreichen.

Die Tarifpolitik

Im Zentrum des deutschen Systems industrieller Beziehungen steht die verbandsgetragene, überbetriebliche Flächentarifvertragspolitik, die durch Art. 9 Abs. III GG und das Tarifvertragsgesetz normiert ist.[36] Da neben den Arbeitgeberverbänden auch einzelne Unternehmer oder Geschäftsleitungen als Verhandlungspartei gegenüber den Gewerkschaften auftreten können, unterscheidet man zwischen Verbands- beziehungsweise Flächentarifverträgen einerseits und Haus- oder Firmentarifverträgen andererseits. In Deutschland fällt die Majorität der Beschäftigten unter den Geltungsbereich von Verbandstarifverträgen, die sowohl regional als auch bundesweit wirken können. Dem Abschluss von Tarifverträgen liegen Interessenunterschiede zugrunde: Für die Arbeitnehmer besitzen Tarifverträge vor allem eine Verteilungs- und Schutzfunktion; für die Arbeitgeber dominiert das Interesse an sozialem Frieden, niedrigen Transaktionskosten und geregeltem Wettbewerb. Schließlich gibt es ein entlastungs- und legitimationsbedingtes Interesse des Staates. Diese Interessen sind jedoch weder innerhalb der einzelnen Gruppen noch zwischen den Sektoren gleich verteilt noch sind sie stabil gegenüber Veränderungen im zeitlichen Verlauf. Beispielsweise hat das Argument, dass Tarifverträge gleiche Wettbewerbsbedingungen zwischen den Betrieben herstellen, im Zeichen von Globalisierung und forcierter Europäisierung an Plausibilität eingebüßt.

---

36 Eine komplexe Definition der positiven Funktion des Tarifvertrags bietet der Jurist Ulrich Mückenberger an "Der Tarifvertrag ist ein effektives Instrument sozialer (Selbst-) Regulierung, weil er einerseits durch Staatsfreiheit und Betroffenenbeteiligung, Sachnähe und Akzeptanz garantiert, andererseits durch Konfliktrationalisierung, Professionalisierung und Rechtszwang - sowohl was die Mittel zu seiner Erzielung als auch was seine allgemeine Anwendung angeht - Erwartungssicherheit, gleiche Wettbewerbsbedingungen und industrielle und gesellschaftliche Ordnung stiftet" (Mückenberger, Ulrich, Aktuelle Herausforderungen an die Tarifpolitik, 1995b S 29)

Im Zentrum der deutschen Tarifpolitik stand bis in die 80er Jahre der Flächentarifvertrag, dessen Bedeutung für die Regulierung der Arbeitsbedingungen in der Bundesrepublik Wolfgang Streeck folgendermaßen bewertet: "Die Universalität des Flächentarifs in Deutschland hat in der alten Bundesrepublik zu relativ geringer Ungleichheit der Entlohnungs- und Lebensbedingungen geführt. Nicht nur sind die Einkommensunterschiede zwischen leitenden Managern und manuellen Arbeitern vergleichsweise niedrig. Wichtiger noch ist, dass die Spreizung der Löhne in den achtziger Jahren nicht nur gering war - vor allem für ein großes Land - sondern weiter zurückging, und zwar in einer Periode, in der sie fast überall zunahm."[37] Die Gewerkschaften schätzen insbesondere die geringe intersektorale Lohnspreizung wie auch die international günstigen und vergleichsweise geringen Unterschiede zwischen Belegschaften in kleinen und großen Betrieben; die Arbeitgeberverbände, insbesondere die ordnungspolitische Bedeutung des Flächentarifs. Ein wichtiges Politikfeld im Zusammenhang mit dem Flächentarifvertrag ist die Arbeitszeitpolitik, die in dieser ausgeprägten Form in den meisten anderen OECD-Ländern nicht anzutreffen ist.[38]

Tarifverträge werden in Deutschland in der Regel regional für eine Branche ausgehandelt. Danach versuchen die Gewerkschaften, das in einem sogenannten Pilotbezirk erreichte Ergebnis für den nationalen Sektor zu vereinheitlichen, was ihnen bislang meistens gelang, so dass von einer "dezentral ausgeübten Bundeskompetenz der Tarifparteien"[39] gesprochen werden kann. Trotz dieser sektoralen Verankerung besitzt das materielle Tarifvertragsniveau durch die Tarifführerschaft der IG Metall zugleich eine gesamtwirtschaftliche Ausrichtung: Denn zu Beginn einer Tarifrunde geht die IG Metall bei ihren konkreten Lohn- und Gehaltsforderungen nicht von der Branchenproduktivität aus, sondern von der in der Regel niedrigeren gesamtwirtschaftlichen. Meist besitzt der im Metallsektor abgeschlossene Tarifvertrag eine orientierende Funktion für die anderen Branchen und bildet mittels des sogenannten "Geleitzugprinzips" die normative Basis für eine gewissermaßen gesamtwirtschaftlich koordinierte Lohnpolitik. Dieses Vorgehen ändert freilich nichts daran, dass zwischen den einzelnen Sektoren zum Teil erhebliche tarifliche Niveauunterschiede bestehen. Zudem lassen sich zwischen den Sektoren auch unterschiedliche Prioritäten - vor allem in der Arbeitszeitpolitik - feststellen, die zu einer abweichenden Verwendung des Verteilungsspielraumes beitragen.

---

37 Streeck. Wolfgang, Anmerkungen zum Flächentarif und seiner Krise, in: Gewerkschaftliche Monatshefte 1996/2. S 87
38 Vgl Herrmann, Christa/Promberger, Markus/Singer, Susanne/Trinczek, Rainer, Forcierte Arbeitszeitflexibilisierung. Die 35-Stunden-Woche in der betrieblichen und gewerkschaftlichen Praxis, Berlin 1999; Bosch, Gerhard, Das Ende von Arbeitszeitverkürzungen? Zum Zusammenhang von Arbeitszeit, Einkommen und Beschäftigung, in: WSI-Mitteilungen, 6/1998, S 345-359; Eurostat, Die Arbeitszeit in der Europäischen Union. Schätzungen der tatsächlichen Jahresarbeitszeit 1983-1993, in: dies., Statistik kurzgefasst, Heft 4. Luxemburg 1995.
39 Lepsius, M. Rainer 1990, S. 73

4. Deutsches Modell industrieller Beziehungen: Wandel und Vergleich

Deutschland hat im 20 Jahrhundert so viele politische Regimewechsel und Transformationsprozesse erlebt wie kaum ein anderes OECD-Land.[40] Für die industriellen Beziehungen kann von folgender historischer Abfolge ausgegangen werden: Im Kaiserreich entstand das facettenreiche System intermediärer Verbände. Die weitere Entwicklung baute zwar darauf auf, konnte aber nur durch einen deutlichen Bruch mit den autoritären Arbeitsbeziehungen des Kaiserreiches[41] weiter entwickelt werden. In der Weimarer Republik wurde ein staatlich flankiertes System der Tarifautonomie geschaffen, das jedoch nur bedingt funktionsfähig war. Nach der repressiv-autoritären Regelungspolitik des Nationalsozialismus etablierte sich in der Bundesrepublik ein höheres Differenzierungs- und Funktionsniveau, das an eine kritische Bilanz der Weimarer Erfahrungen anknüpfte. In der Bundesrepublik erfolgten bis 1989 keine institutionell vergleichbaren Brüche, sondern lediglich evolutionäre Weiterentwicklungen Auffallend sind bei dieser Entwicklung drei Phänomene: Erstens, dass die drastischen politischen Zäsuren für das Feld der industriellen Beziehungen meist mehr institutionelle Kontinuität als Diskontinuität erbrachten, was für eine durchweg pfadabhängige Entwicklungslogik spricht. Zweitens, dass die nach jeder politischen Zäsur feststellbaren Veränderungen ein höheres Differenzierungsniveau etablierten, indem Problemlagen der vorhergehenden Phase durch Konflikte und Krisen aufgearbeitet sowie pfadabhängig verändert wurden. Drittens ist nicht einfach von einer evolutionären Weiterentwicklung auszugehen. Die dramatischste und folgenreichste Diskontinuität bildete das NS-System, das die Tarifparteien auflöste und ein autoritärkorporatives System einführte. Dieser Bruch mit den Institutionen und Ideen der Weimarer Republik führte nicht dazu, dass die Konflikte zwischen Arbeit und Kapital verschwanden,[42] jedoch wurden sie gewaltsam unterdrückt und repressiv inkorporiert. Die zwiespältigen Erfahrungen aus der Weimarer Republik[43] und der Alptraum des Nationalsozialismus bildeten eine negative Folie, von der sich die Akteure der industriellen Beziehungen abgrenzten, um sich nach 1945 neu zu organisieren. Die entscheidende Veränderung gegenüber der Weimarer Republik lag im Verhalten der Akteure, die mit einer zuvor nicht existierenden, routinisierten Akzeptanz von gegensätzlichen Interessen im Spannungsfeld zwischen Arbeit und Kapital agierten. Der Zwang zur antagonistischen Kooperation ist von den Akteuren derart internalisiert worden, dass auch bei gegensätzlichen Interessenlagen, manifesten Konfliktsituationen

---

40 Zwischen 1918 und 1949 fanden nicht weniger als fünf drastische Regimewechsel statt (Vgl Schmidt, Manfred G 1990, S 23)
41 Vgl. Wehler, Hans-Ulrich. Deutsche Gesellschaftsgeschichte Bd 3, Von der "Deutschen Doppelrevolution" bis zum Beginn des Ersten Weltkrieges 1849-1914, München 1995, S 662 ff
42 Vgl Siegel, Tilla, Leistung und Lohn in der nationalsozialistischen "Ordnung der Arbeit", Opladen 1989, Mason. Timothy W , Sozialpolitik im Dritten Reich, Opladen 1978
43 Vgl Hartwich. Hans-Hermann, Arbeitsmarkt, Verbände und Staat 1918-1933. Die öffentliche Bindung unternehmerischer Funktionen in der Weimarer Republik, Berlin 1967, Feldmann, Gerald D /Steinisch, Irmgard, Industrie und Gewerkschaften 1918-1924 Die überforderte Zentralarbeitsgemeinschaft, Stuttgart 1985

und nachhaltigen Umweltveränderungen eine hohe zwischenverbandliche Handlungsfähigkeit erreicht werden konnte. Zwischen dem industriellen und dem politischen System bildete sich eine gewisse komplementäre Fähigkeit heraus, auf der Basis mehrstufiger Aushandlungsprozesse Konflikte kleinzuarbeiten, Polarisierungen zu relativieren und verpflichtungsfähige Kompromisse zu entwickeln.

Neben diesen umfassenden politischen Regimewechseln gab es nach 1945 noch einen kleinen Transformationsprozess, nämlich die Integration des Saarlandes (1955-1959) [44] Selbst dieser wurde mit Übergangsregelungen realisiert, die einen mehrjährigen tarifpolitischen Angleichungsprozess beinhalteten. Dieser Fall stellt formal zwar eine mit dem Beitritt der fünf neuen Länder vergleichbare Domänenausweitung dar, gleichwohl fehlte ihm die politische und ökonomische Transformationsproblematik, die eine komparative Perspektive auf "Augenhöhe" rechtfertigt. Lediglich auf der technisch-organisatorischen Ebene kann eine gewisse Parallelität auf einem reduzierten Niveau unterstellt werden Verglichen mit den hier erwähnten Regimewechseln und Transformationsprozessen zeichnete sich der ostdeutsche Fall durch eine enorme Transitionsgeschwindigkeit und ein außerordentlich hohes Konsensniveau aus Diese Einschätzung gilt auch im Vergleich zu den parallel verlaufenden Transformationsprozessen in Mittel- und Osteuropa

Trotz dieser Regimewechsel und Integrationsprozesse besticht das westdeutsche System industrieller Beziehungen durch ein hohes Maß an institutioneller, thematischer und personeller Kontinuität. Innerhalb dessen lassen sich auch im zeitlichen Verlauf Momente des Wandels identifizieren, die das Ergebnis veränderter gesellschaftlicher Kräfteverhältnisse, Themenkonjunkturen und politischer Rahmenbedingungen sind. In der folgenden Tabelle wird die Entwicklung zwischen 1945 und 1989 in vier Perioden eingeteilt; unterschieden wird der Einfluss der drei kollektiven Hauptakteure (Staat. Gewerkschaften und Arbeitgeberverbände) und der Zustand der Tarifpolitik. Um den Wandel innerhalb vergleichsweise stabiler Rahmenordnungen sichtbar zu machen, bietet sich eine zeitlich strukturierte Phasenbildung an, die auf wesentliche Akzente und Einflussveränderungen fokussiert ist.

---

44 Die Integration des Saarlandes spielte auch in der öffentlichen Debatte des Jahres 1990 eine Rolle: Vgl Leicht. Robert, Königsweg zur Einheit Das Saarland als Beispiel Wie ein abgestufter Beitritt zur Bundesrepublik gelang, in Die Zeit 10/1990. S 7.

Tabelle 3: Periodisierung des deutschen Systems industrieller Beziehungen (1949-1989)

Phase	Staatlicher Einfluss	Gewerkschaften	Arbeitgeber-verbände	Zustand der Tarifpolitik	Klassifizierung
1949-1955	• Rahmengesetz-gebung für die industriellen Beziehungen	• schneller Mitgliederzulauf • offensive Politik weitreichende Reform des wirtschaftlich-politischen Systems	• schneller Mitgliederzulauf • erfolgreiche allgemein- und tarifpolitische Verteidigungspolitik	• ungeordnetes System	• Erprobungsphase
1956-1966	• defensive Stabilisierung der industriellen Beziehungen	• Mitgliederstagnation • positive Lohndrift	• Organisationsgrad wächst • überbetriebliche Konfliktfähigkeit durch Aussperrung (1963) demonstriert • Zentralisierungsfähigkeit	• Dominanz der verbandlichen Spitzenebene	• goldenes Zeitalter I
1967-1977	• offensive Stabilisierung gewerkschaftsfreundliche Reform des BetrVG • Konzertierte Aktion	• aktive Lohn- und neue Gestaltungspolitik • Organisationsgrad wachst/ Mitgliederzahlen steigen	• Mitgliederstagnation auf hohem Niveau • zurückgehende Zentralisierungsfähigkeit	• regional-zentrierte Konfliktkooperation	• goldenes Zeitalter II
1978-1989	• Deregulierung des Arbeitsmarktes/ BetrVG • arbeitgeberfreundliche Änderung von AFG 116	• Konfliktfähigkeit bewiesen (1978+84) • Arbeitszeitverkürzungspolitik • sinkender Organisationsgrad	• sinkender Organisationsgrad • Verpflichtungsfähigkeit nimmt ab	• Neujustierung der industriellen Beziehungen durch neue Differenzierungsinstrumente beginnt	• Umbauphase I

© Wolfgang Schroeder

Diese Periodisierung zeigt, dass sich die stabile Phase des deutschen Modells industrieller Beziehungen auf die Zeitspanne von Mitte der fünfziger bis Ende der siebziger Jahre bezieht. In der als "goldenes Zeitalter" etikettierten Hochphase des deutschen Modells existierte Vollbeschäftigung beziehungsweise die Hoffnung, bald wieder zu diesem Zustand zurückkehren zu können. Die Verbände agierten meist als unhinterfragte mitgliederstarke Steuerungszentren. In der tarifpolitischen Praxis ging es darum, innerhalb vorgegebener Regularien soziale Fortschritte für eine größer werdende Zahl von Beschäftigten zu erreichen. Zwar fanden auch in der Hochphase des deutschen Modells heftige Konflikte zwischen den Gewerkschaften und den Arbeitgeberverbänden statt, sie wurden allerdings im Kontext definierter Arenen und Zielkorridore ausgetragen, ohne dass deren Basis grundsätzlich in Frage gestellt worden wäre. Ende der 70er Jahre begann eine neue Periode, deren Rahmenbedingungen geprägt sind durch die Zementierung der Massenarbeitslosigkeit, einen beschleunigten Strukturwandel der Erwerbsarbeit sowie die Neujustierung des Verhältnisses zwischen verbandlicher und betrieblicher Ebene durch Flexibilisierung, Differenzierung und Dezentralisierung Dahinter standen nicht nur veränderte innerbetriebliche Rationalisierungsmuster, modifizierte Managementstrategien und neue weltwirtschaftliche Konkurrenzverhältnisse, sondern auch eine politisch gewollte Infragestellung der bestehenden Arbeitsmarktstrukturen. Allerdings fielen die Veränderungen in den 80er Jahren im Vergleich zum "goldenen Zeitalter" auf der institutionellen Ebene weitaus schwächer aus als in den meisten anderen OECD-Ländern.[45] Gleichwohl begann eine merkliche, wenngleich in vielen Feldern zunächst nur schleichende Neujustierung der überbetrieblichen Regulationsstrukturen, wobei der Wandel in den Betrieben immer deutlich vor dem in den Verbänden lag. Bei diesen Prozessen kam auch dem Staat eine wichtige Rolle zu: Während dieser bis in die 80er Jahre durch seine Aktivitäten die industriellen Beziehungen stabilisierte, trug er danach selbst zur Destabilisierung verbandlicher Einflusskompetenz bei, worin eines der wichtigsten Elemente des Wandels besteht.

Das deutsche Modell industrieller Beziehungen wurde und wird im internationalen Vergleich unterschiedlich eingeordnet. Neben verschiedenen politischen Einordnungen, deren bedeutendste die sozialpartnerschaftliche Konsensdimension ist, lässt sich auf der strukturellen Ebene von der erwähnten "Mittellage" sprechen.[46] Dies betrifft sowohl den Organisationsgrad der Gewerkschaften und Arbeitgeberverbände wie auch das Zentralisierungsniveau der Tarifparteien und der Verhandlungsebenen.[47] Für andere Bereiche gilt diese Mittellage indes nicht: Wenngleich die Konflikthäufigkeit in den meisten OECD-Ländern in den 80er Jahren zurückgegangen ist, liegt das deutsche Niveau immer noch nicht in der Mitte, sondern nach wie vor am unteren Rand.[48] Hinsichtlich der Aushandlungsmodi hat es sich in der komparativen Forschung industrieller Beziehungen in den 80er Jahren eingebürgert, die divergierenden Systeme industrieller Beziehungen innerhalb der OECD in antagonistische, pluralistische und korporatistische Modelle einzuteilen.[49] Angesichts der Entwicklungen in den 80er Jahren schwindet die Differenzierungskraft dieser Typologie.[50] Im folgenden wird

---

45 Vgl Streeck, Wolfgang 1999, S. 13-40
46 Vgl Schmidt, Manfred G 1990, S. 23-31.
47 Vgl Weßels, Bernhard 1999, S 98ff
48 Vgl Ruysseveldt, Joris van/Visser, Jelle (Hrsg), Industrial Relations in Europe. Traditions and Transitions, London 1996, S 12 Nach den Analysen des Instituts der deutschen Wirtschaft lag die Zahl der durch Arbeitskämpfe verursachten Ausfalltage in den 80er Jahren von allen OECD-Staaten nur in Japan, Österreich, den Niederlanden und der Schweiz etwas niedriger als in Deutschland (Institut der deutschen Wirtschaft (Hrsg), Zahlen zur wirtschaftlichen Entwicklung der Bundesrepublik Deutschland, Köln 1998, Nr 149)
49 Vgl Ruysseveldt, Joris van/Visser. Jelle 1996, S. 27 ff.
50 Vgl Cattero, Bruno, Jenseits von Konvergenz und Pfadabhängigkeit - Über die Europäisierung der industriellen Beziehungen in Zeiten der Globalisierung, in· Schmidt, Gert/Trinczek, Rainer (Hrsg) 1999, S 97 ff

daher eine alternative "Phänomenologie" dargestellt, die die länderspezifischen Systeme entlang der sektoralen Mesoebene, der firmenbezogenen Mikroebene und der staatlichen Makroebene unterscheidet. Die wichtigste Verhandlungsarena liegt in Deutschland auf der Mesoebene Bislang wurde davon ausgegangen, dass deren Dominanz maßgeblich dafür ist, ob und wie die Spezifik des deutschen Systems fortgeschrieben werden kann

Tabelle 4: Typologie industrieller Beziehungen in ausgewählten europäischen Ländern

Machtpolitischer Schwerpunkt in den länderspezifischen Mehrebenensystemen	Die Entwicklung des Einflusses von:			
	Verbänden	Unternehmen	Staat	Tarifverträgen
Mesoebene Deutschland, Belgien. Niederlande	stark aber abnehmender Einfluss	mittel aber starker werdender Einfluss	rahmensetzend	hoch aber abnehmend
Mikroebene Großbritannien	schwach	stark	rahmensetzend	niedrig
Makroebene Frankreich	schwach	stark	normsetzend	hoch aber abnehmend

© Wolfgang Schroeder

In jedem der drei Idealtypen spielen die beiden anderen Akteursebenen eine untergeordnete Rolle Dort, wo die Verbände die industriellen Beziehungen prägen, sind die Unternehmen und der Staat jedoch nicht als schwach zu bezeichnen; sie lassen sich vielmehr auf ein spezifisches Procedere ein, das der intermediären Ebene einen im eigenen Interesse liegenden Gestaltungseinfluss einräumt. Liegt die Normsetzung primär in den Betrieben, dann spielen die Verbände und der Staat eher eine unterstützende, jedoch nicht die entscheidende Rolle. Und dort, wo der Staat die wichtigste Normsetzungsinstanz ist, sind die Verbände schwach und die Betriebe stark. Auffallend ist, dass so unterschiedlich konfigurierte Systeme wie das verbände- und das staatsdominierte in der Setzung von flächendeckenden Mindestnormen zu einem formal ähnlichen Ergebnis kommen können. Diese Typologie dient nicht nur dazu, das deutsche System international einzuordnen, sondern erlaubt es auch, seine mögliche Veränderungsrichtung im Sinne einer Neujustierung des Mischungsverhältnisses zwischen den drei genannten Akteursebenen präziser zu reflektieren. An dieser Stelle sei noch einmal darauf verwiesen, dass der typologischen Einordnung des deutschen Systems industrieller Beziehungen als eines primär sektoral koordinierten der analytische Zugang über den Ansatz sektoraler Governance-Strukturen entspricht.

5. Herausforderungen vor der deutschen Einheit

Lange Zeit wurde das Modell Deutschland als Vorbild gehandelt. In den 70er Jahren empfahl die OECD es sogar als Leitbild für andere Länder.[51] Seit Mitte der 80er Jahre nehmen die skeptischen Stimmen zu. Die beiden Hauptkritikpunkte lauten: Mangelnde Flexibilität in der innovativen Anpassung an veränderte technologische und wettbewerbliche Umweltbedingungen sowie unzureichende Antworten auf die Massenarbeitslosigkeit Dabei wurde zunächst die Stärke der Gewerkschaften dafür verantwortlich gemacht, dass es auf der Ebene der Kosten nicht gelinge, eine hinreichende Dynamik zugunsten einer verbesserten preislichen Wettbwerbsfähigkeit der Unternehmen durch eine Differenzierung und Flexibilisierung der Entgeltniveaus zu erzeugen. Auf die Gewerkschaften konzentrierte sich auch die Neokorporatismusforschung, die sich mit deren vermeintlich prekärer Integrations- und Handlungsfähigkeit zwischen "System und Mitgliederinteresse" befasste [52] Dagegen stehen seit der zweiten Hälfte der 80er Jahre die Steuerungsprobleme der Arbeitgeberverbände, deren Mitgliedschaft sich sukzessive skeptischer gegenüber der deutschen Tarifautonomie verhält, im Zentrum des politischen und wissenschaftlichen Interesses. Als Ausdruck dieser neuen Distanz von Unternehmen gegenüber den Arbeitgeberverbänden können Verbandsaustritte, Verbandsabstinenz und Tarifflucht gewertet werden.[53] Das zurückgehende Interesse der Arbeitgeber an ihren Verbänden und am Flächentarifvertrag wird von den Befürwortern des deutschen Modells als eine zentrale Ursache für die Erosion des Nachkriegskonsenses zwischen Arbeit und Kapital bewertet, von den Gegnern als Hoffnung auf eine stärkere Differenzierung und Dezentralisierung der Tarif- und Arbeitsmarktstrukturen.

Bereits vor 1990 ging von der Dynamik wirtschaftlichen Wandels und der Erosion des keynesianischen Politikmodells ein forcierter Druck auf die sozialstaatlichen Strukturen und Niveaus aus, von dem befürchtet wurde, dass er zu "Sozialdumping" und "Regime Shopping" führen könne.[54] Zugleich machten sich Ermüdungserscheinungen hinsichtlich der Akzeptanz des deutschen Weges breit, die in der Generationendynamik, in Enttraditionalisierungs- und Individualisierungsprozessen einen Resonanzboden fanden. Vor diesem Hintergrund forderten die Arbeitgeberverbände eine neue Differenzierungs- und Flexibilisierungspolitik, die von den Gewerkschaften als Angriff auf den verteilungspolitischen Nachkriegskonsens wahrgenommen wurde. Im Zentrum der Kritik stand das zentrale Element dieses Verhandlungssystems, der

---

51 Vgl. Weßels, Bernhard, Die deutsche Variante des Korporatismus, in Kaase, Max/Schmid, Günther (Hrsg), Eine lernende Demokratie 50 Jahre Bundesrepublik Deutschland (WZB-Jahrbuch 1999), Berlin 1999, S 87
52 Vgl Bergmann, Joachim/Jacobi. Otto/Müller-Jentsch, Walther, Gewerkschaften in der Bundesrepublik Gewerkschaftliche Lohnpolitik zwischen Mitgliederinteressen und ökonomischen Systemzwangen, Frankfurt 1975.
53 Vgl Schroeder, Wolfgang, Arbeitgeberverbände in der Klemme Motivations- und Verpflichtungskrisen, in Bispinck. Reinhard (Hrsg), Tarifpolitik der Zukunft. Was wird aus dem Flächentarifvertrag?, Hamburg 1995 S 44-63
54 Vgl Traxler, Franz. Nationale Tarifsysteme und wirtschaftliche Internationalisierung Zur Positionierung des "Modells Deutschland" im internationalen Vergleich, in: WSI-Mitteilungen 4/1998, S. 250.

Flächentarifvertrag, der aus der Sicht seiner Kritiker genau jene Antiquiertheit und Inflexibilität deutscher Regulierungskunst repräsentiert Im Gegensatz zu manchen anderen OECD-Ländern (Großbritannien, USA und Frankreich) kam es in Deutschland bislang nicht zu einer desorganisierenden Auszehrung[55] des Verbändesystems, sondern zu einer relativ ruhigen, pfadabhängigen Anpassung an veränderte Rahmenbedingungen Die gleichwohl sichtbaren Verschiebungen bei den Akteuren der industriellen Beziehungen, wozu ein abnehmendes Mitgliedschaftsniveau, die unzureichende Fähigkeit, die neu entstandenen Branchen und Berufe des Dienstleistungssektors angemessen zu repräsentieren sowie eine prekärer gewordene Verpflichtungsfähigkeit von ausgehandelten Tarifnormen zählen, hatten bislang keine signifikanten Auswirkungen auf die Repräsentationsfähigkeit der Tarifparteien ausgeübt. Somit liegen die Wurzeln der Repräsentations- und Steuerungskrise der 90er Jahre schon in den 80er Jahren. Trotz Dezentralisierungs- und Verbetrieblichungsprozessen, neuer Flexibilitätspolitik und einer Erosion des verteilungspolitischen Nachkriegskonsenses, der sich im nachlassenden Interesse der Arbeitgeber am deutschen Modell niederschlägt, präferierten die meisten in- und ausländischen Beobachter bis Ende der 80er Jahre eine positive Entwicklungsperspektive.[56]

In der Tabelle 5 werden die zentralen Herausforderungen an die Tarifparteien des deutschen Modells bis Ende der 80er Jahre systematisiert; dabei wird zwischen wirtschaftlichen, gesellschaftlichen und politischen Einflussfaktoren unterschieden. Neben den beiden Akteuren wird als dritte Große der Flächentarifvertrag berücksichtigt

Festzuhalten bleibt, dass die Herausforderungen der 90er Jahre in den 80ern entweder latent vorhanden gewesen waren oder in einzelnen Punkten sogar schon offen zu Tage getreten sind. Die Tarifparteien haben durch eine stärkere Differenzierung der Arbeitszeitpolitik bereits in den 80er Jahren die Weichen dafür gestellt, um den Betrieben mehr Handlungskompetenzen zu geben. Seitens der Regierung versuchte man, den arbeitsmarktpolitischen Einfluss der Tarifparteien einzuschränken, da man ihnen eine spürbare Entlastung des Arbeitsmarktes nicht zutraute. Denn die vermachteten Arbeitsmarktstrukturen wurden vom neoliberal orientierten Teil der Regierung als Hindernis für eine bessere Beschäftigungsperformanz betrachtet.

---

[55] Vgl Lash, Scott/Urry, John. The End of Organized Capitalism, Cambridge 1987
[56] Vgl Thelen, Kathleen. Union of Parts Labor Politics in Postwar Germany. Ithaka 1991, Turner, Lowell, Changing World Markets and the Future of Labor Unions, Ithaca 1991

Tabelle 5: Herausforderungen für das deutsche Modell industrieller Beziehungen Ende der 80er Jahre

Akteur/Instrument	veränderte wirtschaftliche Rahmenbedingungen	gesellschaftlich-sozialer Wandel	veränderte Präferenzen der staatlichen Politik
Gewerkschaften	• zugespitzte internationale Konkurrenz • Unterbietungswettbewerb • Verbetrieblichung, • Massenarbeitslosigkeit	• Heterogenität in der Arbeitnehmerschaft steigt • Mitgliedschaftsneigung der Beschäftigten sinkt • Beteiligungsinteresse einzelner Gruppen steigt	• Erosion der keyensianischen Nachfragepolitik • Kritik an der Struktur des Flächentarifvertrages • Möglichkeit eines Flächenstreiks eingeschränkt
Arbeitgeberverbände	• neue Flexibilitäts- und Dezentralisierungsinteressen der eigenen Mitgliedschaft	• abnehmendes Mitgliedschafts- und Partizipationsinteresse	• Präferenz der Angebotspolitik, AFG 116, Beschäftigungsförderungsgesetz
Flächentarifvertrag	• beginnende konditionierende Öffnung des Tarifvertrages für eigenständige Entscheidungen der betrieblichen Akteure	• Akzeptanz für die Einhaltung geltender Normen schwindet	• Einsetzung einer Deregulierungskommission (1988)

© Wolfgang Schroeder

6. Transformationsdebatte

Die wichtigsten wissenschaftlichen Kontexte der vorliegenden Studie bilden die Debatte über spezifische Kapitalismus-Konfigurationen, wobei ich mich am "Modell Deutschland-Ansatz" und den sektoralen Governance-Überlegungen orientiere. Vertieft wird dieser Zugang durch Analysen zur Spezifik des westdeutschen Systems der industriellen Beziehungen. Das dritte Forschungsfeld von zentraler Bedeutung ist die sogenannte Transformationsforschung, bei der es im weitesten Sinne um die "Untersuchung von Systemwechseln mit allen ihren politischen, rechtlichen, wirtschaftlichen, sozialen und kulturellen Facetten"[57] geht. Solche Analysen fristeten innerhalb der deutschen Sozialwissenschaften lange Zeit eher ein Schattendasein. Im Anschluss an den Zusammenbruch kommunistischer Herrschaftsregime in Mittel- und Osteuropa hat sich dies zumindest quantitativ geändert. Denn die Ende der 80er Jahre einsetzenden Umbrüche bildeten den Start für umfassende Forschungsprogramme[58]

---

57 Eisen, Andreas/Kaase, Max, Transformation und Transition· Zur politikwissenschaftlichen Analyse des Prozesses der deutschen Vereinigung, in· Kaase, Max/Eisen, Andreas/Gabriel, Oscar W./Niedermayer, Oskar/Wollmann, Hellmut, Politisches System (KSPW-Berichte, Bd.3), Opladen 1996, S. 45 ff.
58 Besonders erwähnenswert sind dabei die "Kommission zur Erforschung des sozialen und politischen Wandels in den neuen Bundesländern" (1991-1996), das Schwerpunktprogramm der Deutschen Forschungsgemeinschaft "Sozialer und politischer Wandel im Zuge der Integration der DDR-Gesellschaft" und die von der Max-Planck-Gesellschaft eingerichtete Arbeitsgruppe "Transformationsprozesse in den neuen

wie auch für eine Vielzahl einzelner Projekte [59] Eisen/Kasse monieren, dass diese Projekte jedoch anders als ursprünglich erwartet, "nicht zu strategisch angesetzten und theoretisch aufeinander bezogenen Forschungen geführt haben, systematische Ergebniskumulation also kaum zustande kommen konnte "[60] Die meisten Studien orientierten sich an der Perspektive einer nachholenden Modernisierung und eine Reihe von Projekten ging historisch und international vergleichend vor [61]

Sowohl bei den Analysen, die sich mit den jüngeren Regimeübergängen in Europa (Spanien, Portugal) wie auch bei den Studien, die sich auf die südamerikanischen Übergänge beziehen, wird davon ausgegangen, dass die Implementierung von Markt und Demokratie voneinander getrennte, historisch aufeinander folgende Prozesse sind. Im Gegensatz dazu sind die Transformationsprozesse in Mittel- und Osteuropa als ein "Dilemma der Gleichzeitigkeit" von Markt und Demokratie beschrieben worden. Davon ausgehend entfaltete sich eine kontroverse Debatte· Befürchteten verschiedene Autoren zu Beginn der Transformation, dass sich aus dem gleichzeitigen Aufbau von Demokratie und Marktwirtschaft eine wechselseitige Blockade ergebe, so vertraten andere die These, dass sich diese beiden Prozesse komplementär zueinander verhielten Der Transformationsbegriff führt weniger zu einem theoretisch ausgewiesenen Referenzkonzept, vielmehr dient er primär dazu, den Forschungsbereich zu markieren. Sein zentrales Defizit besteht darin, dass er als Oberbegriff keine analytische Trennschärfe besitzt [62]

Einen Referenzbegriff, mit dem sich Regimeübergänge differenzierter analysieren lassen, bietet das von O'Donnel/Schmitter/Whitehead entwickelte Transitionskonzept [63] Zwar handelt es sich auch bei diesem Zugang um ein gegenüber den historischen Voraussetzungen in Wirtschaft, Politik und Gesellschaft indifferentes Konzept. Gleichwohl bietet es einen formalen analytischen Rahmen, indem es von einem zeitlich gegliederten Prozess des Übergangs ausgeht Mit seinem Fokus auf die zeitliche Dimension besitzt dieser Ansatz auch für den politischen Entwicklungsprozess eine gewisse heuristische Qualität. Transition wird definiert als ein Prozess, der vom Beginn der Erosion des alten bis hin zur Konsolidierung des neuen politischen Regimes reicht Unterschieden wird dabei eine Liberalisierungs-, Demokratisierungs- und

---

Bundesländern" Interessante Anstöße für diese Arbeit erbrachte auch die im Rahmen der Deutschen Vereinigung für politische Wissenschaften entstandene Arbeitsgruppe "Organisierte Interessen in Ostdeutschland" In diesem Kontext sind eine Fülle von - meist kleineren - empirischen Einzelfall-, sektoral vergleichenden sowie übergreifend theoretisch ambitionierten Beiträgen entstanden

59 Vgl Eisen, Andreas/Kaase, Max, Transformation und Transition 1996, S 45 ff
60 Ebd. S 16
61 Zu erwähnen sind diesbezüglich vor allem zwei Forschungskontexte Erstens der Schwerpunkt der Volkswagen-Stiftung "Diktaturen im Europa des 20 Jahrhunderts Strukturen, Erfahrungen, Überwindung, Vergleich" und zweitens der 1993 im Rahmen der deutschen Gesellschaft für politische Wissenschaft gegründete Arbeitskreis "Systemwechsel" Vgl Merkel, Wolfgang (Hrsg), Systemwechsel 1 Theorien, Ansätze und Konzepte der Transitionsforschung, Opladen 1996 (2 Auflage)
62 Vgl Kasse, Max/Lepsius, M Rainer, Transformationsforschung, in Deutsche Forschungsgemeinschaft (Hrsg). Perspektiven der Forschung und ihrer Förderung Aufgaben und Finanzierung 1997-2000, Weinheim/New York 1997, S 122
63 Vgl O'Donnel. Guillermo/Schmitter, Philippe/Whitehead Lawrence (Hrsg), Transitions from Authoritarian Rule Comparative Perspectives, Baltimore 1986

Konsolidierungsphase. Gerade für die Implementierung der industriellen Beziehungen lässt sich diese Periodisierung fruchtbar machen. Während es vergleichsweise einfach ist, die beiden ersten Phasen für den Umbruch in der DDR zu identifizieren, trifft dies für die Konsolidierungsphase nicht zu. Die Liberalisierungsphase setzte ein, als sich die Industriegewerkschaft Metall/DDR von der Vormundschaft durch SED und FDGB abzusetzen begann; die Demokratisierungsphase bezieht sich auf die Herstellung jener Mitgliederrechte, die auch für demokratische Massenorganisationen unter westlichen Bedingungen üblich sind. Im Gegensatz zu diesen beiden Perioden, die zeitlich gesehen relativ kurz ausfallen, haben wir es bei der Konsolidierungsphase mit einem längeren, nicht klar abgegrenzten und noch nicht abgeschlossenen Aushandlungsprozess zu tun Allerdings bleibt offen, welche Indikatoren heranzuziehen sind, um festzustellen, wann die Konsolidierungsphase beginnt und wann sie endet. Ist die abgeschlossene Konsolidierung gleichzusetzen mit der erfolgreichen Übertragung westdeutscher Institutionen oder müssen dafür weitergehendere Faktoren herangezogen werden, wie Mitgliederakzeptanz und Partizipation, Einbettung in die politisch-ökonomische Institutionenkultur und kollektive Problemlösungsfähigkeit? Entscheidet man sich dafür, dass die Konsolidierungsphase mit der Übertragung der formalen Organisationsstrukturen beginnt, dann ist immer noch nicht geklärt, welche Indikatoren Aufschluss über ein Gelingen des Institutionentransfers und über dessen Wirkungsweise geben Drei allgemeine Hauptprobleme stehen einer einfachen, universell gültigen Operationalisierung des Transitionskonzeptes im Wege: Erstens das teleologische oder Determinismusproblem. Um die Konsolidierungsprozesse zu bewerten, ist es irreführend von einer Identität mit einem vorhandenen Institutionenarrangement in einem anderen Land oder von einer modellartig vorgefertigten Zielvorgabe als "Blaupause" auszugehen. Bezogen auf den deutschen Fall bedeutet dies: die Vergangenheit des westdeutschen Modells kann nicht als Zukunft der industriellen Beziehungen in den fünf neuen Ländern gesehen werden. Einerseits sind die Ausgangsbedingungen gänzlich unterschiedlich, andererseits befand sich das westdeutsche System bereits vor 1989 in einer offenen Umbruchphase. Die zweite Problemdimension bezieht sich auf die Dauer von Konsolidierungsprozessen: Welche zeitlichen Dimensionen sind zu berücksichtigen, um fundierte Aussagen über den Stand, also den wahrscheinlichen Erfolg oder das Scheitern des Konsolidierungsprozesses machen zu können? Die dritte für den deutschen Fall entscheidende Konsolidierungsdimension hängt mit der Integration in das westdeutsche Modell zusammen. In dieser Arbeit geht es um die Konsolidierung als Teil des Veränderungsprozesses des gesamten deutschen Systems der industriellen Beziehungen. Bevor auf diese Dimension weiter eingegangen wird, befassen wir uns mit den Besonderheiten des deutschen Transformationsfalles.

Deutschland als privilegierter Sonderfall der Transformation

Die Transition der ehemaligen DDR ist nicht nur ein Sonderfall. Zu den Gemeinsamkeiten mit den anderen ost- und mitteleuropäischen Ländern zählt vor allem, dass gleichzeitig das wirtschaftliche und das politische System transformiert wurde[64] - allerdings mit unterschiedlichen Geschwindigkeiten. Wie in allen anderen osteuropäischen Ländern stehen im Zentrum des Handelns zunächst die Regierung und die verbandspolitischen Eliten, die Unternehmen und weitere gesellschaftliche Kräfte treten erst später als "Resultat" des Vorgangs in Erscheinung In der vergleichenden Perspektive erscheint die ehemalige DDR als ein "privilegierter" oder sogar "extremer Sonderfall"[65]. Denn die ostdeutschen Akteure mussten sich nicht aus eigenen Kräften, über langwierige und kontroverse Entscheidungsdebatten auf die Suche nach neuen Institutionen und Regeln machen. Statt dessen ermöglichte der Beitritt zur Bundesrepublik Deutschland, der gleichbedeutend war mit Institutionen-, Finanz- und Personaltransfer, binnen kurzer Zeit die materiellen Fesseln des alten Systems zu überwinden. Die Kehrseite der exogenen Transformation des "Ready-Made-State"[66] war, dass die neuen Bundesbürger über einen längeren Zeitraum ein Fremdheitsgefühl im neuen Land hegten. Auf der theoretisch-normativen Ebene entspricht die Übernahme des westdeutschen Systems der These von der nachholenden Modernisierung Ostdeutschlands, wie sie besonders pointiert von Zapf/Habich vorgetragen wird: "Unter Transformation verstehen wir Modernisierungsprozesse, deren Richtung Akteuren und Beobachtern prinzipiell bekannt ist, nämlich die nachholende Entwicklung der Institutionen von Demokratie, Marktwirtschaft und Wohlstand sowie die Ausbildung entsprechender Einstellungen und Verhaltensweisen "[67]

Als politikwissenschaftlicher Schlüsselbegriff, der das spezifische Zusammenfallen von Transformation und Integration in der ehemaligen DDR erfasst, dient der von Gerhard Lehmbruch eingeführte Terminus des Institutionentransfers: Darunter versteht er "die Übertragung der politisch regulierten Institutionen der alten Bunderepublik auf die ehemalige DDR"[68] Gedeutet wird dieses Vorgehen von ihm nicht als "Kolonialisierung", sondern als eine sicherheitsorientierte Krisenstrategie der westdeutschen Akteure. Mittels Problemvereinfachung suchte die deutsche Politik in einer "eigentumlichen Verbindung von Improvisation und institutionellem Beharrungsvermögen"[69] eine überkomplexe Entscheidungssituation zu bewältigen, die durch ein ungewöhnlich hohes Informationsdefizit, Unsicherheit und Entscheidungsdruck geprägt war Lehmbruch geht davon aus, dass die handelnden Akteure unter diesen

---

64 Vgl Beyme, Klaus von, Systemwechsel in Osteuropa, Frankfurt 1994, 80ff
65 Wiesenthal, Helmut (Hrsg), Einheit als Interessenpolitik Studien zur sektoralen Transformation Ostdeutschlands, Frankfurt 1995, S 8
66 Rose, Richard/Haerpfer, Christian, The impact of a Ready-Made-State Die privilegierte Position Ostdeutschlands in der postkommunistischen Transformation. in Wiesenthal, Helmut (Hrsg), Einheit als Privileg Vergleichende Perspektiven auf die Transformation Ostdeutschlands, Frankfurt 1996, S 105 ff.
67 Zapf, Wolfgang/Habich, Roland (Hrsg) Wohlfahrtsentwicklung im vereinten Deutschland Sozialstruktur, sozialer Wandel und Lebensqualität. Berlin 1996, S 329
68 Lehmbruch, Gerhard, Institutionentransfer Zur politischen Logik der Verwaltungsintegration in Deutschland. in Seibel. Wolfgang/Benz, Arthur/Mäding, Heinrich (Hrsg), Verwaltungsreform und Verwaltungspolitik im Prozeß der deutschen Einigung, Baden-Baden 1993, S 41
69 Lehmbruch. Gerhard, Die improvisierte Vereinigung Die Dritte deutsche Republik Unentwegter Versuch, einem japanischen Publikum die Geheimnisse der deutschen Transformation zu erklären, in Leviathan 1990/4. S 463

Bedingungen ohne den Rückgriff auf ihr in der Vergangenheit ausgebildetes strategisches Repertoire überfordert gewesen wären. Mit anderen Worten: Die Situation ließ den handelnden Akteuren zwar keine Alternative; aber zugleich haben sie durch ihr strukturkonservatives Vorgehen Folgeprobleme in Gestalt nicht überschaubarer Kosten und Integrationsprobleme wissentlich in Kauf genommen.

Da auch der Begriff des Institutionentransfers, ähnlich wie der Transformationsbegriff, zur analytischen Unschärfe tendiert, schlägt sein "Erfinder" vor, zwischen Teilsystemen, Sektoren und Phasen zu unterscheiden: Denn je nachdem in welchem Sektor Institutionentransfer und Institutionenbildung stattfinden, sind sie unterschiedlich schnell, tief und folgenreich verlaufen. Lehmbruch selbst unterteilt den Transitionsprozess in zwei Perioden: Eine erste Phase der Steuerung und eine zweite Phase der Eigendynamik. In der ersten Phase fielen die wesentlichen Entscheidungen "in einem stark zentralisierten und personalisierten Entscheidungssystem"[70]. Die in dieser Phase getroffenen Grundsatzentscheidungen entsprachen dem Problembewusstsein der westdeutschen Akteure; sie deckten sich aber zugleich auch mit den artikulierten Interessen der Mehrheit der Ostdeutschen, obwohl sie nur unzureichend auf die spezifischen ostdeutschen Verhältnisse passten. Neben der Dominanz der westdeutschen Akteure habe der Partikularismus der interessenpolitischen Akteure dazu beigetragen, dass die Steuerungsfähigkeit der transferierten Institutionen drastisch zurückgegangen seien und eigendynamische Prozesse zugenommen hätten. Da Institutionen einer sozialen und kulturellen Einbettung bedürfen, die im Westen über viele Jahre gewachsen war, konzentriert sich die politikwissenschaftliche Forschung auf die Frage, ob und wie diese als prozesshaft und konfliktorisch verstandene Entwicklung in Ostdeutschland nachgeholt werden kann.

Im Zentrum der auf Deutschland bezogenen Transitionsforschung stehen also auch die nicht intendierten Folgen des linearen Institutionentransfers. Dabei geht es um Akzeptanzprobleme, aber auch darum, dass sich bestimmte Institutionen schlicht als inadäquat oder ineffektiv erweisen können. Dies wiederum öffnet den Blick für die Frage nach den konkreten Bedingungen der sektoralen Institutionengenese, nach ihren Alternativen wie auch nach der komparativen Dimension. Anfangs besaß der Institutionentransfer die Legitimation durch die Akzeptanz von unten. Erst im Zeitverlauf erodierte diese Akzeptanz. Widersprüchlich erscheinen in diesem Kontext jene Thesen, die von einer Kolonialisierung[71] oder einer "Architektur der Unterkomplexität"[72] ausgehen und damit argumentieren, dass eine umfassende Steuerung hätte geleistet werden können, die von vornherein die nicht intendierten Folgen mit ein-

---

70 Ders, Institutionen, Interessen und sektorale Variationen in der Transformationsdynamik der politischen Ökonomie Ostdeutschlands. in Journal für Sozialforschung, 1994/1, S 21
71 Vgl Dümcke, Wolfgang/Vilmar, Fritz (Hrsg), Kolonialisierung der DDR Kritische Analysen und Alternativen des Einigungsprozesses, Münster 1995, Kritisch zur Kolonialisierungsthese: Bulmahn, Thomas, Vereinigungsbilanzen. Die deutsche Einheit im Spiegel der Sozialwissenschaften (WZB-Papier; FS III 96-403), Berlin 1996, S 21f. und: Brie, Michael, Die Ostdeutschen auf dem Weg vom "armen Bruder" zur organisierten Minderheit? Berlin 1994 , S. 8ff
72 Landfried, Christine, Architektur der Unterkomplexität, in: Lehmbruch, Gerhard (Hrsg), Einigung und Zerfall Deutschland und Europa nach dem Ende des Ost-West-Konflikts, Opladen 1995, S. 31.

bezieht Dabei wird jedoch die Steuerungs- und Prognosefähigkeit der Akteure deutlich uberschatzt Zwar ist es ruckblickend zutreffend, von einem "Siegeszug kontextfremder und zum Teil historisch obsoleter Politikerfahrungen, Situationsdeutungen und Interessendefinitionen"[73] zu sprechen. Dagegen ist die These vom unterkomplexen Handeln im Einigungsprozess zuruckzuweisen, sie bedeutet nämlich nicht nur, dass die Steuerungsmöglichkeiten der Akteure uberschätzt werden, sondern auch dass ihre realen Steuerungsleistungen unterschätzt werden [74] Der lineare Institutionentransfer, den Wiesenthal als eine "umfassende und irreversible Startprogrammierung"[75] begreift, bedeutet, dass im Vergleich zu den anderen mittel- und osteuropäischen Transformationsländern die Unternehmen schneller mit den Bedingungen des Weltmarktes konfrontiert wurden, die Lebensbedingungen der Bürger sich umfassender und forcierter veränderten und die Institutionen sich ihr soziales und politisches Umfeld erst schaffen mussten

Damit sind wir bereits mitten in der Debatte uber die dritte Dimension der Konsolidierungsproblematik angelangt. Neben dem Determinismusproblem und der zeitlich-prozesshaften Dimension kommt den spezifisch deutschen Problemen des Verhältnisses zwischen exogenen (West) und endogenen (Ost) Einflussfaktoren eine wichtige Rolle zu. Das Gelingen der Integration in das westdeutsche Modell hängt sowohl von westdeutschen Ressourcen und Strategien ab, als auch von der ostdeutschen Aneignungspraxis. Beide zusammen schaffen erst ein spezifisch ostdeutsches Amalgam, dessen Ergebnisse jedoch nur begrenzt planbar sind Ob die Akteure im Spannungsverhältnis zwischen Ost und West die dafür notwendige flexible Routine entwickeln, entscheidet maßgeblich darüber, ob und wie der Konsolidierungsprozess stattfindet.

Kontroverse Positionen

Die sozialwissenschaftlichen Einschätzungen über den Einigungsprozess fallen auch zehn Jahre nach dem Mauerfall höchst gegensätzlich aus. Bestimmend ist einerseits die These von "einer im wesentlichen gelungenen nachholenden Modernisierung Ostdeutschlands" und andererseits ihre komplementäre Gegenthese, der zufolge der Institutionentransfer als misslungen betrachtet werden müsse, da die Angleichung der Lebensverhältnisse noch lange nicht vollendet sei und auch in absehbarer Zeit nicht gelingen werde. Die Optimisten gehen davon aus, dass die Vereinigung bisher deshalb erfolgreich verlaufen sei, weil der Institutionentransfer schnell und effizient vollzogen wurde, die Angleichung der Lebensbedingungen weit fortgeschritten sei und somit die Gewinne der Einheit die Verluste dominierten.[76] Demgegenüber führen die Skeptiker an, dass die transferierten Institutionen den Ostdeutschen übergestülpt wurden und von

---

73 Wiesenthal. Helmut 1995, S 24
74 Vgl Bulmahn, Thomas 1996, S 24
75 Wiesenthal, Helmut 1995, S 10
76 Vgl Zapf, Wolfgang/Habich, Roland, Die sich stabilisierende Transformation - ein deutscher Sonderweg, in dies (Hrsg) Wohlfahrtsentwicklung im vereinten Deutschland Sozialstruktur, sozialer Wandel und Lebensqualität, Berlin 1996, S 329

deren Lebenswelt abgekoppelt seien. Der Akt der "Landnahme" sei dafür verantwortlich, dass ein "Gefälle der Unsicherheit"[77] und ein neuer "regionaler Verteilungskonflikt"[78] zwischen Ost und West entstanden sei. Zwar habe der Institutionentransfer eine schnelle Systemintegration bewirkt, doch führe dies bisher zu keiner wirklichen Sozialintegration. Andere monieren, dass zwar ein formal erfolgreicher Institutionentransfer festzustellen sei, dass aber dieser Prozess zu sehr auf die westdeutschen und zu wenig auf die neuen internationalen Herausforderungen abgestellt sei.

In den Beiträgen, die sich mit den Auswirkungen des Institutionentransfers auf die industriellen Beziehungen befassen, dominierte in den ersten Jahren des Transformationsprozesses eine doppelt negativ konnotierte Grundeinschätzung: Erstens wurde der konkrete Modus des Institutionentransfers, vor allem jener bei den Gewerkschaften, kritisch bewertet, und zweitens warfen viele Autoren den Tarifparteien vor, falsche Entscheidungen in der Lohnpolitik getroffen zu haben. Für die erste Position sind die Aufsätze von Birgit Mahnkopf[79] exemplarisch, deren Argumente an Lehmbruchs Thesen über die Folgen des Institutionentransfers[80] anschließen: Ihre Perspektive ist geprägt durch die politisch ambitionierte Modernisierungsdebatte, wie sie in den Gewerkschaften Ende der 80er Jahre geführt wurde. Darauf aufbauend diagnostiziert sie die Wirkungen des Einigungsprozesses auf die Gewerkschaften im Sinne "einer Schwächung ihrer Organisationsmacht, ihrer Legitimationsfähigkeit und ihrer politischen Gestaltungsmöglichkeiten"[81] Sie begründet diese Einschätzung primär mit den sozialisationsbedingten Wirkungen der Ausgangsgesellschaft auf die Verhaltensweisen der Beschäftigten, die dazu beitrügen, dass die politische Öffnung der Gewerkschaften bis auf weiteres gestoppt würde. Statt einer reformorientierten Veränderung seien ein Rückzug auf traditionelle Themen, die Gefahr eines zunehmenden Betriebssyndikalismus, eine Verschlechterung der innergewerkschaftlichen Demokratie und eine weitere Deregulierung zu erwarten. Diese von den Primärerfahrungen der Ausgangsgesellschaft herrührenden Verhaltensweisen böten einen fruchtbaren Boden, um sich als Experimentierfeld für neoliberale Anpassungsstrategien der Arbeitgeber zu eignen. Zu berücksichtigen sei dabei, dass diese Gefahr durch die westdeutschen Gewerkschaften selbst verschärft wurde, indem sie mit ihrer Option für einen bürokratischen Institutionentransfer diese Verhaltensweisen geradezu stabilisiert und verlängert hätten.

---

77 Geißler, Rainer. Neue Strukturen der sozialen Ungleichheit im vereinten Deutschland, in Hettlage, Robert/Lenz, Karl (Hrsg) Deutschland nach der Wende Fünf-Jahres-Bilanz, München 1995, S 126
78 Ebd, S. 132.
79 Vgl vor allem Mahnkopf. Brigitte, Vorwärts in die Vergangenheit? Pessimistische Spekulationen über die Zukunft der Gewerkschaften in der neuen Bundesrepublik, in Westphal, Andreas/Herr, Hansjörg/Heine, Michael/Busch. Ulrich (Hrsg), Wirtschaftspolitische Konsequenzen der deutschen Vereinigung, Frankfurt/M 1991
80 Eine von Lehmbruchs grundlegenden Befürchtungen bezog sich auf die Steuerungsfähigkeit von intermediären Organisationen angesichts einer Zunahme an Mitgliederheterogenität im Kontext der Einigung:"Die Vereinigung wird auch die Identität der bisherigen westdeutschen Organisationen in mehr oder weniger starkem Maße in Frage stellen, weil diese sich nun Mitgliedern öffnen müssen, die ganz andere historische und lebensweltliche Erfahrungen durchlaufen haben. Das kann zu größerer Heterogenität und innerorganisatorischen Konflikten führen, deren Ausgang noch ganz offen ist" (Lehmbruch, Gerhard 1990, S. 483)
81 Mahnkopf, Brigitte 1991, S 275

Während die Kritik von links auf die demokratiepolitische Dimension des Institutionentransfers rekurriert, konzentriert sich die neoliberale Kritik primär auf die inhaltliche Dimension der Tarifpolitik. Sie verdichtet sich in der These vom "Versagen der Tarifpolitik", als repräsentativ sind die Beiträge von Gerlinde und Hans-Werner Sinn zu nennen.[82] Ihrer Argumentation zufolge haben die Tarifparteien durch den eingeschlagenen Kurs einer an Westdeutschland orientierten "Hochlohnpolitik" eine nachhaltige Belastung für eine positive wirtschaftliche und beschäftigungspolitische Entwicklung gelegt. Ursächlich für diese Strategie seien insbesondere drei Gründe: erstens die spezifisch westdeutschen Interessen an einer Schwächung der ostdeutschen Konkurrenz, zweitens eine nicht vorhandene Parität bei den Verhandlungen zwischen Arbeitgeberverband und Gewerkschaft und drittens die Abstinenz des Staates. Diese von der besonderen politischen Situation des Zusammenbruchs eines Herrschaftssystems abstrahierende Positionsbestimmung hat in den ersten Jahren maßgeblich die öffentliche Debatte bestimmt. Mit der Fokussierung auf diesen vermeintlichen Kardinalfehler der verbandlichen Transformationsstrategie läuft man indes Gefahr, die Hypothek der ostdeutschen Ausgangsgesellschaft wie auch die dysfunktionalen Verhaltensweisen staatlicher und privater Akteure bei der Transformation zu bagatellisieren.

Einer der einflussreichsten Beiträge zur Transformation der industriellen Beziehungen, in dem die beiden oben dargestellten Lesarten synthetisiert und zugleich mit einer akteursorientierten Sichtweise darüber hinausgegangen wird, stammt aus der Feder von Wilfried Ettl und Helmut Wiesenthal.[83] Sie gehen davon aus, dass der misslungene Institutionentransfer die Tarifautonomie in Ostdeutschland mit außerordentlichen Effektivitätsdefiziten belastet habe. Sie machen dafür aber nicht illegitime machtpolitische Interessen der westdeutschen Akteure verantwortlich. Vielmehr lautet ihre zentrale These, dass der Institutionentransfer misslungen sei, weil die Diskrepanz zwischen Ursprungs- und Anwendungskontext von den verantwortlichen Akteuren nicht angemessen berücksichtigt wurde. Statt sich mit auf die Bedingungen der neuen Bundesländern einzulassen, seien die westdeutschen Akteure davon ausgegangen, "dass (west-) identische Normierungen zwangsläufig (west-)identische Normierungsfolgen bewirken würden"[84]. Diese Fehleinschätzung habe vielfältige negative Rückwirkungen mit sich gebracht, von denen die "Rekrutierungsschwierigkeiten der Arbeitgeberverbände"[85] für die industriellen Beziehungen am folgenreichsten seien.

Wolfgang Streeck sieht in der ostdeutschen Entwicklung eine grundlegende Gefährdung des deutschen Modells; dabei lautete seine Bewertung 1995, dass der Einigungsprozess "dem deutschen Modell einen historischen Schock (versetzte: WS),

---

82 Vgl. Sinn, Gerlinde/Sinn, Hans-Werner, Kaltstart Volkswirtschaftliche Aspekte der deutschen Vereinigung, Tübingen 1991, S. 155 ff
83 Vgl. Ettl, Wilfried/Wiesenthal, Helmut, Tarifautonomie in de-industrialisiertem Gelände Analyse eines Institutionentransfers im Prozeß der deutschen Einheit, in Kölner Zeitschrift für Soziologie und Sozialpsychologie 1994/3, S. 425-452
84 Ebd., S. 441
85 Ebd., S. 446

der durchaus stark genug gewesen sein kann, um dieses ein für allemal aus der Bahn zu werfen"[86]. Ähnlich pessimistisch argumentiert Roland Czada, der ebenfalls im Ereignis der Vereinigung den entscheidenden Impuls zur Erosion des deutschen Modells verortet: "Während die Probleme der Weltmarktanpassung seit langem bekannt sind, und erfolgversprechende Strategien für die steuer- und fiskalpolitischen sowie gesellschafts- und verteilungspolitischen Handlungsfelder im institutionellen Rahmen des westdeutschen Weges vor der Vereinigung diskutiert wurden, steht die Erosion der institutionellen Grundlagen des deutschen Modells im unmittelbaren Zusammenhang der Vereinigungspolitik."[87] Das größte Hindernis sei die trotz größter politischer und ökonomischer Anstrengungen eingetretene "Dualisierung der Ökonomie" und die in Folge der "Verbetrieblichung der industriellen Beziehungen" eingetretene Heterogenisierung der Lebensverhältnisse.[88] Diese Faktoren würden eine Fortführung des deutschen Modells eher unwahrscheinlich machen.

Neben diesen pessimistischen Einschätzungen stehen auch solche, die sich optimistisch zur Frage der Fortführung des deutschen Modells verhalten. Exemplarisch für diese Sicht sind die Arbeiten des Amerikaners Lowell Turner.[89] Während die oben genannten Autoren die Risiken für das deutsche Modell akzentuieren, indem sie auf inadäquate institutionelle Arrangements angesichts veränderter Umweltbedingungen verweisen, betonen die Optimisten die Fähigkeiten der Akteure, die vorhandenen Institutionen vergleichsweise flexibel zu nutzen und sie an die veränderten Bedingungen anzupassen. Für die These, dass sich das deutsche Modell industrieller Beziehungen einer robusten Stabilität erfreut, weil es über einen "sehr anpassungsfähigen Charakter" verfüge, ist die Einschätzung des französischen Soziologen Christian Dufour charakteristisch: "Ich behaupte, dass die entscheidende Dynamik des deutschen Systems in der Fähigkeit der Akteure begründet liegt, auf eine im Laufe der Zeit zwar konstante aber immer wieder unterschiedlich genutzte institutionelle Konfiguration flexibel zu reagieren". In dieser Perspektive wird die Flexibilität der vorhandenen Institutionen ausdrücklich bejaht, zugleich aber Zweifel hinsichtlich der zukünftigen Handlungsfähigkeit der Akteure angemeldet: "Die entscheidende Frage lautet also nicht, ob die vorhandenen Institutionen nach wie vor leistungsfähig sind, sondern ob die Akteure nach wie vor imstande sind, sie flexibel zu nutzen. Falls letzteres noch zutrifft, wäre das deutsche System industrieller Beziehungen - wenn auch in veränderter Form - im Vergleich zu anderen Systemen vielleicht überlebensfähiger"[90].

---

86 Vgl. Streeck, Wolfgang, Der deutsche Kapitalismus: Gibt es ihn? Kann er überleben?, in: IG Metall (Hrsg) Interessenvertretung, Organisationsentwicklung und Gesellschaftsreform Gewerkschafts- und gesellschaftspolitisches Forum der IG Metall (15/16 6.1995), Frankfurt 1995
87 Czada, Roland, Der Vereinigungsprozeß - Wandel der externen und internen Konstitutionsbedingungen des westdeutschen Modells, in: Simonis, Georg (Hrsg) 1998, S 80
88 Ebd, S 81.
89 Vgl Turner, Lowell (Hrsg) Negotiating the New Germany Can Social Partnership Survive? Cornell 1997; ders, Fighting for Partnership Labor and Politics in Unified Germany, Cornell 1998.
90 Dufour, Christian, Industrielle Beziehungen - wie modellhaft ist das deutsche Modell? in: Cattero, Bruno (Hrsg) 1998, S 248

B. Ostdeutsche Ausgangsgesellschaft und Selbsttransformationsversuche

I. Ausgangsgesellschaft

Die Analyse setzt bei der DDR und ihren bis heute spürbaren Folgen an. Bei den Wirkungen der Ausgangsgesellschaft handelt es sich keinesfalls um eine statische Einflussgröße: vielmehr ist es im zeitlichen Verlauf zu einer Ausdifferenzierung des sozialisationsbedingten Erbes der DDR gekommen. Eine wichtige Argumentationslinie der vorliegenden Studie besteht deshalb darin, die Bedingungen der Ausgangsgesellschaft sowohl als Startpunkt des Transformationsprozesses wie auch als ihr ständiger - wenngleich sich wandelnder und kleiner werdender - Schatten zu begreifen. Zwar sind die politischen Institutionen gänzlich und die wichtigsten wirtschaftlichen Einheiten fast vollständig von der Landkarte verschwunden; gleichwohl wirken sowohl deren ökonomische Hinterlassenschaft wie auch die im Kontext der tragenden DDR-Institutionen generierten Verhaltensweisen, Einstellungen und Lebensformen in gebrochener, generationenspezifischer Form weiter.[1] In diesem Sinne sind sie gewissermaßen das "Gepäck ... mit dem die ostdeutschen Männer und Frauen ihre Reise in die westdeutsche Gesellschaft antreten"[2].

Es ist nur schwer möglich, eine direkte Zuordnung zwischen Institutionen und ihren verhaltensgenerierenden Wirkungen vorzunehmen. Allenfalls ist es möglich, plausible Annäherungen zu rekonstruieren. Mit dem Ziel, Einstellungen zum Institutionentransfer und zur westdeutschen Praxis in Ostdeutschland in den Kontext der Ausgangsgesellschaft einordnen zu können, werden die DDR-Institutionenordnung und damit verbundene Handlungskontexte skizziert.[3] Die Frage ist, welche Strukturen und Verhaltensweisen der Ausgangsgesellschaft die Akzeptanz und Funktionsfähigkeit der aus dem Westen implantierten industriellen Beziehungen beeinflussen. Es geht dabei vor allem um Verhaltensweisen, die die Handlungs-, Mobilisierungs- und Verpflichtungsfähigkeit der Tarifparteien berühren. Meine Hypothese ist, dass insbesondere die Tradition enger betrieblicher Bindungen sowie eine selektive Abkapselung der betrieblichen Akteure gegenüber übergeordneten Instanzen, den Umgang mit den westdeutschen Institutionen der industriellen Beziehungen bis heute maßgeblich prägen.

---

1 Vgl Joas, Hans/Kohli, Martin, Der Zusammenbruch der DDR. Fragen und Thesen, in· dies. (Hrsg.), Der Zusammenbruch der DDR, Frankfurt/M 1993, S. 7.
2 Mayer, Karl Ulrich/Solga, Heike/Diewald, Martin, Kontinuitäten und Brüche in den Erwerbs- und Berufsverläufen nach der deutschen Vereinigung, in: Beer, Doris et al. (Hrsg.), Der ostdeutsche Arbeitsmarkt in Gesamtdeutschland Angleichung oder Auseinanderdriften?, Opladen 1997, S. 77.
3 Lepsius, M Rainer, Rahmenbedingung der Sozialgeschichte der DDR, in Kaelble, Hartmut/Kocka, Jürgen/Zwahr, Hartmut (Hrsg) Sozialgeschichte der DDR, Stuttgart 1994, S. 29.

1. Eine "durchherrschte Arbeitsgesellschaft"

So widersprüchlich wie die DDR war, so vielfältig sind auch die von ihr ausgehenden Wirkungen.[4] Daruber, dass die DDR unter herrschaftssoziologischen Gesichtspunkten eine partei- und staatsgesteuerte Industriegesellschaft mit bürokratischem, autoritärem und zentralistischem Zuschnitt war, besteht Konsens Dissens gibt es jedoch darüber, wie das Verhältnis von Zwang und Entscheidungsfreiheit zu bestimmen ist, welche Freiräume jenseits der politischen Vorgaben existierten, wie sie ausgefüllt wurden, welche Rolle die informellen Arrangements und Gruppen spielten und in welchem Verhältnis sie zu den Apparaten der Partei und des Staates standen.[5] Von der Einschätzung dieser Spannungsverhältnisse hängt ab, wie der gesellschaftliche Homogenisierungs- oder Differenzierungsgrad der DDR[6] in der Bandbreite zwischen totalitärem Staat und relativ moderner Industriegesellschaft eingeordnet wird und welche Langzeitwirkung man den DDR-spezifischen Lebensgewohnheiten und Wertpräferenzen für die Akzeptanz des westdeutschen Modells von Demokratie und sozialer Marktwirtschaft unterstellt.

Analysen, die den Blick "von oben" ansetzen und die DDR als zwangsregulierte Partei-Staatsgesellschaft[7] charakterisieren, stehen in der Gefahr, den Aspekt der repressiven Herrschaftssicherung zu stark zu machen, während sie Konflikte, Eigensinnigkeiten, Widerstände sowie individuelle und informelle Handlungsmöglichkeiten zu gering bewerten. Dagegen laufen Studien, die sich primär auf "das Eigengewicht sozialstruktureller und mentaler Bedingungen, etwa die Beharrungskraft tradierter Strukturen oder die soziale Autonomie informeller Strukturen"[8] kaprizieren, Gefahr, Tiefen- und Breitenwirkung der "durchherrschten Gesellschaft"[9] zu unterschätzen. Um die widersprüchlichen Realitäten der DDR begrifflich zu erfassen, spricht einiges dafür, das Verhältnis von Herrschaft und Gesellschaft weder als Gegensatz noch als Rangordnung zu begreifen.[10] Auf der begrifflichen Seite sind deshalb Charakterisierungen vorzuziehen, die dieser Ambivalenz Ausdruck verleihen. Für die Strukturen der Ausgangsgesellschaft, die die Entwicklung industrieller Beziehungen in Ostdeutschland beeinflussen, wird deshalb das Bild von einer fürsorglich durchherrschten

---

4 Vgl Lindenberger, Thomas (Hrsg), Herrschaft und Eigen-Sinn in der Diktatur· Studien zur Gesellschaftsgeschichte der DDR, Köln 1999
5 Pollack, Detlef, Die konstitutive Widersprüchlichkeit der DDR. Oder War die DDR-Gesellschaft homogen? in Geschichte und Gesellschaft 1998/1, S 110 - 131
6 Pollack, Detlef, Literaturbericht zum Stand der DDR-Forschung, in. PVS 1993/1, S.133
7 Vgl Meuschel, Sigrid Legitimation und Parteiherrschaft Zum Paradox von Stabilität und Revolution in der DDR 1945 - 1989, Frankfurt/M 1992
8 Pollack. Detlef 1998, S 112.
9 Lüdtke, Alf, "Helden der Arbeit" - Mühen beim Arbeiten Zur missmutigen Loyalität von Industriearbeitern in der DDR, in Kaelble, Hartmut et al 1994, S. 205 Vgl. zur Kritik an der Terminologie der durchherrschten Gesellschaft beispielsweise Roesler, Jörg, Probleme des Brigadealltagsarbeitsverhältnisse und Arbeitsklima in volkseigenen Betrieben 1950 - 1989, in Apuz B 38/97, S. 17.
10 Vgl Lüdtke. Alf, Die DDR als Geschichte. Zur Geschichtsschreibung über die DDR, in. Apuz, B 36/98, S 3

und zugleich informell ausgehandelten Arbeitsgesellschaft präferiert.[11] Im Hinblick auf die Zentralität der betrieblichen Vergesellschaftung ist der Begriff des "bürokratischen Paternalismus"[12] hilfreich.

Aus der Herrschaftsperspektive erscheint die DDR als eine "politisch gesteuerte"[13] Gesellschaft, deren institutionelle Grundordnung "durch das Machtmonopol der SED, die Verstaatlichung der Wirtschaft und die Ersetzung von Markt durch Plan, die hierarchisch und bürokratisch organisierten Anweisungs- und Zuteilungsverfahren in Partei und Staat, Unternehmen und Betrieben, Verbänden und Territorialeinheiten, die Einschränkung der Bürgerrechte, die mangelnde Öffentlichkeit und die rechtsstaatlich nicht kontrollierbaren Sanktionsmittel in der Hand des Partei- und Staatsapparates"[14] charakterisiert war. Die nach sowjetischem Vorbild konzipierte Einheitspolitik zielte darauf, alle Bereiche des gesellschaftlichen und wirtschaftlichen Lebens der Suprematie der Partei zu unterstellen, keine autonomen Regelungsbereiche entstehen zu lassen und den konstitutiven Differenzierungsprozessen moderner Gesellschaften unzureichende Entwicklungsmöglichkeiten zu geben. Die Parteiführung, das eigentliche Steuerungszentrum dieser Parteigesellschaft, war nicht in die Rechtsordnung dieses "überdimensionierten Tendenzbetriebes"[15] integriert.[16]

Dass die Herrschafts- und Institutionenordnung der DDR primär durch die Sowjetunion geprägt wurde und von ihr abhängig war, hing mit ihrer Entstehung zusammen.[17] Danach war die DDR in erster Linie ein politisches Produkt des Zweiten Weltkrieges, internationaler Paktierungen und Interventionen. Die bestimmende Rolle der Sowjetunion zeigte sich auch darin, dass sie sowohl über die Abgrenzung der DDR nach außen wie auch über deren innere Ordnung entschied. Im Inneren bedeutete dies, dass sich nahezu alle maßgeblichen Institutionen der Organisationsgesellschaft DDR an vergleichbaren sowjetischen Vorbildern orientierten. Abgestützt wurde die politische Schlüsselrolle der Sowjetunion durch enge wirtschaftliche Verflechtungen zwischen beiden Staaten, ohne die weder die Stabilität noch die Probleme der DDR hinreichend begriffen werden können.

Um die äußere Bevormundung durch die Sowjetunion im Inneren zu legitimieren, suchte die Parteiführung Zuflucht in der antifaschistischen Unterdrückungsgeschichte

---

11 Eine definitorische Einordnung der Kategorie der durchherrschten Gesellschaft gibt Alf Lüdtke, dem es dabei um die im Vergleich mit westlichen Industriegesellschaften direktere und umfassendere Relation zwischen Herrschaft und Gesellschaft geht. "Alltage in der DDR zeigten sich relativ stärker auf Herrschaft bezogen als Alltage in solchen industrialisierten (und bürokratisierten) Gesellschaften. (.) Für die DDR ist nicht der Erfolg der Herrschaftsstrategien auffällig, sondern das Ausmaß, in dem auf sie Bezug genommen wurde" (Lüdtke, Alf 1998, S. 12)
12 Deppe, Rainer/Hoß, Dietrich, Arbeitspolitik im Staatssozialismus Zwei Varianten. DDR und Ungarn, Frankfurt 1989, S 25.
13 Kocka , Jürgen, Eine durchherrschte Gesellschaft, in: Kaelble, Hartmut et al. 1994, S 547.
14 Lepsius, M Rainer 1994, S. 18
15 Däubler, Wolfgang, Arbeitsbeziehungen und Recht - Überlegungen zur Situation in der DDR, in: Gewerkschaftliche Monatshefte 1990/5, S. 357.
16 Ebd., S 355
17 Maier, Charles, Das Verschwinden der DDR und der Untergang des Kommunismus , Frankfurt/M 1999, S 108 f

der deutschen Arbeiterbewegung.[18] Die einflussreichsten Mitglieder der Parteihierarchie konnten mit Hinweis auf Herkunft, Sozialisation und eigene leidvolle Erfahrungen diese Legitimationsgeschichte authentisch präsentieren Kleßmann weist jedoch zurecht daraufhin. dass die Geschichte der Arbeiterbewegung nur um den Preis ihrer Zerstörung als eigenständiges Subjekt zum allgegenwärtigen legitimatorischen Bezugspunkt für die normative Ordnung der DDR gemacht werden konnte. Deshalb spricht er auch davon, dass sich die Geschichte der Arbeiterbewegung in der Geschichte des Staates auflöste: "Ging sie im Nationalsozialismus in der Volksgemeinschaft als Zielvorstellung der gesellschaftlichen Organisation auf, wurde sie in der DDR zur Basis der ganzen Gesellschaft und insofern verstaatlicht. Ihre Institutionen verschwanden nicht oder nur zum Teil, sondern erfuhren eine noch nie erlebte ideologische Aufwertung Aus der bekämpften KPD entstand die Avantgarde des Staates, aus der um ihren anerkannten Platz in der Gesellschaft ringenden Gewerkschaft der Transmissionsriemen FDGB, der vom Betriebskindergarten bis zur Tariffestsetzung und zur Rente alles im staatlichen Auftrag zu regeln hatte. Ihre Autonomie büßte die Arbeiterbewegung jedoch im Prozess dieser Verstaatlichung ein. Insofern stand aus sozialhistorischer Perspektive am Anfang des "Arbeiter- und Bauern-Staates" ein Akt der Destruktion, der mit der beanspruchten Anknüpfung an die Traditionen der sozialistischen Arbeiterbewegung zugleich deren Zerschlagung durch Zentralisierung, Uniformierung und Funktionalisierung beinhaltete"[19]. Um den Subjektivismus und Fiktionalismus dieser Herrschaft zu verhüllen, diente neben der Ideologie des Antifaschismus und der Geschichte der Arbeiterbewegung auch die Katechisierung des Marxismus-Leninismus als einer erlernbaren, indoktrinierfähigen und kontrollierbaren Herrschaftsideologie, die auch dem individuellen Handeln Sinn und Ziel vermitteln sollte.[20] Bei denen, die dieses Herrschaftssystem auch aus ideologischen Motiven bejahten, also vor allem den Mitgliedern der sogenannten Dienstklasse, entstand der "Traum" von einem Sozialismus, der - als Gesamtbetrieb verwaltet - sich rationeller als der verschwenderische Konkurrenzkampf des Kapitalismus entfaltet und den Mitgliedern schneller und gerechter zu Gebrauchswerten verhilft.[21]

Die SED-Herrschaft, die sich selbst als demokratischer Zentralismus verstand, duldete mit Ausnahme der Kirchen weder konkurrierende Deutungsangebote noch eigenständige Organisationen und Fraktionen Nachdem die DDR zwischen 1951 und 1961 2,7 Millionen Einwohner durch Abwanderung verloren hatte, erfolgte mit dem Mauerbau gewissermassen die zweite Gründung der DDR. Installiert wurde eine

---

18 Vgl Münkler, Herfried, Antifaschismus und antifaschistischer Widerstand als politischer Gründungsmythos der DDR, in Apuz B 45/98, S 16 ff
19 Kleßmann, Christoph, Die "verstaatlichte Arbeiterbewegung". Uberlegungen zur Sozialgeschichte der Arbeiterschaft der DDR, in Rudolph, Karsten/Wickert, Christl (Hrsg), Geschichte als Möglichkeit, Essen 1995, S 110
20 Weinert. Rainer, Wirtschaftsführung unter dem Primat der Parteipolitik, in: Pirker, Theo et al., Der Plan als Befehl und Fiktion. Opladen 1995, S 288
21 Niethammer. Lutz, Volkspartei neuen Typs? Sozialbiographische Voraussetzungen der SED in der Industrieprovinz, in PROKLA 1990/80, S 65.

umfassende "Emigrationsblockade"[22], die "Abwanderung und Widerspruch"[23] gleichermassen negativ sanktionierte Damit wurde die DDR zu einer "geschlossenen Gesellschaft"[24], deren politische Führung primär auf Sozial- und Kontrollpolitik (MfS) zurückgriff, um ihre Herrschaft zu stabilisieren, wobei der "duale Code sozialistisch/antisozialistisch"[25] einen sanktionsentscheidenden Parameter bilden konnte. Doch auch die Aufblähung des Ministeriums für Staatssicherheit kann nicht darüber hinwegtäuschen, dass die DDR "niemals bloß ein großer Knast gewesen"[26] ist. Deshalb spricht Kleßmann von einem "Mischungsverhältnis" aus Begeisterung, Mitmachen, Angst, Eigensinn, Selbstbewusstsein, Arrangement und Zufriedenheit.[27] Je tiefer man in der Analyse der DDR-Gesellschaft nach unten vordringt, um so mehr zerfließt das Bild von Zwang und Befehl, um so farbiger werden die Formen des Arrangements, die die Individuen unter den Bedingungen unzureichender Exit- und Voiceoptionen gewählt haben Aus dieser Perspektive sind fehlende Initiative und Entscheidungsfreude am Arbeitsplatz, Verantwortungslosigkeit gegenüber den Folgen von Parteitagsbeschlüssen, betrieblicher Schlendrian, mangelnde Rücksicht auf und Verschwendung von betrieblichen und infrastrukturellen Ressourcen eher eigensinnige Behauptungs- und Abschottungsformen gegenüber fehlender Freiheit in einer übermächtigen, zentralisierten und überwachenden Bürokratie.

In der DDR stand der öffentliche Widerspruch stets in der Gefahr, sanktioniert zu werden, während äußerliche Fügsamkeit zumindest die Basis für ein auskömmliches Leben bildete. Vor dem Hintergrund von Mauerbau und fehlenden gesellschaftlichen Alternativen hat sich die Mehrheit der Bevölkerung auf die Parameter des Systems eingelassenen und sich innerhalb seiner oft ungeschriebenen Regeln eingerichtet.[28] So entwickelte sich neben Obrigkeitsfurcht und äußerlichem Konformismus ein utilitaristisches Tauschkalkül, das zur prägenden Verhaltensweise wurde: "Nur sofern man bereit war, sich anzupassen, also seine Freiheit an das System abzugeben und das System mit seiner Arbeitskraft zu stärken, konnte man damit rechnen, mit systemverwalteten Leistungen, etwa mit sozialer Sicherheit, mit beruflicher Karriere, mit Konsumgütern oder auch mit Freiheit versorgt zu werden. Um zu profitieren, machte man mit Und weil man, um profitieren zu können, mitmachen musste, war das System über Jahrzehnte hinweg so stabil."[29] Der Tausch, der die DDR stabilisierte, bestand also darin, dass die Beherrschten auf "öffentliche Selbsttätigkeit" verzichteten und dafür im Gegenzug beruflichen Aufstieg und parteistaatlich verordnete Zukunfts-

---

22 Pollack, Detlef, Das Ende einer Organisationsgesellschaft. Systemkritische Überlegungen zum gesellschaftlichen Umbruch in der DDR, in Zeitschrift für Soziologie 1990/4, S. 295.
23 Hirschmann, Albert. O , Abwanderung und Widerspruch, Tübingen 1974, S. 65.
24 Kohli, Martin 1994, Die DDR als Arbeitsgesellschaft? Arbeit, Lebenslauf und soziale Differenzierung, in: Kaelble, Hartmut/Kocka, Jürgen/Zwahr, Hartmut (Hrsg), Sozialgeschichte der DDR, Stuttgart 1994, S. 36
25 Pollack, Detlef 1990, S 296
26 Vgl. Engelmann, Roger, Zur Struktur, Charakter und Bedeutung der Unterlagen des Ministeriums für Staatssicherheit, Berlin 1994.
27 Vgl. Kleßmann, Christoph 1995, S. 108.
28 Vgl. Fulbrook, Mary, Anatomy of a Dictatorship. Inside the GDR 1949-1989, Oxford 1995, S.273.
29 Pollack, Detlef 1990, S. 295.

fürsorge erwarten durften.[30] Der Arbeitsplatz bildete die zentrale Koordinierungsarena für informelle Tauschakte Wegen der außerordentlichen Bedeutung solcher Tauschaktivitäten fur die innere Stabilität spricht Wolfgang Engler auch von der DDR als einer "Aushandlungsgesellschaft"[31]. Unberücksichtigt bleiben bei dieser Begrifflichkeit jedoch die Asymmetrie der Tauschakte und Herrschaftsverhältnisse. Da der Einfluss von Eigentum und Einkommen auf die Realisierung differenzierter Lebenschancen vergleichsweise begrenzt war, spielten andere Distributionsformen eine Rolle, die in der Regel unmittelbar an die Ressourcen der Familie und des Arbeitsplatzes gebunden waren Wegen der systemstabilisierenden Qualität dieser informalisierten Tauschaktivitäten sah die herrschende Elite vermutlich auch nicht die Notwendigkeit, sich schnell auf wandelnde Umweltbedingungen und alternative Bedürfnisse in der Bevölkerung einzulassen. Statt dessen vertraute sie auf ihre alternativlose Steuerungsfähigkeit aller gesellschaftlichen Subsysteme. Letztlich schienen sich obrigkeitliche Willkür und mehrheitliches Schweigen zu einer "zähen Stabilität"[32] zu ergänzen, die nur in individuellen Ausnahmefällen durch Abwanderung und Widerspruch in Frage gestellt wurde.

Über berufliche Aufstiegsmöglichkeiten entschieden in der DDR keineswegs nur politische Loyalität, äußerliche Konformität und Qualifikationen.[33] Zwar hatte die DDR die alten Klassen abgeschafft, indem nahezu alle privatwirtschaftlichen Unternehmer wie auch alle Großgrundbesitzer enteignet wurden, so dass sie in ihrem offiziellen Selbstverständnis vorgeben konnte, eine "sozialistische Klassengesellschaft" zu sein Auch wenn die Unterschiede zwischen und innerhalb dieser Gruppen deutlich geringer ausfielen als in der westdeutschen Gesellschaft, so kann nicht ignoriert werden, dass die Stellung innerhalb dieser neuen Hierarchie über Lebenschancen und Lebensstandardniveau entschied.[34] Wer in den 80er Jahren unter den Bedingungen knapper werdender Führungspositionen Aufstiegschancen realisieren wollte, der musste nicht nur über die notwendigen Qualifikationen, das soziale Vererbungskapital seiner Herkunftsfamilie verfügen, sondern in der Regel auch über Loyalität zur Partei. Trotz dieser Differenzierungen kann die DDR aus der Perspektive der Verhaltensstandards weniger als "staatssozialistische Klassenstruktur"[35], sondern eher als eine relativ egalitäre "Unterschichtengesellschaft" charakterisiert werden, "in der fast alles nach den Maßstäben und Bedürfnissen der kleinen Leute reguliert"[36] war.

---

30 Meuschel. Sigrid Frankfurt/M 1992, S 235
31 Engler. Wolfgang. Die zivilisatorische Lücke Versuche uber den Staatssozialismus, Frankfurt/M 1992
32 Ludtke. Alf 1998, S 14
33 Vgl Hornbostel, Stefan (Hrsg), Sozialistische Eliten Horizontale und vertikale Differenzierungsmuster in der DDR. Opladen 1999.
34 So konnten Angehörige der sozialistischen Dienstklassen nicht nur ein höheres Einkommen als Arbeiter erzielen, ebenso war der Besitz eines Pkws, eines Telefons, Auslandsreisen und Wohnkomfort eher moglich
35 Solga, Heike, Auf dem Weg in eine klassenlose Gesellschaft? Klassenlagen und Mobilität zwischen Generationen in der DDR. Berlin 1995, S 23 Unterscheiden kann man die Parteielite, die administrative und operative Dienstklasse, die sozialistische Arbeiterklasse, die Dienstklasse des genossenschaftlichen Eigentums, die Genossenschaftsbauern und PGH-Handwerksmeister
36 Ludtke, Alf 1998, S 4

Die wichtigste Legitimationsquelle der SED-Herrschaft lag in ihrer materiellen Politik sozialer Grundsicherung.[37] In der egalitären Mangelgesellschaft kam der Sicherheit des Arbeitsplatzes und der Subventionierung von Gütern des Grundbedarfs eine wichtige Rolle zu.[38] Die sozialpolitische Bedarfsstrategie, die in der Formel der "Einheit von Wirtschafts- und Sozialpolitik" auf dem VIII. SED-Parteitag 1971 ihren herausragenden programmatischen Niederschlag fand, sollte die im Vergleich zum westlichen Teilstaat defizitäre Versorgung relativieren, und den Mangel in einem positiven ethischen Horizont erscheinen lassen.[39] Da die sozialpolitischen Leistungen nicht durch die wirtschaftliche Potenz gedeckt waren, ging von ihr eine "substanzzehrende Wirkung"[40] aus, die mit dazu beitrug, dass die DDR "zugrunde gegangen"[41] ist. Dazu gehört auch, dass die umfassende soziale Fürsorge nicht nur die Eigeninitiative schwächte, sondern auch Erwartungen aufbaute, die nur unzureichend, ungerecht oder gar nicht befriedigt werden konnten, so dass die anvisierte politische Loyalitätswirkung sukzessive sogar zurückging.[42]

Die DDR war eine politisch gesteuerte, industrielle, betriebszentrierte Arbeits- und Versorgungsgesellschaft, die sich von der Bundesrepublik nicht nur durch die Strukturen des Zwangs, einer anders gearteten Institutionenlandschaft, fehlender beziehungsweise unzureichender Differenzierungs- und Autonomisierungspotentiale unterschied, sondern auch dadurch, dass sie ausdrücklich keine dynamische Leistungsgesellschaft war.[43] Die herausragenden Merkmale dieser versorgungsorientierten Arbeitsgesellschaft[44] bestanden in einer außerordentlich hohen Erwerbsbeteiligung beider Geschlechter[45], in einem vergleichsweise hohen Arbeiteranteil an den Erwerbstätigen,[46]

---

37 Dazu zählen vor allem die stabilen Preise für Grundnahrungsmittel, die Mieten und Verkehrstarife, der fast uneingeschränkte Kündigungsschutz, die Kinderbetreuungseinrichtungen, das Gesundheitswesen, die vielfach geringen Leistungsansprüche am Arbeitsplatz
38 Meuschel, Sigrid 1992, S. 231.
39 Weinert. Rainer 1995, S 289.
40 Hübner. Peter, Industrielle Manager in der SBZ/DDR Sozial- und mentalitätsgeschichtliche Aspekte, in: Geschichte und Gesellschaft 1998, S 74
41 Pollack, Detlef 1998, S. 119
42 Vgl ebd S 118.
43 Kohli, Martin, Die DDR als Arbeitsgesellschaft? Arbeit, Lebenslauf und soziale Differenzierung, in: Kaelble, Hartmut/Kocka, Jürgen/Zwahr, Hartmut (Hrsg), Sozialgeschichte der DDR, Stuttgart 1994, S. 46.
44 Trotz sinkender Wohnbevölkerung zwischen 1950 und 1989 konnte die Zahl der Erwerbstätigen um 1,4 Millionen gesteigert werden Vor allem wuchs der Beschäftigtenanteil der Industrie an zwischen 1949 und 1975 von 27,2 Prozent auf 38,2 Prozent. (Grünert, Holle/Bernien, Maritta/Lutz, Burkart, Das Beschäftigungssystem der DDR· Funktionsweise, Entwicklungstendenzen und Folgewirkungen, in: Beer, Doris et al 1997, S. 19/39/40)
45 Die durchschnittliche Gesamterwerbsquote in der DDR belief sich im Juni 1990 auf 86 Prozent Im Vergleich dazu betrug die Erwerbsquote in den alten Bundesländern im April 1989 69 Prozent (vgl Vogel, Berthold, Ohne Arbeit in den Kapitalismus. Der Verlust der Erwerbsarbeit im Umbruch der ostdeutschen Gesellschaft, Hamburg 1999, S 34) Die Frauenerwerbsquote lag in der DDR 1989 mit 85,7 Prozent um etwa 25 Prozentpunkte höher als zur gleichen Zeit in der Bundesrepublik und war damit die höchste in Europa (Schwarzer, Doris, Arbeitsbeziehungen im Umbruch gesellschaftlicher Strukturen: Bundesrepublik Deutschland, DDR und neue Bundesländer im Vergleich, Stuttgart 1995, S. 102).
46 1990 lag dieser in der DDR bei 52,3 Prozent, während er in der Bundesrepublik zur gleichen Zeit bei 37,4 Prozent lag Der Arbeiteranteil blieb in der DDR zwischen 1946 (54,1 Prozent) und 1990 (52,3 Prozent) statistisch betrachtet relativ konstant. Dagegen verringerte sich der Arbeiteranteil unter den westdeutschen Erwerbstätigen zwischen 1950 und 1990 von fast 50 auf 37,4 Prozent, von denen nur noch

in einer ideologischen Aufwertung der Arbeit, einer tendenziellen Entkopplung von Arbeit und Leistung sowie in einer großbetriebszentrierten Sozialpolitik.[47] Eine starke Kontinuität deutscher arbeitsgesellschaftlicher Tradition bestand in der hohen Wertschätzung für eine qualifizierte Facharbeiterausbildung, deren Anteil an den DDR-Erwerbstätigen zwischen 1950 und 1988 von 26 auf 61 Prozent angestiegen ist.[48] In der Metallindustrie lagen laut IG Metall/DDR sogar noch höhere Werte vor: "86,1 Prozent der Metallarbeiter besitzen eine abgeschlossene berufliche Qualifikation; 67,6 Prozent sind Facharbeiter oder Meister; 19,1 Prozent Hoch- und Fachschulabsolventen"[49] Die Kehrseite der hohen normativen Wertschätzung der produktiven Arbeit bestand in der sozialen, vor allem steuerrechtlichen Benachteiligung der Angestellten- und Dienstleistungsarbeit

Bei der DDR handelte es sich um eine durch egalitären Mangel geprägte Unterschichtengesellschaft, in der aufgezwungene, gleichwohl kreativ umgesetzte, informalisierte Prozesse eine wichtige systemintegrierende Rolle spielten. Der Arbeitsplatz war als zentraler Vergesellschaftungsort gewissermassen die Keimzelle der durchherrschten Arbeitsgesellschaft, dort wurde der alltäglich erfahrbare Widerspruch von Plan und Realität durch Tausch und Improvisation von unten und mit polizeistaatlicher Überwachung von oben ausbalanciert. Mit der nahezu ständigen Ausdehnung der Erwerbsbevölkerung ging jedoch nicht nur eine sozialintegrierende Wirkung einher. Diese Entwicklung war auch wichtig, um die blockierte wirtschaftliche Innovationsfähigkeit aufzulockern und auf Engpässe sowie Krisensituationen flexibel reagieren zu können. Da der Kapitalstock veraltet war, die technologische Leistungsfähigkeit in den meisten Bereichen weit hinter den westlichen Standards herhinkte, fungierte die extensive Nutzung und Hortung von Arbeitskräften als wichtigstes Mittel, um trotz ungünstiger Bedingungen eine für den RGW-Bereich außerordentliche Leistungsfähigkeit zu erzielen Dieser extensive Umgang mit dem Faktor Arbeit legt es nahe, von einem extensiven Produktionsregime zu sprechen.

Eine Strukturskizze der prägenden Institutionen und Verhaltensweisen der DDR-Gesellschaft, die nicht den Platz der westdeutschen Gesellschaft in der DDR berücksichtigt, trägt nicht Denn neben der starken organisationspolitischen Orientierung an der Sowjetunion lebten in der DDR nicht nur wichtige Traditionslinien der deutschen Gesellschaft fort[50], vielmehr waren die "Selbstwahrnehmungen in der DDR immer auch verknüpft mit den Bildern vom Westen"[51]. Es bestand ein enger informeller und emotionaler Kontakt zur westdeutschen Gesellschaft; zugespitzt formuliert: Es existierte eine subkutane Hegemonie westlicher Orientierungen oder wie Alf Lüdtke es

---

etwa 20 Prozent unmittelbar im produktiven Bereich tätig waren (Hübner, Peter 1994, Die Zukunft war gestern Soziale und mentale Trends in der DDR Industriearbeiterschaft, in Kaelble, Hartmut et al 1994, S 173)

47 Vgl Kohli. Martin 1994, S 39 ff
48 Vgl Schwarzer, Doris 1995, S 92.
49 Zentralvorstand IG Metall/FDGB, Informationen zur Industriegewerkschaft (Faltblatt), Berlin o J S 9
50 Vgl Lüdtke, Alf 1994
51 Lüdtke. Alf 1998, S 9

ausdrückt: "Die Differenz zum Westen wurde Teil der Alltagswirtschaft; sie berührte die Sinne".[52] Diese Dimension des Fühlens und Denkens ist von entscheidender Bedeutung, um die zunächst sehr positive Resonanz auf und die hohen Erwartungen an die westlichen Institutionen nach der Wende zu verstehen. Zugleich existierte zwischen dem westdeutschen System und dem sowjetischen Modell aber auch Raum für eigene Entwicklungsmomente,[53] deren Ursprung die Lebenssituation der DDR-Bürger bildete

2. Wirtschaftliche Innovationsblockade

Das extensive Produktionssystem der DDR zeichnete sich dadurch aus, dass ökonomisches Handeln den politisch gesetzten Kriterien gesamtwirtschaftlicher Planung unterworfen wurde Die Kerninstitution dieser ökonomisch reduzierten und politisch erweiterten Parteiökonomie war der Plan, dessen Logik primär von politischen Prioritäten abhing, die letztlich durch die höchsten Gremien und führenden Personen der Partei bestimmt wurden. Die extrem hierarchischen Entscheidungsstrukturen, die über die Ressourcenverteilung in der DDR-Industrie entschieden, reichten vom Politbüro, über das Zentralkomitee der SED, die staatliche Plankommission, die Industrieministerien, Kombinatsleitungen, Betriebs-, Bereichs- und Abteilungsleiter.[54] Die entscheidenden Instanzen für die Strukturierung wirtschaftspolitischer Grundentscheidungen lagen im Politbüro[55] und im Zentralkomitee der SED.[56] Dort besaß Günter Mittag eine Machtfülle, die für die elf nach Branchen gegliederten Industrieministerien nur wenig eigenständigen Gestaltungsspielraum ließ. Die nachgeordnete Arbeit der Ministerien konzentrierte sich auf die branchenspezifische Durchführung der Planarbeit. Dabei agierten die Industrieministerien als Schnittstelle zwischen der staatlichen Plankommission und den Kombinaten. Lepsius sieht in der Herrschaft des Planmechanismus eine "Entökonomisierung des Wirtschaftsverhaltens", bei dem nicht "die Kalkulation von Kosten und Erträgen, sondern die Einflussnahme auf Auflagen und Zuweisungen ... wirtschaftliches Handeln" bestimmten.[57] Diese "Ersetzung der Kosten-Ertrags-Kalkulation durch die Auflagen-Zuweisungs-Kalkulation" war von

---

52 Ludtke. Alf 1994, S. 204
53 Vgl Lempke, Michael (Hrsg), Sowjetisierung und Eigenständigkeit in der SBZ/DDR (1945 - 1953), Köln 1999
54 Vgl Pohlmann, Markus et al., Manager im Sozialismus, in. ders. et al (Hrsg) 1996, S 28.
55 In diesem 25 Mitglieder umfassenden Gremium, dessen personalistische Herrschaftsstruktur jeglicher Kontrolle entzogen war, verfügte Günter Mittag, der das Vertrauen von Erich Honecker besaß und dessen Zuständigkeit für den Bereich der Wirtschaft alle anderen Politbüromitglieder akzeptierten, die entscheidende Machtposition Ihm waren neun der insgesamt 30 Abteilungen des Sekretariats des ZK sowie 20 Prozent der Nomenklaturkader des Politbüros und des ZK unterstellt.
56 Das Sekretariat des Zentralkomitees der SED war die politische Operationalisierungsinstanz für die Beschlüsse des Politbüros Dort fielen die nomenklaturpflichtigen Entscheidungen in der Personalpolitik, dort wurden die industriepolitischen Ziele festgelegt, die zentralen Investitionsmittel zugeteilt sowie weitere Ressourcenoptionen festgelegt
57 Lepsius, M Rainer, Handlungsräume und Rationalitätskriterien der Wirtschaftsfunktionäre in der Ära Honecker, in Pirker, Theo et al , Der Plan als Befehl und Fiktion 1995, S 355.

einem zweifachen Fusionsprozess begleitet: einerseits dem von Wirtschaft und Staat und andererseits dem von Staat und Partei. Aus diesen politisch geschaffenen Entdifferenzierungsprozessen ergaben sich eigene wirkmächtige Handlungsstrukturen und Kriterien.[58]

Seit Ende der 60er Jahre forcierte die Führung der SED den Zusammenschluss der Mehrzahl der Industriebetriebe unter dem Dach von horizontal und vertikal integrierten Großunternehmen, den sogenannten Kombinaten.[59] Die großbetriebliche Struktur[60] war zwar ein besonderes Kennzeichen der DDR-Industrie, doch zugleich bestand innerhalb der Kombinate eine zuweilen kleinteilige Betriebsstruktur. Mit der Kombinatsstruktur, die in den 80er Jahren 99 Prozent der industriellen Nettoproduktion erbrachte und nahezu alle Industriebeschäftigten erfasste, reduzierte sich die Zahl der eigenständigen Industriebetriebe von 17.030 im Jahr 1958 auf 3.374 im Jahr 1989. Dahinter stand die Idee, dass durch Konzentration und Zentralisierung leistungsfähigere Einheiten entstünden, um die Vorteile der Massenproduktion effizienter zu nutzen und zugleich die Komplexität gesellschaftlicher Planung zu reduzieren.[61] Bei den 221 Kombinaten der DDR[62], die nach ministeriums- und bezirksgeleiteten unterschieden wurden, gab es nach Beschäftigtenzahl und wirtschaftlicher Leistungskraft deutliche Differenzen, so dass etwa nur 25 - 30 strukturbestimmend waren. Zwischen ihnen bestand keine Produktkonkurrenz, vielmehr agierten sie als "Angebotsmonopolisten"[63] entlang jeweils eigener Produktlinien. Sie konkurrierten zwar um knappe Investitionsmittel, Arbeitskräfte, Rohstoffe und Zulieferer, jedoch nicht auf einem gemeinsamen Produktmarkt. Auf der Ebene der Kombinate wurde ein atemberaubendes Maß an "reproduktiver Geschlossenheit" hergestellt, indem man nahezu alle wichtigen Zulieferer- sowie Forschungs- und Entwicklungskapazitäten integrierte und so eine weltweit beispiellose Fertigungstiefe erreichte.[64] Diese verschiedenen Entwicklungsstränge des altindustriellen Fordismus entwickelten seit den 70er Jahren verheerende Folgen für die Effizienz der Betriebe und das Tempo des technischen Fortschritts.

Wichtige Ursachen für die in den 80er Jahren eklatant zutage tretende Wettbewerbsschwäche der DDR-Industrie waren fehlende beziehungsweise unzureichende Kontroll- und Anreizstrukturen. Vor allem die Unabhängigkeit von Kosten und

---

58 Ebd. S 347
59 Stinglwagner, Wolfgang. Die zentralgeleiteten Kombinate in der Industrie der DDR. Überblick und detailliertes Branchenprofil des Industriezweigs Elektrotechnik/Elektronik (Gesamtdeutsches Institut Bundesanstalt für gesamtdeutsche Aufgaben, 2 Auflage) Bonn, 1990
60 1988 arbeiteten im verarbeitenden Gewerbe 75 Prozent der ostdeutschen und nur 39,3 Prozent der westdeutschen Beschäftigten in einem Industriebetrieb mit mehr als 1000 Beschäftigten (Fritsch, Michael, Die Entwicklung des ostdeutschen Unternehmensverbandes in der ersten Hälfte der neunziger Jahre, in. Beer, Doris et al (Hrsg), Der ostdeutsche Arbeitsmarkt in Gesamtdeutschland. Angleichung oder Auseinanderdriften? Opladen 1997, S 116)
61 Voßkamp, Ulrich/Wittke, Volker, Aus Modernisierungsblockaden werden Abwartsspiralen - zur Reorganisation von Betrieben und Kombinaten der ehemaligen DDR, in SOFI-Mitteilungen, Göttingen 1990/18, S 16
62 Davon unterstanden 126 den Industrieministerien und 95 waren sogenannte bezirksgeleitete Kombinate
63 Lepsius, M Rainer 1995, S 357
64 Voßkamp, Ulrich/Wittke, Volker 1990, S 17

Preisen führte dazu, dass das Kostendeckungsprinzip nicht gewahrt wurde.[65] Die Planstruktur besaß zwar einen hohen Differenzierungsgrad, aber keine Zielgenauigkeit; statt dessen förderte ihre von Angebot und Nachfrage freie Fiktionalität Immobilität, so dass sich diese Institution letztlich zu einer zentralen Innovationsblockade entwickelte. Buraway spricht deshalb auch von der "Anarchie des sozialistischen Plans."[66] Mit der 1971 auf dem VIII. Parteitag beschlossenen Strategie der "Einheit von Wirtschafts- und Sozialpolitik" spitzte sich das ökonomische Dilemma der Planwirtschaft zu, indem die Konsumquote einseitig zu Lasten der Investitionsquote ausgebaut wurde Da sich gleichzeitig eine größer werdende technologische Lücke gegenüber dem Westen abzeichnete, ging die DDR eine nachhaltige Auslandsverschuldung ein[67], um die notwendige Hochleistungstechnologie im Westen einkaufen zu können und den Abstand nicht noch größer werden zu lassen.[68] Dieses Vorgehen hat sich als nicht ausreichend erwiesen, um die systembedingten Innovationsblockaden auszugleichen [69] Als interne Ursache der mangelnden Innovationsfähigkeit ist auch die belastende Abhängigkeit von der Sowjetunion mitzudenken.

Dass die DDR-Industrie in den 80er Jahren in einen immer dramatischer werdenden Rückstand gegenüber den westlichen Industriegesellschaften geriet und sie den Anschluss an die III. industrielle Revolution nicht mehr aus eigenen Kräften schaffte, ist auch das Ergebnis ihrer "doppelten Autarkie". Diese schlug sich einerseits in einer mangelnden Integration in die internationale Arbeitsteilung und andererseits in einer ineffizienten Arbeitsteilung der DDR-Binnenökonomie nieder: "Denn während sich die Modernisierung der Industrie in den westlichen Industrieländern seit Mitte der 70er Jahre im Rahmen eines Ausbaus der intra-industriellen Arbeitsteilung und einer fortschreitenden Internationalisierung der Produktion vollzogen hat, haben sich in der DDR im Verlauf der 80er Jahre die Autarkiebestrebungen noch verstärkt."[70] Dass sich die DDR in den 80er Jahren in der Energieversorgung und in der Mikroelektronikindustrie unabhängig von internationaler Kooperation zu machen versuchte, ist nicht nur auf die Verschuldungsproblematik und die Embargobestimmungen der westlichen Industriestaaten zurückzuführen Dieses Vorgehen korrespondiert auch mit der Strategie des "Fordismus in einem Land"[71].

---

65 Vgl Weinert, Rainer 1995, S. 289
66 Burawoy, Michael, The Politics of Production, Norfolk 1985, S. 163.
67 Vgl Weinert, Rainer 1995, S 299
68 Eine zentrale Rolle bei dieser Strategie kam dem Bereich der kommerziellen Koordinierung zu, womit ein quasi "außerplanmäßiger" Zugriff auf die westliche Technologie realisiert wurde
69 Herbst, Andreas/Ranke, Winfried/Winkler, Jürgen, So funktionierte die DDR, Bd. 1,Reinbek 1994, S. 523 ff
70 Voßkamp, Ulrich/Wittke, Volker 1990, S. 15.
71 Ebd., S 14.

3. Metall- und Elektroindustrie der DDR

Ostdeutschland mit seinem industriellen Schwerpunkt in Sachsen war neben dem Ruhrgebiet vor 1945 das zweite Zentrum der deutschen Metallindustrie Vor 1933 wurde jedes zweite Motorrad dort hergestellt und 25 Prozent der Automobile Der historische Schwerpunkt des deutschen Maschinenbaus lag in der Chemnitzer Region. Eine Reihe führender Unternehmen der Elektroindustrie und des Maschinenbaus hatten vor dem Krieg ihren Sitz auf dem Gebiet der späteren DDR.[72] Der seit 1945 unter sowjetischer Obhut stattfindende Transformationsprozess ließ von dieser einstigen Stärke nicht mehr viel übrig· Kriegsschäden und Reparationsleistungen reduzierten das produktive Anlagevermögen um 26 Prozent (Westzonen: 12 Prozent) des Vermögensbestandes von 1939.[73] Ende 1947 besaß die SBZ nur ungefähr ein Fünftel des früheren Produktionspotentials der Eisenhütten und Walzwerke, der Elektroindustrie und des Maschinenbaus, rund ein Viertel der Kapazität für Fahrzeugbau, Feinmechanik und Optik.[74] Der Ausfall an Produktionskapazität fiel zum Teil noch höher aus als die Vermögensverluste, da durch die Demontage der Maschinenparks wesentliche Teile der Betriebe lahmgelegt wurden.

1989 bildete die Metall- und Elektroindustrie (M + E) mit ungefähr 1,5 Millionen Beschäftigten und etwa 44 Prozent der Betriebe[75] den größten industriellen Sektor der DDR [76] Von den 11 Industrieministerien, die in der DDR bis 1989 existierten, waren fünf für den Bereich der metallerzeugenden und metallverarbeitenden Industrie zuständig[77]· Eine nachträglich vorgenommene Einteilung, bei der man eine statistische Annäherung an die westdeutsche M + E-Industrie herzustellen versuchte, ergab folgendes Bild: Die größte Metallbranche der DDR war der Maschinen- und Fahrzeugbau (1989: 962 000 Beschäftigte), der mit seinen 1 152 Betrieben, von denen 484 zu 30 Kombinaten gehörten, führend war. An zweiter Stelle folgte die Elektrotechnik (1989· 459 000 Beschäftigte) mit 269 Betrieben (hiervon 253 in 16 Kombinaten) und an dritter Stelle die Metallurgie, die Stahl- und Metallerzeugung (1989: 136.000 Beschäftigte) mit 43 Betrieben in 6 Kombinaten [78] Die Exportzahlen geben die politisch vorgegebene Einbindung in die arbeitsteiligen Strukturen des Rates für gegenseitige Wirtschaftshilfe (RGW) wider.[79] Besonders deutlich zeigte sich dies bei der Elektro- und Druckmaschinenindustrie mit einer RGW-Exportquote von rund 50

---

72 Vgl Hubner. Peter 1994, S 178
73 Vgl Cornelsen. Doris, Die Volkswirtschaft der DDR Wirtschaftssystem - Entwicklung - Probleme, in Deutschland-Handbuch Eine doppelte Bilanz 1949 - 1989, Bonn 1989, S 259
74 Stolper, Gustav/Hauser, Karl/Borchardt, Knut, Deutsche Wirtschaft seit 1870, Tübingen 1964, S 215
75 1 491 von 3 374 Industriebetrieben gehörten 1989 zum Metall- und Elektrobereich
76 Vgl Handbuch der DDR - Betriebe 1990, S 112, Statisches Jahrbuch der DDR 1990, S 157 ff
77 Vgl Stinglwagner, Wolfgang 1990, S 17 ff Metallurgie (8 Kombinate). Elektrotechnik und Elektronik (15 Kombinate). Schwermaschinen- und Anlagenbau (11 Kombinate), Werkzeug- und Verarbeitungsmaschinenbau (6 Kombinate), allgemeiner Maschinen-, Landmaschinen- und Fahrzeugbau (9 Kombinate)
78 Vgl Deutscher Sparkassen- und Giro-Verband e V , Ostdeutsche Wirtschaft im Wandel, Bonn 1992, S 39
79 Noch im 2 Vierteljahr 1990 stellte der Sachverstandigenrat fest, dass 74,7 Prozent des Exports in den RGW-Bereich gingen (SVRJG 1991/92, S 61)

Prozent[80] sowie im Werkzeugmaschinenbau, der fast 70 Prozent seiner Produkte in RGW-Länder, vor allem in die UdSSR, exportierte.[81]

Da die Arbeitseinkommen der Beschäftigten in der Metall- und Elektroindustrie nicht das Ergebnis freier Verhandlungen waren, sondern einer staatlich verantworteten Tariffestsetzung[82], die durch Rahmen- und Betriebskollektivverträge eine branchen- und betriebsspezifische Feinjustierung erfuhr[83], wird dieser Aspekt auch im Rahmen des wirtschaftlichen Profils der Branche und nicht im Zusammenhang mit dem FDGB dargestellt. Basis der Entlohnung waren die Volkswirtschaftspläne, die sowohl die gesamtwirtschaftliche Lohnsumme (Lohnfonds) bestimmten wie auch deren jährliche Steigerung ("Lohnfondzuwachs"), die langsamer als die Arbeitsproduktivität ausfallen sollte. Die tarifliche Spezifizierung erfolgte kaskadenförmig auf vier Ebenen: Auf der ersten stand das formale Tarifsystem, dessen Ergebnisse politisch vorgegeben und dann quasi nachträglich vom Ministerrat und dem Bundesvorstand des FDGB akzeptiert wurden. Auf der zweiten legte das Politbüro eigene struktur- und wachstumspolitische Ziele fest, die der besonderen Förderung spezifischer Branchen, wie beispielsweise der Mikroelektronik in den 80er Jahren, dienen sollte. Auf der dritten spielte im Zusammenhang mit Ebene zwei die verteilungspolitische Stärke einzelner Belegschaften, die etwa aufgrund besonderer Konstellationen zu privilegierten Schwerpunktbetrieben erklärt wurden, eine Rolle.[84] Auf der vierten Ebene, der betrieblichen, ging es um Prämien und Zuschläge. Ein Indikator, der die verteilungspolitische Stärke einzelner Belegschaften zum Ausdruck bringt, war die Lohndrift. Für die 50er Jahre konnte Peter Hübner folgende Entwicklung herausarbeiten: In der Metallindustrie lag Anfang der 50er Jahre der Anteil der Tariflöhne am Arbeitseinkommen bei ca. 80 Prozent. Gegen Ende des Jahrzehnts verringerte sich diese Quote auf rund 60 Prozent.[85] Im Gegensatz zum politisch vorgetragenen Gleichheitspostulat gab es materielle Unterschiede, die über informelle betriebliche Verhandlungsstärke, Grundlöhne, Prämien, Zuschläge und Steuern[86] hergestellt wurden und die zu Einkommensdifferenzierungen zwischen Arbeitern und Angestellten[87], Geschlechtern, Regionen

---

80 Vgl Fischer, Alexander, Der industrielle Strukturwandel in den neuen Bundesländern, Regensburg 1994, S 13
81 Ebd S 20
82 Die folgenden Ausführungen beziehen sich auf: Neifer-Dichmann, Elisabeth, Arbeitsbedingungen im deutsch-deutschen Vergleich, in Deutschland-Info der BDA, Köln 1990
83 Vgl Hantsche, Wolfgang/Otto, Stefan, Die Situation der Gewerkschaften nach der Wende und der Einfluß der gewerkschaftlichen Tätigkeit auf die Arbeits- und Sozialordnung, in Hantsche, Walter et al (Hrsg), Aufbau der Verbände und Arbeitsgerichte, Opladen 1997, S 18 - 22
84 Je nach Zeitpunkt existierten in der DDR etwa 90 - 160 solcher Schwerpunktbetriebe (Information von Dr Peter Hübner, Zentrum für Zeitgeschichtsforschung, Potsdam)
85 Vgl Hübner, Peter 1993, S. 26
86 Prägend für das DDR-Steuerrecht war die Diskriminierung der Angestellten. Während die Produktionsarbeiter auf ihren Bruttolohn lediglich 5 Prozent Lohnsteuer entrichten mussten, belief sich die Steuerbelastung für technisch-ökonomische Fachkräfte auf 16 Prozent, für Meister auf 17 Prozent und für Akademiker auf 18 Prozent (Neifer-Dichmann, Elisabeth 1990, S. 6)
87 Die Angestellten, sofern sie akademisch ausgebildete Fachkräfte waren, verfügten zwar im Vergleich zu den Facharbeitern über ein höheres Grundgehalt, mussten aber wesentlich mehr Steuern zahlen und konnten keine oder kaum bezahlte Überstunden machen (Neifer-Dichmann, Elisabeth 1990, S. 6)

(Berlin und die anderen Bezirke), Sektoren[88], Berufs- und Qualifikationsgruppen[89] führten. Im Vergleich zur Bundesrepublik besaß die DDR nur eine schwache Einkommensdifferenzierung, gleichwohl waren die Unterschiede nicht so gering, wie man dies aufgrund der normativen Vorgaben[90] hätte erwarten können.[91] Die deutlichsten Differenzen bestanden zwischen den nicht-akademischen Angestellten und den Facharbeitern, wobei erstere in der DDR-Metallindustrie unter dem Lohn für ungelernte Arbeiter lagen.[92] Die Metallindustrie, deren monatliche Grundgehälter (1989) für Produktionsarbeiter zwischen 1.096 in der Elektrotechnik und 1.142 Mark im Landmaschinen- und Fahrzeugbau schwankten, nahm hinter der Bauwirtschaft den zweiten Platz in der Sektorenrangliste ein.

Wodurch wurde die Lohnpolitik in der DDR eingeschränkt und welche Ziele verfolgte sie überhaupt? Eingeschränkt war sie durch geringe ökonomische Verteilungsspielräume, was auch bedeutete, dass man das politische Gleichheitspostulat relativierte, um die leistungsmotivierende und politisch pazifierende Funktion des Lohnes zumindest partiell nutzen zu können. Mit der Anfang der 70er Jahre erfolgten Einrichtung einer staatlichen Lohnbehörde sollten die Probleme auf dem Gebiet der Tarifpolitik reduziert werden. Trotz vorhandener Einkommensdifferenzierungen zeichnete sich die DDR-Lohnpolitik durch unterkomplexe Leistungsanreize aus. Hübner vertritt diesbezüglich die These, dass das SED-Regime gar keinen ernsthaften Versuch unternommen habe, "das Tarifgefüge entsprechend der Struktur der Wirtschaftszweige nach Arbeitsbedingungen und Leistungsanforderungen zu sanieren"[93]. Neben den Gründen, die mit der herrschenden Ideologie zusammenhingen, war dieses Vorgehen vermutlich von zwei Überlegungen geprägt: Einerseits von der Angst vor einer zusätzlichen zwischenbetrieblichen Konkurrenz um Arbeitskräfte und andererseits kam darin die Präferenz zugunsten der unteren Lohngruppen zum Ausdruck.

Die relativ homogene, über nur wenige Differenzierungsinstrumente verfügende Arbeitspolitik der DDR spiegelte sich nicht zuletzt im Arbeitszeitregime wider, das außer der Schichtarbeit und den Überstunden nahezu keine anderen Regelungen kannte.[94] Die Arbeitsdauer wurde branchenunspezifisch per staatlicher Verordnung

---

88 Die Streubreite zwischen den Sektoren fiel in der DDR wesentlich geringer aus als in der Bundesrepublik Der Varianzkoeffizient, das statistische Instrument zur Messung der Streuung, betrug in der Bundesrepublik Ende der 80er Jahre 11 Prozent und in der DDR nur fünf Prozent (Neifer-Dichmann, Elisabeth 1990, S 6)
89 Bei den Arbeiterlohnen entsprach die qualifikatorische Differenzierung in der DDR in etwa der bundesdeutschen Spannbreite, wobei der Abstand zwischen den unteren Lohngruppen und den Facharbeiterecklohngruppen geringer ausfiel (Neifer-Dichmann, Elisabeth 1990, S 9)
90 Die Bundesrepublik war also egalitärer und die DDR differenzierter als es ihrem jeweiligen Selbstverständnis entsprach
91 Vgl Kohli, Martin 1994. S 46
92 Vgl Neifer-Dichmann, Elisabeth 1990, S 9
93 Hübner. Peter 1993, S 23
94 Lediglich für die 6,9 Prozent Werktätigen im 2-Schicht-System (42 Wochenstunden) und die 16,8 Prozent im 3-Schicht-System (40 Stunden), galten kürzere Arbeitszeiten Dagegen arbeiteten im Jahre 1986 ca 62 Prozent der Werktätigen 43 3/4 Stunden (Neifer-Dichmann, Elisabeth 1990, S 27) 1988 unterschritten laut amtlicher Statistik etwa 14 Prozent der Beschäftigten die 40stündige Arbeitszeit in Folge von individuellen Vereinbarungen (Schmidt, Werner 1996, S 32)

festgelegt. Während in den 60er Jahren die Belegschaften noch einigen Druck auf kürzere Arbeitszeiten ausübten[95], dem das Regime mit der Verordnung über die durchgängige 5-Tage-Arbeitswoche am 3. Mai 1967 nachkam, blieb die Arbeitszeit bis ins Jahr 1989 bei 43 3/4 Stunden wöchentlicher und 8 3/4 Stunden täglicher Arbeitszeit.[96] Das extensive Arbeitszeitregime der DDR wird einerseits als eine Quelle mangelnder Produktivität betrachtet, was sich gleichsam in permanenten Klagen der politisch Verantwortlichen über die schlechte Auslastung während der Arbeitszeit niederschlug. Andererseits wurde das Zuspätkommen der Beschäftigten, früherer Arbeitsschluss, Verlängerung der Pausen, Einkaufen während der Arbeitszeit und andere Formen des "bezahlten Absentismus" von den Führungskräften toleriert, weil dies Teil der aus dem Mangel geborenen Befriedungsstrategie war, um einen "Burgfrieden" herzustellen.[97]

Nach einer 1988 durchgeführten Studie des DIW lag die Arbeitsproduktivität des DDR-Stahl-, Maschinen- und Fahrzeugbaus im gleichen Jahr bei ca. 56 Prozent des westdeutschen Niveaus; für die Elektronik-, Feinmechanik- und Optikbranche kam die gleiche Untersuchung auf etwa 63 Prozent.[98] Dagegen schätzte man in der Zeit der Wende die Produktivität nur noch auf etwa 30 Prozent des Westniveaus.[99] Sieht man einmal von den methodischen Erhebungsproblemen[100], den Branchen- und Zeitunterschieden ab, so besteht Übereinstimmung darin, dass die Arbeitsproduktivität in der westdeutschen Metallindustrie 1989 mindestens doppelt so hoch war wie die der DDR. Im Hinblick auf ihre internationale Konkurrenzfähigkeit bestanden die entscheidenden Nachteile der Metall- und Elektroindustrie der DDR vor allem in fehlender Hochtechnologie, antiquierter Arbeitsorganisation, einer geringen Zahl marktfähiger Produkte, einer schwach entwickelten Wettbewerbsorientierung, einer niedrigen Produktivität, in großen, zentralisierten und inflexiblen Einheiten, in veralteten Produktionsanlagen und -verfahren, einer hohen Fertigungstiefe, der auch politisch gewollten Überbeschäftigung und einer starken Abhängigkeit vom RGW-Markt sowie einer unzureichenden Tertiarisierung.

4. FDGB und seine "Fachabteilungen"

In Ostdeutschland lagen vor 1945 nicht nur einige der wichtigsten industriellen Regionen Deutschlands; dort waren auch die Tarifparteien besonders stark entwickelt. Denn bis 1933 existierten auf dem Gebiet der späteren DDR die mitgliederstärksten

---

95 Vgl Hübner, Peter 1995, S 120 ff
96 Vgl. Neifer-Dichmann, Elisabeth 1990, S. 27.
97 Vgl. Kocka, Jürgen 1994, S. 551.
98 Vgl. Görzig, Bernd/Gornig, Martin, Produktivität und Wettbewerbsfähigkeit der Wirtschaft der DDR, Berlin 1991, S. 27.
99 Ebd.
100 Beispielsweise waren die DDR-Branchenstrukturen nicht identisch mit den westdeutschen

regionalen Arbeitgeberverbände unter dem Dach des Vorgängers von Gesamtmetall.[101] Diese Verbände wurden 1933 verboten und 1945 nicht wieder aufgebaut. Die Gewerkschaften, welche ebenfalls in Ostdeutschland ihre stärksten Zentren hatten, waren bis zu ihrer Zerschlagung 1933 in politisch-weltanschauliche Richtungen gespalten, in der die sozialdemokratische Richtung noch nachdrücklicher als in Westdeutschland dominierte. Der größte Bezirk des Deutschen Metallarbeiterverbandes (DMV), der Vorgängerorganisation der IG Metall, war in der Weimarer Republik der sächsische mit der Bezirksleitung in Dresden; er war fast genau so groß wie die Bezirke Baden-Württemberg und Bayern zusammen [102]

Tabelle 6: DMV-Mitgliederzahl in den Agitationsbezirken Ende 1931

Bezirk	Mitglieder-zahl	in % zu Mitglieder gesamt
Berlin	**68.459**	**8,3**
Bielefeld	21 691	2,6
Brandenburg	**27.452**	**3,3**
Breslau	33.300	4,0
Dresden	**128.827**	**15,6**
Erfurt	**33.949**	**4,1**
Essen	41 391	5,0
Frankfurt/M	68 914	8,3
Hagen	30 267	3,7
Halle	**59.329**	**7,2**
Hamburg	81 054	9,8
Hannover	43 162	5,2
Köln	23 569	2,9
Königsberg	**5.953**	**0,7**
Nürnberg	67 660	8,2
Stettin	**17.516**	**2,1**
Stuttgart	74 327	9,0
Mitglieder gesamt	**826.820**	**100,0**
davon: Mitglieder Ost	**318 016**	**38,5**

Quelle DMV 1932 © Wolfgang Schroeder

Der DMV besaß auf dem Gebiet der heutigen fünf neuen Länder in der Weimarer Republik fünf Bezirke, die 1931 fast 40 Prozent aller DMV-Mitglieder in Deutschland

---

[101] Vgl Mallmann, Luitwin, 100 Jahre Gesamtmetall - Perspektiven aus Tradition, Köln, 1990, S 11
[102] Vgl DMV (Hrsg), Der DMV in Zahlen, Berlin 1932, S 13

organisiert hatten Dagegen kommen heute nur noch ca. 15 Prozent der IG Metall-Mitglieder[103] aus Ostdeutschland. Zwölf Jahre nationalsozialistische Diktatur und die 1945 erfolgte Übernahme der politischen Macht durch die sowjetische Besatzungsmacht veränderten die politischen Kräfteverhältnisse in Ostdeutschland derart, dass die bis 1933 als Minderheit agierende kommunistische Gewerkschaftsrichtung 1945 die Initiative zur Bildung der Einheitsgewerkschaft an sich reißen konnte.[104] Zwar gehörten in den ersten Nachkriegsjahren auch Vertreter der sozialdemokratischen, christlichen und hirsch-dunckerschen Richtung zu den Führungskadern der neu geschaffenen Einheitsgewerkschaft; gleichwohl war deren Position von Anfang an prekär In dem Maße, wie sich im Kontext des Kalten Krieges, unter der Obhut der sowjetischen Militäradministration, die Macht der SED und das Projekt der zentralistischen Planwirtschaft stabilisierte, wurden jene Gewerkschafter, die nicht bereit waren, die Führungsrolle der "Partei neuen Typs" anzuerkennen und auf einer eigenständigen, unabhängigen Gewerkschaftsbewegung insistierten, als "Nurgewerkschafter" bekämpft.[105]

Unter dem Einfluss der SED wurde der FDGB von einer anfangs relativ eigenständigen Gewerkschaft in eine quasi staatliche Organisation transformiert. Wichtige Etappen des offiziell 1950 abgeschlossenen Prozesses bestanden darin, dass man zunächst die noch verbliebenen Funktionäre, die der Idee einer unabhängigen Gewerkschaft nahestanden, ausschloss und so einen homogenen SED-hörigen Funktionärskörper etablierte [106] Zweitens wurden die Betriebsräte zugunsten der Betriebsgewerkschaftsleitungen aufgelöst, so dass keine unabhängig vom FDGB existierende betriebliche Institution mehr vorhanden war.[107] Schließlich und drittens wurde die Gewerkschaftsarbeit auf die politischen, wirtschaftlichen und sozialen Ziele der SED verpflichtet In der DDR existierte also keine Gewerkschaft, die mit einer eigenständigen intermediären Interessenorganisation westlichen Typs vergleichbar gewesen wäre. Einerseits fehlte den Gewerkschaften der Gegner in Gestalt von Arbeitgebern oder Arbeitgeberverbänden, andererseits konnten sie als Teil des Staats- und Parteiapparates gegen dieses System keine eigenständigen Forderungen erheben; statt dessen war

---

103 Vgl DGB-Mitgliederstatistik vom 31.12 1998 Danach leben 14,9 Prozent aller IG-Metall-Mitglieder in Ostdeutschland Der Ost-Mitgliederanteil anderer Gewerkschaften lag zum gleichen Zeitpunkt auf folgendem Niveau IG Bau (32,7 Prozent), IG BCE (16,0 Prozent), GEW (41,1 Prozent), DPG (17,7 Prozent)
104 Brunner, Detlef (Hrsg), Der Wandel des FDGB zur kommunistischen Massenorganisation. Das Protokoll der Bitterfelder Konferenz am 25 /26 11 1948, Essen 1996, S. 9.
105 Vgl Brunner, Detlef 1996, S 19.
106 Auf dem 3 FDGB-Kongress vom 30. August - 3. September 1950 wurde jener Prozess, dessen erster großer öffentlicher Höhepunkt die Bitterfelder Konferenz (25 /26. November 1948) des FDGB war, endgültig in Satzungsform besiegelt· Die SED sei die Schöpferin der für das deutsche Volk so bedeutungsvollen "Volkswirtschaftspläne", für deren Erfüllung der FDGB die Werktätigen mobilisieren sollte. Der entschiedene Kampf gegen "alle Erscheinungsformen des Opportunismus" und gegen das "Nurgewerkschaftertum" wurden als gewerkschaftliche Aufgabe ebenso festgeschrieben, wie der Kampf "für die allseitige Stärkung der Deutschen Demokratischen Republik". Die Verbesserung der Lohn- und Arbeitsbedingungen rangierte gegenüber diesen staats- und wirtschaftspolitischen Aufgaben erst als letzter Punkt der Aufgaben des FDGB (Brunner, Detlef 1996, S 30)
107 Vgl Suckut, Siegfried, Die Betriebsrätebewegung in der SBZ 1945 - 1948, Frankfurt/M. 1982.

der FDGB selbst gewissermassen der Adressat [108] Der 1945 gegründete FDGB war seit 1949/50 als "Transmissionsriemen"[109] der Partei - im klassisch leninistischen Verständnis - die wichtigste Massenorganisation zur Absicherung der SED-Herrschaft. Das Politbüro und die Gewerkschaftsabteilung des Zentralkomitees bestimmten die Aufgaben des FDGB und trafen die wichtigsten personalpolitischen Entscheidungen. Zu den Haupttätigkeitsfeldern des FDGB, die Gill in fünf Bereiche unterteilt, gehörten: Ideologievermittlung[110] ("Schulen der sozialistischen Arbeit"), Arbeitsmobilisierung ("Motor des sozialistischen Wettbewerbs"), Bereitstellung sozialer Dienste (Feriendienst[111], Sozialversicherung[112]), Kaderrekrutierung und betriebliche Mitwirkung (Plandiskussion, Personalprobleme, Konfliktkommissionen). Unter dem zuletzt genannten Punkt lassen sich am ehesten noch Annäherungen an klassisch gewerkschaftliche Schutzaufgaben feststellen. Hertle fügte diesen Funktionen noch zwei weitere hinzu: die Westarbeit des FDGB und die zum Teil in Zusammenarbeit mit dem MfS erfolgte Kontrollarbeit.[113]

Die strategische Bedeutung des multifunktionalen FDGB[114] für das SED-Regime ergab sich einerseits aus dem schwierigen Verhältnis zwischen SED-Regime und Industriearbeiterschaft, das einer ständigen, sensiblen Ausbalancierung bedurfte[115], und andererseits aus der weitverzweigten, kapillarnetzartigen gesellschaftlichen Präsenz des FDGB. Dass der Organisationsgrad trotz formell freiwilliger Mitgliedschaft nahezu 100 Prozent erreichte, kann nicht nur mit informellem Zwang erklärt

---

108 Vgl Lepsius, M Rainer 1994, S 28
109 Diese Formulierung Lenins, die er durchaus in einem maschinell-technischen Sinne verstand, implizierte die kategorische Ablehnung der parteipolitischen Unabhängigkeit von Gewerkschaften, welche nur "Ausdruck völlig fehlenden Klassenbewusstseins" sei (zit nach Weinert, Rainer 1997, S 238)
110 Für die SED war der FDGB auch deshalb von großer Bedeutung, weil von den 9,6 Millionen FDGB-Mitgliedern rund sieben Millionen parteilos waren, so "dass die SED über ihre größte Massenorganisation berufstätige Nicht-Parteimitglieder ideologisch und politisch dennoch erreichen und beeinflussen konnte" (Weinert, Rainer 1997, S 229) Das wichtigste öffentliche Medium zur Ideologievermittlung des FDGB war die Tageszeitung "Die Tribüne"
111 Der FDGB-Feriendienst umfasste 700 Ferienheime mit 62 000 Betten und rund 18 000 Mitarbeitern sowie 71 800 Betten in Hotels, Vertragshäusern und bei Privat-Vermietern (Gill, Ulrich, Der Freie Deutsche Gewerkschaftsbund (FDGB) Theorie - Geschichte - Organisation - Funktionen - Kritik, Opladen 1989, S 360) Der FDGB-Bundesvorstand beschloss jährlich einen Kriterienkatalog, der die Zuteilungsmodalitäten für die Ferienplätze festlegte (Hertle, Hans-Hermann/Weinert, Rainer, Die Auflösung des FDGB und die Auseinandersetzung um sein Vermögen (Berliner Arbeitshefte und Berichte zur sozialwissenschaftlichen Forschung Nr 45) Berlin 1991, S 13)
112 Bereits 1951 war dem FDGB die Leitung und Kontrolle der Sozialversicherung übertragen worden. Ab 1956 unterlag sie ihm vollständig, wobei der vom FDGB zu erarbeitende Haushaltsplan Teil des Staatshaushaltes blieb, der vom Ministerrat und der Volkskammer jährlich zu beschließen war (Krebs, Walter, Sind die Beitragseinnahmen des FDGB und die mit diesen Einnahmen erworbenen Grundstücke und sonstigen Vermögensgegenstände materiell-rechtsstaatlich erworbenes Vermögen im Sinne des Parteiengesetzes?. Rechtsgutachten im Auftrag der IG Metall/DDR i L , Berlin o J , S 7)
113 Hertle, Hans-Hermann, Funktion und Bedeutung der Massenorganisationen in der DDR am Beispiel des FDGB, in Deutscher Bundestag (Hrsg), Machtstrukturen und Entscheidungsmechanismen im SED-Staat und die Frage der Verantwortung - Materialien der Enquete-Kommission "Aufarbeitung der Geschichte und Folgen der SED-Diktatur in Deutschland", 1995 Bd II/1
114 In der Verfassung der DDR (Art 44 Absatz 1) und im Arbeitsgesetzbuch (AGB) der DDR wurde der Monopolanspruch des FDGB normativ gesichert
115 Hubner. Peter 1993

werden.[116] Umgekehrt kann man dieses Ergebnis aber auch nicht als positive Akzeptanz werten. Vermutlich drückt sich in der FDGB-Mitgliedschaft das zweckorientierte Arrangement mit dem System aus, wobei im konkreten Fall eine Reihe staatlich subventionierter Leistungen - wie beispielsweise die Vergabe von Ferienplätzen wie auch die Jahresendprämie - als gewissermassen selektive Mitgliederanreize an die FDGB-Mitgliedschaft gebunden waren, die der FDGB als "Monopolanbieter knapper Sozialstaatsleistungen"[117] vergeben konnte.[118] Der FDGB und seine Industriegewerkschaften waren aus der Repressionsperspektive ein Herrschafts- und Selektionsinstrument[119] in der Mangelökonomie, aus der Perspektive der Beschäftigten, die sich mit den Bedingungen zu arrangieren suchten, war der FDGB zunächst einmal ein Teil ihres Alltags, den ein Betriebsratsvorsitzender aus seiner persönlichen Erfahrung rückblickend mit einem Kleidungsstück verglich: Die Gewerkschaft war "wie ein Kleidungsstück, das man halt trug. Das war so, fertig. Das hat man am Ende gar nicht mehr bemerkt. Man hat weder selber aktiv was getan, noch hat man gemerkt, dass was getan wurde"[120]

Der FDGB besaß eigene Institutionen der Funktionärsrekrutierung und verfügte über ein umfassendes Professionalisierungs- und Nachqualifizierungswesen[121], an dessen Spitze die Gewerkschaftshochschule "Fritz Heckert" in Bernau stand.[122] Niemand, der eine betriebliche oder überbetriebliche Funktion innerhalb oder im Auftrag des FDGB einnehmen wollte, konnte dies ohne den Besuch einer dieser Schulen und Kurse erreichen.[123] Ab der Bezirksebene wurden die führenden FDGB-Funktionäre als Nomenklaturkader des Zentralkomitees geführt, und die niedrigeren Kader als die

---

116 Ende 1949 verzeichnete der FDGB erst 4,7 Millionen Mitglieder Das waren 77 Prozent der organisationsfähigen Arbeitnehmer (Müller, Werner, Zur Geschichte des FDGB - eine vorläufige Bilanz, in Gewerkschaftliche Monatshefte, 1990. S 344); 1960 waren es 6 1 Mio; 1970 7,1 und 1980 8 8 Mio Mitglieder (vgl Krebs, Walter, o J , S 26) Im Zuge der sukzessive umfassender werdenden Aufgabenfülle stiegen die Mitgliederzahlen derart an, dass 1989 nur noch 207.356 Beschäftigte nicht im FDGB organisiert waren. der nunmehr mit 9 613 059 und einem Organisationsgrad von 97,4 Prozent (darunter· 53 Prozent Frauen und 19.5 Prozent Rentner) eine Quasi-Vollerfassung der Beschäftigten erreichte. Interessant ist. dass der FDGB und die Vorstände über keine zentrale namentliche Mitgliederdatei verfügten; solche Listen gab es nur auf betrieblicher Ebene Der Versuch in Leipzig eine zentrale Erfassung zu organisieren, scheiterte.
117 Mit 35 1792 FDGB-Gruppen, 25.403 Abteilungsgewerkschaftsorganisationen, 47.477 Betriebsgewerkschaftsorganisationen, 1698 Kreisvorständen der Fachabteilungen, 237 FDGB-Kreisvorständen, 211 Bezirksvorständen der Fachabteilungen und 15 FDGB-Bezirksvorständen verfügte der FDGB über den dichtesten und flächendeckendsten politischen Apparat der DDR, der von 16 250 hauptamtlichen Kadern geleitet wurde (Hertle, Hans-Hermann 1995)
118 Weinert, Rainer 1997, S 229
119 Kädtler, Jürgen et al . Betriebsrate in Ostdeutschland, Opladen 1997, S 60
120 Zit nach Kädtler, Jürgen et al 1997, S 59
121 Hübner. Peter 1993, S 72
122 Allein zwischen 1982 und 1986 wurden in Bernau 1210 Diplomwissenschaftler ausgebildet (Bundesvorstand des FDGB 1989, S 68)
123 Sattler, Friederike 1995, S 668 In den vier Zentralschulen des FDGB einschließlich der Außenstellen absolvierten zwischen 1982 und 1986 2.232 Funktionäre einen Einjahreslehrgang (Bundesvorstand des FDGB, S 68) In den Bezirksgewerkschaftsschulen fanden dreimonatige Grundlehrgänge statt; zwischen 1982 und 1986 nahmen daran 22 500 Funktionäre teil (Bundesvorstand des FDGB 1989, S. 68). Daneben existierten vier Zentralschulen des FDGB, Bezirksgewerkschaftsschulen sowie Spezialschulen, die sich mit Fragen der Arbeitssicherheit, der Entlohnung oder der Kulturarbeit befassten

Nomenklaturkader der Bezirke Während 1989 auf der Ebene des Präsidiums, des Sekretariats und des FDGB-Bundesvorstandes etwa 80 Prozent der Funktionäre der SED angehörten[124], gehörten nur 21,4 Prozent der Gewerkschaftsmitglieder der SED an [125] Trotz der Einbindung in das SED-System und einer Karriereförderung durch SED und FDGB waren die führenden Gewerkschaftsfunktionäre innerhalb des parteiorientierten Systems keine relevanten Einflussgrößen Deshalb kam es vielfach auch zur Ablehnung solcher "Karriereangebote" Dass die FDGB-Funktionäre in der Hierarchie der SED-Elite nur eine untergeordnete Rolle spielten, drückte sich in folgender Abstufung aus· Die erste Garnitur der SED-Kader wurde in den wichtigsten Positionen der Partei eingesetzt, die zweite engagierte sich im Staatsapparat, und erst die dritte Garde wurde in den Massenorganisationen aktiv. Die fast vollkommene Abhängigkeit des FDGB von der Partei zeigte sich auch an der offiziellen Einbindung als FDGB-Volkskammerfraktion[126] und daran, dass der FDGB-Vorsitzende seit den Aufständen des Jahres 1953 Mitglied des Politbüros war. Damit wollte man gewerkschaftlichen Aktivitäten verhindern, die nicht mit den Interessen der Parteispitze zu vereinbaren waren

Während der DGB als Dachverband unabhängiger Einzelgewerkschaften agiert, dem aufgrund der Satzungs- und Finanzautonomie der Industriegewerkschaften nur soviel Einfluß zufällt, wie ihm die autonomen Verbände zugestehen, verkörperte der FDGB das entgegengesetzte Strukturmodell. Als finanz- und satzungsautonomer Dachverband war der FDGB weisungsbefugt gegenüber den abhängigen Einzelgewerkschaften. die gewissermassen den Charakter unselbständiger Fachabteilungen besaßen.[127] Die formale Struktur des FDGB und seiner Fachabteilungen war territorial und branchen- beziehungsweise multibranchenorientiert Vergleichbar mit der gewerkschaftlichen Grundstruktur im Westen gab es das Strukturprinzip "ein Betrieb eine Gewerkschaft". Die operative betriebliche Alltagsarbeit wurde von den Betriebsgewerkschaftsleitungen (BGL) geleistet, deren Mitglieder zwar zu einer Einzelgewerkschaft gehörten, die dies jedoch nur "beiläufig" zur Kenntnis nahmen.[128] Die Mitgliedschaft in einer Industriegewerkschaft war den meisten gar nicht bewusst, von ihr ging keinerlei identifikatorische Wirkung aus: Die Beschäftigten besaßen das Mitgliedsbuch des FDGB Eine spezifische Direktmitgliedschaft in einer Einzelgewerkschaft existier-

---

124 Vgl Hertle, Hans-Hermann 1995 Möglicherweise war die Praxis, auch Nicht-SEDler in führende Funktionen zu wählen im Sinne einer von oben verordneten "Wahldirektive" opportun, um die Integrationsfähigkeit des FDGB gegenüber den mehrheitlich nicht parteigebundenen Mitgliedern zu verbessern
125 Selbst bei den AGL- (56.4 Prozent) und BGL-Vorsitzenden (47,4 Prozent) wurde kaum die 50 -Prozent-Quote übertroffen (FDGB 1989, S 31)
126 Die FDGB-Volkskammerfraktion verfügte inklusive der Nachfolgekandidaten im Jahre 1989 über 86 Abgeordnete In den Bezirkstagen stellte der FDGB 549 Abgeordnete und in den Kreistagen, Stadtverordneten-, Stadtbezirksversammlungen und Gemeindevertretungen sogar 43 708 Abgeordnete (Bundesvorstand FDGB 1989. S 48)
127 Herbst. Andreas/Ranke, Winfried/Winkler, Jürgen, So funktionierte die DDR, Bd 1, Reinbeck 1994, S 308
128 Zu diesem Problem schrieb Helmut Kohl in seinem Gutachten "Nur beiläufig wird in der Satzung durch Interpretation deutlich, dass das FDGB-Mitglied auch in einer (Einzel-) Gewerkschaft Mitglied sein soll" Vgl § 8 Abs 3 der FDGB-Satzung. die Regeln für den Wechsel der Arbeitsstelle enthält (Kohl, Helmut, Kontinuität oder Neubeginn o J , S 10)

te im Bewusstsein der Mitglieder nicht. Erst auf Seite acht des FDGB-Mitgliedsbuches stand der Name der Einzelgewerkschaft. Von den Beiträgen[129], die die betrieblichen Funktionäre direkt am Arbeitsplatz kassierten, behielt der FDGB 60 Prozent, die restlichen 40 Prozent flossen in den Betrieb zurück. Die Fachabteilungen verfügten über keine eigene Satzung, besaßen keine Finanzautonomie, ja sie verfügten nicht einmal über ein eigenes Bankkonto.[130] Zwar existierte in den Jahren nach der 1946 erfolgten Gründung noch ein eigenes Statut[131], doch war auch darin bereits die Suprematie des FDGB festgelegt Ein in der Anfangszeit noch vorhandener Widerstand sozialdemokratischer Gewerkschafter gegen die kommunistische Machtpolitik in der IG Metall konnte wenig ausrichten.[132] Da es auch keine eigenen Instrumente gab, um mit den Mitgliedern zu kommunizieren, fristete die Fachabteilung ein Schattendasein. Gab es betriebliche Konflikte, die eine gewisse Brisanz besaßen, so wurde der FDGB-Bundesvorstand eingeschaltet, der wiederum betraute dann den Zentralvorstand der zuständigen Industriegewerkschaft mit der Konfliktlösung und dieser gab gegebenenfalls das Mandat an eine untere Instanz weiter. Wichtig war, dass der Konflikt zentral begutachtet wurde und dann seinem Schwierigkeitsgrad entsprechend nach unten delegiert wurde

Unter den 14 Fachabteilungen[133] im FDGB war die IG Metall[134] mit 1.819.356 (1989) offiziell registrierten Mitgliedern die mit Abstand größte.[135] Die IG Metall der DDR war zwar eine untergeordnete Fachabteilung, die kein eigenständiges Profil entfalten konnte, das über den Kreis ihrer führenden Funktionäre hinaus reichte. Gleichwohl heißt dies nicht, dass sie grundsätzlich konfliktscheu war. Einerseits versuchte sie nämlich, den Lohnanteil für die Metallindustrie möglichst hoch zu treiben, oder wenn eine Benachteiligung der Branche absehbar war, versuchte sie dies zu korrigieren. Andererseits deutet einiges darauf hin, dass sie innerhalb der Branche eher gegen Lohndifferenzierung und für eine egalitäre Lohnstruktur plädierte. Da die mit diesen Problemen verbundenen Konflikte nicht öffentlich, sondern nur verdeckt

---

129 Es handelte sich dabei um den nach der Einkommenshöhe gestaffelten Gewerkschaftsbeitrag plus einen Solidaritätszuschlag
130 Vgl Kohl. Helmut o J, S 7
131 Statut der Industriegewerkschaft Metall am 1 Oktober 1946 in Kraft getreten
132 Hierzu schreibt Brunner "Bei den Vorstandswahlen der IG Metall im Herbst 1947 setzten die sozialdemokratischen Delegierten ein deutliches Zeichen und wählten aus Protest gegen die Gewerkschaftspolitik des Zentralvorstandes den kommunistischen Vorsitzenden Paul Peschke nicht wieder in den Vorstand Erst durch nachträgliche Wahlmanipulation konnte Peschke weiterhin den Vorsitz ausüben" (Brunner, Detlef 1996, S 12)
133 Hinzu kamen noch die IG Wismut (Uranbergbau) und die Gewerkschaft der Zivilbeschäftigten in der Nationalen Volksarmee. zu denen jedoch keine offiziellen Mitgliederzahlen vorgelegt wurden (Schwarzer, Doris 1995. S 282)
134 Die IG Metall war Mitglied in der "Internationalen Vereinigung der Gewerkschaften der Metallarbeiter des Weltgewerkschaftsbundes"
135 Ihr Organisationsgrad lag bei 97,6 Prozent und ihr FDGB-Mitgliederanteil bei 18,9 Prozent Zu berücksichtigen ist dabei, dass sich unter den Mitgliedern ein erheblicher Rentneranteil befand, der allerdings für den Metallbereich nicht ausgewiesen wurde (FDGB insgesamt 19,5 Prozent = 1.877.712 Mitglieder). Die nächst größte Gewerkschaft war die IG Handel, Nahrung und Genuss, die bei 1.153.780 Mitgliedern einen FDGB-Anteil von 12.0 Prozent erreichte (Bundesvorstand des FDGB 1989, S 4) Auffallend war die Differenz beim Frauenanteil zwischen FDGB (ca 54 Prozent) und IG Metall 39 Prozent (Zentralvorstand IG Metall o J, S 13)

ausgetragen wurden, konnten sie auch nicht zu einer identifizierenden Mitgliederbindung führen

Trotz fehlender Eigenständigkeit existierte eine Struktur, die ein verbandsdemokratisches Organisationsleben vortäuschte: Der überbetriebliche Aufbau der IG Metall kannte die Kreis- und Bezirksebene sowie den Zentralvorstand. Entsprechend der territorialen Einteilung der DDR existierten 15 Bezirks- und 156 Kreisvorstände, deren Besetzung im Anschluss an die entsprechenden Delegiertenkonferenzen erfolgte. Das formal höchste Organ bildete die etwa 1.000 Funktionäre umfassende zentrale Delegiertenkonferenz, die in der Regel alle fünf Jahre neu gewählt wurde. Aus diesem Gremium wurde der 144 Mitglieder starke Zentralvorstand gewählt, der drei- bis viermal jährlich zusammenkam. Das eigentliche Leitungsgremium der IG Metall bildete das 12 Mitglieder starke Zentralsekretariat, das auf einen umfänglichen Apparat zurückgreifen konnte. Zur Außendarstellung diente lediglich ein selten erscheinendes Infoblatt, mit dem ideologische Agitationsformeln vermittelt und wichtige sozialpolitische Änderungen dargestellt wurden.

Auch die überbetrieblichen Akteure der IG Metall fungierten primär als Transmissionsriemen für die SED. Sie besaßen aber in den Bereichen Arbeitsrecht, Arbeitssicherheit und bei der Aufstellung der Rahmenkollektivverträge gewisse Kompetenzen, die authentischen gewerkschaftlichen Aufgaben nahekamen oder entsprachen. Doch im Vergleich zum FDGB waren sie als Ansprechpartner der BGLs und Beschäftigten nur von nachgeordneter Bedeutung. Aus der Perspektive der Beschäftigten erschienen beide, FDGB und Industriegewerkschaften, als "leere Hüllen", die als Herrschaftsinstitutionen meist indirekt in Erscheinung traten. Als Akteure, die Branchenintereessen unter den Bedingungen einer Mangelökonomie vertreten mussten, waren die Industriegewerkschaften sowohl gegenüber dem FDGB, den Ministerien wie auch gegenüber den partikularen Interessen der Betriebe in einer schwierigen Zwischenlage, denn sie taten etwas, das eigentlich nicht vorgesehen war. die Vertretung partikularer Interessen Konsens besteht in der Forschung darüber, dass der FDGB nicht mit einer Gewerkschaft westlichen Typs verglichen werden kann, zugleich wird aber konzediert, dass nicht nur seine sozialen Aktivitäten, sondern auch der enge Kontakt mit den Mitgliedern von diesen mehrheitlich positiv bewertet wurden.[136] Es fehlt auch nicht an Einschätzungen, die das Engagement vieler nachgeordneter betrieblicher Funktionäre als echte Interessenvertretung - soweit dies möglich war - bewerten, so dass auf dieser

---

136 In diesem Sinne argumentieren Pester/Prang "Zweitens bestand trotz dieser Strukturen und Machtverteilung ein doch relativ enges Verhältnis der Mitglieder zu einer nicht geringen Zahl von Funktionaren der Gewerkschaft in ihren Brigaden, Bereichen und Betrieben Gemeinsam klagte man sich sein Leid und bestätigte sich, dass man doch ohnehin viel zu klein sei, um wirklich etwas verändern zu können So regulierte sich die Unzufriedenheit über die Rolle der Gewerkschaften, mit der man sich abgefunden hatte, durch einen örtlich begrenzten. aber zunehmend offentlichen Meinungspluralismus an der Basis in gewissem Sinne selbst " (Pester, Gert/Prang, Jürgen, Der Umbruch und die Gewerkschaften in der DDR "Wer zu spat kommt, den bestraft das Leben", in Hemmer, Hans O /Stolt, Frank D (Hrsg), Gleichheit, Freiheit, Solidarität - Fur ein "Zusammenwachsen" in gemeinsamer Verantwortlichkeit, Köln 1990, S 202)

Ebene durchaus von "embryonalen Formen der Interessenvertretung" ausgegangen werden kann.[137]

5. Betriebsgesellschaft: Informeller Tausch und passive Vetomacht

In der durchherrschten Arbeitsgesellschaft der DDR bildete der Betrieb den herausragenden Ort von Sozial- und Systemintegration. Dort waren in viel stärkerem Maße als in westlichen Industriebetrieben eine Vielzahl von Reproduktionsaktivitäten - vom Sport über den Urlaub bis zum Kindergarten - integriert.[138] Notwendig erschien den Konstrukteuren der SED-Gesellschaft dieser ganzheitlichere Zugriff des DDR-Betriebes auch deshalb, weil die in kapitalistischen Gesellschaften dominanten Integrationsmechanismen, wie die Angst vor dem Verlust des Arbeitsplatzes und das Streben nach Einkommensoptimierung als Stabilisatoren wegfielen oder nur rudimentär vorhanden waren. Um diese Defizite zu kompensieren, wurden Formen der betrieblichen Leistungs- und Akzeptanzförderung etabliert, die in Anlehnung an Werner Schmidt[139] nach vier zentralen Integrationsdimensionen unterschieden werden können:

- Zwang. Die Möglichkeit gewaltförmig erzwungener Leistungsbereitschaft, die jedoch kaum eingesetzt wurde, da sie gegenüber qualifiziert Beschäftigten unangemessen erschien.
- Ideologie: Die kampagnenartigen Appelle an Vernunft und Verantwortung auf der Basis sozialistischer Zielperspektiven.
- Materielle Anreize: Stimulierende Maßnahmen in Form betrieblicher Sozialpolitik, vor allem durch die Vergabe von Urlaubsplätzen und die sogenannte "zweite Lohntüte".
- Erlebnisorientierung: Versuche, über gemeinschaftsbildende Veranstaltungen im Rahmen des Arbeitskollektivs, insbesondere der Brigaden, eine emotionale Bindung der Beschäftigten an den Betrieb herzustellen.

Die widerspenstige betriebliche Realität mit ihren multifunktionalen Aufgabenfeldern, die von politischen und ökonomischen Planvorgaben, Sozialisationsaufgaben und informellen Aktivitäten geprägt wurden, hielten ein spezifisches Institutionennetz,

---

137 Hertle schreibt hierzu. "Dass manche und gar nicht so wenige Kollegen, die auf der unteren Ebene im FDGB gearbeitet haben, das Vertrauen der Belegschaft hatten, sieht man an ersten Untersuchungen über die Bildung von Betriebsräten, wo durchaus - in Dresden und Leipzig etwas weniger, vielleicht mit einem Anteil von 10 bis 15 Prozent, in Berlin 20 bis 25 Prozent - auch ehemalige Vertrauensleute bis hinauf zum AGL-Vorsitzenden oder auch BGL-Mitglied in Personenwahl in den Betriebsrat gewählt worden sind " (Hertle. Hans-Hermann 1995, S 340, vgl auch: Sattler, Friederike, Die Funktion der Massenorganisationen, in Deutscher Bundestag (Hrsg), Machtstrukturen und Entscheidungsmechanismen im SED-Staat und die Frage der Verantwortung - Materialien der Enquete-Kommission "Aufarbeitung der Geschichte und Folgen der SED-Diktatur in Deutschland", 1995, Bd. II/4, 1995, S. 2638.)
138 Die soziale Erweiterung des Industriebetriebes korreliert mit der Zunahme der Frauenerwerbsquote bis zur Quasi-Vollbeschäftigung
139 Vgl Schmidt, Werner 1996.

Tauschstrukturen und "betriebsinterne Miniaturöffentlichkeiten"[140] zusammen. Die informellen Strukturen der betrieblichen Vergesellschaftung und die von ihnen ausgehende politische Stabilität sind nur im Kontext der betrieblichen Gesamtordnung, die in Anlehnung an Burawoy als "bürokratischer Paternalismus" bezeichnet wird, zu verstehen Dies bezeichnet ein Fabrikregime, in dem "ein existenzsicherndes Realeinkommen und sozialpolitische Garantien mit umfassenden politischen Kontrollformen verknüpft sind und die Reproduktion der Arbeitskraft fast vollständig an eine Beschäftigung im Staatssektor gebunden bleibt."[141] Neben der repressiven Herrschaft von Partei, Bürokratie und staatlicher Fürsorge dürfen die informellen und in sich widersprüchlichen Formen der Selbstorganisation nicht vergessen werden. Deshalb muss bei allen Versuchen, die betriebliche Herrschaftspraxis der DDR begrifflich zu fassen, von der "Januskopfigkeit" des DDR-Betriebes ausgegangen werden, also von einer spezifischen Mischung von "Kommandowirtschaft" einerseits und selbst organisierter "Gemeinschaft" andererseits. Diese Mixtur setzt sich aus zwangs-, leistungs-, ideologie- und gemeinschaftsorientierten Formen der Arbeitsregulierung zusammen, wobei die politische Uberformung der rationalen betrieblichen Prozesse und die "schroffe Abweichung der Realstrukturen von den formalen"[142] es nahelegen, die Differenzen zum Taylorismus stark zu machen. Deshalb wird in der Literatur auch von "Quasi-Taylorismus"[143], "DDR-Taylorismus"[144], "Betriebsgemeinschaft"[145], und "Notgemeinschaft"[146] gesprochen.

Die wichtigsten Akteure der betrieblichen Netzwerkstruktur, die so etwas wie die DDR-Gesellschaft in nuce darstellte, waren die Generaldirektoren und Leiter. Sie ersetzten die seit 1945 sukzessive amtsenthobene wirtschaftliche Führungsschicht. Gerade weil der Betrieb keine abgeschottete Sphäre war, standen wirtschaftliche Leitung, Partei und Gewerkschaft in der Regel in einem verzahnten Abhängigkeitsverhältnis. Eng verbunden mit der "Betriebstroika" agierte das MfS.[147] Gemeinsam sollten sie darauf achten, dass vorhandene Unzufriedenheiten, Eigensinn bis hin zum passiven Widerstand, nicht in eine grundsätzlichere politische Systemopposition umschlugen

Auch die Rolle der BGLs, welche in der Regel die schwächsten Glieder in der Troika waren, erschöpfte sich nicht in systemstabilisierender Ideologie- und Kaderpolitik Aus der Perspektive der Beschäftigten waren sie als soziale Dienstleister, die Ferienplätze und Kuren vergaben, Feste veranstalteten und sich um die Veteranen

---

140 Hubner, Peter 1994, S 181
141 Deppe, Rainer/ Hoß, Dietrich 1989, S 25.
142 Voßkamp, Ulrich/Wittke. Volker 1990, S 23.
143 Deppe, Rainer/Hoß, Dietrich 1989, S 387.
144 Voßkamp, Ulrich/Wittke, Volker 1990
145 Gensior. Sabine, Die Bedeutung von Gruppenstrukturen und sozialer Bindung - Frauenerwerbstätigkeit in ostdeutschen Betrieben, in Heidenreich, Martin (Hrsg), Krisen, Kader, Kombinate - Kontinuität und Wandel in ostdeutschen Betrieben, Berlin 1992.
146 Senghaas-Knobloch, Eva/Lange, Hellmuth (Hrsg), DDR-Gesellschaft von innen Arbeit und Technik im Transformationsprozess, Friedrich-Ebert-Stiftung, Abt Technik und Gesellschaft, Bonn 1992
147 Gilles. Franz-Otto/Hertle, Hans-Hermann 1997, S 48 - 57

kümmerten, vielen in guter Erinnerung ("sozialistischer Neckermann"). In diesem Zusammenhang ist auf die Ambivalenz der sozialen Dienstleistungspolitik des FDGB hinzuweisen Angesichts des quantitativen und qualitativen Mangels an Ferienplätzen verband sich deren Vergabe mit vielen Ungerechtigkeiten, so dass auch dies letztlich ein Herrschaftsinstrument sein konnte. Zwar waren die BGLs auch über Betriebskollektivverträge und direkte Mitwirkungsrechte bei der Planerstellung und an anderen relevanten Fragen der Arbeitsökonomie beteiligt, doch war ihr Einfluß in diesen Feldern eher gering zu veranschlagen.

Abseits der direkten Steuerung von oben existierte ein partiell konfliktorischer Raum. der gewisse rechtsstaatliche Standards bereitstellte, mittels derer unter bestimmten Bedingungen ein individuelles Klagerecht auf der Basis des Arbeitsgesetzbuches wahrgenommen werden konnte.[148] Für die Akzeptanz der SED-Herrschaft im Betrieb war jedoch vermutlich weniger dieser reduzierte Raum des formalen Rechts von Bedeutung als vielmehr die informelle Vetostärke der Beschäftigten, die als "passive Stärke" beschrieben worden ist. Eine Stärke, die nicht zur öffentlichen Debatte und zur aktiven Infragestellung der gegebenen Bedingungen führte, sondern sich innerhalb der vorgegebenen Grenzen bewegte, indem sie Mangel und Ineffizienz kompensierte und auf Übergriffe des Systems reagierte, ohne selbst zu einem eigenständigen Gestaltungsfaktor mit relativer Autonomie werden zu können.

Da es für die Artikulation von Interessen in der DDR keinen öffentlichen Raum gab, musste der Weg zum "Planerfüllungspakt"[149] über informelle Kämpfe und Kompromisse führen. Um die betrieblichen Sonderinteressen gegenüber den übergeordneten politischen Vorgaben erfolgreich vertreten zu können, bedurfte es eines eigensinnigen "Gruppenkorporatismus". Es handelte sich dabei quasi um einen Partikularismus, der innerbetriebliche Gruppen in eine solidarische Beziehung brachte. Dabei spielten auch die "Netzwerke der Schattenökonomie"[150] als soziale Konstellation und die Brigaden als soziale Akteure, die die informelle und passive Vetomacht der Beschäftigten artikulierten, eine wichtige Rolle. Die informellen Aktivitäten der Brigaden sind ein Beispiel dafür, wie groß der Unterschied zwischen den Zielen des SED-Regimes und der betrieblichen Realität war und wie von oben angeordnete Strukturen von unten eigensinnig angeeignet werden konnten.[151]

In der Erinnerung vieler DDR-Bürgerinnen und Bürger erscheint die Brigade als

---

148 Gerichtliche Verfahren als Ergebnis von Arbeitskonflikten waren in der DDR eher die Ausnahme, wie der Vergleich mit der Bundesrepublik zeigt In den 80er Jahren hatten die Arbeitsgerichte in der Bundesrepublik etwa 300 000 Verfahren jährlich zu bearbeiten, während die Kammern und Senate in der DDR rund 5000 Streitfälle pro Jahr zu entscheiden hatten (Däubler, Wolfgang 1990, S 358)
149 Voßkamp, Ulrich/Wittke, Volker 1990, S 24.
150 Gut, Peter/Heering, Walter/Rudolph, Joachim/Schroeder, Klaus, Normative Regulierung von Arbeit. Zum Wandel betrieblicher Arbeitsbeziehungen in Unternehmen der ehemaligen DDR, Berlin 1992, S. 38
151 Rüdiger Soldt vertritt die These, dass durch die Auflösung der Betriebsräte und die Verstaatlichung der Gewerkschaften eine Leerstelle entstanden sei, von der die Brigaden profitierten: Durch Verhandlungsgeschick und "mit der punktuellen, unpolitischen Artikulation von Interessen konnten die Brigaden vor allem Veränderungen abwehren. Sie verhinderten oftmals, dass "weiche Normen" durch höhere "harte Normen" ersetzt oder unnötige Überstunden reduziert wurden" (Soldt, Rüdiger, Zum Beispiel Schwarze Pumpe Arbeiterbrigaden in der DDR, in Geschichte und Gesellschaft 1998/1, S. 105.)

die am meisten akzeptierte Institution Werner Schmidt bietet im Hinblick auf das Brigadenphänomen eine interessante Deutung an, die sich auf den Spannungsbogen zwischen Plan und Gemeinschaft sowie zwischen formeller und informeller Steuerung bezieht Dabei geht er von einer "doppelten Regulation der Arbeit"[152] aus, die nicht auf einem einfachen Widerspruch zwischen informeller und formeller Steuerung aufbaut: Die politisch gesteuerten Formen der Gemeinschaftlichkeit in den Betrieben, die sich primär auf der Basis des Arbeitskollektives und der Brigaden zusammenfand, förderte den Zusammenhalt von Betrieb und Gesellschaft Sie ermöglichte den Individuen ein von der intendierten politischen Zielsetzung differenziertes und distanziertes Eigenleben Zugleich führte die Tatsache, dass diese Prozesse an den Betrieb gebunden waren, dazu, dass die Trennung von System- und Lebenswelt eher schwach ausgeprägt war: "Die Ökonomie büßte ihre Effizienz und die Lebenswelt ihre Authentizität ein".[153] Selbst die soziale Distanz, die Statusdifferenzen, wie sie auch zwischen Leitern und Beschäftigten bestanden, zerflossen nach außen scheinbar im verbreiteten "Du".[154] In der Erinnerung und Verhaltensorientierung der Akteure spielt das Eigenleben bis auf den heutigen Tag eine herausgehobene Rolle, da sich in ihm die scheinbar schöne, solidarische und gemeinschaftliche Dimension der DDR widerspiegelt, die den effizienzbezogenen und individualistischen Trends der Jetztzeit als Positivfolie entgegengesetzt wird. Schmidt arbeitet deutlich heraus, dass diese depolitisierte, eigensinnige "Unterlebensgemeinschaft" ohne den geplanten bürokratischen Paternalismus, jene politisch, willkürliche Form der umfassenden Betreuung und Steuerung, nicht denkbar war Es sei gerade diese Janusköpfigkeit zwischen Steuerung und "Unterlebensgemeinschaft", die so etwas wie eine "paternalistische Mißtrauensgemeinschaft" entstehen ließ, die jedoch in der "Verklärung" der meisten Akteure von den negativen Momenten befreit worden zu sein scheint.

Die DDR war eine politisch gesteuerte, durchherrschte, altindustrielle Arbeitsgesellschaft, deren Legitimationszentrum die soziale Sicherheit garantierende betriebliche Vergesellschaftung war Im Entwicklungsverlauf vergrößerte sich die technologische und ökonomische Kluft zur Bundesrepublik und den anderen OECD-Ländern Denn die notwendige Dezentralisierung ökonomischer Entscheidungen auf mikroelektronischer Basis entlang ökonomischer Effizienzparameter wurde nicht ernsthaft versucht Statt dessen forcierte das SED-Regime die polizeistaatlich abgefederte Stabilisierung der eigenen Macht, bei Fortschreibung der sozialpolitischen Bedarfs- und Vollbeschäftigungsstrategie. Somit trafen die Ereignisse von 1989 das Produktions- und Beschäftigungssystem der DDR in einem Zustand, der in nahezu allen wichtigen Strukturelementen dem der westlichen Gesellschaften entgegengesetzt war. Diese denkbar schlechte Verfassung fasst Holle Grünert pointiert zusammen: "Erhöhung statt Reduzierung der Fertigungstiefe, Verbreiterung statt Verschlankung des Produkt- und Leistungssortiments, Verminderung statt Vertiefung der zwischen-

---

152 Schmidt, Werner 1996, S 55
153 Ebd. S 313
154 Ebd, S 315

betrieblichen Arbeitsteilung, Verzicht auf statt systematische Nutzung von Serien- und Spezialisierungseffekten".[155] Zugleich weitete sich die Kluft zwischen dem Versorgungsanspruch und der real eingeschränkten Versorgungslage im Laufe der Jahre derart aus, dass Ende der 80er Jahre insbesondere die unter 45-Jährigen auf eine Gelegenheit zu grundlegendem Wandel warteten. Die von dieser Strukturdiskrepanz ausgehenden ökonomischen und sozial-kulturellen Defizite bildeten die wichtigste Basis für die dramatischen Umstrukturierungsprobleme nach 1990.

---

[155] Grunert, Holle, Beschäftigungsstrategie der DDR Frühe Erfolge und zunehmende Erstarrung, in. Apuz, B36/98, S 25

II. Selbsttransformationsversuche

Zur Thematisierung der industriellen Beziehungen in Ostdeutschland gehören auch die Versuche zur Selbsttransformation, die sowohl auf Seiten der ehemaligen FDGB-Fachabteilungen als auch auf Seiten der ehemaligen Kombinatsdirektoren und Leiter stattgefunden haben Warum scheiterten die Selbsttransformationsversuche der IG Metall/DDR, während die Aktivitäten der ehemaligen DDR-Wirtschaftselite partiell erfolgreich waren? Wer waren die Träger dieser Aktivitäten, welche Ziele verfolgten sie, mit welchen Herausforderungen mussten sie sich auseinandersetzen und welche Konsequenzen zogen diese Aktivitäten nach sich?

1. Umbruch: Vom "Dritten Weg"[156] zur Beitrittsbewegung

Von außen betrachtet wirkte die DDR bis kurz vor ihrem politischen Zusammenbruch wie ein relativ stabiler Staat Hinter dieser Fassade spitzten sich die latent vorhandenen inneren Widersprüche mehr und mehr zu, ohne dass sich deshalb aber eine Revolution hätte prognostizieren lassen. Parallel zur wachsenden Kritik und zum steigenden Unmut der Bevölkerung nahmen schließlich auch die Kontroll- und Repressionsaktivitäten des SED-Regimes zu Die Kritik der DDR-Bewohner konzentrierte sich vor allem auf fehlende Freiheitsrechte, unzureichende Konsum- und Reisemöglichkeiten sowie zunehmende ökologische Probleme Gleichwohl kam es weder innerhalb der SED-Hierarchie noch gegen sie zu relevanten oppositionellen Regungen Zwar deutete eine Vielzahl von Belegen auf eine schleichende Erosion des SED-Regimes hin, doch blieb der Kreis der Menschen klein, die sich - meist unter dem Dach der evangelischen Kirche - mit systemkritischer Perspektive engagierten [157]

Die offene Destabilisierung bis hin zur Implosion des SED-Regimes ist das längerfristige Ergebnis ihrer defizitären Institutionenordnung und einer paralysierten Wirtschaft Die Dynamik des politischen Prozesses wurde 1989 durch Massenflucht und Demonstrationen vorangetrieben Damit reagierten die Bürger der DDR auf die ablehnende Haltung der SED-Führungselite gegenüber der sowjetischen, polnischen und ungarischen Reformpolitik. In dem Maße, wie sich in diesen Ländern Reformen realisierten, sah sich die DDR-Opposition legitimiert ihre Kritik offener vorzutragen Vor diesem Hintergrund sind insbesondere die Bürgerrechtsaktivitäten gegen die Wahlfälschungen bei den Volkskammerwahlen und die Reaktionen auf die Positionen

---

156 Vgl Rochtus. Dirk, Zwischen Realität und Utopie Das Konzept des "dritten Weges" in der DDR 1989/90, Leipzig 1999

157 Zur Struktur der Gruppen schrieb Sigrid Meuschel. "Im Frühjahr 1989 gab es in der DDR ungefähr 150 Gruppen. die spezifische Belange der Frauen, des Friedens, der Ökologie und der Dritten Welt zu ihren eigenen machten, weitere zehn Gruppen suchten diese Alternativgruppierungen überregional zusammenzufassen und zu koordinieren, zu ihnen gehörten auch die Bürgerrechtsgruppen Die Mehrzahl der Mitglieder war zwischen 25 und 40 Jahre alt, der Anteil der Fach- und Hochschulabsolventen war zu dem der Arbeiter hoch Nicht wenige (zwölf Prozent) lebten ohne festes Arbeitsverhältnis, entzogen sich teils aus eigenem Entschluß den offiziellen Normen ." (Meuschel, Sigrid 1992, S 316)

der SED-Führung zum Massaker in Peking zu sehen, in deren Umfeld sich auch die inneren Konflikte in der DDR zuspitzten. Massenaktionen gegen das Regime fanden aber erst statt als die Fluchtwelle in den Westen immer größere Ausmaße annahm und das Regime den Status quo lediglich noch in ritualisierter Form verteidigte. Ohne die Rückendeckung der sowjetischen Partei hatte die SED-Spitze der neuen Qualität der "Exit- und Voiceaktivitäten" in der Bevölkerung nichts entgegenzusetzen. Mit der Öffnung der Mauer setzte schließlich eine Dynamik ein, die binnen kurzer Zeit das SED-System zum Zusammenbruch brachte.

Die Besonderheit des politischen Zusammenbruchs des SED-Regimes erschließt sich nicht zuletzt durch den Vergleich mit jenen RGW-Partnerländern, wie beispielsweise Ungarn und Polen, in denen sowohl Reformkräfte innerhalb der kommunistischen Partei als auch Oppositionsgruppen existierten, die eine längere Tradition besaßen und tiefer in der Bevölkerung verankert waren als dies in der DDR der Fall war. Weil in diesen Ländern Freiräume und Einflussmöglichkeiten für die systemkonforme wie die systemkritische Gegenelite vorhanden waren, verfügten sie damit auch über ein Selbsttransformationspotential. Der entscheidende Unterschied bestand jedoch darin, dass die Menschen in der DDR immer eine Alternative zu ihrer Lebenssituation vor Augen hatten, für die nicht eigens geworben werden musste, weil sie bereits ein Teil ihrer eigenen Existenz war: die Bundesrepublik. Sie war der entscheidende Faktor dafür, dass der Zusammenbruch schneller als in irgend einem anderen realsozialistischen Land erfolgte. Statt einer wagnisreichen Selbsttransformation, die nur auf wenige eigene Potentiale hätte aufbauen können, plädierte die Bevölkerung für die Wende in der Wende, also für die Angliederung an die Bundesrepublik.

Die Auseinandersetzung mit dem SED-Regime fand primär auf der Straße statt. Im Zentrum der Kritik standen die fehlenden Bürgerrechte und die unzureichenden Konsummöglichkeiten. Die Arbeiter gingen nach Feierabend zu den Demonstrationen. Der Betrieb war ein nachgeordneter Ort der Auseinandersetzungen. Und selbst als dort der Konflikt um die Legitimität des SED-Regimes stattfand, ging es primär um die Ablösung des alten Systems und weniger um eine von den Belegschaften zu verantwortende Selbsttransformation. Insofern ist die Art und Weise des Umbruchs in der DDR grundsätzlich vom Revolutionsmodell marxscher Prägung zu unterscheiden. In der Perspektive der Produzentenrevolution ging es um die Verfügungsmacht über die Betriebe. Demgegenüber handelte es sich in der DDR um eine "Konsumentenrevolution".[158] Entsprechend bildete die aus der Mangelökonomie gespeiste Hoffnung auf ein höheres Konsumniveau den entscheidenden Dreh- und Angelpunkt der individuellen und kollektiven politischen Orientierungen in den Wirren der Umbruchszeit. Diese Charakterisierung impliziert nicht nur eine Abgrenzung von der Produzentenrevolution, sondern auch eine grundlegende Absage an weitere sozialistische Experimente. Zugleich macht der Begriff der Konsumentenrevolution darauf aufmerksam, dass es

---

158 Kädtler, Jürgen/Kottwitz, Gisela/Weinert, Rainer, Betriebsräte in Ostdeutschland, Opladen 1997, S. 23.

weniger die positive Orientierung am bundesdeutschen Demokratiemodell war, die die Mehrheit der Menschen zum Handeln veranlasste, sondern vielmehr die Erwartung, am materiellen Output des westdeutschen Systems partizipieren zu können. Somit läßt sich der Umbruch in der DDR als passive Konsumentenrevolution verstehen, die das Vehikel der Wiedervereinigung benutzen konnte, um den Weg einer selbst zu verantwortenden Transformation nicht gehen zu müssen

2. IG Metall/DDR: Weder Selbsttransformation noch Fusion

Mit ungefähr 1,5 Millionen Beschäftigten war die Metall- und Elektroindustrie (M + E) der größte Industriezweig der DDR.[159] Die Zahl der offiziell registrierten Gewerkschaftsmitglieder in diesem Wirtschaftsbereich war sogar noch größer; sie lag im Jahre 1989 bei 1.819.356 Personen, womit die IG Metall/DDR unter den 14 Fachabteilungen des FDGB die mit Abstand größte Organisationseinheit war. In der folgenden Analyse geht es darum, wie sich die IG Metall/DDR nach der "Wende" zu einer autonomen Industriegewerkschaft westlichen Typs zu entwickeln versuchte, vor welchem Hintergrund diese Bemühungen stattfanden, welche Schritte gemacht und welche Konflikte ausgefochten wurden.

2.1 Unmut in den Betrieben

Maßgebliche Anstöße für den Zusammenbruch des SED Regimes gingen von der Massenflucht in die Bundesrepublik und den Massendemonstrationen in der DDR aus. Im Umkehrschluss bedeutet dies jedoch nicht, dass die Betriebe gänzlich abseitige Orte gewesen wären. Denn nahezu alle Aktivitäten, die sich an den Grenzen und auf den Straßen ereigneten, fanden auch auf der betrieblichen Ebene ihren Niederschlag. Zunächst primär auf der Ebene informeller Kommunikation, zunehmend aber auch im innerbetrieblichen Scheinwerferlicht. Im Mittelpunkt der betrieblichen Diskussionen stand zunächst die grundsätzliche Auseinandersetzung mit dem SED-Regime, das für reformunfähig gehalten wurde. Mit dem Einzug der politischen Debatte in den Betrieb erhielten die allgemeinpolitischen Themen in den meisten Fällen einen betriebsspezifischen Anknüpfungspunkt, entweder weil sich die Belegschaft über die SED-Funktionäre im Betrieb ärgerte[160] oder sich über konkrete Benachteiligungen beschwerte. Ein erstes öffentliches Signal, dass auch der Betrieb ein Ort veränderungsorientierter Debatten war, ging von dem offenen Brief aus, den die Gewerkschaftsmitglieder des

---

159 Vgl Schroeder, Wolfgang. Industrielle Beziehungen in Ostdeutschland Zwischen Transformation und Standortdebatte. in Aus Politik und Zeitgeschichte, B 40/96
160 Vgl Ruppert, Burkhard Die Transformation betrieblicher Interessenvertretung im Übergang von der DDR zur Bundesrepublik. Eine Untersuchung am Beispiel des Chemnitzer Apparate- und Anlagenbauunternehmens Germania (Oktober 1989 bis März 1991), Frankfurt 1996, S 41

VEB Bergmann-Borsig am 29 September 1989 an den damaligen FDGB-Vorsitzenden Harry Tisch schrieben.[161]

Während sich die auf der Straße geäußerte Kritik fast ausschließlich gegen die SED-Führung richtete, geriet in den Betrieben auch die FDGB-Führung ins Visier, vor allem aufgrund ihrer Funktion als Transmissionsriemen der SED. Der Unmut konzentrierte sich zunächst weniger darauf, dass der FDGB keine authentische Interessenorganisation war; vielmehr war der entscheidende Anlass die unsensible und ritualisierte Stigmatisierung von Bürgergruppen und Ausreisenden als "Vaterlandsverräter" oder "Statisten des Klassengegners" durch die FDGB-Funktionäre. Wie katastrophal falsch die meisten führenden FDGB-Funktionäre die Situation einschätzten, kann man auch daran ersehen, dass sie selbst vor dem Hintergrund der massenmedial vermittelten Ausreisewelle nicht in der Lage waren, selbstkritisch eigene Fehler einzuräumen.[162] Sogar in solchen Politikfeldern, in denen der FDGB eine gewisse Zuständigkeit nicht leugnen konnte, wie in der Lohnpolitik, wies der FDGB-Vorsitzende die Kritik von betrieblichen Vertretern zurück und warf ihnen statt dessen vor, dass die beklagten Defizite darauf zurückzuführen seien, dass sie sich selbst nur unzureichend als Interessenvertreter profilieren würden.

Nach der Öffnung der ungarischen Grenze am 11. September 1989 und den Massendemonstrationen im Umfeld des 40. Jahrestages der DDR wurde der Druck gegen das SED-Regime derart stark, dass der Staatsratsvorsitzende Erich Honecker am 15. Oktober zurücktrat und die SED-Führung unter Egon Krenz die Flucht nach vorn antrat, indem sie einen "kontrollierten Dialog" mit der Bevölkerung suchte. Parallel dazu hatte auch die FDGB-Führung am 13.10.1989 den öffentlichen Dialog mit ihren Mitgliedern begonnen, der sowohl DDR-weit in der FDGB-Tageszeitung "Tribüne" als auch vor Ort in den Betrieben selbst stattfand. Diese neu geschaffenen Foren wurden reichlich genutzt, um die vorhandene Unzufriedenheit mit der Politik der SED zu artikulieren und strukturelle Änderungen einzufordern.[163] Die im Kontext der betrieblichen Debatten aufgestellten Forderungen lauteten indes nicht, der FDGB müsse weg und eine neue unabhängige Gewerkschaft müsse her. Verlangt wurde vielmehr ein kritischer und offener Umgang mit den hausgemachten Problemen, vor allem mit der unzureichenden Versorgungslage und der ungerechten Verteilung sozialer Leistungen. Als politischer Protest ist dieses Vorgehen insofern einzustufen, als er in der Forderung kulminierte, dass alle politischen Instanzen aus dem Betrieb zu entfernen seien und der FDGB sich von der SED unabhängig machen müsse.[164]

Wenn auch bis Oktober 1989 noch keine direkte Gegenbewegung zur FDGB-Führungsgruppe sichtbar wurde, so sorgte diese selbst mit ihrem SED-konformen Auftreten gegenüber Ausreisewilligen und Demonstranten dafür, dass sie zunehmend den Zorn der Bevölkerung auf sich zog. Das negative Bild, das sich hieraus ergab,

---

161 Vgl. Pirker, Theo/Hertle, Hans-Hermann/Kädtler, Jürgen/Weinert Rainer, Wende zum Ende Auf dem Weg zu unabhängigen Gewerkschaften? Köln 1990, S 16.
162 Ebd
163 Vgl Ebd
164 Vgl Kädtler. Jürgen et al 1997, S 253 ff

wurde zusätzlich verstärkt, als die eigenmächtige Bereicherung einzelner Gewerkschaftsführer sowie Veruntreuungen des FDGB-Bundesvorstandes bekannt wurden.[165] Am 1. November 1989 berichtete die Berliner Zeitung, das Bezirksorgan der Berliner SED, über eine missbräuchliche Inanspruchnahme staatlicher Ressourcen beim Eigenheimbau durch Gerhard Nennstiel, den Vorsitzenden der IG Metall/DDR. Am 23. November berichtete ADN über das byzantinistische Herrschaftsgebaren Harry Tischs im Staatsjagdrevier Eixen Am 29. November 1989 bestätigte der FDGB-Bundesvorstand, dass die FDJ für ihr Pfingsttreffen 100 Millionen Mark aus dem Solidaritätsfonds des FDGB erhalten habe Schließlich wurde am 7. Dezember bekannt, dass beim FDGB zwei Millionen Mark in einer "schwarzen Kasse" gefunden wurden. Inwieweit es sich bei diesen Skandalen um bewusste Inszenierungen der SED-Führung handelte, etwa um von der eigenen Rolle abzulenken oder sogar um konkrete Personalpolitik, wie einige im Falle Nennstiels[166] vermuten, mag dahingestellt bleiben; entscheidend ist, dass diese öffentlichen Skandalisierungen einen Elitewechsel in der ersten Führungsreihe des FDGB bewirkten. Damit wurde einem weit verbreiteten Bedürfnis in der Bevölkerung entsprochen, Verantwortliche für die schlechten Lebensbedingungen zu benennen und sie zu bestrafen.

Mit den Skandalen bekam der Unmut über die Verhältnisse wie auch die Vorstellung, dass sich etwas Grundlegendes verändern müsse, eine konkrete Resonanzfläche [167] Einzelne traten aus der Gewerkschaft aus, andere stornierten ihren Beitrag[168] und viele sahen sich in ihrer Sicht bestätigt, ohne dass dies unmittelbare Auswirkungen auf ihr Verhalten hatte Kädtler/Kottwitz/Weinert kommen in ihrer Betriebsrätestudie zu dem Ergebnis, dass der Druck der Belegschaften sich nicht auf spezifische Beschäftigteninteressen richtete, sondern primär von dem Willen getragen war, das SED-Regime auch in den Betrieben zu beseitigen.[169] Dazu gehörte der Kampf gegen "rote Socken und Seilschaften", die in einigen Fällen zu Rücktritten missliebiger BGL-Vorsitzender, Kombinatsdirektoren und Leiter führte. Vielfach traten die alten Funktionäre aus Hilflosigkeit freiwillig zurück oder wurden von den Beschäftigten aus ihren Ämtern vertrieben Um diesem Schicksal entgegenzuwirken, stellten zahlreiche BG-Leitungen die Vertrauensfrage und suchten sich auf diese Weise demokratisch zu legitimieren In vielen Betrieben gelang dies auch, in einigen gab es jedoch keine

---

165 Vgl Weinert, Rainer Der Zusammenbruch des Freien Deutschen Gewerkschaftsbundes: Zunehmender Entscheidungsdruck, institutionalisierte Handlungsschwächung und Zerfall der hierarchischen Organisationsstruktur, in Berliner Journal für Soziologie, Heft 2, 1997, S 235.
166 Gerhard Nennstiel (geb 1946) gehörte zur jüngeren, politisch ambitionierten Generation der Einzelgewerkschaftsvorsitzenden (Parteihochschule in Moskau), dem man zutraute Tisch zu beerben Vermutet wurde, dass die Berliner SED-Bezirksleitung hinter der Kampagne gegen Nennstiel stand, um Annelis Kimmel als Nachfolgerin von Harry Tisch zu favorisieren
167 Vgl Weinert, Rainer 1997, S 235
168 "Aus Protest gegen Amtsmißbrauch im Bundesvorstand des FDGB und die Verschwendung von Beitragsgeldern stellen wir unsere Beitragszahlung für die Monate Dezember 1989 und Januar 1990 ein Dies ist kein Austritt aus dem FDGB!" (SAPMO-BArch, Bestand IG Metall· K EAW, Hoffmannstr Abt ÖZSF, Berlin an ZV IG M 20 12 1989)
169 Zu dieser Einschätzung sei auf die folgende Äußerung eines Betriebsratsvorsitzenden verwiesen "Die roten Seilschaften, das war damals der zentrale Begriff Und wir als Betriebsrat hatten vom Volk den Auftrag bekommen. das zu richten" (zit nach Kädtler, Jürgen et al 1997, S 85)

hinreichend große Kandidatenzahl mehr für die BGL; in anderen wurde bereits im Zuge der Wende 1989 ein Betriebsrat gewählt, der die BGL- und AGL-Strukturen ersetzte. In nicht wenigen Fällen existierten BGL- und Betriebsrat bis zur endgültigen Einführung des Betriebsverfassungsgesetzes nebeneinander.[170]

Für welche Gremienform sich die Belegschaften entschieden, hing nicht nur von den Präferenzen und Kräfteverhältnissen im innerbetrieblichen Beziehungsnetzwerk ab. Ein wichtiger Einfluß konnte auch davon ausgehen, dass die Betriebsleitung die Gründung eines Betriebsrates anregte und die tragenden betrieblichen Aktivisten dies als willkommene Chance sahen, um zu demonstrieren, dass man sich gewissermaßen avantgardistisch auf die heraneilenden westlichen Verhältnisse einlasse. Von großer Bedeutung waren direkte betriebliche Kontakte mit westdeutschen Gewerkschaftern und Betriebsräten. Darunter befanden sich solche, die den Aufbau eines Betriebsrates empfahlen[171]; daneben gab es aber auch jene, die aufgrund eigener politischer Präferenzen dafür plädierten, die aus ihrer Sicht umfassenderen Möglichkeiten der BGL im Rahmen des AGB zu nutzen. Während ersteres vor allem in der Region Leipzig dominierte, war letzteres in der Berliner Region häufiger als andernorts der Fall.

Die 1989/90 auf der betrieblichen Ebene stattfindenden Umbrüche waren primär politisch motivierte Säuberungsaktivitäten, die jedoch nicht nur der SED, den Betriebskampftruppen, der "Gesellschaft für deutsch-sowjetische Freundschaft" (GDSF) und der Stasi, sondern auch dem FDGB als Repräsentanten des ungeliebten Herrschaftssystems die Legitimation entzogen. Nach der Kapitulation und Abwahl der meisten BGL-Vorsitzenden folgte in vielen Fällen die Neuwahl von BGL-Mitgliedern oder die Gründung neuer Betriebsräte. Welche Form der Interessenvertretung bevorzugt wurde, war dabei weniger ein inhaltlich bestimmter Kampf zweier feindlicher Linien als vielmehr das "stumme" und teilweise zufällige Ergebnis innerbetrieblicher Konstellationen. Dafür spricht auch, dass dort, wo BGL und Betriebsrat parallel existierten, nach anfänglichen Konflikten und Rollenfindungsproblemen meist eine pragmatische Arbeitsteilung gefunden werden konnte.[172] Dort, wo es bereits sehr früh zur Bildung von Betriebsräten gekommen war, kann von "Demonstrationsneugründungen"[173] gesprochen werden, um dem autoritär hierarchischen FDGB eine betriebliche Alternative entgegenzustellen, ohne selbst überbetrieblich tätig zu werden.

Betriebliche Aktivitäten, die eine überbetriebliche Ausstrahlung erreichten oder gar auf die Bildung einer neuen unabhängigen Gewerkschaft drängten, wie die im Oktober 1989 in den westdeutschen Medien gemeldete Gründung von betrieblichen Reformgewerkschaften in Teltow, Erfurt und Potsdam[174], stellten eher Randerscheinungen dar. Auch wenn sich dahinter zunächst nur einzelne Personen verbargen und daraus keine unabhängigen Gewerkschaften hervorgingen, so waren dies doch weitere

---

170 Vgl Ruppert, Burkhard 1996, S 157
171 Dies war beispielsweise in starkem Maße in der Region Leipzig der Fall.
172 Vgl Ruppert, Burkhard 1996, S. 157.
173 Vgl Kädtler. Jürgen et al 1997, S 86
174 "SED aus den Betrieben", in: Spiegel, 30.10 1989; Gründung einer unabhängigen Gewerkschaft in Teltow versucht, in: Der Tagesspiegel, 24 10 1989

öffentliche Signale für die Unzufriedenheit mit den politischen Verhältnissen in den Betrieben Dass die Resonanz für die Gründung einer unabhängigen Gewerkschaft in den Betrieben nicht vorhanden war, musste kein geringerer als Heiner Müller feststellen, als dieser auf der großen Kundgebung am 4. November 1989 in Berlin einen derartigen Gründungsaufruf vortrug.[175] Das mangelnde Interesse der Belegschaften kann insbesondere auf drei Gründe zurückgeführt werden. Erstens bildeten diejenigen, die eine unabhängige Gewerkschaft als Ziel proklamierten, wie die "Initiative für unabhängige Gewerkschaften"[176], eine kaum beachtete kleine Gruppe, in der Intellektuelle dominierten. Diese Projekte verkörperten zwar von der Idee das Modell einer Produzentenrevolution, sie verfügten aber weder über Einfluss in den Betrieben noch hatten sie eine Vorstellung davon, wie eine unabhängige Gewerkschaft im Alltagsbetrieb funktionieren sollte. Letztlich erschöpften sich diese Initiativen, die im Umfeld der facettenreichen Oppositionsgruppen mitliefen, in einem auf Debatte und öffentliche Stellungnahmen orientierten Handlungsrahmen und besaßen damit den Charakter eines Diskussionsclubs. Zweitens ist zu berücksichtigen, dass an die FDGB-Mitgliedschaft nach wie vor selektive Leistungsangebote wie der Urlaub in den FDGB-Ferienorten, Prämienzahlungen und andere Vorteile gebunden waren, die beim Wechsel in eine ressourcenlose Organisation verloren gegangen wären. Drittens spielte es eine entscheidende Rolle, dass die Beschäftigten nicht auf eine neue DDR-Gewerkschaft warteten, sondern auf die bundesdeutschen Gewerkschaften

Das Engagement und der Einfluss jener betrieblichen Akteure, die der Bürgerbewegung nahestanden oder sich als ein Teil derselben verstanden, waren von zentraler Bedeutung für die vergleichsweise reibungslos verlaufende Demontage der SED-Organisationen und beim Aufbau von Betriebsräten. Auf überbetrieblicher Ebene spielten die bürgerbewegten Gewerkschafter indes keine große Rolle. Es waren schließlich die betrieblichen FDGB-Kader der zweiten und dritten Reihe, die sich an den Selbsttransformationsversuchen der IG Metall/DDR beteiligten Einigen von ihnen gelang es binnen kurzer Zeit, innerhalb des Apparates aufzusteigen und zu Hoffnungsträgern einer erneuerten Metallgewerkschaft zu werden. Dagegen wurde die erste Garde der BGL-Vorsitzenden nahezu vollständig ausgewechselt.[177]

Getreu dem Bild von der Konsumentenrevolution beteiligten sich breite Teile der Belegschaften an der politischen Säuberung in den Betrieben, weil sie damit jene Personen und Institutionen beseitigen konnten, die nicht nur an der Versorgungsmisere beteiligt waren, sondern diese sogar noch durch eine selektiv-klientelistische Verteilungs- und Kontrollpolitik zu ihren Gunsten genutzt haben. An der in vielen Betrieben bereits im Oktober beginnenden Reorganisation beteiligten sich größere Beschäftigtenkreise; danach war dies meist nur noch bei der Kandidatenaufstellung und den Betriebsratswahlen der Fall. Die eigentliche Vertretungsarbeit wurde in die

---

175 Vgl Pirker, Theo et al 1990, S 139
176 Vgl Jander, Martin, Formierung und Krise der DDR-Opposition Die Initiative für unabhängige Gewerkschaften, Berlin 1996
177 Vgl ebd , S 61

Hände der neuen Interessenvertretungen gelegt, in denen die Gruppe der Angestellten sowie der Hoch- und Fachschulabsolventen dominierte.[178] Vertreter aus dem Arbeiterbereich spielten quantitativ wie auch hinsichtlich der qualitativen Beteiligung eine untergeordnete Rolle. Während sich die breite Kritik am FDGB vor allem auf den Missbrauch von Macht, persönlicher Bereicherung, seine politische Mitverantwortung und damit auf die fehlende Unabhängigkeit von der SED sowie die selektive Vorgehensweise bei der Verteilung knapper Ferienplätze konzentrierte, verlangten die neuen Akteure aus dem Angestelltenbereich von der IG Metall eher eine offene, ungeschönte Darstellung der ökonomischen Krisenursachen, um zu einer verbesserten Leistungsfähigkeit der Betriebe zu gelangen. Mehr wirtschaftliche Effizienz erwartete man sich von einer stärkeren betrieblichen Eigenverantwortung, die von einer mit umfassenderen Rechten ausgestatteten BGL auf der Basis eines reformierten Arbeitsgesetzbuches flankiert werden sollte.[179] Im Bewusstsein, dass die extensive Produktionsweise der Planwirtschaft mit ihrer fehlenden Ertrags- und Kostenorientierung und einer politisch überlagerten Kontrollbürokratie eine wesentliche Ursache für unzureichende wirtschaftliche Leistungsfähigkeit und damit auch für die defizitäre Versorgungssituation darstellte, konzentrierte sich ihre Kritik darauf, die Benachteiligung der Angestellten aufzuheben, um Effizienz und Leistung umfassend zu fördern.[180] Dabei waren viele Angestellte skeptisch, ob ihre Interessen durch die IG Metall angemessen vertreten würden, was wiederum dazu führte, dass sie die Bildung einer eigenen Angestelltengewerkschaft erwogen.[181]

---

178 Vgl Kädtler, Jürgen, et al 1997, S. 42, vgl. Bergmann, Joachim in· Lutz, Burkart/Nickel, Hildegard M /Schmidt, Rudi/Sorge, Arndt (Hrsg), Arbeit, Arbeitsmarkt und Betriebe, 1996, S 268.
179 "In erster Linie muß es auch uns als IG Metall darum gehen, das Leistungsprinzip in unseren Betrieben in einer vollkommen neuen Qualität durchzusetzen, d.h es sind Bedingungen zu schaffen, und das muß auch eine Forderung der IG Metall sein, in der Perspektive die Mitbestimmung der Werktätigen im Reproduktionsprozess allumfassend durchzusetzen und alle Kolleginnen und Kollegen am Gewinn zu beteiligen" (SAPMO - BArch, Bestand IG Metall Beyer stellv. BGL-Vorsitz, 21.12 1989 an ZV IGM)
180 Vgl Kädtler, Jürgen et al. 1997, S. 117.
181 Hierzu einige Stellungnahmen aus unterschiedlichen Betrieben. "Im Klartext lautet für unseren Bereich Projektierung die Forderung, Bildung einer Angestelltengewerkschaft als Interessenvertreter dieser Beschäftigtenkategorie Nur so kann gewährleistet werden, dass Forderungen von zahlenmäßigen Minderheiten in den Betrieben Beachtung finden und nicht von vornherein als unwichtig und uninteressant für die Gesamtheit der Belegschaft abgetan werden. Als eines der vielen Beispiele möchte ich hier nur das der Lohnsteuerpolitik aufführen Die Arbeiter in den Betrieben interessiert es nicht, dass die Angestellten (teilweise auch Facharbeiter) ein Mehrfaches an Lohnsteuern bezahlen als sie selbst. Demzufolge wenden sie sich auch nicht mit der Forderung der Angestellten zur Veränderung dieser Situation identifizieren" (SAPMO-BArch, Bestand IG Metall: Strobel, Vorsitzender AGL 15 an ZV IG Metall 25.1.1990). "Die Aussage "Ein Betrieb, eine Gewerkschaft" kann unter Berücksichtigung der unterschiedlichen Interessen der Arbeiter und Angestellten sowie der Intelligenz nicht aufrechterhalten werden. Vorschlag: Metallarbeiter - IG Metall; Angestellte - Angestelltengewerkschaft". (SAPMO-BArch, Bestand IG Metall. Thugut, AGL-Vorsitz an ZV IGM Wildau 19 1 1990)· "Schaffung einer Angestelltengewerkschaft innerhalb der IG Metall, um die Belange der Angestellten in den produktionsvorbereitenden Bereichen und in der Verwaltung durchsetzen zu können" (SAPMO-BArch, Bestand IG Metall. Z-Betrieb des Kombinats VEB CZ Jena 11 1.1990) "Es ist unbedingt notwendig, dass sich die Gewerkschaftsorgane so strukturieren, dass die Interessen einzelner Gruppen wie Lehrlinge und Jugend, Frauen, Vorruhestädler und Rentner differenziert vertreten werden können. Unbedingt notwendig ist die gesonderte Interessenvertretung der Leiter und der Führungskräfte Bei vielen Gemeinsamkeiten ergibt sich aus der Arbeitsaufgabe zwangsläufig, dass Leiter und Mitarbeiter beziehungsweise Führungskräfte und Leiter in ebenso vielen Punkten gegensätzliche

Der Ab- beziehungsweise Umbau der betrieblichen SED/FDGB-Institutionen sowie die Neuordnung der betrieblichen Sozialordnung fanden zu einem Zeitpunkt statt, zu dem die staatlichen Strukturen der DDR nur noch mehr oder weniger kulissenhaft existierten und ihre bundesdeutschen Pendants, wenn auch vor Ort noch nicht existent, gleichwohl bereits die Debatten bestimmten. Die IG Metall-West und die anderen DGB-Gewerkschaften waren in den Betrieben noch nicht präsent, als die Konsumentenrevolution den FDGB bereits hinweggefegt hatte; durch die Skandale war latentes in offenes Misstrauen umgeschlagen. Zugleich existierte jedoch die Hoffnung, dass die vom FDGB mitverbürgten sozialen Sicherheiten von den westdeutschen Gewerkschaften fortgeschrieben werden könnten. Die Beschäftigten befanden sich in einer ambivalenten Situation: auf der einen Seite war die Euphorie der Konsumentenrevolution über das nahende Ende der Mangelgesellschaft (ihre symbolischen Eckpunkte bildeten die Öffnung der Mauer am 9. November 1989 und die Einführung der DM am 1 7 1990); auf der anderen Seite gab es die Angst, dass aufgrund des enormen wirtschaftlichen Gefälles zwischen Ost- und Westdeutschland eine nie zuvor erlebte Gefährdung beziehungsweise Zerstörung der vertrauten Lebensbedingungen eintreten könnte Es war letztlich der Prozess der Wiedervereinigung und das damit eingeleitete Ende der Mangelgesellschaft, der die "Angst vor Ausverkauf, Arbeitslosigkeit, Armut, Akkord und Anarchie"[182] euphorisch überlagerte Der in dieser Zeit stattfindende Vertrauenstransfer auf die westdeutsche Elite und das von ihr scheinbar verbürgte Wohlstandsniveau trugen auch dazu bei, dass es zu keinen bedeutenden Aktivitäten kam, um eigene neue Strukturen gegen den Widerstand der westdeutschen Elite zu schaffen. Gemeinsam versuchten die überwiegend aus dem Angestelltenbereich kommenden neuen betrieblichen Funktionäre und ein Teil der ehrenamtlichen FDGB-Elite, die Interessen der Beschäftigten in dem anstehenden betrieblichen Reorganisationsprozess geltend zu machen. Dabei plädierten sie für effizientes Management und effiziente Produktionsstrukturen. Sie waren in ihrem Engagement primär betriebswirtschaftlich ausgerichtet; ihre überbetrieblich-gewerkschaftlichen Ambitionen waren dementsprechend schwach ausgeprägt, so dass sich auf der betrieblichen Ebene keine hinreichende Substanz entwickelt hatte, um von dort eine Selbsttransformation der IG Metall/DDR zu ermöglichen.

2.2 Vom Aufbruch zur Auflösung

Im Oktober 1989 schien die Welt der IG Metall/DDR vordergründig noch in Ordnung zu sein Ihr Vorsitzender Gerhard Nennstiel lobte auf der 10. Tagung des ZV, "dass das Eintreten für besondere Initiativen zum Republik-Jubiläum in den Gewerkschafts-

---

Interessen vertreten müssen Ist in der IG Metall dafür Platz oder brauchen wir zwei gesonderte Gewerkschaften unter einer Dachorganisation?" (SAPMO-BArch, Bestand IG Metall. VEB Mansfeld Kombinat; Direktion Forschung und Entwicklung 10 1.1990 Hettstedt an ZV IG Metall)
182 Marz. Lutz "Mit 5-A-Ängsten" in die 90er? Manuskript, 25.12 1989.

gruppen und Grundorganisationen der IG Metall Widerhall und tatkräftige Zustimmung gefunden" habe.[183] Die DDR, so Nennstiel weiter, sei "unsere Heimat, errichtet auf der unverrückbaren Einheit von Wirtschafts- und Sozialpolitik als Markenzeichen für den Sozialismus in den Farben der DDR". Den westdeutschen Kritikern sprach er jedes Recht ab, Vorschläge zur Veränderung in der DDR zu machen, schließlich sei die Situation dort derart unsozial, dass "schon rund ein Drittel aller BRD-Haushalte für den Lebensunterhalt auf Sozialhilfe angewiesen" seien. Die hieraus für ihn resultierende Schlussfolgerung war, dass die Verlockungen und Ratschläge dieser Gesellschaft "für uns ein Schritt zurück in die Vergangenheit wären, den es bekanntlich nicht gibt. Denn die Geschichte wiederholt sich nicht"[184].

Die Rolle der IG Metall im FDGB war keinesfalls mit jener der IG Metall im DGB zu vergleichen. Die ostdeutsche IG Metall war, wie schon erwähnt, lediglich eine Fachabteilung des FDGB. Das änderte sich erst nach dem Rücktritt von Gerhard Nennstiel, der damit auf ein ihm öffentlich vorgeworfenes Bereicherungsdelikt reagierte.[185] Im Anschluss an diesen Vorfall, der in der langsam sich entwickelnden investigativen ostdeutschen Medienöffentlichkeit einiges Aufsehen erregte, entschloss sich der IG Metall-Vorstand - als eines der ersten Führungsgremien aus dem Bereich der FDGB-Gewerkschaften - zu einem öffentlich inszenierten, personellen und inhaltlichen Neuanfang. Nach den Rücktritten von Gerhard Nennstiel und Harry Tisch[186] fand am 7. November 1989 die 11. Tagung des Zentralvorstands statt, auf welcher die Weichen für den Umbau der IG Metall gestellt wurden. Vor dem Hintergrund einer allgemeinen Verunsicherung, die in SED- und FDGB-Gremien hektischen Aktionismus auslöste, suchte die IG-Metall-Führung nach symbolträchtigen Wegen, um verlorenes Vertrauen bei den Mitgliedern zurückzugewinnen und die Macht des Apparates zu stärken. Die dramatische Herausforderung, der sich die IG Metall stellen müsse, beschrieb der geschäftsführende Vorstand wie folgt: "Gerade die in den letzten Wochen enthüllten Fälle des Amtsmissbrauchs, der Korruption, der persönlichen Bereicherung und anderer Handlungen haben den vorhandenen Vertrauensverlust bei den Mitgliedern nicht abgebaut, sondern vertieft. Und dieser Vertrauensverlust führte soweit, dass manch gestandener Gewerkschaftsfunktionär abgewählt wurde beziehungsweise dem moralischen Druck nicht standhält und zurücktritt". Der Gewerkschaftsapparat war zutiefst verunsichert: Einerseits bangten die Funktionäre um ihre Stellen, was in der ersten Phase des Umbruchs aufgrund der Reaktion der Mitglieder auf das Bekanntwerden kleinster Privilegien durchaus eine reale Bedrohung war. Andererseits fürchteten sie sich auch deshalb vor den Mitgliedern, weil mit dem Wegfall der SED-Direktiven auch die Grundlage für eine Politik des "autoritativen

---

183 Schlusswort Gerhard Nennstiels auf der 10. Tagung des ZV. "Aus fester innerer Überzeugung und mit guten Gründen..."in: IG Metall Informationsblatt 10/1989, S.1.
184 Ebd.
185 Vgl. Pirker, Theo et al. 1990, S. 28.
186 Harry Tisch trat als Vorsitzender des FDGB am 2. November 1989 zurück; als seine Nachfolgerin wurde die bisherige Berliner FDGB-Bezirksvorsitzende Annelis Kimmel gewählt (vgl. Pirker, Theo et al 1990, S 23)

Durchstellens" entfallen war und sie keine Erfahrungen besaßen, um sich im Spannungsverhältnis zwischen Organisations- und Mitgliederinteressen souveran zu bewegen und eine argumentative Dialogstrategie zu praktizieren.

Die versuchte Erneuerung der IG Metall der DDR begann im November 1989. Man kann diese Entwicklung, die bis zur Selbstauflösung auf der außerordentlichen Zentraldelegiertenkonferenz in Bogensee am 5 /6 Oktober 1990 andauerte, in drei Phasen einteilen Die erste Phase, die vom November 1989 bis Februar 1990 reichte, begann mit dem Rücktritt von Gerhard Nennstiel, der zu diesem Zeitpunkt erst knapp ein Jahr als Vorsitzender amtierte und vielen ostdeutschen IG Metall-Funktionären als systemloyaler und zugleich dynamischer Hoffnungsträger galt. Der Beginn der ersten Phase kann deshalb auf den November 1989 datiert werden, weil bis zu diesem Zeitpunkt noch keine politisch relevanten Reaktionen von Partei und FDGB auf die bereits seit einigen Wochen in den Betrieben stattfindenden Debatten über die Zukunft der DDR erfolgt waren. Die erste Nach-SED-Phase war gekennzeichnet durch den Versuch, die aus den Betrieben kommende Kritik aufzunehmen, um auf der Basis einer neuen reformsozialistischen Verbandsideologie, unabhängig vom FDGB, den Mitgliedern zu signalisieren, dass die IG Metall die Zeichen der Zeit erkannt habe. Die Reaktionen des Apparates auf den Druck der Mitglieder waren jedoch eher spontan sowie inhaltlich disparat und keinesfalls kohärent reformorientiert. Das kurzfristige Ziel bestand darin, die Mitglieder zu beruhigen und sich selbst organisatorisch zu konsolidieren Der neu gewählte Vorsitzende musste sich innerhalb des Apparates erst eine Hausmacht schaffen, was ihm nur unzureichend gelang. Obwohl er von Beginn an auf die Unterstützung der westdeutschen IG Metall setzte, vor allem auf den damaligen Vorsitzenden Franz Steinkühler. Um sich nach außen hin glaubhaft zu erneuern, unterließ man eine öffentlich wirksame Unterstützung des FDGB und der SED/PDS.

Die zweite vom Februar bis Mai 1990 andauernde Phase begann, als sich die Einsicht durchsetzte, dass es innerhalb kurzer Zeit zur Bildung eines einheitlichen deutschen Nationalstaates kommen werde. Von diesem Zeitpunkt an war die Frage nicht mehr, wie sich die IG Metall innerhalb der DDR erneuert, sondern ob und wie eine Fusion mit der westdeutschen IG Metall unter möglichst günstigen Bedingungen für die ostdeutschen IG Metall-Funktionäre erfolgen könne. Mit dem am 6. März verabschiedeten Gewerkschaftsgesetz, der Reform des AGB und dem Plädoyer für die Beibehaltung der BG-Leitungen versuchte man, die staatsgewerkschaftliche Praxis in wesentlichen Teilen fortzuführen. Mit dem Rationalisierungsschutzabkommen vom 6. April 1990 sollten erste Lernerfolge auf dem Gebiet der authentischen Interessenvertretung öffentlich unterstrichen werden. Die 12. Zentraldelegiertenkonferenz am 8 /9. April in Bernau geriet schließlich zum Höhepunkt der kurzen, vom FDGB relativ unabhängigen Verbandsgeschichte der IG Metall/DDR. Mit dieser Konferenz versuchte man sich als erfolgreich erneuerte, unabhängige Industriegewerkschaft zu präsentieren, die fähig sei, als authentische Interessenorganisation zu agieren und von daher alle Bedingungen erfülle, um mit der westdeutschen IG Metall eine gleichberechtigte Fusion einzugehen Zwar gab es von seiten der Belegschaften keine grundlegende

Anfechtung mehr, doch setzten diese ohnehin kaum noch auf die Erneuerungsfähigkeit der IG Metall/DDR, sondern auf die westdeutsche IG Metall. Abgeschlossen wurde diese Phase am 25. Mai 1990 mit einer gemeinsamen Erklärung der beiden Metallgewerkschaften, in der die Auflösung der ostdeutschen IG Metall und der Beitritt ihrer Mitglieder in die westdeutsche IG Metall festgelegt wurde.[187]

Die dritte Phase vom Mai bis Oktober 1990 war geprägt durch das stetige, aber meist vergebliche Bemühen der ostdeutschen Gewerkschaftsspitze, den Übergangsprozess maßgeblich mitzugestalten. Da die Handlungsvollmacht ab Mai 1990 eindeutig bei der Zentrale der westdeutschen IG Metall in Frankfurt lag, konzentrierte sich das Interesse der Funktionäre der IG Metall/DDR schon bald auf die Frage, wie sie darauf hinwirken könnten, um selbst eine berufliche Zukunft bei der westdeutschen IG Metall zu bekommen. Da eine Übernahme aller Funktionäre unrealistisch war, entwickelten sich hochgradig individualisierte Formen taktischen Handelns, was schließlich zu einer entsolidarisierten Gemengelage innerhalb des Zentralvorstandes führte - mit der Folge, dass auf der Ebene kollektiven Handelns selbst minimale Formen von Vetomacht gegenüber der westdeutschen IG Metall nicht mehr zu realisieren waren. Die Reaktionen des Apparates auf die veränderten Verhältnisse glichen dem Wettlauf von Hase und Igel. In dieser Phase agierte im übrigen nicht nur der Zentralvorstand in Berlin, auch von den Bezirken wurden zunehmend eigenständige Positionen und Interessen artikuliert. So wurde zum Beispiel in Mecklenburg-Vorpommern der Bezirksleiter gewählt, obwohl dies gegen die Satzungsrichtlinien der bundesdeutschen IG Metall verstieß, und einige sächsische Metaller drohten in der Endphase immer häufiger und deutlicher mit der Gründung einer eigenen Organisation. Wenngleich aus dieser Separationsrhetorik keine institutionelle Realität entstand, machten die Aktionen deutlich, dass auch innerhalb der ostdeutschen IG Metall eine gewisse regionale Vitalität existierte, die als eigenständiger Faktor nicht mehr zu ignorieren sein würde.

2.3 Erneuerungsversuche

Im Anschluss an die Darstellung des historischen Verlaufs sollen im folgenden die Probleme verdeutlicht werden, die ursächlich dafür waren, dass es der IG Metall-Ost nicht gelang, sich in personeller und struktureller Hinsicht sowie bezüglich der Inhalte nachhaltig zu erneuern.

---

187 Anlage zum Rundschreiben vom 25 Mai 1990: "Gewerkschaftseinheit verwirklichen", unterzeichnet von Franz Steinkühler, Klaus Zwickel, Hartwig Bugiel und Fredi Jahn (Hamburg, 25 5.1990)

Personelle Erneuerungsversuche

Bis ins Jahr 1988 hinein lag der IG Metall-Vorsitz in den Händen von Rainer Sommer. In seiner Biographie[188] verkörperten sich die Sonderheiten der Funktionselite der DDR zwischen Allmacht und Ohnmacht.[189] Dazu gehörte der Bezug auf die miterlebte Leidensgeschichte der deutschen Arbeiterbewegung sowie eine immobile Reaktionsweise auf die strukturellen Krisen und Funktionsdefizite der DDR. Im Laufe seiner langen Amtszeit dominierte auch bei ihm das byzantinische Führungsmoment so sehr, dass die Privatisierung der Macht zum prägenden Moment seiner Amtsführung wurde. Bezeichnend für diese Haltung war, dass der vor Antritt seiner letzten Amtsperiode bereits über 60 Jahre alte Sommer darauf insistierte, ein weiteres Mal gewählt zu werden, und anschließend noch stärker als in der Zeit zuvor durch Abwesenheit und Führungslosigkeit glänzte, um seine eigenen Reisebedürfnisse auf internationalem Parkett zu befriedigen.

Der 1988 zum Nachfolger Sommers bestimmte Gerhard Nennstiel (Jahrgang 1946) gehörte zu jener Generation, die auf die Weihen des gelebten Antifaschismus verzichten musste; er war mit der DDR und ihren Institutionen aufgewachsen. Bevor er Vorsitzender der IG Metall wurde, hatte er sich seine Sporen als FDGB-Bezirkschef in Erfurt erworben Außerdem soll er seitens der Kaderverantwortlichen als Nachfolger des FDGB-Vorsitzenden Harry Tisch und Mitglied des Politbüros in Betracht gezogen worden sein Eine wichtige Voraussetzung für eine solche Karriere war sein Studium an der Parteihochschule der KPdSU in Moskau. Demgemäß fand mit der Übernahme des Amtes durch Gerhard Nennstiel auch kein Politik-, sondern lediglich ein Generationenwechsel an der Spitze der IG Metall/DDR statt.

Da nach dem Rücktritt von Gerhard Nennstiel die Symbolik des Generationenwechsels bereits ausgereizt war, verständigte sich der IG Metall-Vorstand darauf, den Erneuerungswillen dadurch zu unterstreichen, dass der neue Vorsitzende nicht aus dem Bereich des geschäftsführenden Vorstandes kommen dürfe. Da seine Wahl in Absprache mit den Gremien der Basis und auf der Grundlage konkurrierender Wahlvorschläge erfolgen sollte, wurde das Sekretariat beauftragt, mindestens zwei Wahlvorschläge zu präsentieren[190], die mit den Vorstandsmitgliedern, den Bezirkschefs und den wichtigsten Z-BGL-Vorsitzenden abgestimmt werden sollten. Auf der 12. Tagung des Zentralvorstandes am 26 und 27. November 1989 kandidierten dementsprechend der Jenaer BGL-Vorsitzende Hartwig Bugiel und der Rostocker IG Metall-Funktionär

---

188 Geboren 1921. aufgewachsen in der Weimarer Republik, proletarisch-antifaschistische Herkunft, Kriegserfahrungen, Maschinenschlosser und obligatorische akademische Nachqualifizierung als Diplom-Wirtschaftler
189 Wer war wer - DDR Ein biographisches Lexikon, Berlin 1992, S 429
190 Der stellvertretende Vorsitzende Joachim Pampelt und der internationale Sekretär Werner Geistert wurden damit beauftragt, zwei Kandidaten zu finden Als erste Wahl einigte man sich auf Uwe Rosenkranz, den IGM-Kreisvorsitzenden von Carl-Zeiss-Jena, einem der wichtigsten und größten Kombinate der DDR Dieser lehnte jedoch ab

Rüdiger Klein für das Amt des Vorsitzenden.[191] Die erste offene Abstimmung in der IG Metall endete mit einem eindeutigen Sieg von Hartwig Bugiel[192], der als West-Ostbürger zugleich besonderes öffentliches Interesse auf sich zog: Er war in Westdeutschland geboren und aufgewachsen und erst in den sechziger Jahren in die DDR übergesiedelt.

Bei dem Versuch, die IG Metall-Ost zu reformieren, agierten im wesentlichen drei Gruppierungen: erstens die alte Vorstandselite, zweitens Teile der nach oben strebenden BGL-Elite und drittens besonders aktive Personen der betrieblichen Basis, die bisher keine Funktionsposten bekleidet hatten. Auch wenn mit dieser Zuordnung nicht alle Einflussfaktoren erfasst werden können (beispielsweise spielte auch die regionale Herkunft, das Verhältnis zur Partei oder das Alter der Akteure eine Rolle), so ist darin doch das entscheidende institutionelle Spannungsfeld abgebildet. Zwischen den beiden Hauptgruppen (also den jeweiligen Eliten des Apparates und aus den Betrieben) entwickelte sich - wenn auch im Einzelfall die Grenzen fließend sein konnten - im wesentlichen die Dynamik, die den innerorganisatorischen Prozess zwischen Wende und Ende prägte.

Die personelle Erneuerung kam jedoch weder direkt aus dem Apparat noch wurde sie durch die Gewerkschaftsleitungen der großen Kombinate dominiert.[193] Der letzte Vorsitzende besaß bis zu seiner Wahl keine überregionalen Funktionen in der SED, dem FDGB oder der IG Metall. Er gehörte zur BGL-Elite, die im letzten Jahr der DDR zur Rettungstruppe des Apparates werden sollte. Mit dem Bekenntnis zur personellen Erneuerung von unten war der Weg für die alte Vorstandselite versperrt. Daher kandidierten die alten geschäftsführenden Vorstandsmitglieder (mit Ausnahme von Karin Schubert) auf der 12. Zentraldelegiertenkonferenz am 8. und 9. April 1990 erst gar nicht und wechselten statt dessen in Abteilungsleiterpositionen.[194] Also wurden in die neue Führungsspitze bis auf eine Ausnahme Vertreter der BGL-Elite gewählt, die am ehesten den Eindruck erwecken konnten, die IG Metall habe sich gänzlich erneuert Statt der in den Führungsetagen der DDR-Institutionen gewohnten Gerontokratie saßen nun sechs geschäftsführende Vorstandsmitglieder im dynamischsten Lebensalter an der Spitze (der Altersdurchschnitt lag bei 44 Jahren), die mit neuen Ideen die Erneuerung der Organisation betreiben sollten. Hinsichtlich der Merkmale Alter, Erfahrung, beruflicher Werdegang zeichnete sich der im April 1990 gewählte Vorstand durch ein hohes Maß an Homogenität aus. Jedoch erschwerten die fehlenden Erfahrungen mit den politischen Instanzen der Hauptstadt, insbesondere im Umgang

---

191 Zu dieser Wahl schrieb das Vorstandssekretariat. "Wir möchten hier unterstreichen, dass diese Vorschläge mit den Betriebsgewerkschaftsleitungen, Vertrauensleuten bzw. BGL-Vorsitzenden der betreffenden Betriebe bzw. im Falle von Rostock vom Sekretariat des Bezirksvorstandes und den Vorsitzenden der Kreisvorstände der IG Metall beraten wurden und deren Zustimmung fanden. Die Kaderproblematik werden wir entsprechend der bestätigten Tagesordnung behandeln" (SAPMO-BArch, Bestand IG Metall: Bericht des Sekretariats an die 12 Tagung des Zentralvorstandes der IG Metall vom 23.11.1989; S. 21).
192 Am 26 November stimmten 63 Vorstandsmitglieder für Bugiel und 17 für Klein (vgl. Tribüne 15.1.1990)
193 Die ganz großen Kombinate wie Carl-Zeiss-Jena besaßen einen eigenen Kreisvorstand; kleinere Kombinate nur eine zentrale Betriebsgewerkschaftsleitung (Z-BGL).
194 So wechselte beispielsweise der bisherige stellvertretende Vorsitzende Joachim Pampelt in die Position des Abteilungsleiters für Personal und Organisationswesen.

mit dem eigenen Vorstandsapparat, ihre Arbeit und so konnten die einflussreichen Funktionäre des Zentralvorstandes mit Recht darauf hoffen, dass ihr Einfluss erhalten blieb

Das Bild einer personell und politisch erneuerten IG Metall blieb mehr Wunsch als Realität Bei der bisher nur regional agierenden BGL-Elite handelte es sich mehrheitlich eben nicht um jene Kräfte, die seit Oktober an der Vertreibung des SED-Regimes aus den Betrieben gearbeitet hatten. Die meisten von ihnen standen eher für eine behutsame Neujustierung Diejenigen, die aus eigenen Stücken Betriebsräte aufgebaut hatten und oder sich im Rahmen der neu gewählten BGL für eine rundum erneuerte Gewerkschaftsarbeit einsetzten, spielten beim Umbau der IG Metall kaum eine Rolle. Von den im April neu in den geschäftsführenden Vorstand gewählten BGL-Vertretern gehörte nur einer nicht der SED an und der hinter diesem Vorstand agierende Apparat war durch eine außerordentliche Kontinuität gekennzeichnet. Er hatte überhaupt keine Abgänge zu verzeichnen - im Gegenteil· Im Zuge der Verlagerung von Personal und Ressourcen des FDGB auf die Einzelgewerkschaften kam es kurzzeitig sogar zu einem Zuwachs, so dass die Zahl der Mitarbeiter des Zentralvorstandes von ehemals 68 auf rund 120 anstieg. Und da die etablierten Funktionäre über lange organisatorische Erfahrung und damit über die notwendigen Arbeitsbeziehungen zu den FDGB/SED-Instanzen und zu den Ministerien verfügten, existierte auf dieser Ebene eine eigensinnig nutzbare Steuerungskapazität.

Hinsichtlich des Modus der Erneuerung scheint es zwischen den Vorstandsmitgliedern keine größeren inhaltlichen Differenzen gegeben zu haben. Die Vorgaben des politischen Einigungsprozesses und der Einfluss des Vorstandes der IG Metall-West führten zu entsprechenden (zeitlich unterschiedlich zu gewichtenden) Setzungen der Eckpunkte Doch sobald inhaltliche Profilierungen einzelner Vorstandsmitglieder bekannt geworden waren, entwickelten sich Rivalitäten, insbesondere zwischen Hartwig Bugiel und den tonangebenden Funktionären des Apparates Um von den altgedienten Mitarbeitern seines Vorgängers nicht abhängig zu sein, schuf sich Bugiel ein eigenes Beratungsumfeld und setzte auf die Unterstützung durch Franz Steinkühler [195] Nach außen suchte er die Spannungen zwischen den alten Zentralvorstandsmitarbeitern und den neuen BGL-Vertretern im Vorstand zu seinen Gunsten zu wenden, indem er sich in der Öffentlichkeit als Garant für eine Erneuerung der IG Metall präsentierte. Auf der 12. Zentraldelegiertenkonferenz musste Bugiel eine Kampfabstimmung bestehen, als mit Karin Schubert eine der profiliertesten Vorstandssekretäre für den Vorsitz kandidierte. Das Handelsblatt berichtete damals: "Den Delegierten war bei der Abstimmung klar, dass sie sich zwischen dem alten FDGB-Kurs der eindeutigen Zuordnung zur SED/PDS und der auf parteipolitische Unabhängigkeit gerichteten Marschroute Bugiels und der anderen Reformer zu ent-

---

[195] Symbolträchtig unterstrichen wurde die Einheit und scheinbare Gleichrangigkeit zwischen Steinkühler und Bugiel u a durch Fotos, die in den Mitteilungen der IG Metall/DDR bis zum Hamburger Beschluss im Mai 1990 regelmäßig abgebildet wurden (beispielsweise Nr 1/1990, 4/1990, IG Metall-Aktuell zur Zentraldelegiertenkonferenz)

scheiden hatten, die im vergangenen Jahr die Absetzung der alten Gewerkschaftsführung durchgesetzt hatten"[196]. Diese Darstellung ist insofern überzeichnet, als es in den inhaltlichen Fragen der Alltagsarbeit keine solche Zuspitzung gab. Bugiel gewann zwar auch diese Wahl deutlich, trotzdem schritt die Erneuerung der IG Metall nur sehr langsam voran.[197]

Resümierend bleibt festzuhalten, dass der IG Metall-Vorstand im November 1989 durch die öffentlich gemachten Skandale derart delegitimiert wurde, dass eine Elitenzirkulation innerhalb des geschäftsführenden Vorstandes als unzureichendes Erneuerungssignal ausschied. Der sukzessive Abtritt des Vorstandes wurde zur Stunde der BGL-Vorsitzenden, die im Windschatten der "neuen Demokratie" an der in den Startlöchern sitzenden Nachfolgeelite des Apparates vorbeiziehen konnten. In den letzten Monaten der IG Metall/DDR mussten die neuen, politisch unerfahrenen BGL-Funktionäre, die nun an der Spitze der IG Metall standen, viele kleine Kämpfe ausfechten, um mit den etablierten Vertretern des zentralen Gewerkschaftsapparates zu Kompromissen zu kommen. Doch trotz der durch BGL- und FDGB-Vertreter erweiterten Personalkonstellation war es in gewisser Weise eine geschlossene Veranstaltung der etablierten SED-orientierten Kräfte, von der Vertreter der neu gewählten Betriebsräte oder sogar der Bürgerbewegung ausgeschlossen blieben.

Organisatorische Erneuerungsversuche

Eine gewichtige Rolle beim organisatorischen Umbau der IG Metall/DDR spielte das Eigeninteresse der Funktionäre. Ihre Ausgangsposition war vergleichsweise günstig, weil die SED/FDGB-Strukturen diskreditiert waren, eine echte Alternative hierzu aber nicht existierte. In dieser Situation schien eine Verlagerung der Ressourcen auf die Ebene der Industriegewerkschaften das Gebot der Stunde, um auf die seit Oktober öffentlich artikulierte Kritik im Rahmen der betrieblichen Dialogveranstaltungen zu reagieren. In Anlehnung an die westdeutschen Verhältnisse und an Vorschläge der Gewerkschaftshochschule Bernau zur Neugestaltung der Gewerkschaftsarbeit,[198] die bereits Anfang November 1989 erarbeitet worden waren, wurden die doppelte Eigenständigkeit der Industriegewerkschaften, innergewerkschaftliche Demokratie, die Erweiterung der Rechte der Einzelgewerkschaften, ein Gewerkschaftsgesetz sowie die Einberufung eines außerordentlichen FDGB-Kongresses gefordert.

---

196 Vgl Kampfabstimmung um den Vorsitz ergibt klares Votum für Bugiels Erneuerungskurs, in Handelsblatt 10 4 1990
197 Von den 439 abgegebenen Stimmen entfielen, bei einer Enthaltung, mit 282 rund zwei Drittel auf Hartwig Bugiel Karın Schubert wurde von 148 Delegierten unterstützt (Handelsblatt 10.4 1990)
198 Vgl Jander, Martin 1996, S 86

Zunächst pochte die IG Metall-Führung auf eine nur geringe Unabhängigkeit von SED[199] und FDGB[200], die im Zeitverlauf auf eine grundlegende, wenngleich nicht unumstrittene Abkopplung hinauslief. Nach seinem ersten Treffen mit Steinkühler forderte Bugiel als erster Vorsitzender der Industriegewerkschaften am 8. 12.1989 die volle Unabhängigkeit einschließlich der Finanzhoheit und Tarifautonomie nach westdeutschem Vorbild[201] Heftige Kritik hieran kam vor allem aus dem FDGB-Apparat: "Ich betrachte dies als ersten Schritt zur Spaltung der Gewerkschaft und die Aufgabe der Einheitsgewerkschaft, die wir als Dachorganisation künftig dringend benötigen Die eigene Finanzgewalt würde bedeuten, dass wir künftig arme und reiche IG/Gew. haben und zudem ein hoher personeller Aufwand notwendig sein wird. (..) Ich halte deshalb eine zentrale, einheitliche Finanzpolitik in der Verantwortung des FDGB für wesentlich effektiver, wobei die Mitsprache und Entscheidungsbefugnis der IG/Gew. über den Einsatz und die Verwendung der Mittel wesentlich erhöht werden muß"[202]. Die Abgrenzung vom FDGB wurde auch dadurch deutlich, dass die mitgliederstärkste Industriegewerkschaft sich weder personell[203] noch politisch für dessen Reform einsetzte, sondern deren Scheitern bewusst einkalkulierte, um einen ihrer Mitgliederstärke entsprechenden Teil aus dem Vermögen zu erhalten, was allerdings zunächst nicht gelang.[204] Mit zeitlicher Verzögerung erfolgte lediglich der Transfer von FDGB-Personal in den IG Metall-Apparat, die Übergabe einer Bildungsstätte sowie die Übernahme der IG Metall-Personalkosten durch den FDGB bis zum 30 Juni 1990. Zum einen stellte der FDGB also eine wichtige Negativfolie dar, um die Erneuerungsbemühungen der IG Metall in strahlendem Licht erscheinen zu lassen; zum anderen trug er mit seinen eigenen Ressourcen aber auch zur materiellen Unterstützung dieses Prozesses bei.

---

199 Die Abnabelung von der SED fiel im ersten Arbeitsprogramm der IG Metall (vom November) noch sehr vorsichtig aus "Um die Unabhangigkeit der Gewerkschaften zu wahren, können Vorsitzende gewerkschaftlicher Vorstände und Leitungen nicht Mitglieder von gewählten Gremien der Parteien sein" (IG Metall-Arbeitsprogramm 27 11.1989)

200 Hierzu vermerkten die Sprecher des Zentralvorstandes "Wir bekräftigen den Standpunkt im vorliegenden Arbeitsprogramm, dass wir als IG Metall wirklich eine Berufsgewerkschaft werden, die im FDGB eigenstandig, frei und unabhangig vom Staat, jeglichen Parteien, Organisationen, politischen Bewegungen und Religionen sind. und die Interessen der Metallarbeiter und Metallurgen vertreten", (SAPMO-BArch, Bestand IG Metall Bericht des Sekretariats an die 12 Tagung des Zentralvorstandes der IG Metall vom 23 11 1989. S S 6)

201 Vgl Tribune 8 12 1989

202 SAPMO-BArch. Bestand IG Metall Winfried Reinhard an IG Metall Zentralvorstand 1989

203 Bugiel fungierte zwar im "Komitee zur Vorbereitung des außerordentlichen Kongresses" als Pressesprecher, auf dem Kongress am 31 1/1 2 1990 bildete die IG Metall mit 450 Delegierten zwar auch die stärkste Fraktion. sie unterbreitete aber keinen eigenen Personalvorschlag für den Vorsitz (vgl Pirker, Theo et al 1990. S 38 ff)

204 Zu diesem Komplex vermerkte Hartwig Bugiel beim IG Metall Auflosungskongress in Bogensee "Bis zum Auflösungskongreß des FDGB am 14 September haben es einige verstanden, eine weitere Aufteilung zu verhindern Ihr wißt, dass wir darum gekämpft haben, die 20,1% IG Metall-Anteile aus dem Vermogen des Daches zu bekommen Am 14 September entschied sich aber die Mehrheit der Delegierten der anderen IG/Gewerkschaften dafür, das Vermogen vorerst zusammenzulassen und erst nach Begleichung der Verbindlichkeiten an die IG/Gewerkschaften aufzuteilen Was dann noch zu verteilen ist, kann heute noch kein Mensch sagen" (SAPMO-BArch, Ms Rede Bugiel S 39a, Bestand IG Metall)

Auf der 12. Zentraldelegiertenkonferenz im April 1990 versuchte der IG Metall-Vorstand, die "Wiedergeburt" der IG Metall als autonomer Industriegewerkschaft[205] zu inszenieren. Im Zentrum dieser Inszenierung stand die Verabschiedung eines eigenen Statuts, das neben der Finanzautonomie ein wichtiges Symbol der neuen Unabhängigkeit war. Damit besaß die IG Metall erstmals seit Ende der 40er Jahre wieder eine rechtliche Eigenständigkeit auf der Basis demokratischer Strukturen.[206] Im Zentrum des Statuts standen die für den Umbau vom "SED-Transmissionsriemen" zur authentischen Interessenorganisation existentiellen Grundsätze innergewerkschaftlicher Demokratie.[207]

Um ihre Handlungsfähigkeit abzusichern, engagierte sich die IG Metall-Führung besonders für eine staatliche Bestandsgarantie und setzte auf ein Gewerkschaftsgesetz, das ein gewerkschaftliches Vetorecht in allen Fragen vorsah, die unmittelbar die Beschäftigten berührten. Zudem sollten die Gewerkschaften bei allen Gesetzesentscheidungen konsultiert werden und ihnen das "Recht zur Gesetzesinitiative" eingeräumt werden. Mit dem am 6. März 1990 verabschiedeten Gesetz wurde erstmals das Streikrecht legitimiert, die Aussperrung verboten, das Monopol der FDGB-Gewerkschaften in den Betrieben festgeschrieben[208] und zugleich die Existenz der bereits vereinzelt bestehenden Betriebsräte ignoriert. Dabei konzedierte die IG Metall in der öffentlich geführten Debatte über die Alternative Betriebsrat oder BGL, dass die BG-Leitungen durch die Politik des FDGB Vertrauen verloren hätten, dass sich auch vor 1989 bereits vorhandene soziale Differenzierungen nicht in den BGL-Strukturen widerspiegelten und schließlich, dass durch die zu erwartende Veränderung der Eigentumsverhältnisse eine hohe Akzeptanz für das westdeutsche Betriebsratsmodell existiere[209]. Gleichwohl votierte man mit Rückendeckung einzelner Vertreter der westdeutschen IG Metall zugunsten der BGL, und zwar mit dem Argument der kontextspezifischen Wirksamkeit: "Es geht darum, unter DDR-Bedingungen und damit im Zusammenhang stehenden demokratischen wie sozialen Wertvorstellungen die möglichst wirksamsten Formen für die Interessenvertretung der Gesamtbelegschaft zu finden und zu schaffen"[210]. Unter dem Aspekt der Wirksamkeit wurden nicht nur die direkte Verbindung zu der betrieblichen Interessenvertretung der IG Metall

---

205 IG Metall Aktuell, 12 Zentrale Delegiertenkonferenz 1990, S. 2
206 Ein wesentlicher Unterschied zur Satzung der westdeutschen IG Metall bestanden darin, dass die Betriebsgewerkschaftsleitungen als wichtigste Grundorganisation begriffen wurden und die Beitragserhebung weiterhin direkt am Arbeitsplatz erfolgen sollte (vgl IG Metall-spezial, Statut der Industriegewerkschaft Metall § 5, 1990, S 4)
207 Vgl Arbeitsprogramm des Zentralvorstandes der IG Metall, 27.11 1989
208 Begründet wurde die Notwendigkeit eines Gewerkschaftsgesetzes mit den restriktiven Verhaltensweisen der staatlichen Leiter gegenüber den Gewerkschaften: "Das drängt geradezu die Frage auf, welche Mittel und Möglichkeiten wir als Gewerkschaften heute und in der Zukunft in der Hand haben, um gewerkschaftliche Arbeit wirkungsvoll im Interesse der Mitglieder durchführen zu können, ja diese Interessen schützen zu können Deshalb treten auch wir für die Ausarbeitung eines Gewerkschaftsgesetzes und für gesetzliche Regelungen zur Lösung von Arbeitskonflikten ein." (Arbeitsprogramm der IG Metall/DDR, 27 11.1989, S 10)
209 Ebd
210 Auf der Suche nach wirksamen Mitbestimmungsformen In: IG Metall. Meinungen Tendenzen. Anregungen 1/90, S 2

angeführt, sondern auch die fehlenden rechtlichen Grundlagen für die Betriebsratsarbeit Hierzu der Vorsitzende der IG Metall Ost-Berlins· "Wir haben versucht zu sagen, wir verstehen euch ja, dass ihr was Neues wollt, ist ja richtig, aber wir möchten euch sagen, achtet darauf, ihr könnt jetzt nicht, das Betriebsverfassungsgesetz hat in der alten DDR noch keine Gültigkeit, gültig ist noch das Arbeitsgesetzbuch. Wenn ihr einen Streit im Betrieb habt, dann könnt ihr den nicht auf der Grundlage des Betriebsverfassungsgesetzes austragen, sondern ihr müßt ihn auf der Grundlage des Arbeitsgesetzbuches austragen"[211]. Vermutlich waren es weniger juristische Geltungsansprüche und Fragen der politischen Wirksamkeit, die für die Bevorzugung der BGL als Vertretungsorgan ursächlich waren, sondern vielmehr die Angst vor organisationspolitischen und finanziellen Nachteilen. Die Konsequenz dieser Haltung, die in einzelnen Regionen, vor allem im Raum Berlin, durch die westdeutsche IG Metall massiv unterstützt wurde, bestand im Verzicht auf eine nachhaltige Förderung eines betrieblichen Neuanfangs. Im Konfliktfall konnte dies auch bedeuten, dass die IG Metall in Betrieben, in denen sowohl ein neu gegründeter Betriebsrat wie auch eine BGL existierte, letztere unterstützte.[212]

Der sichtbarste Ausdruck für die dramatisch erodierte Verbindung zwischen den BG-Leitern und dem Zentralvorstand bestand in der schwindenden Bereitschaft, die satzungsgemäß vorgeschriebenen Beitragsgelder an den Vorstand abzuführen. Gerade die Offenlegung der Finanzen gehörte zu jenen Forderungen, denen nachzukommen der Apparat als wichtig erachtete, um Vertrauen zurückzugewinnen Mit dem auf der 12 Zentraldelegiertenkonferenz in Bernau offengelegten Finanzplan wurde der Eindruck erweckt, dass die IG Metall ihren Anspruch einlöst[213], doch dieser Eindruck täuschte. Nur vier Wochen später musste der Apparat einen Offenbarungseid leisten. Kurz vor der Zahlungsunfähigkeit stehend, suchte das für Finanzen zuständige Vorstandsmitglied Karin Schubert am 11. Mai 1990 den Kassierer der westdeutschen IG Metall auf, um ihn über die finanzielle Krise zu unterrichten. Die Grundorganisationen gaben an den Zentralvorstand lediglich 63 Prozent der ihm satzungsrechtlich zustehenden Beitragsanteile weiter; für den Monat Juli war die Liquidität nicht mehr gesichert. Damit war für die westdeutsche Gewerkschaftsspitze klar, dass der Umbau der ostdeutschen IG Metall zu einer eigenständigen Gewerkschaftsorganisation gescheitert war.[214]

Die bis 1989 strukturell benachteiligten Angestellten waren nicht nur die wichtigsten Akteure des betrieblichen Umbruchs, aus ihren Reihen kam auch die vielfach vorgetragene Drohung, wenn die IG Metall ihre Interessen nicht nachhaltiger vertrete, werde man eine eigene Interessenorganisation gründen oder zur DAG wechseln Darauf reagierte die Vorstandsspitze ab Dezember 1989 mit der Forderung, alle

---

211 Zitiert nach Wagner, Heinz 1993, S 36
212 Vgl Wagner, Heinz 1993, S 37
213 Offenlegung der Finanzen der IG Metall, Anlage 2; 12 Zentraldelegiertenkonferenz IG Metall, 8 4.1990 (Material IG Metall)
214 Vgl Christ, Peter, Einheit statt Pleite. Die IG Metall (Ost) ist praktisch zahlungsunfähig und braucht die Kollegen aus dem Westen, in Die Zeit 1 6 1990.

Beschäftigten gleich zu behandeln. Auf der 12. Zentraldelegiertenkonferenz wurde dann ein eigener Grundsatzantrag verabschiedet, der die Bildung von Angestelltenausschüssen auf allen Ebenen proklamierte und festlegte, dass sie in den BGL ihrem Belegschaftsanteil entsprechend vertreten sein sollten. Damit der Zentralvorstand die Interessen der Angestellten auch wirklich vertrete, sollte er durch eine ehrenamtliche Kommission beraten werden. Und in kaum einem programmatischen Beitrag fehlte der Hinweis, dass sich das Prinzip "ein Betrieb, eine Gewerkschaft" in Westdeutschland derart bewährt habe, dass jede Separation gewissermaßen eine Sünde wider die Einheit sei.

Tabelle 7: Verteilung der Hauptamtlichen in der IG Metall/DDR (Februar 1990)

Ebene	Anzahl	%
Vorstand	128	22,5
Bezirke	60	16,6
Kreisgebietsstellen	380	67,0
Gesamt	568	100,0

Quelle Material IG Metall/DDR © Wolfgang Schroeder

Den Umbau der ostdeutschen Gewerkschaftslandschaft inszenierten die führenden Köpfe der IG Metall als einen Dezentralisierungsprozess. Darunter verstanden sie eine Verlagerung der Ressourcen und Zuständigkeiten vom FDGB auf die Einzelgewerkschaften, wobei es innerhalb der IG Metall zu einer Ressourcenzentralisierung auf der Ebene des Zentralvorstandes kam. Die Anzahl der Kreisgebietsstellen wurde von 156 auf 94 reduziert; die Anzahl der Bezirksgeschäftsstellen blieb gleich und die Zentrale wurde durch einen Zuwachs an Personal und Ressourcen so aufgewertet, dass ihre Handlungsfähigkeit gegenüber den Ministerien, den Arbeitgebern, den Betrieben und vor allem gegenüber der westdeutschen IG Metall gewährleistet blieb. Die Anzahl der Planstellen im Zentralvorstand erhöhte sich binnen weniger Monate von 68 im Dezember 1989 auf 128 im Februar 1990. Da jedoch die anderen Organisationsebenen dies nicht mittrugen, wurde aus dem Zentralisierungsprozess bald eine sehr prekäre Angelegenheit, die letztlich nur aufgrund der zeitlichen Befristung möglich war. Die Mehrheit der Beschäftigten wie auch die betrieblichen Grundorganisationen spekulierten im übrigen darauf, dass die IG Metall/West für diesen Vorgang die Verantwortung übernehmen würde. Weil die Beschäftigten den Übergangscharakter der IG Metall/DDR grundsätzlich akzeptierten, kam es trotz evidenter Überforderungen nicht zum Zusammenbruch der laufenden Arbeiten. Und nachdem klar war, dass sich die Gewerkschaft auflösen würde, waren viele der führenden Funktionäre bemüht, die Ressourcen, also Mitglieder und Vermögen zu sichern - einige um der "Ehre" willen, einige jedoch auch, um ein Tauschpotential für den anstehenden Übergabeprozess zu besitzen.

Programmatische Neuorientierungen

Neben Forderungen, die sich auf die organisatorischen Strukturen der IG Metall bezogen, wurden seit September 1989 aus den Betrieben und den Gliederungen der Gewerkschaft heraus Vorstellungen zu einer neuen Politik formuliert Vorangetrieben wurde diese Kritik im Rahmen des seit Mitte Oktober von der IG Metall/DDR mitgetragenen Dialoges. Parallel zum politischen Prozess und eingebunden in Absprachen mit den Reformern des FDGB kristallisierte sich eine Perspektive heraus, die auf eine sozialistische Neujustierung von wirtschaftlicher Produktivität und gerechterer Leistungsverteilung zielte Ihren programmatischen Niederschlag fand diese Vorstellung im Arbeitsprogramm des Zentralvorstandes vom 27. November 1989,[215] das in einer verdichteten Fassung am 18. Dezember 1989 den Belegschaften in einem ersten Flugblatt der IG Metall/DDR[216] vorgestellt wurde. Die wichtigsten Forderungen waren:

- Leistungsgerechtigkeit und Tarifautonomie: gleicher Lohn für gleiche Arbeit; steigender Lohn bei steigender Leistung; Lohnfondseinsatz in betrieblicher Verantwortung, leistungsfördernde Entlohnung für Fachkräfte; neue Tarife für Metaller in Handwerk und Gewerbe; Überarbeitung der Montage- und Kundendienstabkommen; gleiche Besteuerung aller Beschäftigten, steigende Leistung, steigende Jahresendprämie; soziale Sicherheit bei technologisch oder altersbedingter Veränderung des Arbeitsplatzes; Reallohn- und Rentenausgleichsgarantie bei Subventions- und Preisveränderungen; einheitliches Rentenrecht.
- Arbeitsbedingungen, Arbeitsschutz, Arbeitsumwelt: sichere, gefahrlose Arbeitsplätze; keine gewerkschaftliche Zustimmung zu Ausnahmegenehmigungen für belastende Arbeitsbedingungen, Beseitigung von Umweltbelastungen
- Bildung und Weiterbildung: berufliche Bildung und Weiterbildung: gleiches Recht für alle; bessere Chancen für Metallerinnen; Einsatz entsprechend Qualifikation und Befähigung
- Urlaub und Freizeit· Überführung aller staats- und parteieigenen Ferienheime in den Feriendienst der Gewerkschaften; Vergabe gewerkschaftlicher Ferienplätze unter Verantwortung der Leitungen der IG Metall; gestaffelte Schulferienzeiten für bessere Familienerholung; Kultur- und Freizeitangebote durch den Betrieb.
- Wirtschaftsreform: Sicherung des Volkseigentums an den wichtigsten Produktionsmitteln, Recht auf Arbeit; gewerkschaftliche Mitsprache bei volkswirtschaftlichen und betrieblichen Struktur- und Eigentumsveränderungen; radikal vereinfachte, bedürfnisorientierte zentrale Planung.

---

215 Eine wichtige Rolle für den ideenpolitischen Transfer von der IG Metall/West in die ostdeutsche IG Metall spielte der internationale Sekretár Werner Geistert, der durch seine regelmäßigen Kontakte und Besuche im Besitz der wichtigsten programmatischen Dokumente war und zudem durch seine Teilnahme am Kongress der westdeutschen IG Metall informiert war über die Feinheiten der einzelnen Debattenfelder

216 Das Flugblatt erschien in einer Auflage von rund 1 Million, gedruckt wurde es auf Kosten der westdeutschen IG Metall

Der Zentralvorstand der IG Metall feierte das Arbeitsprogramm als eine wichtige Etappe auf dem Weg, das Vertrauen der Beschäftigten zurückzugewinnen. Als allgemeine Tendenz stellte man selbst öffentlich heraus: "Das ist es, was wir wollen und brauchen. Macht weiter so"[217]. Dagegen mangelte es nicht an Kritikern des Arbeitsprogramms, denen es vor allem darum ging, sich gegen die sozialistische Reformperspektive[218] auszusprechen; andere vermuteten hinter dem Programm rhetorische Schönrednerei, die letztlich nur Untätigkeit kaschieren solle.[219] Die reformsozialistische Programmatik des Arbeitsprogrammes besaß nur eine geringe "Halbwertzeit", da sich mit dem fortschreitenden Einigungsprozess die proklamierten Grundorientierungen als nicht tragfähig erwiesen. Das Arbeitsprogramm ging von der Kontinuität staatssozialistischer Rahmenbedingungen aus; selbst die leistungspolitischen Reformmomente waren Teil dieses Projektes und hinkten somit ebenfalls der beschleunigten Entwicklung des politischen Prozesses hinterher. Die Melange aus alten staatssozialistischen und neuen demokratiepolitischen Vorstellungen stellte gewissermaßen eine aktivistische Trockenübung dar, die zeigte, dass die handelnden Akteure von der Gleichzeitigkeit des Umbaus ihrer Organisation und der thematischen Neujustierung strukturell überfordert waren. So schnell wie sich die Verhältnisse änderten, waren die Funktionäre gar nicht in der Lage, neue wegweisende Antworten zu geben. Nach Abschluss der ersten programmatischen Trockenübung konzentrierten sich die thematischen Positionierungen des Zentralvorstandes nur noch auf eine Flankierung des beschleunigt stattfindenden politischen und wirtschaftlichen Transformationsprozesses. Im Zentrum dieser Arbeit standen Forderungen, Verhandlungen und Vertragswerke, in denen die IG Metall-Ost die sozialen Interessen der Bürger artikulierte und damit zugleich die interessenpolitische Erneuerung der eigenen Organisation zu unterstreichen versuchte.

2.4 Ursachen der gescheiterten Selbsttransformation

Im Unterschied zur SED gelang der IG Metall/DDR das Projekt der Selbsttransformation nicht. Dies lässt sich primär darauf zurückführen, dass sie unter dem sozialpolitisch motivierten Druck eines schnellen Anschlusses an die Bundesrepublik stand und auf diesem Feld mit der westdeutschen IG Metall eine erfolgreiche Tarif-

---

217 Metall-Basis Arbeitsprogramm kommt an In. IG Metall Meinungen Tendenzen Anregungen 1/90, S 1
218 "Woher weiß die IG Metall, dass es das Ziel der Mehrheit der Werktätigen ist, einen lebenswerten, demokratischen, attraktiven Sozialismus zu erstreben? Die selben Worte wurden uns 40 Jahre lang gepredigt und das Ergebnis kennen wir alle Wir stehen nicht mehr für irgendwelche sozialistischen Experimente zur Verfügung Im Namen des Sozialsimus wurde in China und, wie wir alle vor kurzem erlebt haben, in Rumänien Blut vergossen" (SAPMO-BArch, Bestand IG Metall: persönliche Unterschriften der Kollegen der Abt Technologie des VEB IKR Außenstelle Pirna 9.1 1990 an ZV IG Metall).
219 "Wir fordern nun endlich von Euch eine klare Position zum Stand bzw. zu den bisher erreichten Ergebnissen aus dem Arbeitsprogramm und dem Flugblatt unserer Industriegewerkschaft, um hier bei unseren Metallarbeitern eine Wirkung von Seiten des Zentralvorstandes unserer IG deutlich werden zu lassen" (SAPMO-BArch, Bestand IG Metall Kreisvorstand Industriegewerkschaft Magdeburg-Nord 17.1.1990 an Zentralvorstand IGM)

partei agierte, die in der Lage war, ihre Organisation auf das Gebiet der ehemaligen DDR auszudehnen. Hinzu kam, dass die ostdeutschen Akteure wegen fehlender Erfahrungen im Umgang mit den Institutionen einer dynamischen Marktwirtschaft uber ungünstige Startbedingungen verfügten Durch den sich zunehmend beschleunigenden Transformationsprozess und die sich wandelnden Erwartungen der Mitglieder waren sie gezwungen, permanent neue Initiativen zu starten, um handlungsfähig zu werden beziehungsweise zu bleiben, wobei sie ohne den Rückgriff auf westdeutsche Vorlagen und Improvisation nicht auskommen konnten Diese für DDR-Verhältnisse neuen Formen des Aktionismus konnten aber nicht darüber hinwegtäuschen, dass die Orientierung an alten Strukturen und Lösungsmustern dominierte Zuweilen blieb der Eindruck nicht aus, dass die handelnden Akteure ihrer eigenen Reformrhetorik nicht recht zu trauen schienen. Vergleichbar dem Wettlauf von Hase und Igel kamen sie immer zu spät an, um in dem rasant verlaufenden Einigungsprozess handlungsbestimmend zu sein Mit dem Versuch, einen eigenständigen Reformprozess erfolgreich voranzubringen, waren die Funktionäre der ostdeutschen Metallgewerkschaft überfordert Die Mehrheit der Beschäftigten plädierte für eine Integration in die westdeutsche Gesellschaft, um die befürchteten Schwierigkeiten, die mit dem Projekt der Selbsttransformation verbunden sein würden, erst gar nicht auf sich nehmen zu müssen Die westdeutsche Alternative zur beschwerlichen und ungewissen Selbsttransformation war hinsichtlich ihrer Ausstrahlung und ihrem materiellen Angebot derart stark, dass nach dem Wegfall der sowjetischen "Sicherungsgarantie" keine realistische Basis für eine solche Transformation gegeben war. Die Arbeit der in der Übergangsphase noch existierenden BG-Leitungen war durch Pragmatismus gekennzeichnet, wobei das Vertrauen in die Handlungsfähigkeit des übergeordneten gewerkschaftlichen Apparates nur gering ausgeprägt war Indikatoren für das mangelhafte Vertrauen der betrieblichen Akteure gegenüber der überbetrieblichen Ebene waren die abnehmende Beitragsehrlichkeit und die unzureichende aktive Beteiligung an den Selbsttransformationsbemühungen der IG Metall/DDR.

Bei der Beurteilung des Geschehens darf jedoch nicht vergessen werden, dass auch der Apparat ein relevantes Hindernis darstellte Unter den führenden Funktionären bestand nur wenig Vertrauen in den einzuschlagenden Weg. Die Spannungen zwischen neuen und alten Vorstandssekretären waren das eine; das andere war, dass sich die Mehrheit der neuen Akteure nur unzureichend auf die sich mit großer Geschwindigkeit verändernden Rahmenbedingungen einstellen konnte Es fehlte an charismatischen Führungspersönlichkeiten, um den westdeutschen Gewerkschaftsfunktionären Paroli bieten zu können. Hinzu kam die Finanzkrise des Zentralvorstandes, die ebenfalls die Handlungsfähigkeit der Gewerkschaftsleitung einschränkte. Wäre die Transformation von der Plan- zur Marktwirtschaft nicht zugleich in den politischen Prozess der Vereinigung eingebunden gewesen, dann hätten die ostdeutschen Gewerkschaftsfunktionäre ihre Organisation wahrscheinlich alleine und ohne ein konkret definiertes Vorbild umbauen können. Der Beitritt nach Art. 23 GG sowie der ungeheure Zeitdruck beschränkten ihren Handlungsspielraum letztlich auf die Rolle eines "Konkursabwicklers".

3. Aufbau von Arbeitgeberverbänden: Zwischen ostdeutscher Eigeninitiative und westdeutschem Paternalismus

Der ostdeutsche Verbändeaufbau erfolgte ohne den Rückgriff auf DDR-Altverbände. Die ostdeutschen Gründer konnten weder auf eigenen verbandlichen Erfahrungen aufbauen noch verfügten sie über intime Kenntnisse der betriebswirtschaftlichen Praxis unter marktwirtschaftlichen Bedingungen. Sie waren weder Unternehmer noch Verbandsfunktionäre, sondern Vertreter des zerfallenden Staatsapparates und der Kombinatsspitzen. Insofern war die Gründung der Arbeitgeberverbände eher eine politische Initiative, die losgelöst von der Mitgliederlogik marktwirtschaftlicher Unternehmen zustande kam und deshalb aus der Gründungsperspektive nicht als solidarische Selbsthilfe der neuen ostdeutschen Unternehmer bezeichnet werden kann. Es handelte sich vielmehr um eine Geburtskonstellation, die den DDR-Strukturen folgte. Aus dieser Konstellation heraus entwickelte sich eine für die weitere Entwicklung folgenreiche Ungleichzeitigkeit von Mitglieder- und Einflusslogik. Im folgenden Abschnitt geht es um die Voraussetzungen des Verbändeaufbaus: Welche Rolle spielten die ostdeutschen Gründer in der DDR? Welche Erfahrungen brachten sie mit, welche Defizite kennzeichneten ihre Interaktionen mit westdeutschen Akteuren und wie sah der konkrete Verbändeaufbau aus?

Die wichtigsten Entscheider in der betrieblichen Arena waren die Generaldirektoren und Leiter. Sie ersetzten die traditionelle Wirtschaftselite und fungierten selbst als "Netzwerkstars", deren Aufgabe es war, "die sich im Verhältnis von Plan und Produktion niederschlagenden Spannungen zwischen Anspruch und Wirklichkeit einigermassen auszugleichen und zwar bei starken Abhängigkeiten nach oben und unten"[220]. Dabei prägten Inkonsistenzen und Widersprüche die Verhaltensweisen der "roten Manager"[221]. Einerseits konnten sie kaum mit den westdeutschen Spitzenmanagern[222] verglichen werden, denn sie waren abhängige Angestellte, die über keine gesellschaftliche Macht verfügten und entsprechend auch nicht als "institutionalisierte Gegenelite"[223] bezeichnet werden können. Aus dem Blickwinkel der politischen Machtelite glichen sie einem "Offizierskorps"[224], das zwar nicht als geschlossene Gruppe auftrat, dessen Mitglieder sich jedoch durch ähnliche Verhaltensweisen

---

220 Hübner, Peter Industrielle Manager in der SBZ/DDR Sozial- und mentalitätsgeschichtliche Aspekte, in: Geschichte und Gesellschaft 1998, S 63.
221 Vgl ebd, S 55
222 Hierzu schrieb Peter Hübner: "Vor 1945 erfüllten die Spitzenmanager der deutschen Industrie im allgemeinen die Kriterien eines sozialwissenschaftlichen Eliten-Begriffs Es handelte sich um Personen, die über gesellschaftliche Macht und damit über Einfluß auf gesellschaftlich bedeutsame Entscheidungen verfügten Das traf in der DDR jedoch eher auf einen Personenkreis zu, der Führungspositionen in der Planungsbürokratie und zentralen Lenkungsorganen mit hohen politischen Ämtern verband oder aber über direkte Kontakte zum engsten Zirkel der SED-Machtelite verfügte." (Hübner, Peter, Durch Planung zur Improvisation Zur Geschichte des Leitungspersonals in der staatlichen Industrie der DDR, in. Archiv für Sozialgeschichte 39, Bonn 1999, S 198)
223 Vgl Ludz, Peter Christian, Parteielite im Wandel. Funktionsaufbau, Sozialstruktur und Ideologie der SED-Führung Eine empirisch-systematische Untersuchung, 3 Auflage Köln/Opladen 1970, S. 43 ff
224 Hübner, Peter 1998, S 64

auszeichneten Dazu gehörte, dass sie sich selbst als Befehlsempfänger begriffen und in schwierigen Situationen gegenüber der eigenen Belegschaft auf quasi militärische Kommandoattitüden zurückgriffen, um Handlungsfähigkeit zu demonstrieren Andererseits gilt aber auch· Obwohl sie Befehlsempfänger waren und sich formell dem normativen Diktum der Gleichheit unterwarfen, stellten sie eine Funktionselite dar, die über besondere Entscheidungskompetenzen, Verantwortung und somit auch über eigensinnige Handlungsressourcen verfügte. Bei manchen Generaldirektoren kann aufgrund der persönlichen Nähe zum Entscheidungszentrum um Günter Mittag ein erheblicher informeller Einfluss unterstellt werden. Heike Solga ordnet die Generaldirektoren der "administrativen Dienstklasse"[225] zu Die General- und Kombinatsdirektoren waren auf die Realisierung des Plans verpflichtet, mussten aber, um das betriebliche Gesamtsystem auszubalancieren, die politisch geprägte Rationalität des Systems unterlaufen Um die Planwirtschaft abzufedern, und eine gewisse Flexibilität gegenüber wechselnden Produktionsbedingungen zu sichern, mussten sie "Könige der Improvisation sein"[226]. Die Handlungsspielräume der wirtschaftlichen Führungselite der DDR wurden von den politischen Vorgaben der SED-Spitze geprägt. Diese politische Determinierung bedeutete auch, dass trotz einer möglichen Legitimation, die sich durch eigene Verhandlungs-, Improvisations- und Durchsetzungsfähigkeit ergab, nur eine eingeschränkte Verantwortungsfähigkeit existierte. So bewegten sich die Aktivitäten der Leiter innerhalb des Spannungsbogens von politischer Systemloyalität und pragmatischer Illegitimität, um die geforderte Leistungsfähigkeit des eigenen Verantwortungsbereichs auch unter restriktiven Bedingungen zu erreichen. Wollten sie erfolgreich die partiellen Interessen ihres Verantwortungsbereiches gegenüber dem politischen System durchsetzen, so durften sie selbst nicht als aktive politische Stimme wirken Da die Generaldirektoren und Leiter "extrem isoliert, in ihre Kompetenzbereiche eingeschlossen"[227] agierten, konnten sie auch zu keinem Zeitpunkt als eigenständige dynamische Gruppe auftreten, die eine Modernisierung der DDR-Wirtschaft hatte voranbringen können.

Trotz einer gewissen lebensweltlichen Nähe zu den Belegschaften war der Führungsstil gemäß dem Letztentscheidungsrecht der Leiter häufig patriarchalisch, autoritär bis kommandohaft Im Verhältnis zu den Belegschaften musste ihnen stets präsent sein, dass ohne informelle Tauschgeschäfte und Arrangements die Politik des planbezogenen Ausbalancierens nicht praktiziert werden konnte Dabei war die Leitung insbesondere auf die Unterstützung der innerbetrieblichen Institutionen (BGL, BPL etc.) und Gruppen (Brigaden) angewiesen Vorteilhaft wirkte die Tatsache, dass sowohl die "revolutionären Improvisatoren" der ersten Stunde wie auch die meisten studierten Manager der 80er Jahre eine enge Verbindung zur Arbeiterschaft pflegten. Der Historiker Lutz Niethammer formulierte dies einmal so. "Mit allen ist er und

---

225 Solga, Heike, Auf dem Weg in eine klassenlose Gesellschaft? Klassenlagen und Mobilität zwischen Generationen in der DDR. Berlin 1995, S 76 f
226 Lepsius. M Rainer 1995. S 358
227 Ebd , S 362

bleibt er per Du, und er wohnt unter ihnen, und er kann und er will sich dieser Spannungen nicht durch Distanz entziehen..."[228] Es kann davon ausgegangen werden, dass der sozial-patriarchalische und eher autoritäre Führungsstil ebenso eine nachwirkende Orientierungsreferenz der ostdeutschen Leiter ist wie ein in der DDR-Institutionenordnung generiertes rationalistisch-instrumentelles sowie bürokratisch-hierarchisches Denken.[229]

Die Generaldirektoren und wichtigsten Leiter wurden als Nomenklaturkader[230] geführt und vereinten in ihrer Person politische und wirtschaftliche Entscheidungskompetenz ("Prinzip der Einzelleitung"), ohne sich der Kontrolle durch die Betriebsparteiorganisation und das Ministerium für Staatssicherheit entziehen zu können. Neben den alltäglichen politischen Kontakten waren ihre Ausbildung am "Zentralinstitut für sozialistische Wirtschaftsführung" sowie regelmäßige Seminare mit den politischen Führungsspitzen des Zentralkomitees wichtige Momente der Einbindung in das SED-Kadersystem.[231] Die General- und Kombinatsdirektoren waren in aller Regel SED-Mitglieder, der Generaldirektor von Carl-Zeiss Jena[232] saß sogar im Zentralkomitee.[233] Die Rolle der Parteimitgliedschaft variierte mit der Stellung in der Hierarchie. Bei der Auswertung des zentralen Kaderdatenspeichers des Ministerrates der DDR kommt Stefan Hornborstel zu dem Ergebnis, dass für die Leiter auf den unteren Hierarchiepositionen die Parteimitgliedschaft nicht mehr jene obligatorische Dimension besaß.[234] Erst ab der Position des Fachdirektors sei die Parteimitgliedschaft "notwendig" geworden. Zudem sei zu berücksichtigen, dass "keine mit der Positionshöhe linear ansteigende Verpflichtung zur öffentlichen Loyalitätsbezeugung" festgestellt werden könne, "sondern eher ein diskretes Muster".[235] Zu einem ähnlichen Ergebnis kommt auch Paul Windolf in seiner Untersuchung über die Transformation ostdeutscher Betriebe: in den Untersuchungsbetrieben, in denen nach 1990 ehemalige Leiter aktiv waren, gehörte weniger als die Hälfte (44,4 Prozent) vor 1989 der SED oder einer ihrer Blockparteien an.[236] Bei dieser Stichprobenanalyse stellte sich auch heraus, dass 45,8 Prozent der Parteimitglieder noch vor Beginn der Erwerbstätigkeit oder während des ersten Berufsabschnitts in die Partei eingetreten sind und zwei

---

228 Niethammer. Lutz, Annaherung an den Wandel, in Bios Zeitschrift für Biographieforschung 1988/1, S 32
229 Pohlmann. Markus et al , Manager im Sozialismus, in ders et al. (Hrsg), Manager in der ostdeutschen Industrie Opladen 1996, S 55
230 Vgl Weinert, Rainer, Die Wirtschaftsführer der SED Die Abteilungsleiter im ZK im Spannungsfeld von politischer Loyalität und ökonomischer Rationalität, in Hornbostel, Stefan (Hrsg), 1999, S 59 - 84.
231 Hoffmann. Gunter, Die Entstehung von Arbeitgeberverbänden im neuen Bundesgebiet am Beispiel des VME Berlin-Brandenburg. in Hantsche. Walter et al , Aufbau der Verbände und Arbeitsgerichte, Opladen 1997, S 98
232 Vgl Man muss ein Konig der Improvisation sein Gespräch mit Wolfgang Biermann, in Pirker, Theo et al 1995, S 213 ff
233 Vgl Hornsborstel. Stefan, Kaderpolitik und gesellschaftliche Differenzierungsmuster: Die Funde aus der Analyse des zentralen Kaderdatenspeichers des Ministerrats der DDR, in ders. 1999, S. 196 f.
234 Vgl Hornbostel, Stefan 1999, S 197
235 Ebd
236 Vgl Windolf, Paul, Die Transformation der ostdeutschen Betriebe, in Berliner Journal für Soziologie 1996/6, S 481.

Drittel (61,9 Prozent) bevor sie die unterste Führungsebene erreicht hatten. Ein erheblicher Teil der Leiter ist der SED also zu einem Zeitpunkt und auf einer Hierarchieebene beigetreten, auf der eine Mitgliedschaft noch nicht unbedingt erforderlich war, sie allerdings als hilfreiche Zukunftsinvestition betrachtet werden konnte.[237] Bereits an dieser Stelle kann darauf hingewiesen werden, dass für die späteren westlichen Kapitaleigner die Parteimitgliedschaft der früheren Leiter kein Hindernis darstellte, um diese in führenden Managerfunktionen zu belassen oder sie dorthin zu berufen

Am Beginn des Transitionsprozesses, also in der Liberalisierungsphase, stand weniger die marktwirtschaftliche Reorganisation der Betriebe im Vordergrund als vielmehr deren "politische Säuberung". Es setzte mancherorts eine emotional aufgeladene Debatte über die "roten Socken" ein, in der auch die Ablösung der Führungskader verlangt wurde. Was in einigen Fällen sicherlich berechtigt war, weil menschliches Fehlverhalten und unzureichende Führungskompetenz dazu Anlass boten, war in vielen Fällen indes auch primär dem naiven Glauben geschuldet, dass mit der personellen Veränderung an der Spitze "alles gut werde". Unter dem so entfachten Druck wurden solche Direktoren und Leiter, die ihre Funktion vor der Wende primär politisch-ideologisch verstanden, entlassen. Dieser Akt war Teil einer "Katharsis", die alle Ebenen der betrieblichen Hierarchie erfasste. Dagegen wurden jene Leiter, die sich eher als technisch-administrative Führungskräfte präsentierten, von der Belegschaft mit einem Akt demokratischer Akklamation in ihrem Amt bestätigt und erhielten damit zugleich auch eine "Absolution für Vergangenes (Fehl)Verhalten erteilt"[238]. Die symbolische Inszenierung von Vergeltung und Vergebung trug jedoch auch dazu bei, dass die nunmehr quasi demokratisch legitimierten Leiter über mehr Verantwortung und Selbstständigkeit verfügten, dabei aber unbedingt auf externe Unterstützung angewiesen waren

Mit dem sich abzeichnenden Zusammenbruch des SED-Regimes änderten sich im Oktober 1989 die Handlungsanforderungen an die ökonomische Funktionselite abrupt. Im November kehrten die ersten Betriebs- und Kombinatsleitungen der SED den Rucken.[239] Während viele Partei- und Gewerkschaftsführungen ohne die Rückendeckung der Partei über keine Existenzgrundlage mehr verfügten und deshalb schnell das betriebliche Feld verlassen mussten, waren es meist die Betriebsleiter, die sich den Fragen und Forderungen der Belegschaften stellten.[240] Da sowohl die Treuhandanstalt, westdeutsche oder ausländische Unternehmer noch nicht in Ostdeutschland agierten, schien plötzlich ein nie zuvor gekannter Handlungsspielraum zu bestehen· Bisher mussten Vorgaben von oben kreativ rezipiert werden, ohne dass auf deren Eckpunkte Einfluss genommen werden nehmen konnte Nun mussten die Nomenklaturkader von gestern die politische und ökonomische Initiative selbst ergreifen, um auf die Existenz-

---

237 Ebd. S 482
238 Windolf Paul 1996, S 479
239 Vgl Hoffmann. Gunter 1997, S 118
240 Vgl Hoffmann. Gunter 1997, S 118

chancen des Betriebes und auch auf ihre eigene berufliche Zukunft Einfluss nehmen zu können. Sie konnten unter Beweis stellen, dass sie ohne die restriktiven Vorgaben der Partei in der Lage sind, die betrieblichen Akteure und Ressourcen zu effizienteren Leistungen zu koordinieren. Deshalb organisierten die Betriebsdirektoren runde Tische, die sich mit der Frage beschäftigten, welche Produkte bzw. Betriebsteile unter den zu erwartenden Bedingungen eine Überlebenschance haben könnten. Eine wichtige Rolle spielten nun jene Direktoren, die schon seit längerem über Westkontakte verfügten Die Bedeutung dieser Kontakte zeigt sich auch daran, dass dort, wo solche noch nicht bestanden, man sie schnell herzustellen versuchte. Dies geschah in vielen Fällen, um sich so als zukünftiger Manager des Betriebes zu präsentieren. Da die westlichen Partnerunternehmen in aller Regel ebenfalls ein Interesse besaßen, sich unter den veränderten Bedingungen neu zu orientieren, bestand die Chance zu einem vorübergehend egalitären Tauschverhältnis auf der Basis wechselseitigen Interesses an Informationen, die in exklusiver Form nur von der jeweils anderen Seite zu erhalten waren. Der Osten legte den Blick auf Produkte und Ressourcen frei, und der Westen gab einen Einblick in Funktionsmechanismen des Staates, der Märkte und der Verbände. Für einen kurzen Augenblick konnten die ostdeutschen Verbandsgründer den Eindruck von einer gleichberechtigten Kommunikation haben.

Zur neuen Rolle gehörten jedoch nicht nur die Kontaktaufnahme mit westdeutschen Unternehmen und Verbänden. Die wirtschaftliche Funktionselite musste zugleich ihren eigenen innerbetrieblichen Verantwortungsbereich so gestalten, dass dem teilweise vorhandenen Druck aus der Belegschaft glaubwürdig begegnet werden konnte und die Weichen für die neuen Umbauerfordernisse gestellt wurden. Um Handlungsfähigkeit zu demonstrieren, insistierten sie meist als erstes darauf, dass die politische Überwölbung des betrieblichen Alltages durch die Massenorganisationen der SED beendet werden müsse. Hinsichtlich der Gewerkschaftsarbeit verlangten sie beispielsweise, dass gewerkschaftliche Sitzungen außerhalb der Arbeitszeit durchgeführt werden. Indem sie sich nunmehr selbst als zentrale Lenker des betrieblichen Geschehens inszenierten, waren viele von ihnen zunächst gar nicht mehr oder nur noch bedingt bereit, mit den BGL- und neu gewählten Betriebsratsvertretern zu kooperieren und ihnen Einblick in die wichtigsten Entscheidungsumstände zu gewähren. Daraus resultierten Konflikte, die seitens der Gewerkschaften herangezogen wurden, um die Notwendigkeit eines Gewerkschaftsgesetzes zu begründen.

Anfangs waren die Industrieministerien vermutlich noch bedeutender für den Verbändeaufbau als die Kombinatsspitzen. Innerhalb der Ministerien begann ab Oktober 1989 eine offene Debatte über Stand und Ursachen der ökonomischen Misere. In seiner "Analyse der tatsächlichen volkswirtschaftlichen Situation in der DDR" offenbarte Gerhard Schürer, Chef der staatlichen Plankommission, dass die DDR aufgrund einer stark gesunkenen Wachstumsrate bei gleichzeitig enorm gestiegener Auslandsverschuldung nur eine Überlebenschance habe, wenn umgehend eine grundlegende Reform eingeleitet werden könne, die sich an den Kriterien von Ertrag und Kosten orientiere. Gleichwohl hielt auch diese ungeschönte Analyse - Günter Hoffmann spricht von der "inoffiziellen Kapitulationsurkunde der sozialistischen

Planwirtschaft"- immer noch an den staatlichen Eigentumsverhältnissen fest und formulierte die Perspektive einer an "Marktbedingungen orientierten sozialistischen Planwirtschaft bei optimaler Ausgestaltung des demokratischen Zentralismus."[241] Zugleich kam es zur Zusammenlegung der Industrieministerien[242], die nun ebenfalls ohne direkte Steuerung der politischen Instanzen auskommen mussten, um ihren Einfluss bei der Reorganisation der Branchen und Kombinate geltend machen zu können Schließlich waren es Vertreter des Ministeriums für Maschinenbau, die den Aufbau der Arbeitgeberverbände in der Metallindustrie maßgeblich betrieben.[243] Zum Zeitpunkt der Übergabe an die erste und zugleich letzte frei gewählte Regierung der DDR im März 1990 waren etwa 1,1 Millionen Beschäftigte der Metall- und Elektroindustrie im Einflussbereich dieses Ministeriums. Das "soziale Kapital" der federführenden Ministeriumsmitarbeiter bestand darin, dass sie über eine umfassende Kenntnis der industriellen Strukturen der DDR verfügten und mit allen wirtschaftlichen Einheiten in Verbindung standen. Sie knüpften Kontakte zu regionalen Arbeitgeberverbänden der westdeutschen Metallindustrie und zu Gesamtmetall.

Hin und her geworfen zwischen der Euphorie über die neuen Entscheidungsmöglichkeiten einerseits und den neuen Restriktionen sowie Handlungsunsicherheiten andererseits, verdichtete sich sowohl die Kooperation zwischen den führenden Kombinatsdirektoren wie auch jene mit dem neuen Ministerium für Maschinenbau, das sich nunmehr zum maßgeblichen politischen Ansprechpartner für die ostdeutsche Metall- und Elektroindustrie entwickelte. Für einen kurzen Zeitraum - in der Situation des Umbruchs - erhöhte sich der Einfluss der Ministeriumsführung und einiger ehemaliger Generaldirektoren Nachdem das Maschinenbauministerium im Sommer 1990 wegfiel, gingen viele Betriebsführungen davon aus, dass die Arbeitgeberverbände nunmehr die Funktion des Ministeriums wahrnehmen würden, demzufolge die Mitgliedschaft in den Verbänden gewissermaßen obligatorisch sei und "eigentlich alles, nur unter neuen Bezeichnungen und etwas veränderten Strukturen so weiterläuft wie bisher"[244].

Bevor auf den konkreten Verbändeaufbau eingegangen wird, muss erwähnt werden, dass es zuvor bereits einige Initiativen gegeben hat, die den Aufbau von Arbeitgeberorganisationen zumindest indirekt beeinflusst haben. Während Vertreter der Kombinate und Ministerien noch auf Reformen in einer eigenständigen DDR

---

241 Hertle, Hans-Hermann, "Das reale Bild war eben katastrophal!" Gespräch mit Gerhard Schürer, in Deutschland Archiv 1992/10, S 1033
242 Aus den ehemals vier Ministerien, die im Bereich der Metall- und Elektroindustrie agierten, wurde unter Modrow das Ministerium für Maschinenbau und unter de Maizière wurden alle Ministerien unter dem Dach des Ministeriums für Wirtschaft zusammengefasst
243 "Ausgehend von der politischen Orientierung der Regierungserklärung des Ministerpräsidenten, Herrn Dr Modrow, war die Arbeit des Ministeriums für Maschinenbau darauf gerichtet, (.) die Unternehmen bei der Bildung von Verbanden, besonders des Verbandes Metall-Elektro in den künftigen Ländern der DDR zu unterstutzen Dieser Prozess wird in voller Übereinstimmung mit den Verbanden der BRD zur Förderung der deutschen Einheit durchgeführt "(Ministerium für Maschinenbau, Tätigkeitsbericht zur Übergabe des Ministers für Maschinenbau, Berlin 4 4 1990, S 2)
244 Zit nach Gloede, Doreen, Der Aufbau von Arbeitgeber- und Unternehmerorganisationen in den neuen Bundesländern· Eigenständiger Ansatz oder Übernahme westdeutscher Organisationsstrukturen und Programmatik? Diplomarbeit FU Berlin 1995, S 29

setzten, forderten die wenigen Kleinunternehmer[245], die als exklusive Restgröße neben der verstaatlichten Industrie übrig geblieben waren[246], bereits frühzeitig eine deutliche Reduktion der prohibitiv hohen Steuersätze[247] sowie Gewerbe- und Niederlassungsfreiheit. Als erstes mussten sie sich jedoch gegen Pläne der Regierung zur Wehr setzen, die noch restriktivere Bedingungen für die Selbständigen ab Ende 1989 vorsahen.[248] Um diese staatlichen Limitierungspläne zu verhindern, formierten sich, was damals noch gesetzeswidrig[249] war, im Sommer 1989 nahezu zeitgleich in verschiedenen Städten der DDR die Kleinunternehmer: Bereits im August 1989 gründete Rudolf Stadermann, der spätere Präsident des "Unternehmerverbandes", der seit 1981 als selbständiger Unternehmer einen Betrieb für Präzisionselektrotechnik mit sechs Mitarbeitern führte, eine "Initiative zur Rettung der Privatwirtschaft"[250]. Die Bildung erster wirtschaftlicher Interessenverbände ging also nicht von den Kombinatsdirektoren aus, sondern von jener Gruppe, die sich als Selbständige im Handwerk oder in Kleinbetrieben engagierten oder engagieren wollten. Im Januar 1990 gründeten sie den "Unternehmerverband der DDR" (UV) sowie den "Bund der Selbständigen der DDR".[251] Durch eine hohe Mitgliederzahl, eine relativ gute Unterstützung durch westdeutsche Verbände, wie die Arbeitsgemeinschaft selbständiger Unternehmer (ASU), die Bundesvereinigung der deutschen Arbeitgeberverbände (BDA) und die Industrie- und Handelskammern (IHKs), entwickelte sich der "Unternehmerverband" zur stärksten Gruppe auf zentraler und regionaler Ebene.[252] Mit ihrer offiziellen Anerkennung seitens der Regierung der DDR konnte der "Unternehmerverband" als offizielle Lobbyorganisation die Interessen der Selbstständigen gegenüber der Regierung vertreten und die immer schneller sich vollziehende Ablösung staatssozialistischer

---

245 Vor 1989 wurden in der DDR insgesamt 185 000 Selbstständige registriert (Koch, Thomas/Thomas, Michael, Soziale Strukturen und Handlungsmuster neuer Selbständiger als endogene Potentiale im Transformationsprozeß, in Kollmorgen, Raj et al. (Hrsg.), Sozialer Wandel und Akteure in Ostdeutschland. Empirische Befunde und theoretische Ansätze, S 219)
246 Zwischen 1972 und 1977 wurden in der DDR etwa 12 000 Klein- und Mittelbetriebe sowie industriell produzierende Handwerksbetriebe in Staatseigentum umgewandelt Die Alteigentümer und/oder ihre Nachkommen traten seit 1989 als eigenständiger Faktor im Unternehmerlager in Erscheinung Sie werden umgangssprachlich als die "72er" bezeichnet (Schlegelmilch, Cordia, "Ich vergleiche heute vieles mit damals " Zu Tradition und Aufbauethos des neuen alten Mittelstandes in Wurzen, in· BISS public, Heft 23/24. 1997, S. 115 - 139)
247 Während die Werktätigen etwa durchschnittlich 15% Lohnsteuer zahlen mussten, hatten Freiberufler und Selbständige bei gleichem Einkommen wesentlich höhere Steuersätze zu zahlen Die Steuersätze bei der Einkommens- und Körperschaftsteuer auf Unternehmenserträge konnten bis zu 98,4% hoch sein (Dombrowsky, Hans-Michael, Vom Tarifsystem der DDR zur Tarifautonomie der Bundesrepublik, Berlin 1997, S. 244).
248 Gloede, Doreen 1995, S 14.
249 Erst mit dem Vereinigungsgesetz vom 21.2 1990 kam es zu einer liberalen Verbandsgesetzgebung (vgl Dombrowsky, Hans-Michael, S. 243).
250 Gloede Doreen 1995, S. 15
251 Vgl Henneberger, Fred, Arbeitgeber- und Wirtschaftsverbände in den neuen Bundesländern Konfliktlinien und Organisationsprobleme, in Schmid, Josef et al (Hrsg.), Probleme der Einheit Organisationsstrukturen und Probleme von Parteien und Verbänden, Marburg 1994, S 129
252 Die Angaben über seine Mitgliederzahlen schwanken zwischen 2000 und 5000, vorübergehend sollen sogar bis zu 20 000 Betriebe im UV organisiert gewesen sein. Nach Schwarzer organisierte dieser Verband bei seiner Gründung Mitte Januar 1990 bereits ca. 7000 Betriebe, einen Monat später sollen es sogar schon 20 000 Mitglieder gewesen sein (Schwarzer, Doris 1996, S. 239).

Strukturen begleiten.[253] Erste öffentliche Erfolge erreichten die Verbände, die auch das Mittel der Demonstration nicht scheuten, durch ihre Mitarbeit bei den "runden Tischen", wo die Re-Privatisierung der 1972 enteigneten Betriebe verhandelt wurde.

Die Kombinatsdirektoren traten erst zwei Monate nach der Gründung des "Bundes der Selbständigen" und des "Unternehmerverbandes der DDR" öffentlich[254] in Erscheinung. indem sie am 9. März 1990 das "Unternehmensforum der DDR"[255] gründeten, um gegenüber Regierung und Gewerkschaften eine eigene Interessenvertretung zu haben Einige der Kombinatsdirektoren begannen sich seit November 1989 als eigenständige Interessengruppe zu formieren, ohne damals aber schon so weit zu sein, dass sie dem Vorbild der Selbstständigen folgen konnten. Anders als bei den Selbständigen handelte es sich bei dieser Gruppe um einen überschaubaren Kreis, der einem Honoratiorenclub glich Ihre Aktivitäten folgten den vorhandenen Netzwerken, die sich zwischen den Industrieministerien und Kombinaten entwickelt hatten. Dabei eigneten sich für den Aufbau von Verbänden besonders solche Personen, die über eine wirtschaftlich herausragende Stellung und umfangreiche, vor allem auch westdeutsche Kontakte verfügten sowie eine gewisse persönliche Ausstrahlung besaßen. Bei diesen Gesprachskreisen ging es darum, unter den Bedingungen nicht mehr funktionierender alter und noch nicht existenter neuer Strukturen Erfahrungen auszutauschen, Informationen weiterzugeben und Interessen zu vertreten. Dazu gehörte auch, auf die Mitbestimmungs-, Rationalisierungsschutz- und Einkommensinitiativen der Gewerkschaften zu reagieren Trotz dieses Engagements und der von einigen Mitgliedern eingebrachten Forderung, sich offensiv in den Bereich der Tarifpolitik[256] einzumischen und als Tarifträgerverband zu agieren, verstand sich das Unternehmensforum nicht als originärer Arbeitgeberverband [257] Manche begriffen das Forum eher als branchenübergreifenden Wirtschaftsverband, dessen Vorbild der westdeutsche BDI war, mit dem man auch in engem Kontakt stand. Es kann also davon ausgegangen werden, dass das Selbstverständnis des Verbandes diffus war. Der wichtigste Kopf des Unternehmensforums war Karl Döring, der frühere stellvertretende Minister für Metallurgie und spätere Direktor von EKO-Eisenhüttenstadt.[258]

Konkrete Vorbereitungen zur Gründung von Arbeitgeberverbänden in der Metallindustrie setzten Anfang März 1990 ein, als die westdeutsche IG Metall ankündigte, sich nach Ostdeutschland auszudehnen und die IG Metall/DDR erstmals eine Tarifver-

---

253 Die wichtigsten Forderungen waren Steuersenkungen, Privatisierung, Herstellung der Gewerbe- und Niederlassungsfreiheit und Abschaffung der Ertragssteuern
254 Bereits am 24 1 1990 stellte sich ein Initiativkreis "Unternehmensforum DDR" mit eigenen Zielen in einer öffentlichen Erklärung vor
255 Henneberger. Fred 1994, S 129
256 Mit ihren Forderungen zur Wirtschaftsreform plädierten sie zugleich "für eine produktivitatsorientierte Einkommenspolitik, die Leistungen in der DDR lohnend macht, keine Grenzen zu realer Einkommensbildung zieht, insbesondere zu attraktiver Anlage von Arbeitseinkommen" (zit nach Dombrowsky, Hans-Michael 1997. S 247)
257 In der Literatur trifft man immer wieder auf die Charakterisierung des Forums als Arbeitgeberverband. "Als Reaktion auf die zunehmenden lohn- und tarifpolitischen Aktivitäten der Gewerkschaften konstituierte sich als Arbeitgeberverband das 'Unternehmensforum der DDR'" (Schwarzer, Doris 1996, S 240)
258 Vgl Dombrowsky, Hans-Michael 1997, S 245

trag gekündigt hatte Am 6. März 1990 fuhren Norbert Wede, stellvertretender Minister für Maschinenbau, und die beiden Generaldirektoren Günter Hoffmann und Heiner Rubarth zur Geschäftsstelle von Gesamtmetall nach Köln, um die dortigen Funktionäre für ihr Projekt zu gewinnen. Bei diesem Gespräch ging es um organisationspolitische Fragen sowie um das Problem, wie man auf die erstmalige Kündigung des Rahmenkollektivvertrages durch die Gewerkschaften reagieren sollte. Der brandenburgische Initiator Günter Hoffmann und der West-Berliner Hauptgeschäftsführer Hartmann Kleiner nutzten schließlich die Gründungsveranstaltung des Unternehmensforums (9.3.1990), um die dort anwesenden Vertreter aus der Metallindustrie für die Gründung des Arbeitgeberverbandes der brandenburgischen und Ost-Berliner Metall- und Elektroindustrie zu gewinnen. Bis auf Mecklenburg-Vorpommern, wo die westdeutsche Werftindustrie und in ihrem Windschatten auch die dortigen Verbandsfunktionäre federführend waren, ergriffen in den anderen Regionen die ostdeutschen Funktionäre selbst die Initiative. Nach den ersten koordinierenden Treffen, denen in der Regel eine Rückkopplung mit westdeutschen Patenschaftsverbänden vorausgingen, kam es am 16.3.1990 in Leipzig zur Bildung eines Gründungskomitees für die künftigen neuen Länder [259] Dabei plädierten die ostdeutschen Vertreter dafür, Arbeitgeberverbände auf der Ebene der Länder zu bilden, die es zu dieser Zeit zwar noch gar nicht gab, die aber bereits einen wichtigen Identifikationspunkt im politischen Prozess darstellten Dies entsprach zwar nicht den Interessen aller Kräfte im Maschinenbauministerium und bei Gesamtmetall, in deren Reihen einige für einen ostdeutschen Dachverband plädierten, manche präferierten sogar einen einheitlichen Verband für die fünf neuen Länder.[260] Im ersten Satzungsentwurf, der am 16.3.1990 in Leipzig diskutiert wurde, war in § 13 Absatz 7 die Gründung eines "Gesamtverbandes der Unternehmer der Metall-/Elektroindustrie der DDR" vorgesehen; in der zweiten Sitzung (30.3 1990) war nur noch die Rede von einer Arbeitsgemeinschaft.[261] Vermutlich war für diesen Wechsel die Ankündigung, binnen kurzer Zeit zum vollwertigen Mitglied von Gesamtmetall werden zu können, entscheidend. Mit der Einrichtung eigenständiger Regionalverbände folgte man der regionalisierten Verbandspraxis des Westens und verzichtete auf eine regionenübergreifende Sondervertretung.[262]

Wer waren die betrieblichen Initiatoren der ostdeutschen Arbeitgeberverbänden? Woher kamen sie und was zeichnete sie aus? Die Spitzen der regionalen Arbeitgeber-

---

259 Hoffmann berichtet in seinen Ausführungen darüber, dass dieses Gründungskomitee sich während der Leipziger Frühjahrsmesse 1990 (16 3) über den Modus der vereinbarten Gründungen abstimmte (Hoffmann, Günter 1997, S 121) Diese Veranstaltung wird in der Literatur als eigentliche Gründungsveranstaltung der ostdeutschen Arbeitgeberverbände deklariert (Gloede, Doreen 1995, S 28).
260 Ein solcher Verband ist beispielsweise für die ostdeutsche Chemie- und für die dortige Textilindustrie gegründet worden.
261 Vgl Dombrowsky, Hans-Michael 1997, S 256
262 Wiesenthal (1992, S 23) und Henneberger (1994) sprechen im Hinblick auf die Länderverbände von einer "rationalisierten Domäneneinteilung" Sicherlich war der Länderbezug gegenüber Strukturen, die ein Land in verschiedene Tarif- und Verbandsgebiet zerschnitten, wie dies beispielsweise in Baden-Württemberg oder Rheinland-Pfalz der Fall ist, ein Vorteil Gleichwohl ist zu vermuten, dass es innerhalb der westdeutschen Verbände auch die Option für einen einheitlichen Ostverband beziehungsweise für eine vollständige Integration in die westdeutschen Verbändestrukturen gab

verbände kamen aus einem großen, strukturbestimmenden Kombinat oder einem größeren Betrieb und verfügten bereits vor 1989 meist über umfassende internationale Kontakte Sie gehörten den Jahrgängen 1932 bis 1943 an und waren erst einige Jahre vor der Wende in die Position des Generalsekretärs beziehungsweise Direktors gelangt. In den ersten Monaten waren die Büros der neuen Verbände in ihren Unternehmen untergebracht Sie mussten ihr Auftreten, das bei einzelnen zuvor stark von despotischen Zügen gekennzeichnet war, modifizieren, schließlich brauchten sie nun die aktive Unterstützung der westdeutschen Seite, der Belegschaft und ihrer Kollegen aus den anderen Betrieben Entscheidend für ihre Rolle als Verbändeinitiatoren war ihr "Sozialkapital"[263].

In Berlin-Brandenburg hieß der Initiator Günter Hoffmann (Jahrgang 1932), der als Generaldirektor beim VEB Lokomotivbau-Elektrotechnische Werke Hennigsdorf wirkte. Die unmittelbare Nähe zu Berlin brachte ihn schnell in Verbindung mit dem Geschäftsführer des Westberliner Arbeitgeberverbandes, der ihn in den wichtigsten Fragen beriet Der sächsische Vorsitzende der ersten Stunde war Heiner Rubarth[264] (Jahrgang 1940), Generaldirektor beim VEB Kombinat Elektromaschinenbau Dresden. Rubarth arbeitete bereits vor 1989 eng mit Hoffmann zusammen, nicht zuletzt, weil der Dresdner Elektromaschinenbau die Maschinen für die Hennigsdorfer Lokomotiven lieferte. Der aus dem gleichen Kombinat wie Rubarth kommende Georg Kochan (Jahrgang 1933) übernahm schließlich die Hauptgeschäftsführung des sächsischen Arbeitgeberverbandes In Sachsen-Anhalt wurde der Aufbau des Arbeitgeberverbandes der Metall- und Elektroindustrie von Klaus Oberländer (Jahrgang 1943) getragen, der seit 1987 Generaldirektor von SKET in Magdeburg war. Geschäftsführer dieses Verbandes wurde Siegfried Lachky, der im gleichen Kombinat stellvertretender Generaldirektor war In Thüringen übernahm Otto Brandt (Jahrgang 1938), Generaldirektor des Erfurter Maschinenbaukombinates "Umformtechnik" die Initiative, ohne selbst Verbandsvorsitzender zu werden. In allen Landesarbeitgeberverbänden mit Ausnahme von Mecklenburg-Vorpommern führten oder dominierten in der Anfangsphase die Direktoren der großen Kombinate. Dort war der Generaldirektor des strukturentscheidenden VEB-Schiffbau weder Initiator noch erster Präsident geworden. Stattdessen setzte sich mit Oswald Müller (Jahrgang 1935), dem Direktor der Mathias-Thesen-Werft in Wismar, der Repräsentant eines untergeordneten Betriebes durch, der sich allerdings in einer außerordentlich kooperativen Form mit den westdeutschen Verbandsvertretern arrangierte und schließlich zum erfolgreichsten ostdeutschen Arbeitgeberrepräsentanten reüssierte.[265] Während Brandt bis 1997 in den verschiedensten Verbandsfunktionen aktiv war und Müller auch Ende der 90er Jahre noch zum

---

263 Bourdieu, Pierre, Ökonomisches Kapital, kulturelles Kapital, soziales Kapital, in Kreckel, Reinhard (Hrsg). Soziale Ungleichheiten (Soziale Welt, Sonderband 2), Göttingen 1983, S. 190
264 Gespräch mit Heiner Rubarth Plan und Markt - ein Gegensatz? Vorzüge der Planwirtschaft automatisch?, in Sächsische Zeitung, 19 7 1989, Nicht auf einem Seil tanzen, bevor man laufen gelernt hat, in Sächsische Zeitung 12 12 1989
265 Vgl Adam, Bernd, Die Kontrahenten formieren sich, in Industriemagazin 7/1990

engeren Vorstand von Nordmetall gehörte, scheiterten Rubarth[266] und Oberländer[267] frühzeitig an ihrer Vergangenheit. Hoffmann war lediglich ein Übergangsakteur, der nur bis zur Fusion in verbandspolitischer Verantwortung blieb.

In manchen Regionen, beispielsweise in Thüringen, gab es heftige Konflikte mit den Vertretern der Klein-und Mittelbetriebe, die sich dazu berufen sahen, nunmehr in der ersten Reihe der Verbände zu stehen. Ihr verbandlicher Einfluss war jedoch nicht groß, weil sie außerhalb der etablierten DDR-Netzwerke standen, in der Industrie noch über keine eigenen Bastionen verfügten und weil man davon ausging, dass auch zukünftig die Großindustrie tonangebend sein werde. Dies alles führte dazu, dass es kein Interesse gab, diese Gruppe antizipierend in repräsentative Führungspositionen einzubeziehen Da man mit der Verbandsgründung auch nicht warten wollte, bis sich der industrielle Mittelstand etabliert und konsolidiert hatte, waren die Führungspositionen der ehemaligen Kombinatslenker letztlich unumstritten.

Die neuen Arbeitgeberverbände wurden von April bis Anfang Mai 1990 offiziell gegründet.[268] Zunächst wirkten sie als Ratgeber und Vermittler zu den staatlichen Stellen sowie zu den westdeutschen Konzernen Dabei ist zu berücksichtigen, dass sich die "neuen Manager" mit der rasanten Umwandlung in Kapitalgesellschaften, den im April 1990 beginnenden Tarifverhandlungen und den ersten sozialen Konflikten wegen Entlassungen vor für sie unbekannte Problemlagen gestellt sahen, für die sie weder eigene Erfahrungen noch Ressourcen besaßen. In den Monaten März und April verstand sich das Maschinenbauministerium als koordinierende Transfereinrichtung. Etwa ab Dezember 1989 begann die Zerlegung der großen Kombinate in kleinere Einheiten, die ersten Joint Ventures[269] wurden vereinbart, und sukzessive steuerten die Kombinate auf ihre Übernahme durch die Treuhandanstalt zu.[270] Die Arbeitgeberverbände waren in dieser Situation Ansprechpartner, die insbesondere durch die Unterstützung westdeutscher Ratgeber Informationen und Hilfestellungen vermitteln konnten. Als Gegenpart zu den Gewerkschaften schufen sie zugleich Räume, in denen sich unternehmerisches Bewusstsein entwickeln konnte. Da der Rollenwandel vom Nomenklaturkader zum Manager nicht abrupt bewältigt werden konnte, verlief auch die Rollendifferenzierung zwischen den Interessen der neuen Manager und den Gewerkschaften keinesfalls so schnell, wie dies notwendig gewesen wäre, um den westlichen Standards von routinierter Professionalität zu genügen.

---

266 Rubarth trat überraschend zurück, in. Sächsische Zeitung 23 4.1991
267 SKET-Chef Oberländer trat zurück - musste er gehen?, in· Volksstimme 22 2 1992
268 Thüringen (6.4.1990), Sachsen-Anhalt (17.4.1990), Berlin-Brandenburg (11.4 1990), Mecklenburg-Vorpommern (6 4 1990), Sachsen (2.5.1990).Insgesamt vertraten die Verbände zum Zeitpunkt der Gründung 577 Betriebe mit etwa 850 000 Beschäftigten, was nach damaligen Schätzungen etwa 65% der in der Branche Beschäftigten waren (Dombrowsky, Heinz-Michael 1997, S 258) Vgl auch die Tabelle in Kapitel C II 5
269 Zwischen dem Hennigsdorfer LEW und der westdeutschen AEG wurde schon am 12.12 1989 ein Joint Venture vereinbart (Hoffmann, Günter 1997, S. 120)
270 Das Umwandlungsgesetz vom 1 3 1990 wie auch das Treuhandgesetz vom 17 6 1990 eröffneten die Möglichkeit, dass sich Betriebe frühzeitig aus dem bisherigen Kombinatsverband lösen konnten (Dombrowsky, Hans-Michael 1997, S. 254).

Die ostdeutschen Verbandsgründer fühlten sich von der Dynamik des zusammenbrechenden SED-Regimes überrollt Um handlungsfähig zu werden, setzten sie deshalb relativ früh auf die Unterstützung durch westdeutsche Verbandsfunktionäre und große ausländische Konzerne Die westdeutschen Verbände finanzierten anfangs auch einen Teil der Verbandsarbeit.[271] Das Verhältnis zwischen west- und ostdeutschen Funktionären glich dem von Lehrern und Schülern. Gleichwohl ging man von einer Entwicklung aus, die nach einer von westdeutscher Starthilfe geprägten Phase in eigener Verantwortung fortgeführt werden könne. Bei den Verbänden gab es auch in der Startphase - regional unterschiedlich ausgeprägt - einen gewissen Selbstbehauptungswillen gegenüber den westdeutschen Einflüssen. Einerseits waren sie zwar existentiell auf westliche Hilfe angewiesen, andererseits wollten sie ihre neu gewonnene Eigenständigkeit jedoch nicht gleich wieder aufgeben. Verkörpert wurde diese Strategie am ausgeprägtesten von den Verbänden in Sachsen-Anhalt und Sachsen; dagegen erfolgte in Mecklenburg-Vorpommern, Thüringen und Berlin eine schnelle Eingliederung in den angrenzenden westdeutschen Arbeitgeberverband. Mit der Herauslösung aus den Zwängen des SED-Regimes setzte zugleich ein Differenzierungsprozess unter den Eliten ein Dabei blieb es nicht aus, dass zwischen ihnen Konflikte auftraten, insbesondere über den westdeutschen Einfluss, aber auch über die Frage, wie die Einkommen an den Westen angepasst werden sollten. Für eine schnelle Angleichung sprach sich das Unternehmensforum unter Karl Döring wohl derart pointiert aus, dass es zu einer massiven Auseinandersetzung mit der Spitze der neu gegründeten Arbeitgeberverbände kam.[272]

Womit lässt sich der schnelle Mitgliederzulauf in den neu gegründeten Verbänden erklären? Zunächst einmal ganz allgemein mit der Gewohnheit der Betriebsleiter, einer Institution zu folgen, die eine orientierende Verhaltenslinie vorgibt Sodann ist auf die fehlenden Ressourcen, zur Bewältigung der transformationsbedingten Sicherheits-, Orientierungs- und Informationsbedürfnisse hinzuweisen. Darüber hinaus bestand die Einsicht, dass es einer Interessensorganisation bedurfte, um auf die Regierung einzuwirken und den Gewerkschaften, die weitreichende Gesetzesinitiativen auf den Weg gebracht hatten, Paroli zu bieten. Mit dem Aufbau von Arbeitgeberverbänden beschritten die ostdeutschen Wirtschaftsfunktionäre Neuland. Sie besaßen weder Erfahrungen als fungierende Unternehmer noch als Verbandsfunktionäre, die gewohnt waren zwischen Mitglieder- und verbandlichen Interessen zu vermitteln. Sie kannten das marktwirtschaftliche System lediglich aus der Theorie sowie aus dem

---

[271] Die ostdeutschen Verbände hatten zwar eine Beitragsordnung, die einen jährlichen Mitgliedsbeitrag und ein Eintrittsgeld vorsah Verschiedene Beteiligte weisen jedoch darauf hin, dass die "Beitragsmoral" der Mitgliedsfirmen gering ausgeprägt war Hinzu kam, dass der enorme Beschäftigtenabbau eine verlassliche Überprüfung der angemessenen Beitragshöhe erschwerte

[272] Gunter Hoffmann an Karl Döring, 6 6 1990 "Die von Ihnen geforderte schnelle Angleichung der Tariflöhne in Ost und West ist insofern als außerordentlich störend empfunden worden, weil sie als Repräsentant eines Verbandes, der sich als Spitzenverband versteht, eine Auffassung zu laufenden Tarifverhandlungen geäußert haben, ohne sich vorher mit den zuständigen Tarifträgerverbänden auch nur abzustimmen" Eine Konsequenz dieses Konfliktes bestand darin, dass die Arbeitgeberverbände sich vom Unternehmensforum dispensierten (Hoffmann, Günter 1997, S. 126)

partikularen Blickwinkel ihrer westlichen Geschäftsbeziehungen. Der Gründung eigener ostdeutscher Arbeitgeberverbände gingen der "Bund der Selbstständigen", der "Unternehmerverband der DDR" und das "Unternehmensforum" voraus, an deren Infrastruktur die Arbeitgeberverbände jedoch nicht anknüpfen konnten. Indem sich die ostdeutschen Verbände an den Netzwerken ihrer Funktionäre orientierten, besaßen sie ein "soziales Startkapital". Durch die verschiedenen Verbandsgründungen der Wendezeit war das mentale Terrain für die Arbeitgeberverbände bereits vorbereitet. Teilweise überschnitten sich jedoch die Mitgliedergruppen und Ziele, so dass offene Konflikte hinsichtlich der Tarifpolitik nicht ausblieben. Führende Vertreter des "Unternehmensforums", die anfänglich einige Kritik an der Tarifpolitik der Arbeitgeberverbände übten, lösten ihren Verband schließlich im Sommer 1990 wieder auf. Die bis heute im regionalen Bereich aktiven Gruppen des "Unternehmerverbandes" blieben den Arbeitgeberverbänden als Kritiker "von außen" erhalten. Besonders resistent blieb die Gruppe der Klein- und Mittelbetriebe, deren 1972 verstaatlichter Besitz von ihnen frühestens 1990 wieder übernommen werden konnte. Diese Gruppe verfügt heute noch über eigene Organisationen wie beispielsweise den "Unternehmerverband Sachsen".[273]

Auch wenn die verbandspolitischen Vorstellungen unter den ostdeutschen Verbändeinitiatoren nicht identisch waren, bestand zunächst Konsens darüber, keine von den westdeutschen Verbändestrukturen unabhängige Entwicklung einzuschlagen. Im Gegenteil: Sie wollten nicht auf die finanzielle, inhaltliche und personelle Unterstützung der westlichen Akteure verzichten. Insofern ist es unzutreffend, davon zu sprechen, dass den ostdeutschen Initiatoren ein fremdes System übergestülpt worden wäre. Vielmehr bestand im Sommer 1990 eine weitgehende Interessenidentität zwischen ostdeutschen Initiatoren und westdeutschen "Beratern".[274] Die Übernahme des Prinzips regionaler Verbandsautonomie sicherte ihnen die Perspektive, dass sie nach einer Zeit der "Lehre" mit einem nachlassenden Einfluss des Westens rechnen konnten. Zudem besaßen sie durch ihre relative personalpolitische Autonomie die Chance, eine eigene ostdeutsche Vertretungselite aufzubauen, die aus ihren Netzwerkstrukturen stammte. In inhaltlicher Hinsicht zeigten sich die Generaldirektoren, von denen einige anfangs eine eigene "Dritte-Weg-Konzeption" befürworteten, als flexibel. Wegweisend für die weitere Verbandsarbeit sollten aber nicht sie selbst werden, sondern die von ihnen rekrutierten Funktionäre, die aus weniger profilierten Hierarchieebenen kamen und einer anderen Generation angehörten. Im Hinblick auf ihr Verhältnis zu den westdeutschen Verbänden war entscheidend, dass diese sich weder mit den industriellen Strukturen in Ostdeutschland auskannten noch mit den dortigen Mentalitäten, so dass die ostdeutschen Funktionäre eine Zeit lang als Pfadfinder wirkten, ohne selbst einen grundlegenden inhaltlichen Einfluss auf die Strukturfragen ausüben zu können.

---

273 Vgl Henneberger, Fred 1994.
274 Im Industriemagazin konnte man im Sommer 1990 lesen, dass es einzelnen ostdeutschen Arbeitgebervertretern nicht schnell genug gehe mit der Integration in das westdeutsche System "Oswald Müller (.), frisch gekürter Vorsitzender des Metallarbeitgeberverbandes Mecklenburg-Vorpommern, meinte: 'Am Tag der Währungsunion wollen wir Vollmitglied bei Gesamtmetall werden'"(Adam, Bernhard, Die Kontrahenten formieren sich, in Industriemagazin 1990/7)

Gleichwohl gab es auch bereits in der Anfangsphase weitreichende Verstimmungen zwischen einzelnen ostdeutschen und westdeutschen Verbänden, die sich aus dem "Integrationseifer" der westdeutschen Funktionäre (beispielsweise Niedersachsen) und dem Selbstbehauptungswillen der ostdeutschen Funktionäre speisten

Die Absage an einen ostdeutschen Gesamtverband schuf die Basis für verbandspolitische Differenzierungsprozesse nach Regionen. Dabei entwickelte sich die folgenreichste organisationspolitische Diskrepanz auf der regionalen Ebene zwischen den sogenannten "Zebraverbänden"[275] und den reinen ostdeutschen Verbänden Hinsichtlich der Mitgliederstruktur bestand das zentrale Dilemma des Verbändeaufbaus darin, dass in der Gründungsphase fast nur auf solche Betriebe zurückgegriffen werden konnte, die in der weiteren Entwicklung verschwanden oder nicht mehr repräsentativ waren. Verantwortlich für diese Gründungshypothek war nicht nur die damals noch dominante Rolle der Großbetriebe, sondern auch der beschleunigte Einigungsprozess; wobei die Gründungsinitiatoren selbst dazu beitrugen, dass es zu einer schnellen Übertragung der westdeutschen Strukturen kam. Hilfreich für die westdeutsche Seite war dabei, dass die neuen ostdeutschen Arbeitgebervertreter es gewohnt waren, Vorgaben zu folgen, auf die sie selbst keinen Einfluss ausüben konnten. Im Gegenzug erhielten die ostdeutschen Leiter eigene Handlungsspielräume, insbesondere auf der personalpolitischen Ebene. Damit sorgten sie zwar dafür, dass keine ostdeutsche Vertretungslücke entstand, doch übten die von ihnen mitverantworteten Personal- und Strukturentscheidungen auf die erst später in den Markt eintretenden betrieblichen Akteure eher eine abschreckende denn eine motivierende Wirkung aus. Vor allem die verbandliche Integration der Klein- und Mittelbetriebe (KMU) erschwerte sich zusätzlich Doch die "KMU-Lücke" wäre auch dann nicht zu vermeiden gewesen, wenn man 1990 auf die Verbandsgründung verzichtet und so lange gewartet hätte, bis die industrielle Landschaft konsolidiert worden wäre So wäre aber vermutlich die Akzeptanz des Einigungsprozesses gefährdet worden. Tatsache ist: Die Gründer haben einen großbetrieblich getragenen Verband aufgebaut, dessen Einflusslogik die Legitimation des Einigungsprozesses zunächst stützte.

---

275 Unter Zebraverbanden versteht man solche Verbände. die sowohl ost- wie auch westdeutsche Gebiete unter einem Dach vereinen Dies trift im Arbeitgeberverbandswesen auf den Berliner Verband, der sowohl Berlin West und Ost wie auch Brandenburg umfasst und auf Nordmetall zu, der seit dem 8.11.1990 die norddeutschen Gebiete im Westen und Mecklenburg-Vorpommern vereint

III. Resümee: Gescheiterte Selbsttransformation als Ergebnis des DDR-Erbes und der beitrittsorientierten Konsumentenrevolution

Die besondere Stellung der DDR innerhalb des sowjetischen Herrschaftsbereichs war nicht nur das Ergebnis ihrer geopolitischen Frontlage an der Schnittstelle zum kapitalistischen Westen. Sie resultierte auch aus dem vorsozialistischen industriellen Erbe, das sich durch eine heterogene Industriestruktur, ausgeprägte Facharbeitertraditionen und eine gut entwickelte Infrastruktur auszeichnete. Dieses Erbe bildete den Grundstock für die industrielle Spitzenstellung der DDR innerhalb des RGW. In der Perspektive einer historisch informierten Komparatistik staatssozialistischer Gesellschaften erscheint die DDR als prägnanteste Form des bürokratischen, partei-dominierten Staatssozialismus. In keinem anderen RGW-Land wurden der relativ egalitäre Sozialstaat und ein ausufernder Überwachungsstaat so eng verzahnt. Die DDR-Gesellschaft war zwar Adressat einer partei-staatlichen Vorgabepolitik, sie war aber nicht einfach eine "stillgestellte Gesellschaft". Sie besaß in der lebensweltlichen Dimension durchaus differenzierte Strukturen. Vor allem solche Phänomene wie Nischenkulturen und informelle Austauschprozesse unterstreichen die Diskrepanz zwischen totalitärem Systemanspruch und eigensinniger Lebenswirklichkeit. Gleichzeitig war sie eine tendenziell durchherrschte Vollbeschäftigungsgesellschaft, deren einflussreichste Vergesellschaftungsinstitution der Betrieb war. Als ideenpolitisches Leitbild dieses betriebszentrierten deutschen Modells eines gesellschaftlich gering differenzierten Sozialismus fungierte die "arbeiterliche Gesellschaft"[278], die nicht nur ideologische, sondern auch materielle Anknüpfungspunkte besaß. Aus den Krisenerfahrungen der 50er Jahre (17. Juni 1953) resultierte die sozialpolitische Integrationspräferenz, die sich besonders um die soziale Absicherung der Arbeiter bemühte. Die Arbeiterinteressen sowie die ihnen zugeordneten Leitbilder dominierten die DDR sozial und kulturell. Dagegen wurden die Angestellten eher benachteiligt, weshalb diese 1989 auf der betrieblichen Ebene zu den dynamischsten Umbruchkräften zählten. Aus der besonderen Stellung der Arbeiter ergab sich jedoch keine automatische Akzeptanz des SED-Regimes, da der Blick nach Westen die sozialistischen "Errungenschaften" stark relativierte. Als ökonomisch und demokratisch defizitärer Teil der gespaltenen deutschen Nation besaß die DDR deshalb innerhalb des sowjetischen Herrschaftsbereichs stets eine singuläre Legitimationsproblematik.

Als Gegenentwurf zu den westlichen Industriegesellschaften präferierte das sowjetische Politikmodell eine politisch gewollte Unität, die zu Entdifferenzierungsprozessen des wirtschaftlichen und gesellschaftlichen Erbes aus vorsozialistischer Zeit führte. Trotzdem war die DDR keine statische und keine homogene Gesellschaft "aus einem Guss". Unter den Bedingungen einer vergleichsweise stabilen politischen Herrschaftsarchitektur fand politischer, wirtschaftlicher und sozialer Wandel statt. Im Gegensatz zum westdeutschen System industrieller Beziehungen, das von der Existenz

---

278 Engler, Wolfgang, Die Ostdeutschen Kunde von einem verlorenen Land, Berlin 1999, S. 173 ff

widerstreitender Interessen mit transparenten Verteilungskonflikten ausgeht, die durch ein Mehrebenensystem von betrieblichen, verbandlichen und staatlichen Akteuren artikuliert und bearbeitet werden, war für das DDR-System die Leugnung von Interessengegensätzen und die Abwesenheit eines institutionalisierten Verteilungskonfliktes konstitutiv Daraus resultierte, dass es weder Arbeitgeberverbände noch unabhängige Gewerkschaften gab, die mit Streikrecht und den nach westlichem Muster "normalen" demokratischen Rechten ausgestattet für ihre Ziele kämpfen konnten. Denn: Der sich selbst als Gewerkschaft begreifende FDGB und seine Industrieabteilungen waren keine selbstständigen intermediären Organisationen, sondern in das politische Herrschaftssystem inkorporierte Transmissionsriemen der SED. Seine Funktionäre besassen jenseits ihrer abgeleiteten Herrschaftsfunktion weder Autorität noch nennenswerten Einfluss. Einerseits ließen die partei- und staatszentrierten Strukturen der politischen Entscheidungsfindung keinen Platz für autonome, intermediäre Organisationen, andererseits existierte auf der betrieblichen Ebene im Rahmen der „Mangelökonomie" relativ viel Raum für informelle betriebliche Arrangements zwischen Direktoren und Beschäftigten.

Eine partikulare Vertretung von Beschäftigteninteressen konnte am ehesten auf der Basis gruppenübergreifender betriebsinterner Bündnisse erreicht werden. So wurde versucht, die Sonderinteressen des Betriebes gegenüber den politischen Vorgaben der zentralen Plankommission in einem „Planerfüllungspakt" durchzusetzen, um den Betrieb vor unzumutbaren Anforderungen zu schützen Die Konfliktlinien verliefen deshalb weniger horizontal zwischen den betrieblichen Akteuren, sondern vertikal zwischen den Betriebs- beziehungsweise Kombinatsrepräsentanten und den funktional verantwortlichen Stellen des überbetrieblichen politischen Systems. Ausgangspunkt des DDR-spezifischen Verteilungskonfliktes, der als rudimentär klassifiziert werden kann, war also nicht der Interessengegensatz zwischen Beschäftigten auf der einen und Betriebs- und Kombinatsleitern auf der anderen Seite, sondern eine effektive Kooperationspolitik beider Gruppen im Kampf um knappe Ressourcen mit den Vertretern einer überbetrieblich politischen Ressourcenzuteilung Zwar konnten vorhandene Interessen nicht offen artikuliert werden, gleichwohl war es aufgrund der Arbeitskräfteknappheit, der Legitimationsprobleme und mangelbedingter Improvisationszwänge den Beschäftigten möglich, eine informelle Blockademacht mit einem negativen leistungspolitischen Konsens zu praktizieren. Mit der Politik der passiven Stärke konnten systembedingt nur situative Erfolge erzielt werden, jedoch keine institutionell strukturverändernden Wirkungen. Während in der DDR das strategische Aushandlungszentrum der Betrieb war und dieser sich soweit irgend möglich gegen Einflüsse von außen abschirmte, ist das westdeutsche System durch eine im Alltag lose und im Konfliktfall enge Verkopplung von betrieblicher und überbetrieblicher Ebene geprägt. Es spricht deshalb einiges dafür, dass die starke Betriebsorientierung der DDR eine problematische Hypothek für die Akzeptanz des westdeutschen Systems industrieller Beziehungen darstellt.

Neben dem bürokratisch-paternalistischen Produktionsregime mit seiner Arbeitsplatzsicherheit und der Abkapselung betrieblicher Konflikte von der überbetrieblichen

Politikebene besteht eine weitere Hypothek darin, dass Bürger der DDR "aufgrund der Überpolitisierung der Verhältnisse zu einer tief verinnerlichten Institutionenskepsis erzogen wurden"[279]. Diese Skepsis existiert bis heute. Dazu beigetragen hat vermutlich auch die neuerlich erlebte Kluft zwischen Versprechungen und Realität, die von vielen ehemaligen DDR-Bürgern als nicht zu akzeptierender Normalfall gewertet wird. Sie erscheint vielmehr im Zusammenhang mit den spezifischen Erfahrungen der DDR-Diskrepanzen in einem negativen Licht. Das problematische Verhältnis zu den neu eingerichteten Organisationen drückt sich auch darin aus, dass "es vielen Ostdeutschen noch immer schwerfällt, öffentlich aufzutreten"[280]. Ob und inwieweit Verhaltensweisen und Mentalitäten, die unter den Bedingungen der politischen Institutionenordnung der DDR zweckrational gewesen sind, auch über diese Ordnung hinaus orientierenden Einfluss ausüben, lässt sich durch eine Zuordung zwischen Systemmerkmalen und Verhaltensweisen nicht einfach herleiten: Weder war die DDR eine homogene, obrigkeitsstaatliche Gesellschaft, in der alle gleich gedacht und gehandelt haben, noch sind die dort generierten Verhaltensweisen eine zweite, nicht abzustreifende Haut. Wie sich das DDR-Erbe entwickelt, ob sich die dynamisch-veränderungsorientierten Verhaltensformen oder die beharrenden durchsetzen, hängt auch mit dem spezifischen Verlauf des Transformationsprozesses und seinen Folgen zusammen. Dabei ist bei allen Verhaltensweisen, die über das Ende der DDR-Institutionen hinaus weiterleben, vor allem von generationenbedingt unterschiedlich eingeschliffenen Prägungen auszugehen.

Der Untergang der DDR hat vielfältige politische, ökonomische, soziale und psychologische Ursachen. Als politisch folgenreichste Umbruchdimension kann die "Konsumentenrevolution" angesehen werden, der eine Art "rien ne va plus"-Bewusstsein zugrunde lag. Darunter wird die damals verbreitete Einsicht verstanden, dass eine Reform der DDR keine Perspektive besitze, der Beitritt zur Bundesrepublik dagegen der schnellere und sicherere Weg zur Anpassung an die veränderten Rahmenbedingungen wäre. Mit dem Beitrittsvotum verbanden die ostdeutschen Bürger die Präferenz für die sozial regulativen Institutionen der Bundesrepublik, was allerdings ein Vertrauensvorschuss war, der den eigenen Erfahrungen mit diesen Institutionen vorauseilte.

Der Weg von der DDR in die Bundesrepublik und das dabei eingeschlagene Tempo waren Ende 1989 für die handelnden ostdeutschen Akteure noch nicht greifbar. Insofern war es konsequent, dass aus den alten Apparaten heraus eine Reform angestrebt wurde, die bei den endogenen Entwicklungspotentialen ansetzte. In Anlehnung an das Transitionskonzept von O'Donnel/Schmitter/Whitehead[281] kann man feststellen, dass sich diese Aktivitäten jedoch nur auf die Liberalisierungs- und Demokratisierungsphase erstreckten, während mit Beginn der Konsolidierungsphase die exogene Steuerung einsetzte. Im Unterschied zu den Gewerkschaften gelang es den ostdeut-

---

279 Pollack. Detlev 1997, S 13
280 Ebd
281 Vgl O'Donnel, Guillermo et al., Baltimore 1986.

schen Aufbauakteuren im Arbeitgeberlager allerdings, zu Beginn der Konsolidierungsphase an Bord zu bleiben, wenngleich auch dort das Prinzip der exogenen Steuerung bestimmend war Die verschiedentlich in der Forschung geäußerte These, dass die gescheiterte Selbstreform des FDGB das Ergebnis eines langfristigen Delegitimierungsprozesses sei[282], unterstellt, dass der FDGB als Gewerkschaft zuvor hohe Legitimität besessen hätte Im Gegensatz dazu muss darauf hingewiesen werden, dass der FDGB kaum als eigenständiger politischer Faktor wahrgenommen wurde, sondern als Teil des SED-Herrschaftssystems. Diese Sicht änderte sich auch nicht dadurch, dass der FDGB für bestimmte Bereiche eine sozialpolitische Monopolstellung besaß, die den Beschäftigten selektive Anreize bot und deshalb von ihnen auch in begrenztem Maße für ihre eigenen Zwecke genutzt werden konnte.

In der kurzen Liberalisierungs- und Demokratisierungsphase hofften sowohl die ostdeutsche Gewerkschaftselite als auch die Mehrheit der neuen Arbeitgeberfunktionäre auf einen "dritten Weg" zwischen alter DDR und Bundesrepublik, den sie selbst als maßgebliche Akteure bestimmen wollten. In ihren Überlegungen sollten die Verbände als Vermittlungsinstanzen wirken, um sowohl den Staat als auch die Betriebe zu

Tabelle 8: **Vergleich der Selbsttransformationsbedingungen der ostdeutschen Arbeitgeber- und Gewerkschaftsfunktionäre**

	Ostdeutsche Arbeitgeberelite	Ostdeutsche Gewerkschaftselite
Stellung der Funktionäre im SED-Regime	technokratisch-ökonomische Leistungselite	politische Dienstelite
Herkunft der neuen Verbandsspitze	Kombinatsspitze	Kombinatsebene
Akzeptanz des westdeutschen Modells	positiv	eingeschränkt
Direkte Mitarbeit westdeutscher Funktionäre gewünscht	ja; regionale Abweichung in Sachsen-Anhalt	nein
Verhältnis zu Westverbänden	kooperativ, regionale Abweichung in Sachsen-Anhalt	erzwungene Kooperation
Aufbau intermediärer Organisationen	als Neuaufbau	als Umbau
Eigene organisatorische Ressourcen	gering	mittel
Konkurrenz- und Konfliktniveau innerhalb Ostdeutschlands	mittel zwischen Verbänden, Vertretern des Mittelstandes und der Kombinate	schwach unabhängige Gewerkschaft, DAG und christliche Gewerkschaft
Mitgliederakzeptanz	hoch	schwach und weiter sinkend

© Wolfgang Schroeder

---

[282] Vgl beispielsweise. Weinert, Rainer/Gilles, Franz-Otto, Der Zusammenbruch des Freien deutschen Gewerkschaftsbundes (FDGB) Zunehmender Entscheidungsdruck, institutionalisierte Handlungsschwächung und Zerfall der hierarchischen Ordnungsstruktur, Opladen 1999, S 33ff

reformieren. Dabei wurde den westlichen Akteuren die Rolle des externen Unterstützers zugewiesen, der die ostdeutsche Entscheidungsautonomie unangetastet lässt. Als die beschleunigte politische Entwicklung zu einem abrupten Wechsel führte, begann für beide Organisationen die Konsolidierungsphase mit externen Steuerungsvorgaben, auf die sie nur noch einen marginalen Einfluss ausüben konnten. Da die Bedingungen für die Selbsttransformationsversuche bei der IG Metall/DDR und bei den Kombinatsdirektoren sehr unterschiedlich waren, werden im folgenden die wichtigsten Dimensionen systematisch verglichen. Unterschieden wird entlang der zwei Kategorien Funktionäre und Organisationsressourcen. Bei den Funktionären geht es sowohl um deren Herkunft und Stellung im alten System wie auch um ihr Verhältnis zum westdeutschen Modell, ihre politischen Prioritäten und um ihre eigene Akzeptanz in der Mitgliedschaft. Bei den organisatorischen Ausgangsbedingungen wird nach dem Organisationsaufbau und den Konkurrenzorganisationen gefragt.

Gemeinsam war beiden Gruppen, dass sie sich zunächst selbst als Entscheidungsträger der Transformation begriffen. Ihre Ausgangsbedingungen unterschieden sich vor allem dahingehend, dass die neuen Arbeitgebervertreter eine Organisation aufbauten, die es bislang in der DDR nicht gab, während die Gewerkschaftsfunktionäre eine diskreditierte Institution zu reformieren suchten. Da die Arbeitgeberfunktionäre im Gegensatz zur IG Metall/DDR noch über keine eigene Ressourcenbasis für ihre Verbände verfügten, waren sie viel unmittelbarer auf die Unterstützung der Kombinate, Ministerien und der westdeutschen Verbände angewiesen. Zugleich besaßen sie mit dem Wegfall politischer Gängelung erstmals die Chance, ihre ökonomischen Kompetenzen zu beweisen. Gemeinsam war den Aufbaufunktionären, dass sie aus den Kombinatsspitzen kamen, über keine originären Kompetenzen in der Bewältigung verbandlicher Integrationsaufgaben verfügten, so dass sie diesbezüglich beide der Unterstützung durch westliche Kompetenz bedurften. Während die Wirtschaftsvertreter dabei auf bereits vor 1989 geknüpfte geschäftliche Kontaktnetze zurückgreifen konnten, betraten die Gewerkschaftsfunktionäre im Umgang mit westlichen Standards und Regeln Neuland. Jedoch gingen die IG Metall/DDR-Funktionäre - im Bewusstsein, Repräsentanten einer großen Mitgliederorganisation zu sein - relativ lange Zeit davon aus, dass sie auch unter den Bedingungen einer einheitlichen IG Metall in einem geeinten Deutschland eine starke Stellung einnehmen würden. Dagegen stellten sich die ostdeutschen Arbeitgeberfunktionäre vergleichsweise früh auf einen "partnerschaftlichen Paternalismus" zu den westdeutschen Arbeitgeberfunktionären ein. Auf Arbeitgeberseite erledigte sich die Vorstellung schnell, unabhängig von maßgeblichem westdeutschem Einfluss agieren zu können. Dazu trug vor allem die Einschätzung bei, dass die neue wirtschaftliche und politische Konstellation die eigenen Kräfte grundlegend überforderte. Der entscheidende Unterschied bestand darin, dass die westdeutschen Arbeitgeber sich zu einer paternalistischen Zusammenarbeit mit den ostdeutschen Funktionären entschlossen, während die westdeutsche IG Metall im Gegensatz zu anderen westdeutschen Gewerkschaften eine Kooptierung der ostdeutschen Funktionäre - von einzelnen Ausnahmen abgesehen - ablehnte.

Die Funktionäre der IG Metall/DDR beugten sich dem zwanglosen Zwang der neuen Verhältnisse und wurden zu den unfreiwilligen Abwicklern der eigenen Konkursmasse. Den ostdeutschen Arbeitgeberfunktionäre kam es entgegen, dass sie über keine ressourcenreichen Organisationen verfügten, vielmehr diese erst zu einem Zeitpunkt gründeten, als die politischen Schlüsselentscheidungen bereits gefallen waren Und noch wichtiger war vielleicht, dass es in ihrem Fall nicht um die Ausschaltung einer Konkurrenzorganisation ging, sondern um die Hilfe der westdeutschen Vertreter beim Aufbau regionaler Dependancen. Ging es aus der Sicht der ostdeutschen Gewerkschaftsfunktionäre um eine „feindliche Übernahme", so hatten die ostdeutschen Arbeitgeberfunktionäre anfangs eher den Eindruck einer "freundlich gesteuerten" Aufbauunterstützung. Auch die Vielfalt im westdeutschen Arbeitgeberlager konnte vermutlich dazu beitragen, die Angst zu relativieren, dass es um eine bedingungslose Übernahme westdeutscher Vorgaben gehe. Ein Unterschied, der in den ersten Nachwendejahren für viele Debatten sorgte, war die unterschiedliche Betroffenheit von Arbeitgeberverbänden und IG Metall durch die sogenannte Repräsentationslücke. In den meisten Arbeitgeberverbandsbüros dominierten zwar ostdeutsche Funktionäre, die wichtigen Entscheidungen folgten in der Anfangszeit jedoch westdeutschen Vorgaben. In den Büros der IG Metall dominierten von Anfang an westdeutsche Funktionäre.

Eine problematische DDR-Hypothek für das westdeutsche Systems industrieller Beziehungen in Ostdeutschland geht auf die fehlenden intermediären Strukturen und Verhaltensrepertoires zurück. Geht man davon aus, dass die fehlende Intermediarität partiell durch situative, informelle Aushandlungsprozesse auf allen Ebenen des Systems substituiert wurden, dann waren es also in der Regel nicht offene Konflikte, die zum Wandel der Verhältnisse beitragen konnten. Im Gegenteil: Schlechte Strukturen und Mangelsituationen sollten durch informelle, intransparente Arrangements ausgehalten werden. Im Hinblick auf das westdeutsche System industrieller Beziehungen, das sowohl auf informelle wie auch auf offen konfliktorische Verhaltensformen angewiesen ist, können dadurch Funktionsprobleme entstehen. Diese These gewinnt an Bedeutung, wenn man in Rechnung stellt, dass angesichts der prekären ökonomischen Lage vieler Betriebe eine außerordentlich robuste Synthese beider Praktiken notwendig ist, um eine Verbetrieblichung zu verhindern, die den Verbänden die Luft zum Atmen nimmt und so deren Handlungsfähigkeit gefährdet. Ähnlich belastend wirkt es sich auf die Tarifparteien aus, wie man nach 1989 auf die "Überpolitisierung" der betrieblichen Verhältnisse reagierte. Darin wurde nämlich häufig eine der zentralen Ursachen für die wirtschaftliche Ineffizienz der Betriebe gesehen Daraus zogen auch viele Arbeitnehmervertreter die Konsequenz, dass externe politische Kräfte im Betrieb zukünftig keinen Platz mehr haben sollten, denn dort sei primär nach innerbetrieblichen (Effizienz)gesichtspunkten zu verfahren.

C. Westdeutscher Ursprungskontext und Institutionentransfer

In diesem Kapitel geht es um den Zustand der westdeutschen Tarifparteien der Metall- und Elektroindustrie am Vorabend des Zusammenbruchs der DDR. Welche Strukturprobleme reklamierten die Verbände in den 80er Jahren, wie sind sie damit umgegangen, wie sah der Ursprungskontext der Institutionen aus, die 1990 in eine fremde Umgebung transferiert wurden? Da die Entwicklungen in Ostdeutschland nicht von der Frage nach Wandel und Kontinuität des westdeutschen Modells abgekoppelt werden können, wird in den Beiträgen zur IG Metall und zu den metallindustriellen Arbeitgeberverbänden ausführlich auf ihre Genese und Entwicklung sowie auf ihr Verhalten im Strukturwandel von Wirtschaft und Gesellschaft eingegangen. Dabei kann auch gezeigt werden, dass viele der Probleme, die in der öffentlichen Debatte den Auswirkungen der deutschen Einheit zugeschrieben werden, bereits vor 1989 existierten, ohne dass die Verbände bereits damals adäquate Strategien auf ihre veränderten Umwelten entwickeln konnten. In den unaufgearbeiteten Problemlagen der westdeutschen Verbändepraxis, so eine im folgenden verfochtene These, liegt zugleich ein Schlüssel zum Verständnis des spezifischen Typus von stabilitätsorientiertem Institutionentransfer.

I. IG Metall

1. Historische Entwicklungslinien

Die gegenwärtigen organisatorischen Grundlagen des deutschen Gewerkschaftswesens wurden bereits vor dem 1. Weltkrieg gelegt.[1] Der im internationalen Vergleich außerordentliche Arbeitsmarkteinfluss und das hohe Mitgliederniveau entwickelten sich in einer Konstellation, die geprägt war vom Zusammentreffen einer beschleunigten Industrialisierung, dem Entstehen einer einheitlichen Nation und einem neuen politischen Massenmarkt.[2] Neben einer dichten Institutionenlandschaft ist für das deutsche System industrieller Beziehungen stets eine politisch-ideologische Überformung kennzeichnend, die im Wandel der deutschen Geschichte unterschiedliche Ausprägungen annahm. Zur politischen Überformung, die mit der "negativen Integration"[3] der Arbeiterschaft in der zweiten Hälfte des 19. Jahrhunderts korrelierte, trug aber auch die konfessionsartige Spaltung der deutschen Arbeiterschaft in konkurrierende

---

[1] Vgl. Bergmann, Joachim, The structuration of the working class and the development of trade unions in Germany, in ders./Tokunaga, Shigeyoshi (Hrsg.), Economic and social aspects of industrial relations. A comparison of the German and the Japanese systems, Frankfurt 1987, S. 36
[2] Mooser. Josef. Arbeiterleben in Deutschland 1900 - 1970, Frankfurt 1984, S. 180
[3] Vgl Groh, Dieter, Negative Integration und revolutionärer Attentismus, Frankfurt 1973.

sozial-moralische Milieus bei, die zum lebensweltlichen Kristallisationspunkt eines dichten Netzwerkes eigener Organisationen, Symbole und Normen wurden.

Bis ins Jahr 1933 existierten in der deutschen Metall- und Elektroindustrie drei konkurrierende Richtungsgewerkschaften, die Christlichen Gewerkschaften, die Hirsch-Dunckerschen Gewerkvereine und der eng mit der sozialdemokratischen Partei verbundene Deutsche Metallarbeiterverband (DMV)[4], welcher zugleich der mit Abstand größte Einzelverband war. Mit der 1945 gegründeten Einheitsgewerkschaft war einerseits die alte richtungsgewerkschaftliche Konkurrenz aufgehoben; andererseits gibt es in der Metall- und Elektroindustrie mit der DAG[5] und dem Christlichen Metallarbeiterverband[6] bis auf den heutigen Tag konkurrierende Organisationen, die eigenständige Tarifrunden[7] durchführen und Tarifverträge abschließen Da jedoch beide zusammen bisher nie mehr als 8 Prozent des Mitgliederpotentials der IG Metall auf sich vereinen konnten, gelang es ihnen auch nicht, deren Quasi-Monopolanspruch in Frage zu stellen Entscheidender als die Existenz kleiner Verbände am Rande der großen Einheitsgewerkschaften ist die inner- und zwischengewerkschaftliche Konkurrenz der DGB-Verbände. Ein besonderes Kapitel zu dieser Konfliktgeschichte schrieben auf der betrieblichen Ebene die kommunistischen Oppositionsgruppen und sogenannten alternativen betrieblichen Listen, von denen die "Plakat-Gruppe"[8] bei Daimler-Benz die größte öffentliche Aufmerksamkeit erreichte

Kommen wir zu den Wurzeln des hierarchischen Organisationsaufbaus der IG Metall als Industriegewerkschaft. Während ihrer organisationspolitischen Startphase in der zweiten Hälfte des 19 Jahrhunderts folgten nahezu alle gewerkschaftlichen Zusammenschlüsse dem lokalen, relativ engräumigen sowie dem beruflich-homogenen Organisationsprinzip.[9] Diese an Zunfttraditionen und vorindustriellen Leitbildern anknüpfenden lokalen Berufsverbände, die sich häufig auch als politische und soziale Solidarvereine begriffen, wurden durch die staatliche Repressionspolitik zwischen 1875 und 1890 aufgelöst oder in ihren Handlungsmöglichkeiten stark eingeschränkt.

---

4   Die wichtigsten Veröffentlichungen zum DMV Opel, Fritz, Der deutsche Metallarbeiter-Verband während des ersten Weltkrieges und der Revolution (4 Auflage) Frankfurt 1980, Schönhoven, Klaus, Expansion und Konzentration, Studien zur Entwicklung der Freien Gewerkschaften im Wilhelminischen Deutschland 1890 - 1914. Stuttgart 1980, Veitinger, Franz, Der deutsche Metallarbeiter-Verband, Erlangen 1924; Wentzel, Lothar. Inflation und Arbeitslosigkeit Gewerkschaftliche Kämpfe und ihre Grenzen am Beispiel des deutschen Metallarbeiter-Verbandes 1919 - 1924, Hannover 1981; Kassel, Brigitte, Frauen in einer Männerwelt Frauenerwerbsarbeit in der Metallindustrie und ihre Interessenvertretung durch den deutschen Metallarbeiterverband (1891 - 1933), Köln 1997

5   Bis 1984 fasste die DAG ihre Mitglieder in der metallverarbeitenden Industrie in den Berufsgruppen kaufmännische Angestellte, technische Angestellte und Meister zusammen. Nach der in diesem Jahr vollzogenen Umstrukturierung wurden die Mitglieder der Metallindustrie in der Wirtschaftsgruppe Industrie zusammengefasst In der zweiten Hälfte der 80er Jahre bewegte sich die Organisationsstärke der DAG zwischen 100 000 und 120.000 Mitgliedern (Vgl Hassel, Anke 1999, S 221)

6   Der 1955 gegründete Christliche Metallarbeiterverband (CMV) schwankt laut eigenen Angaben zwischen 98 363 (1983) und 109.106 (1990) Mitgliedern (Hassel, Anke 1999, S. 221).

7   Bis 1968 ließ die IG Metall die DAG an ihren Tarifrunden teilnehmen; erst als die DAG in diesem Jahr während einer laufenden Tarifrunde einen eigenen Tarifvertrag mit den Arbeitgebern abschloss, entschied sich der Vorstand der IG Metall (1968) dafür, keine weiteren gemeinsamen Verhandlungen mit der DAG zu führen (Hassel, Anke 1999, S 223)

8   Vgl. Grohmann, Peter/Sackstetter, Horst, Plakat 10 Jahre Betriebsarbeit bei Daimler-Benz, Berlin 1979

9   Vgl. Kocka, Jürgen, Lohnarbeit und Klassenbildung, Bonn 1983.

Bevor es 1891 in Frankfurt/a.M. zur Bildung des Deutschen Metallarbeiterverbandes kam, organisierten sich die Beschäftigten in den Berufsverbänden der Mechaniker, Optiker, Uhrmacher, Kupferschmiede, Schlosser und Maschinenbauer. Erst nach langen Auseinandersetzungen gaben die wichtigsten Berufsgruppen ihre organisatorische Eigenständigkeit auf und unterstützten den Aufbau eines branchen- und berufsübergreifenden Industrieverbandes, in dem sich rund 30 verschiedene Berufsgruppen[10] sowie an- und ungelernte Arbeiter zusammenfanden.

Dass sich bereits 1891 der Typus der hierarchisch organisierten Industriegewerkschaft in der Metallindustrie durchsetzte, ist unter systematischen Gesichtspunkten vor allem auf zwei Entwicklungsprozesse zurückzuführen: Erstens auf die beschleunigte Machtzusammenballung auf Arbeitgeberseite Diese trug dazu bei, dass sich bei den Gewerkschaftsfunktionären die Einsicht durchsetzte, dass eine auf einzelne Berufe oder Branchen beschränkte Organisation zu wenig Durchsetzungsstärke besitzt. Von außerordentlicher Bedeutung waren dabei die Rückwirkungen, die von den konkreten organisationspolitischen Strategien der Arbeitgeber ausgingen. Der Gesamtverband der deutschen Metallindustrie (GDM) wurde etwa ein Jahr vor dem DMV gegründet. Damit reagierten die Arbeitgeber auf die großen überregionalen Streiks in den Werften und Eisengießereien zwischen 1888 und 1890[11] sowie auf das absehbare Ende der Sozialistengesetze. Diesbezüglich vertritt Knips die These, dass "die Metallindustriellen das von den Arbeitern präferierte Fachverbandsprinzip unbedingt vermeiden (wollten WS). Der GDM zwang daher die bereits bestehenden Fachvereine der Arbeiter gegen deren Widerstand sukzessive in die beengende Organisationsform eines Industrieverbandes der Metallarbeiter, um die nachteiligen britischen Erfahrungen nicht zu wiederholen"[12]. Unabhängig davon, wie stark man den Einfluss der Arbeitgeberstrategie bewertet: zwischen beiden Verbänden existierte bereits im letzten Jahrzehnt des 19. Jahrhunderts ein interaktives Verhältnis. Auch wenn sich der Sieg des Industrieverbandsprinzips nicht alleine auf die organisationspolitischen Präferenzen der Arbeitgeber zurückführen lässt, so kann diesen doch ein maßgeblicher Beitrag zugesprochen werden. Die materielle Basis dieser Präferenz bestand darin, dass in den einzelnen Branchen der Metall- und Elektroindustrie die gleichen Grundberufe (Schlosser, Former, Schmiede, Werkzeugmacher etc.) und somit vergleichbare Anforderungs-, Leistungs- sowie Solidarbedingungen existierten.

Neben der Machtdimension, auf der Grundlage von ähnlichen Arbeitsprofilen und Interessen, lassen sich zweitens auch noch zwei ideenpolitische Bezugspunkte benennen, die den Weg zur einheitlichen Industriegewerkschaft förderten. Dabei wurde das Konzept der reichsweiten und zentral organisierten Industriegewerkschaft auch durch die Überwindung der "Vielstaaterei" in Gestalt eines einheitlichen politischen Reiches (1871) begünstigt. Denn damit etablierte sich auf der politischen Ebene das Prinzip des

---

10 Vgl Schönhoven, Klaus, 1980, S. 51.
11 Vgl Ebd.
12 Vgl Knips, Achim, Deutsche Arbeitgeberverbände der Eisen- und Metallindustrie, 1888 - 1914, (Vierteljahrsschrift für Sozial- und Wirtschaftsgeschichte, Beihefte-Nr. 124), Stuttgart 1996, S 295

Zentralismus als ein fortschrittsverheißendes, organisationspolitisches Leitbild.[13] Unter ideenpolitischen Gesichtspunkten kommt auch dem politischen Klassenbegriff, der in der gewerkschaftlichen Funktionärselite des Kaiserreiches dominierte, eine wichtige Rolle zu. Er fokussierte gewissermassen einen möglichst umfassenden Zusammenschluss der Arbeiterschaft, um soziale und berufliche Differenzen organisationspolitisch zu überwinden.

Mit der Bildung des DMV (1891) waren die institutionellen Grundlagen für die größte berufsgruppen- und branchenübergreifende Industriegewerkschaft mit zentraler Führung und semi-autonomen, lokalen Gewerkschaftsbüros in Deutschland gelegt.[14] Bis zum Beginn des 20. Jahrhunderts ruhte die Organisationsstruktur des DMV auf zwei Säulen der Vorstandszentrale[15] und den lokalen Verwaltungsstellen, deren Zahl in den Jahren 1913 bis 1933 zwischen 450 und 600 schwankte. In der Bundesrepublik reduzierte sich die Zahl der IG Metall-Verwaltungsstellen zunächst von 186 (1961) auf 168 (1975) und bis auf 158 (1989). Im Vergleich zu den Bezirksleitungen sind die Verwaltungsstellen gegenüber dem Vorstand satzungsrechtlich relativ autonom, weil sie über eigene finanzielle Mittel und damit auch über Personalhoheit verfügen.[16]

Dem Vorstand des DMV in Stuttgart gelang es sukzessive, die entscheidenden organisatorischen Ressourcen und Steuerungskompetenzen in seiner Hand zu vereinen. Eine wichtige Basis für die Zentralisierung der politischen Entscheidungskompetenz bildete das 1893 festgelegte Streikreglement, nach dem Arbeitsniederlegungen nur mit Genehmigung des Vorstandes erfolgen dürfen, der zugleich über den zentralen Streikfonds verfügt.[17] Ein weiterer wichtiger Zentralisierungsschub erfolgte durch die zwischen 1901 und 1903 erfolgte Aufteilung des Reichsgebietes in zehn Bezirke (zuzüglich Berlin) und die dafür notwendige Einführung von Bezirksleitern, die bis auf den heutigen Tag als Angestellte des Vorstandes diese Funktion wahrnehmen. Hierzu schreibt Fritz Opel: "Die Einführung von Bezirksleitern trug in dreifacher Weise zur Bildung einer permanenten Verbandsbürokratie bei: Sie stärkte die Macht des Vorstands, dessen Angestellte die Bezirksleiter faktisch waren; sie vergrößerte das Gewicht des Apparates, numerisch und qualitativ, denn den Bezirksleitern wuchsen alsbald, z.B. mit der Entfaltung des Tarifvertragswesens, neue Aufgaben zu; sie verringerte, durch Zwischenschaltung einer neuen Instanzenschicht, die direkte Einwirkung der Mitgliedschaft auf die Führung des Verbandes."[18] An diese hierarchische Struktur knüpfte die IG Metall nach 1945 an. Nach der IG Metall-

---

13 Vgl. Domasky-Davidsohn, Elisabeth, Der Großbetrieb als Organisationsproblem des Deutschen Metallarbeiter-Verbandes vor dem Ersten Weltkrieg, in: Mommsen, Hans (Hrsg.), Arbeiterbewegung und industrieller Wandel Studien zu gewerkschaftlichen Organisationsproblemen im Reich und an der Ruhr, Wuppertal 1980. S. 109

14 Vgl. Armingeon. Klaus, Die Entwicklung der westdeutschen Gewerkschaften 1950 - 1985, Frankfurt/New York 1988, S. 141f.

15 Die Vorstandsverwaltung der IG Metall residierte bisher in drei Städten in Berlin, Stuttgart und Frankfurt.

16 Vgl. Opel, Fritz 1980, S. 26

17 Vgl. Borsdorf, Ulrich, Hans Böckler Arbeit und Leben eines Gewerkschafters von 1875 bis 1945, Köln 1982, S. 70

18 Vgl. Opel, Fritz 1980, S. 31

Satzung sind die Bezirksleiter weiterhin Angestellte des Vorstandes; gleichwohl hat sich deren faktisches Gewicht innerhalb der IG Metall deutlich gewandelt.

Die Mitgliederzahlen der seit 1892 größten deutschen Gewerkschaft entwickelten sich von 23.205 (1891), über 100.762 (1900) bis zum Vorkriegshöchststand von 561.547 (1912).[19] Ullmann und Zapka gehen davon aus, dass im Bereich der verarbeitenden Industrie der Organisationsgrad des DMV im Jahre 1914 bei etwa 44 Prozent gelegen habe.[20] 1922 erreichte der DMV mit 1.624.554 den Spitzenwert. Im Laufe der 20er Jahre reduzierte sich die Mitgliederzahl zwar stetig bis hin zum registrierten Tiefststand von 690.497 (1926). Doch trotz dieses rapiden Mitgliederschwundes wurde das Vorkriegsniveau in der Weimarer Republik nicht mehr unterschritten.[21] Die IG Metall startete 1950 mit 1.290.098 Mitgliedern; 1956 konnte der Spitzenwert aus der Weimarer Zeit wieder erreicht (1.657.890) werden. Es folgte eine längere Phase der Stagnation, bevor 1969 erstmals die zwei Millionengrenze (2.034.351) überschritten wurde. Seit Ende der 60er bis Anfang der 80er Jahre verzeichnete die IG Metall nicht nur einen steten Mitgliederanstieg, sondern auch einen signifikanten Zuwachs des Netto-Organisationsgrades[22] bis auf 50 Prozent.[23] Als das SED-Regime 1989 zusammenbrach, lag die Mitgliederzahl der IG Metall/West bei 2 679.237.[24] Im Vergleich mit der Situation von vor 1933 kann für nach 1945 eine leichte Zunahme des Organisationsgrades verzeichnet werden: Zwischen den 50er und den 90er Jahren stieg der Brutto-Organisationsgrad[25] der IG Metall von etwa 40 Prozent auf ungefähr 55 Prozent.[26] Anders verlief die Entwicklung des Nettoorganisationsgrades: binnen eines Zeitraumes von 10 Jahren fiel dieser Indikator von etwa 50 Prozent auf nur noch 40 Prozent.[27]

In der DMV-Mitgliedschaft dominierten vor 1933 die männlichen Facharbeiter, insbesondere die Klempner, Schlosser, Dreher und Former. Ihr Mitgliederanteil schwankte vor 1933 zwischen 42 und 72 Prozent.[28] Der Frauenanteil schwankte zwischen 0,6 Prozent und dem Höchststand im Jahre 1917 mit 21,2 Prozent. Während der Frauenanteil bis 1910 stets unter 5 Prozent lag, waren es zwischen 1915 und 1923 stets über 10 Prozent, um dann gegen Ende der Weimarer Republik wiederum auf

---

19 Vgl Borsdorf, Ulrich 1982, S 345.
20 Vgl Zapka, Klaus, Politisch-ökonomische Entwicklungs- und Durchsetzungsbedingungen des Tarifvertragssystems Historisch-systematische Untersuchung zur Verrechtlichung industrieller Arbeitskonflikte, Frankfurt 1983, S 194
21 Vgl Borsdorf, Ulrich 1982, S 348.
22 Der Netto-Organisationsgrad ergibt sich aus dem Verhältnis der Gesamtzahl der Beschäftigten eines Sektors zur Zahl der erwerbstätigen Gewerkschaftsmitglieder (vgl Hassel, Anke 1999, S 29)
23 Vgl Hassel, Anke 1999, S. 222.
24 Vgl Bergmann, Joachim/Jacobi, Otto/Müller-Jentsch, Walther, Gewerkschaften in der Bundesrepublik. Gewerkschaftliche Lohnpolitik zwischen Mitgliederinteressen und ökonomischen Systemzwängen, Frankfurt 1975, S 360, IG Metall (Abteilung Wirtschaft), Mitgliederanalyse und -prognose, Frankfurt 1998, S 50
25 Alle Mitglieder (Beschäftigte, Rentner, Arbeitslose etc) einer Organisation im Verhältnis zur Gesamtzahl der Beschäftigten des Organisationsbereichs.
26 Vgl Armingeon. Klaus 1988; S 170 f , Hassel, Anke 1999, S. 222.
27 Vgl Hassel. Anke 1999, S. 222
28 Vgl Borsdorf, Ulrich 1982, S 351

ungefähr 5 Prozent abzusinken.[29] In den mittelgroßen Firmen der größeren Städte war der DMV gut organisiert, dagegen erreichte er im ländlichen Raum sowie in den meisten Großbetrieben der Schwerindustrie bis in die 20er Jahre keine großen Erfolge. Ein vergleichsweise hohes Organisationsniveau konnte jedoch in den Großbetrieben des Schiffbaus, der Nähmaschinen-, Fahrrad- und Automobilindustrie erreicht werden.[30] Trotz deutlicher Mitgliedergewinne in der Großindustrie lag der Anteil der an- und ungelernten Arbeiter vor 1933 nie höher als 20 bis 33 Prozent der gesamten DMV-Mitgliedschaft.[31] Nach 1945 stand nicht mehr der unterschiedliche Organisationsgrad bei den Facharbeitern oder ungelernten Arbeitern im Vordergrund, sondern die Rekrutierungsdefizite bei den Angestellten. Die IG Metall ist eine klassische Arbeitergewerkschaft mit schwacher Verankerung bei den Angestellten. Bis in die 60er Jahre hinein lag der Organisationsgrad bei den Angestellten unter 20 Prozent (1970 19,3 Prozent); in der ersten Hälfte der 70er Jahre konnte ein deutlicher Anstieg verzeichnet werden (1975: 28,4 Prozent). Seither stieg zwar die Zahl der Mitglieder aus dem Angestelltenbereich weiter an, doch der Angestelltenorganisationsgrad stagnierte, weil die steigende Mitgliederzahl nicht mit der insgesamt zunehmenden Zahl der Angestellten in den Betrieben Schritt hielt.[32]

Mit dem bereits im Kaiserreich erreichten Maß an organisatorischer "Expanison und Konzentration"[33] verfügte der DMV als bürokratische Massenorganisation über beträchtliche Mittel, deren Einsatz bei den Arbeitgebern nicht nur im Streikfall, sondern auch durch den Aufbau eines eigenen Bildungswesens und eigener Medien einen nachhaltigen Eindruck hinterließ.[34] Von zentraler Bedeutung für die Handlungsfähigkeit des DMV war der umfangreiche hauptamtliche Funktionärskörper, der in der Weimarer Republik stets mehr als 1000 hauptamtliche Funktionäre umfasste: Mit 1.521 Gewerkschaftsangestellten wurde 1922 der Höchststand erreicht.[35] Armingeon kommt in seiner Studie zum Bürokratisierungsprozess der IG Metall (1914-1980) zu dem Ergebnis, dass die Zahl der hauptamtlichen Gewerkschaftsangestellten pro 1 000 Mitglieder vor 1933 leicht höher lag als im ersten Nachkriegsjahrzehnt: "Zwischen 1950 und 1960 entstehen die Gewerkschaften als bürokratische Organisationen wieder. Nachdem um 1960 das Niveau der bereits vor 1914 erreichten Bürokratisierung erreicht war, gab es nur wenige Veränderungen und deren quantitative Auswirkungen waren minimal."[36] Nach 1945 stieg die Zahl der hauptamtlichen IG-Metall-Funktionäre bis Ende der 80er Jahre auf eine Gesamtzahl von etwa 3.400 an [37]

---

29 Vgl Kassel. Brigitte 1997, S 195 ff
30 Vgl Domansky-Davidsohn 1980, S 101
31 Im Gegensatz dazu organisierte die Vorläuferorganisation der IG Chemie (Fabrikarbeiterverband) im wesentlichen ungelernte Arbeitskräfte (Vgl Arminegon, Klaus 1988, S 142)
32 Zwischen 1968 und 1990 stieg die Zahl der Angestelltenmitglieder von 197 016 auf 411 000 (Vgl Hassel, Anke 1999. S 221ff)
33 Schonhoven. Klaus 1980
34 Vgl Armingeon, Klaus 1988, S 65 ff, S 156
35 Vgl Borsdorf, Ulrich 1982, S 349
36 Vgl Armingeon, Klaus 1988. S 67
37 IG Metall, Geschäftsbericht 1989 bis 1991, Frankfurt/M 1992, S 193

Ausgehend von der These, dass die industriellen Beziehungen in der Eisen- und Metallindustrie politisch überformt waren, soll nun die ideenpolitische Orientierung der gewerkschaftlichen Funktionärselite ins Blickfeld gerückt werden. Auch wenn man konzediert, dass im engeren Sinne weder der DMV noch die IG Metall eine zielgerichtete Programmdebatte führten, so kann nicht ignoriert werden, dass sich ein größerer Teil der Funktionäre an den großen Ideologien des 20. Jahrhunderts orientierte. Eine bedeutende Orientierungsfunktion hatten die Ideen des Marxismus und der katholischen Soziallehre, die beide, wenngleich mit divergierenden politischen Implikationen, die kapitalistische Klassengesellschaft kritisierten und zugleich eine andere Gesellschaftsordnung - die klassenlose Gesellschaft des Sozialismus und die berufsständische Ordnung des Katholizismus - proklamierten. Die Mehrheit der DMV-Funktionäre präferierte eine Rhetorik der Systemtransformation, die auf einer Delegitimierung des Privateigentums aufbaute. Selbst dort, wo das Privateigentum als Ordnungselement anerkannt war, verstand man dies eher als eine vorübergehende Etappe in der gesellschaftlichen Entwicklung, die im Laufe des historischen Prozesses überwunden werden würde. In diesem Sinne verstand man auch das in der Endphase der Weimarer Zeit vertretene Konzept der "Wirtschaftsdemokratie"[38]. Jenseits dieser systemtranszendierenden Rhetorik und den geschichtsphilosophisch aufgeladenen Vorstellungen über die Entwicklung der bürgerlichen Gesellschaft dominierte gewerkschaftlicher Pragmatismus über politisch ambitionierte Kampfvorstellungen. Dabei spielten die Integrationskonzepte der bürgerlichen Sozialreformer mit ihrem Plädoyer für den Tarifvertrag und eine Verrechtlichung der industriellen Beziehungen eine bedeutende Rolle.[39] Ein wichtiger Meilenstein für die Anerkennung des Tarifvertragssystems bildete der Beschluss des ADGB-Gewerkschaftskongresses im Jahre 1899: "Tarifliche Vereinbarungen, welche Lohn- und Arbeitszeitbedingungen für eine bestimmte Zeit regeln, sind als Beweis der Anerkennung der Gleichberechtigung der Arbeiter seitens der Unternehmer bei der Festsetzung der Arbeitsbedingungen zu erachten ..."[40] Daran, dass der DMV diese Position erst seit 1903 als verbandsoffiziell akzeptierte, ist zu ersehen, dass die Metallarbeitergewerkschaft immer ein wenig länger gegen den Stachel der herrschenden Verhältnisse löckte als andere Gewerkschaften.[41] Eine Kontinuität dieses Verhaltens lässt sich auch für die IG Metall in der Bundesrepublik nachzeichnen. Exemplarisch sei auf die zeitweilige normative Opposition gegen das Godesberger Programm verwiesen. Doch kommen wir zur Grundsatzfrage des gewerkschaftlichen Pragmatismus zurück: In Übereinstimmung mit den bürgerlichen Sozialreformern setzten die Gewerkschaften auf das Prinzip der Parität, das in der Institution des Tarifvertrages materialisiert ist. Die aktuellen Vorteile des Tarifvertragswesens bestanden für den DMV darin, dass ein vorübergehender Schutz

---

38 Naphtali. Fritz, Wirtschaftsdemokratie Ihr Wesen, Weg und Ziel, Berlin 1928.
39 Vgl Rabenschlag-Kräußlich Jutta, Parität statt Klassenkampf? Zur Organisation des Arbeitsmarktes und Domestizierung des Arbeitskampfes in Deutschland und England 1900 - 1918, Frankfurt/M. 1983, S.107 ff
40 Zit nach Prigge, Wolfgang Ulrich, 1987, S 171
41 Vgl Knips, Achim 1996, S 149.

vor einer Verschlechterung der Lohn- und Arbeitsbedingungen existierte, die Streikkasse entlastet und somit die finanziellen Ressourcen angesammelt werden konnten, um eine leistungsfähige Großorganisation aufbauen zu können. Die Dominanz des Pragmatismus und Reformismus in den Gewerkschaften förderte zugleich einen politisch-strategischen Differenzierungsschub im Unternehmerlager.

Für die Bundesrepublik Deutschland können die Eckpunkte der IG-Metall-Politik wie folgt skizziert werden. Bis etwa Mitte der 50er Jahre setzte die IG Metall darauf, dass es zu grundlegenden Einschränkungen der wettbewerbspolitischen Rahmenbedingungen zugunsten der Gewerkschaften kommt Mit dem Ausbleiben solcher Reformen konzentrierte sich die Metallgewerkschaft auf eine wachstumsbeschleunigende, aktive Tarifpolitik, die gleichzeitig eine sukzessive Reduzierung der Abstände zwischen den Lohngruppen und eine Verkürzung der Arbeitszeit verfolgte.[42] Im Zentrum der gewerkschaftlichen Ziele standen bis 1990 die gleichberechtigte Mitsprache sowie eine gerechtere Verteilung; dabei sind drei Projekte besonders hervorzuheben:

- Die Erweiterung und Vertiefung der Mitbestimmung auf der betrieblichen und überbetrieblichen Ebene.[43]
- Die Verkürzung der Wochenarbeitszeit und die Verlängerung des Urlaubes: 1956 trat die IG Metall mit dem Ziel an, die 40-Stunden-Woche in einem überschaubaren Zeitraum zu erreichen. Als dieses Ziel 1967 realisiert war, wurde 1977 die nächste Etappe mit der erstmals erhobenen Forderung nach der 35-Stunden-Woche eingeleitet.
- Auf der verteilungspolitischen Ebene verfolgen die Gewerkschaften eine aktive Lohnpolitik, die sich sowohl an der Produktivitäts- und der Inflationsentwicklung orientiert als auch eine Umverteilungskomponente einschließt.[44] Neben der Erhöhung der Lohnquote wird auch eine weitere Egalisierung zwischen den Lohn- und Gehaltsgruppen angestrebt. Insbesondere mit der Abschaffung der Ortsgruppeneinteilungen und der Annäherung der untersten Lohngruppe an die Facharbeitereck-lohngruppe[45] wurden auf dem Gebiet der Egalisierung seit den 60er Jahren sichtbare Fortschritte erreicht.

---

42 Vgl Marx, Doris, Die verteilungstheoretische und verteilungspolitische Konzeption der IG Metall in gesamtwirtschaftlicher Sicht, Frankfurt 1980
43 Keine Berucksichtigung fanden Initiativen, die auch eine direkte "Mitbestimmung am Arbeitsplatz" gefordert sehen wollten und zu diesem Zweck gar eine Novellierung des BetrVG anstrebten (Wittemann, Klaus Peter , Ford-Aktion Zum Verhältnis von Industriesoziologie und IG Metall in den 60er Jahren, Marburg 1994, S 246)
44 Vgl Bergmann, Joachim/Jacobi, Otto/Müller-Jentsch, Walther 1975, S 160 ff
45 Diese Relation veränderte sich beispielsweise in der bayrischen Metall- und Elektroindustrie zwischen 1960 und 1970 von 67 auf 75 %

2. "Zukunftsdebatten" am Vorabend des Zusammenbruchs der DDR

Als sich im Sommer- und Frühherbst 1989 in Osteuropa und der DDR Menschen gegen Mangelwirtschaft und autoritäre Bevormundung zur Wehr setzten, waren in Westdeutschland die politischen Akteure noch nahezu einhellig von der Stabilität der Jalta-Ordnung überzeugt. Die osteuropäische Entwicklung wurde zwar genau beobachtet, die politische Vorstellungskraft reichte jedoch nicht so weit, dass man sich eine politische Weltordnung ohne bipolare Systemkonkurrenz vorstellen konnte. Zu diesem Zeitpunkt wurde die gewerkschaftliche Debatte in der Bundesrepublik von den sozialen und ökonomischen Umschichtungen auf nationaler Ebene innerhalb der bipolaren Welt bestimmt. Schon in der zweiten Hälfte der 80er Jahre drängte sich sukzessive die westeuropäische Dimension als wirtschaftlich-politischer Handlungsraum ins Bewusstsein der Akteure. Ausgehend von der forcierten Integrationspolitik der Europäischen Kommission unter Jacques Delors sollte 1992 der Startschuss für den einheitlichen europäischen Binnenmarkt erfolgen.[46] Begleitet wurde diese neue Etappe der europäischen Integration von einer Debatte, die eng mit dem Schlagwort "Eurosklerose" korrelierte. Gemeint waren europäische Defizite in der Triadenkonkurrenz mit den USA und Japan. Von Gewerkschaftsseite wurde befürchtet, dass dieser Prozess die Deregulierungs- und Privatisierungspolitik forciere, dass "Sozialdumping" sowie verschärfte Verteilungskämpfe zunähmen und eine Gefährdung des deutschen Modells der Mitbestimmung die Folge wäre. Diese Befürchtungen verdichteten sich in der Negativfolie vom "Europa des Kapitals"[47]. Dem stellten die Gewerkschaften das europäische Leitbild eines "sozialen Lebensraumes" entgegen, der durch eine soziale Europäisierung institutionell fundiert werden sollte. Deshalb forderten sie die Übertragung des deutschen Mitbestimmungsmodells auf die europäische Ebene, was mit der Einrichtung europäischer Betriebsräte begonnen werden sollte. Auch durch eigene Anstrengungen auf dem Gebiet einer koordinierten europäischen Tarifpolitik, gegenseitiger Hilfe bei Arbeitskämpfen und mit gemeinsamen grenzüberschreitenden Projekten sollten die sozialen Errungenschaften des deutschen Sozialstaatsprojektes verteidigt und Sozialdumping verhindert werden.

In den 80er Jahren erfolgte ein rapider Wandel der Bedingungen gewerkschaftlichen Handelns, der sich auf nahezu alle Bereiche ihres Wirkens bezog. Die wichtigsten Phänomene des Wandels, denen man zunächst durch neue Schwerpunktsetzungen Rechnung zu tragen versuchte, waren die Internationalisierung/Europäisierung, die Individualisierung, die betriebliche Dezentralisierung der Leistungs- und Tarifpolitik, die mikrotechnologische III. industrielle Revolution, das Geschlechterverhältnis und die Ökologie. Die IG Metall organisierte in der zweiten Hälfte der 80er Jahre verschiedene Debatten, um die aus diesen Wandlungsprozessen resultierenden Anforderungen für das neue Verhältnis zwischen Organisation und Mitgliedschaft

---

46 Vgl Kowalsky, Wolfgang, Projekt Europa. Die Zukunft der europäischen Integration, Opladen 1997, S. 33.
47 Steinkuhler, Franz (Hrsg), Europa 1992 Industriestandort oder Lebensraum, Hamburg 1989.

effizienter bearbeiten zu können. Ihren wichtigsten öffentlichen Ausdruck fanden diese Bemühungen in den sogenannten "Zukunftskongressen"[48] sowie in den Leitlinien zur gesellschaftlichen und gewerkschaftlichen Reform.[49] Danach sollte die IG Metall internationaler und ökologieorientierter handeln und sich stärker mit den Chancen der technologischen Rationalisierung auseinandersetzen. Besonders problematisch erschien, dass es der IG Metall bisher nicht gelungen war, die Zusammensetzung ihrer Mitgliedschaft an die sich langsam veränderten Belegschaftsstrukturen anzupassen Während in den Betrieben die Zahl der Angestellten ständig zunahm, blieb die Mitgliederstruktur der IG Metall von den männlichen gewerblichen Arbeitern dominiert. Noch bis etwa Mitte der 80er Jahre ging die IG Metall von der These aus, dass die Stellung der Angestellten vom technologischen Fortschritt und von den wirtschaftlichen Krisenerscheinungen bedroht werde. Mitte der 80er Jahre kam es angesichts der Erfolglosigkeit des aufgebauten Bedrohungsszenarios zu einer stärker dialogorientierten Mitgiederstrategie, deren deutlichster programmatischer Ausdruck das 1989 verabschiedete Angestelltenprogramm "Solidarität 2000" war.[50] Dabei war wichtig, dass der als Individualisierung thematisierte Wandel sozialen Verhaltens von einer größer werdenden Gruppe von Gewerkschaftsfunktionären als eine entscheidende Herausforderung für die gewerkschaftliche Akzeptanz anerkannt wurde. Um den Anforderungen von Frauen, Angestellten und Jugendlichen, die nicht mehr mit den etablierten Strukturen und Angeboten gewerkschaftlicher Politik zu vereinbaren waren. besser entsprechen zu können, stellte sich die IG Metall selbst das Ziel "dialogfähiger" zu werden, "verstärkt individuelle Bedürfnisse aufgreifen" zu wollen. Sie wollte sich so für Arbeitnehmergruppen öffnen, die sich bisher distanziert zu den Gewerkschaften verhalten hatten [51]

Die Debatte über die organisationspolitischen Konsequenzen sich wandelnder Umweltbedingungen fand auch Eingang in die Tarifpolitik, den Kernbereich gewerkschaftlicher Arbeit. Der dort bestehende Handlungszwang ergab sich aus den Wirkungen des Wandels der Qualifikations- und Leistungsanforderungen an die Beschäftigten. Es war nicht nur so, dass die tarifpolitische Unterscheidung in Arbeiter und Angestellte den bestehenden Qualifikationen und Leistungsanforderungen längst nicht mehr entsprach Die veränderten Arbeitsbedingungen und neuen Qualifikationsanforderungen waren auch in den Tarifverträgen nicht mehr ausreichend abgebildet. Zwar diskutierte man über diese Defizite schon länger; doch eine konzeptionelle Grundlage für mögliche Veränderungen existierte nicht. Impulse für diese Fragen gingen vor allem vom Bezirk Stuttgart und der Tarifabteilung beim Vorstand der IG

---

48 Vgl zum normativen Hintergrund dieser Projekte Schabedoth, Hans-Joachim/Schmitz, Kurt Thomas/Thiemann, Heinrich, Demokratie und kapitalistische Marktwirtschaft, in perspektiven ds 1991/ 1, S 15-24
49 IG Metall-Vorstand, Die andere Zukunft Solidarität und Freiheit Leitlinien der IG Metall zur gesellschaftlichen und gewerkschaftlichen Reform, Frankfurt, März 1989
50 Vgl Steinkühler, Franz/Bleicher, Siegfried (Hrsg.), Zwischen Aufstieg und Rationalisierung Die Angestellten. Hamburg 1988
51 IG Metall-Vorstand, Die andere Zukunft Solidarität und Freiheit Leitlinien der IG Metall zur gesellschaftlichen und gewerkschaftlichen Reform, Frankfurt, März 1989.

Metall aus, die mit jeweils eigenen konzeptionellen Vorstellungen auftraten.[52] Zunächst waren es einzelne Firmentarifverträge, wie beispielsweise der Vertrag mit dem Mannheimer Unternehmen Vögele, womit man die tarifvertragliche Handlungsfähigkeit unter veränderten technologischen und qualifikatorischen Bedingungen herausstellte. Das wichtigste programmatische Dokument der Tarifreformdebatte war das Konzept "Tarifreform 2000"[53]. Auch wenn dieses Konzept erst Anfang 1991 veröffentlicht wurde, gehört die diskursive Durchdringung dieses Themas in die Zeit vor dem Zusammenbruch des SED-Regimes. Die Botschaft lautete. Durch reformierte Tarifverträge sollten die qualifikatorischen und leistungspolitischen Veränderungen regulierungsfähig gemacht werden, um auch unter veränderten Umweltbedingungen gewerkschaftliche Handlungsfähigkeit zu beweisen.

Bereits in den 80er Jahren geriet das System der Flächentarifvertragspolitik unter erheblichen Dezentralisierungs- und Differenzierungsdruck, der nicht mehr nur programmatisch bearbeitet werden konnte. Zur wichtigsten Arena für diese Problematik entwickelte sich die Arbeitszeitpolitik. Kaum ein anderes Industrieland der Welt ist in den 80er Jahren einen vergleichbar forcierten Weg der kollektiven Arbeitszeitverkürzung gegangen wie Deutschland. Das entscheidende Datum für die Arbeitszeitpolitik war der 1984 erreichte Einstieg in die 35-Stunden-Woche[54], womit nicht nur kürzere, sondern auch flexiblere Arbeitszeiten eingeführt wurden. Damit wurde aber zugleich auch ein für das deutsche System industrieller Beziehungen bisher nicht gekannter Dezentralisierungsprozess ausgelöst, der sowohl für die IG Metall als auch für die Arbeitgeberverbände innerverbandliche Integrationsprobleme zur Folge hatte.[55] Doch weder durch die IG Metall noch durch die Arbeitgeberverbände konnte die neue tarifvertragliche Differenzierungsdimension innovativ bearbeitet werden.

Der IG Metall gelang es, die Arbeitszeitpolitik zum Feld für eine auch gesellschaftspolitisch mobilisierungsfähige Tarifpolitik zu machen, die das politische Selbstverständnis der IG Metall weit über die 80er Jahre hinaus identitätsbildend prägte.[56] Nachdem der Einstieg in die 35-Stunden-Woche auch öffentlich mit viel

---

52 Forderungen und Diskussionen bewegten sich entlang der Themenfelder "Eingruppierung und Entgeltdifferenzierung", "Recht auf Qualifizierung", "Entgeltgrundsätze und Leistungsbedingungen", "menschengerechte Arbeits- und Technikgestaltung" sowie "Demokratie im Arbeitsalltag" Die in den 80er Jahren entwickelten Vorstellungen davon, welche Themen und Regelungsparameter neu bearbeitet werden müssen, um die Tarifverträge an die gewandelten Arbeitsbedingungen anzupassen, sind in den folgenden Materialien dokumentiert: IG Metall (Hrsg.), Tarifpolitik im Strukturwandel, Köln 1988; IG Metall (Hrsg), Tarifreform 2000 - Ein Gestaltungsrahmen für die Industriearbeit der Zukunft, Frankfurt 1991

53 Mit diesem Papier reagierte die Tarifabteilung insbesondere auf konkrete betriebliche Beispiele (beispielsweise Vögele-Tarifvertrag) sowie auf die konzeptionelle Debatte wie sie gerade im Bezirk Stuttgart geführt wurde

54 Bahnmüller, Reinhard, Der Streik Tarifkonflikt um Arbeitszeitverkürzung in der Metallindustrie 1984, Hamburg 1985 Der Tarifkonflikt des Jahres 1984, an dem 45.000 Streikende, 100 000 direkt Ausgesperrte und noch einmal 310 000 kalt ausgesperrte Metallarbeitnehmer in anderen Tarifgebieten beteiligt oder betroffen waren, gilt als einer der härtesten in der Geschichte der Bundesrepublik.

55 Weber. Hajo, Konflikt in Interorganisationssystemen. Zur Konfliktlogik organisierter Arbeitsmarktparteien im Tarifkonflikt vor '84, in· Soziale Welt 1986/2, S. 263 - 279.

56 Vgl Kuda, Rudolf, Die Durchsetzung der 35-Stunden-Woche in der Metallindustrie 1989/90 aus gewerkschaftlicher Sicht, in· Hampe, Peter (Hrsg.), Zwischenbilanz der Arbeitszeitverkürzung, München 1993, S 45-58

Beifall bedacht wurde, hoffte die IG Metall, dass der weitere Weg zur wöchentlichen Verkürzung der Arbeitszeit in einem überschaubaren Zeitraum durchgesetzt werden könnte Die in den 80er Jahren zurückgelegten Etappen bestätigten diese Einschätzung. Ab dem 1 April 1985 wurde die Wochenarbeitszeit auf 38,5 Stunden verkürzt; 1987 vereinbarten die Tarifparteien die stufenweise Absenkung auf die 37-Stunden-Woche im Rahmen eines Drei-Jahres-Vertrages, dessen Laufzeit am 31. März 1990 endete. Parallel dazu verlängerte man die Ausgleichszeiträume von zwei auf sechs Monate, so dass die Flexibilisierungsmöglichkeiten für die Betriebe zunahmen.[57] Im Herbst 1989, also zu jener Zeit als in der DDR die Fluchtwelle durch den Massenprotest auf der Straße verschärft wurde, bereitete sich der IG Metall-Vorstand auf die nächste Etappe des Arbeitszeitprojektes vor. Dabei konzentrierte sich die Strategiedebatte auf zwei Fragen: Erstens, wie kann eine weitere Arbeitszeitverkürzung mit den Erwartungen der Mitglieder nach höheren Einkommen in Einklang gebracht werden? Zweitens, wie kann der Widerstand der Arbeitgeber gegen eine weitere Arbeitszeitverkürzung unter den Bedingungen des neuen § 116 AFG[58], der einen Flächenstreik nun als unkalkulierbares Risiko erscheinen ließ, gebrochen werden? Einig war man sich im Vorstand der IG Metall darüber, dass die Erfahrungen mit früheren Arbeitskämpfen wegen des veränderten § 116 AFG nicht in die Zukunft verlängert werden könnten: Für die Analyse der Transformationsbedingungen müssen wir berücksichtigen, dass die IG Metall noch bevor sie mit der Entwicklung in der DDR konfrontiert wurde, bereits mit den Vorbereitungen für die Tarifrunde 1990 begonnen hatte, die den Weg zur 35-Stunden-Woche festlegen sollten.

1987 akzeptierte die IG Metall erstmals in ihrer Geschichte einen Tarifvertrag mit einer dreijährigen Laufzeit, insbesondere, um den Arbeitszeitverkürzungsprozess nicht zu gefährden. Allerdings wirkte sich die dreijährige Laufzeit des Tarifvertrages von Bad Homburg (1987-1990) günstig auf die Finanzlage der IG Metall aus; zudem bot sich in dessen Windschatten die Chance für umfassendere öffentliche Debatten zu Grundfragen der zukünftigen gewerkschaftlichen Entwicklung, ohne dabei das tarifpolitische Kerngeschäft zu beeinträchtigen. Die Debatte konzentrierte sich auf die Frage, wie eine Organisation, die eher auf die Anforderungen der gewerblichen Arbeiter in den Großbetrieben zugeschnitten ist, zukünftig attraktiver für bisher organisationsferne Gruppen und Milieus werden könne. Insbesondere die Führungsspitze um Franz Steinkühler forcierte den dafür notwendigen Spagat zwischen den traditionellen Mitgliedergruppen, ohne die die IG Metall nicht handlungsfähig ist, und den sogenannten neuen Arbeitnehmergruppen. Auch wenn dieses Vorgehen durch

---

57 Vgl Thelen, Kathleen A, Union of Parts Labor Politics in Postwar Germany, Ithaka/London 1991, S 162 ff
58 Nach dem Streik von 1984 setzte die Bundesregierung eine Neujustierung der Arbeitskampfmodalitäten durch, indem sie den § 116 des Arbeitsförderungsgesetzes derart änderte, dass angesichts der Kostenverlagerung im Falle kalter Aussperrung zu Lasten der Gewerkschaften, deren Flächenstreikfähigkeit in den Hochburgen der Automobilindustrie und ihrer Zulieferindustrie stark eingeschränkt wurde. (Vgl. Mückenberger, Ulrich, Produktionsverflechtung und Risikoverantwortung Verfassungsfragen zur Neufassung von § 116 AFG, Baden Baden 1992)

eigene Initiativen, wie das Angestelltenprojekt[59], unterstützt wurde, kam es doch kaum über die Thematisierungsebene hinaus. Innerhalb der IG Metall stieß aber auch dieses eher vorsichtige Herantasten auf Widerstände, die sich aus zwei Hauptquellen speisten. Eine Gruppe befürchtete, dass die Öffnung für neue Gruppen und Themen entpolitisierend wirken könnte. Diese machtpolitische Optik bezog sich primär auf das Kräfteverhältnis innerhalb der Organisation. Die zweite Gruppe gab den Bemühungen, neue Arbeitnehmergruppen anzusprechen, keine große Realisierungschance, befürchtete aber zugleich, dass die traditionelle Klientel für die neue Öffnung zahlen müsste. Tatsächlich fiel der Organisationsgrad bei den Angestellten in der zweiten Hälfte der 80er Jahre von 27,9 Prozent (1985) auf 26 Prozent (1990).[60]

Die Führung um Franz Steinkühler versuchte, den Vorbehalten gegen ihren vorsichtigen Öffnungskurs den Wind aus den Segeln zu nehmen, indem man das Arbeitszeitprojekt und den Kampf gegen die Änderung des § AFG 116 als politische Klammern einsetzte. Damit wurde signalisiert, dass die IG Metall auch zukünftig eine linke politische Kraft in der Bundesrepublik bleibe, an der keiner vorbei könne. Hinsichtlich der Möglichkeiten der IG Metall, sich für neue Mitgliedergruppen zu öffnen, verhielten sich viele Beobachter skeptisch. Exemplarisch dafür war das Urteil des Kölner Wirtschaftsjournalisten Günter Wiedemann, das dieser seinerzeit mit dem Blick auf das Erscheinungsbild der IG Metall auf ihrem Berliner Kongress Ende Oktober 1989 formulierte: "Ansonsten verläuft die Modernisierung der Gewerkschaft von oben nach unten. Die Diskussionen der letzten Wochen haben stärker als je zuvor gezeigt, dass die IG Metall als Ganzes noch längst nicht soweit ist wie die Führung. Da wurde gewarnt vor einer Yuppie-Gewerkschaft, zur Vertretung für junge Aufsteiger, gewarnt vor einer unpolitischen Anpassung an die verschiedenen Angestelltengruppen. Und da wurde auch die Sorge laut, dass man vor lauter Schielen nach dem Entwicklungsingenieur im weißen Kittel den Stahlkocher und die Schreibkraft im Großraumbüro vergessen könnte."[61]

Der Mauerfall und seine Konsequenzen traf die IG Metall einerseits im Zustand innerer Unruhe, die aus den noch nicht vorhandenen Antworten auf die Herausforderungen des sozialen und ökonomischen Wandels resultierte. Die IG Metall hatte sich erst vorsichtig mit den neuen Verhältnissen in den Unternehmen und den veränderten Lebensgewohnheiten der Beschäftigten befasst, ohne dass dies bereits organisatorische und strategische Veränderungen nach sich gezogen hätte. Andererseits führte der starke Beschäftigungsaufbau in der zweiten Hälfte der 80er Jahre sowie der damit einhergehende Zustrom neuer Mitglieder zu einer vergleichsweise günstigen Organisationsentwicklung. Zudem schonte die lange Laufzeit des Tarifvertrages die Streikkasse. Beide Prozesse, Mitgliederkonsolidierung und streiklose Phase, schufen günstige und nicht intendierte finanzielle Voraussetzungen, um mit ausreichenden

---

59 Fröhlich, Dieter/Kindler, Beate/Sombetzki, Monika, Drahtseilakt. Die angestelltenpolitische Initiative der IG Metall zwischen Organisationsreform und Mitgliederwerbung, München 1996.
60 Vgl. Hassel, Anke 1999, S. 223
61 Wiedemann, Günther M., IG im weißen Kittel? In: Kölner Stadtanzeiger, 30 Oktober 1989.

Ressourcen den Institutionentransfer von West- nach Ostdeutschland in Angriff zu nehmen

3. Entspannungspolitik und Ergänzungsdiplomatie

Zur Vorgeschichte des Engagements der westdeutschen IG Metall in der DDR gehört auch das in der Zeit der Entspannungspolitik gepflegte Verhaltnis zur IG Metall/DDR [62] Nach dem Abbruch der Interzonenkonferenzen (1948) bis zum Beginn der staatlich initiierten Entspannungspolitik lehnte der Vorstand der IG Metall im Einklang mit der Ostpolitik der Adenauer-Regierung jegliche Kontakte mit dem FDGB ab [63] In einer normativ-verfassungsrechtlichen Perspektive rekurrierte man dabei auf die Konzeption der "streitbaren Demokratie"[64], womit die IG Metall seinerzeit eine im Vergleich zu einigen anderen DGB-Gewerkschaften außerordentlich scharfe Abgrenzung gegenüber westdeutschen Kommunisten und der DDR zog. Vermutlich liegt dieses Vorgehen, das nach außen die regierungsamtliche und die sozialdemokratische Deutschlandpolitik unterstützen sollte, auch darin begründet, dass es innerhalb der IG Metall einen nicht ganz kleinen KPD-Flügel gab, der für eine Anerkennung der DDR und eine Offnung gegenuber dem FDGB warb.[65] Die von der IG Metall-Spitze in den 50er Jahren artikulierte Zuspitzung, welche im DGB nicht von allen Einzelgewerkschaften[66] geteilt wurde, blieb offizielle Verbandslinie bis Ende der 60er Jahre

---

62 Vgl Schroeder, Wolfgang. Facetten der deutschlandpolitischen Diskussion des DGB in der Adenauer-Ara, in Schonhoven. Klaus/Staritz. Dietrich (Hrsg), Sozialismus und Kommunismus im Wandel, Koln 1993, S 281 ff
63 Die offizielle Linie der IG Metall bestatigt somit die Forderung von Theodor Eschenburg. nach wechselseitiger "Loyalitat von staatlichen Organen einerseits, Verbänden andererseits" (Eschenburg, Theodor, Das Jahrhundert der Verbande Lust und Leid organisierter Interessen in der deutschen Politik, Berlin 1989, S 123)
64 Vgl Jaschke. Hans-Gerd, Streitbare Demokratie und innere Sicherheit Grundlagen, Praxis, Kritik, Opladen 1991
65 Die Absage an den FDGB seitens der IG Metall-Spitze lautete "Der 17 Juni war ein Zeichen, dass die Menschen in der Ostzone bereit sind. sogar ihr Leben einzusetzen, um das dort herrschende Diktatursystem abzuschutteln Trotz aller Manöver und Verschleierungstaktik hat sich seitdem am System der Diktatur in der sowjetischen Zone Deutschlands nichts geandert Nach wie vor ubt die SED und der FDGB einen terroristischen Druck gegen alle freiheitlichen Krafte und gegen die Arbeitnehmer aus. Stalin mag in Sowjetrußland tot sein, aber der Stalinismus lebt noch immer in der Ostzone. Mit Feinden der Demokratie kann es keinerlei Gemeinsamkeit geben Deshalb fordern die Delegierten der IG Metall die gesamte Arbeitnehmerschaft der Bundesrepublik auf, alles zu vermeiden, was das Diktaturregime in der Ostzone starken konnte, insbesondere sich auch an keinerlei von SED, dem FDGB und der KP und ihren Tarnorganisationen organisierten Reisen und Delegationen zu beteiligen Der FDGB ist keine freie und unabhangige Gewerkschaftsorganisation Sein Charakter entspricht eher der DAF und dem franko-spanischen Zwangssyndikaten Solange nicht das uneingeschrankte Koalitions- und Streikrecht sichergestellt, solange nicht freie Wahlen im FDGB durchgeführt werden, solange nicht Betriebsrate die Interessen der Belegschaften vertreten konnen, solange der FDGB als Werkzeug der SED und des Staatsapparates die Arbeitnehmerinteressen vertritt und die Arbeiter zu immer hoheren Normen antreibt, kann es mit ihm und seinen Beauftragten keinerlei Gespräche und Verhandlungen geben (IG Metall, Protokoll des 4 ordentlichen Gewerkschaftstages der IG Metall in Dortmund vom 10 bis 15 September 1956, Frankfurt 1956, S 250 f)
66 Wahrend die IG Metall Beggenungen mit dem FDGB bis Ende der 60er Jahre kategorisch ablehnte, pladierte beispielsweise die IG Druck und Papier bereits in den 50er Jahren für Kontakte (Schroeder, Wolfgang 1993, S 299)

Im Windschatten der sozialdemokratischen Entspannungspolitik setzte ein Teil der politisch ambitionierten Funktionäre der IG Metall auf einen "humanen und demokratischen Sozialismus", einen "dritten Weg", wie er sich zeitweilig in Jugoslawien und vor allem durch den Prager Frühling als Möglichkeit anzudeuten schien.[67] Mit dem Scheitern dieser Projekte ging dieses Leitbild zwar nicht verloren, es fehlten ihm jedoch die realpolitischen Bezugspunkte. Statt dessen rückte der "Alltag" der politischen Entspannungspolitik ins Zentrum der gewerkschaftlichen Ostpolitik. Um die Entspannungspolitik zu unterstützen[68], führte die IG Metall zwischen 1973 und 1989 einige offizielle Treffen mit der gleichnamigen FDGB-Fachabteilung durch[69], die auf Vorstandsebene angesiedelt waren.[70] Obwohl das Prinzip der wechselseitigen Nichteinmischung Leitlinie der gewerkschaftlichen Spitzendiplomatie war, nutzte die IG Metall-Führung diese Treffen auch um humanitäre Anliegen vorzubringen.[71] In ihren eigenen Medien verzichtete sie bis Anfang der 80er Jahre nicht darauf, sich auf die Seite bekannter Oppositioneller wie Biermann und Havemann[72] zu stellen und das DDR-Regime wegen seiner fehlenden Akzeptanz der bürgerlichen Freiheitsrechte zu stigmatisieren Anfang der 80er Jahre wandelte sich die gewerkschaftliche Abgrenzungspolitik Von da an dominierte in den Gewerkschaften auch auf der programmatischen Ebene die Auffassung, dass die Nichtanerkennung der DDR eine "westdeutsche Lebenslüge" sei, die eher dazu beitrage, vorhandene Handlungsmöglichkeiten nicht wahrzunehmen In der gewerkschaftlichen Beschlusslage erreichte dieses Denken seinen wichtigsten Niederschlag in dem 1981 vorgenommenen Abschied vom Wiedervereinigungspostulat durch den DGB Später formulierte der damalige DGB-Vorsitzende Breit, dass die deutsche Zweistaatlichkeit "mittlerweile in der politischen Diskussion unumstritten"[73] sei. Zur veränderten Sicht der Dinge trug auch die innenpolitische Auseinandersetzung um die bipolare Hochrüstung bei, als dessen erstes Opfer viele Gesamtdeutschland sahen So rückte das gemeinsame Interesse an Frieden

---

67 Nachdem am 21 August 1969 in Prag die Panzer alle Hoffnungen auf einen "Sozialismus mit menschlichem Gesicht" zerstört hatten. diskutierte man im DGB (8 DGB-Kongress, Mai 1969) über die Konsequenzen. die dies für die gewerkschaftlichen Kontakte haben müsse Die IG Metall sprach sich in dieser Situation dafür aus, die Kontakte abzubrechen (IG Metall (Hrsg), Der Gewerkschaftliche Einigungsprozess 1992. S 16)

68 IGM-Delegation bei IG Metall/DDR Den Prozess der Entspannung weiter fördern, in Metall 25. November 1973 Von seiten der Friedrich-Ebert-Stiftung wurde die Spitzendiplomatie der Gewerkschaften konzeptionell und analytisch begleitet, indem sie kritisches Material zum FDGB zur Verfügung stellte Solche Arbeiten waren auch deshalb notwendig, weil die DKP-orientierten Kräfte in ihren publizistischen Initiativen den FDGB als eine unabhängige Gewerkschaft darstellten, die als eine starke Interessenvertretung der Beschäftigten wirke (Nachrichten Verlag-GmbH (Hrsg), S 1972) Vergleiche zur Rolle des Nachrichten-Verlages in den westdeutschen Gewerkschaften Wilke, Manfred/Hertle, Hans-Hermann 1992, S 136)

69 Vgl Schmitz. Kurt-Thomas/Thiemann, Heinrich 1990, S 1 610.

70 Zum Beispiel führten Belastungen im Verhältnis der beiden deutschen Teilstaaten immer wieder zu Absagen

71 Dazu gehörten Maßnahmen der Familienzusammenführung, Ausreiseanträge, Haftentlassungen und Übersiedlungen in die Bundesrepublik, die in der Regel zur Sprache gebracht wurden

72 Vgl hierzu das Interview mit Robert Havemann über Demokratie und Lebensqualität in der DDR Gespräch mit Robert Havemann In der DDR ist die Richtung der Planer falsch, in: Metall 12/1976, S 13.

73 Zit nach Hacker, Jens, Deutsche Irrtümer Schönfärber und Helfershelfer der SED-Diktatur im Westen, Berlin 1992. S 274

und Abrüstung stärker als je zuvor in den Vordergrund, während die Thematisierung jener tiefgreifenden gesellschaftlichen Unterschiede vernachlässigt oder in manchen Kreisen gar ausgeblendet wurde

Die gewerkschaftliche Spitzendiplomatie zwischen Ost und West war eine Ergänzungsdiplomatie zur regierungsamtlichen Politik; sie verfügte über keinen eigenständigen Begründungskontext. Sie war durch ein gesamtdeutsches Stabilitätsdenken geprägt, wonach keine weltpolitischen Irritationen durch bundesdeutsche Alleingänge ausgelöst werden sollten.[74] Sie trug nicht dazu bei, dass sich innerhalb der IG Metall ein vertieftes Wissen um die Lebens-, Arbeits- und Produktionsbedingungen in der DDR entwickelte Man ging - um der politischen Stabilität willen - eine Kooperation mit einem Gegenüber ein, das nachweislich Repräsentant eines autoritären Regimes war. Zwar versuchte man, diese Treffen auch dafür zu nutzen, um humanitäre Anliegen vorzubringen; zugleich wurden Kontakte zu Kräften der Bürgerbewegung in den 80er Jahren ausdrücklich nicht gesucht.[75] Die gewerkschaftliche Spitzendiplomatie besaß innerorganisatorisch keinen großen Stellenwert, ihr Öffentlichkeitscharakter blieb auf einzelne Stellungnahmen begrenzt. Neben diesen offiziellen Kontakten existierte in den gewerkschaftlichen Medien eine regelmäßige, kritische Berichterstattung über die DDR Für unser Thema ist es weniger bedeutend, welchen Einfluss diese Aktivitäten auf das DDR-Bild des IG Metall-Mitgliedes ausübten, vielmehr geht es darum, wie sich dies auf die Kontakte zwischen westdeutschen IG Metall- und DDR-Funktionären auswirkte. Lässt man sich auf diese Ebene ein, so erscheint es plausibel, dass die westdeutschen Gewerkschafter zunächst auf ihre Erfahrungen aus der Spitzendiplomatie rekurrierten und den Funktionären der IG Metall/DDR als Repräsentanten eines anderen Staates begegneten. Mit diesem Vorgehen griff man auf eine mehr oder weniger eingeübte Praxis zurück. Die meisten Autoren, die sich mit den Etappen zur Gewerkschaftseinheit befasst haben, konstatieren im Hinblick auf das Verhalten der Westakteure einen dreistufigen Entwicklungsprozess.[76] Die Transformationspraxis der IG Metall unterscheidet sich von der anderer Gewerkschaften vor allem durch ihre rigorosen Kurswechsel im Umgang mit der gleichnahmigen FDGB-Gewerkschaft[77] Im Verlaufe des Transformationsprozesses entwickelte sich das Verhältnis zur IG Metall/DDR von der Anerkennung als "Schwesterorganisation" bis

---

74 Vgl Pirker. Theo, Restauration und Reform, in Weinert, Rainer (Hrsg), Theo Pirker - Soziologie als Politik Schriften von 1949 bis 1990. Berlin 1991, S 263 ff
75 Es gab aber auch einzelne Akteure in der IG Metall und im DGB, die andere Akzente setzten und infolgedessen 1988 den Arbeitskreis "Menschenrechte und Gewerkschaftsfreiheit" gründeten, um so die Diskussion mit polnischen und ungarischen Gewerkschaftern zu führen Hinsichtlich des FDGB schrieb Klaus Westermann "Beim DDR-Partner FDGB war selbstverständlich ebenfalls angeklopft worden, doch der wies ein solches Anliegen als "Einmischung in die inneren Angelegenheiten eines souveränen Staates" und "Rückfall in den Kalten Krieg" brüsk zurück." (Westermann, Klaus, Vertane Chancen? in: Gatzmaga, Ditmar/Voß, Thomas/Westermann, Klaus, Auferstanden aus Ruinen. Arbeitswelt und Gewerkschaften in der frühen DDR, Marburg 1991, S 107)
76 Schmid. Josef/Thiemann, Heinrich Gewerkschaften und Tarifverhandlungen in den fünf neuen Bundesländern, in Eichener, Volker et al , Marburg 1992, S 137
77 Vgl hierzu die Typendifferenzierung von Fichter, Michael/Kurbjuhn, Maria, Spurensicherung Der DGB und seine Gewerkschaften in den neuen Bundesländern 1989-1991, Düsseldorf 1993, S 5.

zur Negierung ihrer Existenz. Diese Veränderungen lassen sich nicht alleine aus der situativen Konstellation erklären, sie verweisen jenseits aktueller Präferenzen auch auf historisch gewachsene Strukturen.

4. Kooperation und Nichteinmischung (Erste Phase: November 1989 bis Januar 1990)

Bevor die westdeutsche IG Metall sich aktiv in die ostdeutsche Entwicklung einschaltete, war sie kommentierender Beobachter. Sie befasste sich mit den Verhältnissen in der DDR wie mit einem fremden und fernen Land. Der gewerkschaftliche Alltag war kaum und die grundlegenden Strategiedebatten schienen im Sommer/Herbst 1989 zunächst gar nicht von den Ereignissen in der DDR geprägt zu sein. Vielmehr versuchte man, das in den "Zukunftsdebatten" vermessene Selbstverständnis als Gestaltungs- und Gegenmacht unter den neuen Bedingungen zu stabilisieren. Doch in dem Maße, wie Flucht und Grenzöffnung den westdeutschen Arbeitsmarkt vor neue Herausforderungen stellten, mussten die Gewerkschaften im Interesse ihrer eigenen Mitglieder reagieren. Denn durch den immensen Anstieg der DDR-Übersiedler zeichneten sich bereits im Spätsommer 1989 arbeitsmarktpolitische Spannungen ab, die durch die Konkurrenzsituation zu den Arbeitssuchenden in der Bundesrepublik hervorgerufen wurde. So führte beispielsweise die Absicht des damaligen Hoesch-Vorstandschefs, Detlef Rohwedder, speziell für DDR-Übersiedler Arbeit und Wohnungen anzubieten, zu einer offenen Auseinandersetzung mit dem Gesamtbetriebsrat und der IG Metall.[78] Vor allem in Westberlin sahen sich die Gewerkschaften dazu veranlasst, Maßnahmen zu fordern, die verhindern sollten, dass Bürger der DDR durch Schwarzarbeit, billige Dienst- und Werkleistungen sowie illegale Arbeitnehmerüberlassung Sozialdumping betrieben und Verdrängungseffekte hervorriefen.[79] Notwendig erschienen ihnen Regeln für normale Pendlerarbeitsverhältnisse, Maßnahmen zur Eindämmung und Verhinderung illegaler Beschäftigung und nicht sozialversicherungspflichtiger Beschäftigung. Überlegt wurde z. B., ob das Instrument der Lohnausgleichskasse, die vor dem Mauerbau (1961) existierte, zu einer neuen Kompensationsquelle zwischen Ost- und Westdeutschland entwickelt werden könnte.

Eine andere Herausforderung ergab sich für die IG Metall durch die Frage, wie die zu erwartenden finanziellen Belastungen für die Modernisierung der DDR-Wirtschaft aufgebracht werden sollen. Kurt Biedenkopf und Georg Leber forderten dafür eine "Solidaritäts-Stiftung des deutschen Volkes", deren Kapital aufgebracht werden sollte, indem die bundesdeutsche Arbeiterschaft fünf Jahre lang am 17. Juni arbeiten und man den Nettoertrag als Solidarleistung zum Wiederaufbau der maroden DDR-Wirt-

---

78 Westfälische Rundschau 2. 11. 1989.
79 West-Berliner fürchten Lohndumping und Schwarzarbeiter aus dem Ostteil der Stadt, in: Handelsblatt 21.11 1989

schaft einsetzt [80] Die Spitze der IG Metall lehnte dieses Projekt ab, weil es nicht darum gehen könne, die Opfer- und Verzichtsbereitschaft der westdeutschen Beschäftigten zu strapazieren, vielmehr seien jetzt diejenigen gefordert, die bisher an den Geschäften mit der DDR verdient hätten Deshalb müssten Solidarbeiträge in erster Linie durch die Banken, Unternehmer und die Bundesregierung erfolgen.[81] Im Gegenzug forderte die IG Metall einen Marshall-Plan für Osteuropa, der durch die Reduzierung der Rüstungshaushalte und eine Umgestaltung des Steuersystems finanziert werden sollte.[82] Die IG Metall verfolgte in den ersten Wochen und Monaten nach der Wende in der DDR eine gesamtdeutsche Doppelstrategie. Einerseits setzte sie auf die österreichische Lösung[83], also eine staatliche Eigenexistenz der DDR auf der Basis demokratischer Reformen und politischer Unabhängigkeit Ihre eigene Aufgabe sah sie darin, den eingeschlagenen Weg der Selbstreform von Gewerkschaften und Bürgerbewegung zu unterstützen. Andererseits versuchte man alles zu vermeiden, was zu negativen Auswirkungen für die Arbeitnehmerschaft und die Gewerkschaften in der Bundesrepublik hätte führen können.

In ihren ersten öffentlichen Äußerungen zu den Aktivitäten der DDR-Bürgerbewegung forderte die IG Metall den FDGB auf, sich zum Streikrecht[84] zu bekennen und die Kräfte in der Bürgerbewegung zu unterstützen [85] Einerseits zeigte man sich nunmehr darüber erleichtert, dass die repressiven Verhältnisse ein Ende haben würden Andererseits befürchtete man, dass die DDR-Bürgerbewegung in der innenpolitischen Auseinandersetzung mit der CDU/FDP-Bundesregierung und den Arbeitgebern[86] als Kronzeuge gegen jegliche Formen des Sozialismus, gesellschaftlicher Planung und Lenkung vereinnahmt würde Deshalb setzte der damalige IG Metall-Vorsitzende Franz Steinkühler auf dem 16. IG Metall-Gewerkschaftstag (22. - 28. Oktober 1989) in Berlin einen Kontrapunkt "Der Zusammenbruch des sogenannten real existierenden Sozialismus ist keinesfalls eine Niederlage des Sozialismus."[87] Die "entschlossene Abkehr von der sowjet-kommunistischen Perversion des sozialistischen Gedankens in der Sowjetunion und im Ostblock" gebe Anstoss zu der Hoffnung, dass nunmehr die Stunde des demokratischen Sozialismus gekommen sei. "Bankrott sind

---

80 17 Juni Arbeitstag für die DDR. in Frankfurter Rundschau 16 11 1989
81 Franz Steinkühler "Wenn Arbeitnehmer im Westen auf berechtigte Ansprüche verzichten, dann sind die Nutznießer nicht die Menschen im Osten, sondern die Arbeitgeber im Westen". Deshalb seien Beiträge der Banken und der Bundesregierung notwendig "Es kann nicht angehen, dass die Banken Kredite an den nach wie vor guten Schuldner DDR geben und sich über die Zinsausgaben eine goldene Nase verdienen"
82 IG Metall. Protokoll des 16 ordentlichen Gewerkschaftstag der Industriegewerkschaft Metall für die Bundesrepublik Deutschland 22 bis 28 Oktober 1989, Frankfurt 1989, S 794
83 Lehmbruch, Gerhard, Die improvisierte Vereinigung Die dritte deutsche Republik Unentwegter Versuch, einem japanischen Publikum die Geheimnisse der deutschen Transformation zu erklären, in Leviathan 1990/4, S 466
84 Eine solche Forderung formulierte Franz Steinkühler erstmals im Juni 1989. Steinkühler verlangt Streikrecht für Gewerkschaften in der DDR, in Frankfurter Allgemeine Zeitung 22 6.1989
85 "Steinkühler DDR-Gewerkschaften sollen sich zum Streikrecht bekennen" (Der Tagesspiegel 27.10 1989), so lautete die Überschrift zum Grundsatzreferat von Steinkühler auf dem IG Metall-Kongress in Berlin
86 "Wir müssen uns darauf einstellen, dass die Vorgänge im Osten und speziell in der DDR von unseren Gegnern dazu missbraucht werden. um sie gegen uns zu funktionalisieren " (Franz Steinkühler, in Tageszeitung, 23 11 1989)
87 IG Metall, 16 ordentlicher Gewerkschaftstag 1989, S 321 ff

nicht die Ideen der sozialen Demokratie, sondern die der kommunistischen Diktatur. Gesiegt hat nicht der Kapitalismus über den Sozialismus, sondern die Idee der Demokratie über die Diktatur. Überholt ist nicht der demokratische Sozialismus, sondern der Stalinismus und der bürokratische Dogmatismus."[88] Diese Zuspitzung war auch innerverbandlich opportun, zeigte sie doch, dass die IG Metall ungeachtet aller rhetorischen Modernisierungssignale an einer antikapitalistischen Vision festhielt. In diesem Reflex bipolarer Gegenrhetorik offenbarte sich zugleich das ganze Ausmass der Verunsicherung Die ersten Reaktionen der IG Metall auf die Entwicklung in der DDR galten der westdeutschen Innenpolitik. Dabei ging es darum, gegen die verschiedentlich vertretene These vom Sieg des Kapitalismus zu argumentieren, indem man die Möglichkeit eines dritten Weges herausstellte. Mit diesem Vorgehen suchte man den unerhörten Geschehnissen in der DDR auch einen Platz in der eigenen, identitätsstiftenden Ideenwelt zu geben. In der normativen Kontroverse zeigte sich jedoch bald, dass der Bezug auf das Projekt eines reformierten Sozialismus in dieser Situation weder für die Auseinandersetzung in der DDR noch für die in der Bundesrepublik hilfreich war.[89] In der Sozialismusdebatte, die sich im Winter 1989/90 ausgehend von einem Beitrag des GEW-Vorsitzenden Dieter Wunder entwickelte, standen sich aber auch in der IG Metall selbst zwei Gruppen gegenüber: Diejenigen, die es für notwendig hielten, den Begriff und das Programm eines erneuerten demokratischen Sozialismus gegenüber der Entwicklung in Mittel- und Osteuropa zu immunisieren, und jene, die diesen Begriff für nicht mehr operationalisierbar hielten. Der Streit erhielt aufgrund des enormen Handlungs- und Zeitdrucks schnell den Charakter einer Fußnotendebatte, so dass ein schnörkelloser Übergang zur sich veränderten Wirklichkeit vergleichsweise problemlos stattfinden konnte.

Beim Gewerkschaftstag der IG Metall (1989) verlief die Annäherung an die neuen DDR-Verhältnisse vorsichtig und abwartend. Dies zeigte sich ganz deutlich im Anschluss an Steinkühlers Grundsatzreferat, das zwar durch eine mehrere Stunden dauernde Diskussion ergänzt wurde, in der gleichwohl kein Diskussionsteilnehmer auf die Entwicklung in der DDR einging.[90] Eine dezidierte Entschließung fehlte jedoch

---

88 Ebd , S 321 ff
89 Die öffentliche Debatte um die normativen Implikationen des Zusammenbruchs des "realen Sozialismus" eröffnete in den Gewerkschaften Dieter Wunder, Vorsitzender der GEW. Im Dezember 1989 veröffentlichte er in den Gewerkschaftlichen Monatsheften den Text Der Zusammenbruch des "realen Sozialismus" und das Selbstverständnis der Gewerkschaften Darin postulierte er die These, dass die Entwicklung in Mittel- und Osteuropa die IG Chemie in ihrem Selbstverständnis bestätigte, dem nun auch die IG Metall folgen könne "Entfällt allerdings der explizite oder implizite Gegenentwurf einer Gesellschaftsordnung, so könne die IG Metall den Weg der IG Chemie gehen" (Gewerkschaftliche Monatshefte 1989/12, S 716). Darauf antwortete Karlheinz Blessing, Büroleiter des 1. Vorsitzenden der IG Metall: "Der Zusammenbruch des "realen Sozialismus" beruhigt demokratische Sozialisten allenfalls begrifflich und bietet unseren Gegnern Gelegenheit für polemische Angriffe Er trifft die Gewerkschaften aber nicht in ihrer Programmatik und ihrem Selbstverständnis" (Blessing, Karlheinz, "Die Wirklichkeit drängt zum demokratischen Sozialismus" - Eine Replik auf Dieter Wunder, in: Gewerkschaftliche Monatshefte 1990/1, S 9)
90 Gewerkschaftstag Die IG Metall-Delegierten mochten sich zu den Ereignissen in der DDR nicht äußern, in. Handelsblatt 30 10 1989: "Zum Thema DDR nahm keiner Stellung Die Fieberstunde der Geschichte ließ die Metaller kalt ( ) Der IG Metall-Vorsitzende hatte einen guten Anstoß zur Diskussion gegeben. Der Gewerkschaftstag aber hat jämmerlich versagt. Man sollte sich in der IG Metall-Führung mit der Frage befassen. warum"

nicht: Diese richtete sich gegen die forcierte Einflussnahme seitens der Regierung oder der Arbeitgeber Davon befürchtete die IG Metall einen nachhaltigen Einfluss auf die Kräfteverhältnisse innerhalb der DDR, aber auch auf das Klima in der Bundesrepublik, weshalb sie auf dem Prinzip der Nichteinmischung insistierte· "Der 16. ordentliche Gewerkschaftstag der IG Metall wendet sich gegen die zahlreichen Versuche, vor allem von konservativer Seite, den Bürgern der DDR von aussen Vorstellungen für ihr politisches und wirtschaftliches System aufdrängen zu wollen oder gar mit ökonomischem Druck durchsetzen zu wollen".[91] So setzte die IG Metall auf eine von der Bürgerbewegung getragene Reform der DDR, sie hoffte darauf, dass dies "eine Stärkung des Gedankens gesellschaftlicher Demokratie" bewirken könne. Um dies zu erreichen, müsse die "Verwirklichung der sozialen Demokratie ... unterstützt und gleichzeitig bei uns und in Europa der Verwirklichung näher gebracht werden".[92]

Die IG Metall orientierte sich in der ersten Periode nach der Wende am Leitbild einer sich selbst demokratisch reformierenden DDR und lehnte infolgedessen zunächst auch die Wiedervereinigung ab: "Die Wiedervereinigung steht nicht auf der Tagesordnung der Deutschland- und der Weltpolitik, sondern die Eigenstaatlichkeit der DDR als eines demokratischen und sozialen Staates .."[93]. Statt einer nach westdeutschen Vorgaben stattfindenden Wiedervereinigung, die innerhalb der Linken immer noch unter Revanchismusverdacht stand, forderte die IG Metall eine "Unterstützung materieller Art ohne Bedingungen"[94]. Das offiziell festgehaltene Wiedervereinigungspostulat besaß in der IG Metall - ebenso wie in den meisten anderen gesellschaftlichen Großorganisationen - keinen operativen Wert Da die Teilung Deutschlands von vielen Funktionären nicht nur als das Resultat des Zweiten Weltkrieges akzeptiert wurde, sondern auch als langfristige Bedingung von Stabilität zwischen den Staaten, favorisierte man eine "österreichische Lösung" für die DDR. In diesem Sinne formulierte Franz Steinkühler am 14.11.1989· "Eine Wiedervereinigungsdebatte jetzt würde darüber hinaus diese Formentwicklung in der DDR eher behindern als fördern. Die Eigenstaatlichkeit, die Souveränität der DDR in gesicherten Grenzen ist die Voraussetzung dafür, dass die Menschen in der DDR ihren Weg selbst bestimmen können. Die 40-jährige Vorherrschaft durch die SED und die Bruderparteien des Ostens darf jetzt nicht eingetauscht werden durch die Vormundschaft der reichen Brüder und Schwestern aus dem Westen. Fakt ist im übrigen auch, dass eine Veränderung der DDR nicht ohne die SED möglich ist "[95]

Bei diesen Formulierungen stand das Leitbild eines dritten Weges Pate, der - in der DDR eingeschlagen - auch positive politische Auswirkungen auf die Bundesrepublik

---

91 IG Metall. 16 ordentlicher Gewerkschaftstag 1989, S 797
92 Ebd
93 Ebd , S 603
94 Ebd , S 792 ff
95 Redemanuskript Franz Steinkühler vom 14 11 1989

und Europa haben könne.⁹⁶ Hinter der IG Metall-Position, dass die Akteure in der DDR selbst in der Lage sein würden, die Weichen für einen "dritten Weg" zwischen der Bundesrepublik und der alten DDR zu stellen, stand einerseits die Abwehrhaltung gegenüber einer Wiedervereinigungspolitik mit konservativen Vorzeichen und andererseits die Befürchtung, selbst überfordert zu sein durch die Komplexität dieser Aufgabe. Mit der Formel von der "Hilfe zur Selbsthilfe" wurde das Vorgehen der Bundesregierung kritisiert und zugleich gefordert, dass die Bürger der DDR selbst über ihre Zukunft entscheiden müssten. Die Bundesrepublik dürfe nur unterstützend wirken, um den Produktionsapparat zu modernisieren und das notwendige Know-how für Produkt- und Prozessinnovation zur Verfügung zu stellen. Um der Forderung, dass der Westen der DDR nichts überstülpen dürfe, Glaubwürdigkeit zu verleihen, wurde die eigene Organisation ausdrücklich nicht als "Weltmodell" dargestellt. Statt Vorgaben zu machen, biete die Entwicklung in der DDR die Chance, eigene "Erfahrungen ein(zu)bringen", zu lernen und die eigenen Vorstellungen weiterzuentwickeln.⁹⁷

In diesem Sinne kam es am 6. Dezember 1989 zu einem Treffen der beiden IG Metall-Vorsitzenden, bei dem ein Sofortprogramm verabschiedet wurde, mit dem die westdeutsche IG Metall Hilfen zum Aufbau einer freien und unabhängigen Gewerkschaft in der DDR zusagte.⁹⁸ Dieses Programm beinhaltete sechs Formen der Unterstützung: Erstens sollten durch Betriebspartnerschaften konkrete Hilfen zwischen Belegschaftsvertretern vergleichbarer Betriebe der Bundesrepublik und der DDR ermöglicht werden. Zweitens vereinbarte man gemeinsame Schulungen und Lehrgänge zu konkreten, betriebsbezogenen Themen. Drittens sollte ein Expertenaustausch auf Funktionärsebene stattfinden, um die Fragen der Finanzhoheit, der Mitgliederbetreuung, des Beitragswesens und der Qualifizierung hauptamtlicher Funktionäre zu besprechen. Viertens wurde eine tarifpolitische Expertentagung verabredet, fünftens ein Trainingsprogramm für Funktionäre der IG Metall/DDR. Und schließlich wurde sechstens vereinbart, dass Teilnehmer an Lehrgängen der IG Metall in der Bildungsstätte Pichelsee zukünftig Betriebsbesuche in Metallbetrieben der DDR durchführen können.

Im Zusammenhang mit der Vorstellung des Sofortprogrammes sprach die westdeutsche IG Metall erstmals von "ihrer Schwesterorganisation in der DDR"⁹⁹. Zu dieser Zeit dominierten zweistaatlich-konföderative Perspektiven, wie sie auch im 10-Punkte-Programm des Bundeskanzlers angelegt waren. Darüber hinausgehende Modelle schienen den Horizont des damals für möglich erachteten zu überschreiten. Da Richtung und Wirkung der neuen Entwicklungsdynamik für die westdeutschen Akteure noch schwer einzuschätzen waren, dominierte ein sensibler Umgang mit den

---

96 "Klar auf der Hand liegt, dass vernünftige Veränderungen in der DDR durchaus Chancen auch für uns bieten können Die beim Zusammenwachsen erfolgende Mischung der Systeme könnte ein spürbares Gegengewicht gegen die drohende Erosion unseres Sozialsystems durch die westeuropäische Integration bilden " (Pitz, Karl/Gäbler, Joachim, Die Chance des letzten Investors nutzen, in: Frankfurter Rundschau 17.1 1990)
97 Resolution des 16. IG Metall-Gewerkschaftstages in Berlin 1989, S. 797 ff.
98 Ebd.
99 Metall Pressedienst 12 12 1989

neuen Verhältnissen in Politik und Verbänden Die Kooperationsbereitschaft mit der IG Metall/DDR bedeutete in dieser Situation ein Vertrauensvorschuss, der in der Folge durch eigenständige Aktivitäten zur Evaluierung der Verhältnisse überprüft werden sollte In gewisser Weise knüpfte man in der ersten Phase, in der lediglich auf die Entwicklung in der DDR reagiert wurde, an die Erfahrungen und Gepflogenheiten der gewerkschaftlichen Spitzendiplomatie an, indem man das Prinzip der inhaltlichen Nichteinmischung fortsetzte

Im Herbst 1989 existierte in der Frankfurter IG Metall-Zentrale weder ein tiefergehendes Wissen über die Bürgerbewegung noch über die sich dramatisch schnell verändernden Kräfteverhältnisse in der DDR Bisher war die Kontaktpflege mit Funktionären des FDGB und die sich daran knüpfende Analyse der dortigen Verhältnisse eine Aufgabe der internationalen Abteilung, denn die DDR war aus der Binnenperspektive der IG Metall ein ausländischer Staat Hinzu kam, dass sich der Kontakt auf Vertreter des Gewerkschaftsapparates konzentrierte, welche selbst nur unzureichend begriffen, welche Dynamik der Kampf um die "Zukunft" der DDR bereits erlangt hatte Mit dem irreversiblen Fortgang der Entwicklung in der DDR wanderte die Verantwortung für die Kontakte nach Ostdeutschland von der internationalen Abteilung direkt zum Büro des 1. Vorsitzenden, von dort wurden nun eigene Ressourcen aufgebaut, um die Entwicklung steuern zu können. Dazu gehörte, dass eigene Kontaktpersonen ins Feld geschickt wurden Erste Vertreter der westdeutschen IG Metall hielten sich ab November 1989 in der DDR auf, um die Akteure der IG Metall/DDR kennen zu lernen und deren Gestaltungsfähigkeiten auszuloten. Am 11. Dezember 1989 konstituierte sich beim Frankfurter Vorstand erstmals eine abteilungsübergreifende "DDR-Arbeitsgruppe", die sich damit befasste, wie das Sofortprogramm umgesetzt und wie der Vorstand eine bessere Steuerungssicherheit auf dem fremden Terrain gewinnen könnte. Diese Arbeitsgruppe war auch deshalb notwendig geworden, um die mittlerweile von verschiedenen Ebenen der Organisation praktizierten Kontakte mit Betrieben und Funktionären der DDR auf ein einheitliches Vorgehen zu verpflichten, was angesichts konkurrierender Optionen im Umgang mit dem westdeutschen Modell in der DDR kein leichtes Unterfangen war Insbesondere die grenznahen Verwaltungsstellen, allen voran die Berliner, kritisierten die unzureichende Unterstützung seitens des Vorstandes für ihre außerordentliche Arbeit bei der Unterstützung der IG Metall/DDR [100]

In der DDR-Politik der IG Metall standen nicht nur mangels Erfahrungen und damit einhergehender Unsicherheiten die Interessen, Werthaltungen und Strukturen des Westens im Vordergrund. Es ging in dieser Konstellation der Irritation und Verunsicherung darum, zumindest reaktiv handlungsfähig zu bleiben Dabei rekurrierte man auf bekannte Verhaltensweisen, um eine befürchtete Verschiebung von Kräfteverhältnissen infolge der Implosion des SED-Regimes in der Bundesrepublik zu verhindern In diesem Sinne spielte das tradierte Stabilitätsdenken ebenso eine Rolle

---

100 Vgl Fichter, Michael/Kurbjuhn, Maria 1993, S 43

wie die Vorstellung, dass es nunmehr auch auf die IG Metall als Repräsentant eines linken westdeutschen Politik-Modells ankomme, um den Anfechtungen konservativer Siegerpolitik zu widersprechen. Diese primär einflusslogisch ausgerichtete Thematisierung des politischen Koordinatensystems der Bundesrepublik verfolgte den Zweck, die Errungenschaften des bundesdeutschen Sozialstaates und der damit verbundenen Werte gegenüber einer möglichen Offensive von nationalistischen und marktradikalen Positionen zu immunisieren. Um in dieser Situation nicht in die Defensive zu gelangen, setzte man eine zeitlang auch darauf, Projekte (Selbstverwaltungsmodelle) sowie Ziele ("Dritter Weg") zu propagieren, deren Realisierung in der Bundesrepublik bisher gescheitert waren. Charakteristisch für die reaktive und abwartende Vorgehensweise war: Einerseits entschied sich die Führung der IG Metall dafür, sich nicht direkt in die Entscheidungen der IG Metall/DDR einzumischen ("Politik der Nichteinmischung"); andererseits versuchte sie, die mit dem Umbruch in der DDR nach Westdeutschland schwappenden Probleme strategisch zu neutralisieren. Indem sie abwartete und primär reaktiv thematisierte, vergab sie jedoch zugleich die Möglichkeit einer direkten Einflussnahme. Eine solch direkte Interventionspolitik praktizierte die IG Chemie unter ihrem Vorsitzenden Hermann Rappe, der bereits ab November 1989 die Ebene der alleinigen Thematisierung verlassen hatte und unmittelbaren Einfluss darauf zu nehmen versuchte, entlang welcher Kriterien die FDGB-Organisationen und die industriellen Strukturen umgebaut werden sollten. Neben den spezifischen Branchenunterschieden war maßgeblich für dieses unterschiedliche Verhalten, dass Rappe bereits im Novmber 1989 eine positive Haltung zur schnellen Wiedervereinigung einnahm und diese frühzeitig als einzig erfolgversprechende Option propagierte und sich damit im DGB durchsetzte.[101] Von entscheidender Bedeutung für den weiteren Entscheidungsprozess in der IG Metall war vermutlich, dass in dieser ersten Phase die Vorstandsspitze der IG Metall das Gesetz des Handelns an sich gezogen hatte und eigene Ressourcen einsetzte sowie aufbaute, um auf dieser Basis nach dem trial and error-Verfahren, die weitere Entwicklung steuern zu können.

5. Einmischung (Zweite Phase: Februar bis Mai 1990)

In der ersten Phase jonglierte die IG Metall in ihren Stellungnahmen mit der Hoffnung auf einen "dritten Weg" in der DDR, der dazu beitragen könne, auch in der Bundesrepublik die Kräfteverhältnisse zugunsten der Gewerkschaften zu beeinflussen. Um diese Perspektive zu untermauern, wurde man nicht müde, die Ideale und Aktivitäten der Bürgerbewegung herauszustellen, vor allem die Runden Tische sowie das Beteiligungs- und Selbstbestimmungspotential. In dem Maße, wie sich durch eigene Erfahrung zeigte, dass weder die Bürgerbewegung noch die FDGB-Gewerkschaften über ein hinreichendes Selbsttransformationspotential verfügten, musste jedoch der

---

101 Grosser. Dieter, Das Wagnis der Währungs-, Wirtschafts- und Sozialunion. Politische Zwänge im Konflikt mit ökonomischen Regeln, Stuttgart 1998, S. 192.

eigene Diskurs über die Veränderung der DDR neu justiert werden. Statt der positiven Aussicht auf einen gesamtdeutschen Wandel dominierte nunmehr die Befürchtung, dass eine schnelle regierungsamtlich initiierte Eingliederung der DDR in die Bundesrepublik zu einer nachhaltigen Verschlechterung der Kräfteverhältnisse führen könne: zu heruntergefahrenen Sozialstandards und beschnittenen Arbeitnehmerrechten. Hinzu kam die Angst vor einer neuen gewerkschaftlichen Konkurrenz, die daraus resultierte, dass sowohl die DAG wie auch die Christlichen Gewerkschaften[102] sich bereits vor der IG Metall mit eigenen Aktivitäten in der DDR platziert hatten.

"Wir mischen uns jetzt ein"[103]. Mit diesem Aufruf vom 9. Februar 1990 eröffnete Franz Steinkühler offiziell die neue Etappe der DDR-Politik seiner Organisation. Er begründete den dahinterstehenden Kurswechsel mit der Feststellung, dass die deutsche Frage nicht mehr offen sei und es nun darum gehe, ob der "Anschluss" im "Chaos" verlaufe oder in "einem geordneten, mit unseren europäischen Nachbarn abgestimmten und sozial regulierten Prozess hin zur staatlichen Einheit"[104]. Verantwortlich für diesen Strategiewechsel war nicht nur die Deutschlandpolitik der Bundesregierung, insbesondere: die Ankündigung der Währungsunion (8.2.1990) und interessenpolitische Positionierungen aus dem Arbeitgeberlager, sondern auch zunehmende Zweifel an der Reform- und Handlungsfähigkeit der IG Metall/DDR. In der negativen Einschätzung des FDGB sah man sich nicht zuletzt durch den außerordentlichen FDGB-Kongress (31.1/1.2.1990) bestätigt.[105]

Die Beobachter- und Beraterebene musste auch deshalb verlassen werden, weil die IG Metall in Westdeutschland vor einer schwierigen Tarifrunde stand, in der sie einen weiteren Schritt auf dem Weg zur 35-Stunden-Woche mit vollem Lohnausgleich und eine kräftige Lohn- und Gehaltssteigerung forderte. Stellungnahmen der Arbeitgeber gaben den Gewerkschaften Anlass zu der Befürchtung, dass diese die Ereignisse in der DDR benutzen würden, um eine weitere Verkürzung der Arbeitszeit auszusetzten und die Entgeltsteigerungen nach unten zu drücken. Um sich vor diesem Hintergrund von den arbeitnehmerorientierten Verzichtsappellen, die seit der Biedenkopf/Leber-Initiative vom November 1989 nicht mehr verstummt waren, zu distanzieren, argumentierte die IG Metall-Spitze damit, dass "ein Verzicht auf unsere tarifpolitischen Forderungen (.) den Menschen in der DDR nicht helfen, wohl aber die Kassen der Unternehmer noch weiter füllen"[106] würde.

Die IG Metall-Führung befürchtete, ein zu langsames Umlenken könnte dazu führen, dass die Akzeptanz der Gewerkschaften insgesamt geschwächt würde. Deshalb

---

102 Die "Christliche Gewerkschaft Deutschlands" hat sich am 12 Februar 1990 in Gera gegründet. In einer Pressemeldung bezeichneten sie sich als "Nachfolgeorganisation der früheren christlichen Gewerkschaftsbewegung im Bereich der DDR und unabhängig vom FDGB" (Ostthüringer Zeitung 13 Februar 1990). Am 13 Oktober 1990 erfolgte der Beitritt der "CGD der DDR" zum "Gesamtverband der Christlichen Gewerkschaften" (Ostthüringer Zeitung 28 9 1990)
103 Franz Steinkühler, Wir mischen uns jetzt ein, in: Metall, 1990/3, S 3.
104 Ebd
105 "Der FDGB-Kongress war ein Anfang, aber er hat nicht überzeugt Mit Wendehälsen läßt sich kein Vertrauen gewinnen"(Franz Steinkuhler, Wir mischen uns jetzt ein, in. Metall, 1990/3, S.3.)
106 Steinkuhler, Franz, Gegen Opfer und Verzicht, in Metall, 12 1.1990, S. 3

forderte sie einerseits von der IG Metall/DDR "einen radikalen Bruch mit ihrer Vergangenheit (zu) vollziehen, politisch, organisatorisch und personell"[107]. Andererseits begnügte sie sich nun nicht mehr damit, zu helfen und abzuwarten; statt dessen läutete sie den Beginn eines selbst zu verantwortenden Engagements in der DDR ein: "Die IG Metall wird den Gewerkschaften in der DDR weiterhin helfen, aber wir werden uns verstärkt in den politischen Gestaltungsprozess einmischen müssen, denn es steht nicht nur unser guter Ruf auf dem Spiel, sondern letztendlich auch die Interessen unserer Mitglieder"[108]. Der sich in Frankfurt langsam abzeichnende Kurswechsel stieß jedoch nicht auf allen Ebenen und in allen Gremien der IG Metall auf Akzeptanz. Im Gegenteil: Ein nicht ganz kleiner Teil der IG Metall-Aktivisten orientierte sich auch im Februar 1990 noch am "Prinzip der Nichteinmischung" und berief sich dabei auf das geltende Sofortprogramm vom 6. Dezember 1989, worin die IG Metall/DDR nicht nur als gleichberechtigte Partnerorganisation anerkannt worden war, sondern auch eine bedingungslose Hilfe für deren Aktivitäten zugesagt wurde. Wie unübersichtlich zwischenzeitlich die Lage war, kann man daran erkennen, dass auch Vertreter der westdeutschen IG Metall gegen die Einrichtung von Betriebsräten in der DDR und für ein Gewerkschaftsgesetz plädierten.[109] Dabei hofften sie darauf, dass sich durch entsprechende Hilfe aus der Bundesrepublik doch noch die "österreichische Lösung" realisieren ließe. In der Kritik des IG Metall-Vorstandes am befürchteten "Ausverkauf der DDR", am "Diktat der Marktwirtschaft" und vor allem in der dezidierten Absage an die konkret anvisierte Form der Währungsunion sahen sich die Befürworter einer Nicht-Einmischungsoption bestätigt.

Die Frankfurter Vorstandsspitze sah sich in dieser Situation damit konfrontiert, dass es nicht ausreichte, die veränderten Kräfteverhältnisse reaktiv nachzuvollziehen. Gefordert waren eigene gestaltende Aktivitäten. Dafür reichte die in der Vorstandsverwaltung aufgebaute Arbeitsgruppe nicht mehr aus, denn mittlerweile hatten einzelne Betriebe, Verwaltungsstellen, Bezirksleitungen, Bildungsstätten und Vorstandsabteilungen ihre eigenen Kontakte mit den Funktionären der IG Metall/DDR intensiviert. Wollte Steinkühler in dieser heiklen Situation nicht die Steuerungskontrolle verlieren, so musste er die westdeutsche IG Metall auf eine Linie verpflichten, ohne die IG-Metall-üblichen regionalen Abweichungen zu unterbinden. Zugleich musste darauf geachtet werden, dass sich die Aktivitäten der IG Metall/DDR nicht zu einem unüberwindbaren Hindernis auf dem Weg zu einem Gesamtverband entwickelten. Darüber, dass es nach der Herstellung der staatlichen Einheit keine zwei Metallgewerkschaften in Deutschland geben dürfe, hatten die verantwortlichen Funktionäre der westdeutschen IG Metall bereits im Windschatten der sich rapide verändernden politischen Verhältnisse im Februar 1990 Konsens erzielt. Mit der Ankündigung der Währungsunion war zwar klar, dass die zuvor noch diskutierten Modelle eines "dritten Weges" der Vergangenheit angehörten, aber damit war noch lange nicht geklärt, wie der Weg

---

107 Ebd.
108 Ebd.
109 Vgl Pirker, Theo et al 1990, S 73

zu einer einheitlichen Organisation aussähe. Bis zum Mai 1990 dominierte in der öffentlichen Debatte die Vorstellung einer gleichberechtigten Gewerkschaftsfusion. Parallel dazu nahm das Gewicht jener Stimmen in der westdeutschen IG Metall zu, die in einem Kurs der partnerschaftlichen Zusammenarbeit keine Zukunft sahen Dabei stützte sich deren Einschätzung nicht nur auf den beschleunigten Wandel der politischen Rahmenbedingungen, sondern ebenso auf demokratische Vorstellungen von einer freien Gewerkschaftsbewegung, auf Erfahrungen mit dem negativen Image der IG Metall/DDR bei den Beschäftigten, der Reformunfähigkeit des FDGB-Apparates, dessen desolater finanzieller Situation und auf Befürchtungen vor negativen Rückwirkungen auf die eigene Organisation. Bis zum Mai 1990 war jedoch noch offen, ob sich diejenigen in der westdeutschen IG Metall durchsetzen würden, die für eine eher gleichberechtigte Fusion votierten, oder jene, die für einen grundsätzlichen Neuanfang ohne Bezugnahme auf die ostdeutschen Organisationsstrukturen und Funktionäre plädierten.

Die DDR-Arbeitsgruppe der Vorstandsverwaltung arbeitete im Februar 1990 ein Konzept aus, wie die westdeutsche IG Metall in der DDR auftreten könnte, ohne eine konfrontative Auseinandersetzung mit der IG Metall/DDR zu riskieren. Am 20. Februar akzeptierte der Vorstand der IG Metall eine Konzeption, die vorsah, dass zunächst in sieben industriellen Zentren der DDR (Dresden, Karl-Marx-Stadt, Leipzig, Halle. Magdeburg[110], Erfurt, Rostock) sowie in Berlin "Informations- und Beratungsburos der IG Metall" eingerichtet werden sollten [111] Als eine Art Schaltzentrale für die DDR-Aktivitäten wurde ein eigenes Berliner Büro eingerichtet, das wiederum eng mit der Abteilung des 1. Vorsitzenden und der DDR-Arbeitsgruppe in der Vorstandsverwaltung kooperieren sollte. Regelmäßige Büroleiterbesprechungen stellten den Kontakt zur Frankfurter Vorstandszentrale her. Um in Zusammenarbeit mit den Büros die Steuerungsaktivitäten effizienter gestalten zu können, bestimmte der geschäftsführende Vorstand der IG Metall in seiner Sitzung am 26 Februar 1990 einen Koordinator für DDR-Aktivitäten, der unmittelbar der Abteilung 1. Vorsitzender zugeordnet wurde.[112] Mit der Arbeitsgruppe DDR, der Einrichtung der Büros und einem eigenen Koordinator nahm die Steuerungskapazität des 1.Vorsitzenden deutlich zu, gleichwohl bestanden weiterhin auch eigenständige Aktivitäten aller anderen Vorstandsbereiche und Ebenen der IG Metall

Vergleichsweise gering waren die technischen Probleme im Verhältnis zur Auswahl geeigneter Funktionäre. Die Bedeutung der Personalauswahl ergab sich daraus, dass die Arbeit der Büros einen wichtigen Einfluss darauf ausüben würde, welches Vertrauen die Beschäftigten der DDR gegenuber der westdeutschen IG Metall entwickeln könnten Zugleich erwartete die Frankfurter IG Metall-Spitze von ihnen "unge-

---

110 Die Entscheidung für Magdeburg fiel erst Anfang Marz
111 Da man es ablehnte, in "FDGB-, ehemalige SED- oder Stasi-Gebäude" hineinzugehen, entwickelte sich die Einrichtung der Büros angesichts der seinerzeit noch ortsüblichen logistischen Defizite zu einer äußerst schwierigen Aufgabe Es war nämlich nicht möglich, einfach Buroraume anzumieten Man musste in Hotelzimmer ausweichen und setzte für jeden Ort einen VW-Bus ein, der als mobile Einsatzzentrale diente
112 Diese Position nahm Hans Schirmer wahr

filterte" Informationen und entscheidende Impulse für den weiteren Umgang mit der IG Metall/DDR. In außerordentlichen Situationen setzen Organisationen gerne auf ihre erfahrensten Funktionäre, solche mit großer Autorität, die die Organisation bereits unter schwierigen Bedingungen erlebt hatten. Dies war in dieser Situation auch deshalb so wichtig, weil die westdeutschen Funktionäre nicht als "Kolonisatoren" auftreten sollten, sondern als vertrauensschaffende, kompetente Anwälte des westdeutschen Modells gestaltungsfähiger Gewerkschaftsarbeit. Mit Ernst Eisenmann[113] (Büro Dresden), dem ehemaligen Stuttgarter, und Reimar Birkwald[114] (Büro Magdeburg), dem ehemaligen Hannoveraner Bezirksleiter, sowie Hans Mayr, dem ehemaligen Vorsitzenden der IG Metall, konnten Personen gewonnen werden, die genau diese Anforderungen erfüllten. Sie waren Vertreter jener Generation, die noch den Aufbau der Gewerkschaften nach 1945 aus eigener Erfahrung erlebt hatte.[115] Zur westdeutschen Aufbauelite gehörten aber auch Vertreter der 68-Generation, wie Berthold Huber, seinerzeit Student an der Frankfurter Universität, der über eine umfängliche betriebs- und tarifpolitische Erfahrung als Betriebsratsvorsitzender in Baden-Württemberg verfügte.[116] Gemeinsam gelang es den genannten, nicht nur vor Ort große Anerkennung zu erreichen, sondern auch Einfluss auf die Steuerungsaktivitäten der Frankfurter Zentrale zu nehmen Darüber hinaus gestaltete sich die Suche nach weiteren geeigneten Personen äußerst schwierig. Das Reservoir an erfahrenen und kompetenten Personen, die aktuell keine wichtigen Positionen bekleideten, war gering. Man griff schließlich vor allem auf solche Funktionäre zurück, die bisher 2. Bevollmächtigte waren, in einer Bezirksleitung, Bildungsstätte oder in der IG Metall-Vorstandsverwaltung arbeiteten. Die gewerkschaftliche Personalsituation in Ostdeutschland sah im Frühjahr/Sommer 1990 so aus, dass die FDGB-Funktionäre diskreditiert waren, sogenannte unbelastete ostdeutsche Kollegen, die für eine westlich orientierte Gewerkschaftsarbeit geeignet erschienen, kaum gefunden wurden[117] und die aus dem Westen kommenden Funktionäre sich erst einmal orientieren mussten. Die Orientierungssuche der Westfunktionäre vergleicht Birkwald mit dem Bild des Fallschirmspringers: "Wir sind wie Fallschrimspringer runtergesprungen und wussten nicht, wo wir landen"[118]

Aus Sicht der Vorstandszentrale hatte die IG Metall, wie Karlheinz Blessing im Februar 1990 pointiert formulierte, eine Gratwanderung zu bestehen: "Einerseits muß

---

113 Vgl zu Eisenmanns Engagement in Dresden· Thelen. Sybille, Ein Pensionär macht die DDR-Gewerkschaften fit. in Stuttgarter Zeitung 12.7 1990
114 Vgl Birkwald, Reimar, "Wir sprechen noch zwei Sprachen, wir sind in unterschiedlichen Welten großgeworden". in Gatzmaga Ditmar et al , Marburg 1991, S 125 - 139
115 Vgl Reimar Birkwald "Ich habe gerne ja gesagt, weil ich eine Erfahrung vergleichbarer Art schon einmal gemacht hatte das war die Erfahrung von 1945, als die Deutsche Arbeitsfront, das Instrument der Nazis, abgelöst wurde Wir hatten ein ähnliches Problem mit den neuen Gewerkschaftsfunktionären wie jetzt in der früheren DDR " (Birkwald, Reimar, "Wir sprechen noch zwei Sprachen, wir sind in unterschiedlichen Welten großgeworden", in· Gatzmaga Ditmar et al., Marburg 1991, S 128).
116 Vgl zu Hubers Engagement in Leipzig Rersch, Hans, Leipziger Betriebsräte vor der Währungsunion, in. Tageszeitung 30 6 1990
117 Vgl. Westermann, Klaus 1991, S 114
118 Vgl Birkwald, Reimar 1991, S 129

die IG Metall-West ein Signal setzen in Richtung Unterstützung der IG Metall-Ost, um deren Zerfallsprozess zu verhindern, wenn wir nicht wollen, dass es innerhalb der nächsten Wochen nichts mehr zu vereinigen gibt, weil die kaum mehr Mitglieder haben und andere Organisationen (AUB, DAG usw.) sie uns abgestaubt haben, und andererseits die nötige Distanz zu bewahren, um politische Mißbrauchsgefahren auszuschließen"[119]. Um diese Doppelstrategie zu fundieren, benutzte man das Ergebnis eines öffentlich gemachten Treffens der beiden IG Metall-Vorsitzenden Steinkühler und Bugiel am 27. Februar 1990 in Frankfurt/Main. In der dabei verfassten Erklärung wurde einerseits die Kontinuität partnerschaftlicher Zusammenarbeit herausgestellt, indem darauf hingewiesen wurde, dass dieses Treffen und seine Ergebnisse die "Fortentwicklung des Sofortprogramms der beiden Metallgewerkschaften vom 6. Dezember 1989" darstellten Damit proklamierte man einmal mehr, dass der Prozess der staatlichen Einheit "nicht überhastet erfolgen" dürfe, sondern als einheitlicher sozialer, wirtschaftlicher und staatlicher Prozess. Da es innerhalb des geeinten Deutschlands nur eine Metallgewerkschaft geben dürfe, müsse alles dafür getan werden, die Fusion der beiden Gewerkschaften vorzubereiten. Dies solle auf drei Ebenen stattfinden: durch gemeinsame Ausschüsse[120], durch Fortführung des Reformprozesses der IG Metall/DDR und durch eine eigenständige Präsenz der IG Metall/West in der DDR "[121]. Der entscheidende Strategiewechsel, den diese Erklärung deutlich machte, bestand darin, dass die westdeutsche IG Metall fortan in der DDR durch eigene Aktivitäten in Erscheinung trat. Denn mit der Einrichtung von acht eigenen Informations- und Beratungsbüros erfolgte eine erste gewissermassen offizielle und zugleich institutionelle Abgrenzung gegenüber der IG Metall/DDR. Da die konkrete Praxis dieser Abgrenzung von den handelnden Akteuren in den jeweiligen Büros abhing, konnte sich diese Intention in der Alltagswirklichkeit des Einzelfalls wieder relativieren, ohne dass dadurch die deutschlandpolitische Strategie der Frankfurter Zentrale grundsätzlich in Frage gestellt worden wäre. Im Frühjahr 1990 verstärkte sich das DDR-Engagement der IG Metall: Erstens nahm die Präsenz von westdeutschen Gewerkschaftsfunktionären in der DDR zu; zweitens mischte sich die IG Metall nun mit eigenen Stellungnahmen[122] in die konkrete Politik des Beitrittsprozesses ein.

Die Gewerkschaften waren in der Frage der Wirtschafts- und Währungsunion sowie der schnellen staatlichen Einheit ähnlich zerstritten wie die SPD. Während die IG Metall eine gradualistische Politik präferierte, plädierte die IG Chemie[123] eher für

---

119 Karlheinz Blessing an Franz Steinkühler 21. Februar 1990, Umsetzung Vorstandsbeschluss· Einrichtung von Büros in der DDR, Material IG Metall
120 Gebildet werden sollten Ausschüsse zu den Themen Satzungs- und Organisationsfragen, betriebliche Interessenvertretung und gewerkschaftliche Positionen zum Einigungsprozess
121 Die gemeinsame Erklärung endete mit dem Appell an die "Arbeitnehmerinnen und Arbeitnehmer in der DDR, den Gewerkschaften nicht den Rücken zu kehren, sondern sich aktiv am demokratischen Neuaufbau der Gewerkschaftsbewegung in der DDR zu beteiligen" (Gemeinsame Erklärung, Rundschreiben des IG Metall-Vorstandes 27 Februar 1990)
122 Beispielsweise mit dem Positionspapier vom 20 2 1990.
123 Vgl IG Chemie, Dokumentation "Neue Bundesländer" Die Industriegewerkschaft Chemie-Papier-Keramik im Prozess der deutschen Einheit (Vom Herbst 1989 bis Sommer 1992), Hannover 1993.

eine Politik schneller Veränderungen und setzte sich damit im DGB durch, was sich auch in der "Entschließung zur deutschen Einheit" des DGB vom 7. März 1990 niederschlug.[124] Vermutlich hat auch der fehlende deutschlandpolitische Konsens im DGB dazu beigetragen, dass die Gewerkschaften sich in der öffentlichen Debatte über ordnungspolitische Eckpunkte des Beitrittsprozesses nicht offensiver artikulierten. Gleichwohl bedeutete dies nicht, das sie einflusslos gewesen wären. Sie verschafften sich über die DGB/BDA-Arbeitsgruppe und eigene öffentliche Stellungnahmen gewisse Korrekturmöglichkeiten bei den Verhandlungen zwischen dem Kanzleramt und den Unterhändlern der DDR. Deutlich wurde dies beispielsweise in der Kontroverse über den Umtauschkurs zur Währungsumstellung und noch grundsätzlicher anhand des Votums von BDA/DGB, das westdeutsche Tarifmodell nach Ostdeutschland zu übertragen. Die konkrete Ausgestaltung der Tarifautonomie erfolgte in Spitzengesprächen (Mai und Juni 1990) zwischen Vertretern des IG Metall-Vorstandes und Gesamtmetall.[125] Der tripartistische Konsens der westdeutschen Akteure bezog sich nicht nur auf die ordnungspolitische Ebene, sondern auch darauf, dass nunmehr das gesamte arbeitsmarktpolitische Repertoire der Bundesrepublik aufgeboten und mit Bezug auf die spezifischen Bedürfnisse der DDR weiterentwickelt werden müsse, um die sozialen Folgen des durch Währungsunion, Produktivitätsschwäche und wegbrechende Absatzmärkte destabilisierten Arbeitsmarktes in der DDR kompensieren zu können.

Für die Frankfurter Zentrale gab es zu keinem Zeitpunkt Zweifel daran, dass die organisationspolitische Frage gegenüber allgemeinpolitischen Grundsatzdebatten des Einigungsprozesses prioritär war. In der Organisationspolitik ging es primär darum, wie unter den fremden Bedingungen Akzeptanz und Vertrauen für das eigene Vorgehen gewonnen werden konnte. Durch ein zunächst eher vorsichtiges und abwartendes Engagement trug man der eigenen Unsicherheit respektive den unterschiedlichen Vorstellungen in den eigenen Reihen Rechnung. Als es keine Alternative zur Intervention mehr gab, bestand das operative Handlungsziel darin, die Voraussetzungen zu schaffen, um die westdeutsche IG Metall mit geringstmöglichen Widerständen nach Ostdeutschland zu übertragen. Zwar herrschte schon im Frühjahr 1990 bei allen Beteiligten die Einsicht, dass es in einem einheitlichen Deutschland keine zwei Metallgewerkschaften geben dürfe. Gleichzeitig bestand jedoch nicht nur zwischen West und Ost, sondern auch innerhalb des Frankfurter Vorstandes ein Dissens in die Frage, wie der Weg zu einer einheitlichen Metallgewerkschaft beschritten werden könne. Die Führungsriege der IG Metall/DDR versuchte, sich als unentbehrliche, handlungs- und reformfähige Funktionärsgruppe zu präsentieren, um ihre Verhandlungsposition gegenüber Frankfurt aufzuwerten. Aufgrund der unterschiedlichen Einschätzung zur Reformfähigkeit der IG Metall/DDR existierten zwischen den Vorstandsspitzen in Frankfurt und Berlin Spannungen, die im Laufe der Zeit sogar noch anwuchsen.

---

124 Vgl. Grosser, Dieter 1998, S. 192.
125 Vgl hierzu Kapitel E I.2.

Die IG Metall/DDR verabschiedete auf ihrer 12. zentralen Delegiertenkonferenz am 8/9 April 1990, die sie als ihren eigentlichen Gründungskongress begriff, einen Grundsatzantrag, mit dem sie "die Schaffung einer Gewerkschaftsfusion" forderte, die auf dem Prinzip der Parität aufbauen sollte.[126] Doch bevor überhaupt die verfahrensorientierten Grundlagen für eine paritatische Fusion gelegt werden konnten, setzte sich in der Frankfurter Zentrale die Position durch, dass es nicht um eine Fusion mit der "gleichberechtigten Schwesterorganisation" gehen könne, sondern um eine Übertragung der westdeutschen IG Metall nach Ostdeutschland. Die Perspektive der Spitzendiplomatie war durch den anstehenden Beitrittsprozess ebenso verschwunden wie die Vorstellung, dass es sich in der DDR um eine politische Revolution handle, die etwas Neues gebracht habe, was auch für die Gewerkschaften im Westen eine Bereicherung bedeute. Es dominierte nunmehr in der IG Metall-Spitze die defensive Position der nachholenden Modernisierung "Mit der Einführung der Wirtschafts-, Währungs- und Sozialunion zum 1. Juli 1990 steht zu befürchten, dass es in der DDR zur Massenarbeitslosigkeit und zu erheblichen sozialen Spannungen kommen wird. Die Gewerkschaften in der DDR - einschließlich der IG Metall - sind diesen Herausforderungen nicht annähernd gewachsen. Nach wie vor genießen sie nur ein sehr eingeschränktes Vertrauen der Arbeitnehmerinnen und Arbeitnehmer. Hinzu kommt eine prekäre Finanzsituation und unzureichende Organisationsstrukturen der IG Metall/DDR" Maßgeblich für diesen Kurswechsel war die organisationspolitische Einschätzung, dass eine starke und einheitliche Gewerkschaftsorganisation nur durch die Ausdehnung der westdeutschen IG Metall auf das Gebiet der DDR erreicht werden konnte.

Eine definitive öffentliche Festlegung, wie man zu einer einheitlichen Metallgewerkschaft in Ostdeutschland komme, wurde zu keinem Zeitpunkt vorgenommen. In einer gemeinsamen Erklärung der Vorsitzenden der beiden Organisationen vom 27. Februar 1990 proklamierte man das Ziel der Gewerkschaftseinheit, das durch die Reform der IG Metall/DDR vorangebracht werden sollte. Doch starke personelle Kontinuität, fehlende verbandspolitische Professionalität und tarifpolitische Unerfahrenheit ließen schnell Zweifel an der Perspektive dieses Projektes aufkommen. Die Ergebnisse der Volkskammerwahlen vom 18. März 1990 und die sich verbreiternde Einschätzung, dass durch ein autonomes Vorgehen der IG Metall/ DDR negative Rückwirkungen auch auf den Westen drohten, führten dazu, dass sich die westdeutschen Funktionäre zunehmend stärker einmischten. Im Zuge dieser Entwicklung wurde das Projekt der Fusion zweier gleichwertiger Organisationen zugunsten der sogenannten "feindlichen Übernahme"[127] verworfen. Am 25 5.1990 - am Rande des DGB-Kongresses in Hamburg - unterzeichneten die Vorsitzenden der IG Metall/DDR und der Bundesrepublik einen Beschluss, der die Etappen zur Herstellung einer einheitlichen Gewerkschaftsorganisation fixierte. Darin wurde festgelegt, dass sich die IG Me-

---

126 Grundsatzantrag Nr 4 Gewerkschaftliche Positionen zur Schaffung der Einheit Deutschlands (IG Metall/DDR 8/9 4 1990)
127 Roitsch. Jutta, Schwierige Annäherung - Feindliche Übernahme, in Frankfurter Rundschau 25 5 1990.

tall/DDR auflöst und sie ihren Mitgliedern empfiehlt, in die IG Metall der Bundesrepublik einzutreten. Die IG Metall der Bundesrepublik beschloss, die Vorbereitungen für einen außerordentlichen Gewerkschaftstag zu treffen, der die satzungsgemäßen Grundlagen für die Ausdehnung zu beschließen hätte.[128] Die weiteren Modalitäten zur Ausdehnung sollten auf der Basis gemeinsamer Kommissionen vereinbart werden.[129] Nicht geklärt war damit, in welchem Rechts- und Vermögensverhältnis die westdeutsche zur ostdeutschen IG Metall steht und welche Rolle ehemalige FDGB-Funktionäre in der einheitlichen IG Metall einnehmen könnten. An diesen ungeklärten Fragen sollten sich in den kommenden Monaten noch eine Reihe interner Konflikte entzünden

Von entscheidender Bedeutung für die forcierte Einmischung der westdeutschen IG Metall in Ostdeutschland waren die Ankündigung einer Wirtschafts-, Währungs- und Sozialunion sowie der Sieg der CDU bei den ersten freien Wahlen in der DDR (18 3 1990). Mit dem Wahlergebnis dechiffrierten die Bürger ihre bisher noch nicht hinlänglich transparenten Präferenzen; es herrschte nunmehr die so lange gewünschte Klarheit. Hinter der Akzeptanz des CDU-Modells stand die eindeutige Absage an eine eigenständige sich selbst reformierende DDR. Nun ging es nicht mehr darum, über grundsätzliche institutionelle Alternativen nachzudenken, sondern um die Transformation der DDR in Richtung Bundesrepublik. Mit ihrem Memorandum "Die soziale Einheit gestalten" vom 8. Mai 1990 legte die westdeutsche IG Metall ein umfassendes Programm vor, in dessen Zentrum das Ziel der raschen Angleichung an das soziale Niveau der Bundesrepublik stand: "Inhaltliches Ziel der Tarifpolitik für die DDR in der Übergangsphase muss die schnelle materielle Angleichung der Entlohnungs- und Arbeitsbedingungen in der Metallwirtschaft der DDR auf das Niveau der Bundesrepublik Deutschland, die Verteidigung des Rechts auf Arbeit und die Sicherung der Arbeitsplätze, die Verbesserung der Arbeitsbedingungen sowie wirksame Beteiligungs- und Gestaltungsmöglichkeiten durch die Beschäftigten und die betrieblichen Interessenvertretungen sein". Um die enormen Veränderungen und Zumutungen bewältigen zu können, sollte die Tarifpolitik die Grundlagen legen für eine forcierte Qualifizierung der Beschäftigten und eine unmittelbare Verkürzung der wöchentlichen Arbeitszeit auf 40 Stunden. Die normative Leitidee, der sich die Gewerkschaften fortan verpflichten wollten, war die soziale Einheit mit dem Kernanliegen der möglichst schnellen Herstellung gleichwertiger Lebensbedingungen in beiden Teilen Deutschlands. Damit erklärte man sich zugleich zum Wächter eines Verfassungsgebotes.

---

128 Der offizielle Beschluss für die Durchführung eines a o. Gewerkschaftstages am 1./2.11.1990 in Bonn erfolgte durch den Beirat am 12.6 1990.
129 Schwarzer, Doris 1996, S. 489

6. Auflösung und Ausdehnung (Dritte Phase: Juni 1990 bis Dezember 1990)

Mit der Hamburger Erklärung vom 25. Mai 1990 endete der inoffiziell bereits seit Anfang Februar mit großer Skepsis betrachtete Kooperationskurs mit den Funktionären der IG Metall/DDR. Die Absage an eine Fusion wurde damit begründet, dass die DDR-Funktionäre kein Vertrauen bei den Belegschaften gewonnen hätten, die finanzielle Situation desolat sei und auf vielen Gebieten die notwendige Professionalität fehle.[130] Einschätzungen zur Akzeptanz der Organisation bei den Beschäftigten gewann die Frankfurter Zentrale insbesondere durch ihre Infobüros, eigene Kontakte von Vorstandsmitgliedern und -mitarbeitern in der DDR sowie durch eigene Umfragen. In einer Umfrage, die in den Monaten Mai/Juni mit stets gleichen Fragen durchgeführt wurde, entstand das Bild einer rapide abnehmenden Akzeptanz der IG Metall/DDR bei den Beschäftigten.[131] Das Umfrageergebnis zur Frage, ob die Arbeit der IG Metall/DDR eher positiv oder eher negativ bewertet wird, fiel folgendermassen aus:

Tabelle 9: Umfrage zur Bewertung der beiden deutschen Metallgewerkschaften in der DDR (Mai/Juni 1990)

	IG Metall/DDR		IG Metall (Bundesrepublik)	
	eher positiv (%)	eher negativ (%)	eher positiv (%)	eher negativ (%)
1 Woche Mai	46	54	95	5
2 Woche Mai	40	60	91	9
3 Woche Mai	35	65	93	7
4 Woche Mai	30	70	91	9
1 Woche Juni	22	78	90	10
2 Woche Juni	17	83	87	13
3 Woche Juni	13	87	84	16

Quelle IG Metall - Auswertung von 3 363 Fragebogen (1990)   © Wolfgang Schroeder

Diese Werte zeigen eine rapide sinkende Akzeptanz der IG Metall/DDR. Während Anfang Mai noch fast die Hälfte der Befragten eine positive Einschätzung formulierten, sank dieser Anteil binnen sechs Wochen auf nur noch 13 Prozent. In der Aus-

---

130 "Die Gewerkschaften in der DDR haben leider nie gelernt, was Vertretung von Arbeitnehmerinteressen heißt Sie haben 40 Jahre lang die Interessen einer Partei höher bewertet als die Sorgen und Nöte der Arbeitnehmerinnen und Arbeitnehmer Aber gerade jetzt, angesichts drohender Massenarbeitslosigkeit und der Umstrukturierung der Wirtschaft, wären starke Gewerkschaften notwendig " (Franz Steinkühler, Eine IG Metall für Deutschland. In Metall 1 6.1990, S. 3)

131 Basis DDR-Umfrage. Trendbericht nach Rücklauf von 3 363 "Metall Extra"-Kurzfragebögen, S 3 (Juni 1990, Material IG Metall) In der Auswertung der Frage nach der eher positiven oder eher negativen Einschätzung heißt es "Die Arbeit der IG Metall der DDR sinkt weiterhin - und kann schon heute als "Negativ-Stereotyp" (vergleichbar der "politischen Agitationsarbeit") eingestuft werden."

wertung dieser Befragung lautete das Urteil: "Es erscheint heute plausibel (wenn auch nicht eindeutig nachweisbar!), dass die zunehmend negative Beurteilung der IG Metall der DDR alle zukünftige Gewerkschaftsarbeit (auch die der IG Metall der Bundesrepublik) belastet und erschwert".[132] Flankiert wurde diese Einschätzung von einem anderen Ergebnis: Zwischen der 1. Mai-Woche und der 3. Juni-Woche sank die Bereitschaft der Befragten zur Mitarbeit in der IG Metall/DDR von 38 Prozent auf 11 Prozent.[133] Die bundesdeutsche IG Metall erhielt bei dieser Umfrage zwar eine durchweg hohe positive Zustimmung, allerdings traf auch sie innerhalb kurzer Zeit eine Zunahme negativer Einschätzungen. Die besten Werte erreichte die bundesdeutsche IG Metall Anfang Mai, als sie in der DDR noch nicht präsent war, mit einer fast 100 prozentigen Zustimmung Dieser Vertrauensvorschuss, womit die IG Metall gewissermassen als institutionell-sozialstaatliches Korrektiv und Pendant zu D-Mark und Marktwirtschaft begriffen wurde, entsprach der Logik des sozial regulierten Einigungsprozesses. Auffallend ist dabei, dass sich parallel zur Tarifrunde ihr Ansehen sukzessive verschlechterte Trotz dieses leichten Akzeptanzrückgangs in den Umfrageergebnissen konnte sich die Frankfurter Vorstandszentrale mit ihrer Abgrenzungs- und Übertragungsstrategie bestätigt sehen. Deshalb forcierte sie auch den Kurs, der auf einer Präsenz eigener Funktionäre aufbaute, die in der unsicheren Umbruchssituation mit sozial- und arbeitsmarktpolitischem Expertenwissen den ostdeutschen Beschäftigten helfen sollten.[134] Neben ihrer Alltagsarbeit im betrieblichen und regionalen Raum sowie öffentlichen Stellungnahmen zugunsten eines sozial gerechten Umbauprozesses trugen insbesondere die öffentlichen Auftritte des IG Metall-Vorsitzenden Franz Steinkühler zum positiven Image der westdeutschen IG Metall bei den ostdeutschen Beschäftigten bei. Um sicherzustellen, dass durch die IG Metall/DDR vor ihrer Auflösung keine Hindernisse für die Arbeit der westdeutschen IG Metall mehr aufgebaut würden, forderte die Frankfurter Führung, alle finanziell oder strukturell relevanten Maßnahmen der ostdeutschen IG Metall/DDR müsse diese mit ihr abstimmen. Damit stand die IG Metall/DDR für den Rest ihrer Existenz gewissermassen unter Kuratel.[135]

Der strategische Kurswechsel der Frankfurter Vorstandszentrale wurde mit großem Ressourcenaufwand vorbereitet. Für das Jahr 1990 wurden rund 13 Millionen DM an Sach- und Personalmitteln aufgewandt.[136] Zeitweise konzentrierten große Teile der

---

132 Ebd.
133 Ebd S 5
134 "Die IG Metall hat in der Bundesrepublik in mehr als 40 Jahren bewiesen, dass sie eine starke Interessenvertretung ist Eben das Stärkste, was die Schwachen haben. Die gerade abgelaufene Tarifrunde mit der Durchsetzung der 35-Stunden-Woche hat dies erneut gezeigt. Die Menschen in der DDR haben den Anspruch auf eine ebenso starke Interessenvertretung in der ihre Sorgen und Nöte, ihre Hoffnungen und Wünsche gut aufgehoben sind " (Franz Steinkühler, Eine IG Metall für Deutschland, In· Metall 1.6 1990, S 3)
135 Ausgeübt wurde diese Kontrolle durch Hans Mayr, ehemaliger Vorsitzender der IG Metall, unterstützt von Berthold Huber. Sie nahmen an den Vorstandssitzungen des Berliner Zentralvorstandes teil und wachten darüber, dass der Vorstand der IG Metall/DDR keine Entscheidungen traf, die im Widerspruch zu den Vorstellungen der Frankfurter Zentrale standen.
136 IG Metall-Pressedienst 15.8 1991, Vgl auch: Schmid, Josef/Tiemann, Heinrich 1992, S. 138.

Organisation ihre Arbeit alleine auf den Aufbau Ost Die Zahl der Büros wurde ebenso erhoht wie die Zahl der Funktionäre, die im Auftrag der westdeutschen IG Metall die Übertragung der Strukturen vorbereiteten. Neben dem Vorstand waren die sogenannten Patenbezirke, deren Geburt und Arbeit nicht ohne Konflikte verlief, das wichtigste Instrument zur Übertragung der Strukturen. Als der Verlauf des Einigungsprozesses noch eine gewisse Offenheit besaß, wurde von einzelnen moniert, dass die Einrichtung von Patenbezirken einer Bevormundung der ostdeutschen "Schwesterorganisation" gleichkomme. Nachdem diese Position durch den Ereignisverlauf obsolet geworden war und alle westdeutschen Bezirke[137] eine Funktion als Pate zugewiesen bekommen hatten, gab es insbesondere zwischen Bayern und Baden-Württemberg Kompetenzgerangel hinsichtlich des Einflusses auf die Entwicklung in Sachsen. Auch wenn die konkrete Form des Aufbaus von den Funktionären vor Ort geprägt wurde, die seitens der Patenbezirke[138] für diese Aufgabe ausgewählt worden waren, steckte der Vorstand die Rahmenbedingungen für den Aufbau der Verwaltungsstellen und Bezirke ab. Aus den im Sommer an 35 Orten aufgebauten Büros entstanden ab 1. Januar die offiziellen Verwaltungsstellen der IG Metall.[139] Geplant war, dass die Büroleiter auch die späteren 1 Bevollmächtigten werden Während in Berlin, wo zuvor nur eine Verwaltungsstelle existierte, und in Dresden zwei neue Bezirksleitungen eingerichtet wurden, dehnten die westdeutschen Bezirke Hamburg (Mecklenburg-Vorpommern), Hannover (Sachsen-Anhalt) und Frankfurt (Thüringen) lediglich ihre Verantwortungsbereiche nach Ostdeutschland aus.

Um die immer zahlreicher werdenden Aktivitäten der verschiedenen IG Metall-Ebenen weiterhin steuern zu können, wurde in der Frankfurter Zentrale Ende Mai eine neue "Steuerungsgruppe" eingerichtet, die die "Arbeitsgruppe DDR" ablöste.[140] Ihre Aufgabe bestand darin, die DDR-Aktivitäten innerhalb der IG Metall zu koordinieren, um Reibungsverluste zu minimieren und konkurrierende Strategien zu vermeiden. Die binnen kürzester Zeit erfolgte Implementierung westdeutscher IG Metall-Strukturen

---

137 Die grenznahen Bezirksleitungen waren für die unmittelbar angrenzenden Länder zuständig Frankfurt (Thüringen). Hamburg (Mecklenburg-Vorpommern), Hannover (Sachsen-Anhalt), für Sachsen waren die Bezirksleitungen Stuttgart (primär organisationspolitisch) und München (primär tarifpolitisch) verantwortlich, die Bezirksleitungen Wuppertal und Dortmund engagierten sich im Stahlbereich

138 Angesichts der eigenständigen Vorstellungen der Bezirke sah sich Franz Steinkühler in der Vorstandssitzung am 10 7 1990 zu einer deutlichen Warnung an die Bezirke veranlasst "Eine Übertragung der Verantwortung an die Bezirke heißt aber nicht. dass jeder Bezirk nach eigenem Gusto Prioritäten setzten kann. (...) Ausgehend von den Beschlüssen des Vorstandes, die er heute zu treffen hat, müssen Vorstand, Bezirksleitungen und Verwaltungsstellen an einem Strang ziehen und mit einer Sprache sprechen, denn die Gefahr, dass wir gegeneinander ausgespielt werden, ist viel zu groß Auch wenn in der DDR-IG Metall kaum etwas funktioniert, was wir unter einer Gewerkschaft verstehen, so kann man sich auf eines verlassen· Die alten Informationskanäle untereinander funktionieren dort nach wie vor" (Franz Steinkühler, Einführung zu Top DDR. Vorstandssitzung am 10 7.1990 Ms)

139 Diese Entscheidung geht auf einen Vorstandsbeschluss vom 11 Dezember 1990 zurück

140 Die erste Sitzung dieser Steuerungsgruppe fand am 7 6 1990 statt, die letzte am 16. 11 1990 Die zentralen Akteure waren die Abteilungsleiter der Vorstandsverwaltung, die unter der Koordinierung der Grundsatzabteilung agierten Die wichtigsten beteiligten Abteilungen waren die Tarif-, Personal- und Organisationsabteilung und das Justitiariat Basis für die Steuerungsgruppe waren neben den Beratungsbüros vor allem vier Arbeitsgruppen in der Vorstandsverwaltung: 1 Satzung/Organisation, 2 Beitrag/Finanzen, 3 Tarif, Wirtschaft. Arbeitsmarkt, 4 Betriebliche Organisationsstrukturen, Bildung, Publikationen

in Ostdeutschland wurde durch dieses Gremium koordiniert. Nicht nur in der Regierungspolitik, sondern auch in der IG Metall war die Konstellation des Einigungsprozesses die Stunde der "Exekutive". Denn es waren primär die Führungsspitze um Franz Steinkühler sowie die Fachgliederungen des IG Metall-Vorstandes, die federführend damit befasst waren, die Eckpunkte für den Aufbau der ostdeutschen Strukturen festzulegen. Dazu gehörte aber auch die Auseinandersetzung um das Erbe des FDGB[141], wobei man die Grundposition einnahm, dass die IG Metall nicht die Rechtsnachfolgerin der IG Metall/DDR sei und eine nachholende Einflussnahme auf die Strukturen der Treuhandanstalt[142] einforderte, deren Politik schließlich maßgeblich über die Chancen gewerkschaftlicher Politik mitbestimmen würde. Dagegen waren es primär die Bezirke und Verwaltungsstellen, die die Betriebsrats- und Aufsichtsratswahlen unterstützten, Beratungsbedarf bei betrieblichen Umstrukturierungen organisierten, auf Betriebsstilllegungen reagierten und Kooperationen mit allen relevanten politischen Ebenen in Ostdeutschland aufnahmen.

Während die im Westen eingeübten Instrumente vergleichsweise schnell übertragen werden konnten, konzentrierte sich die Debatte innerhalb der IG Metall im Sommer 1990 auf den Umgang mit den Funktionären der IG Metall/DDR.[143] Dabei kam es zu teilweise heftigen Debatten zwischen den Übernahme- oder zumindest Teilübernahmebefürwortern und jenen, die eine solche Option ablehnten. Die Übernahmevertreter verwiesen auf die Risiken und den sozialen Befriedungsbedarf; denn bei genereller Nichtübernahme der Funktionäre müsse befürchtet werden, dass die notwendige Zwei-Drittel-Mehrheit, welche bei der Zentralen Delegiertenkonferenz notwendig sei, damit sich die IG Metall/DDR aufzulösen könne, nicht zustande komme. Manche sprachen sogar von "Gewerkschaftskannibalismus"[144], nahmen aber damit eine Außenseiterposition ein. Demgegenüber verwiesen die Gegner darauf, dass die IG Metall keine Rechtsnachfolgerin der IG Metall/DDR sei. Des weiteren insistierten sie auf den inhaltlichen Defiziten der DDR-Funktionäre und ihrer politischen Verwurzelung im SED-System, die Anlass zu der Vermutung gebe, dass von deren Übernahme eine Gefahr für die Akzeptanz der IG Metall bei den Beschäftigten ausgehen könne. Mit dieser Position sahen sich die Befürworter des Elitentransfers in Übereinstimmung mit den Mitgliedern. Auch wenn sich die Übernahmegegner durch-

---

141 Im Sommer 1990 entspann sich eine sehr emotional geführte Debatte um das Vermögen des FDGB, deren besondere Dynamik auf einen Gesetzentwurf der DSU zur "Enteignung der Grundvermögen von Parteien und Massenorganisationen" zurückging Während die DSU dafür plädierte, dass den Gewerkschaften nichts aus dem Vermögensbestand des FDGB zustünde, votierte die IG Metall für eine differenzierte Auseinandersetzung mit der Herkunft des Vermögens, wobei sie ausdrücklich darauf insistierte, dass "unrechtmäßig erworbenes Vermögen" von ihr nicht beansprucht werde (Vgl Die IG Metall will sich nicht bereichern am unrechtmäßigen Vermögen des FDGB, in: Handelsblatt 31.8.1990)
142 Bis zum August 1990 war nicht klar, ob Arbeitnehmer und Gewerkschaften im Verwaltungsrat und Vorstand der Treuhandanstalt vertreten sein würden (Vgl Gewerkschaften rangeln um die externen Vertreter, in: Handelsblatt 14.8.1990).
143 Vgl Nicht jeden in die Wüste schicken. Gespräch mit K M. Bormann über die Lage der Gewerkschaften in der ehemaligen DDR, in: Gewerkschaftliche Monatshefte Nr. 7/1991, S 441-447.
144 Wendl, Michael, Gewerkschaftskanibalismus Zum Verhältnis der BRD- zu den DDR-Gewerkschaften, in: Sozialismus 1990/4, S 44

setzten, wurden sowohl auf der Ebene der Bezirke[145] wie auch in den Verwaltungsstellen ehemalige Mitarbeiter der IG Metall/DDR eingestellt. Zudem konnten sich auf der Ebene der Verwaltungsstellen auch alle ehemaligen FDGB-Funktionäre zur Wahl stellen, gewählt wurde jedoch nur ein Vertreter aus dem Funktionärskorps der IG Metall/DDR als 1. Bevollmächtigter; auf der Ebene der 2 Bevollmächtigten und Sekretäre wurden 1991 weitere Einstellungen ehemaliger Funktionäre vorgenommen.

Eine häufig diskutierte Frage lautet. Warum entschied sich die IG Metall für einen nahezu vollständigen organisatorischen und personellen Neuanfang in Ostdeutschland (Anschlussmodell), während andere DGB-Gewerkschaften, wie die IG Chemie[146], die IG Bergbau oder die IG Bau (Zusammenschlussmodell), die ostdeutschen Gewerkschaftsfunktionäre stärker integrierten? Diese vergleichsweise puristische Aufbauvariante des Elitentransfers ist nicht nur mit unmittelbaren Effizienzkriterien zu begründen, vielmehr spielten dabei möglicherweise auch unterschiedliche Erfahrungen sowie ein stärker ausgeprägtes Bedürfnis nach ideologischer Abgrenzung eine Rolle.[147] Dass die IG Chemie, mit ihrem dezidierten Image als antikommunistischer Organisation, weniger Skrupel besaß, ehemalige Kommunisten zu kooptieren als die IG Metall, der nachgesagt wird, sie sei eine "linke" Gewerkschaft, mag damit zusammenhangen. Da der Strategiewechsel der IG Metall jedoch in eine komplexe Entscheidungskonstellation eingebettet war, lassen sich einzelne Motive und Ziele ex post kaum isolieren

Eine wichtige Bedingung für die Etablierung der IG Metall in Ostdeutschland lag in der Auswahl des hauptamtlichen Personals. Unter enormem zeitlichen Druck und bei unübersichtlichen ökonomischen sowie politischen Perspektiven mussten solche Entscheidungen relativ schnell getroffen werden. Eckpunkte der Personalauswahl waren einerseits inhaltliche Kompetenz und andererseits politische Berechenbarkeit. Da der Erfolg des Institutionentransfers in eine fremde Umwelt davon abhängt, ob ihre Repräsentanten von den Beschäftigten akzeptiert werden, entschied man sich dafür, dass ostdeutsche Kandidaten, die mit den spezifischen Regeln des deutschen Sozial- und Rechtsstaates nicht vertraut waren, für bestimmte Führungspositionen zunächst - nicht berücksichtigt werden. Dies galt vor allem für den Bereich der 1. Bevollmächtigten und die Rechtsberatung. In anderen Bereichen, in denen die spezifisch westdeutsche Regelungskompetenz gefragt war und nicht die umweltadäquate ostdeutsche Sozialkompetenz, wurde ebenfalls sehr sensibel agiert, denn in diesem Bereich befürchteten die Verantwortlichen, dass kompetente Ostfunktionäre als Stasi-Mitarbeiter enttarnt werden könnten. Dies führte im Ergebnis zur Dominanz westdeutscher Funktionäre und zu einer ostdeutschen "Vertretungslücke"[148] vor allem bei den 1. Be-

---

145 In den Bezirksleitungen Berlin und Dresden wurden zusammen fünf Personen übernommen.
146 Die IG Chemie hat rund 130 FDGB-Funktionäre übernommen (Vgl Die zwei Einigungsmethoden im DGB, in Badische Zeitung, 7 9 1990)
147 Hierzu der ehemalige IG Metall-Bezirksleiter und Aufbauhelfer Reimar Birkwald "Es war ja nicht der Sinn der Revolution, dass demokratische Gewerkschaften mit undemokratischen Funktionaren, die sich schnell eine andere Jacke übergezogen hatten, kooperieren" (Birkwald, Reimar 1991, S 129)
148 Abromeit. Heidrun, Die "Vertretungslücke" Probleme im neuen deutschen Bundesstaat, in Gegenwartskunde Gesellschaft, Staat, Erziehung 42, 3, 1993, S 281 - 292.

vollmächtigten: Mit Ausnahme der Verwaltungsstelle Rostock standen an der Spitze aller neu geschaffenen Verwaltungsstellen zunächst ausschließlich westdeutsche Funktionäre. Anders sah die Zusammensetzung des Personals auf der Ebene der 2. Bevollmächtigten und bei den übrigen politischen und administrativen Kräften aus. Dort dominierten Personen ostdeutscher Herkunft; allerdings ist auch unter ihnen nur ein kleiner Teil, der bereits für den FDGB gearbeitet hatte. Für die weitere Konsolidierung des Organisationsaufbaus ist es wichtig, dass an die Stelle westdeutscher Funktionäre sukzessive ostdeutsche Vertreter rücken, um die Organisation besser in der neuen Umgebung zu verankern.

Der eigentlich politikwirksame Strategiewechsel im Umgang mit der ostdeutschen IG Metall erfolgte erst nach der Hamburger Erklärung vom 25.5.1990. Erst danach setzten sich in der westdeutschen IG Metall die Befürworter einer relativ strikten Abgrenzung vom ostdeutschen Funktionärsapparat durch. Als auf dem außerordentlichen IG Metall-Kongress am 1./2.11.1990 die satzungsgemäßen Grundlagen für die Übertragung der IG Metall nach Ostdeutschland beschlossen wurden, begründete der Vorsitzende der IG Metall rückblickend die Notwendigkeit eines strikten Abgrenzungskurses mit der finanziellen Haftungsproblematik: Es musste verhindert werden, "dass die IG Metall der BRD rechtlich auch nur annähernd in die Situation kommt, für die finanzielle und politische Misswirtschaft des FDGB und seiner Gewerkschaften in Haftung genommen zu werden"[149]. Zu diesem Abgrenzungskurs gehörte auch, dass die ostdeutschen IG Metall-Mitglieder nicht automatisch übernommen werden sollten, sondern jeder an einer Mitgliedschaft Interessierte ein eigenes Antragsverfahren zu durchlaufen hatte. Da die Mitgliederübertragung durch den Berliner Vorstand nicht wie erwartet funktionierte, existierten nebeneinander drei verschiedene Rekrutierungswege: Erstens die Übergabe der Mitgliederlisten durch den Vorstand der IG Metall/DDR. Zweitens eigene Werbeaktivitäten der westdeutschen Informations- und Beratungsbüros in der DDR. Drittens fügte die westdeutsche IG Metall allen in Ostdeutschland verbreiteten Tarifnachrichten und der Metall-Zeitung ein Beitrittsformular an. Neben der selbst durchgeführten "vorsorglichen Mitgliederrekrutierung"[150], die bereits im Sommer 1990 von den westdeutschen Büros begonnen wurde, leistete auch die Übergabe der Mitgliederlisten durch die IG Metall/DDR einen Beitrag zur schnellen Mitgliederaufnahme. Zu den Spannungen zwischen den Vorständen Frankfurt und Berlin traten Abgrenzungsstreitigkeiten mit anderen Gewerkschaften, die die Mitgliederwerbung behinderten.[151] Dass sich trotz dieser Schwierigkeiten über eine Million Mitglieder in der IG Metall wiederfanden,[152] war zwar nicht unbedingt erwartet worden, erscheint aber nachträglich als plausibel - und dies nicht nur als Ergebnis von Gewohnheitsmitgliedschaft oder der angebotenen selektiven Leistungen. Dabei spielte auch das positive Image der westdeutschen IG Metall und der ihr ge-

---

149 Schwarzer, Doris 1996, S 326.
150 Vorsorgliche Mitgliederrekrutierung. in. Süddeutsche Zeitung 8.8.1990
151 Vgl Westermann, Klaus 1991, S 115
152 Bis zum 1 März 1991 konnte die IG Metall in Ostdeutschland 1 005.061 Mitglieder verzeichnen

währte Vertrauensvorschuss eine Rolle, der eng mit den Wertpräferenzen der ostdeutschen Beschäftigten korrelierte. Die Ostdeutschen konnten bereits anhand der seit Mitte 1990 verhandelten Tarifverträge und Schutzregelungen erfahren, dass die IG Metall eine mit Kompetenz und Durchsetzungsstärke agierende Organisation ist, die als Anwalt der "sozialen Einheit" handelte.[153] Um den regionalen Integrationsprozess formal abzuschließen, wurde auf dem außerordentlichen IG Metall-Kongress im November 1990 vereinbart, den Vorstand um sechs ostdeutsche Mitglieder zu erweitern und in anderen Gremien ebenfalls der neu hinzu gekommenen ostdeutschen Mitglieder Rechnung zu tragen. Auf der Beiratssitzung vom 4. Juni 1991 sprach der Vorstand gar von der "Vollendung der Gewerkschaftseinheit"[154], die mit den Nachwahlen zum Vorstand, Kontrollausschuss und Beirat eingeleitet worden sei. Auf dem 17. ordentlichen Gewerkschaftstag in Hamburg (1992) wurde mit Joachim Töppel ein ostdeutscher Funktionär in den geschäftsführenden Vorstand gewählt.

Die IG Metall wurde von der Entwicklung in der DDR überrascht. Zunächst suchte man durch Rückgriff auf vertraute Deutungen und Verhaltensweisen diese Irritation zu bewältigen Dadurch gewann man einerseits Zeit, musste anderseits jedoch mehrmals einen schnellen Kurswechsel vollziehen Die wichtigsten Referenzpunkte für den Institutionen- und Elitentransfer bildeten die Aufgaben, Strukturen und Werthaltungen der westdeutschen Akteure Für die westdeutsche IG Metall ging es darum, dass die Entwicklung in der implodierenden DDR nicht ihre gesamtdeutsche Handlungsfähigkeit gefährdete Die Steuerungsgruppe in der Frankfurter Zentrale musste bei ihrem Vorgehen sowohl konkurrierende Positionen auf westdeutscher Seite berücksichtigen wie auch die Handlungsmöglichkeiten der Führungsriege der IG Metall/DDR Vor allem musste sie verhindern, dass es zu einer Koalition zwischen west- und ostdeutschen Funktionären kam, um eine paritätische Fusion vorzubereiten

Die Mehrheit der ostdeutschen Beschäftigten sah in der Vertretung durch westdeutsche Funktionäre zunächst eine entscheidende Voraussetzung, um dem West-Management in Treuhandanstalt und Betrieben Paroli bieten zu können und einen gelingenden Angleichungsprozess an das westdeutsche Niveau zu gewährleisten. Die westdeutschen Funktionäre wurden also weniger als feindliche "Landnehmer"[155] wahrgenommen. vielmehr wurden sie zunächst mit einem hohen Vertrauensvorschuss bedacht, was sich bei den Wahlen für das Amt des 1. Bevollmächtigten deutlich zeigte. Zugleich gab es aber auch einige westdeutsche Stimmen, die darin "den wohl schwersten Geburtsfehler" sahen, der nicht nur eine "Repräsentationslücke" hinterlasse, sondern auch "für die normative Akzeptanz der neuen Machtverhältnisse nicht gerade förderlich sei"[156] Dadurch, dass die westdeutschen Strukturen, Interessen und Deutun-

---

153 Vgl Lang, Klaus. Die deutsche Einheit - eine Herausforderung für die Tarifpolitik, in Gatzmaga Ditmar et al , Marburg 1991. S 140 - 146
154 Tiemann, Heinrich/Schmitz, Kurt/Lohrlein, Mitgliederentwicklung Gewerkschaftseinheit und Gewerkschaftsaufbau in Deutschland, in Kittner, Michael (Hrsg),Gewerkschaftsjahrbuch 1992, Köln 1992, S 73
155 Im Rahmen eines Vergleichs verschiedener Transformationswege in den mittel- und osteuropäischen Staaten vertritt Klaus von Beyme die Auffassung, "die Gewerkschaften waren die zögerlichsten Landnehmer" (Beyme, Klaus von 1995, S 54)
156 Mahnkopf. Birgit 1991, S 292

gen den Institutionentransfer dominierten, entstand eine "Repräsentationslücke", die zwar 1990 effizient war, die aber im Hinblick auf die Verankerung der westdeutschen IG Metall im sozialen und kulturellen Raum Ostdeutschlands als Hypothek wirkte. Durch den Elitentransfer fehlten die authentischen Anwälte, die als kulturelle Brücke zwischen regionalem Handlungsraum und bundesweit agierender Organisation mit hierarchischer Struktur vermitteln konnten. Den ostdeutschen Betriebsräten standen nunmehr fast ausschließlich aus Westdeutschland kommende Gewerkschaftsfunktionäre gegenüber. Die entscheidende Bedingung dafür, dass sich die Linie des Neubeginns mit westdeutschen Funktionären durchsetzte, war die geringe Legitimations- und Vertrauensbasis der Mehrheit der ostdeutschen Funktionäre und der hohe Vertrauensvorschuss, über den westdeutsche Vertreter 1990 verfügten.

In der wissenschaftlichen Literatur wird die Politik der westdeutschen IG Metall in drei Phasen eingeteilt. So ist einmal die Rede davon, dass der Prozess von der anfänglichen Konsultation, über eine befristete Kooperation bis hin zur Konfrontation reichte, ein anderes Mal wird der Prozess durch die Begrifflichkeiten Irritations-, Infiltrations- bis hin zur Integrationsphase abgebildet[157], oder von "der Begleitung über die aktive Beeinflussung bis zur Bestimmung des Ablaufs"[158]. Während die Kritiker dieses Prozesses von der offensiven "Landnahme" oder "feindlichen Übernahme" sprechen, attestieren außenstehende Beobachter (Klaus von Beyme) den Gewerkschaften ein vorsichtiges und zögerliches Vorgehen. Als problematisch erschien der abrupte Kurswechsel der IG Metall auch im Vergleich zu den anderen DGB-Gewerkschaften "Tatsächlich bestand die Gefahr, dass die IG Metall/West durch ihr zögerliches Verhalten ins Abseits gerät und ihre Akzeptanz bei den ostdeutschen Beschäftigten gefährdet. Denn durch die vergleichsweise lange währende Zusammenarbeit mit der IG Metall/DDR verlor die IG Metall/West Zeit, die sie durch einen um so radikaleren Kurswechsel zu kompensieren versuchte. Ex post kann man die Politikwechsel der IG Metall/West nicht nur als effiziente Antworten auf die veränderten politischen Handlungskonstellationen in der DDR interpretieren, sondern auch als Reaktionen auf das erweiterte und vertiefte Wissen über die Handlungsressourcen und Befindlichkeiten in der ostdeutschen Arbeitnehmerschaft. Durch das späte und vergleichsweise zögerliche Vorgehen der IG Metall gab es zudem nur wenige Festlegungen, die irreversiblen Charakter besaßen.

---

157 Schmid. Josef/Tiemann, Heinrich 1992, S 137
158 Boll, Bernhard, Organisation und Akzeptanz Eine empirische Analyse der IG Metall im Transformationsprozeß Ostdeutschlands, Opladen 1997, S. 63.

II. Metallarbeitgeberverbände

1. Historische Entwicklungslinien

Wie bei den Gewerkschaften so liegen auch die Wurzeln der Arbeitgeberverbände im 19. Jahrhundert. Bevor es zur Entstehung von separaten Arbeitgeberverbänden kam, existierten Standesvereinigungen sowie Interessenorganisationen, die als lose Zusammenschlüsse einzelner Unternehmen zur Durchsetzung konkreter wirtschaftspolitischer Forderungen gegründet worden waren.[158] Mit fortschreitender Differenzierung der Unternehmen und der industriellen Eigentümerklasse erfolgte auch eine organisatorische Ausdifferenzierung, die in der Metallindustrie in zwei Varianten zur Gründung von separaten Arbeitgeberverbänden führte: Entweder gingen sie aus Wirtschaftsverbänden hervor durch Umwandlung eines solchen Verbandes in einen Arbeitgeberverband oder sie wurden als gänzlich eigenständige Organisationen neu gegründet. Als im letzten Jahrzehnt des 19. Jahrhunderts in der Metallindustrie die Grundsatzentscheidung für ein dreigliedriges Verbändesystem (Arbeitgeberverband/ Wirtschaftsverband/Industrie- und Handelskammern) fiel, war dies auch eine Absage der Metallunternehmen an integrierte Wirtschafts- und Arbeitgeberverbände[159], wie sie sich in einigen anderen Branchen etablierten.[160]

Erste spontane Zusammenschlüsse zu separaten Metallarbeitgeberverbänden erfolgten als abwehrende Reaktion auf die Streikwelle in der industriellen Hochkonjunktur der Gründerzeit (1870 - 1872). Aus diesen frühen Gründungen entstanden jedoch keine dauerhaften Organisationen; sie lösten sich vielmehr nach Beendigung des Streiks, dem sie ihre Entstehung verdankten, meist wieder auf. Erst als die Gewerkschaften stärker wurden, der staatliche Interventionsapparat auch die betriebliche Sphäre stärker regulierte und die Sozialversicherung auf dem Prinzip der Parität aufbaute, nahm der Druck zur Bildung von dauerhaften Interessenorganisationen der Arbeitgeber zu. Unmittelbarer Anlass waren schließlich überregionale Streiks, in deren Gefolge ab 1888 eine Welle von Arbeitgeberzusammenschlüssen erfolgte, an denen sich allerdings zunächst fast nur solche Betriebe beteiligten, die direkt von Streiks

---

158 Zunächst nannten sie sich Handels-und Gewerbevereine (ab 1819), Industrievereine (ab 1840), Industrie- und Handelskammern (ab 1850), industrielle Branchenverbände (ab 1850) und als erster großer industrieller Spitzenverband wirkte der großindustriell geprägte "Centralverband Deutscher Industrieller" (1876), dem 1895 mit dem "Bund der Industriellen" eine handfeste Konkurrenz erwuchs (Vgl Plumpe, Werner, Industrielle Beziehungen, in· Ambrosius, Gerold et al (Hrsg), Moderne Wirtschaftsgeschichte. Eine Einführung für Historiker und Ökonomen, München 1996, S 378)
159 Diese Trennung erklärt Adolf Weber damit, dass bei einer Verschmelzung "weder die einen noch die anderen Zwecke richtig wahrgenommen werden" (Weber, Adolf, Der Kampf zwischen Kapital und Arbeit. Gewerkschaften und Arbeitgeberverbände in Deutschland, Tübingen 6. Auflage 1954, S. 99).
160 Die Entstehungsgeschichte der Arbeitgeberverbände in der Metallindustrie ist am umfassendsten in der Dissertation von Achim Knips (1996) bearbeitet.

betroffen waren.[161] Im Windschatten eins der bedeutendsten Streiks der damaligen Zeit, den die Former initiiert und getragen hatten, gründete sich mit dem "Verein der Kupferschmiedereien Deutschlands" der erste reichsweit agierende Arbeitgeberverband der Metallindustrie (29.4.1889), der zudem als erster in der Branche die Integration von Industrie- und Handwerksbetrieben auf seine Fahnen schrieb. Mit dem Beitritt der AEG zum "Verein Berliner Eisengießereien und Maschinenfabriken" (27.8.1889) begann die organisatorische Verbindung von elektro- und metallindustrieller Arbeitgeberschaft in einem Verband.[162]

Noch bevor sich die Beschäftigten 1891 in der reichsweiten Organisation des "Deutsche Metallarbeiterverbandes" (DMV) zusammenfanden, bildeten die metallindustriellen Arbeitgeber am 8.3.1890 mit dem "Gesamtverband Deutscher Metallindustrieller" (GDM) einen regionenübergreifenden Dachverband, der wiederum die Gründung des DMV förderte. Der GDM setzte in verschiedener Hinsicht neue Maßstäbe in der Organisationsentwicklung der deutschen Arbeitgeberverbände: Erstmals erstreckte ein Arbeitgeberverband seinen Einzugsbereich über das ganze Reich, erfasste alle Betriebsgrößen, organisierte Industrie und Handwerk zugleich und versuchte als Multibranchenorganisation alle Bereiche der Eisen- und Metallindustrie zu integrieren. Mitglieder des Dachverbandes, der ein Verbände-Verband sein sollte, konnten keine Firmen, sondern nur Bezirksverbände werden, es sei denn, in einer Region gab es keinen lokalen Arbeitgeberverband.

Die Arbeitgeberverbände wurden als reaktive politische "Gegenorganisationen" zu den Gewerkschaften gegründet. Zunächst war ihr wichtigstes Instrument, um Mitglieder zu gewinnen und vorhandene Mitglieder enger an den Verband zu binden, nicht der Tarifvertrag, sondern der politische Wille, eine geschlossene "Abwehrfront" gegen die Gewerkschaften aufzubauen. Die Mittel, die zu diesem Zweck eingesetzt wurden, waren Aussperrung und schwarze Listen: Im Falle eines Streiks mussten sich die Mitglieder - bei Androhung einer Konventionalstrafe - dazu verpflichten, Schmutzkonkurrenz zu vermeiden und Streikarbeit nicht zu übernehmen.[163] Betrachtet man die weithin vorhandene Skepsis gegenüber dem Instrument des Tarifvertrages, so erhält man hinsichtlich des Profils der Arbeitgeberverbände in der Zeit vor 1933 ein ambivalentes Bild: Einerseits waren sie mehr als nur reaktive Gegenorganisationen, indem sie einen eigenständigen gestaltenden Einfluss auf die Regulierung des Arbeitsmarktes ausübten; beispielsweise wandelte sich der von ihnen eingeführte Arbeitsnachweis vom reinen Repressions- zum positiven Rekrutierungsmechanismus; die Lohnstatistik, die Rechtsberatung und die Vermittlung von Haftpflichtversicherungen - gegen die Folgen des Streiks - bildeten die Basis für eine differenzierte Verbandsarbeit mit selektiven Nutzenanreizen. Andererseits dominierte in den Phasen, in denen die Gewerkschaften schwach waren und der Staat über einen unzureichenden Interventionswillen zu

---

161 Der überregionale Streik der Former in den Gießereien vom Herbst 1888 bis ins Jahr 1890 trug maßgeblich dazu bei, die Idee des dauerhaft agierenden Arbeitgeberverbandes zu forcieren und den überregionalen Zusammenschluss der Arbeitgeberverbände zu fördern.
162 Vgl Knips, Achim 1996, S. 86.
163 Vgl ebd, S 47.

Gunsten des kollektiven Arbeits- und Tarifvertragsrechtes verfügte, die politisch bestimmte Ablehnung der Gewerkschaften und des sozialstaatlichen Interventionismus Daraus resultiert auch, dass sich unter den strukturellen Bedingungen des Kaiserreiches und der Weimarer Republik eine Einteilung in primäre (Tarifpolitik) und sekundäre (individuelle Nutzenanreize) Instrumente der Verbandsbindung nur schwer aufrechterhalten lässt, denn hinter dieser Trennung steht das normative Bild einer funktionierenden Tarifautonomie, die so vor 1933 nicht existierte.

Als 1933 die Gewerkschaften aufgelöst wurden, setzte nach eigener Einschätzung bei den Arbeitgeberverbänden der Eisen- und Metallindustrie "noch einmal ein zähes Ringen um den Bestand der wirtschafts- und sozialpolitischen Organisationen ein".[164] Doch anders als bei den wirtschaftlichen Interessenvertretungen der Eisen-und Metallindustrie, die vielfach bloß organisatorische und nominelle Umstellungen bei ihrer Integration in das neue institutionelle Netzwerk des nationalsozialistischen Staates hinnehmen mussten, hörten die meisten Arbeitgeberverbände im Jahre 1933/1934 auf zu existieren. Dieser institutionellen Diskontinuität stand eine personelle Kontinuität gegenüber: Die Mehrheit derjenigen, die bis zu diesem Zeitpunkt für die Arbeitgeberverbände gearbeitet hatten, wurden von den metallindustriellen Wirtschaftsgruppen, den Reichstreuhändern der Arbeit oder anderen nationalsozialistischen Organisationen übernommen [165]

Die wichtigste organisationspolitische Grundsatzentscheidung im Unternehmerlager bestand nach 1945 darin, das dreigliedrige Verbandssystem der Vorkriegszeit wieder herzustellen und die arbeitgeberverbandslose Zeit (1934 - 1945) zu beenden.[166] Gleichwohl blieb die Trennung in Arbeitgeber- und Wirtschaftsverband in der Metall- und Elektroindustrie bis in die 50er Jahre hinein umstritten. Zu diesen Spannungen trug nicht nur der Zustand während der nationalsozialistischen Zeit bei, sondern auch, dass manche Befürworter integrierter Verbände in der Metallindustrie auf die Textil-, Bau- und Holzindustrie verweisen konnten, wo es Ende der 40er Jahre zur Bildung solcher Verbände gekommen war Doch dies änderte nichts an der bis heute vorherrschenden Arbeitsteilung, dass die Wirtschaftsverbände primär die wirtschaftspolitischen Interessen ihrer Mitglieder gegenüber dem politischen System vertreten und die Arbeitgeberverbände mit den Gewerkschaften das Feld der Tarifautonomie bestellen. Als Dachorganisation der Wirtschaftsverbände fungierte die "Bundesvereinigung der Deutschen Industrie"[167] (BDI), als Spitzenorganisation der Arbeitgeberverbände die

---

164 Mallmann, Luitwin 1990, S 224
165 Vgl Moser, Eva 1990, Bayerns Arbeitgeberverbände Der Verein der bayrischen Metallindustrie 1947 bis 1962, Stuttgart 1990, S 36 ff : vgl Sörgel, Werner, Metallindustrie und Nationalismus. Eine Untersuchung ihrer Struktur und Funktion industrieller Organisationen in Deutschland 1929 bis 1939, Frankfurt 1965
166 Vgl zu den Gründungsproblemen der Arbeitgeberverbände: Tornow, Ingo, Die deutschen Unternehmerverbände 1945 - 1949, in Becker, Josef/Stammen, Theo/Waldmann, Peter (Hrsg), Vorgeschichte der Bundesrepublik Deutschland, München 1979, S. 235 - 260
167 Vgl Braunthal. Gerard, The federation of German industry in politics, Cornell University, 1965, Mann, Siegfried Macht und Ohnmacht der Verbände, Baden-Baden 1994

"Bundesvereinigung der deutschen Arbeitgeberverbände"[168] (BDA). Umstritten ist bis auf den heutigen Tag die Trennung von Arbeitgeber- und Wirtschaftsverband auf der nationalen Spitzenverbandsebene. Wegen der manchmal auftretenden inneren Spannungen zwischen BDI und BDA in wichtigen sozialpolitischen Fragen, aber auch wegen der in manchen Bereichen vorhandenen Doppelarbeit[169] sowie der damit einhergehenden Reibungsverluste gab es immer wieder Versuche, diese Trennung zur Disposition zu stellen. Anfang der 60er Jahre erfolgte der erste ernsthafte Versuch, die Dachverbände von BDI und BDA zu fusionieren, der ebenso scheiterte wie alle folgenden. Durch die Existenz konkurrierender Organisationen erscheinen die internen Querelen zwischen verschiedenen Personen, Interessen und Kapitalfraktionen immer auch als Konflikte zwischen eigenständigen Institutionen.

Die Unternehmen der Metall- und Elektroindustrie sind in den beiden Arenen sehr unterschiedlich organisiert: Auf dem Gebiet der Wirtschaftsverbände gibt es 12 verschiedene Fachverbände[170], während auf dem Terrain der Arbeitgeberverbände mit Gesamtmetall[171] lediglich ein Dachverband existiert, der eine wichtige Rolle bei der Koordinierung der regionalen Arbeitgeberverbände einnimmt. Die finanzielle und verbandspolitische Stärke der Metall- und Elektroarbeitgeberverbände führt auch dazu, dass sie den Kurs der BDA in starkem Maße prägen.[172] In zehn von elf Bundesländern wurde 1989 die Geschäftsleitung der Landesvertretungen der BDA von Gesamtmetall wahrgenommen.[173] Einige Landesverbände der metallindustriellen Arbeitgeber führen zugleich auch die Geschäfte der Landesverbände des Bundesverbandes der Deutschen Industrie. Bereits in den 80er Jahren war jedoch feststellbar, dass die Wirtschaftsfachverbände die Wahrnehmung der BDI-Landesvertretungen durch die Metall- und Elektrolandesverbände mit einer gewissen Skepsis betrachteten und ihrerseits darauf drängten, dass diese Positionen stärker an die Wirtschaftsverbände gebunden sein müssten.

---

168 Vgl Erdmann, Gerhard, Die deutschen Arbeitgeberverbände im sozialgeschichtlichen Wandel der Zeit, Neuwied 1966
169 Darunter ist zu verstehen, dass in beiden Spitzenverbänden vergleichbare Abteilungen sich mit ähnlichen Fragen befassen Darin sahen und sehen manche Kritiker nicht nur eine unnötige Ressourcenverschwendung, sondern auch eine Gefahr für die Durchsetzungsfähigkeit industrieller Interessenpolitik
170 Die Wirtschaftsverbände in der Metall- und Elektroindustrie: 1. Wirtschaftsverband Stahlbau, 2. Wirtschaftsvereinigung Stahl, 3. Zentralverband Elektrotechnik- und Elektronikindustrie e. V (ZVEI), 4. Verband deutscher Maschinen- und Anlagenbau e. V (VDMA), 5 Deutscher Gießereiverband, 6. Verband für Schiffbau und Meerestechnik. e. V.,7. Verband der Automobilindustrie e V (VDA), 8. Wirtschaftsvereinigung Ziehereien und Kaltwalzwerke e V, 9.Wirtschaftsverband Stahlverformung e. V., 10. Verband der deutschen feinmechanischen und optischen Industrie, 11 Wirtschaftsvereinigung Metalle e V., 12. EBM-Industrie
171 Vgl. Mallmann, Luitwin 1990.
172 Gesamtmetall finanziert etwa die Hälfte des Gesamtetats der BDA (vgl. Meyer, Holger, Faktoren unterschiedlichen Tarifverhaltens Gesamtmetall und Gesamttextil im Vergleich, Diss FU Berlin 1998, S. 151).
173 Vgl Meyer, Holger 1998, S 146.

Innerorganisatorische Herausforderungen: Branchen- und Betriebsgrößenunterschiede

Die Arbeitgeberverbände sollen kollektives Handeln der Unternehmen ermöglichen und damit auf die Gewerkschaften sowie die sozialpolitischen Regulierungsaktivitäten des Staates reagieren. Dazu ist es notwendig, dass die Interessendivergenzen zwischen den Branchen, Unternehmen und Betrieben innerhalb des Arbeitgeberverbandes austariert werden. Diese konstitutive Herausforderung für die Handlungsfähigkeit von Wirtschafts- und Arbeitgeberverbänden konnte nicht immer gleichermaßen erfolgreich bewältigt werden. Beginnen wir mit den Divergenzen zwischen den Branchen. Der zentrale Widerstand gegen die tarifpolitische Handlungsfähigkeit der Arbeitgeberverbände ging vor 1933 von der eisenschaffenden Industrie aus. Mit dem unternehmerischen Leitbild des "Herr im Hause" und ihrer ablehnenden Haltung gegenüber den Gewerkschaften übte sie einen äußerst destabilisierenden Einfluss auf die Entwicklung der Arbeitgeberverbände und industriellen Beziehungen aus, der auch maßgeblich war für die seinerzeitige Funktionsunfähigkeit der Tarifautonomie. Mit dem eigenen Regionalverband "Arbeitnordwest" stand die eisenschaffende Industrie, deren Zentrum im Ruhrgebiet lag, zwar bis 1934 außerhalb des GDM, gleichwohl beeinflusste seine Politik maßgeblich das Verhalten der GDM-Verbände.[174] Wie tief die Divergenzen zwischen der verarbeitenden und der eisenschaffenden Industrie gingen, ist auch daran zu sehen, dass diese beiden Sektoren zwischen 1904 und 1913 nicht nur ihre wirtschaftspolitischen[175], sondern auch ihre sozialpolitischen Interessen in konkurrierenden Verbänden organisierten. Während die eisenschaffende Industrie die "Hauptstelle der deutschen Arbeitgeberverbände" (1904) unterstützte, engagierte sich der GDM für den "Verein deutscher Arbeitgeberverbände" (1904). Die Industriellen des Vereins lehnten eine pauschale Ablehnung von Gewerkschaften ab und setzten statt dessen auf eine beweglichere Strategie, um ihre arbeitsmarktpolitischen Interessen abzusichern. Zwar wurde 1913 durch den Zusammenschluss beider Verbände zur "Vereinigung Deutscher Arbeitgeberverbände" die Spaltung auf der Dachverbandsebene aufgehoben; doch blieb dies für die Arbeitgeberverbände in der Eisen- und Metallindustrie relativ folgenlos. Eine sozialreformerisch-kooperative Linie setzte sich in den Arbeitgeberverbänden nicht durch.

Aber nicht nur gegenüber der eisenschaffenden Industrie bestanden in den Arbeitgeberverbänden des GDM Integrationsprobleme, sondern auch gegenüber einzelnen Bereichen der eisenverarbeitenden Industrie. In einigen Landesverbänden bestanden Industrie-Fachgruppen, um die Interessenunterschiede zwischen den Einzelbranchen besser in den Griff zu bekommen.[176] Trotzdem kam es vor, dass ganze Gruppen den

---

174 Dabei ist zu berücksichtigen, dass Arbeitnordwest der nach Mitglieder-und Beschäftigtenzahl größte regionale Arbeitgeberverband in der Eisen- und Metallindustrie war (Vgl Mallmann, Luitwin 1990, S. 42).
175 Die großbetrieblich und strikt antigewerkschaftlich ausgerichtete eisenschaffende Industrie dominierte den "Centralverband Deutscher Industrieller" während die eisenverarbeitende Industrie sich mehrheitlich zum "Bund der Industriellen" hingezogen fühlte und sich dort vertreten ließ
176 Vgl Moser, Eva 1990, S 20

Verband wieder verließen und ihren eigenen Weg gingen.[177] Mitunter fanden sich kleinere und mittlere Betriebe zusammen, um separate Organisationen neben den Verbänden des GDM zu bilden. Sie deckten zwar nur kleine Domänen ab, wie beispielsweise die Schraubenfabrikanten, Gas- und Wasserinstallateure oder Klempnerbetriebe, gleichwohl handelte es sich in einigen Regionen um Konkurrenzorganisationen, die dem Mitgliedsverband des GDM das Leben schwer machen konnten. Vor allem dann, wenn sie Tarifverträge mit den Gewerkschaften abschlossen und damit die intransigente antigewerkschaftliche Linie mancher Arbeitgeberverbände und Großbetriebe in Frage stellten.[178]

Die Integration der Branchen in die Arbeitgeberverbände der Metall- und Elektroindustrie hängt vor allem davon ab, ob es gelingt die unterschiedlichen Konjunktursituationen, die differierende Bedeutung der Lohnsummen und der Exportabhängigkeit auszutarieren, dass die Arbeitsteilung zwischen Wirtschaftsverbänden und Arbeitgeberverbänden nicht gefährdet wird. Unter den zwölf Wirtschaftsverbänden, die Gesamtmetall gegenüberstehen, dominieren der Verband Deutscher Maschinen- und Anlagenbau (VDMA), der Zentralverband der Elektorindustrie (ZVEI) und der Veband der Deutschen Automobildindustrie (VDA). Während der VDA und der ZVEI bis in die 80er Jahre hinein keine öffentlichen Initiativen gegen die Tarifpolitik der Arbeitgeberverbände unternahmen, übte der VDMA im Anschluss an Tarifabschlüsse, die er für problematisch hielt, nicht nur öffentliche Kritik, sondern drohte auch mit der Gründung eines eigenen Arbeitgeberverbandes.[179] Als Reaktion auf die Schwierigkeiten bei der Branchenintegration wurde in den Reihen von Gesamtmetall versucht, immer wieder das heterogene Feld der Wirtschaftsverbände zu homogenisieren und an die Stelle von zwölf einzelnen Wirtschaftsfachverbänden der Metall- und Elektroindustrie einen großen zentralen Wirtschaftsverband aufzubauen, vergleichbar dem VCI in der chemischen Industrie.[180]

Neben der Schwierigkeit, die konkurrierenden Branchenkapitalismen in der Multibranchenorganisation eines Arbeitgeberverbandes zu vereinen, stehen die Interessendivergenzen, die sich aus der unterschiedlichen Größenstruktur der Betriebe ergeben. Der historische Kompromiss zwischen Groß-, Mittel- und Kleinunternehmen ist stets fragil. Während die Mehrzahl der Mitglieder immer aus dem klein- und mittelbetrieblichen Bereich kam und kommt, gaben die Großen stets den Ton an, stellten das Führungspersonal und sicherten sich bis 1934 auch formale Sonderrechte in den Verbandssatzungen.[181] So sah beispielsweise die Satzung des Verbandes der bayerischen Metallindustriellen vor, dass sich die Stimmenzahl in den Verbandsgremien nach der Durchschnittszahl der im Vorjahr Beschäftigten oder nach der

---

177 Vgl Hartwich, Hans-Hermann 1967, S 55
178 Vgl Homburg, Heidrun, Rationalisierung und Industriearbeit. Das Beispiel des Siemens-Konzerns Berlin 1900 - 1939, Berlin 1991, S 236, Moser, Eva 1990, S 28.
179 Vgl Weber, Hajo, Unternehmerverbände zwischen Markt, Staat und Gewerkschaften. Zur intermediären Organisation von Wirtschaftsinteressen, Frankfurt/M. 1987, S 69 f
180 Vgl Meyer, Holger 1998 S 193
181 Vgl Hartwich, Hans-Hermann 1967, S 58.

Lohnsumme richten solle [182] Zwar waren es zunächst einige klein- und mittelgroße Betriebe der verarbeitenden Industrie, die sich als erste aufgeschlossen gegenüber Gewerkschaften und Tarifverträgen verhielten, gleichwohl wurden doch nur vergleichsweise wenige Firmen dieser Größengruppe Verbandsmitglieder. Erst nach 1918 traten verstärkt auch kleinere Firmen den Verbänden bei.[183] Ihre Mitgliedschaft war nicht nur im organisatorischen Eigeninteresse der Verbände, sondern auch zum Nutzen der Großbetriebe, die dadurch versuchten, ihr eigenes Lohnniveau niedrig zu halten und zugleich eine gewisse Kontrolle der kleineren anstrebten, um bezirksweise zu verhindern, dass diese durch bessere Löhne ein Abwandern von Facharbeitern erreichen konnten.[184] Die Integration verschiedener Betriebsgrößen funktionierte nicht in allen Regionen. Im Kölner Raum agierten bis 1918 sogar getrennte Arbeitgeberverbände für Groß- und Kleinbetriebe [185] In Bayern gab es zwischen 1919 und 1933 zwei Arbeitgeberverbände, die alle Branchen der Eisen- und Metallindustrie umfassten: Neben dem großindustriell dominierten Verband Bayerischer Metallindustrieller stand der klein- und mittelbetrieblich geprägte "Arbeitgeberverband der Bayerischen Provinzmetallindustrie"[186]. Eine solche Struktur, in der sich Betriebe entlang der Größe in verschiedenen Verbänden organisieren, existiert heute noch in der deutschen Bauindustrie

Der zentrale Widerstand gegen die sozialpolitische Dimension der Weimarer Republik ging von der eisenschaffenden Industrie aus, wobei die dort verankerten Großbetriebe federführend waren. Exemplarisch kann dies an der offensiven Massenaussperrung im Ruhrstreik des Jahres 1928 beobachtet werden. Bis zum Ersten Weltkrieg gelang es den GDM-Verbänden nicht - von einigen wenigen regionalen Ausnahmen abgesehen - die skeptische bis ablehnende Haltung der Großindustrie gegen das Institut des Tarifvertrages zu brechen. Deshalb spricht Pogge von Strandmann auch vom großindustriellen "Sonderfaktor in der Verbandspolitik"[187], dessen negativer Einfluss nur partiell relativiert werden konnte. Dies war der Fall bei der Übertragung quasi staatlicher Hoheitskompetenzen auf die Verbände im Ersten Weltkrieg (Hilfsdienstgesetz 1916), durch tripartistische Arrangements zwischen 1918 und 1922 sowie durch die Einführung des kollektiven Arbeitsrechts. Das veränderte Verhalten der Großbetriebe zu den Gewerkschaften ist ein entscheidender Schlüssel für die vergleichsweise stabile Entwicklung der industriellen Beziehungen in der Bundesrepublik Nach 1945 organisierte sich die überwältigende Mehrheit der größeren Betriebe in den Arbeitgeberverbänden, sie wirkten als wichtige Bastionen in den Arbeitskämpfen, vor allem im Aussperrungsfall. Einige Großbetriebe stellten dem Arbeitgeberverband auch eigene personelle Ressourcen zur Verfügung. Da aber die absolute Mehrheit der Mitglieder aus dem klein- und mittelständischen Unternehmensbereich

---

182 Vgl Moser, Eva 1990, S 19
183 Vgl Homburg, Heidrun 1990, S 216
184 Vgl ebd , S 226
185 Vgl Mallmann, Luitwin 1990. S 160
186 Vgl Moser, Eva 1990. S 33
187 Vgl Pogge von Strandmann 1978, S 229

kommt, müssen die Verbände gerade für diese Gruppe ein umfangreiches und funktionierendes Serviceangebot zur Verfügung stellen. Zugleich muss der Eindruck vermieden werden, dass die Verbände sich in ihren Forderungen und Entscheidungen an den Großbetrieben orientieren

Arbeitgeberverbände sind Zusammenschlüsse von Konkurrenten, die aufgrund ihrer Größe und ihrer Marktstellung über unterschiedlich effiziente Handlungsmöglichkeiten verfügen, um ihre Partialinteressen zu verfolgen. Wie kann angesichts solch differierender Interessenlagen kollektives Handeln zustandekommen, das in Teilbereichen Vorgaben für unternehmerisches Handeln macht? Es ist davon auszugehen, dass die politische Gegnerschaft zu den Gewerkschaften und zum arbeitsmarktpolitischen Interventionismus des Staates keine hinreichenden Bedingungen dafür sind, dass Arbeitgeberverbände eine dauerhaftere Gestalt sowie eine hohe Integrationsfähigkeit herausbilden können. Die Kunst der Verbandsführung muss vor allem darin bestehen, die strukturelle Misstrauenssituation zwischen Mitgliedern und Verbandsführung sowie zwischen unterschiedlich leistungsstarken Mitgliedergruppen zu minimieren, ohne den Eindruck verbandlicher Autonomisierungstendenzen zu erwecken.[188] Um diesen Schwierigkeiten institutionell Rechnung zu tragen, folgten die Arbeitgeberverbände dem Beispiel der Wirtschaftsverbände und entschieden sich für einen "strengen Dualismus zwischen politisch verantwortlichen, ehrenamtlichen Vorstandsmitgliedern und weisungsgebundenen hauptamtlichen Geschäftsführern"[189]. Die Geschäftsleitung sollte von einer nichtparteiischen Persönlichkeit, die quasi als neutrale, treuhänderische Instanz von den konkurrierenden Mitgliedern akzeptiert wird, ausgeübt werden. Die Position des angestellten Geschäftsführers wird meist Rechtsanwälten übertragen, die auch im Geschäftsleben als vertrauliche Agenten fremder Interessen betrachtet werden.[190] Die strenge Weisungsgebundenheit der Geschäftsführer sollte sicherstellen, dass nicht private Karriereinteressen im Zentrum stehen, sondern der politisch rückgebundene Mitgliederwille. Die politische Verbandsführung, die bis heute als sogenanntes "Ehrenamt" angesehen wird, liegt deshalb in den Händen fungierender Unternehmer, die um der Legitimität der von ihnen getroffenen Entscheidungen willen davon auch im gleichen Maße betroffen sein sollten wie die übrigen Mitglieder. Durch das duale Vertretungskonzept suchte man zu erreichen, dass die Verbandspolitik ein hohes Maß an Deckungsgleichheit mit den Interessen der Mitglieder gewinnt und somit Legitimitätsprobleme verbandlichen Handelns minimiert werden. Damit die Inhaber des Wahlamtes die hohen Ansprüche an sie einlösen können, müssen mindestens zwei zentrale Voraussetzungen bestehen: Einerseits müssen sie hinreichend abkömmlich sein, und andererseits hinreichend kompetent, um durch präzise Entscheidungen die Arbeit der Geschäftsführer kontrollieren zu

---

188 Vgl Traxler. Franz, Interessenverbände der Unternehmer, Frankfurt 1986, S 31
189 Vgl Streeck, Wolfgang, Das Dilemma der Organisation, in Meißner, Werner et al., Verteilungskampf und Stabilitätspolitik, Stuttgart 1972, S 142
190 Vgl Waarden, Frans von, Zur Empirie kollektiven Handelns, in· Schubert, Klaus, Leistungen und Grenzen politisch-ökonomischer Theorie, Darmstadt 1992, S 154

können.¹⁹¹ Mit der im 19 Jahrhundert getroffenen Option für ein duales System der Repräsentation haben die Arbeitgeberverbände nicht nur die Vertrauensdimension der Verbandsarbeit gestärkt, sondern auch eine strukturelle Asymmetrie zwischen Verbandspräsident und Geschäftsführer geschaffen, die in den meisten Fällen zu latenten bis offenen Machtungleichgewichten führen kann. In der Regel besitzen die Hauptgeschäftsführer den strukturellen Vorteil, dass sie im Alltag präsenter sind, mehr Kontakte pflegen können und sich daraus eine Steuerungsüberlegenheit entwickeln kann, die den demokratisch-vertrauensbildenden Anspruch des dualen Repräsentationssystems konterkariert.

Da die Arbeitgeberverbände im Gegensatz zu den Gewerkschaften keine Massenorganisationen sind, spricht man auch von einer Honoratiorenstruktur.¹⁹² Dies geschieht ungeachtet der Tatsache, dass mittlerweile nur noch ein Teil der Mitglieder, die als handelnde Akteure das Verbandsleben prägen, persönlich haftende Eigentümerunternehmer sind Neben der Vertrauensbildung, wozu vor allem die funktionale Trennung zwischen Haupt- und Ehrenamt beitragen soll, sind auch personelle Kontinuität, enge persönliche Kontakte und vernetzte Überschaubarkeit zwischen den Mitgliedern wichtige Integrationsfaktoren Eine ähnliche Funktion geht von den normativen Gemeinsamkeiten im ideologisch-politischen und kulturellen Bereich aus, die dazu beitragen können, kollektive Handlungsformen trotz divergierender Interessenlagen herauszubilden.¹⁹³ Um die Mitgliederbindung über die vorgefundenen Dispositionen hinaus weiter entwickeln zu können, schufen die Verbände im zeitlichen Verlauf zunehmend mehr selektive Anreize Einerseits wurde damit die Trittbrettfahrermotivation gesenkt und andererseits erhielten die Verbände dadurch gegenüber den Mitgliedern ein eigenständigeres Gewicht.¹⁹⁴

Gesamtmetall und die regionalen Arbeitgeberverbände

Der Dachverband Gesamtmetall ist seit seiner Wiedergründung 1949 ein reiner Verbände-Verband, dem 1989 vierzehn regionale Arbeitgeberverbände als Mitglieder angehörten. Die Regionalverbände besitzen nicht nur Finanz- und Personalautonomie, sie entscheiden auch darüber, ob und wie auf einen gewerkschaftlichen Streik mit einer Aussperrung zu reagieren ist.¹⁹⁵ Zwar wird immer einmal wieder darüber debattiert, ob

---

191 Vgl Streeck, Wolfgang 1972 S 142
192 Vgl Noe, Claus 1970, S 133.
193 Vgl Hondrich, Karl Otto. Die Ideologien von Interessenverbänden Eine strukturell-funktionale Analyse öffentlicher Äußerungen des Bundesverbandes der Deutschen Industrie, der Bundesvereinigung der Deutschen Arbeitgeberverbande und des Deutschen Gewerkschaftsbundes, Berlin 1963
194 Vgl Traxler, Franz 1986 174 ff., Olson, Mancur, Die Logik des kollektiven Handelns, Tübingen 3 Auflage 1992
195 Über diese Kompetenz ist das Instrument der Aussperrung der beliebigen Verfügbarkeit des Einzelunternehmers entzogen und einer gewissen verbändedemokratischen Kontrolle unterworfen In dieser satzungsrechtlichen Regulierung der Aussperrung liegt eine wichtige Zivilisierung des arbeitspolitischen Konfliktfeldes, an die weitere staatliche Einhegungen und Verrechtlichungsschritte anknüpfen konnten

es nicht anzustreben sei, einzelnen Unternehmen die Möglichkeit einer direkten Mitgliedschaft bei Gesamtmetall zu eröffnen, doch blieben diese Debatten bisher ergebnislos Die Unternehmen sind entweder Mitglied in einem regionalen Arbeitgeberverband, oder in solchen Fällen, wo dieser selbst ein Verbände-Verband ist, wie in Nordrhein-Westfalen, sind sie Mitglied in einem lokalen Arbeitgeberverband. Während die Regionalverbände die Tarif- und Finanzhoheit besitzen, erschöpft sich die satzungsgemäße Aufgabe des Dachverbandes darin, die gemeinsamen Interessen der Regionalverbände, vor allem in der Tarifpolitik, zu koordinieren. Der satzungsgemäße Idealfall sieht so aus, dass die regionalen Tarifträgerverbände mit einer IG Metall-Bezirksleitung einen Tarifvertrag abschließen. In der Realität sind die Gewichte zwischen Gesamtmetall und den regionalen Verbänden jedoch häufig anders verteilt: Obwohl Gesamtmetall im Vergleich zu den autonomen Regionalverbänden über deutlich geringere Finanz- und Personalressourcen verfügt, kann der Dachverband unter bestimmten Bedingungen die föderale Struktur des eigenen Lagers relativieren oder gar neutralisieren. Ursächlich für diese Fähigkeit sind primär Struktur und Tarifverhalten der IG Metall: Im Gegensatz zur föderalen Struktur der Arbeitgeberverbände verfügt die IG Metall über eine Ressourcendominanz auf zentraler Ebene, die sie in der Tarifpolitik dazu befähigt, die Strategie einer zentral gesteuerten Regionalisierung[196] zu verfolgen. Um diesem Generalisierungsvorteil nicht hilflos ausgesetzt zu sein, haben die regionalen Arbeitgeberverbände und Gesamtmetall Institutionen und Verfahrensregeln verabredet, die zwar die grundsätzliche Autonomie der Regionen nicht antasten, gleichwohl aber eine zeitlich befristete kooperative Antwort auf die Machtstrategie der IG Metall ermöglichen. Da der einzelne Betrieb im regionalen Arbeitgeberverband organisiert ist und dieser über eine satzungsrechtliche Autonomie verfügt, spricht man auch von einer dezentralen Organisationsstruktur bei den Arbeitgeberverbänden. Trotz der Existenz eines Dachverbandes mit Koordinierungsambitionen gleichen die Arbeitgeberverbände in der Metallindustrie eher einer "lose verkoppelten Anarchie" denn einem straff organisierten Verbändenetzwerk. Um den strategischen Nachteil gegenüber der Metallgewerkschaft, die nicht nur zentral koordinieren, sondern auch zentral entscheiden kann, zu kompensieren, versuchte bereits der GDM die Regionalverbände davon zu überzeugen, sich zu größeren Regionalgruppen zusammenzuschließen, um den Gewerkschaften eine einheitlichere Front zu präsentieren und die zwischen den Landesverbänden bestehenden Differenzen besser austarieren zu können. Infolge größerer Auseinandersetzungen wurden zwischen 1911 und 1929 nicht in allen, aber in den wichtigsten Regionen Verhandlungsgemeinschaften und Verbandsfusionen vorgenommen. 1929 schlossen sich wichtige ostdeutsche Regionalverbände zur "Vereinigung der ostdeutschen Metallindustriellen-Verbände" zusammen.[197] Der Versuch, das Netzwerk der Arbeitgeberverbände zu straffen, und mehr Kompetenz auf der Spitzenverbandsebene zu verankern, blieb jedoch schon damals weit hinter den Zielvorstellungen der GDM-Führung zurück.

---

196 Vgl Prigge, Wolfgang Ulrich 1987, S. 222.
197 Vgl Mallmann, Luitwin 1990, S 162

Trotz dieses Defizites der Nichtintegration von Arbeitnordwest und der Sonderposition des bayerischen Verbandes[198], der zunächst nicht bereit war, sich an der Streikversicherung des GDM zu beteiligen und statt dessen einen eigenen Weg ging, kann davon ausgegangen werden, dass das formale Zentralisierungsniveau vor 1933 stärker ausgeprägt war als nach 1945.

Auch nach 1945 bestand zwischen den Regionalverbänden kein Konsens über das wünschenswerte Maß an Zentralisierung. Ursächlich für dieses Problem sind die divergierenden Interessen zwischen den Landesverbänden, die nicht zuletzt mit ihrer jeweiligen Größe zusammenhängen, weshalb auch von einem "asymmetrischen Föderalismus" gesprochen werden kann. Als mitgliederstärkster Verband finanziert der Landesverband Nordrhein-Westfalen - etwa 45 Prozent aller Arbeitgeberverbandsmitglieder kamen in den 70er und 80er Jahren von dort - den größten Teil des Haushaltes von Gesamtmetall. Entsprechend stark ist auch sein personeller und inhaltlicher Einfluss. Seit 1949 - mit einer kleinen Unterbrechung zwischen 1959 und 1961 - stellt Nordrhein-Westfalen den Präsidenten[199], hat eine starke Stellung im Präsidium sowie in fast allen überregionalen Arbeitskreisen. Darüber hinaus ist Nordrhein-Westfalen von allen Arbeitskämpfen und Aussperrungsaktivitäten, die bisher insbesondere in Nordbaden-Nordwürttemberg, Hessen und Bayern ausgetragen wurden, über die in die gemeinsame Gefahrenkasse eingezahlten Beiträge finanziell besonders betroffen. Da Nordbaden-Nordwürttemberg das Hauptstreikgebiet der bundesdeutschen Metallindustrie ist, kommt auch dem dortigen Arbeitgeberverband eine besondere Rolle innerhalb von Gesamtmetall zu. Dagegen versuchen Verbände, die über keine eigene Vetomacht verfügen, über informelle Absprachen ihre Interessen auf der Ebene von Gesamtmetall abzusichern.

Zum Zeitpunkt des Institutionentransfers von West- nach Ostdeutschland konnten die Arbeitgeberverbände auf eine Reihe von Veränderungen ihrer innerverbandlichen Regulierungspolitik zwischen den Landesverbänden und Gesamtmetall zurückblicken. Jeweils in tiefgreifenden verbandlichen Krisensituationen wurden neu proportionierte Gremien, Satzungen, Verfahrensregeln und Koordinierungsrichtlinien geschaffen, um das innere Kräfteverhältnis zumindest symbolisch neu auszutarieren. Schon in der Zeit vor 1933 signalisierten die Verbandsführungen in schwierigen Konflikten durch eine demonstrative Veränderung ihrer Regularien, dass der Verband auf veränderte Konstellationen reagiert und bestehende Legitimationsdefizite bearbeitet. Ebenso engagiert diskutierte man in den Verbänden immer wieder über das "Fehlen eines Organs (..) welches imstande ist, schnellstens zu handeln und auch sofort für alle Mitglieder bindende Beschlüsse zu fassen"[200]. Diese verbandliche Strategie, durch neue Gremien und Satzungsänderungen die Steuerungsfähigkeit gegenüber den Mitgliedern zu erhalten oder gar zu verbessern, hat sich im Laufe der Jahrzehnte kaum verändert.

---

198 Vgl Moser, Eva 1990, S 23
199 1949 bis 1959 Hans Bielstein, 1959 bis 1961. Ludwig Caemmerer, 1961 bis 1976 Herbert van Hüllen, 1977 bis 1985 Wolfram Thiele, 1985 bis 1991 Werner Stumpfe, 1991 bis 1996 Joachim Gottschol, 1996 - 2000 Werner Stumpfe
200 Zit nach Hartwich, Hans-Hermann, 1967, S 57

Um ihre Handlungsfähigkeit gegenüber der IG Metall zu verbessern, schufen sich die Arbeitgeber in regelmäßigen Abständen neue Gremien, die häufig mit einer Änderung der Satzung einhergingen. Dabei geht es darum, die Koordinierungsarbeit von Gesamtmetall bei der Vor- und Nachbereitung sowie in der Durchführung der Tarifrunden neu zu legitimieren. Im Kampf um die Koordinierungskompetenz von Gesamtmetall stehen sich mit großer historischer Kontinuität die Gruppen der Zentralisten und Föderalisten gegenüber.[201] Die Zentralisten - vor allem die kleineren Verbände - wollen dem Dachverband die Kompetenz für eine bundeseinheitliche Tarifpolitik einräumen; die Föderalisten betrachten ihren Spitzenverband lediglich als Plattform für einen Gedanken- und Erfahrungsaustausch. Die ersten wichtigen Schritte zur Tarifkoordinierung nach 1945 unter Federführung von Gesamtmetall erfolgten schließlich durch den 1954 zu einem Satzungsorgan aufgebauten "lohnpolitischen Ausschuss", der nach einer 1958 realisierten Satzungsänderung erstmals die Möglichkeit erhielt, gemeinsame Tarifverhandlungen im Auftrag der Mitgliedsverbände zu führen [202] Da die IG Metall auf die Zentralisierungsprozesse der Arbeitgeber mit der "tarifpolitischen Strategie gesteuerter Regionalisierung"[203] erfolgreich reagierte, konnten die Zentralisten innerhalb der Arbeitgeberverbände ihrerseits Anfang der 60er Jahre die Aktivitäten zur bundesweiten Koordinierung ausbauen. Auf der Ebene des Dachverbandes wurde 1960 der lohnpolitische Ausschuss durch den tarifpolitischen Ausschuss abgelöst; zugleich wurden durch die neuen Verfahrensordnungen der Jahre 1961 und 1962 auch dessen Koordinierungskompetenzen aufgewertet. Durch die Übertragung von Kompetenzen von der Landes- auf die Dachverbandsebene wandelte sich Gesamtmetall in den 60er Jahren vom "Briefkasten" zum Koordinierungsbüro. Flankiert wurden diese Maßnahmen, die für die Verbands- und Tarifpolitik in der Metallindustrie der 60er Jahre richtungsweisend waren, durch die Aktivitäten der BDA zur effektiveren Koordinierung der gesamtwirtschaftlichen Lohnpolitik.[204] In der schwierigen innerverbandlichen Krisensituation des Jahres 1976 wurde mit dem Verhandlungskreis (1976 - 1993) ein zusätzliches Gremium geschaffen, dem nur ganz wenige einflussreiche Regionalvertreter angehörten. Die entscheidende Instanz sollte eigentlich das Gesamtmetall-Präsidium sein, in dem ebenfalls nur die wichtigsten Regionalverbände vertreten sind.[205] Neben den Gremien wurden auch die Verfahrensordnungen[206] und Koordinierungsrichtlinien (1981) einige Male modifiziert. Doch weder neue Gremien noch neue Verfahren führten dazu, dass die Handlungsfähigkeit des Gesamtmetall-Präsidiums eine grundlegende Autonomie gegenüber den Regionalverbänden erreichte. Diese Einschätzung legen jedenfalls die periodisch wiederkehren-

---

201 Vgl Moser Eva 1990, S. 142.
202 Vgl Prigge, Wolfgang Ulrich 1987, S. 225
203 Ebd , S 226
204 Vgl Gleixner, Wolfgang, Die Koordinierung der Tarifpolitik durch die BDA, Diplomarbeit Trier 1980
205 Meyer, Holger 1998, S 68
206 Die erste Verfahrensordnung beschloss der Gesamtmetallvorstand am 28.11.1961, die zweite am 9.11.1962 (Meyer, Holger 1998, S. 62). Am 13 9.1971 beschloss der Vorstand von Gesamtmetall die beiden bestehenden Verfahrensordnungen zu einer einzigen zusammenzufassen. Danach gab es gemeinsame Verhandlungen, Vollmachtsverhandlungen und regionale Verhandlungen (Meyer, Holger 1998, S. 64).

den Verpflichtungskrisen nahe. Bedingt durch die begrenzte Verpflichtungsfähigkeit der satzungsgemäßen Gremien und Verfahren setzten die geschäftsführenden Akteure von Gesamtmetall auf eine Informalisierung des innerverbandlichen Bargaining-Prozesses Zur Informalisierung der Entscheidungsgewalt gehört auch die personelle Konfiguration. Bis 1989 bestand eine außerordentliche Kontinuität, indem mit Dieter Kirchner ein Hauptgeschäftsführer an der Spitze von Gesamtmetall agierte, der durch seine fachlich-politische Autorität, seine lange Amtszeit (1968 - 1995) und seine vielen Einflusskanäle über eine außerordentliche Macht verfügte.

Trotz dieser Aktivitäten wurde die Entscheidungsautonomie der regionalen Arbeitgeberverbände nie grundsätzlich aufgehoben; vielmehr mussten sich der Dachverband Gesamtmetall und die BDA ihre Handlungskompetenzen gegenüber ihren Untergliederungen jeweils neu erarbeiten. Die internen Zentralisierungsprozesse trugen jedoch dazu bei, dass die föderalen Sondertendenzen, wie sie etwa der bayrische Verband auch in den 50er Jahren extensiv pflegte, seit den 60er Jahren schwächer wurden [207] Beim Blick auf die Stabilität der Binnenstruktur der Arbeitgeberverbände kommt den 60er Jahren daher eine Sonderstellung zu· In den 50er Jahren, aber auch nach 1970 gab es immer wieder grundlegende Infragestellungen des Dachverbandes seitens der regionalen Verbände, die bis zur Austrittsdrohung reichten. Die Spannungen zwischen den vierzehn regionalen Verbänden (1989) und führenden Funktionären von Gesamtmetall speisen sich jedoch nicht alleine aus dem Zentralisierungswillen des Dachverbandes Dahinter stehen vielmehr häufig Konflikte zwischen den regionalen Verbänden, die über unterschiedlich große personelle, finanzielle und politische Ressourcen verfügen. In solchen Fällen, in denen einer oder mehrere Verbände ihre Interessen durch die Politik eines anderen Verbandes missachtet sehen, werden die Konflikte bislang häufig über den Umweg Gesamtmetall geführt Somit nimmt der Dachverband gewissermaßen die Funktion des Blitzableiters wahr und fördert damit letztlich den Zusammenhalt innerhalb des Verbandsnetzwerkes. Im Einzelfall kann die Unzufriedenheit mit der Linie des Dachverbandes jedoch so weit gehen, dass ein Regionalverband sich der Koordinierung durch Gesamtmetall zu entziehen versucht. Der ausgeprägte bayerische Föderalismus hat bereits häufig zu Spannungen und Konflikten geführt; 1958 spielten die Bayern sogar mit dem Gedanken, Gesamtmetall zu verlassen [208] Eine besondere Herausforderung für die Koordinationsleistung von Gesamtmetall bilden die Tarifabschlüsse in Baden-Württemberg. Denn die in der industriellen Leitregion der Bundesrepublik erzielten Abschlüsse ziehen häufig nicht nur Kritik nach sich, manchmal versuchen andere Regionalverbände die Übernahme

---

207 Das Verhältnis zwischen Gesamtmetall und seinem entschiedensten Kritiker in der Frage einer strafferen Koordinierung. namlich Bayern, entspannte sich Mitte der 60er Jahre deutlich "Der VBM rückte von seiner Auffassung, dass die Tarifpolitik nicht zu den Aufgaben des GDM gehöre, ab und trat nun für eine möglichst weitreichende Koordinierung - unter Wahrung der eigenen Selbstständigkeit - ein" (Moser, Eva 1990, S 144)

208 Wie gespannt die Situation Ende der 50er Jahre war, deutet Eva Moser aus der bayerischen Perspektive an· "Die Situation hatte sich schließlich so zugespitzt, dass der VBM-Vorstand Ende Oktober 1958 einen Austritt aus dem GDM in Erwägung zog, wobei man damit rechnete, dass auch Hessen, Sudbaden oder Niedersachsen den Gesamtverband verlassen wollten" (Moser, Eva 1990, S 144)

sogar definitiv abzulehnen. Eine solche Situation führte 1981 dazu, dass der Landesverband Nordrhein-Westfalen Gesamtmetall kurzzeitig die Folgebereitschaft aufkündigte. Da Gesamtmetall selbst nicht in der Lage ist, abweichendes Verhalten der Verbände nachhaltig zu sanktionieren, sind informelle Prozesse notwendig, um in derartigen Konfliktsituationen integrierend handeln zu können

Programmatische und politische Verschiebungen

Während auf der institutionellen Ebene ein hohes Maß an Kontinuität zu konstatieren ist, lassen sich auf der programmatisch-politischen Ebene einige Verschiebungen benennen, die für den Erfolg der Tarifautonomie in der Bundesrepublik maßgeblich waren Kontinuität besteht in dem Selbstverständnis, die unternehmerische Entscheidungsautonomie soweit wie möglich zu verteidigen, den gewerkschaftlichen und staatlichen Einfluss zu begrenzen und dort, wo dies nicht möglich ist, dies zum eigenen Nutzen einzusetzen. Zu den Diskontinuitäten zählt die zweifelsfreie Anerkennung der Gewerkschaften und der Tarifautonomie sowie die Akzeptanz einer überbetrieblichen Flächentarifvertragspolitik als Beitrag zur positiven Realisierung von Unternehmerinteressen und einer damit einhergehenden Institutionalisierung sowie Verrechtlichung des Verteilungskonfliktes. Unter den für die Gewerkschaften günstigen Rahmenbedingungen von Arbeitskräftemangel auf der einen Seite und bipolarer Systemkonkurrenz auf der anderen Seite versuchten die Arbeitgeber, das tatsächlich schon sehr geringe Konfliktniveau der industriellen Beziehungen weiter zu entpolitisieren und zu versachlichen. So blieb es nicht aus, dass sowohl im Arbeitgeberlager als auch mit den Gewerkschaften immer wieder Konflikte über das Ausmaß des gewerkschaftlichen Einflusses auszufechten waren, die in der Regel den Charakter von politisch überformten Grundsatzkonflikten besaßen. Vor allem die Mitbestimmungsaktivitäten der fünfziger Jahre trugen dazu bei, dass sich das Verhältnis zwischen Gewerkschaften und führenden Vertretern des Unternehmerlagers verhärtete.[209] Eine ähnliche Wirkung ging vom Streit um die Lohnfortzahlung 1956/57 aus, der aber zugleich auch einen maßgeblichen Beitrag zur Festigung der industriellen Beziehungen leistete, indem er zum Sprungbrett für eine veränderte Austauschpolitik zwischen den Verbandsspitzen von IG Metall und Gesamtmetall in den 60er Jahren wurde. Arbeitgeberfunktionäre, die für ein sozialpartnerschaftliches Arrangement warben, sahen sich in dieser Zeit häufig in einem "Zwei-Fronten-Krieg": Einerseits gegen eine konfliktorientierte Gewerkschaftsstrategie, die Umverteilung und qualitative Mitbestimmungsrechte anstrebte, und andererseits "gegen die ewig Gestrigen in den

---

209 In der Darstellung von Volker Berghahn (Berghahn, Volker, Unternehmer und Politik in der Bundesrepublik. Frankfurt/M 1985, S 251) fällt diese Verhärtung ("Pendelrückschlag") zu pointiert aus; vermutlich, weil er sich bei seinen Analysen zu sehr auf die Politik der BDI-Spitze konzentriert und die vergleichsweise offenere Politik der Arbeitgeber- und Fachverbände zu wenig berücksichtigt.

eigenen Reihen". Zuweilen schien es so, dass sich dieser Gegensatz in den Spitzen des BDA und der BDI personifizierte [210]

Auch wenn die konfrontative Haltung gegenuber den Gewerkschaften und der "Herr im Haus-Standpunkt"[211] als ordnungspolitisches Leitbild auch in der Bonner Republik noch nicht gänzlich ausgedient hatten, so wurde diese Haltung im Verlauf der bundesdeutschen Entwicklung zusehends stärker an den Rand gedrängt. Statt dessen setzten sich mit der langsamen Ablösung des Taylorismus, des Vordringens neuer Produktionsmodelle und Wissensqualifikationen neue "human ressource" Leitbilder durch, die weniger auf Kontrolle und krude Herrschaft, sondern vielmehr auf Kooperation setzten Vor diesem Hintergrund kam es auch zu einer verbesserten Akzeptanz der bestehenden, nicht-paritätischen Mitbestimmungsregelungen. Zugleich wurden alle weitergehenden Formen der Mitbestimmung, wie sie in der Montanmitbestimmung festgelegt waren, ebenso vehement abgelehnt wie bestimmte Formen der direkten Mitbestimmung am Arbeitsplatz.[212] Die unternehmerischen Vorstellungen zur Regulierung des wirtschaftlichen Raumes unterstellten die Unvereinbarkeit von politischer Demokratie und wirtschaftlicher Demokratisierung. In ihrem Verständnis war Sozialpartnerschaft die gegenseitige Achtung als Ordnungsfaktor im sozialen Raum bei gleichzeitiger Minimierung des unmittelbar gewerkschaftlichen Einflusses im wirtschaftlichen und betrieblichen Entscheidungsraum. Deshalb propagierten die Arbeitgeberverbände die fehlende Interessenidentität zwischen Arbeitnehmern und Gewerkschaftern. Dabei setzten sie auf lohn- und sozialpolitische Konzepte, die eine Identifizierung der Arbeitnehmer mit dem Betrieb fördern und ihre Leistungsbereitschaft verstärken sollten, um sie gegen offensive gewerkschaftspolitische Strategien zu immunisieren

Von besonderer Bedeutung für die ordnungspolitische Orientierung der deutschen Arbeitgeber war das Konzept des "Schweizer Friedensvertrages", der in der dortigen Metallindustrie 1937 abgeschlossen wurde und bis heute währt.[213] Während die bundesdeutschen Gewerkschaften möglichst kurze Laufzeiten bei ihren Tarifverträgen präferieren, konnte in der Schweizer Friedensordnung eine jeweils fünfjährige tarifvertragliche Laufzeit festgeschrieben werden, die zugleich den Verzicht auf den Einsatz von Streiks bedeutete. Das Schweizer Modell - zentrale Abschlüsse, lange Laufzeit und keine Streiks - bot eine normative Folie für breite Kreise der deutschen Unternehmerschaft, die sich deshalb auch immer wieder mit dessen Übertragbarkeit auf die deutschen Verhältnisse befassten. Von den Befürwortern einer härteren Gangart gegenüber den Gewerkschaften wurde das Schweizer Modell zudem dazu benutzt, um Kritik an der Kooperationspolitik von Gesamtmetall zu üben.[214]

---

210 Vgl Berghahn, Volker 1985, S 293
211 Vgl Hartmann, Heinz, Der deutsche Unternehmer, 1968
212 Vgl Berghahn, Volker 1985, S 306 ff, Schneider, Michael, Unternehmer und soziale Demokratie, in. Archiv für Sozialgeschichte 1973, S 243 ff, Vilmar, Fritz, Politik und Mitbestimmung, Kronberg 1977.
213 Vgl Berwinkel, Dieter, Das Friedensabkommen in der Schweizer Maschinen- und Metallindustrie und die Möglichkeit seiner Übertragung auf die Bundesrepublik Deutschland, Diss. Freiburg 1962
214 Vgl Moser, Eva 1990, S 167

Mitgliederentwicklung

Kennzeichnend für die deutschen Arbeitgeberverbände ist, dass sie einen höheren Beschäftigtenorganisationsgrad besitzen als die Gewerkschaften. Dies ist keinesfalls ein Novum der Bundesrepublik; bereits vor 1933 war dies so: Für den Berliner Arbeitgeberverband kommt Hartwich für das Jahr 1925 auf einen Beschäftigtenorganisationsgrad[215] von 68,4 Prozent, für 1933 errechnete er sogar 74,5 Prozent. Diese Zahlen liegen bereits in etwa auf dem Organisationsniveau, das die Metallarbeitgeberverbände in der Bundesrepublik als Höchststand erreichen sollten, und deutlich über dem gewerkschaftlichen Organisationsgrad des DMV in Berlin, der 1925 nur knapp 20 Prozent und 1933 knapp 50 Prozent der gesamten Beschäftigten in der Metallindustrie organisierte.[216] Eine genauere Analyse der Mitgliederentwicklung zeigt, dass die Bereitschaft, Verbandsmitglied zu werden, Hand in Hand ging mit gewissen politischen Konjunkturen. Dazu gehörte die politisch bedingte Aufwertung der Arbeitgeberverbände im Rahmen der Kriegswirtschaft, die politische Defensive der deutschen Unternehmer in der Anfangsphase der Weimarer Republik sowie unter dem Regime der Besatzungsmächte (1947 - 1950), in der Vollbeschäftigungssituation der 60er Jahre und schließlich in der Phase der Konzertierten Aktion (1967 - 1977). Als die damit einhergehenden Quasi-Organisationshilfen durch Staat und Arbeiterbewegung an Bedeutung verloren, die Machtverhältnisse sich wieder zugunsten der Unternehmer verschoben, der politische Druck also abnahm, sanken auch die Mitgliederzahlen in den Arbeitgeberverbänden. Hierzu zunächst einige Zahlen aus der Zeit von vor 1933: Waren es 1902 erst 1422 Firmen, die sich den Verbänden des GDM angeschlossen hatten, so stieg ihre Zahl zwischen 1918 und 1924 von 1449 auf 4669.[217] In den Jahren zwischen 1924 und 1929 reduzierte sich die Mitgliederzahl um etwa ein Viertel: sie sank von 4669 Mitgliedsbetrieben auf 3340.[218] Das Organisationsniveau lag aber trotz dieses Rückganges in der Weimarer Republik deutlich über dem der Vorkriegszeit. Es gab immer wieder Phasen der Regression, in denen erhebliche Austritte zu verzeichnen waren. Letzteres ist keineswegs nur auf die Zeit der Weimarer Republik beschränkt; auch vor 1914 gab es bereits Austrittsbewegungen: Zwischen 1912 und 1914 verlor der GDM etwa 25 Prozent seiner Mitgliedsunternehmen.[219]. Wie stark das Mitgliederniveau von den politischen Rahmenbedingungen abhängt, zeigte sich nach 1945 daran, dass die wieder oder neu entstandenen Arbeitgeberverbände unter den Bedingungen von Mangelwirtschaft und Besatzungsmacht in kürzester Zeit einen

---

215 Ein wichtiger Indikator, um den arbeitsmarktpolitischen Einfluss von Arbeitgeberverbänden bewerten zu können, ist der Beschäftigtenorganisationsgrad, also der Anteil der Beschäftigten in den Mitgliedsunternehmen gemessen an der Gesamtzahl aller Beschäftigten in einer Branche.
216 Vgl Hartwich, Hans-Hermann 1967, S 68 - 70/ 410
217 Vgl GDM-Mitgliederstatistik im Anhang
218 Vgl Mallmann, Luitwin 1990, S 159
219 Vgl Knips, Achim 1996, S 271

derartigen Mitgliederzulauf erreichten, dass ihr Organisationspotential weitgehend ausgeschöpft war Beispielsweise erreichte der Verband "Württembergisch-Badischer Metallindustrieller" (VMI) ein Jahr nach seiner Gründung (18 12.1947) eine Mitgliederzahl von 834. Zwischen 1948 und 1959 konnte der Verband diese Mitgliederzahl nur noch um 7 erhöhen[220]. In den 60er Jahren bis in die frühen 70er Jahre verzeichnet der Organisationsgrad der deutschen Metallarbeitgeberverbände das höchste Niveau in der Nachkriegsgeschichte: 1964 lag er bei knapp 65 Prozent, Mitte der 70er Jahre noch bei 60 Prozent, bis 1994 war er auf etwa 43 Prozent abgesunken. Etwas günstiger hat sich der Beschäftigtenorganisationsgrad entwickelt: Er fiel nur von etwa 76 Prozent (1964) auf rund 66 Prozent (1994).[221]

Für die Mitgliederstärke der Arbeitgeberverbände in der Bonner Republik ist neben der Startprogrammierung durch die Besatzungsmächte und die Gewerkschaften auch die politische Defensive der Unternehmer in den ersten Nachkriegsjahren verantwortlich gewesen Im zeitlichen Verlauf traten neben antigewerkschaftlichen Motiven, die den wichtigsten Einfluss auf die Beitritts- und Partizipationsbereitschaft in den Arbeitgeberverbänden ausübten, eigenständige arbeitsmarktpolitische Ziele, um gleichwertige soziale Standards zwischen den Betrieben herzustellen, mit denen die Konkurrenz um Arbeitskräfte sowie die Kosten der Lohnfindung minimiert werden konnten Entwicklung und Stabilität der Arbeitgeberverbände wurden dabei implizit durch staatliche und gewerkschaftliche Organisationshilfen gefördert. Mit ihrer Interessenpolitik zu Gunsten einer politischen Selbstbehauptung des Unternehmertums und für eine konstruktive Gestaltung des Arbeitsmarktes legten sie im Laufe der Zeit die Grundlage für eine institutionelle Stabilität, mit der die Verbände gegenüber den ursprünglich defensiven Gründungsmotiven wie auch gegenüber den Einzelinteressen der Mitgliedsunternehmen eine gewisse Autonomie erreichen konnten. Durch selektive Mitgliederanreize in Gestalt von Beratung, sozialpolitischer Lobbyarbeit, Arbeitsnachweisen und Streikversicherung existierte von Anfang an eine an den individuellen Interessen der Unternehmen orientierte Angebotspalette. Nicht zu vergessen ist die über viele Jahre hinweg gewachsene gesellige Dimension verbandlicher Kultur, in der eine extrafunktionelle Integrationskapazität besteht.

Die deutschen Arbeitgeberverbände der Metall- und Elektroindustrie zeichnen sich seit ihrer Gründung im 19. Jahrhundert durch ein außerordentlich hohes Maß an institutioneller Kontinuität aus, das auf den folgenden organisationspolitischen Eckpunkten basiert:

- Zusammenfassung divergierender Branchen in einer Multibranchenorganisation;
- Autonomie der regionalen Arbeitgeberverbände, die über Finanz- und Personalhoheit verfügen, während der ressourcenschwache Dachverband darauf angewiesen ist, von den Regionalverbänden Handlungsfähigkeit übertragen zu bekommen;

---

220 Vgl Verband der Metallindustrie Baden-Württemberg 1987, S 14
221 Vgl Schroeder, Wolfgang/Ruppert, Burkard, Austritte aus den Arbeitgeberverbänden. Eine Gefahr für das deutsche Modell, Marburg 1996, S. 61

- eine duale Führungsstruktur: ehrenamtlicher Präsident und hauptamtlicher Geschäftsführer;
- Zusammenfassung aller Betriebsgrößen in einem Verband in einer Art historischem Kompromiss;
- ein Mitglieder- und Beschäftigtenorganisationsgrad, der deutlich über dem der Gewerkschaften liegt;
- überbetriebliche Flächentarifvertragspolitik als positiver Wettbewerbsfaktor.

2. Der Arbeitskampf 1984 und seine Folgen

In den 80er und 90er Jahren verließen die Arbeitgeberverbände auch bei den inhaltlichen Themen das nur reaktive Verhalten gegenüber den Gewerkschaften. Sie forderten eine tarifvertraglich legitimierte Flexibilisierung auf dem Gebiet der Arbeitszeitpolitik, was mit heftigen Kontroversen verbunden war. Die Arbeitszeitpolitik entwickelte sich zu einer weitreichenden inhaltlichen Konfliktlinie, die nicht nur im Verhältnis zur Gewerkschaft, sondern auch innerhalb des eigenen Lagers Zentrifugalkräfte freisetzte. Diese Zuspitzung kam folgendermaßen zustande: Der Forderung der IG Metall nach kollektiver regelmäßiger wöchentlicher Arbeitszeitverkürzung stellten die Metallarbeitgeber das Ziel nachhaltiger Ausdehnung der Betriebsnutzungszeiten durch Dezentralisierung und Flexibilisierung der Arbeitszeitstrukturen entgegen.[222] Darüber hinaus boten sie Regelungen zur Teilzeit und zum Vorruhestand an. Die von der IG Metall geforderte Arbeitszeitverkürzung wurde als "verhängnisvoller Irrweg" bezeichnet, der die Wettbewerbsfähigkeit der deutschen Metallindustrie gefährde und deshalb auf den entschiedenen Widerstand der Arbeitgeber treffe. Den politischen Willen nach einer weiteren Verkürzung der Arbeitszeit stilisierten sie zur zentralen Frage über "Krieg und Frieden" in der deutschen Metallindustrie. Dabei rekurrierten sie auf ihre Erfahrungen in der Stahlindustrie, wo es dem dortigen Arbeitgeberverband 1979 gelungen war, dieses gewerkschaftliche Ziel abzuwehren. Im BDA-Tabukatalog[223] von 1979 gelang es Gesamtmetall, alle anderen Branchen darauf festzulegen, an diesem Punkt keinerlei Zugeständnisse zu machen.[224]

---

222 Bahnmuller, Reinhard, Der Streik, Hamburg 1985, S. 54.
223 Um die Tarifpolitik der verschiedenen Branchenarbeitgeberverbände koordinieren zu können, existiert seit Mitte der 60er Jahre ein "Katalog der zu koordinierenden lohn- und tarifpolitischen Fragen". Dieser sogenannte "Tabukatalog", erstmals 1965 vom lohn- und tarifpolitischen Ausschuss der BDA aufgestellt, existiert bis auf den heutigen Tag. Während in den 60er und 70er Jahren die Ablehnung einer weiteren Arbeitszeitverkürzung über die 40-Stunden-Grenze oder die Ablehnung der Verlängerung des Urlaubes zu den tarifpolitischen Grundsätzen gehörte, sind es in den 90er Jahren Positionen zum Erhalt des Arbeitstages und der Flexibilisierung der Arbeitszeit ohne Lohnausgleich (Gleixner, Wolfgang 1980).
224 "Nachdem bis Ende des Jahres 1974 für mehr als 80% der Arbeitnehmer die 40-Stunden-Woche vereinbart wurde, ist eine weitere Reduzierung des Arbeitsvolumens durch Verkürzung der Wochenarbeitszeit unter 40 Stunden keinesfalls zu verantworten Sie würde das notwendige wirtschaftliche Wachstum ernstlich beeinträchtigen und damit die Wettbewerbsfähigkeit der deutschen Wirtschaft gefährden" (zit. nach. Bahnmüller, Reinhard 1985, S 50)

Der Arbeitszeitkonflikt endete am 26. Juni 1984 mit einem Kompromiss, der nicht auf der Ebene von Lohnprozenten angesiedelt war, sondern auf der Ebene unterschiedlicher Handlungslogiken.[225] Die IG Metall konnte es als Erfolg verbuchen, dass sie den Einstieg in die von ihr verfochtene Verkürzung der wöchentlichen Regelarbeitszeit erreicht hatte. Die Arbeitgeber konnten es als Erfolg verbuchen, dass nunmehr eine neue Politik der Dezentralisierung und Flexibilisierung der betrieblichen Arbeitszeitregime auf tarifvertraglicher Basis beginnen konnte. Zugleich förderte dieses Ergebnis jedoch auch die innerverbandlichen Konflikte zwischen den klein- und mittelständischen Unternehmen auf der einen und der Großindustrie auf der anderen Seite. Unmittelbarer Anlass für die innerhalb des Arbeitgeberlagers freigesetzte Dynamik war nicht nur die pointierte Rede vom Tabu[226] und seiner Verletzung, sondern auch der Vorwurf, dass der Widerstand gegen die Arbeitszeitverkürzungspolitik gerade von der großindustriellen Automobilindustrie[227] nicht entschieden genug geführt worden sei[228]. An der heftigen innerverbandlichen Kritik änderte auch die Tatsache nichts, dass es die Großindustrie gewesen ist, die die Lasten des Arbeitskampfes durch die Aussperrung getragen hat. Da das anschließende Tarifergebnis innerverbandlich als Niederlage angesehen wurde, mussten die Verbandsspitzen außerordentliche Anstrengungen unternehmen, um die zentrifugalen Kräfte, die in dieser Kommunikation enthalten waren, zu neutralisieren.

Mit dem Ergebnis des Tarifkonfliktes von 1984 begann eine neue Phase der Arbeitszeit- und Tarifpolitik. Um die Akzeptanz des Ergebnisses in den eigenen Reihen plausibel zu machen, sprach die Gesamtmetallführung von einer "historischen Weichenstellung" zugunsten einer "neuen Dimension differenzierter Arbeitszeitpolitik" [229] Diese Botschaft wurde akzentuiert, indem man den "Einstieg in die 35-Stunden-Woche" ignorierte und statt dessen darauf insistierte, dass es sich um einen "Ausstieg aus der generellen Arbeitszeitverkürzung"[230] handele. Zwischen dieser gewissermassen historischen Aufwertung des Tarifvertrages und den verbandsinternen Strukturen, mit denen diese neue Tarifpolitik vermittelt werden musste, klaffte eine

---

225 Das Institut der Deutschen Wirtschaft legte unmittelbar nach Abschluss des Tarifvertrages eine erste öffentliche Auswertung aus Arbeitgebersicht vor. Wilhelm Weisser (Hrsg), Der Kampf um die Arbeitszeit in der Metallindustrie 1984, Köln 1984

226 Im Vorfeld und während der Tarifrunde wurden die Funktionäre des Arbeitgeberverbandes nicht müde, jegliche generelle Arbeitszeitverkürzung abzulehnen Hierzu stellte Dieter Kirchner klar, dass die Arbeitgeberverbände "weder vor, noch während, noch nach einem Streik die Regelarbeitszeit von 40 Wochenstunden generell unterschreiten" werden (Frankfurter Rundschau 9.5.1984).

227 Tatsächlich scheint es der Chef von Daimler-Benz gewesen zu sein, der sich hinter dem Rücken des Gesamtmetallpräsidenten Wolfram Thiele, direkt an den IG Metall-Vorsitzenden Hans Meyer wandte, um den Arbeitskampf zu beenden

228 Drohung an die Adresse von Gesamtmetall "Ein Auseinanderbrechen des Arbeitgeberverbandes Gesamtmetall fürchtet der wirtschaftspolitische Sprecher der FDP-Bundestagsfraktion Helmut Hausmann, für den Fall. dass dieser Verband auf Druck der Großbetriebe einer stufenweisen Einführung der 35-Stunden-Woche zustimmen sollte" (Gesamtmetall droht das Aus, in Handelsblatt 4 1 1984)

229 Thiele Schlichtungsspruch jetzt nicht falsch auslegen, in Neue Osnabrücker Zeitung 6 7 1984.

230 Gesamtmetall-Präsident Thiele bewertete den Tarifkompromiss "Man kann nicht jahrelang die bisherige Starrheit der Tarifverträge beklagen und dann die große Chance verstreichen lassen, durch eine betriebsnahe Arbeitszeitpolitik den technischen und wirtschaftlichen Erfordernissen der Zukunft besser gerecht zu werden" (Handelsblatt 5 7 1984)

Lücke, deren Charakter und Bedeutung fortan zum Gegenstand heftigster verbandsinterner Auseinandersetzungen werden sollte. Es fehlten nämlich die innerverbandlichen Ressourcen, um den klein- und mittelständischen Unternehmen den Einstieg in die neue differenzierte Arbeitszeitpolitik zu vereinfachen. Die erste sichtbare innerverbandliche Reaktion auf die neue Situation sollte darin bestehen, dass Wolfram Thiele, der für die 1984er Tarifrunde verantwortliche Präsident, sein Amt zur Verfügung stellte[231], um dann mit einem eher mittelständisch orientierten Verbandsvorsitzenden ein neues Verhältnis zu dieser Mitgliedergruppe aufbauen zu können. Da sich aus diesem Kreis jedoch kein geeigneter Kandidat[232] gewinnen ließ, fiel am 14. Juni 1985 die Wahl auf den Juristen, Verbandsgeschäftsführer und Mannesmann-Demag-Manager Werner Stumpfe[233], der nunmehr in Kooperation mit Dieter Kirchner, dem bereits seit 1968 agierenden Hauptgeschäftsführer, die Reform der metallindustriellen Arbeitgeberverbände vorantreiben sollte. Als angestellter Manager, aus dem Lager der Großindustrie kommend, musste er damit rechnen, dass seine Akzeptanz bei der Mehrheit der klein- und mittelständischen Unternehmen begrenzt sein würde. Durch seine Arbeit als Hauptgeschäftsführer des Stahl-Verbandes, wo er 1978/79 die Arbeitszeitinitiative der IG Metall abgewehrt hatte, und durch die bereits seit 1983 ausgeübte Verhandlungsführung in Nordrhein-Westfalen, dem größten regionalen Metallarbeitgeberverband, konnte er jedoch auf einige Vorleistungen verweisen, die auch der Mittelstand nicht einfach ignorieren konnte.[234] Förderlich für seine Initiativen war zunächst, dass die Führungsschwäche seines Vorgängers eine vergleichsweise geringe Erwartungshaltung hinterließ und somit hinreichend Raum für eigene Initiativen bot. Innerverbandlich suchte Gesamtmetall auf Strukturveränderungen hinzuarbeiten, die zu einer Optimierung von Entscheidungsprozessen zwischen den Regionalverbänden und dem Dachverband führen sollten. Zu diesem Zweck schwebte ihnen der Zusammenschluss von kleineren Verbänden, die Verkleinerung des Präsidiums und eine größere Handlungskompetenz für Gesamtmetall vor. Zwar konnten Stumpfe und Kirchner mit dem Homburger Dreijahresabschluss (1987) das Gesetz des Handels an sich reißen, trotzdem blieben dauerhafte innerverbandliche Strukturveränderungen aus.

---

231 Vgl Hans-Joachim von Pluskow "Viele sehen in dem Amtswechsel eine Antwort der Industrie auf die empfindliche Niederlage, die das Arbeitgeberlager bei den letzten Tarifverhandlungen hinnehmen mußte" (Machtwechsel, in Capital, 6/1985, S 33).
232 Verschiedene Zeitungen berichteten, dass der damalige Verhandlungsführer des nordwürttembergischen Arbeitgeberverbandes Hans-Peter Stihl als Gesamtmetall-Präsident favorisiert wurde, er lehnte jedoch ab (Machtwechsel, in. Capital, 6/1985, S 33).
233 Stumpfe ist 1937 geboren Nach dem Studium der Rechtswissenschaften arbeitete er bei der Düsseldorfer Wirtschaftsvereinigung Eisen und Stahl, von 1971 bis 1981 wirkte er als Hauptgeschäftsführer des Arbeitgeberverbandes der Eisen- und Stahlindustrie Zwischen 1981 und 1991 war er als Mitglied der Geschäftsführung der Mannesmann-Demag AG für den Personalbereich verantwortlich
234 Gegenuber den Mittelständlern suchte Stumpfe gleich eine direkte Kommunikation herzustellen "Anstatt in der Öffentlichkeit zu maulen, der Verband gehe etwa in der Tarifpolitik über ihre Interessen hinweg, sollten die Mittelständler mehr mit uns über ihre Probleme sprechen. Und sich mehr im Verband engagieren" (Mittelstand, in impulse 7/1985)

Da im Verhältnis zwischen Gesamtmetall und den Regionalverbänden keine Entscheidungen zu erreichen waren, um den Tarifträgerverbänden strategische Ressourcen zugunsten von Gesamtmetall zu entziehen, konzentrierte sich die weitere Organisationsreform - an der sich auch die regionalen Arbeitgeberverbände beteiligten - auf "weiche" Arbeits- und Politikfelder. In Zusammenarbeit mit der Münchner Unternehmensberatungsfirma Doppler setzte Ende der 80er Jahre ein Organisationsentwicklungsprozess ein, der dazu beitragen sollte, die verbandlichen Serviceleistungen zu verbessern, die interne Kommunikation zu optimieren, eine professionellere Ausbildung der Verbandsgeschäftsführer zu ermöglichen und eine neue Dialogfähigkeit gegenüber der sich wandelnden Gesellschaft zu erreichen.[235] Auf diesem Wege sollte auch die Mitgliederbindung verstärkt und das gesellschaftliche Image der Arbeitgeber aufpoliert werden. Ein Schlüsselinstrument dieser Bemühungen sah man in der Öffentlichkeitsarbeit, deren Etat 1987 beginnend für einen Zeitraum von drei Jahren auf jeweils 30 Millionen DM jährlich aufgestockt wurde.

Eine zentrale Herausforderung für den innerverbandlichen Kompromiss zwischen groß- und mittelständischer Industrie ging von der Dezentralisierung und Flexibilisierung der Arbeitszeit aus Denn dieser Prozess stellte an die klein- und mittelständische Industrie weitaus größere Anforderungen als an die mit hochentwickelten Ressourcen in der Personalarbeit ausgestatteten Großbetriebe. Die daraus resultierenden Konsequenzen für die Tarifparteien formulierte Stumpfe 1985 so: "Gewerkschaften und Arbeitgeberverbände werden sich immer mehr zu Dienstleistungsunternehmen für Betriebsräte und Firmen entwickeln. Dieser Trend wird um so deutlicher hervortreten, je mehr wir Tarifverträge abschließen, die betriebsindividuelle Freiräume offenlassen"[236]. Obwohl die Einsicht in diese neue Herausforderung bestand, gelang es nicht oder nur unzureichend, die dafür notwendigen Beratungs- und Serviceleistungen in den Arbeitgeberverbänden aufzubauen. Notwendig gewesen wäre in dieser Situation beispielsweise der Aus- oder Aufbau einer umfänglichen arbeitswissenschaftlichen Beratungsarbeit Doch diese dümpelte in den vorgegebenen Bahnen vor sich hin. So blieben die tradierten Strukturen der Arbeitgeberverbände nahezu unangetastet ohne tiefergehende Veränderungen bestehen Trotz aller Bemühungen gelang es der Gesamtmetallführung weder eine bessere Lösung für das leidige innerverbandliche Solidaritätsproblem durchzusetzen, noch konnten die Dienstleistungs- und Servicefunktionen der Arbeitgeberverbände nachhaltig verbessert werden. Das einzige greifbare Ergebnis des anvisierten Reformprozesses bestand in einer professionelleren Kommunikationsstrategie gegenüber der Öffentlichkeit, die aber kaum Einfluss auf Selbstverständnis, Ressourcen und Strategien der Arbeitgeberverbände ausübte.

---

235 Vgl Protokoll und Dokumentation über die Zukunft der Verbände, April 1989 Vgl Gesamtmetall, Geschaftsbericht 1989 - 1991, Koln 1991, S. 249
236 Interview mit Werner Stumpfe, in Wirtschaftswoche, 21 6 1985

3. Arbeitgeberverbände suchen neues Selbstverständnis

Nach dem Arbeitskampf von 1984 verfolgten die Arbeitgeberverbände gegenüber der IG Metall zwei strategische Ziele: Einerseits ging es ihnen darum, die Konfliktressourcen der IG Metall zu reduzieren. Andererseits versuchten sie, die gewerkschaftliche Arbeitszeitverkürzungspolitik durch eine Ausweitung der Betriebsnutzungszeiten sowie mittels einer forcierten Flexibilisierungspolitik zu neutralisieren. Um die Machtressourcen der IG Metall zu minimieren, setzten sie auf die aktive Unterstützung des Staates. Dass dies der beste Weg sein würde, diese Gewissheit bestätigte sich für sie durch den Verlauf und das Ergebnis des zurückliegenden Arbeitskampfes, wo mittelbar vom Streik betroffene Arbeitnehmer Kurzarbeitergeld der Bundesanstalt für Arbeit in Anspruch nehmen konnten. Um dies zukünftig zu verhindern, klagten die Arbeitgeber vor dem Bundesarbeitsgericht gegen die Arbeitskampftaktik der "neuen Beweglichkeit" und verlangten vom Gesetzgeber eine Novellierung des § 116 AFG. Während ihre Klage gegen die "neue Beweglichkeit" vom Bundesarbeitsgericht (12.9.1984) abgewiesen wurde, erreichten sie in der Frage des § 116 AFG trotz erheblicher Mobilisierungsanstrengungen der IG Metall ihr Ziel.[237]

Mit ihren Kampagnen zur Einschränkung der gewerkschaftlichen Arbeitskampfressourcen sowie durch den Homburger Dreijahresabschluss[238] (1987) gelang es den Arbeitgebern, die Niederlage von 1984 im eigenen Lager zu relativieren. Beim Homburger Abschluss ist zu bedenken, dass es sich dabei nicht nur um ein zentrales Tarifergebnis handelte, sondern auch um den Abschluss mit der längsten Laufzeit in der Geschichte der metallindustriellen Tarifpolitik nach 1945. Vor diesem Hintergrund suchte Gesamtmetall nach weiteren Wegen, um die Konfliktfähigkeit der IG Metall zu reduzieren. Es sollte darum gehen, ein "sozialpartnerschaftlicheres Verhältnis" zu erreichen, "wie es in anderen Industriezweigen (...) schon seit langem üblich ist". Gedacht wurde dabei nicht nur an die Chemie- und Bauindustrie, sondern auch an die Stahlindustrie, in der ebenfalls ein "rationaleres" Verhältnis zur IG Metall bestünde. Ursächlich für die vergleichsweise starke Konfliktorientierung in der Metallindustrie sei die Tatsache, dass in dieser Branche die Verhandlungen eine gesamtwirtschaftliche Vorreiterrolle einnehmen, die Größe der Metallindustrie, die Differenzen zwischen den Branchen innerhalb der Metallindustrie und schließlich das einheitliche Auftreten der IG Metall. Letzteres baue jedoch auf internen Flügelkämpfen auf, die den Spielraum für eine Strategie der Kooperation stark einschränkten. Innerhalb der IG Metall ständen sich zwei unterschiedliche Grundlinien gegenüber: "Auf der einen Seite die kooperativ-pragmatisch eingestellten Gewerkschaftsführer, auf der anderen Seite die Anhänger der marxistischen Klassenkampftheorie, die sich als soziale Gegenmacht und Fundamental-Opposition zur bestehenden gesellschaftlichen und wirtschaftlichen Ordnung verstünden, für sie seien Tarifverträge allenfalls zeitlich befristete Waffens-

---

237 Vgl. Neuhaus, Frank, DGB und CDU Analysen zum bilateralen Verhältnis von 1982 bis 1990, Köln 1996, S 182 ff
238 Laufzeit des Tarifvertrages vom 1 4 1987 - 31.3 1990.

tillstandsabkommen im Klassenkampf "[239] Zwischen den Konflikttheoretikern und den pragmatisch orientierten Gewerkschaftspolitikern habe es in der IG Metall nie jene grundsätzliche Auseinandersetzung gegeben wie beispielsweise in der IG Bau oder der IG Chemie Deshalb könnten die Arbeitgeberverbände mit der IG Metall nur schwerlich einen neuen Mechanismus der Konfliktbewältigung verankern, mit dem das "archaische Mittel des Streiks"[240] überflüssig gemacht werden könne. Aus dieser Perspektive erscheinen die anvisierten Vorschläge eher als Integrationsformelen nach innen und an die interessierte Öffentlichkeit und weniger als ernsthaftes Kooperationsangebot an die IG Metall.

Stumpfe suchte in der zweiten Hälfte der achtziger Jahre gegenüber der IG Metall mit einer "Zuckerbrot und Peitsche-Politik" das Konfliktniveau der Austauschbeziehungen in der Metallindustrie abzubauen. Unterstützt wurde er dabei von einer günstigen konjunkturellen Entwicklung, dem Interesse der IG Metall - nach dem kostspieligen Arbeitskampf von 1984 - die weitere Arbeitszeitverkürzung in einer ruhigeren Gangart durchsetzen zu können und schließlich vom Gesetzgeber, der mit seinem Engagement für die Novellierung des § 116 AFG selbst zur Zielscheibe des gewerkschaftlichen Abwehrkampfes wurde Ein wichtiges Element seiner Kommunikationspolitik gegenüber der IG Metall bestand in der Forderung nach regelmäßigen Spitzengesprächen.[241] Damit suchte er einerseits seine Position gegenüber den Regionalverbänden zu stärken; andererseits setzte er auf eine enge Kooperationsachse mit dem 1986 neu gewählten IG Metall-Vorsitzenden Franz Steinkühler, um mit ihm gemeinsam den weiteren Mischungskurs zwischen Arbeitszeitverkürzung und Flexibilisierung evolutionär und organisationsverträglich zu gestalten. Da Steinkühler als neuer Vorsitzender der IG Metall ebenfalls das Interesse besaß, seine Handlungskompetenz gegenüber den Bezirksleitern zu akzentuieren, existierte hinsichtlich der zentralen Verhandlungsebene eine gewisse Interessenidentität.

Da sich mit der IG Metall bislang keine Austauschpolitik herstellen ließ, die mit der deutschen Chemie- oder der Schweizer Metallindustrie vergleichbar war, musste die Führung der Arbeitgeberverbände andere Instrumente heranziehen, um Druck auszuüben. Vor dem Hintergrund des wirtschaftlichen und gesellschaftlichen Wandels gewann in der zweiten Hälfte der 80er Jahre die Drohung mit den Folgen der Globalisierung an Bedeutung An diese Debatten anknüpfend, proklamierten die Metallarbeitgeber die Notwendigkeit einer "Standortdebatte" und insistierten auf einer "weltmarktorienten Tarifpolitik". Massiv unterstützt wurden sie bei diesen Projekten von der

---

239 Gesamtmetall. Eine Psychoanalyse des Tarifpartners durch den Präsidenten Dr. Werner Stumpfe, in. Handelsblatt 30 9 1985.
240 Arbeitgeberverband Gesamtmetall 1989, S. 43
241 Hierzu Stumpfe 1986 in einem Interview "1984 sind die Tarifparteien mit nahezu weltanschaulich begründeten Gegenpositionen aufeinander zugelaufen Da war es gewissermassen programmiert, dass die Auseinandersetzung sehr hart werden wird. Um eine Wiederholung zu vermeiden, trete ich für neue, zusätzliche Formen der Kommunikation zwischen den Tarifpartnern der Metallindustrie ein Auch für Gesamtmetall und IG Metall sollte es außerhalb von Tarifrunden einen runden Tisch geben, an dem sich die Spitzen beider Verbände regelmäßig treffen, um die gegenseitigen Zielvorstellungen zu erörtern" (Süddeutsche Zeitung 23 9 1986)

Mehrheit der Wirtschaftswissenschaftler, Politikberater und den bürgerlich-liberalen Parteien, die in einer nachhaltigen Deregulierung der institutionellen Rahmenbedingungen des deutschen Modells die Basis für eine verbesserte Wettbewerbsfähigkeit der deutschen Industrie sahen.[242] Mit einer 1987 regierungsamtlich eingerichteten Deregulierungskommission[243] fand diese Kampagne ihren offiziellen institutionellen Niederschlag. Im Windschatten der Deregulierungsdebatte veränderte sich sukzessive das Meinungsklima in der Republik, und der Druck auf die Gewerkschaften konnte erhöht werden. Auch wenn die Arbeitgeberverbände in den Vorschlägen der Kommission eine weitgehende Realisierung ihrer Interessenlage sehen konnten, zeigten sie sich doch gegenüber einzelnen institutionellen Konsequenzen, die unmittelbar ihre eigene Handlungsfähigkeit betrafen, wie beispielsweise der Lockerung des § 77 Abs. 3 des Betriebsverfassungsgesetzes, skeptisch bis ablehnend.[244]

Den Arbeitgeberverbänden der Metall- und Elektroindustrie gelang es in der zweiten Hälfte der 80er Jahre ebensowenig, ihre Binnenstruktur zu reformieren, wie es ihnen gelang, das Verhältnis zu den Gewerkschaften auf eine neue Grundlage zu stellen. Versuche, die internen Organisationsstrukturen zu optimieren, endeten in einer "verzweifelten Kosmetik". Außer einer Erhöhung des Haushaltes für die Öffentlichkeitsarbeit gab es keine bedeutenderen Umschichtungen. Möglicherweise fehlte der Druck durch finanzielle Probleme; auf jeden Fall fehlte die Bereitschaft für eine flexibilisierungsadäquate Umgestaltung der verbandlichen Strukturen. Den Verbandsspitzen gelang es trotz des Erfolges in der AFG-Novellierung und der dreijährigen Laufzeit des Homburger Tarifvertrages nicht, die Mitgliederbindung und das Image der Arbeitgeberverbände zu verbessern. Im Gegenteil: Austritte und Nichteintritte nahmen in den 80er Jahren stetig zu.[245] Zwischen 1979 und 1989 reduzierte sich der Unternehmensorganisationsgrad in der westdeutschen Metall- und Elektroindustrie von 57,9 Prozent auf 49,9 Prozent.[246] Eine ähnliche Entwicklung vollzog sich im Zeitraum zwischen 1984 und 1989 beim Beschäftigtenorganisationsgrad, der von 74,4 Prozent auf 71,3 Prozent sank.

Nicht nur die geringer werdende Mitgliederzahl, auch die interne und öffentliche Kritik an der Politik der Arbeitgeberverbände signalisierte bereits in den 80er Jahren das Unbehagen an Struktur und Niveau des deutschen Modells industrieller Beziehun-

---

242 Vgl Mayer, Holger 1998, S 172
243 "Die Bundesregierung hat am 16. Dezember 1987 beschlossen, eine unabhängige Expertenkommission zum Abbau marktwidriger Regulierungen (Deregulierungskommission) einzusetzen. Die Kommission ist am 10. März 1988 zu ihrer konstituierenden Sitzung zusammengetreten " (Deregulierungskommission 1991, S. V)
244 Die Forderung der Deregulierungskommission nach einer stärkeren Öffnung des Tarifvertrages und nach einer Lockerung von § 77 Abs 3 BetrVG stieß in den Debatten der 80er Jahre noch auf den entschiedenen Widerstand der Arbeitgeberverbandsspitze. In diesem Sinne argumentierte beispielsweise Stumpfe gegen Öffnungsklauseln. "Öffnungsklauseln führen zur Aufsplitterung der Arbeitgeberseite, denen nach wie vor eine geschlossene Gewerkschaft gegenüber stehen würde " (Wirtschaftswoche 21.06.1985)
245 Silvia, Stephen, J , German Unification and Emerging Divisions within German Employers' Associations, in: Comparative Politics, 1997/29, S. 192.
246 Ebd , S. 193

gen.[247] Infolge dieser Kritik wurde auch die Skepsis gegenüber der heterogenen Zusammensetzung der metallindustriellen Arbeitgeberverbände mit ihren disparaten Branchen und grundverschiedenen Betriebsgrößenklassen von innen wie auch von außen[248] lauter intoniert Zuweilen so stark, dass sich beispielsweise das Handelsblatt zu einer Verteidigung des organisationspolitischen Status quo aus ordnungspolitischen Grunden aufgefordert sah· "Das Modell der tarifpolitischen Differenzierung wäre aber nur dann funktionstüchtig, wenn nicht nur Gesamtmetall, sondern auch die IG Metall in ihre Atome, also in ihre Branchen und Regionen, zerlegt würde. (...) Gesamtmetall mag ja nach der ökonomischen Logik eine Fehlkonstruktion sein. Doch ist es nutzlos, darüber zu räsonieren, solange es die IG Metall gibt. Wenn der Wolf in den Hof kommt, dann ist dem Bauern mit einem Schäferhund besser gedient als mit sechs Dackeln"[249] Am Vorabend der deutschen Einheit waren die metallindustriellen Arbeitgeberverbände in sich zerstritten. Sie hatten noch keinen Weg gefunden, ihre Organisationen auf den von ihnen selbst forcierten Wandel der Rahmenbedingungen ihres Tuns einzustellen. Unfähig, neue institutionelle Strukturen aufzubauen, suchten sie Ende der 80er Jahre ihre Aufgabe nicht darin, die neue politische Agenda zu gestalten, sondern sie verhielten sich so, als wäre nichts passiert.[250] Es schien, dass sie den "revolutionären Attentismus" der deutschen Arbeiterbewegung nunmehr für sich beanspruchten und darauf warten wollten, bis sich die veränderten gesellschaftlichen und ökonomischen Rahmenbedingungen - vor allem die Tendenzen der Globalisierung, Europäisierung, Individualisierung und Flexibilisierung - quasi naturwüchsig zu ihren Gunsten auswirken würden.

4. Reaktionen auf den Zusammenbruch der DDR

Bevor wir auf den Einfluss der westdeutschen Arbeitgeberverbände beim Aufbau der ostdeutschen Verbände zu sprechen kommen, wollen wir uns die Debatten, Reaktionen und Initiativen innerhalb der deutschen Industrie über den Untergang des SED-Regimes und den Aufbau marktwirtschaftlicher sowie sozialstaatlicher Strukturen in Ostdeutschland vergegenwärtigen Es ist müßig darauf hinzuweisen, dass auch die Arbeitgeber und ihre Verbände von der Entwicklung in der DDR überrascht wurden. Auch wenn eine Reihe von Unternehmen enge ökonomische Beziehungen mit der

---

247 Am 1 3 1990 fand in der Bonner Beethovenhalle eine Kundgebung des deutschen Mittelstandes statt. "Mittelstand macht mobil - gegen Arbeitszeitverkürzung" Auffallend an dieser Kampagne war, das für sie in der BDA-Zeitung "Der Arbeitgeber" (4/1990, S 126) geworben wurde
248 Beispielsweise im Gutachten des Sachverständigenrats von 1988.
249 Mundorf. Hans, Solange es die IG Metall gibt, brauchen die Arbeitgeber ein starkes Gegengewicht, in· Handelsblatt 4 1 1988
250 Vgl zu dieser Einschätzung auch den Spiegel-Artikel Druck im eigenen Haus Die nächste Tarifrunde in der Metallindustrie wird auch für die Arbeitgeber schwer - es gibt zu viele verschiedene Interessen, in Der Spiegel 42/1990, S 138ff "Die überraschend unnachgiebige Haltung hat Methode Der Arbeitgeberpräsident möchte mit seinem harten Kurs Scharfmacher in den eigenen Reihen ruhigstellen Ausgerechnet vor einer der schwierigsten Tarifrunden in der Nachkriegszeit sind die Arbeitgeber der bundesdeutschen Metallindustrie hoffnungslos zerstritten"

DDR pflegten, so hatten auch sie einen grundlegenden Umbruch in näherer Zukunft für unmöglich gehalten. Den Untergang der DDR betrachteten sie als Bestätigung ihrer schon immer für richtig erachteten ordnungspolitischen Präferenzen, gleichwohl folgte daraus keine Offensive gegen die Gewerkschaften. Man hoffte zwar darauf, dass innerhalb der Gewerkschaften systemtransformierende Politikmodelle geschwächt und pragmatische Politikoptionen gestärkt würden, um das Projekt einer entpolitisierten, versachlichten Tarifpolitik voranbringen zu können.[251] Dass die Arbeitgeberverbände den Untergang des "real existierenden Sozialismus" nicht zu einer offensiven Debatte gegen die Gewerkschaften nutzten, hängt aber nicht nur mit den Erfolgen des deutschen Modells in der Vergangenheit zusammen, sondern auch damit, dass sie befürchteten, ohne die Kooperation mit den Gewerkschaften würde der Umbau der DDR-Volkswirtschaft für sie selbst um ein vielfaches risikoreicher, schwieriger und teurer.

In der ersten Phase des Umbruchs in der DDR waren Unternehmer und Verbände insbesondere gefordert auf die größer werdende Zahl von Übersiedlern, die in der Bundesrepublik einen Arbeitsplatz suchten, zu reagieren. In dem Maße, wie es gelang, einen Teil der Ausreisenden beruflich zu integrieren, zogen die Arbeitgeberverbände dies als Beweis dafür heran, dass die bundesrepublikanische Industrie einen eklatanten Facharbeitermangel besitze und deshalb eine weitere Arbeitszeitverkürzung in Westdeutschland nicht akzeptabel sei.[252] Dieses Thema erhielt jedoch mit dem enormen Anstieg der Übersiedlerzahlen eine völlig neue Problemqualität: Im Sommer 1989 setzten die Arbeitgeberverbände das Übersiedlerphänomen ein, um den Forderungen der Gewerkschaften nach einer weiteren Arbeitszeitverkürzung zu begegnen. Unter den Bedingungen der deutschen Einheit wurde die Abwanderung aus Ostdeutschland zu einer Fessel, so dass sie sich nunmehr auch aus eigenem Interesse dazu verpflichtet sahen, die Abwanderungswelle abzuschwächen.[253]

In dem Maße, wie der Umbruch in der DDR einen irreversiblen Charakter erhalten hatte, war die deutsche Industrie gefordert, den Aufbau eines marktwirtschaftlichen Systems in der DDR zu unterstützen. Dabei sahen sie sich einer Gratwanderung ausgesetzt. Solange davon ausgegangen werden konnte, dass die DDR als souveräner Staat weiterexistieren würde, formulierten die Verbandsspitzen vergleichsweise "weiche" Anforderungen Parallel zum voranschreitenden Einigungsprozess wurden die Kriterien konkreter und dezidierter vorgetragen. Dabei versuchten sie auch der in der DDR vorhandenen Angst vor einem Ausverkauf der eigenen ökonomischen Basis durch die westdeutsche Industrie entgegenzuwirken. Deshalb signalisierten sowohl die Wirtschaftsverbände wie auch die FDP in den Monaten November und Dezember 1989, dass die DDR selbst die Bedingungen für einen marktwirtschaftlichen Umbau

---

251 Die Sozialismusdebatte in den Gewerkschaften wurde seitens der Arbeitgeber beobachtet, wie das Statement auf der BDA-Mitgliederversammlung vom Dezember 1989 zeigt "Der Untergang des real existierenden Sozialismus in Osteuropa nötigt den demokratischen Sozialismus hier in der Bundesrepublik zu einer neuen ordnungspolitischen Ortsbestimmung Wir stehen vor einer neuen Systemdebatte, bei der es darum geht, die demokratische Gesellschaft von der Systemimmanenz des Scheiterns sozialistischer Theorien zu überzeugen" (Interne Mitgliederversammlung, in: Der Arbeitgeber 1/1990, S 17)
252 Jobst, R Hagedorn· Viele Unternehmen wollen aktiv werden, in: Der Arbeitgeber 4/42 1990, S. 160.
253 Vgl Siegers, Josef, Deutschland einig Arbeitsmarkt, in. "Der Arbeitgeber" 4/1990, S. 124.

schaffen sollte. Der Umbau der DDR-Wirtschaft sollte weniger über große staatliche Hilfsprogramme abgewickelt werden als vielmehr über direkte Kooperationen mit ostdeutschen Unternehmen, am besten durch Joint Ventures. In einer im Januar 1990 durchgeführten Umfrage der BDA[254] zeigte sich, dass über die Hälfte (52,8 Prozent) der befragten Unternehmen bereits über Kontakte zu DDR-Unternehmen verfügten. Ausgehend von der aktuellen Praxis stand bei diesen Unternehmen das Interesse an Exporten in die DDR (20 Prozent) an erster Stelle, gefolgt vom Interesse an Importen (9,6 Prozent) aus der DDR, Auftragsfertigung (2,6 Prozent) in der DDR, Joint Ventures mit DDR-Unternehmen und Investitionen in der DDR. Im Hinblick auf die Planungen überwog in dieser Umfrage das Interesse an Joint Ventures (24,1 Prozent) vor dem Export (17,7 Prozent), der Auftragsfertigung in der DDR (15,4 Prozent) und Investitionen (12,2 Prozent). In dieser frühen Umfrage (Januar 1990) zeigte sich, dass die Unternehmen vor allem Absatzerwartungen in Richtung Ostdeutschland hegten und Möglichkeiten zur eigenen Kostenminimierung sowie zur Optimierung der Produktion suchten.

Angesichts ungeklärter politischer, rechtlicher und ökonomischer Entwicklungsperspektiven divergierten die Einschätzungen in der bundesdeutschen Wirtschafts- und Finanzwelt über die Erfolgsperspektive des eigenen Engagements in der DDR. Einzelne Unternehmer, wie der damalige AEG-Vorstandsvorsitzende Heinz Dürr, plädierten frühzeitig für eine schnelle Unterstützung der DDR-Wirtschaft.[255] Andere, wie der Deutsche Bank-Vorsitzende Alfred Herrhausen, warnten davor, "zu früh, zu großzügig unser Geld nach drüben zu tragen".[256] Die Risikobereitschaft westdeutscher Unternehmen stieg zwar in dem Maße, wie die Chancen einer Selbsttransformation der DDR fielen und bundesdeutsche Akteure Tempo und Struktur des Prozesses vorgaben. Doch führten Absatzerwartungen und zuweilen öffentlich geäußerte Investitionsabsichten einzelner Unternehmen nicht dazu, dass die öffentliche Kritik am unzureichenden Engagement der westdeutschen Wirtschaft abnahm. Im Gegenteil: Es schien kaum eine Möglichkeit zu geben, sich dem "Vorwurf des Zauderns" und "des Attentismus"[257] zu entziehen Zu ihrer Verteidigung verwiesen Unternehmer und Verbandsvertreter auf die noch ungeklärten Eigentumsverhältnisse, die fehlenden gesetzlichen Rahmenbedingungen, die noch nicht vorliegende D-Mark-Eröffnungsbilanz und die Schwerfälligkeit der Bürokratie. Für ein forciertes Engagement in Ostdeutschland verlangten sie deshalb von der Politik sichere Rahmenbedingungen, wozu insbesondere die Klärung

---

254 An der Umfrage beteiligten sich 403 Unternehmen unterschiedlichster Branchen zwischen 7 und 330 000 Beschäftigten
255 "Der AEG-Chef schlug vor, den katastrophalen Zustand der mittelständischen Zulieferbetriebe in der DDR mit dem kostenlosen Angebot von Maschinen und Ersatzteilen zu beheben" (Frankfurter Rundschau, 20 11 1989)
256 Vgl Frankfurter Rundschau 20 11 1989
257 Westdeutsche Unternehmen geben den Vorwurf des Zauderns zurück Schuld sind die Gesetze und die Burokraten, in Rheinischer Merkur 29 6 1990

der Altlastenproblematik gehörte.²⁵⁸ Ein anderes Problem bestand darin, dass die Verbandsspitzen der westdeutschen Wirtschaft eine stärkere Abwehrhaltung der Bevölkerung gegen eine marktwirtschaftliche Politik in Ostdeutschland befürchteten. Denn vielfach wurde der Vorwurf geäußert, dass westdeutsche Unternehmen nur an Absatz und Profit interessiert seien, während sie auf die Beschäftigungsinteressen und spezifischen Lebensbedingungen der Menschen keine Rücksicht nähmen. Manche Strategen im Arbeitgeberlager konnten sich ausmalen, dass derartige Kolonialisierungsvorwürfe weitreichende negative politische Rückwirkungen auf das Kräfteverhältnis zwischen Kapital und Arbeit in Deutschland ausüben könnten, so dass dadurch auch die weiterreichenden Deregulierungsziele konterkariert würden.

Als sich zeigte, dass die DDR aus eigenen Stücken nicht in der Lage war, die Transformation ihrer Ökonomie zu bewältigen, verlangten auch westdeutsche Politiker und Wirtschaftsfunktionäre eine bedingungslose Kapitulation.²⁵⁹ Die zuvor von führenden Verbandsfunktionären verschiedentlich artikulierte Vorstellung eines gradualistischen Umbaus der DDR-Wirtschaft wurde mit dem regierungsamtlichen Plädoyer für eine baldige Wirtschafts-, Währungs- und Sozialunion umgehend fallen gelassen. Innerhalb des Arbeitgeberlagers konzentrierte sich die Debatte nunmehr auf den Inhalt der Schocktherapie: Gibt es trotz der Übertragungsoption die Chance für eine Veränderung des deutschen Modells über den Umweg der DDR? Kann es gelingen, auf dem Gebiet der DDR sozial-, steuer- und tarifpolitische Strukturen zu implementieren, für die man in der Bundesrepublik bisher vergeblich kämpfte? Spitzenvertreter der Wirtschaftsverbände um Tyll Necker und bestimmte Kreise der FDP um Lambsdorff lehnten eine an westdeutschen Strukturen und Niveaus orientierte Politik zunächst ab. Necker schlug einen 5-Stufen-Plan vor, der über flexible Wechselkurse bis Ende 1992 zur vollen Wirtschafts- und Währungsunion führen sollte.²⁶⁰ Weitere Vorschläge aus dem BDI- und FDP-Umfeld zielten auf ein Sondersteuergebiet DDR²⁶¹, eine Deregulierung des Arbeitsmarktes, vor allem eine Stärkung der betrieblichen Lohnpolitik und letztlich eine längerfristige Fixierung eines ostdeutschen "Niedriglohngebietes". Solche Vorstellungen spielten auch in den Arbeitgeberverbänden eine Rolle; sie prägten aber letztlich weder deren Positionen noch deren konkretes Handeln in der unmittelbaren Übergangssituation des Jahres 1990.

Auch wenn der Einigungsprozess dem Primat der Politik folgte, so bedeutet dies keinesfalls, dass es bei den Weichenstellungen und Ausgestaltungen keine Einflussmöglichkeiten der westdeutschen Wirtschaft gegeben hat. Neben den üblichen Direktkontakten²⁶² spielte die Bereitschaft der Arbeitgeber, sich zusammen mit dem DGB für

---

258 Unternehmen in der DDR, Zeitgespräch mit AEG-Chef Heinz Dürr "Der Staat muß selbstverständlich die Altlasten übernehmen; besonders die, die er selbst ohne wirtschaftliche Logik verursacht hat." (Die Zeit 24.8.1990)
259 Lothar Späth über die wirtschaftliche Eingliederung der DDR in die Bundesrepublik "Bedingungslose Kapitulation? Ganz brutal gesagt: Ja " In: Stuttgarter Zeitung 10.2.1990
260 Vgl BDI Pressemitteilungen 25.1.1990
261 Mundorf, Hans, Die Vorschläge eines Sondersteuergebietes DDR haben sich nicht durchgesetzt, in Handelsblatt 19.9.1990
262 Wirtschaftsgespräch beim Kanzler, in Der Arbeitgeber 5/1990, S. 174.

eine konsensuale Einflussnahme einzusetzen, eine entscheidende Rolle. Am 15. November 1989 verabredeten der BDA-Präsident Murmann und der DGB-Vorsitzende Breit die Einrichtung einer Arbeitsgruppe aus Fachleuten beider Organisationen, die sich mit allen relevanten sozialpolitischen Problemen, die sich aus der Entwicklung in der DDR ergaben, befassten.[263] Diese Arbeitsgruppe, die in bestimmten Fragen auch die Experten des Bundesarbeitsministeriums hinzuzog, bereitete die gemeinsamen Stellungnahmen der beiden Dachverbände zu den wichtigsten sozialpolitischen Weichenstellungen des deutschen Einigungsprozesses vor.[264] Zwar ignorierten auch die kooperationsorientierten Arbeitgebervertreter nicht das Ziel einer weiteren Deregulierung; gleichwohl präferierten sie in dieser Konstellation die ordnungspolitische Stabilisierung des Einigungsprozesses. Dabei spielte auch eine Rolle, dass im Frühjahr 1990 Regulierungsgesetze durchgesetzt wurden, wie ein Gewerkschaftsgesetz und Rationalisierungsschutzabkommen, denen zufolge die Rechte der Arbeitnehmer und Gewerkschaften weitreichender definiert wurden als in den bundesdeutschen Gesetzen.[265] Um solche DDR-Sonderregelungen abzuwehren, verwiesen Arbeitgebervertreter darauf, dass die Übertragung des westdeutschen Rechts- und Sozialsystems nicht nur durch die defizitäre ökonomische Struktur der DDR-Wirtschaft gerechtfertigt sei, sondern auch wegen der Überlegenheit des sozialstaatlichen Systems der Bundesrepublik. Im Bewusstsein einer doppelten Frontstellung formulierte Hermann Linke im BDA-Organ "Diese einschneidenden Systemveränderungen mussen sozial abgesichert werden, wobei aber dem Irrglauben entgegen getreten werden muss, dass es irgendeine soziale DDR-Leistung gebe, die umfassender oder besser als vergleichbare in der Bundesrepublik seien."[266] Die Wirtschafts- und Arbeitgeberverbände akzeptierten die Währungs-, Wirtschafts- und Sozialunion schließlich als ordnungspolitisches "Signal zum Bleiben"[267], als "wichtigen Meilenstein auf dem Weg zur deutschen Einheit"[268].

Die Aktivitäten der Arbeitgeber- und Wirtschaftsverbände im Einigungsprozess wurden von zwei, in einem gewissen Spannungsverhältnis zueinander stehenden Zielen geprägt. Einerseits sah die Arbeitgeberseite die Chance, den Transformationsprozess für eine nachhaltige Deregulierung und Flexibilisierung des bundesdeutschen Sozial- und Produktionsregimes zu nutzen. Andererseits sah man die Notwendigkeit, die Revolution der Eigentumsverhältnisse politisch und sozial abzustützen, um den

---

263 Vgl Arbeitsgruppe zum Umbruch in der DDR, in: Frankfurter Allgemeine Zeitung 16 11 1989.
264 Vgl Gemeinsame Erklärung Für mehr Beschäftigung in der DDR (Bonn 18 9 1990), in. Der Arbeitgeber, 19/1990, S 754
265 "Hatte der FDGB zuvor als verlängerter Arm der SED Anteil an der Kommandogewalt, so wird diese nunmehr originär und fast ungeschmälert auf ihn übertragen", in Wienke, Dieter Frank, Minenleger, Der Arbeitgeber 6/1990, S 212.
266 Hermann Linke Die Produktivität steht im Zentrum des Systemwechsels zur Marktwirtschaft, in Der Arbeitgeber 1990/7, S 252
267 Grosser, Dieter 1998, S 151
268 Kreizberg, Kurt Die Sozialunion im Staatsvertrag, in Der Arbeitgeber 1990/16, S 633

Aufbau marktwirtschaftlicher Rahmenbedingungen in Ostdeutschland zu flankieren.[269] Hinsichtlich der sozialen Flankierung standen sich diejenigen gegenüber, die befürchteten, dass es zu einer Dauersubventionierung Ostdeutschlands komme, wenn man den Prozess des Beschäftigungsabbaus verlangsame und jene, die sich für einen befristeten Kündigungsschutz aussprachen, um Zeit für Weiterbildung und Neuqualifizierung zu gewinnen.[270] Gemäß dem ersten Ziel, das auf einen nachhaltigen Abbau des Interventions- und Steuerstaates gerichtet war, plädierten sie vehement dafür, den Einigungsprozess ohne weitere Steuererhöhungen zu finanzieren. Basis dieser Argumentation war die These, man könne in vergleichsweise kurzer Zeit das "modernere Deutschland" aufbauen, ohne dass Nachteile für Westdeutschland entstünden.[271] Diese Position vertrat die BDA auch im Haushaltsausschuss des Bundestages in der Debatte zur Finanzierung der deutschen Einheit: "Der finanzpolitische Mehrbedarf in den öffentlichen Haushalten ist nur vorübergehender Natur und stellt eine Investition in die Zukunft der deutschen Volkswirtschaft dar". Die deutsche Einheit werde auf Dauer in allen Teilen der Bundesrepublik zu nachhaltigen Wachstums- und Wohlstandseffekten führen. Deshalb gebe es auch keine Veranlassung zu pessimistischen Zukunftsszenarien [272]

Der BDI stellte kurz vor der Währungsunion schließlich fest, dass "die wirtschaftliche Ausgangsposition kaum günstiger sein" könne, "die reibungslose Finanzierbarkeit des Wandels der DDR-Wirtschaft in eine soziale Marktwirtschaft stehe außer Frage"[273] BDA-Präsident Murmann prognostizierte noch im August 1990, "dass noch in den neunziger Jahren in der DDR eine ebenso blühende Wirtschaftsstruktur entstehen wird, wie wir sie hier haben."[274] Manche verglichen die Situation in der DDR, mit jener von Westdeutschland in den 50er Jahren, dabei unterstellten sie für Ostdeutschland ein vergleichbares Wirtschaftswachstum, wie es der Westen in den ersten beiden Nachkriegsjahrzehnten erlebt hatte, nur eben viel schneller. Diese positive Einschätzung des ökonomischen Wandels in Ostdeutschland bedeutete jedoch nicht, dass die Vertreter der bundesdeutschen Wirtschaft die Augen vor den ökonomischen Problemen in der DDR verschlossen hätten. Im Gegenteil: Sie gingen von

---

269 In diesem Sinne argumentierte beispielsweise der BDA-Präsident Murmann auf der Bundesgeschäftsführerkonferenz seines Verbandes am 12 5.1990 "Murmann plädierte zugleich dafür, den Streit um die finanziellen Belastungen durch die DDR nicht zu kleinlich zu führen Wenn es etwa zu zusätzlichen Lasten käme, seien diese der historischen Situation nicht angemessen" (Murmann: Die 35-Stunden-Woche ist ein miserables. total falsches Ergebnis, in Handelsblatt 14 5.1990)
270 Auf der Geschäftsführertagung seines Verbandes warb BDA-Präsident Murmann am 12 /13 Mai 1990 dafür, die überzähligen Mitarbeiter nicht zu entlassen, sondern für einen befristeten Zeitraum bei Fortbestand des Arbeitsverhältnisses im Betrieb eine berufliche Neuorientierung zu erfahren, in der sie weiterqualifiziert oder auch für neue Berufsfelder geschult werden (Handelsblatt 14 5.1990)
271 Dieter Schewe Den Kosten der Vereinigung stehen hohe Gewinne gegenüber, in: Der Arbeitgeber 1990/41, S. 890
272 Deutsche Einheit Ohne Steuererhöhung finanzierbar, in. Der Arbeitgeber 1990/23, S. 978.
273 BDI. Glänzende Bedingungen für den Start der Wirtschafts- und Währungsunion, in Handelsblatt 19 6 1990
274 Interview mit Klaus Murmann· "Das Wirtschaftswunder findet statt", in· Welt am Sonntag 12 8.1990.

einer "Erblast sozialistischer Misswirtschaft"[275] aus. Dies war jedoch nicht nur eine Zustandsbeschreibung, sondern auch eine Verantwortungszuweisung im Hinblick auf die absehbaren sozialen Folgen des Transformationsprozesses. In diesem Sinne wurde die eigentliche Ursache des Personalabbaus in den wettbewerbsinadäquaten Strukturen der DDR gesehen, die bereits vor der Einführung der Marktwirtschaft eine "verdeckte Unterbeschäftigung" in den DDR-Betrieben erzeugt hätten, die nunmehr lediglich offen zutage getreten sei. Zudem seien die Qualifikationsprofile einer sozialistischen Volkswirtschaft nicht ausreichend, um die ostdeutsche Wirtschaft, deren Produktivitätsniveau auf etwa "40 - 50 Prozent weniger als in der Bundesrepublik"[276] veranschlagt wurde, zu modernisieren. Deshalb sei neben einem umfassenden Infrastrukturprogramm und dem Einsatz neuer Technologien eine Qualifizierungsoffensive erforderlich.[277] Diesbezüglich erklärten sich die Arbeitgeberverbände bereit, Qualifizierungshilfen zur Verfügung zu stellen.[278] In seiner Analyse suchte das Institut der deutschen Wirtschaft zu begründen, wie sich aus dem unzureichenden Qualifikations- und Produktivitätsniveau die Chance für eine differenzierte Lohnpolitik ableiten lasse: "Die formale Qualifikation der DDR-Erwerbstätigen ist jedoch recht gut. Daher kann bei einer verstärkten betrieblichen und öffentlichen Weiterbildung sowie Umschulung die Dauer der Arbeitslosigkeit niedrig gehalten werden. Bei einem Arbeitskostenniveau, das etwa halb so hoch ist wie das bundesdeutsche, öffnet sich für die DDR ein breiter Spielraum für eine wirksame, gesamtwirtschaftliche Lohndrift. Auf diese Weise können sich die Effektivlöhne an der Produktivitätsentwicklung orientieren und damit eine lohnkostenbedingte klassische Arbeitslosigkeit verhindern."[279]

Defizite bei den Qualifikationsanforderungen wurden seitens der bundesdeutschen Arbeitgeberverbände nicht nur im Hinblick auf die Arbeitnehmer festgestellt, sondern ebenso bei den Führungskräften, denen es "mitunter noch an Eigenverantwortlichkeit und Selbstständigkeit" mangele.[280] In verschiedenen Debatten über die Leistungsfähigkeit und Akzeptanz der "alten Leiter" wurde Skepsis geäußert: "Die Leiter agieren ansonsten wie immer, als sei die Wende nur die Ausgabe einer neuen Parteilinie. Schnell haben sie das neue Vokabular drauf, doch sie meinen - bei Lichte besehen - die

---

275 "Die Leistungsfähigkeit der volkseigenen Betriebe liegt weiter unter der von Betrieben im Westen. Die Produktionsanlagen sind zum Teil völlig veraltet, Arbeitsschutz und Umweltschutz werden wenig beachtet, Fachkräfte fehlen, die Transportmöglichkeiten reichen nicht aus, Material und Vorprodukte können nicht geliefert werden. Die Folge viel Leerlauf in den Betrieben. Die Modernisierung der Industrie wird deshalb neben der demokratischen Umgestaltung der Gesellschaft eine der Hauptaufgaben in den kommenden Jahren sein." (in: Der Arbeitgeber 1990/4, S. 130)
276 Linke, Helmut, Die Produktivität steht im Zentrum des Systemwechsels zur Marktwirtschaft, in: Der Arbeitgeber 1990/7, S. 252
277 Am 2./3.7.1990 fand ein erster großer Kongress statt (Qualifizierung für den deutschen Arbeitsmarkt), der die Bedeutung dieses Politikfeldes für den Umbau der DDR-Wirtschaft herausstellte und als eine Art Kontaktbörse zwischen den westdeutschen Weiterbildungsträgern und 3300 Führungskräften aus der DDR-Weiterbildung fungierte (Qualifizierungskongreß, in: Der Arbeitgeber 1990/16, S 620)
278 Bereits Ende November 1989 lud Gesamtmetall DDR-Ausbilder zu vierwöchigen Weiterbildungskursen ein (Gesamtmetall-Presseinformation 30.11.1989). In einem Gespräch zwischen dem DDR-Ministerpräsidenten Hans Modrow und dem Präsidenten der BDA Klaus Murmann, machte letzterer am 14.02.1990 einige Offerten der Hilfe (vgl. Bundesrepublik muß helfen, in: Der Arbeitgeber 1990/4, S. 126)
279 Arbeitslosigkeit in der DDR, in: Der Arbeitgeber 1990/11, S. 462
280 Ebert, Reinhard, Deutsch-deutscher Arbeitsmarkt, in: Der Arbeitgeber 1990/10, S. 429

alten Inhalte. Damit ist zu befürchten, dass diejenigen, die schuldhaft die 40jährige katastrophale Entwicklung herbeigeführt und mitgetragen haben, erneut daran schuld sein werden, wenn der Übergang zur sozialen Marktwirtschaft zu langsam und zu schlecht greift, mit hohen Verlusten verbunden ist."[281] Die westdeutsche Wirtschaftselite war in der Auswahl und Nachqualifizierung des DDR-Managements gefordert; es wurden Weiterbildungskurse eingerichtet, Trainingskurse in Unternehmen und Praktika in Verbänden angeboten.[282] Die zentrale Rolle, die den ostdeutschen Leitern zugesprochen wurde, war die des Ostexperten, der den Westdeutschen Unternehmern als Pfadfinder in den fünf neuen Ländern dient und als Handelsexperte sowie Brückenbauer für den Osthandel.

Ein Blick auf die seinerzeit konstatierbaren Signale aus der Metall- und Elektroindustrie gibt folgendes Bild: Vor allem für die Bereiche der Elektro- und der Fahrzeugindustrie prognostizierten bundesdeutsche Wirtschaftsforscher positive Wachstumsperspektiven[283], auf der Basis eines grundlegenden Neuanfangs, der von westlichen Unternehmen initiiert werden müsse. Zugleich kalkulierten westliche Unternehmen dieser Branche mit dem umfänglichen Absatzmarkt Ostdeutschland.[284] Es gab aber auch eine andere Perspektive: Die Angst vor unliebsamen ostdeutschen Konkurrenten Diese hat sicherlich dazu geführt, dass sich einzelne Unternehmen weniger auf eine Unterstützung der ostdeutschen Wirtschaft einstellten als vielmehr auf eine Abwehr ostdeutscher Billiganbieter. Dies betraf in der ostdeutschen Metallindustrie vor allem den DDR-Maschinenbau, der "zu den wenigen Industriezweigen, die im Westen als ernst zu nehmender Wettbewerber angesehen werden"[285] zählte. Für die Akzeptanz des Einigungsprozesses in der westdeutschen Bevölkerung konnten die Absatzerwartungen der bundesdeutschen Konzerne als positives Signal gewertet werden. Dagegen kam es in Ostdeutschland stärker auf die Investitionszusagen der westdeutschen Betriebe an, die durch ihre öffentlich geäußerten Investitionsabsichten verdeutlichten, dass es nicht nur um einen Absatzmarkt, sondern auch um Beschäftigungsperspektiven für die Ostdeutschen geht. Die öffentliche Inszenierung von Investitionsabsichten war zugleich ein Beitrag zur Komplexitätsreduzierung in einer Konstellation voller sozialer Zukunftsungewissheit.

Vor allem durch eine Politik des moralischen Appells versuchten die Verbände auf die Investitionsbereitschaft der Unternehmen einzuwirken, wobei sie gegenüber Politik und Öffentlichkeit die Investitionsbarrieren, also die unklaren Eigentumsverhältnisse, die verzögerte Reprivatisierung, Umweltbelastungen, finanzielle Altlasten und perso-

---

281 Stark, Isolde. Beruf oder Karriere? - Gesinnung statt Kompetenz, in Der Arbeitgeber 1990/11, S 480.
282 Heuser. Michael, Manager weiterbilden jetzt auch für die DDR In. Der Arbeitgeber 1990/5, S 185
283 Analyse des Münchner IFO-Instituts Prognose für Elektronik und Maschinenbau sehr günstig, in: Handelsblatt vom 21 9 1990
284 Josef Hess Die DDR hat einen großen Nachholbedarf an Autos aller Art, in: Handelsblatt 26 7 1990 "Gleichwohl ist die DDR-Nachfrage für die bundesdeutschen Auto-Manager ein willkommener Wachstumsimpuls, und die Absatzplaner in den Konzernetagen brüten zur Zeit über den Ergebnissen diverser Umfragen, die ihnen in den nächsten Jahren eine reiche Ernte im anderen Teil Deutschlands verheißen."
285 Gute Chancen für die Maschinenbaubranche auch nach der Wirtschafts- und Währungsunion. In. Handelsblatt vom 12 9 1990

nelle Überbesetzungen herausstellten. Um die Anreize für private Investitionen zu stärken, verlangten sie abgestimmte und gebündelte öffentliche Investitionen, Existenzgründungsprogramme und schließlich eine "Tarifpolitik mit Augenmaß"[286]. Als Hypothek wurde auch die drohende personelle Ausblutung der DDR durch den Weggang jüngerer, gut ausgebildeter Arbeitskräfte gesehen. Deshalb lautete die zentrale Forderung an eine deutsch-deutsche Beschäftigungspolitik: "Alles tun, um das Verbleiben in der DDR attraktiv und sinnvoll zu gestalten! Alles vermeiden, was zusätzlich zum Sog des Wohlstandsgefälles Anreize für ein Übersiedeln schafft!"[287] Wie die hier dargelegten Positionen und ihr Wandel zeigen, sahen die Wirtschafts- und Arbeitgeberverbände eine ihrer Aufgaben darin, durch positive wirtschaftliche Prognosen und geschickt inszenierte Investitionsankündigungen den Einigungsprozess politisch und psychologisch zu flankieren. Sie überschätzten die vorhandenen ökonomischen Potentiale sowie die Migrationsbereitschaft und verniedlichten die anstehenden Schwierigkeiten, die mit der Integration von zwei ungleichen Volkswirtschaften einhergingen. Dabei versuchten sie den Eindruck zu erwecken, dass es keine Verlierer geben würde, dass es schnell gehe und man in Ostdeutschland wieder an die einstige industrielle Stärke anknüpfen könne. Die obligatorische Arbeitsteilung zwischen den Wirtschafts- und Arbeitgeberverbänden wurde nicht immer gewahrt. Zwar äußerte sich der BDI primär zu den grundlegenden ökonomischen Weichenstellungen, während die BDA sich auf die sozialen Strukturen - vor allem auf die Qualifizierungsoffensive - kaprizierte. Zugleich führten vorhandene Differenzen in der weiteren Deregulierungspolitik und hinsichtlich der Neuausrichtung der Tarifpolitik dazu, dass sich auch die Wirtschaftsverbände in dieses Feld mit eigenen Vorschlägen einmischten.

5. Westdeutscher Einfluss beim Aufbau ostdeutscher Arbeitgeberverbände

Die westdeutschen Metallarbeitgeberverbände beschränkten sich bis ins Frühjahr 1990 darauf, die von ostdeutscher Seite ergriffenen Selbsttransformationsversuche zu beobachten. Bevor sie mit eigenen konkreten Initiativen aufwarteten, wirkte die im Februar 1990 von BDA/BDI geschaffene "Verbindungsstelle DDR"[288] als branchenübergreifende Ausgangsbasis, von der aus Kontakte geknüpft, die gesetzgeberischen Aktivitäten der DDR-Volkskammer und die Initiativen der Gewerkschaften beobachtet wurden. Darüber hinaus war dieses Büro Ansprechpartner für Ministerien, Betriebe und Verbandsvertreter. Mit solch einem defensiven Vorgehen erschienen die westdeutschen Funktionäre zunächst weniger als Kolonisatoren denn als "gesuchte Ratgeber"[289]. Dass die westdeutschen Metallarbeitgeberverbände erst vergleichsweise spät

---

286 Neifer-Dichmann, Elisabeth, Investitionen haben jetzt Vorrang, in. Der Arbeitgeber 1990/16, S 621
287 Siegers, Josef. Deutschland einig Arbeitsmarkt, in. Der Arbeitgeber 1990/4, S 124
288 Bauer, Jürgen, Aktivitäten des BDI in den neuen Bundesländern, in Apuz B 13/91, S 12 - 19
289 Ettl. Wilfried/Wiesenthal, Helmut 1994, S 429.

intervenierten, kann nicht nur auf die vorhandenen Unwägbarkeiten zurückgeführt werden, sondern auch auf das reaktive Verhalten gegenüber der westdeutschen IG Metall, die ebenfalls bis ins Frühjahr 1990 hinein keine eigenständigen öffentlichen Aktivitäten entwickelte.

Träger des Verbandsaufbaus in der Metall- und Elektroindustrie waren auf ostdeutscher Seite Vertreter des Maschinenbauministeriums und einige führende Generaldirektoren sowie ihre Stellvertreter. Da die Betriebe bis zum 30.6.1990 rechtlich noch als volkseigene Betriebe galten und die IG Metall/DDR am 28.2.1990 erstmals einen Tarifvertrag gekündigt hatte, sah sich das Maschinenbauministerium, in dessen Einzugsbereich die Mehrzahl der Metallbetriebe lag, legitimiert, Arbeitgeberverbände aufzubauen, die den westdeutschen vergleichbar sein sollten. Bei den damals noch bestehenden straffen Befehlswegen zwischen dem Ministerium und den zugeordneten betrieblichen Einheiten bereitete es weder Schwierigkeiten, geeignet erscheinende Kandidaten für die Verbandsarbeit zu finden noch die Mitgliedschaft der Mehrheit der Betriebe anzuregen. Zugleich machte sich das Ministerium in Zusammenarbeit mit den Tarifexperten einiger großer Kombinate daran, das antiquierte Lohnfindungssystem der DDR zu reformieren. Zwar besaßen einige der Gründungsfunktionäre bereits vor 1990 Kontakte zu westdeutschen Firmen, die ihnen auch wichtige Hinweise über das westdeutsche Verbändesystem gaben. Doch konnten diese Informationen und Ratschläge fehlende Erfahrung und Unsicherheiten nicht kompensieren. Deshalb traten ab Februar 1990 einzelne von ihnen mit der Bitte um Kontakt und Beratung an die westdeutschen Arbeitgeberverbände heran.[290] Lediglich in Mecklenburg-Vorpommern schien der Prozess umgekehrt verlaufen zu sein: Dort ging die Initiative von der westdeutschen Werftindustrie sowie vom Hauptgeschäftsführer des Arbeitgeberverbandes Nordmetall aus. Für die Bündelung der Initiativen engagierte sich zunächst auf westdeutscher Seite der Hauptgeschäftsführer des West-Berliner Metallarbeitgeberverbandes. Am 2.März 1990 fand das erste Treffen zwischen dem ostdeutschen Initiativkreis und einigen Funktionären von Gesamtmetall statt. In der Folge kam es zu einer derart engen Zusammenarbeit, dass der stellvertretende Maschinenbauminister im später gegründeten Berliner Büro von Gesamtmetall als Ostexperte angestellt wurde Auf diese Weise konnte nicht nur ein leichter Zugang zu den Betrieben gefunden werden, sondern damit besaß man auch eine kontextuelle Kompetenz, um sich unter den fremden Verhältnissen bewegen zu können.

---

290 Aus der Sicht von Werner Stumpfe sah diese Kontaktaufnahme so aus: "Um die Jahreswende 1989 auf 1990 entsandte nämlich der damals unter der Regierung Modrow mit Fragen der 'Tarifreform' betraute Staatssekretär im Ministerium für Maschinenbau und Elektrotechnik der DDR seinen persönlichen Referenten nach West-Berlin, um aus Kammern und Verbänden alles Informationsmaterial herbeizuschaffen, dessen er habhaft werden konnte Außerdem sollte er nach Möglichkeit einen ersten persönlichen Kontakt zu den Verantwortlichen herstellen. Bei diesem 'Spähtruppunternehmen' in die westliche Verbandslandschaft sollte durchaus deutlich werden, dass mit der Frage nach Informationsmaterial die unausgesprochene Bitte um Kontakt und Beratung einhergingen. Dieses Signal wurde vom damaligen Verband der Berliner Metallindustrie sofort aufgefangen und alsbald an Gesamtmetall weitergeleitet." (Vortrag von Werner Stumpfe auf den Heidelberger Arbeitsrechtstagen vom 26.9.1991)

Unter den westdeutschen Regionalverbanden kam es noch im Frühjahr zur Verabschiedung eines Patenkonzeptes,[291] demzufolge die grenznahen westdeutschen Verbände jeweils für den angrenzenden ostdeutschen Verband verantwortlich gemacht wurden. Dazu gehörte, dass sie sowohl finanziell als auch personell den Aufbau der ostdeutschen Arbeitgeberverbände flankieren sollten. Ähnlich wie in der IG Metall, so gab es auch zwischen den Arbeitgeberverbänden aus Bayern und Baden-Württemberg gewisse Spannungen hinsichtlich der Patenschaft für Sachsen. Da jedoch der Aufbau ostdeutscher Verbände nicht in allen westdeutschen Arbeitgeberverbänden auf die erhoffte Resonanz stieß, waren die Entscheidungs- und Koordinierungsgremien von Gesamtmetall, in denen der Aufbau Ost auf der Tagesordnung stand, nicht selten schlecht besucht Manche, so war gelegentlich aus den eigenen Reihen kritisch zu hören. schienen ihr Patenschaftsgebiet mit einem Protektorat zu verwechseln, so dass Spannungen und Konflikte nicht ausblieben. Auch wenn eine gleichberechtigte Zusammenarbeit mit den ehemaligen ostdeutschen Leitern und SED-Funktionären in der Anfangsphase nicht ernsthaft auf der Tagesordnung der westdeutschen Arbeitgeberverbände stand, so hätte doch allen Akteuren klar sein müssen, dass sie keinesfalls ohne Rücksicht auf die spezifischen ostdeutschen Interessen handeln konnten.

Mit tatkräftiger Unterstützung westdeutscher Verbandsfunktionäre kam es schließlich in den Monaten April/Mai 1990 zu den Gründungsversammlungen der Regionalverbände Brandenburg, Thüringen, Mecklenburg-Vorpommern, Sachsen-Anhalt und Sachsen.[292] Unter den westdeutschen Funktionären, die vom Patenschaftsverband für einen gewissen Zeitraum nach Ostdeutschland abgeordnet wurden, fanden sich sowohl junge Funktionäre, die sich durch ihr Engagement in Ostdeutschland erste Sporen verdienen konnten wie auch bereits im Rentenalter stehende ehemalige Verbandsgeschäftsführer, die dies als eine ihren Erfahrungen angemessene Aufgabe und

Tabelle 10: Einflussnahme der westdeutschen Patenschaftsverbände

Ostdeutscher Verband	Gründungs- datum	Westdeutscher Patenschaftsverband	Fusion/Einfluss westdeutscher Verband
Mecklenburg-Vorpommern	6 4 1990	Nordmetall	Fusion: 8 11.1990
Ost-Berlin/ Brandenburg	11 4 1990	Berlin 24.04 1990 Kooperationsvertrag	Fusion. 25.9.1990
Sachsen	2 5 1990	Bayern	mittel
Sachsen-Anhalt	17 4 1990	Niedersachsen	schwach
Thüringen	6 4 1990	Hessen	stark

Quelle Daten aus Geschäftsberichten von Gesamtmetall und regionalen Arbeitgeberverbanden © Wolfgang Schroeder

---

291 Vgl Tabelle 10 Einflussnahme der westdeutschen Patenschaftsverbände
292 Berlin-Ost wurde sofort in den Einflussbereich des Westberliner Arbeitgeberverbandes integriert

Herausforderung ansahen.[293] Außer Zweifel steht, dass die in vielen Fällen von westdeutscher Seite vorgenommene Personalauswahl beziehungsweise Nachqualifizierung dazu beitrug, dass westdeutsche und nicht ostdeutsche Problemdefinitionen und Deutungen in den ersten beiden Jahren handlungsbestimmend wurden. Dies war aus der Sicht der westdeutschen Verbände auch deshalb von großer Bedeutung, weil nicht wenige der neuen ostdeutschen Arbeitgeberfunktionäre anfangs noch keineswegs über die "richtigen" funktionsgemäßen Auffassungen verfügten. Mit der Patenschaft für den Aufbau eines ostdeutschen Regionalverbandes waren also nicht nur finanzielle und personelle Belastungen verbunden, sondern auch die Chance, dort eigene Präferenzen zu verankern.

Dass die Verbände Mecklenburg-Vorpommern (Nordmetall in Hamburg), Thüringen (Arbeitgeberverband Hessen in Frankfurt) und Brandenburg (Berliner Arbeitgeberverband) stärker durch den personellen Einfluss der westdeutschen Patenschaftsverbände geprägt wurden als die Landesverbände Sachsen (Arbeitgeberverband Bayern) und Sachsen-Anhalt (Arbeitgeberverband Niedersachsen) war kein Zufall. Es hing von der geographischen Lage, der industriellen Struktur, aber auch von der Kooperationspolitik der ersten Stunde ab. Dort, wo der westdeutsche Einfluss schwächer war, waren die für die Tagesarbeit entscheidenden Positionen, vor allem die des Hauptgeschäftsführers, mit ostdeutschen Vertretern besetzt worden. Die in den Arbeitgeberverbänden tätigen ostdeutschen Funktionäre der ersten Stunde waren meist Ingenieure oder Betriebswirte, die zuvor in Kombinaten, VEBs oder an einer Universität der DDR gearbeitet hatten. Wenn sie parteipolitisch gebunden waren, dann entweder als LDPD- oder SED-Mitglied. Um die ostdeutschen Funktionäre schnell an das westdeutsche Wissens- und Handlungsniveau heranzuführen, organisierten oder vermittelten Gesamtmetall und die regionalen Arbeitgeberverbände entsprechende Praktika und Schulungsprogramme.

Die Chemie- und Textilindustrie entschied sich für den Aufbau eines einzigen ostdeutschen Arbeitgeberverbandes, in der Metallindustrie stand die Orientierung an den Ländergrenzen in der Startphase nicht ernsthaft zur Disposition. Dagegen sah Gesamtmetall es auch als problematisch an, dass weder ein ostdeutscher Gesamtverband noch ein koordinierungsfähiger Dachverband gegründet wurde, denn damit verband sich für sie die Gefahr einer weiteren Fragmentierung mit daraus sich ergebenden Steuerungsproblemen. Damit sich die regionalen Aktivitäten nicht nachteilig für die Koordinierungsfunktion von Gesamtmetall auswirkten, eröffneten sie zum 1. August 1990 ein eigenes Büro in Berlin, von dem aus die Kölner Verbandszentrale unabhängig von der "Verbindungsstelle DDR" und von den regionalen Arbeitgeber-

---

293 Zum Prototyp des erfahrenen Aufbauhelfers wurde Wilfried Stolle, ehemaliger Hauptgeschäftsführer der hessischen Bezirksgruppe Offenbach-Hanau, der die Federführung beim Aufbau des thüringischen Verbandes übernahm und sich für fünf Jahre als Hauptgeschäftsführer engagierte. (Ein Hanauer organisiert Thüringens Arbeitgeber, in Frankfurter Allgemeine Zeitung 12.5.1990)

verbänden eigene Schritte vor Ort zu unternehmen versuchte.[294] Das für diese Arbeit notwendige Personal stellten die Regionalverbände zur Verfügung Um deutlich zu machen, dass die Aktivitäten von Gesamtmetall nicht mit denen der Landesverbände konkurrierten, lag der Akzent auf länderübergreifenden Dienstleistungen, wie einem Rundschreibendienst zur Gesetzgebung der Volkskammer, Kontakten zum Sozial- und Wirtschaftsministerium der DDR; später standen auch direkte Hilfen beim Aufbau der Mitgliedsverbände, Erfahrungsaustausch, Hilfestellungen bei den Beschäftigungs- und Qualifizierungsgesellschaften auf der Tagesordnung [295] Geleitet wurden diese Aktivitäten durch die Hauptgeschäftsführung von Gesamtmetall, die zugleich ein flankierendes Gremium schuf, das sich aus den fünf regionalen Hauptgeschäftsführungen der Patenschaftsverbände zusammensetzte. Nach nur einem Jahr wurde das Berliner Büro wieder geschlossen, denn die regionalen Verbände besaßen kein Interesse, die Interventionen von Gesamtmetall auf dieser Ebene weiter zu fördern. Zwar stimmten sich die fünf regionalen Arbeitgeberverbände in den entscheidenden Schritten mit Gesamtmetall weiterhin ab, gleichwohl lief die Entwicklung des Verbandsaufbaus in allen Regionen unterschiedlich, so dass sich auch auf der organisationspolitischen Ebene die begrenzte Steuerungskapazität von Gesamtmetall zeigte. Die deutsche Einheit hatte also das spannungsreiche Verhältnis von Kooperation und Konkurrenz zwischen den Regionalverbänden einerseits sowie zwischen ihnen und Gesamtmetall andererseits nicht verändert, sondern lediglich auf ein neues Gebiet übertragen. Das wiederum konnten die ostdeutschen Akteure nutzen, um sich von Fall zu Fall neue Bündnispartner unter den westdeutschen Verbänden auszusuchen, mit denen sie gemeinsam versuchen ihre Interessen zu verfolgen.

Das ostdeutsche Engagement westdeutscher Arbeitgeberverbände war nicht nur geboten, weil sie um Hilfe gerufen wurden und es möglich erschien, dass die DDR-Gewerkschaften[296] durch weitreichende Rechtsansprüche, wie sie im Gewerkschaftsgesetz und Rationalisierungsschutzabkommen bereits festgelegt worden waren, eine neue Mächtigkeit erlangen könnten, sondern auch deshalb, weil mit der Naherwartung einer integrierten Wirtschafts-, Währungs- und Sozialunion und dem Weg der westdeutschen IG Metall in die DDR ein auf Westdeutschland rückwirkender Handlungs-

---

294 Im Gesamtmetall-Geschäftsbericht heißt es hierzu "Am 1 August 1990 konnte die mit dem Kooperationsvertrag vorgesehene gemeinsame Geschäftsstelle in Berlin-Hohenschönhausen als Gesamtmetall-Büro Berlin ihre Arbeit aufnehmen mit den Ansprechpartnern RA Lutz Bauermeister, Dipl - Volkswirt Herbert Keller, Dipl -Ing Norbert Wede, RA Dr Luitwin Mallmann" (Arbeitgeberverband Gesamtmetall, Geschäftsbericht 1989-1991, S 249) "
295 Geschäftsbericht Gesamtmetall 1991. S 249
296 Stumpfe bewertete die Stärke der Gewerkschaften auf dem Gebiet der DDR als Geburtshelfer der Arbeitgeberverbände "Unter diesen Bedingungen hätte diese Entwicklung zu einer Hegemonie der Gewerkschaften in einer fortbestehenden DDR führen können Die Arbeitnehmerorganisationen wären in die Nachfolge der SED als Beherrscherin der Wirtschaft getreten ( ) Dass die Gefahr einer Hegemonie der Gewerkschaft nicht nur rein theoretisch bestand, läßt sich an Beispielen belegen In den letzten Monaten der Regierung Modrow gelang es nämlich verschiedenen Einzelgewerkschaften der DDR bei den für sie zuständigen Ministerien "Rationalisierungsschutzabkommen" durchsetzen, die einen sehr weitreichenden Kündigungsschutz sowie Abfindungsleistungen in Großenordnungen vorsehen, die von keinem Unternehmen finanziert werden können ( ) Den immer vehementer vorgetragenen Forderungen der Gewerkschaften mußte schnell ein, wenn vielleicht auch unvollkommener, Widerpart gegenübergestellt werden"(Referat Stumpfe Heidelberg, Heidelberg 1991, S 9 f)

druck erzeugt wurde. Sie reagierten, um zu verhindern, dass eine "Hegemonie der Gewerkschaften" entsteht, die nicht nur eine ostdeutsche Sonderentwicklung, sondern auch eine Kräfteverschiebung im Westen zur Folge haben könnte. Hinzu kamen bei einigen führenden Funktionären auch noch herkunftsbedingte[297] extrafunktionale Motivationen.

Aus einer längerfristigen Perspektive bestand ein zentrales Problem des Verbändeaufbaus in der Mitgliederstruktur. Da die Betriebe noch nicht privatisiert waren und kein relevanter Mittelstand existierte, gab es theoretisch drei Möglichkeiten: Erstens man kooptierte Repräsentanten der nicht verstaatlichten Kleinbetriebe und suchte diese in führende Verbandsfunktionen zu bringen. Es gab zwar einige Vertreter, die sich für die neuen Selbstständigen und Kleingewerbetreibenden stark machten und gerne Positionen in der ersten Reihe der neuen Verbände übernommen hätten. Ihr Einfluss war jedoch zu schwach, um sich gegen die Kombinatsvertreter durchzusetzen. Zweitens man wartete so lange mit dem Verbändeaufbau, bis der Mittelstand in Ostdeutschland so stark war, dass man aus diesem Bereich führende Funktionäre für die Verbandsarbeit gewinnen konnte. Dies bedeutete jedoch kurzfristig, ein Machtvakuum entstehen zu lassen, das vermutlich von anderen Unternehmerorganisationen, wie den Wirtschaftsverbänden, genutzt worden wäre. Da man nicht so lange warten wollte, bis sich in Ostdeutschland eine Industrielandschaft herausgebildet haben würde, die der westdeutschen vergleichbar war, mussten die Arbeitgeberverbände in ihrer ostdeutschen Geburtsstunde auf die mittelständische Klientel verzichten. Die dritte Option bestand darin, sich auf einen pragmatischen Umgang mit den Kombinats- und Ministeriumsvertretern einzustellen und mit ihnen gemeinsam den Aufbau zu tragen. Die Möglichkeit, dass der Verbändeaufbau allein vom Westen getragen würde, stand nicht zur Diskussion.

Aus westdeutscher Sicht gab es keine Alternative zur Dominanz ehemaliger Generaldirektoren und SED-Funktionäre in den verbandlichen Führungsgremien, weil alleine sie über die Ressourcen zu verfügen schienen, die notwendig waren, um den Verbändeaufbau schnell und effizient zu organisieren. Mit dem Hinweis auf den Übergangscharakter ihrer Arbeit und mit Blick auf die eigene westdeutsche Praxis nach 1945 verteidigte die Führung von Gesamtmetall auch aus Effizienzgründen die politische Vergangenheit der neuen Verbandsvertreter.[298] Hierzu meinte Gesamtmetall-Präsident Werner Stumpfe: "Man hätte die Bundesrepublik nach dem Zweiten Weltkrieg nicht aufbauen können, wenn nicht die Millionen ehemaliger NSDAP-Mitglieder mitgearbeitet hätten. Auch die Führungskader der DDR können also nicht geächtet werden. Ob ihnen allerdings wirklich nach den Jahrzehnten der Erziehung in planwirtschaftlichem Denken die Einübung in die Marktwirtschaft gelingt: Das ist eine ganz andere Frage."[299] Die Entscheidung, den Verbändeaufbau mit Hilfe ehemaliger SED-Wirtschaftskader zu starten, von denen einige im Laufe der Zeit wegen Stasi-

---

297 Einige westdeutsche Verbandsfunktionäre (z B. Stumpfe, Kirchner) wurden in Ostdeutschland geboren.
298 Intern geäußerte Kritik wurde mit dem Hinweis auf den Übergangscharakter abgewehrt
299 Handelsblatt 27. 9 1990

Mitarbeit ihre Verbandsfunktionen räumen mussten, warf schließlich nicht gerade ein günstiges Licht auf die neuen Verbände.

Durch einen Kooperationsvertrag mit den neu gegründeten Arbeitgeberverbänden der Metall- und Elektroindustrie der DDR wurde am 16.5.1990 deren Zugehörigkeit zu Gesamtmetall vertraglich fixiert und damit jedem ostdeutschen Sonderweg eine Absage erteilt. Eine Konsequenz dieses Vertrages bestand darin, dass die DDR-Regionalverbände nun auch in den westdeutschen Führungsgremien vertreten waren Durch diese eher symbolische Integration versuchte Gesamtmetall zu unterstreichen, dass es weniger um "Landnahme" als vielmehr um Kooperation gehe. Noch vor der Vollendung der staatlichen Einheit integrierte Gesamtmetall die ostdeutschen Verbände offiziell (26 9 1990) unter ihrem Dach. Da zuvor bereits die Regionalverbände Berlin und Brandenburg sowie Mecklenburg-Vorpommern und Nordmetall fusioniert hatten (Zebraverbände), gehörten nunmehr drei selbständige ostdeutsche Verbände unter das Dach der Kölner Zentrale, wobei der Berliner Arbeitgeberverband für sich eine gewisse - nicht von allen gern gesehene - Sprecherrolle für die ostdeutschen Verbände beanspruchte.

Abschließend sei noch darauf hingewiesen, dass mit dem Aufbau Ost das traditionell ohnehin gespannte Verhältnis zwischen Arbeitgeber- und Wirtschaftsverbänden eine zusätzliche Verschärfung erfuhr. Die Arbeitgeberverbände der Metall- und Elektroindustrie strebten die Übernahme der regionalen BDA- und BDI-Ländervertretungen an.[300] Dazu waren sie aufgrund ihrer Ressourcen prädestiniert; zugleich hoffte man so eine bessere Integration von Arbeitsmarkt- und Gütermarktinteressenvertretung zu erreichen In Westdeutschland ist dieses Ziel bis auf den heutigen Tag noch nicht in allen Ländern realisiert, in Ostdeutschland konnte dies 1990 mit Ausnahme Sachsens erreicht werden Dort verhinderte die Landesvertretung des Verbandes der Deutschen Maschinen- und Anlagenbauer (VDMA) dies aus politischen Gründen und stellte bis ins Jahr 1998 selbst die BDI-Landesvertretung. Der VDMA kritisierte 1990/91 die Bereitschaft der Metallarbeitgeberverbände, Tarifverträge abzuschließen, die eine Angleichung an das Westniveau anstrebten. So agierte in der Tarifpolitik ein einflussreicher regionaler Wirtschaftsverband von Beginn an als tarifpolitisches Korrektiv des Arbeitgeberverbandes.

---

300 Henneberger, Fred 1993, S 654 f

III. Resümee: Verbändeaufbau als stabilitätsorientierter Institutionentransfer

Seit November 1989 begleiteten die Dachverbände der Arbeitgeber und Gewerkschaften (BDA/DGB) in einer gemeinsamen Arbeitsgruppe den Umbruch in Ostdeutschland, dessen grundlegende Entscheidungen dem Primat der Politik folgten. Damit war jedoch noch nicht vorgegeben, wie sich die Tarifparteien konkret zu verhalten hatten. Auch wenn man in Rechnung stellt, dass die westdeutschen Tarifverbände 1990 keine "Stunde Null" für sich beanspruchen konnten, sondern auf vorgegebene, von ihnen nur begrenzt beeinflussbare Strukturen, Erwartungen und Entwicklungen aus West- und Ostdeutschland reagierten, so waren ihre Antworten nie alternativlos. Der Schlingerkurs der westdeutschen IG Metall im Umgang mit der früheren gleichnamigen FDGB-Fachabteilung (Kooperation, Konkurrenz, Institutionentransfer) belegt dies ebenso wie die davon abweichenden Optionen der anderen Industriegewerkschaften. Ähnliche organisationspolitische Differenzen gab es auch im Arbeitgeberlager: Während die Chemieindustrie einen länderübergreifenden ostdeutschen Arbeitgeberverband gründete, kam es in der Metallindustrie zunächst zur Bildung von Arbeitgeberverbänden entlang der Ländergrenzen.

Der ab 1990 praktizierte Aufbauprozess verlangte von Gewerkschaften und Arbeitgeberverbänden unterschiedliche Kraftanstrengungen und organisationspolitische Strategien, die das Ergebnis differierender institutioneller Ausgangsbedingungen, Handlungslogiken und situativer Präferenzen waren. Der zentrale Unterschied beim Verbandsaufbau ergab sich aus einer situativen Prioritätensetzung, die auf einem gegensätzlichen Umgang mit den ostdeutschen Akteuren basierte. Die IG Metall entschloss sich nach einem riskanten Schlingerkurs, ausgestattet mit einem enormen Vertrauensvorschuss der ostdeutschen Beschäftigten, die IG Metall/DDR aufzulösen, sich von den SED-Kadern zu distanzieren und die eigene Organisation nach Osten auszudehnen. Im Ergebnis bedeutete dies, dass der Institutionentransfer und Aufbau Ost auf der regionalen Ebene fast ausschließlich von westdeutschen Funktionären betrieben wurde. Demgegenüber kooptierten die westdeutschen Arbeitgeber-Vertreter die neuen Repräsentanten aus der "alten" SED-Wirtschaftselite und schlugen so den Weg der "paternalistischen Partnerschaft" ein. Sie begründeten dies mit der Übergangssituation und dem Hinweis auf die erfolgreiche Integration der ehemaligen Nazis in den westdeutschen Wiederaufbau. Für ihren pragmatischen Umgang mit den ostdeutschen SED-Funktionären waren insbesondere die ökonomischen Verhältnisse maßgeblich, für die sich angesichts der damaligen Eigentumsverhältnisse, der Einschätzung einer länger andauernden Umbauphase der DDR-Ökonomie und einer Vielzahl großer Unternehmen mit einem weiterhin bedeutenden Osthandel, offenbar keine Alternative anzubieten schien. An der Spitze der ostdeutschen Arbeitgeberverbände standen Funktionäre, die von ihren Erfahrungen und politischen Kompetenzen nicht dafür prädestiniert waren, eine marktwirtschaftlich orientierte Verbandspolitik zu betreiben Diesen Makel versuchten die westdeutschen Funktionäre durch ein Lehrer-Schüler-Verhältnis zu kompensieren, das einerseits zu einem schnellen, friktionslosen Organisationsaufbau beitrug, andererseits aber eine problematische

Hypothek bildete, die sich später in Überforderungen und Ressentiments ausdrückte. Dagegen orientierten sich die federführenden IG Metall-Funktionäre bei der von ihnen verantworteten Elitensubstitution sowohl an der Erwartungshaltung der ostdeutschen Beschäftigten als auch an eigenen Professionalisierungsvorstellungen sowie an prinzipiellen demokratiepolitischen[302] Motiven.

Der schnelle exogene Institutionentransfer war aus westlicher Sicht ein stabilitätsorientierter Reflex auf unkalkulierbare Rückwirkungen der neuen ostdeutschen Verhältnisse für Westdeutschland. So griff man auf tradierte Strukturen und Instrumente, auf erfahrene Funktionäre sowie auf gewohnte Verhaltensweisen zurück und suchte so die ostdeutschen Akteure geräuschlos in die etablierten Verbandsverhältnisse einzubinden. Die Integration in Organisationen, die in vielen Jahrzehnten gewachsen waren, erfolgte durch direkte Beteiligungsformen und indirekte Formen der Kontrolle. Auf diese Weise versuchten die westdeutschen Verbände, die Gefahr der Bildung einer

Tabelle 11: **Strategien und Motive bei der Übertragung westdeutscher Institutionen nach Ostdeutschland 1990**

Ziel	Arbeitgeberverband	IG Metall
Transformationsprozess sozial einbetten	• Wechsel der Eigentumsverhältnisse flankieren • Abwanderung verhindern • kein Billiglohngebiet zulassen	• soziale Angleichung forcieren • Abwanderung verhindern • kein Billiglohngebiet zulassen
Status quo West stabilisieren	• Rückwirkungen weitreichender Regelungen der Umbruchsphase verhindern • keine Regelungen zulassen, die es im Westen nicht gibt	• Erosionsdruck auf Organisation und Tarifpolitik verhindern • Arbeitszeitpolitik West nicht gefährden
Stabilisierung Ost	• kein präjudizierendes Machtvakuum entstehen lassen • verhindern, dass ostdeutsche Leiter Zugeständnisse machen • Transaktionskosten im Osten senken durch Übernahme West	• Keine Verbändekonkurrenz zulassen • IG Metall /DDR überfordert • Transaktionskosten reduzieren • enttäuschte FDGB-Mitglieder halten • wichtig, die Angestellten zu gewinnen
Ostdeutsche Mitgliederlogik kontrollieren	• asymmetrische Kooperation • Personalmix • Anerkennung ostdeutscher Funktionäre als betreute Elite • Integration in Westverbände und eigene Ostverbände • eigenständige Mitgliederlogik Ost Chance für Deregulierung West	• Auflösung der IG Metall/DDR • Westdeutsche ersetzen SED-Funktionäre • Integration in westdeutsche Verbandsstrukturen, um eigenständige Mitgliederlogik Ost zu relativieren

© Wolfgang Schroeder

---

[302] Hierzu der IG Metall-Aufbauhelfer und frühere Bezirksleiter Reimar Birkwald "Es war ja nicht der Sinn der Revolution, dass demokratische Gewerkschaften mit undemokratischen Funktionären, die sich schnell eine andere Jacke übergezogen hatten, kooperieren" (Birkwald, Reimar 1991, S 129)

eigenen ostdeutschen Mitgliederlogik zu relativieren und diese auf die westdeutschen Bedürfnisse zuzuschneiden. Dabei spielten die seinerzeitigen Kräfteverhältnisse und laufenden Projekte zwischen den westdeutschen Tarifparteien eine entscheidende Rolle Während die Arbeitgeberverbände das etablierte Prinzip unabhängiger Regionalverbände, die über Finanz-, Personal- und Politikhoheit verfügen, auf Ostdeutschland ausdehnten, übertrug die IG Metall ihre Strukturen des zentral koordinierten Regionalismus. Insofern fand der staatliche Beitrittsprozess nach Artikel 23 des Grundgesetzes bei den Tarifverbänden der Metallindustrie seine Entsprechung. Unter systematischen Gesichtspunkten lassen sich vier zentrale organisationspolitische Stabilitätsziele unterscheiden, deren inhaltliche Implikationen für die IG Metall und die Arbeitgeberverbände in der folgenden Tabelle gegenübergestellt werden.

Der Aufbau der Tariforganisationen erfolgte als eine von "oben" gesteuerte Osterweiterung der Westverbände. Es waren also nicht ostdeutsche Eigentümerunternehmer oder Beschäftigte, die den Aufbau von unten betrieben, sondern Funktionäre aus West- und Ostdeutschland. Auch hinsichtlich der Ressourcen war es keine "Stunde Null" für die westdeutschen Verbände: Während die westdeutsche IG Metall vom hohen Mitgliederniveau der IGM/DDR profitierte, kam den Arbeitgeberverbänden der institutionelle Vorlauf unter Federführung des Ministeriums für Maschinenbau zugute. Die Politik der westdeutschen Dachverbände war darauf orientiert, den Transformationsprozess politisch zu flankieren und sozial zu fundieren, weil dessen Gelingen von beiden Verbänden auch als öffentlicher Test für die eigene organisatorische Leistungsfähigkeit und als maßgeblich für die zukünftige Stellung im Modell Deutschland eingeschätzt wurde. Deshalb konzentrierte sich ihr Engagement zunächst auf eine möglichst umfassende Mitgliedersicherung und die damit einher gehende Verteidigung der beanspruchten Domäne gegenüber konkurrierenden Organisationen. Beim Verbändetransfer ging es um eine doppelte Stabilitätspolitik· nämlich sowohl um die Kräfteverhältnisse innerhalb wie zwischen den Organisationen in West- und in Ostdeutschland. Dabei bestand die sozialpolitische Klammer der ersten beiden Aufbaujahre, gewissermaßen die ungeschriebene Magna Charta der Tarifpolitik, in der Angleichung des ostdeutschen an das westdeutsche Niveau. So betrachtet, dominierte in beiden Organisationen die Einflusslogik über die Mitgliederlogik. Als argumentative Katalysatoren, die dieses Ungleichgewicht plausibel machten, dienten in die Zukunft verlängerte Schreckensszenarien, wie die Gefahr einer weiter anschwellenden Abwanderung sowie ausgeprägtes Lohn- und Preisdumping.

Die unsicheren Übergangsverhältnisse förderten in beiden Verbänden ein außerordentlich starkes Stabilitätsdenken. Die IG Metall befürchtete, dass der Untergang der DDR, gedeutet als "Sieg des Kapitalismus", gleichsam naturwüchsig in einer neuen antigewerkschaftlichen Politik münden könnte. Die Arbeitgeber wiederum reagierten mit ihrer organisationspolitischen Präsenz in Ostdeutschland auf die Gefahr einer gewerkschaftlichen Stärke, die sie mit der neuen gewerkschaftsfreundlichen Regulierungspolitik (Rationalisierungsschutzabkommen/Gewerkschaftsgesetz) der DDR-Regierung, den Wertpräferenzen der Beschäftigten und der demokratiepolitischen Emphase der "Runden Tische", die das äußere Bild des Umbruchs bestimmten, kommen sahen Aus dieser Perspektive erschien die Status-quo-orientierte Verteidigung des westdeutschen Modells und die Übertragung der eigenen Institutionen gewissermaßen als das kleinere Ubel Vergleichbar ihrer Entstehungssituation im 19. Jahrhundert, als die Gewerkschaften als treibende Kraft in Erscheinung traten und die Arbeitgeberverbände als reagierende, vollzog sich auch die Entwicklung 1990 Im Unterschied zu diesem sicherlich überzogen wirkenden Vergleich waren diesmal beide von einem primar defensiven Motiv getrieben, nämlich dem der Verhinderung eines drohenden Macht- und Einflussverlustes. Während die IG Metall auf diese Angst ihren Möglichkeiten entsprechend eher offensiv reagierte, verhielten sich die Arbeitgeber eher defensiv.

Beide Tarifparteien konnten sich nur muhsam auf den Prozess der deutschen Einheit einstellen Besondere Schwierigkeiten hatte die IG Metall zu bewältigen, die im Windschatten der eigenen Mini-Entspannungsdiplomatie (1969-1989) sowie gefesselt von prinzipiellen Bedenken einen sehr wechselvollen Kurs verfolgte, der von der Kooperation über die zögerliche Annäherung an die neuen Verhältnisse hin zu einem schnellen und radikalen Kurswechsel im Umgang mit der IG Metall/DDR verlief Infolgedessen fand die IG Metall erst im Frühjahr 1990 zu einer eigenständigen Politik in der DDR Die Arbeitgeberverbände blieben von solchen Konflikten und Kurswechseln verschont, da sie in der DDR keine originäre Basis besassen. So konnten sie sich abwartend und reaktiv auf die IG Metall beziehen. Neben der beiderseitigen defensiven Grundhaltung und dem langen Zögern bis zum definitiven Eingreifen förderte auch der 1987 abgeschlossene dreijahrige Tarifvertrag von Bad Homburg das Vorgehen der Verbandsspitzen Denn durch diesen Tarifvertrag konsolidierten sich nicht nur die Austauschbeziehungen zwischen den Verbandsspitzen, sondern dadurch festigte sich auch die finanzielle Basis beider Organisationen. Dies wiederum war eine äußerst günstige Voraussetzung für die schnelle und ressourcenreiche Aufbaupolitik in Ostdeutschland. Eine wichtige organisationspolitische Basis für das konsensuale Vorgehen der Verbände lag in den komplementären Organisationsstrukturen und der darin angelegten Zentralisierungsfähigkeit. In der Tabelle 12 werden die organisatorischen Ausgangsbedingungen der Tarifparteien gegen Ende der 80er Jahre verglichen.

In dieser Tabelle wird gezeigt, dass die unterschiedlichen Handlungslogiken von IG Metall und Arbeitgeberverbänden auf divergierende Strukturmuster zurückzuführen sind Auf der organisationsstrukturellen Ebene liegt der entscheidende Unterschied darin, dass die metallindustriellen Arbeitgeberverbände eher dem Typus der dezentral orientierten, überschaubaren Honoratiorenpartei entsprechen, während die IG Metall als zentral ausgerichtete, intermediäre Massenorganisation mit oligarchischer Führungsstruktur agiert Zwar sind beide Akteure grundsätzlich in der Lage, zentral zu entscheiden, gleichwohl ist diese Fähigkeit angesichts einer voneinander abweichenden Ressourcenverteilung zwischen den Regionen und der Zentrale unterschiedlich ausgeprägt. Die Grundstruktur der IG Metall zeichnet sich durch eine Dominanz der Zentrale aus, von der die dezentral ausgerichteten Arbeitgeberverbände gleich einem System kommunizierender Röhren partizipieren konnten. Entscheidend war, dass Gesamtmetall auch im Einigungsprozess an der faktischen Entscheidungskompetenz der IG Metall-Vorstandsverwaltung ("Stunde der Exekutive") partizipierte und darauf mit Vorgaben für die eigenen regionalen Verbände reagierte, ohne deren konkrete Politik im einzelnen beeinflussen zu können. Dass der Einigungsprozess zur "Stunde der Zentralen" wurde, hing vor allem mit der überregionalen Dimension des Ereignisses zusammen Auf die Politik der Bundesregierung konnten weder die Landesverbände der Arbeitgeber noch die IG Metall-Bezirke angemessen reagieren; zugleich trug die Geschwindigkeit des Prozesses dazu bei, die Entscheidungsdominanz der Zentrale für einen gewissen Zeitraum zu verfestigen.

Tabelle 12: IG Metall- und metallindustrielle Arbeitgeberverbände im Organisationsvergleich (vor 1989)

Verbandliche Strukturmerkmale	Arbeitgeberverbände	IG Metall
Organisationstyp	• regionaler Honoratiorenverband • dualistische Führungsstruktur	• zentral ausgerichtete intermediäre Massenorganisation • monistische Führungsstruktur • umfangreicher hauptamtlicher Funktionärsapparat
innerverbandliche Entscheidungsstrukturen	• repräsentative Demokratie • prozedurale, mehrstufige Abstimmungsverfahren zwischen den Interessen • gegenüber der IG Metall reaktiv und regional • durch Delegation zentral • Finanzhoheit der Regionen • Asymmetrischer Föderalismus	• repräsentative Demokratie • prozedurales, mehrstufiges Abstimmungsverfahren zwischen den Ebenen und Interessen • Vorgehen gegenüber dem Arbeitgeberverband offensiv • zentral koordiniert/durch Delegation regional • Ressourcendominanz der Zentrale • keine Finanzautonomie der Bezirke
Verbandsideologie	• antikommunistisch-pragmatisch • Planungssicherheit und sozialer Frieden durch Tarifverträge • Abbau verbindlicher Regelungsdichte • Dezentralisierung/ Differenzierung/ Flexibilisierung	• sozialdemokratisch-programmatisch • egalitäre Verbesserung der Arbeitsbedingungen • gesellschaftlich verändernd
Profil und Herkunft der hauptamtlichen Funktionare	• Dominanz akademisch gebildeter Juristen • parteipolitische Orientierung: FDP/CDU	• meist betriebliche und langjährige gewerkschaftliche Sozialisation • parteipolitische Orientierung: mehrheitlich SPD

© Wolfgang Schroeder

Die Zentralisierungsfähigkeit der Mehrebenenorganisationen IG Metall und der metallindustriellen Arbeitgeberverbände lässt sich nicht nur auf die Ressourcenstruktur der IG Metall zurückführen, sondern auch auf eine vergleichsweise homogene Verbandswelt Hierzu gehört, dass in beiden Verbänden trotz gewissermassen konstitutiver Konkurrenzen und Fraktionierungen der programmatische und pragmatische Konsens dominiert Dies wiederum lässt sich nicht zuletzt auf Sozialisation, Selbstverständnis und Arbeitsweise der politischen Funktionare in beiden Lagern zurückführen Während die Arbeitgeberverbände ihre politischen Funktionäre mit akademischer Ausbildung häufig im Bereich der Burschenschaften rekrutieren, übernimmt diese Rolle im Bereich der Gewerkschaften das linke betriebliche und akademische Spektrum. Die Rekrutierung aus diesen Herkunftsmilieus signalisierte zugleich den Willen, die traditionell vorhandene politisch-ideologische Überformung industrieller Beziehungen in der deutschen Metallindustrie fortzuschreiben. Wichtig ist, dass zwischen beiden Funktionärsgruppen ein Konsens im Konfliktmanagement besteht, der sich im Kern auf einen rational kalkulierenden Umgang mit Interessendivergenzen bezieht. Hinsichtlich der innerverbandlichen Demokratie sind beide Systeme repräsentativer Natur; Formen der direkten, plebiszitären oder imperativen Demokratie spielen kaum eine Rolle Ohne diese komplementären und bei allen feinen Unterschieden weithin vorhandenen Homologien lässt sich das schnelle konsensuale Handeln nach einer längeren Phase des Zögerns nicht erklären

Die Dominanz der Dachverbände bedeutete nicht, dass die Regionen keine eigenen Akzente setzten. Das Gegenteil war der Fall: Während man dies von den Arbeitgeberverbänden aufgrund ihres dezentralen Organisationsprinzips nicht anders erwarten kann, war dies auch in der anders geprägten IG Metall der Fall. In starker Abhängigkeit vom Einfluss des Patenbezirks, der vor Ort engagierten Funktionare und ihrer Präferenzen bildeten sich bereits 1990 sehr unterschiedliche Verbandsrealitäten und Politikmuster im regionalen Raum heraus. Differenzen zeigten sich nicht zuletzt beim Umgang mit den Funktionären der IG Metall/DDR beziehungsweise Vertretern der Bürgerbewegung, bei den Kooperationsformen mit den betrieblichen Akteuren sowie bei den Einflussnahmen auf die Treuhand-, Landes- und Kommunalpolitik. Festlegungen auf der Spitzenebene konstituierten keine regionenübergreifende Homogenität, sondern bildeten den rahmensetzenden Korridor für sich eigensinnig entwickelnde regionale Mitgliedschaftslogiken.

Schließlich will ich ein weiteres Argument betonen, dass sich auf die strukturkonservative und stabilitätsgenerierende Dimension des Transformationsprozesses bezieht. Ausgangspunkt war die Unsicherheit beider Verbände angesichts des forcierten Strukturwandels der westdeutschen Wirtschaft und Gesellschaft in den 80er Jahren, der als unaufgearbeitete Hypothek den strukturkonservativen Institutionentransfer der Tarifparteien begünstigte Mit ihrer Osterweiterung konnten die Verbände für einen Augenblick den ungelösten westlichen Problemen entfliehen, indem sie ihre außerordentlichen organisatorischen Stärken ausspielten und dabei die Hoffnung hegten, mit dem Rückgriff auf die erfolgreichen Strategien der Vergangenheit die eigene Organisation stabilisieren zu können. Denn beim Aufbau Ost schien es zunächst weniger um Antworten auf die neuen Tendenzen kapitalistischer Reorganisation zu gehen als vielmehr um den Nachvollzug des "goldenen Zeitalters der Verbände", bei dem die Erfahrungen westdeutscher Verbandsfunktionäre maßgeblich sein würden. Dort, wo einzelne Gruppen die Modernisierung Ost mit der Modernisierung West zu verknüpfen suchten, scheiterten sie an der stabilitätsorientierten Startprogrammierung. So orientierte sich der Aufbau Ost vor allem an dem Leitbild, das die Zukunft Ostdeutschlands in der Vergangenheit und Gegenwart Westdeutschlands verortete.

Die IG Metall und die metallindustriellen Arbeitgeberverbände befanden sich vor 1989 in einer Phase des Umbruchs, ohne dass sie darauf bereits hinreichend neue institutionelle Antworten zu geben vermochten. Hinsichtlich der unaufgearbeiteten Hypothek der 80er Jahre ist in Erinnerung zu rufen, dass nahezu alle Erosionsphänomene im Bereich der industriellen Beziehungen, die in den 90er Jahren im Zusammenhang mit der deutschen Einheit debattiert wurden, bereits vor 1989 die Tarifparteien herausforderten. Weder die Internationalisierung, Deregulierung, Regionalisierung, Individualisierung und Dezentralisierung fehlten in der Standortdebatte als Herausforderungen noch die negative Perspektive einer "Desorganisation" der Großorganisationen. In Tabelle 13 werden die wichtigsten Erosionsphänomene, die bereits in den 80er Jahren thematisiert wurden, systematisiert.

Nach einer Phase großer verbandlicher Stabilität (1956-1979), die als "goldenes Zeitalter" der bundesdeutschen Tarifverbände bezeichnet werden kann, sahen sich beide Organisationen einem für sie ungewöhnlichen Außendruck ausgesetzt. Anhaltende Beschäftigungskrise, flexible Produktions- und Arbeitsorganisationskonzepte, beschleunigte wirtschaftliche Europäisierung sowie partiell veränderte Erwartungen der Mitglieder strukturierten eine Konstellation, die in beiden Großorganisationen Unsicherheit aufkommen ließ. Veränderte Strukturen verlangten nach neuen Strategien der Verbände. Der vergleichende Blick auf beide Verbändesysteme zeigt, dass sie in den 80er Jahren nicht in der Lage waren, das Expansionsniveau der 70er Jahre fortzuschreiben und eine perspektivische Antwort auf die sukzessiv schneller werdenden sozialen und ökonomischen Strukturveränderungen zu entwickeln. Ausdruck dieser krisenhaften Entwicklung war beiderseits ein deutlicher Rückgang des Mitgliederorganisationsgrades sowie die abnehmende Fähigkeit, eine einheitliche Verbandslinie im Bereich der Flexibilisierungspolitik zu verankern. Die Beziehungen zwischen IG Metall und Arbeitgeberverbänden wurden in den 80er Jahren maßgeblich durch den im Streik 1984 erreichten Kompromiss zur weiteren generellen Arbeitszeitverkürzung und der damit verbundenen Flexibilisierung der Arbeitszeit geprägt. Mit der 1984 tarifvertraglich festgelegten Differenzierung der Arbeitszeit ging eine Dezentralisierung einher, durch welche die Verbände selbst dazu beitrugen, dass es zu einer Neujustierung der Einflussmöglichkeiten zwischen den überbetrieblichen Verbänden und den betrieblichen Akteuren gekommen ist. Während sich die Flexibilisierungs- und Arbeitszeitpolitik zu einem Unruheherd entwickelte, der insbesondere innerhalb der Arbeitgeberverbände nicht nur eine Zunahme von Voice-, sondern auch von Exit-Optionen erzeugte, scheiterten alle innerverbandlichen Versuche, auf die Flexibilisierungspolitik mit neuen Instrumenten zu reagieren. Was auf der Ebene der zwischenverbandlichen Tauschlogik (Arbeitszeitverkürzung gegen Flexibilisierung) funktionierte, weil es zu einem vorübergehend stabilisierend wirkenden Kompromiss führte, erzeugte auf der Ebene der Mitgliedschaft im Arbeitgeberverband

Tabelle 13: Herausforderungen der westdeutschen industriellen Beziehungen in der Metallindustrie (vor 1989)

Problemfeld	Arbeitgeberverbände	IG Metall	Flächentarifvertrag
Ökonomische Umweltbedingungen	• Aufwertung industrienaher Dienstleistungen • schwindender Einfluss altindustrieller Leitsektoren • abnehmende Betriebsgrößen • Zunahme internationaler Konkurrenzverhältnisse • Veränderungen der Kunden-Hersteller-Beziehungen • Disparitäten zwischen den Branchen/gegenläufige Konjunkturen	• Formwandel der Arbeit • Zunahme prekärer Beschäftigungsverhältnisse • Forcierte Europäisierung der Wirtschaft, ohne parallele soziale und gewerkschaftliche Koordinierung • Arbeitslosigkeit	• Veränderungsdruck in Richtung Dezentralisierung
Arbeitszeitpolitik	• Differenzierung • Flexibilisierung • Verlängerung der Betriebsnutzungszeiten	• Arbeitsmarktpolitik • Erhöhung des Entgelts durch Mehrarbeitszuschläge	• Öffnung des FTV für mehr betriebliche Gestaltungsfreiheit
Mitgliederentwicklung	• absoluter und prozentualer Mitgliederrückgang 1980 (9 108) und 1989 (8 116)	• 1978 - 1985 absoluter Mitgliederrückgang, • ab 1985 Anstieg der Mitgliederzahlen, bei gleichzeitigem Rückgang des Organisationsgrades • Mitgliederrückgang bei Arbeitern/Zunahme bei Angestellten	• quantitativ abnehmender Geltungsgrad
Verpflichtungsprobleme	• Zunahme der Abweichungen bei gleichzeitig zurückgehender Fähigkeit zur verbandlichen Sanktionspolitik • Kritik der Wirtschaftsverbände an der Tarifpolitik des Arbeitgeberverbandes • Labiles Gleichgewicht zwischen Dachverband und Regionalverbänden • Zunehmende Spannungen zwischen kleinen und großen Betrieben	• Zurückgehende Fähigkeit, eine einheitliche betriebliche Handlungslinie vorzugeben • Abnehmende Zahl von Aktivisten • Reibungsprobleme mit dem dualen System durch die Stärkung der Betriebsräte	• schleichende Abnahme der Unabdingbarkeit des Tarifvertrages/Zunahme tariffreier Räume • qualitative Veränderung des FTV führt zu Steuerungsproblemen beider Verbände

© Wolfgang Schroeder

(Groß- versus Kleinbetriebe) erhebliche Probleme. Der zwischen den Tarifparteien über vier Jahrzehnte bestehende Konsens über Tarifautonomie, Flächentarifvertrag und Artikel 77 Absatz 3 des Betriebsverfassungsgesetzes drohte unter dem Druck der neuen Flexibilisierung aufzuweichen. Insofern wurde auf neue Herausforderungen und damit einhergehende Unsicherheiten in den 80er Jahren auf der Tarifvertragsebene innovativ reagiert, auf der organisatorischen Ebene dagegen strukturkonservativ. Letzteres meint, dass sich die Dienstleistungsfunktion der Verbände kaum weiter entwickelte. Der in beiden Verbänden gleichermaßen festzustellende Versuch, in inhaltlichen Thematisierungen[303] eine neue Offenheit zu erreichen, wurde durch den Einigungsprozess sogar unterbrochen beziehungsweise nur noch halbherzig fortgeführt. Die institutionelle Grundausstattung der Tarifparteien, die 1990 nach Ostdeutschland transformiert wurde, zeichnete sich dadurch aus, dass sie sich in ihren Grundzügen kaum von den im Kaiserreich gelegten und nach 1945 in Westdeutschland erneuerten Wurzeln unterschied; vielmehr wurden alle auftretenden organisationspolitischen Fragen im Zeitverlauf weniger Monate zugunsten der Tradition beantwortet. Alles andere wäre wahrscheinlich einer Überforderung der Verbände gleichgekommen, weil dafür weder innerhalb noch zwischen den Verbänden ein Konsens bestanden hat.

---

[303] Exemplarisch kann für die IG Metall auf die Tarifreform 2000, die Zukunftskongresse und das Angestelltenprojekt verwiesen werden. Gesamtmetall versuchte neben einer Verbesserung der Öffentlichkeitsarbeit, einen neuen Zugang zu den Themen Qualifizierung und Technik zu schaffen. Darüber hinaus arbeitete man an einer Reform der innerorganisatorischen Strukturen.

D. Organisationspolitische Entwicklung der Tarifparteien 1990 - 1999

In diesem Kapitel wird die Entwicklung der Tarifparteien in den fünf neuen Ländern vom Organisationsaufbau bis ins Jahr 1999 analysiert. Die Untersuchung der ostdeutschen Strukturen und Akteure umfasst die dortigen Regionalverbände/Bezirksleitungen und Verwaltungsstellen, die Mitgliederentwicklung, die Interaktionsmuster und die Einbindung in die Gesamtorganisation. Da die organisationspolitische Entwicklung der Tarifverbände in starkem Maße durch die großen Betriebe geprägt wird, stelle ich der folgenden Analyse einige Daten voran, die Aufschluss über deren regionale Verteilung in den fünf neuen Ländern gibt. Die industriellen Disparitäten[1] in Ostdeutschland sind größtenteils auf das vorsozialistische sowie auf das wirtschaftliche Erbe[2] der DDR zurückzuführen· An diese Strukturen knüpften Treuhandanstalt, westliche Investoren und östliches Management an und entwickelten die ehemaligen Zentren der Metall- und Elektroindustrie - Chemnitz, Dresden, Leipzig, Halle, Zwickau, Bautzen, Ludwigsfelde, Rostock und Eisenach - weiter. Dagegen besitzen die meisten anderen Regionen Standortnachteile, die besonders eklatant in Mecklenburg-Vorpommern, Sachsen-Anhalt und in den Regionen an der polnischen und tschechischen Grenze ausfallen. Ein wichtiger Gradmesser für die regionalen Disparitäten und ihre Auswirkungen auf die industriellen Beziehungen liegt in der ungleichen Verteilung der insgesamt 53 größeren ostdeutschen Metallbetriebe mit mehr als 500 Beschäftigten auf die fünf neuen Länder:

Tabelle 14: Regionale Verteilung der großen Metallbetriebe in Ostdeutschland

1998	Beschäftigte		Betriebe	
	Zahl	%	Zahl	%
Berlin Ost/Brandenburg	10.715	19,3	9	17,0
Mecklenburg Vorpommern	7 589	13,6	8	15,1
Sachsen	23 835	42,8	21	39,6
Sachsen-Anhalt	4.573	8,2	6	11,3
Thüringen	9.000	16,2	9	17,0

Quelle. Eigene Erhebung 1998 © Wolfgang Schroeder

Sachsen ist nicht nur das einwohner- und wirtschaftsstärkste Bundesland in Ostdeutschland, sondern dort haben auch fast 40 Prozent (=21 Betriebe) der größeren

---

1 Vgl Strubelt, Wendelin, Regionale Disparitäten. Fragen wissenschaftlicher Analyse und politischer Gestaltung, in BISS public 1997/23, S 141 - 153.
2 Vgl Cséfalvay, Zoltán, Aufholen durch regionale Differenzierung? Von der Plan- zur Marktwirtschaft - Ostdeutschland und Ungarn im Vergleich, Stuttgart 1997, S VII

ostdeutschen Betriebe ihren Sitz Mit 23.835 fällt der Beschäftigtenanteil (42,8 Prozent) sogar noch höher aus. Das Schlusslicht bildet Sachsen-Anhalt, wo die Metall- und Elektroindustrie nach dem Niedergang von SKET in eine auch für ostdeutsche Verhältnisse dramatische Abwärtsspirale hineingeraten ist In keinem anderen Bundesland gibt es weniger große Betriebe und weniger Beschäftigte in der Metall- und Elektroindustrie [3]

I. IG Metall

Die strategische Orientierung der gewerkschaftlichen Tarifpolitik in Ostdeutschland wird nicht nur durch die dortigen wirtschaftlichen, sozialen und politischen Bedingungen geprägt, sondern auch durch organisatorische Strukturen. Von zentraler Bedeutung für die Handlungslogik der IG Metall ist das Prinzip der zentral gesteuerten Regionalisierung. Mit der Organisationsausdehnung nach Ostdeutschland war in organisationsstruktureller Hinsicht für die IG Metall keine Zäsur verbunden, gleichwohl gab es Befürchtungen, dass mit dem Institutionentransfer eine Zunahme regionaler Disparitäten einherginge, die zu einer ungewissen Belastung der eigenen gesamtdeutschen Handlungsfähigkeit führten.[4] Die Frankfurter Vorstandszentrale sah sich mit ihrer Option, die westdeutschen Strukturen zu übertragen, vor allem durch die schnellen Mitgliedergewinne bestätigt. Gleichwohl war man in nahezu jeder Phase der Entwicklung damit konfrontiert, dass der zentral gesteuerte Aufbau nach westdeutschem Muster defizitäre Momente besaß, Reibungen erzeugte und Kritik verursachte.

1. Absage an einen ostdeutschen Sonderweg

Durch die Ausdehnung der IG Metall auf die fünf neuen Länder wurde sowohl das etablierte Prinzip des organisationspolitischen Föderalismus wie auch die Entscheidungsfindung auf zentraler Ebene bestätigt. Der konkrete Prozess des Institutionentransfers basierte auf den Einschätzungen, die sich die nach Ostdeutschland gesandten westdeutschen IG Metall-Akteure im Frühjahr 1990 erworben hatten. Ende 1990 begann der von westdeutschen Funktionären getragene Aufbau von 35 Verwaltungsstellen und zwei Bezirksleitungen. Die Grundarchitektur des Organisationsaufbaus in den fünf neuen Ländern bestand darin, die neu gebildeten Einheiten möglichst eng mit der westdeutschen Gesamtorganisation zu verbinden. Da es um eine effizienzorientierte, territoriale Ausweitung ging, war es folgerichtig, dass es zu keiner Bildung von Bezirksleitungen entlang der Ländergrenzen kam und keine eigenständigen Ostbezirke gebildet wurden Lediglich vorübergehend wurde in Dresden (1990 - 1995) die einzige

---

3 Die neuen Investitionen konzentrierten sich in diesem Bundesland vor allem auf die chemische Industrie
4 Vgl Schmid, Josef, Ein aktueller "West-Ost-Konflikt" in der deutschen Gewerkschaftsbewegung?, in. Sowi 1993/2, S 113

rein ostdeutsche Bezirksleitung als Übergangsinstitution eingerichtet. Daneben gründete man in Berlin eine neue Bezirksleitung, die sowohl den West- wie auch den Ostteil der Stadt sowie Brandenburg umfasste. Gleichzeitig dehnten die westdeutschen Bezirksleitungen in Hamburg (Mecklenburg-Vorpommern), Hannover (Sachsen-Anhalt) und Frankfurt (Thüringen) ihre Verantwortungsbereiche nach Ostdeutschland aus. So stand nur ein "reiner" ostdeutscher Bezirk neben vier gemischten, sogenannten "Zebrabezirken"[5], die sich zugleich mit west- und mit ostdeutschen Problemlagen auseinandersetzen mussten. Im Ergebnis bedeutete dies, dass weder ein satzungsgemäßes noch ein real existierendes Forum für ostdeutsche Gewerkschaftspolitik existierte, sondern lediglich unter Federführung des Vorstandes der IG Metall ad hoc Konferenzen, Tagungen und Koordinierungsgespräche durchgeführt wurden.

Aufbau und Entwicklung der IG Metall in Ostdeutschland sind seit 1990 in ein spannungsgeladenes Beziehungsgeflecht zwischen ostdeutscher Sonderentwicklung und westdeutscher Normalität eingebunden. Einerseits muss die IG Metall den besonderen ostdeutschen Verhältnissen Rechnung tragen; andererseits bewegen sich die ostdeutschen Aktivitäten innerhalb eines zentral gesteuerten Verbandes, der mit seiner überregionalen Ausrichtung gerade einen ostdeutschen Sonderweg[6] zu verhindern sucht. Da die Auswirkungen dieser neuen Heterogenität von Problemlagen, Interessen und Mentalitäten organisationspolitisch meist nur schwer kalkulierbar sind, gab es in der Vergangenheit verschiedene Überlegungen hinsichtlich einer "Politik zweier Geschwindigkeiten"[7], um diese Herausforderungen besser bewältigen zu können. Einige befürchteten, dass die spezifischen ostdeutschen Bedingungen eine "Regionalisierung auf Kosten der Zentrale" fördern könnten. Andere schienen darin sogar eine Chance zu sehen, um die Politik der IG Metall dezentraler gestalten zu können.[8] Feststellbar war damals, dass die Möglichkeit der Zentrale, die Politik der Bezirke zu beeinflussen, bereits in den 80er Jahren abgenommen hatte. Aus dieser Perspektive konnten die IG Metall-Aktivitäten in den fünf neuen Ländern einen bereits seit längerem wirkenden Trend fortsetzen. Gleichwohl blieben die Grenzen dieser relativen Autonomisierung aufgrund der gegebenen Ressourcenverteilung auch im Einigungsprozesse evident.

Neben der bezirklichen Aufteilung der IG Metall wird das Prinzip der zentral gesteuerten Regulierung durch die Satzung gestützt. Diese sieht nämlich vor, dass sowohl in tarifpolitischen Konfliktsituationen (Urabstimmung, Streik) als auch bei der

---

5   Ebd , S 112
6   Vgl Beyme, Klaus von, Der kurze Sonderweg Ostdeutschlands zur Vermeidung eines erneuten Sonderwegs. Die Transformation Ostdeutschlands im Vergleich der postkommunistischen Systeme, in. Berliner Journal für Soziologie 1996/3, S 305-316.
7   Vgl. Blessing. Karlheinz, Gewerkschaften im Einheitsstaat Eckpunkte zukünftiger Gewerkschaftspolitik, in· Ruhr-Universität Bochum/IG Metall (Hrsg.), Ringvorlesung 1990/1991, Bochum 1991, S. 72-79.
8   Die Ambivalenz dieser Hoffnung bringt Josef Schmid auf den Punkt:"Ein möglicher Ausweg liegt in der Stärkung und Autonomisierung der Bezirke, also einer Regionalisierung bzw. Föderalisierung der Gewerkschaften Der Preis für eine solche Reduktion innergewerkschaftlicher Konflikte kann jedoch in einer Verstärkung der regionalen Disparitäten und einem Verlust an gesamtstaatlichem Einfluß sein" (Schmid, Josef 1993, S. 113.)

Verteilung der finanziellen Mittel und der personellen Ressourcen[9] entscheidende Kompetenzen beim Vorstand liegen.[10] Legen die Satzung und die Ressourcenverteilung das Bild einer zentralistischen Organisationsstruktur nahe, so entspricht die verbandspolitische Realität eher dem Bild eines kooperativen Mehrebenensystems, wobei die Zentrale in länderübergreifenden Fragen meist über einen Informationsvorsprung verfügt, den sie zur Führung und Entscheidungsfindung nutzen kann. Denn obwohl die statuarisch abgesicherten Rechte das Ergebnis von Gewerkschaftstagsbeschlüssen sind, trifft die Vorstandsverwaltung schon aus wohlverstandenem Eigeninteresse keine Entscheidungen, die gegen die existentiellen Interessen der regionalen Einheiten gerichtet sind - und zwar nicht nur dann, wenn diese sich dagegen aussprechen. Deshalb ist gerade in den Fragen, die dem Vorstand das Letztentscheidungsrecht einräumen, ein hohes Maß an Kooperation und Koordination vorausgesetzt.

Bei der politischen Prioritätenbildung können sowohl der geschäftsführende Vorstand wie auch einzelne Bezirke als treibende Kraft in Erscheinung treten. Das häufig kolportierte Bild, demzufolge allein der geschäftsführende Vorstand der IG Metall, ad personam der erste und zweite Vorsitzende, die thematische und zuspitzende Kraft zur Steuerung der Organisation besitzen, erfasst den komplizierten, vernetzten Austauschprozess zwischen den verschiedenen Ebenen der IG Metall nur unzureichend.[11] Dass sich im Falle der IG Metall Zentralität und Föderalität nicht nur als konkurrierende Strukturmuster gegenüberstehen, sondern auch ergänzen können, hängt nicht zuletzt mit dem auf tarifpolitische Handlungsfähigkeit zielenden Prinzip der zentral gesteuerten Regionalisierung zusammen. Dieses ist gewissermaßen das institutionell strukturierende wie auch das inhaltlich bestimmende Grundgesetz der IG Metall Wie dieses Prinzip inhaltlich gefüllt wird, darüber streiten die innerorganisatorischen Machtzentren Dabei können sich die Gewichte zwischen den Steuerungskompetenzen von Vorstandsverwaltung und Bezirken verschieben. Beispielsweise können Ressourcenvorteile der Zentrale seitens der Bezirke durch eine geschickte Vernetzungsstrategie der regionalen Instanzen oder der regional übergreifenden politischen Richtungen unterlaufen werden. Während der Einigungsprozess in der Startphase die "Stunde der Zentrale" war, wuchs der Einfluss der Bezirke in der dann folgenden Implementierungsphase deutlich an. Aber auch in dieser Zeit war es die Vorstandsverwaltung, die die divergierenden Positionen bündelte, um die Mobilisierungs- und Durchsetzungschancen der Gesamtorganisation zu wahren. Insbesondere die Wirtschafts- und Betriebsräteabteilung des Vorstandes hat mit ihren Aktivitäten die ostdeutschen Akteure in der betrieblichen Sanierungspolitik massiv

---

9   Hierzu gehören insbesondere die sogenannten Schwerpunktsekretäre, die nicht aus der Kasse der Verwaltungsstelle finanziert werden, sondern aus der des Vorstandes
10 IG Metall, Satzung der IG Metall, Frankfurt 1996. Beschlossen wurde diese Satzung auf dem 18. ordentlichen Gewerkschaftstag in Berlin 1995.
11 Der Vorstand der IG Metall setzte sich nach der auf dem 18 ordentlichen Gewerkschaftstag in Berlin beschlossenen Satzung aus 33 Mitgliedern zusammen, darunter die neun geschäftsführenden Vorstandsmitglieder Die 24 "ehrenamtlichen" Vorstandsmitglieder repräsentieren die Regionen, so dass bereits durch dieses Gremium ein hohes Maß an Kooperationsfähigkeit der föderalen und zentralen Kräften festgeschrieben wird

unterstützt. Ein geschäftsführendes Vorstandsmitglied der IG Metall wirkte als Mitglied des Verwaltungsrates der Treuhandanstalt sowie späterhin der BVS. Während in der Startphase eine Arbeitsgruppe der Vorstandsverwaltung den Organisationsaufbau in den fünf neuen Ländern koordinierte, reduzierte sich in der Folgezeit das Engagement dieser Organisationsebene - mit Ausnahme des Berliner Büros der Wirtschaftsabteilung[12] - auf gelegentliche Einzelfallaktivitäten.

Die wichtigsten regionalen Einflussakteure der IG Metall sind die Bezirksleiter sowie die bezirklichen Tarifsekretäre, die Bevollmächtigten, einflussreiche Betriebsratsvorsitzende, Tarifkommissions- sowie Vorstandsmitglieder. Zwar hat die Bezirkskommission bei der Wahl des Bezirksleiters[13] ein Mitspracherecht; doch entscheidend ist, dass dieser der Satzung nach vom Vorstand "angestellt" wird und sich zu diesem kooperativ-loyal verhalten soll. Gleichzeitig stehen auch die anderen regionalen Akteure in einem kooperativ-kritischen Verhältnis zum Bezirksleiter. Von dieser idealtypischen Loyalitätsbeziehung nach oben und unten kann es Abweichungen im konkreten Fall geben, ohne dass sich dadurch die von der Ressourcenverteilung abhängige hierarchische Machtstruktur im zentral koordinierten Mehrebenensystem grundlegend relativiert.

Tarif-, Lohn- und Gehaltsbewegungen werden von den Bezirksleitungen organisiert und durchgeführt. Wichtigster satzungsrechtlicher Bezugspunkt für die tarifpolitische Willensbildung innerhalb des Bezirks ist die Tarifkommission, die auf Vorschlag des Bezirksleiters zusammengesetzt wird und in enger Kooperation mit ihm die Durchführung der Tarifbewegung begleitet. Sie hat zwar nicht das letzte Wort im Hinblick auf die Tarifforderung und die Kündigung eines Tarifvertrages - dieses hat der Vorstand -, gleichwohl ist ihr Votum von großer Bedeutung für die Akzeptanz der bezirklichen Tarifpolitik.[14] Um die Tarifpolitik für Ostdeutschland so zu gestalten, dass sie dem in Westdeutschland bewährten Muster der zentral gesteuerten Regionalisierung entspricht, ruft die Vorstandsverwaltung der IG Metall die für Ostdeutschland verantwortlichen Bezirksleiter und Tarifsekretäre zur regelmäßigen Koordination zusammen. Entscheidende Akteure auf Seiten der Vorstandsverwaltung sind der 1. und 2. Vorsitzende mit ihren unmittelbaren Beratern sowie einzelne Vertreter der Tarifabteilung. Zugleich gibt es eine zuweilen davon abweichende Praxis, die Fakten schafft, welche zuvor in den Gremien nicht kollektiv definiert wurden, ohne dass dadurch jedoch das Grundprinzip der Koordinierung selbst in Frage gestellt würde. Bei den spezifischen Vorgehensweisen in einer ostdeutschen Tarifregion spielen die

---

12 Zwischen 1992 und 1999 besaß die Wirtschaftsabteilung ein eigenes Büro in Berlin, dass sich mit den Problemen der ostdeutschen Metall- und Elektroindustrie befasste und damit insbesondere für Verwaltungsstellen und Betriebsräte eine wichtige Anlaufstelle bot.
13 In § 16 der IG Metall-Satzung heißt es: "Die Geschäftsführung in den Bezirken liegt bei den vom Vorstand angestellten Bezirksleitern bzw. Bezirksleiterinnen" Die Stellvertreterfunktion der Bezirksleiter wird in Absatz vier weiter konkretisiert "Die Bezirksleiter bzw. Leiterinnen sind in den Bezirken die Beauftragten des Vorstandes, nach dessen Weisung sie ihre Tätigkeiten ausüben". (IG Metall, Satzung, Frankfurt 1996, S. 20)
14 IG Metall Vorstand, Richtlinien für Tarifkommissionen, Frankfurt 1996.

Standards der jeweiligen Westbezirke, zu denen das ostdeutsche Gebiet gehört oder aus dem die entscheidenden Funktionäre kommen, eine wichtige Rolle.

2. IG Metall in Ostdeutschland

Die IG Metall will mit ihrer Politik der Angleichung die Kluft zwischen Ost- und Westdeutschland sukzessive verkleinern. Zugleich besteht die Gefahr, dass die innerhalb der fünf neuen Länder vorhandenen regionalen Disparitäten derart zunehmen, dass ihre Präsenz in der Fläche beeinträchtigt wird. Deutlich wird dieses Problem an der ungleichen Nord-Süd-Verteilung der 53 größeren Betriebe und der davon ausgehenden Folgen für die Handlungsfähigkeit der IG Metall-Verwaltungsstellen. Denn im Einzugsbereich der 34 Verwaltungsstellen[15], die in den Jahren 1997/1998 Mitglieder und Betriebe in Ostdeutschland betreuten, existierten nur in 22 Fällen (65 Prozent) ein oder mehrere große Metallbetriebe. 12 Verwaltungsstellen (35,3 Prozent) konnten also auf keinen solchen Betrieb zurückgreifen. Berücksichtigt man, dass unter den 22 genannten Verwaltungsstellen knapp ein Drittel (7) nur auf einen größeren Betrieb rekurrieren konnte und in fünf Verwaltungsstellen gerade einmal zwei solcher Betriebe existierten, so zeigt sich, wie dünn der großbetriebliche Unterbau in den ostdeutschen Verwaltungsstellen ist. Sucht man nach Verwaltungsstellen, die über mehrere größere Betrieben verfügen, und korreliert dies mit der Zahl der dort Beschäftigten, so verfügen nur vier Verwaltungsstellen über eine Betriebsstruktur, die in der Tendenz - wenn auch auf geringerem Niveau - mit einer kleinen westdeutschen Verwaltungsstelle in einem industriellen Ballungsraum vergleichbar ist. Dieses Kriterium trifft nur auf Dresden, Zwickau, Eisenach und Halle zu. Wie groß die Diskrepanzen in Ostdeutschland sind, zeigt sich aus der regionalen Perspektive auch daran, dass sich beispielsweise in der Verwaltungsstelle Dresden mehr Beschäftigte (6.819) und mehr Betriebe (6) in dem Segment der größeren Betriebe befinden, als in ganz Sachsen-Anhalt (4.573; 6) zusammen. Auch wenn die ungleiche Verteilung bisher noch zu keinen unüberwindlichen organisatorischen Problemen führte, sind die gleichwohl vorhandenen Schwierigkeiten nicht zu unterschätzen.

Die wichtigste ostdeutsche Steuerungsinstanz, um die vorhandenen regionalen Disparitäten zu relativieren, sind auf gewerkschaftlicher Seite die Bezirksleitungen. Sie führen die Tarifbewegung durch, koordinieren die Aktivitäten der Verwaltungsstellen und pflegen den Kontakt zu den strategisch bedeutsamen Betrieben der Region. Daneben obliegt es ihnen, die Härtefallverhandlungen, die Haus- und Anerkennungstarife zu koordinieren und vielfach auch eigenständig zu führen. Auf die Zunahme dezentraler Regelungsbedarfe haben die Bezirksleitungen mit eigenen Ressourcen reagiert, um unkonventionell, schnell und problemadäquat vorgehen zu können. So

---

15 Zum Zeitpunkt der letzten Erhebung existierten in Ostdeutschland 30 Verwaltungsstellen, hinzu kamen vier Verwaltungsstellen, die sowohl in Ost- wie auch in Westdeutschland agierten (Bergedorf, Berlin, Lübeck und Luneburg)

wurde beispielsweise in der Bezirksleitung Berlin (Bezirk Brandenburg-Sachsen) eine eigene Projektgruppe aufgebaut, deren Aufgabe es ist, Betriebe für die tarifliche Regelung zu erschließen. Damit werden einerseits die Verwaltungsstellen entlastet und andererseits wird das in der Bezirksleitung vorhandene Regelungswissen direkt angewandt. Zudem verfügen die Bezirksleitungen über eigene Ressourcen auf dem Gebiet der Wirtschafts-, Industrie- und Strukturpolitik, die vor Ort eingesetzt werden, um die Sanierungschancen bedrohter Betriebe zu verbessern. Zu diesem Zweck agieren die Wirtschafts- und Struktursekretäre als Vertreter der IG Metall gegenüber den politischen Instanzen (beispielsweise Landesregierungen) wie auch gegenüber der Treuhandanstalt/BVS, um diese für eine interventionistische Politik der betrieblichen Sanierung zu gewinnen. Da die personellen Ressourcen der Bezirksleitungen angesichts der Vielzahl der betrieblichen Problemfälle sehr begrenzt waren, bauten einige Verwaltungsstellen auch eigene Kontakte zur Treuhandanstalt/BVS und den Ministerien auf, um eine gewisse eigenständige lokale Handlungsfähigkeit zu erreichen. Dabei kritisierten beide - sowohl Verwaltungsstellen als auch Bezirksleitungen - manchmal die als unzureichend empfundene Konzept- und Strategiearbeit im Bereich der Industriepolitik seitens des Vorstandes, insbesondere als es um die Frage der Prioritätensetzung auf der Ebene der industriellen Kerne ging.

Als 1990 der Aufbau zweier neuer Bezirksleitungen in Ostdeutschland anstand, handelte es sich nur in einem Falle um einen reinen Ostbezirk, der seinen Sitz in Dresden hatte und für das Land Sachsen zuständig war. Der Aufbau und die Arbeit in diesem Bezirk verliefen anfangs schwieriger als in den "Zebrabezirken", weil ein kompletter Neuaufbau schwieriger ist als eine Ausdehnung, die von einem intakten Zentrum gesteuert werden kann. Im Rahmen der Transformation hat sich daraus jedoch ein partieller Vorteil ergeben, den ein beteiligter Akteur so umschrieb: "Die Selbständigkeit hat sich inzwischen jedoch in einen Vorteil verwandelt, weil man in Sachsen nicht auf den Westen fixiert und von den Ost-West-Differenzen weniger betroffen ist."[16] Mit dem Sicheinlassen auf die spezifisch sächsischen Verhältnisse waren im Hinblick auf die Gesamtorganisation wie auch innerhalb der ostdeutschen IG Metall-Aktivitäten Niveauprobleme verbunden. Die Funktionäre mussten eine Gradwanderung bewältigen, die zwischen dem unmittelbaren Willen der betrieblichen Akteure auf der einen Seite verlief, die in einzelnen Fällen eine tarifliche Absicherung unterhalb des Flächenniveaus forderten, und der politisch fundierten Gesamtlinie der Organisation auf der anderen Seite.

Das Alltagsengagement der IG Metall in den neuen Ländern wird durch die dortigen wirtschaftlichen und politischen Rahmenbedingungen sowie das spezifische Profil der östlichen Akteure geprägt. Im Zentrum der ostdeutschen IG Metall-Politik steht mittlerweile die Bezirksleitung Berlin (Bezirk Brandenburg-Sachsen), die aus der Fusion der beiden Bezirksleitungen Berlin und Dresden hervorgegangen ist. Diese Fusion war nicht ganz unproblematisch, weil die IG Metall-Aktivitäten in den beiden

---

16 Bialas, Christiane 1994, S 16.

Ländern Brandenburg und Sachsen in einem spannungsreichen Binnenverhältnis zueinander standen. Diese Spannungen resultierten aus unterschiedlichen Traditionen und aktuellen Dispositionen, die insbesondere in den Aktivitäten gegenüber der Betriebsrätebewegung (1992) und im Revisionsstreik (1993) eine Rolle gespielt haben. Ungeachtet aller im einzelnen vorhandenen Unterschiede zwischen den Aktivitäten in den Ländern kann indes nicht von einem eigenständigen Länderprofil der IG Metall gesprochen werden.

Wichtigste Anlaufstelle für die Mitglieder der IG Metall ist die örtliche Verwaltungsstelle. Von den 35 Verwaltungsstellen, die 1991 in den fünf neuen Ländern aufgebaut wurden, waren Ende 1999 noch 26 übrig geblieben, zwischen denen zum Teil erhebliche Größenunterschiede bestehen. Diese Zahl wird noch weiter reduziert werden, da sich angesichts der in manchen Regionen weiter zurückgehenden Industriearbeitsplätze eine eigene institutionelle Verankerung nur noch schwer finanzieren lässt. Um trotzdem in der Fläche präsent bleiben zu können, werden in einigen Regionen neue Repräsentationsmodelle diskutiert, wobei den ehrenamtlichen Funktionären eine bedeutendere Rolle zufällt.[17] Die Arbeit in den ostdeutschen IG Metall-Verwaltungsstellen zeichnet sich durch eine Komplexität aus, die sich auch zehn Jahre nach der deutschen Einheit noch deutlich vom westdeutschen IG Metall-Alltag unterscheidet. Während im Westen die Kontaktpflege zu den Betrieben in der Regel eine Kernaufgabe der Verwaltungsstellen ist, um die Durchsetzung und Einhaltung des Flächentarifvertrages zu kontrollieren, spielt dies für viele ostdeutsche Verwaltungsstellen keine große Rolle, weil in ihrem Bereich nur wenige tarifgebundene Betriebe existieren. Statt dessen dominiert die Notwendigkeit, auf die Arbeitslosigkeit beziehungsweise die Strukturkrisen in den Betrieben zu reagieren. Daraus resultiert ein umfängliches Engagement, um Betriebe vor dem Konkurs zu retten beziehungsweise deren Marktfähigkeit zu sichern. Zu diesem Zweck sind in manchen Verwaltungsstellen intensive Vernetzungsaktivitäten in Gang gekommen, die dazu geführt haben, dass private Unternehmensberatungsgesellschaften, das Arbeitsamt und die lokale politische Elite gemeinsam mit der örtlichen IG Metall Initiativen entfaltet haben, um Betriebe zu retten. Manchmal haben sie dazu auch die Unterstützung der Landesregierung, der Treuhandanstalt/BVS oder der Bonner Ministerien gewonnen. Tarifpolitisch sind die Verwaltungsstellen gefordert, um durch eigene Aktivitäten überhaupt erst die Voraussetzung für neue tarifvertragliche Bindungen herzustellen. Geschwächt wird der örtliche IG Metall-Einfluss dort, wo die klein- und mittelbetrieblichen Strukturen ohne größere Betriebe auskommen müssen. Infolgedessen gibt es in vielen Verwaltungsstellen nur wenige freigestellte Betriebsratsmitglieder, die sich auch in der IG Metall engagieren. Zugleich sind die Erwartungen und Anforderungen der Mitglieder, die nicht mehr im Betrieb sind, viel stärker als in Westdeutschland, so dass die Rentner-, Arbeitslosen- und Wohngebietsarbeit eine ungleich größere Bedeutung

---

17 Aufgrund der geringen Verankerung der IG Metall im Flächenstaat Mecklenburg-Vorpommern ist man dazu übergegangen, auch einige ausgewählte ehrenamtliche IG Metall-Funktionäre dafür zu gewinnen, sich als Ansprechpartner zur Verfügung zu stellen.

besitzt.[18] Neben der Rechtsberatung, deren Bedeutung insbesondere in den ersten Jahren immens war, spielten für die Arbeit der Verwaltungsstelle die Versuche, Betriebe vor dem Konkurs oder der Liquidation zu retten, eine herausragende Rolle. Eine wichtige örtliche Bastion bildeten in den ersten Jahren der Transformation die aus der Kooperation zwischen der IG Metall und der Treuhandanstalt entstandenen Beschäftigungsgesellschaften. In manchen Fällen haben die dort von den Gewerkschaften eingesetzten Geschäftsleitungen die unzureichende oder gar fehlende Unterstützung durch die freigestellten Betriebsräte der größeren Betriebe ersetzt.

Da der Erfolg des westdeutschen Gewerkschaftsmodells in einer zunächst fremden Umwelt davon abhängt, ob die Verbandsfunktionäre mit den spezifischen Regeln des deutschen Modells industrieller Beziehungen vertraut sind, lag es nahe, dass ostdeutsche Kandidaten für bestimmte Führungspositionen zunächst unberücksichtigt blieben. Dies galt nicht nur für die Bezirksleitungen, sondern auch für die Verwaltungsstellen, vor allem für den Bereich des 1. Bevollmächtigten und die Rechtsberatung. In anderen Bereichen, wo weniger die spezifisch westdeutsche Regelungskompetenz als vielmehr die umweltadäquate ostdeutsche Sozialkompetenz gefragt war, wurde aus einem anderen Grund sehr sensibel vorgegangen, nämlich wegen der Befürchtung, kompetente Ostfunktionäre könnten als Stasi-Mitarbeiter enttarnt werden. Dies führte im Ergebnis zur Dominanz westdeutscher Funktionäre und zu einer ostdeutschen "Vertretungslücke" vor allem bei den 1. Bevollmächtigten: Mit Ausnahme der Verwaltungsstelle Rostock standen an der Spitze aller neu geschaffenen Verwaltungsstellen zunächst ausschließlich westdeutsche Funktionäre. Anders sah die Personalzusammensetzung auf der Ebene der 2. Bevollmächtigten und bei den übrigen politischen und administrativen Kräften aus. Dort dominierten Personen ostdeutscher Herkunft. Im Verlauf des Organisationsaufbaus rückten an die Stelle westdeutscher Funktionäre sukzessive ostdeutsche Vertreter. Wurde 1991 erst eine Verwaltungsstelle von einem ostdeutschen Funktionär geleitet, so waren 1999 bereits sieben, also rund ein Viertel aller Verwaltungsstellen mit "Einheimischen" besetzt.[19]

Die Mehrheit der ostdeutschen Beschäftigten sah in der Vertretung durch westdeutsche Funktionäre eine entscheidende Voraussetzung, um dem Management in Treuhandanstalt und Betrieben Paroli bieten zu können und einen erfolgreichen - Anpassungsprozess an das westdeutsche Wohlstandsniveau zu gewährleisten. Die westdeutschen Funktionäre wurden also seltener als feindliche "Landnehmer" wahrgenommen, wie dies manche westdeutsche Kritiker des Einigungsprozesses unterstellten. Statt dessen bedachte man sie zunächst mit einem hohen Vertrauensvorschuss, was sich bei den Wahlen für das Amt des 1. Bevollmächtigten deutlich zeigte. Nachdem die erste Euphorie einer gewissen Enttäuschung Platz machte, verwandelten sich allerdings manche West-Funktionäre in der östlichen Wahrnehmung zu Mittätern der

---

18 Vgl Müller, Meike, Gewerkschaftsmarketing: Eine vergleichende empirische Analyse in den alten und in den neuen Bundesländern. Exemplarisch durchgeführt am Beispiel der IG Metall, München/Mering 1997, S. 75.
19 Es handelt sich dabei bis 1999 um die Verwaltungsstellen· Potsdam, Zwickau, Sonneberg, Rostock, Nordhausen, Leipzig und Dessau

Deindustrialisierung oder wurden schlicht als inkompetent verurteilt. In einigen Fällen hielten vor allem ostdeutsche Betriebsräte eine skeptische Distanz zu den westdeutschen Gewerkschaftsfunktionären. Aus dieser Unzufriedenheit versuchte die Betriebsrätebewegung, die im Sommer 1992 ein entschiedeneres Vorgehen gegen die Deindustrialisierung forderte, die eigene Vertretungslegitimation für die ostdeutschen Beschäftigten abzuleiten. Indes reichte die mancherorts vorhandene Enttäuschung nicht aus, um als Resonanzboden für eine eigenständige ostdeutsche Bewegung zu wirken.

3. Mitglieder, Betriebsräte und Funktionäre

Die Mitgliedschaft im FDGB war obligatorisch gewesen. Deshalb befürchteten westdeutsche Gewerkschaftsfunktionäre, dass die damit verbundenen Vorteile, wie zum Beispiel die Urlaubs- und Wohnungsvermittlung sowie Kuren[20], zu einer nicht zu erfüllenden Erwartungshaltung gegenüber der eigenen Organisation führten. Doch diese Befürchtung war - von der Anfangszeit abgesehen - unbegründet. Die konkreten

Tabelle 15: Mitgliederentwicklung der IG Metall in den fünf neuen Ländern (1991-1998)

Jahr	Beschäftigte*) M+E-Industrie	Mitgliederzahlen		Netto-Organisationsgrad
		Gesamtmitgliedschaft	Mitglieder in der M+E-Industrie**)	
1991	843 059			
1992	429 799	756.034	472 828	
1993	336.337	618 249	308.115	91,6
1994	301 162	545.290	238 282	79,1
1995	282 757	477.553	201.079	71,1
1996	268 231	394 295	161 235	60,1
1997	260 092	359 350	142 016	54,6
1998	270 472	354.266	142.152	52,6

*) Quellen Statistische Landesämter, IG Metall-Datenerhebung, eigene Berechnung, Jahresdurchschnitt, ohne Ost-Berlin, aber mit Eisen- und Stahlindustrie,
**) Jeweils Dezemberdaten
Die größere Mitglieder- als Beschäftigtenzahl im Jahre 1992 ist unter anderem darauf zurückzuführen, dass in der Mitgliederstatistik der IG Metall einige derjenigen Mitglieder, die bereits im Handwerk oder in anderen Branchen arbeiteten, anfangs noch in der Industrie mitgerechnet wurden © Wolfgang Schroeder

---

20 Boll geht in seiner Analyse davon aus, dass die Mitgliedschaft im FDGB nach drei Motivdimensionen unterschieden werden kann Erstens nach der instrumentellen Dimension (Urlaubsvermittlung, Wohnungsvermittlung, Kuren), zweitens nach der politisch kollektiven Motivation (Solidarität, politische Überzeugung) und drittens als indifferent-habituell (Boll, Bernhard 1997, S 109)

Erwartungen orientierten sich vielmehr auf die Interessenvertretung und Unterstützung angesichts vielfach unsicherer Arbeitsplätze. Eine überwältigende Mehrheit traute den Gewerkschaften anfangs zu, die Bedürfnisse nach sozialer Sicherheit zu erfüllen Diese allgemeine Einschätzung veränderte sich mit einer besseren Einsicht in die realen Handlungsmöglichkeiten der IG Metall. Ein Merkmal das den Blick auf die IG Metall beeinflusstzählt insbesondere das Alter der Mitglieder. Während die älteren Beschäftigten kollektiv-solidarische Mitgliedschaftsmotive eher bejahten, präferierten jüngere Mitglieder eher eine instrumentelle Kosten-Nutzen-Sichtweise.[21]
Die Beschäftigtenzahl wurde in der ostdeutschen Metall- und Elektroindustrie zwischen 1991 und 1998 von etwa 840.000 auf etwa 270.000 reduziert, also um etwa 68 Prozent. Während im industriellen Kernsektor zehn Jahre nach dem Untergang der DDR nur noch ein Drittel der Arbeitsplätze existierten, ist der Bereich des Metall- und Elektrohandwerks im gleichen Zeitraum enorm aufgebläht worden.[22] Auch zehn Jahre nach dem Fall der Mauer braucht die IG Metall in Ostdeutschland nicht über ein quantitatives Mitgliederproblem zu klagen: Der Netto-Organisationsgrad liegt mit über 50 Prozent (1998) weiterhin über dem westdeutschen Niveau. Doch bei differenzierter Analyse offenbaren sich einige signifikante Probleme. Da der gewaltige industrielle Umbruch der ersten drei Jahre die Mitgliederanalyse enorm erschwert, ist es sinnvoll, einen Referenzpunkt heranzuziehen, der jenseits der Transformationsturbulenzen angesiedelt ist. Eine wichtige Zäsur bildete dafür das Jahr 1994, als die Treuhandanstalt ihre offizielle Tätigkeit einstellte und die überwältigende Mehrheit der Betriebe privatisiert war, also eine erste relative Konsolidierung der industriellen Landschaft vorlag. Zwischen 1995 und 1998 hat sich die jahresdurchschnittliche Beschäftigtenzahl um 12.285 reduziert, was einem Rückgang von 4,3 Prozent entspricht Im gleichen Zeitraum ist die Zahl der beschäftigten IG Metall-Mitglieder in der Metall- und Elektroindustrie jedoch um 58.927 gesunken, was einem Prozentsatz von 29,3 Prozent entspricht. Selbst wenn man statistische Ungenauigkeiten beziehungsweise deren Folgen aus der Anfangszeit in Rechnung stellt und konzediert, dass dies immer noch ein beachtliches Organisationsniveau ist, so lässt sich wohl kaum von einer Mitgliederkonsolidierung sprechen. Ende 1998 lag der gesamtdeutsche Verbandsanteil der erwerbstätigen ostdeutschen IG Metall-Mitglieder nur noch bei etwa 8,7 Prozent.[23]

---

21 Vgl Boll, Bernhard 1997, S. 292.
22 Zwischen 1990 und Ende 1994 stieg die Beschäftigtenzahl im ostdeutschen Metall- und Elektrohandwerk von 148.141 auf 478 371 (Vgl Ruppert, Burkard, Das Metall- und Elektrohandwerk in Ostdeutschland: Gewerkschafts- und tarifpolitische Herausforderung für die IG Metall, Frankfurt 1998, S. 5).
23 Diese Zahl kann in Relation gesetzt werden zu einem ostdeutschen Beschäftigtenanteil an der gesamtdeutschen Metall- und Elektroindustrie von 7,9% (1998)

Tabelle 16: IG Metall-Mitgliederentwicklung differenziert nach Gruppen

Jahr	Gesamt-mitglied-schaft	Beschäftigte, Mitglieder (M+E-Industrie)	Rentner (incl. Vorruhe-stand)	Arbeitslose	Angestellte	Frauen	Jugend
1992	756 034	472 828	122 850	143 932	170 831	267 024	80 885
		62,5%	16,2%	19,0%	22,6%	35,3%	10,7%
1993	618 249	308 115	120 182	152.855	141 720	207.104	56 936
		49,8%	19,4%	24,7%	22,9%	33,5%	9,2%
1994	545 290	238 282	106 215	146 503	119 934	166 465	39 374
		43,7%	19,5%	26,9%	22,0%	30,5%	7,2%
1995	477 553	201 079	96 288	133.812	105 345	140 662	28 631
		42,1%	20,2%	28,0%	22,1%	29,5%	6,0%
1996	394 295	161 235	81 411	111.094	84 680	111 862	20 421
		40,9%	20,6%	28,2%	21,5%	28,4%	5,2%
1997	359 350	142 016	72 668	110 150	76 725	99 488	16 330
		39,5%	20,2%	30,7%	21,4%	27,7%	4,5%
1998	354 266	142 152	70 847	109.302	70 884	106.524	13 779
		40,1%	20,0%	30,9%	20,0%	30,1%	3,9%

*) Jeweils Dezemberdaten, Quelle IG Metall-Datenerhebung, eigene Berechnung © Wolfgang Schroeder

Die Mitgliederstruktur der IG Metall zeichnet sich in Ostdeutschland dadurch aus, dass der Anteil der Beschäftigten-Mitglieder (Vollbeitragszahler) in der Metall- und Elektroindustrie in Relation zur gesamten Mitgliedschaft geringer ist als in Westdeutschland. Dagegen ist der Anteil der Arbeitslosen und Rentner überproportional hoch. Mit 109.302 (1998) arbeitslos gemeldeten Mitgliedern - dies ist ein prozentualer Anteil von 30,9 Prozent - ist die IG Metall die größte Arbeitslosenorganisation in Ostdeutschland. Berücksichtigt man weiter, dass zum gleichen Zeitpunkt 70.847 Rentner IG Metall-Mitglieder waren, so ergibt dies zusammen eine Zahl von 180.149 Mitgliedern (50,9 Prozent der Gesamtmitgliedschaft), die in keinem Arbeitsverhältnis stehen Während der Anteil der arbeitslosen und verrenteten IG Metall-Mitglieder angestiegen ist, nahm der Anteil der Vollbeitragzahler, der Jugendlichen - am 31.12.1998 waren es noch 13.779 Jugendliche, also 3,9 Prozent der Gesamtmitgliedschaft - und Angestellten ständig ab. Für die Alterszusammensetzung bedeutet dies, dass es in Ostdeutschland im Vergleich zu Westdeutschland weniger junge und mehr ältere Mitglieder gibt. Stark vertreten ist die IG Metall in den mittleren und großen "Traditionsbetrieben" der ehemaligen DDR Freilich sind nur noch rund 30 Prozent der Mitglieder der IG Metall in den industriellen Kernbetrieben beschäftigt, die als zentrale Träger des Flächentarifvertrages fungieren. Ein großes Mitgliederdefizit besteht in den komplett neu angesiedelten Betrieben auf der grünen Wiese[24] sowie in den kleinen Unternehmen. Da Zahl und Bedeutung dieser in der Regel eher innovativen Betriebe während des Transformationsprozesses stark zugenommen hat, ist dies eine "Achillesferse", die sich äußerst negativ auf die Mobilisierungs- und Durchsetzungsbedingungen der IG Metall auswirken kann.

Weil der Aufbau von Vertrauensleutekörpern nur in wenigen Fällen gelungen ist, sind in den meisten Betrieben alleine die Betriebsräte für die Handlungsfähigkeit der IG Metall entscheidend. Ihre Arbeit hat maßgeblich dazu beigetragen, dass der betriebliche Modernisierungsprozess verstärkt vorangetrieben werden konnte. Sie haben inner- und außerbetriebliche Innovationskraft mobilisiert und dafür gesorgt, dass dieser Prozess sozial flankiert wird. Bundesweit waren 1994 etwa 81 Prozent der Betriebsräte IG Metall-Mitglieder.[25] In den beiden ostdeutschen IG Metall-Bezirken Dresden und Berlin/Brandenburg lag dieser Prozentsatz mit 84 Prozent und 79 Prozent 1994 auf einem ähnlich hohen Niveau. Bei den Betriebsratswahlen 1998 sank der Anteil der IG Metall-Mitglieder im Bezirk Berlin-Brandenburg-Sachsen auf 74,5 Prozent und blieb damit etwa 4 Prozent unter dem Bundesdurchschnitt, der bei dieser Wahl bei 78,6 Prozent lag.[26] Nach diesen Zahlen bildete der ostdeutsche Bezirk Berlin-Brandenburg-Sachsen hinsichtlich des Anteils der in der IG Metall organisierten Betriebsräte das Schlusslicht unter den IG Metall-Bezirken. Im Gegensatz zu den westdeutschen Bezirken profitierte davon aber weder die DAG (0,38 Prozent) noch der CGM (0,00 Prozent), die nirgends geringere Werte erreichten. Das besondere an der Mandatsverteilung im Bereich Berlin-Brandenburg-Sachsen besteht darin, dass dort ein Viertel der gewählten Betriebsräte unorganisiert ist. Dies war der höchste Anteil, die je in der bundesdeutschen Geschichte gemessen wurde.[27]

Aufgrund der besonderen Bedeutung der großen Betriebe wird nun in Tabelle 17 gezeigt, welche formale Institutionalisierung das duale System auf dieser Ebene vorzuweisen hat.

---

24 Bei der Erhebung der größeren Betriebe wurde für 1997 und 1998 festgestellt, dass in Werken, die nach 1990 auf der grünen Wiese neu aufgebaut wurden, wie beispielsweise Siemec in Dresden (8%), BMW-Rover in Ludwigsfelde (2%) meist ein signifikant geringer Organisationsgrad vorliegt. Während der durchschnittliche Organisationsgrad der größeren Betriebe 1998 bei 54,5 % lag, war dieser Wert bei den neuen Betrieben nur 14,7%
25 IG Metall, Abteilung gewerkschaftliche Betriebspolitik, Frankfurt 1999, S. 4
26 Ebd S 24 Für die ostdeutsche Metall- und Elektroindustrie müssen wir mangels anderer Zahlen auf die Daten zurückgreifen, die für den Bezirk Berlin-Brandenburg-Sachsen erhoben wurden. Darin ist auch West-Berlin enthalten Eine Besonderheit der Betriebsratswahlstatistik des Jahres 1998 besteht darin, dass in ganz Deutschland etwa 2000 neue Betriebe erfasst wurden, die bei den vorherigen Wahlen nicht berücksichtigt wurden. Bei ihnen handelt es sich durchweg um kleine Betriebe, mit einem geringen gewerkschaftlichen Organisationsgrad
27 Während in absoluten Zahlen im Berliner Bezirk 4 307 Betriebsräte der IG Metall als Mitglieder angehören, zählen 1 447 Betriebsräte zum Lager der Unorganisierten Diese Gruppe ist zwischen 1994 und 1998 in ganz Deutschland erheblich angewachsen, insgesamt in der Metallwirtschaft von 17,3% (12.078 Betriebsräte) auf 20,0% (12 984 Betriebsräte).

Tabelle 17: Betriebsräte in den großen ostdeutschen Metallbetrieben

Zusammensetzung des Betriebsrates	1997		1998		Veränderung	
	N	%	N	%	N	%
Gesamtzahl Betriebsräte	729	100,0	680	100,0	-49	-6,7
IGM-Betriebsräte	640	87,8	586	86,2	-54	-8,4
Mitglieder anderer Gewerkschaften	16	2,2	10	1,5	-6	-37,5
Keine Gewerkschaftsmitglieder	73	10,0	84	12,4	+11	+15,1
Freigestellte IGM-Betriebsräte	128	17,6	116	17,1	-12	-9,4
IGM-Betriebsratsvorsitzende	47	6,5	49	7,2	+2	+4,7

Quelle Eigene Erhebung 1997 und 1998 © Wolfgang Schroeder

Dabei zeigt sich zwischen 1997 und 1998 beziehungsweise zwischen der zweiten und dritten ostdeutschen Legislaturperiode ein signifikanter Rückgang der Betriebsratsmitglieder im allgemeinen und bei den freigestellten Betriebsratsmitgliedern im besonderen In diesem Rückgang spiegelt sich nicht nur wider, dass zwischen der Betriebsratswahl von 1994 und 1998 die Zahl der Beschäftigten abgenommen hat. Es drückt sich darin auch aus, dass einige Betriebe, die bisher eine über das rechtliche Pflichtmaß hinausgehende Zahl von Betriebsräten akzeptiert hatten, dies zurückgenommen haben (Beispiel VW). In 49 Betrieben ist der/die Betriebsratsvorsitzende Mitglied der IG Metall (92,5 Prozent). Nur zwei Betriebsratsvorsitzende gehören einer anderen Gewerkschaft an und zwei sind nicht organisiert. Dort, wo der Betriebsratsvorsitzende nicht Mitglied der IG Metall ist, liegt ein signifikant niedrigerer betrieblicher Organisationsgrad vor, der mit 17,3 Prozent um fast 40 Prozent vom Durchschnittswert (54,5 Prozent) abweicht. Ähnlich wie auf der Ebene des Bezirks Berlin-Brandenburg-Sachsen lässt sich auch bei den großen Betrieben eine deutliche Zunahme unorganisierter Betriebsratsmitglieder feststellen Bemerkenswert ist, dass es weder bei den freigestellten Betriebsratsmitgliedern, den Betriebsratsvorsitzenden, noch bei der Gesamtheit der Betriebsräte Vertreter der Christlichen Gewerkschaften gibt. Dies ist insofern ein wenig überraschend, als die Arbeitgeberverbände in Ostdeutschland mit den Christlichen Gewerkschaften verschiedene Tarifverträge abgeschlossen haben. Noch höher als bei den Betriebsratsvorsitzenden ist der IG Metall-Organisationsgrad bei der Gesamtzahl der freigestellten Betriebsratsmitglieder in allen 53 Betrieben: von den 120 freigestellten Betriebsratsmitgliedern sind 116 Mitglieder der IG Metall (95 Prozent). Es gibt also den auch aus Westdeutschland seit langem bekannten Zusammenhang zwischen der Stellung in der betrieblichen Entscheidungshierarchie und der Wahrscheinlichkeit der Gewerkschaftsmitgliedschaft

Mehr als die Hälfte (56,7 Prozent) der amtierenden Betriebsratsvorsitzenden in den großen Betrieben hatte bereits in der ersten ostdeutschen Legislaturperiode (1990-1994) die Führung übernommen Darunter sind alleine 17 Betriebsräte (32,1 Prozent) im Amt. die schon 1990 in diese Position gewählt wurden. 1994 kam es zur Neuwahl von 8 (15,1 Prozent) Betriebsratsvorsitzenden und 1998 wechselte in 10 (18,9 Prozent)

Betriebsräten der Vorsitz. Auch wenn der kurze Zeitraum von 8 Jahren noch keine Aussagen über längerfristige Tendenzen zulässt, so ergibt sich aus den vorliegenden Daten die Unterscheidung in zwei Alters- beziehungsweise Erfahrungsgruppen: Die eine Gruppe der Betriebsratsvorsitzenden kann auf drei Wahlen zurückblicken, verfügt also bereits über ein erhebliches Maß an Kontinuität, die andere Gruppe ist relativ oder ganz neu in dieser Position.

Welche Aussagen lassen sich in den großen ostdeutschen Metallbetrieben über die innerbetrieblichen Beziehungen zwischen Kapital und Arbeit machen? Das Verhältnis zwischen Geschäftsleitung und Betriebsrat bewerteten letztere mehrheitlich als gut (31· 60,8 Prozent). Dem entspricht auch die Angabe, dass von der Geschäftsleitung Informationen meist unaufgefordert (23. 44,2 Prozent) oder bei der ersten Anfrage (28· 53.8 Prozent) vorgelegt wurden. Obwohl in sieben Betrieben meist die "Bitte um Informationen erforderlich" ist (13,5 Prozent) und sechs Betriebsräte sogar angeben, dass sie häufig erst mit dem Hinweis auf das Betriebsverfassungsgesetz an ihre Informationen kommen (11,5 Prozent), sprachen nur zwei Betriebsräte in Bezug auf ihre Geschäftsleitungen von einem ausreichenden (3,9 Prozent) und vier (7,8 Prozent) gar von einem mangelhaften Verhältnis. Diese Zahlen bestätigen das Bild einer kooperativen Politik auf betrieblicher Ebene

Traditionell sind die Betriebsräte der großen Betriebe das aktive Rückgrat der örtlichen und regionalen IG Metall; dies hängt nicht zuletzt mit den dort freigestellten Betriebsratsmitgliedern zusammen. In der folgenden Tabelle wurde erhoben, auf welchen Ebenen der IG Metall sich die Betriebsräte der großen Betriebe beteiligten. Die Fragen beziehen sich auf die Mitarbeit in der Vertreterversammlung und der Ortsverwaltung sowie auf die Mitgliedschaft in der bezirklichen Tarifkommission:

Tabelle 18: **Mitarbeit der Betriebsratsvorsitzenden großer Betriebe in gewerkschaftlichen Gremien**

	1997		1998	
Mitglied in der:	N	%	N	%
Vertreterversammlung	32	68,1	37	77,1
Ortsverwaltung	27	57,4	28	58,3
Tarifkommission	31	66,0	24	50,0
keine Mitarbeit	3	6,4	5	10,4
Betriebe insgesamt	47	100,0	48	100,0

Quelle Eigene Erhebung 1997 und 1998 © Wolfgang Schroeder

In diesen Erhebungen konnte festgestellt werden, dass sich nur eine kleine aber steigende Zahl von Betriebsratsvorsitzenden nicht in den wichtigsten Gremien der IG Metall engagiert. Die überwältigende Mehrheit der Betriebsratsvorsitzenden war auf mindestens einer der genannten Ebenen aktiv in die überbetriebliche IG Metall-Arbeit eingebunden: Während die Bereitschaft, sich in der Verwaltungsstelle zu engagieren zugenommen hat, scheint die Mitgliedschaft in der Tarifkommission abzunehmen.

Dieser Rückgang kann jedoch auch widerspiegeln, dass die 1998 neu gewählten Betriebsratsvorsitzenden (10: 18,9 Prozent) für eine Mitarbeit noch nicht gewonnen werden konnten, weil die Wahlen für die Tarifkommissionen schon vorher stattfanden.

Verlassen wir wieder das Feld der großen Betriebe und widmen uns der Gesamtbetrachtung Ungeachtet der steigenden Zahl unorganisierter Betriebsratsmitglieder, was durchaus als Herausforderung für die IG Metall zu begreifen ist, könnte man bei einer nur oberflächlichen Betrachtung - nicht zuletzt mit Blick auf die großen Betriebe und die Wahlbeteiligung, die 1998 in Ostdeutschland sogar höher ausfiel als in fast allen westdeutschen Bezirken - durchaus zum Bild relativ konsolidierter Verhältnisse kommen. Doch dabei würde man unterschlagen, dass im Vergleich zu Westdeutschland deutliche Unterschiede in der Zahl der Betriebsräte und in der Verbindung zwischen Betriebsrat und Gewerkschaft vorliegen. In der Regel stehen sich ostdeutsche Betriebsräte und aus Westdeutschland kommende Gewerkschaftsfunktionäre gegenüber. Unterschiedliche Erfahrungen und kulturell-habituelle Gewohnheiten können dazu beitragen, dass die ostdeutschen Betriebsräte häufiger als in Westdeutschland eine die Gewerkschaft ausschließende Kooperation mit der Geschäftsleitung praktizieren, Tarifnormen unterlaufen und es den Gewerkschaften erschweren, betriebsübergreifende Strategien zu entwickeln

Um keine Missverständnisse aufkommen zu lassen: Auch in Ostdeutschland gibt es sehr unterschiedliche Typen von Betriebsratsarbeit. Aber häufiger als im Westen wird eine von der politisch-gewerkschaftlichen Umwelt abgekapselte Betriebsratsarbeit praktiziert. Das hat nicht nur historische und kulturelle Gründe, die auf eine noch nicht entwickelte Interessen- und Rollendifferenzierung hinauslaufen. Zu berücksichtigen sind auch die konkreten Erfahrungen der oft von Angestellten aufgebauten und dominierten Betriebsräte[28], die sich vor allem in den ersten Jahren als Anwälte einer schnellen betrieblichen Modernisierung engagierten. Sie konnten in dieser Zeit einen weitreichenden Einfluss auf die Geschäftspolitik ausüben: Manchen gelang es sogar, die Treuhandanstalt zu einem Wechsel in der Geschäftsleitung des Unternehmens zu bewegen. Während die Betriebsräte in den Gewerkschaften einen wichtigen Ansprechpartner im politischen Kampf gegen Entlassungen und für eine soziale Absicherung bei Ruhestand, Kurzarbeit und im Falle von Interessenausgleich, Sozialplan und Einigungsstellen hatten, sahen sie in der Geschäftsführung und in der Treuhandanstalt ihre Ansprechpartner, um durch zusätzliche Investitionen Arbeitsplätze zu sichern und die Modernisierung des Betriebes voranzutreiben. Die Betriebszentrierung ostdeutscher Betriebsräte ist ein Faktor der DDR-Kontinuität, der durch die häufig prekäre ökonomische Situation der Betriebe und die unzureichenden gewerkschaftlichen Reaktionsmöglichkeiten zementiert wurde. Berücksichtigt werden muss, dass das Verhältnis von formeller Unabhängigkeit der Betriebsräte gegenüber den Gewerkschaften und gleichzeitiger informeller Verzahnung einem epochalen Bruch mit den eigenen ostdeutschen Erfahrungen gleichkam. Da die in Westdeutschland vorhandene "Ge-

---

28 Dagegen handelt es sich bei den hauptamtlichen Gewerkschaftsfunktionären in den Verwaltungsstellen meist um ehemalige Facharbeiter.

werkschaftsorientierung" der Betriebsratsvorsitzenden über einen längeren Zeitraum gewachsen ist, hat die Akzeptanz für eine regelmäßige, betriebsübergreifende Zusammenarbeit mit den Gewerkschaften nicht nur eine ökonomische, soziale und politische Seite, sondern auch eine erfahrungsbezogene. Die Kooperation zwischen Betriebsrat und Gewerkschaft kann sich nicht nur auf einen normativen Konsens gründen, sondern muss sich in der praktischen Vernunft situationsadäquater Problemlösungsfähigkeit bewähren.

Mitglieder-Einstellungen

Die Übertragung einer westdeutschen Organisation inklusive der dafür notwendigen hauptamtlichen Funktionäre in eine Umwelt, die die damit verbundenen Verhaltensweisen und Funktionsprinzipien bisher nicht kannte, war 1990 als risikoreiche Strategie angesehen worden. Da die ostdeutschen Bürger den westdeutschen Gewerkschaften ein hohes Maß an Vertrauen entgegenbrachten, kann dieses Vorgehen aus der Sicht der Betroffenen als akzeptabel bewertet werden.[29] Die Ostdeutschen erbrachten mit ihrem Vertrauen eine Vorleistung, die von der Erwartung ausging, zukünftig eine Gegenleistung zu erhalten. Nach den IPOS-Umfragen war das Vertrauen in die Gewerkschaften zwischen 1991 und 1993 konstant hoch und weitaus stärker ausgeprägt als beispielsweise gegenüber den Parteien und Kirchen. Seit 1993 fiel das in öffentlichen Umfragen gemessene Vertrauen in die Gewerkschaften stark ab und die Präferenz für kooperative betriebliche Austauschmuster stieg wieder deutlich an. Gleichzeitig lässt sich aber auch feststellen, dass 1998 etwa zwei Drittel aller Befragten zwischen 18 und 59 Jahren dafür plädierten, Streiks als Mittel zur Veränderung sozialer Verhältnisse einzusetzen.[30]

Auf der Basis einer 1994 durchgeführten Befragung bei über tausend sächsischen IG Metall-Mitgliedern konnte Bernhard Boll festhalten, dass diese mehrheitlich keine überzogenen Erwartungen an die IG Metall stellten, sondern eher eine nüchtern kalkulierende Sicht der Dinge entwickelt hatten: "Von der Mitgliedschaft in der Gewerkschaft erhoffte sich die überwältigende Mehrheit eine Interessenpolitik, aus der insbesondere für das unmittelbare Umfeld am Arbeitsplatz arbeitsrechtliche und tarifpolitische Sicherheit erwachsen kann. Die Bereiche Interessenvertretung der Arbeitnehmer und die Sicherung tarifvertraglicher Leistungen bejahen jeweils 59 Prozent der Befragten als Beitrittsmotiv, Rechtsschutz (54 Prozent) und Unterstützung bei Konflikten mit dem Arbeitgeber (51 Prozent) werden als weitere herausragende und wichtige Beitrittsgründe von den Befragten angegeben."[31] Signifikante altersspezi-

---

29 Vgl Weßels, Bernhard, Einstellungen zu den Institutionen der Interessenvermittlung, in: Gabriel, Oscar W. (Hrsg.), Politische Orientierungen und Verhaltensweisen im vereinigten Deutschland, Opladen 1997, S. 196f.
30 Vgl. Winkler, Gunnar, Zur sozialen Lage in den neuen Bundesländern, in: WSI-Mitteilungen 1999/10, S. 672
31 Boll, Bernhard 1997, S. 116

fische Unterschiede in der Beitrittsmotivation lassen sich so deuten, dass bei den jüngeren Gewerkschaftern das Interesse an materieller und juristischer Absicherung für den Gewerkschaftsbeitritt bedeutsamer war als bei den älteren.[32] Hinsichtlich der Bedeutung, die den einzelnen gewerkschaftspolitischen Aufgabenfeldern beigemessen werden, rangiert in dieser Umfrage das Interesse am Erhalt der Arbeitsplätze vor dem an der Sicherung von Löhnen und Gehältern.[33] Dabei vertritt die Mehrheit der Mitglieder die Meinung, dass die IG Metall auf dem Feld der Beschäftigungssicherung keine erfolgreiche Arbeit vorzuweisen habe.[34] Auch in Bezug auf die Lohn- und Gehaltspolitik fällt das Urteil der Befragten gruppenspezifisch differenziert aus. Während 60 Prozent der weiblichen Befragten die Auffassung vertraten, dass die Tarifpolitik gut oder sehr gut zu bewerten ist, gaben nur 40 Prozent der Männer ein solches Urteil ab.[35] Auffallend sind die Unterschiede in der Zufriedenheit mit den Ergebnissen der IG Metall-Politik zwischen Arbeitern und Angestellten: "Die meist weniger qualifizierten Arbeiter zeigen sich deutlich unzufriedener als die beiden anderen Vergleichsgruppen in der Bewertung des Policy-Outputs der IG Metall Gerade weil dies die Kernmitgliedschaft der IG Metall betrifft, ist dieser Umstand für die Organisations- und Mitgliederentwicklung der IG Metall ein schwerwiegender Befund."[36] Die hohe Zufriedenheit der Angestellten mit der Politik der IG Metall in dieser Phase war primär darauf zurückzuführen, dass die Übertragung des westdeutschen Tarifsystems die zuvor existierende Benachteiligung der Angestellten aufgelöst hatte. Wohingegen die festgestellte Unzufriedenheit der Arbeiter vermutlich mit ihrer vorherigen Besserstellung gegenüber den Angestellten zusammenhing.

Hinsichtlich der Bereitschaft, sich selbst aktiv an gewerkschaftlichen Aktivitäten zu beteiligen oder gar Funktionen zu übernehmen, scheinen ostdeutsche Gewerkschaftsmitglieder passiver zu sein als ihre westdeutschen Kollegen. Zu diesem Ergebnis kam eine IFEP-Umfrage 1994.[37] Zwar ist eine pauschale Bewertung als "passiv" fehl am Platze, da dies unberücksichtigt lässt, dass in Konfliktsituationen bisher die Mobilisierungsfähigkeit in Ostdeutschland meist gewährleistet war. Im Hinblick auf die Mitgliederakzeptanz des Institutionentransfers kommt Boll zu der Einschätzung, dass diese insgesamt vorhanden ist, "gleichwohl ernst zu nehmende potentielle Bruchstellen schon identifizierbar sind."[38] Diese liegen aus Perspektive der IG Metall-Funktionäre vor allem dort, wo die Betriebsräte eine sehr enge Beziehung zum Management pflegen, deren tarifpolitische Implikationen nicht mit den Gewerkschaften besprochen werden oder sogar ausdrücklich gegen sie gerichtet sind. Vor diesem Hintergrund erscheint die fehlende öffentliche "Streitkultur" als problematisch. Seit 1991 hat es beispielsweise kaum eine öffentliche bundesweite Debatte in der IG Metall

---

32 Ebd, S 118
33 Ebd, S 129
34 Ebd. S 139
35 Ebd, S 143
36 Ebd, S 156
37 Vgl Boll, Bernhard 1997, S 242
38 Boll, Bernhard 1997, S 297

gegeben, bei der sich ostdeutsche Vertreter zu Wort meldeten. Auch die Beteiligung in den ostdeutschen Tarifkommissionen fällt bisher schwächer aus, als dies in Westdeutschland üblich ist; wobei es hier auch deutliche Unterschiede zwischen den Regionen gibt. Insgesamt kann man davon ausgehen, dass sie ihre Einschätzungen und Positionen nach wie vor eher im kleinen Kreis und im vertrauten Gespräch formulieren, so wie sie es unter DDR-Verhältnissen auch getan haben. Dieses Verhalten kann die betriebliche "Flexibilisierungsgemeinschaft" zu Lasten der überbetrieblichen gewerkschaftlichen Arbeit fördern. Für Gewerkschaften und Arbeitgeberverbände, die darauf angewiesen sind, dass es ein Minimum an öffentlicher Artikulation von authentischen Befindlichkeiten und Interessenlagen gibt, kann die Abstinenz ostdeutscher Stimmen in der öffentlichen Debatte eine Belastung ihrer Interessenvertretungsarbeit bewirken. Denn ein politisch imprägniertes System der industriellen Beziehungen, wie das deutsche, braucht den öffentlichen Widerspruch und Streit. Der anzustrebende Konsens besitzt sonst keine substantielle Basis.

4. Kooperation und Konkurrenz

Beziehungen zu den Parteien

Zum teilweise problematischen Prozess der sozialen und politischen Einbettung der IG Metall gehört auch ihre Stellung zum parteipolitischen Raum. Während die Arbeitgeberverbände traditionell enge, aber nicht unbedingt öffentliche Beziehungen zur FDP und zur CDU pflegen, ist das politisch-parlamentarische Verhältnis der IG Metall in Westdeutschland trotz einiger enger Kontakte zu den CDU-Sozialausschüssen stark auf die SPD konzentriert. Im Vergleich zu den Arbeitgeberkontakten ist dieses Verhältnis schon deshalb deutlich transparenter, weil einige ihrer früheren und heutigen hauptamtlichen Funktionäre Mandate für diese Partei wahrnehmen. Für Ostdeutschland prognostizierten Anfang der 90er Jahre manche Beobachter, dass sich dort keine Bindung zur SPD herstellen würde, weil die Mehrheit der Beschäftigten die CDU wähle.[39] Tatsächlich ist das Verhältnis der IG Metall zum ostdeutschen Parteiensystem, insbesondere zur SPD, durch eine in dieser Form in Westdeutschland nicht bekannte Distanz geprägt.[40] Obwohl sich die Wählerstimmen der IG Metall-Mitglieder und ehrenamtlichen Funktionäre auf CDU, SPD und PDS[41] verteilten, setzten die IG Metall-Funktionäre, die in den 90er Jahren als politische Mandatsträger öffentlich in

---

39 Vgl. Armingeon, Klaus, Gewerkschaftliche Politik im Prozeß der deutschen Vereinigung, in: Liebert, Ulrike/Merkel, Wolfgang (Hrsg.), Die Politik zur deutschen Einheit Probleme - Strategien - Kontroversen, Opladen 1991, S. 291
40 Vgl dagegen die Einschätzung von Patzelt/Algasinger, die am Beispiel von Sachsen nachweisen, dass sich formal ähnliche Vernetzungsstrukturen herausgebildet haben wie in den alten Bundesländern (Patzelt, Werner/Algasinger, Klaus, Das Parteiensystem Sachsens, in. Niedermayer, Oskar (Hrsg.) Intermediäre Strukturen in Ostdeutschland, Opladen 1996).
41 Vgl Neugebauer, Gero/Reister, Hugo, PDS und Gewerkschaften (hrsg. von der Friedrich Ebert Stiftung), Bonn 1996

Erscheinung traten, fast ausnahmslos auf die SPD Da sie jedoch trotz ihres Engagements meist keinen tiefergehenden emotionalen Zugang zu den kommunalen und überregionalen Honoratiorennetzwerken[42] fanden, lässt sich in der Regel nur eine lockere Einbindung einzelner Personen in die Gremien der ostdeutschen Landesverbände der SPD feststellen. Einerseits mag dies darauf zurückzuführen sein, dass die meisten IG Metall-Funktionäre westdeutscher Herkunft sind und lange Zeit zwischen zwei Welten pendelten Andererseits taten die neuen SPD-Parteifunktionäre kaum etwas, um den IG Metall-Funktionären die parteipolitische Integration in Ostdeutschland zu erleichtern. In den ersten Nachwendejahren war es für die IG Metall wichtig, sich von der PDS zu distanzieren, um in der Öffentlichkeit nicht mit deren Erbe in Verbindung gebracht zu werden Auch die "feindliche Übernahme" der IG Metall/DDR hat dazu beigetragen, dass die offene Kooperation hauptamtlicher IG Metall-Funktionäre mit der PDS[43] für einen längeren Zeitraum tabuisiert war.

Die mit der Außerordentlichkeit des Transformationsprozesses einhergehenden Arbeitsmarktkrisen konzentrierten das politische Bemühen der örtlichen IG Metall-Funktionäre auf den Kampf gegen Konkurse und Entlassungen sowie darauf, Arbeitplatze im zweiten und dritten Arbeitsmarkt zu schaffen Aufgaben, die sie in diesem Umfang in Westdeutschland nicht kannten Dazu war eine enge Vernetzung mit den örtlichen sowie überregionalen politischen Instanzen notwendig Dies bedeutete nicht selten, dass die IG Metall-Verwaltungsstelle zeitweise zu einem lokalen Kristallisationszentrum im Kampf um Beschäftigung geworden ist. Einige wenige Funktionäre haben deshalb auch den Weg in die kommunale Politik gewählt. Die Mehrheit der Funktionäre hat in den vergangenen Jahren eine politische Rolle im öffentlichen Raum wahrgenommen, indem sie die Beschäftigten gegen Entlassungen und für den Erhalt von Betrieben unterstützten beziehungsweise mobilisierten und indem sie gegenüber der Treuhandanstalt/BVS, der Landesregierung und der Kommune als gewissermaßen lobbyistischer Unterhändler tätig wurden. Die zeitweise praktizierte Gratwanderung zwischen politischem Verband und Tariforganisation hat nicht dazu geführt, dass die Funktionslogik als Gewerkschaft damit gefährdet worden wäre. Verschiedentlich vorhandene Neigungen, die Kompetenz und Rolle der IG Metall zu überschätzen, sind im Verlauf des Prozesses relativiert und korrigiert worden, so dass in einigen Kommunen eine auch mit westdeutschen Maßstäben vergleichbare Verankerung der IG Metall

---

42 Beispielsweise beschrieb der aus Baden-Württemberg stammende Chemnitzer IG Metall-Bevollmächtigte Sieghard Bender das lokale Elitenetzwerk in Chemnitz einmal so "Es gibt eine alte Elite, die auch wieder die neue ist und viele Betriebe leitet Also alte SED-Kader Die sind in den Unternehmerverbänden und in der IHK Die denken hierarchisch, warten auf eine Anleitung und treten nach unten". Über die Entwicklung der von ihm vorangetriebenen Projekte, die auch eine überregionale Ausstrahlung erreichten, sagte er in dem gleichen Interview "Wenn wir uns abends treffen und sagen, komm, wir diskutieren das mal, dann ist kaum ein Ossi dabei Allerdings gibt es unter den Jüngeren auch schon einige, die da mitmachen" (Der schwäbische IG Metall-Gewerkschaftssekretär Sieghard Bender über seinen zehnjährigen Kampf mit den ostdeutschen Unbilden, in Berliner Zeitung 8 /9.1 2000, S 4)
43 Auf dem IG Metallgewerkschaftstag in Hamburg 1992 durfte kein Vertreter des PDS-Parteivorstands sprechen Es gab auch keinen offiziellen Parteiabend im Rahmen des Kongresses. Ganz anders war die Situation auf dem Kongress 1999 Der PDS-Vertreter, Gregor Gysi, erhielt den stärksten Beifall von allen dort sprechenden Parteivertretern und der offiziell anerkannte PDS-Parteiabend traf in der IG Metall auf ein hohes Interesse und eine rege Teilnahme

im örtlichen Raum erreicht werden konnte. Insgesamt ist das Verhältnis zu den Parteien und Bürgerbewegungen eher als distanziert zu charakterisieren; im konkreten Konfliktfall besteht jedoch die Fähigkeit, mit allen demokratischen Parteien kooperativ und arbeitsteilig zusammenzuarbeiten.

Konkurrierende Organisationen: Christliche Gewerkschaften - DAG - AUB

Die IG Metall hat sich in Ostdeutschland als die dominante Organisation der Beschäftigten in der Metall- und Elektroindustrie durchgesetzt, die über einen nach wie vor hohen Organisationsgrad verfügt. Sie hat sich als Einheitsgewerkschaft etabliert, deren Binnenstruktur seit 1994 durch keine signifikanten politischen Fraktionierungen und Richtungskämpfe mehr geprägt wurde, die ostspezifischen Charakter besaßen. Gleichwohl konkurriert sie in einigen Betrieben und öffentlichen Debatten mit anderen Organisationen: Die ebenfalls 1990 in Ostdeutschland gegründete Christliche Gewerkschaft Metall (CGM), die Deutsche Angestelltengewerkschaft (DAG) und die Arbeitsgemeinschaft Unabhängiger Betriebsangehöriger[44] (AUB) stellen mancherorts die Verhandlungsmacht der IG Metall infrage. Dies trifft für die CGM insbesondere im Bereich der kleineren Betriebe und in einigen wenigen größeren Betrieben zu.

Die CGM verfügt in der ostdeutschen Metallindustrie weder über eine größere Mitgliederzahl noch über eine relevante Zahl einflussreicher Betriebsräte. Zugleich hat der Prozess der Verbands- und Tarifflucht dazu geführt, dass die CGM durch die mit dem sächsischen Arbeitgeberverband vereinbarten Tarifverträge über ein Instrument verfügt, das in einigen Betrieben angewandt wird. Die Akzeptanz der CGM-Verträge ist in diesen Fällen weniger eine Frage der Repräsentationsfähigkeit der CGM als der Durchsetzungsschwäche der IG Metall. In manchen Fällen geht es angesichts der für die Beschäftigten nachteiligen Kräfteverhältnisse darum, dass wenigstens ein Vertrag existiert, der ein besseres materielles Niveau sichert als der zuvor existierende vertragslose Zustand. Insofern nutzt die CGM, die in einigen Bereichen vorhandene strikte Ablehnung der IG Metall durch die Arbeitgeber und bietet ihren Tarifvertrag als situationsadäquate Vertragsoption an. Durch den Tarifvertrag Phönix und die Aktivitäten der Jenoptik AG hat die CGM ein enormes bundesweites Echo erreichen können.

In einigen größeren Betrieben konkurriert die IG Metall mit der DAG. Da auch diese Organisation in Ostdeutschland äußerst schwach ist[45], besitzt diese Konkurrenz bisher nur in wenigen Fällen eine Bedeutung. Da zudem im Zuge der Reorganisation der gewerkschaftlichen Gesamtlandschaft eine Annäherung zwischen IG Metall und DAG stattgefunden hat, lässt sich in der konkreten Alltagsarbeit eine im Vergleich zur

---

44 Die folgende Arbeit bietet eine erste vorläufige Annäherung an die 1975 erstmals zu den Betriebsratswahlen gegen die IG Metall angetretene Liste Vgl. Buchholz, Goetz, Politik und Organisation der Arbeitsgemeinschaft Unabhängiger Betriebsangehöriger (AUB), Frankfurt 1998.
45 In den Landesbezirken Thüringen, Sachsen und Sachsen-Anhalt verfügt die DAG 1998 insgesamt etwa über etwa 500 Mitglieder in der Metall- und Elektroindustrie.

expliziten Konkurrenz früherer Jahre verbesserte Kooperation und Koordination feststellen Problematischer und grundsätzlicher ist die Konkurrenzsituation in einigen großen Betrieben der Elektroindustrie gegenüber der Arbeitsgemeinschaft Unabhängiger Betriebsangehöriger (AUB). Diese Organisation ist in einigen Siemensbetrieben so stark vertreten, dass die IG Metall dort Schwierigkeiten hat, überhaupt eine eigene Handlungsfähigkeit zu entwickeln. Wenn es sich bei solchen Betrieben um hochproduktive, moderne Einheiten handelt, die wichtige Arbeitgeber der Region sind, kann sich diese Vertretungsschwäche auch über den einzelnen Betrieb hinaus auf die gewerkschaftspolitische Stärke in der Region auswirken

5. Strategie der IG Metall

Auf der Grundlage des Prinzips zentraler Regionalisierung dehnte die IG Metall ihre Strukturen territorial aus Flankiert wurde dieses institutionelle Aufbauarrangement von der inhaltlichen Orientierung der Tarifpolitik am grundgesetzlich verbrieften Anspruch auf gleichwertige Lebensbedingungen in Deutschland Ausgehend von dieser institutionellen und normativen Grunddisposition lehnte die IG Metall Regionalisierungstendenzen als verbandspolitische Perspektive ab Zugleich musste sie sich aufgrund der regionalen Sondersituation vorübergehend stärker auf die spezifisch ostdeutschen Verhältnisse einlassen, um auf diesem Wege die Perspektive einer integrierten gesamtdeutschen Situation zu fordern Darüber, wie weitgehend man sich auf die spezifisch ostdeutsche Situation einlassen kann und soll, gab es zuweilen innerorganisatorische Differenzen in der IG Metall, die jedoch keine strategische Bedeutung erhielten, da der eingeschlagene Kurs der stufenartigen Annäherung an das westdeutsche Niveau in den 90er Jahren von keiner Gruppe angezweifelt wurde

Im Verlauf des Einigungsprozesses veränderten sich Rolle und Strategie der IG Metall als Anwalt im sozialen Einigungsprozess In den ersten Jahren stand das Engagement der Verwaltungsstellen für den Erhalt vorhandener und für den Aufbau neuer Arbeitsplätze im Vordergrund; nicht selten machten sich die IG Metall-Bevollmächtigten selbst auf die Suche nach möglichen Investoren Während die IG Metall in den Jahren 1990 bis 1992 noch mit grundsätzlichen arbeitsmarkt- (Beschäftigungsgesellschaften) und wirtschaftspolitischen Alternativen[46] aufwarten konnte, schmolz das Interventionsrepertoire innerhalb kurzer Zeit auf ein von Fall zu Fall neu zu justierendes Krisenmanagement zusammen. Zwar beharrte man weiterhin auf ambitionierten regional- und industriepolitischen Konzepten, doch konnten diese angesichts des voranschreitenden Prozesses der Deindustriealisierung kaum mehr als die Erinnerung an verpasste Chancen wach halten. Ausnahmen bildeten vor allem die industrie- und

---

46 Vgl die Konzepte der IG Metall zur demokratischen Verteilung des DDR-Staatsvermögens, zur Reform der Treuhand- sowie zur Industriepolitik (IG Metall-Vorstand, Aktive Sanierung - Solidarische Finanzierung, Frankfurt 1992)

regionalpolitische Koordination im Chemnitzer Maschinenbau sowie in der Leipziger und Bautzener Region.

Mit dem Verlust alternativer Entwicklungspfade konzentrierte sich die Politik der sozialen Einheit auf die Angleichung an das westdeutsche Niveau. Vor dem Hintergrund verengter Handlungsspielräume bei gleichzeitiger Reduktion auf die Angleichungsfrage stand die IG Metall jedoch in der Gefahr, in ein Mobilisierungsdilemma hineinzugeraten. Dämpfte sie die Erwartungen zu sehr, dann schwächte sich möglicherweise der Druck für eine rasche tarifpolitische Angleichung zu schnell ab; forcierte sie die Erwartungshaltung zu stark, so lief sie Gefahr, selbst zum Ziel der Kritik zu werden. Dieses Dilemma war zwar nicht neu für die gewerkschaftliche Politik, indes bestand die neue Brisanz dieser Gratwanderung darin, dass die ostdeutschen Mitglieder erst noch für die formellen und informellen Regeln gewonnen werden mussten, mit denen Gewerkschaften im Spannungsfeld von grundsätzlicher Zielbestimmung und pragmatischer Realpolitik agierten. Der IG Metall standen bei ihren Bemühungen, die ostdeutschen Mitglieder an die Organisation zu binden, drei Zielkorridore zur Verfügung: Erstens Maßnahmen zur Förderung von Beschäftigungssicherheit, zweitens das Drängen nach Angleichung der Entgelte an das westdeutsche Niveau und drittens, die Anerkennung der Ostdeutschen als gleichberechtigter Arbeitnehmer zu fördern. Diese Zielkorridore konnten durchaus in ein offenes Konkurrenzverhältnis zueinander treten. Am deutlichsten erkennbar ist dies in der Relation zwischen der gewerkschaftlichen Angleichungspolitik und den subjektiven Vorstellungen der Beschäftigten über eine Politik der Beschäftigungssicherung, die "in ihrem Betrieb" gemacht werden soll.

Für die IG Metall hatte die Bildung einer gesamtdeutschen Organisation zur Folge, dass sie mit gegenläufigen Anforderungen aus der ost- und westdeutschen Mitgliedschaft konfrontiert war: Es handelte sich dabei nicht nur um unterschiedliche inhaltliche Erwartungshaltungen und Anforderungen, die mit der hohen Zahl der Arbeitslosen und Rentner in der ostdeutschen Mitgliedschaft zusammenhängen. Auch die Anfang der 90er Jahre ausgemachte Kultur- und Wertedifferenz - hier die "Ossis", die nur an einem schnellen Anstieg ihrer Löhne und Gehälter interessiert sind, und dort die "Wessis", die stärker an qualitativen Zielen, wie Ökologie, Freizeit, Qualifikation interessiert sind - stellte eine zeitbedingte Verzerrung dar. Durch die Massenarbeitslosigkeit und die Angst, davon betroffen zu werden, konzentrierten sich die Konflikte stärker auf die Frage, ob von Ostdeutschland ein Lohndruck ausgehe oder ob Unternehmen in West- oder in Ostdeutschland investierten und wie gewerkschaftliche Gremien und Funktionäre im Rahmen ihrer Möglichkeiten sich zu der jeweiligen Entscheidung verhielten. Entgegen den verschiedentlich geäußerten Befürchtungen, dass durch die Vereinigung sogar die Identität[47] der westdeutschen Organisationen in

---

47 Vgl Lehmbruch, Gerhard 1990, S 483

Frage gestellt würde, lässt sich für die westdeutsche IG Metall bislang kaum von tiefergehenden Rückwirkungen sprechen. Zugleich bestehen aber mehr Heterogenität und ein höheres Konfliktniveau, womit auch größere Anforderungen an die innergewerkschaftliche Koordinierungsleistung einhergehen

II. Metallarbeitgeberverbände

Der Verbändeaufbau in den fünf neuen Ländern war das Ergebnis ostdeutscher Initiative und westdeutscher Lenkung. Die ostdeutschen Initiatoren kamen aus dem Maschinenbauministerium und aus der Führungsspitze einiger großer Kombinate. Sie konnten zwar in einer Übergangsphase die Personalauswahl wie auch den Kooperationsmodus mit den westdeutschen Arbeitgeberverbänden beeinflussen, gleichwohl prägten sie den Aufbau der Arbeitgeberverbände nur kurze Zeit. Die gewissermaßen alternativlose Akzeptanz des westdeutschen Systems führte dazu, dass die bundesdeutschen Verbandsstrukturen eins zu eins übertragen wurden. Dazu gehörte auch das Prinzip der regionalen Verantwortung, womit zugleich die Basis dafür gelegt wurde, dass sich die Landesverbände relativ unterschiedlich entwickeln konnten.

Zunächst bildeten die Kombinatsvertreter mit direkter Unterstützung der westdeutschen Verbände regionale Organisationen, die sich auf das Gebiet der Länder bezogen. Begründet wurde dieser Weg mit der hohen identifikatorischen Wertschätzung, die den Ländern nach dem Untergang des Zentralstaates eingeräumt wurde. Eine Rolle spielte aber auch, dass so die Metallarbeitgeberverbände als logistische Ausgangsbasis für die BDI- und BDA-Aktivitäten auf Länderebene wirken konnten.[48] Den Landesverbänden unterstanden jeweils eine Reihe bezirklicher Geschäftsstellen, die den unmittelbaren Kontakt mit den Betrieben pflegten, Serviceleistungen erbrachten und bei Rechtsstreitigkeiten deren Interessen wahrnahmen. Aus Sicht von Gesamtmetall bestand zwar mit dieser Aufgabenverteilung eine weitgehende Kompatibilität mit den in Westdeutschland vorhandenen Strukturen; gleichwohl befürchtete man eine Zunahme regionaler Interessendivergenzen und in deren Sog eine Verschärfung der Koordinierungsprobleme auf der Ebene des Dachverbandes.

Die Integration der ostdeutschen Arbeitgeberverbände in das von Gesamtmetall koordinierte Arbeitgeberverbandsnetzwerk erfolgte auf zwei Wegen: Einerseits durch die Fusion mit einem westdeutschen Regionalverband; andererseits durch die Konstituierung als eigenständiger ostdeutscher Landesverband. So existierten bereits Ende 1990 drei rein ostdeutsche Verbände (Sachsen, Sachsen-Anhalt und Thüringen) und zwei gemischte, sogenannte "Zebraverbände" (Berlin-Brandenburg und Mecklenburg-Vorpommern). In der Startphase agierten sowohl die gemischten wie auch die rein ostdeutschen Verbände unter dem Einfluss westdeutscher Vorgaben; dennoch existierten von Anfang an regionale Besonderheiten auf der Verbandsebene. Mit der Trennung in Zebraverbände und rein ostdeutsche Verbände wurden 1990 die Weichen dafür gestellt, dass ein gemeinsames Vorgehen aller Verbände zugunsten einer ostdeutschen Arbeitgeberpolitik erschwert wurde. Da im Gegensatz zur Chemie-Industrie kein eigener ostdeutscher Dachverband existierte, waren für ein gemeinsames Vorgehen der ostdeutschen Landesverbände die Gremien in der Kölner Gesamtmetallzen-

---

48 Vgl Henneberger, Fred 1994, S 123 ff.

trale maßgeblich Dort konnte man versuchen, durch informelle Absprachen zu einer gemeinsamen Linie zu gelangen

1. Mitgliederentwicklung

Die Mitgliederentwicklung war durch einen geringen Betriebsorganisationsgrad gekennzeichnet, der vor allem darauf zurückgeht, dass es in den fünf neuen Ländern keine Verbandstradition gab, zu wenige Großbetriebe dort sind und eine mit dem Hauptsitz in Ostdeutschland verankerte großbetriebliche Firmenlandschaft fehlt. Hinzu kam eine schnelle Veränderung der Mitgliederstruktur. Bei den ersten Mitgliedern handelte es sich fast ausnahmslos um noch nicht privatisierte Betriebe. Zunächst nahm die Zahl der Betriebe stetig zu, während ihre durchschnittliche Größe beträchtlich abnahm. Der zwischen dem Frühjahr 1990 bis Anfang 1992 erreichte Mitgliederzuwachs war nicht nur auf den Einfluss der Generaldirektoren, des Maschinenbauministeriums, der westdeutschen Patenverbände, der Treuhandanstalt und der Gewerkschaften, die ebenfalls den Eintritt der Unternehmen in den Arbeitgeberverband förderten, zurückzuführen Entscheidend war die Eigenmotivation in den Betrieben. Mit den unsicheren Verhältnissen entstand in den Betrieben ein großer Beratungsbedarf. insbesondere auf dem Gebiet der Sozialplanpolitik, der Eingruppierung, der Rechtsberatung und der Prozessvertretung vor Gericht. Der Stabilitätskompromiss der ersten Transformationsphase, dessen wichtigster Ausdruck der schnelle Organisationserfolg war, drückte jedoch kaum mehr aus als ein vorübergehendes Bündnis zwischen den exogenen Steuerungsinstanzen und den um Orientierung ringenden ostdeutschen Managern sowie einigen wenigen westdeutschen Unternehmern. In dem Maße, wie der Privatisierungsprozess unter der Obhut der Treuhandanstalt voranschritt, veränderte sich die Interessenlage der privatisierten Betriebe derart, dass eine größer werdende Zahl von Betrieben den Arbeitgeberverband negativ bewertete. Nach der Zerlegung der ehemaligen Kombinatseinheiten in kleine privatrechtliche Körperschaften mit neuen Eigentümern wurden die organisationspolitischen Karten neu gemischt

Tabelle 19: Betriebs- und Beschäftigtenorganisationsgrad in den ostdeutschen Arbeitgeberverbänden (1991 - 1998)

	1991	1992	1993	1994	1995	1996	1997	1998
Betriebsorganisationsgrad	60,1	51,8	43,0	35,7	28,4	22,7	19,8	16,1
Beschäftigten-organisationsgrad	60,2	61,7	59,3	56,3	48,6	43,6	41,4	32,0

Quelle Gesamtmetall, Die Metall- und Elektroindustrie der Bundesrepublik Deutschland in Zahlen, Köln 1991 ff , eigene Berechnungen © Wolfgang Schroeder

Der Mitgliederorganisationsgrad der ostdeutschen Metallarbeitgeberverbände sank zwischen 1992 und 1998 kontinuierlich von etwa 60 auf etwa 16 Prozent. Dieser Prozess verlangsamte sich weder nach Abschluss der Treuhandphase noch nach

Auslaufen des Stufentarifvertrages. Hinter diesen Zahlen verbirgt sich ein grundlegender Wandel der Betriebsgrößenstruktur. Die in den Anfangsjahren dominierenden Großbetriebe wurden im Laufe des Transformationsprozesses zu einer randständigen Größe reduziert; stattdessen etablierte sich in Ostdeutschland eine klein- und mittelbetriebliche Industrielandschaft. Während in der westdeutschen Metallindustrie 1998 etwa 67 Prozent aller Betriebe weniger als 100 Beschäftigte hatten, waren dies in Ostdeutschland fast 79 Prozent.[49] Zwar fällt der westdeutsche Betriebsorganisationsgrad (1998) auch bei den Betrieben mit weniger als 100 Beschäftigten mit 27,5 Prozent gegenüber den 11,5 Prozent in Ostdeutschland höher aus.[50] Dieser Vergleich ist jedoch insofern problematisch, als die verglichenen Einheiten mehrheitlich über ein unterschiedliches Betriebsalter verfügen und damit der Faktor Tradition und Erfahrung einseitig zugunsten des Westens zu Buche schlägt. Vergleichen müsste man neu gegründete Betriebe im Westen und solche in Ostdeutschland: Lässt sich bei ihnen ein signifikant anderes Verhalten gegenüber den Verbänden feststellen? Vermutlich nicht, insofern kann davon ausgegangen werden, dass die Arbeitgeberverbände in West- und Ostdeutschland ähnliche Probleme haben, neue Unternehmen an sich zu binden; erst recht solche, die weniger als 100 Beschäftigte haben.[51]

Die Entwicklung des Mitgliederorganisationsgrades schlug sich in abgeschwächter Form auch im Beschäftigtenorganisationsgrad[52] nieder, der zwischen 1991 und 1998 von rund 60 auf 32 Prozent fiel. Das zentrale Strukturproblem der ostdeutschen Arbeitgeberverbände besteht darin, dass es zu wenige große Betriebe gibt. Zwar sind diese mehrheitlich organisiert, so dass der verbandliche Beschäftigtenorganisationsgrad deutlich höher liegt als der Betriebsorganisationsgrad[53], jedoch ist die von ihnen ausgehende Stoßkraft bislang zu schwach, um die kleinen und mittleren Betriebe an den Verband zu binden. Vielmehr ist das Gegenteil der Fall: Entweder traten die kleinen Betriebe aus oder sie sind - nachdem sie privatisiert oder ausgegliedert wurden - nicht mehr in den Verband eingetreten. Viele Betriebe sind den Verbänden auch durch Konkurs und Liquidation abhanden gekommen. Mit den starken Mitgliederverlusten ist ein Trend hin zu einer gewissen Homogenität der Mitgliedschaft in den ostdeutschen Arbeitgeberverbänden der Metallindustrie unverkennbar.

---

49 In Westdeutschland hatten von 18 285 Metall- und Elektrobetrieben 12 269 weniger als 100 Beschäftigte, in Ostdeutschland waren dies 2 512 von 3.192 Betrieben.
50 Berechnung durch Gesamtmetall für 1998.
51 Es liegen mir zu diesem Komplex keine Daten vor
52 Mit dieser Kennziffer wird festgehalten, wie viele Beschäftigte durch die Verbandsmitgliedschaft der Unternehmen vom Flächentarifvertrag erfasst werden.
53 Vgl Ettl, Wielfried/Heikenroth, Strukturwandel, Verbandsabstinenz, Tarifflucht: Zur Lage der Unternehmen und Arbeitgeberverbände im ostdeutschen verarbeitenden Gewerbe, in: Industrielle Beziehungen 1996/3. S 21 ff

Tabelle 20: Mitglieder- und Beschäftigtenentwicklung in den ostdeutschen AGV (1990 - 1998)

Regional-verband		Anzahl der Mitgliedsbetriebe / Beschäftige in den Mitgliedsfirmen								
		1990	1991	1992	1993	1994	1995	1996	1997	1998
Ost-Berlin/ Brandenburg	Betr	270	315	287	269	220	169	153	120	112
	Besch	167 117	112 735	59 445	49 088	39 942	34 338	29 549	21 796	18 025
Mecklenburg-Vorpommern	Betr	75	86	80	76	69	64	61	41	41
	Besch	71 180	26 360	26 043	20 223	17 876	16 147	13 980	11 433	9 418
Sachsen	Betr	364	435	421	334	315	249	205	184	172
	Besch	293 465	154 065	89 014	66 572	52 272	45 751	43 161	40 820	36 369
Sachsen-Anhalt	Betr	221	245	223	208	210	171	130	130	108
	Besch	153 912	74 189	52 847	39 102	30 628	25 799	17 760	17 120	11 353
Thüringen	Betr	272	284	267	224	169	139	106	89	70
	Besch	258 153	157 717	43 575	29 473	23 007	19 713	15 263	16 500	13 106
AGV-Mitglieder	Betr	1 202	1 365	1 278	1 111	983	792	655	564	503
	Besch	943 827	525 066	270 924	204 458	163 725	141 748	119 713	107 669	88 271
gesamt	Betr		2 273	2 465	2.583	2 751	2 793	2 891	2 853	3.140
	Besch		872 538	438 878	344 789	290 647	291 924	274 313	260 036	273.740

Gesamtzahl aller Beschaftigten/Betriebe in der ostdeutschen Metall- und Elektroindustrie nach den Angaben der Bundes- und Landesstatistikamter/Gesamtmetall, ab 1995 Veranderung der statistischen Grundlage, bis 1994 Jahresdurchschnitts- zahlen, danach Dezemberdaten ©Wolfgang Schroeder

Die Mitgliederentwicklung kann in drei Phasen untergliedert werden. In der Startphase kam es zu einem expansiven Mitgliederzulauf, der vor allem auf die Treuhandanstalt und die besondere Notsituation der Betriebe zurückgeführt werden kann. Der Mitgliederhöhepunkt wurde Ende 1991/Anfang 1992 erreicht. Noch in der Treuhandphase begann ein langsamer Abschmelzprozess, der mit dem Ende dieser Institution keinesfalls aufhörte. Im Gegenteil: In der dritten Phase, deren Beginn etwa Anfang 1995 liegt, verlief der Prozess mit forciertem Tempo weiter.

2. Ursachen von Verbandsabstinenz

In der Debatte über die mögliche Sonderentwicklung Ostdeutschlands nimmt die Repräsentationskrise der Arbeitgeberverbände, deren signifikantester Ausdruck der geringe Mitgliederorganisationgrad ist, eine herausragende Rolle ein. Dabei geht es vor allem um zwei Verhaltensweisen: der Verbandsaustritt und der bewusste Nichteintritt. Es sind nach wie vor insbesondere die komplett neu aufgebauten Unternehmen, die nicht in den Arbeitgeberverband eintreten Darunter befinden sich auch Betriebe, die einem Konzern angehören, der Mitglied im westdeutschen Arbeitgeberverband ist. Im Gegensatz zum Nichteintritt ist der Austritt häufig ein öffentlicher und manchmal auch ein konfliktreicher Prozess. Um den geringen Organisationsgrad bewerten zu können, gehen wir zunächst von den Einflussfaktoren aus, die bisher in Westdeutschland herangezogen wurden, um die Wahrscheinlichkeit der Mitgliedschaft (neben dem Firmenalter sind dies die Beschäftigtenzahl und die betriebliche Stärke der Gewerkschaften) im Arbeitgeberverband zu erklären.

Betriebsgröße

In Westdeutschland konnte über Jahrzehnte hinweg ein signifikanter Zusammenhang zwischen Betriebsgröße und der Mitgliedschaft im Arbeitgeberverband beobachtet werden. Je größer der Betrieb, desto wahrscheinlicher ist die Mitgliedschaft im Arbeitgeberverband.[54] Große Firmen haben vor allem deshalb eine höhere Neigung, sich am kollektiven Handeln der Arbeitgeberverbände zu beteiligen als kleine und mittlere, weil sie die eigentlichen materiellen und politischen Nutznießer der Flächentarifvertragspolitik sind. Sie können sich hinter kleinen und mittleren Firmen verstecken, wenn diese im Schnitt eine schlechtere ökonomische Leistungsfähigkeit erreichen. Aus diesem Eigeninteresse heraus, das wohl dosiert zur Geltung gebracht wird, stellen sie den Arbeitgeberverbänden Ressourcen, wie Geld, Zeit, Arbeitskraft, Informationen und Expertisen, zur Verfügung.[55] Angesichts der heterogenen Verbandszusammensetzung gibt es jedoch auch ambivalente Erfahrungen hinsichtlich des Verhaltens der großen Betriebe in den Arbeitgeberverbänden: Einerseits sorgen sie dafür, dass die Verbände eine solide Ressourcenversorgung erhalten; andererseits besteht die Gefahr, dass ihr Einfluss zu groß ist oder wird und infolgedessen die kleinen Unternehmen zum Verband auf Distanz gehen und gegebenenfalls sogar austreten.

Für die ostdeutsche Metallindustrie lässt sich ein Zusammenhang zwischen der abnehmenden durchschnittlichen Betriebsgröße in der gesamten Branche und dem sinkenden Organisationsgrad der Verbände nachzeichnen:

Tabelle 21: **Durchschnittliche Beschäftigtenzahl in der ostdeutschen Metallindustrie/Arbeitgeberverbänden**

	1991	1992	1993	1994	1995	1996	1997	1998
M+E-Durchschnitt[56]	384	178	133	106	105	95	91	87
Verbandsdurchschnitt	385	212	184	167	179	183	191	175

Quelle: Gesamtmetall, eigene Berechnungen © Wolfgang Schroeder

---

54 Vgl Bellmann, Lutz/Kohaut, Susanne, Betriebliche Determinanten der Tarifbindung in Westdeutschland. Eine empirische Analyse auf der Basis des IAB-Betriebspanels, in: Industrielle Beziehungen 1997/4, S 317 ff
55 Vgl Waarden. Franz, Zur Empirie kollektiven Handelns, in: Schubert, Klaus (Hrsg), Leistungen und Grenzen politisch-ökonomischer Theorie, Darmstadt 1992, S. 140
56 Die durchschnittliche Beschäftigtenzahl pro Betrieb in der ostdeutschen Metall- und Elektrobranche wird gebildet aus der Gesamtzahl der M+E-Beschäftigten im Verhältnis zu der Zahl aller Branchenbetriebe. Die durchschnittliche Beschäftigtenzahl pro Betrieb bei den Mitgliedern im Arbeitgeberverband wird gebildet aus der Gesamtzahl der Beschäftigten in Verbandsbetrieben im Verhältnis zu der Zahl aller Verbandsbetriebe

Diese Zahlen zeigen eine gegenläufige Entwicklung zwischen der durchschnittlichen Betriebsgröße in der Metall- und Elektrobranche einerseits und bei den Mitgliedern in den Arbeitgeberverbänden andererseits Zwischen 1991 und 1994 sank die Betriebsgröße auf beiden Ebenen, wenngleich unterschiedlich stark ausgeprägt Danach kam es zu einer gegenläufigen Entwicklung Während in der gesamten Metallindustrie die Verkleinerung der durchschnittlichen Betriebsgröße fortschritt, wuchs die Größe des durchschnittlichen Verbandsbetriebes zwischen 1995 und 1997 sogar wieder an, 1997 zählte der durchschnittliche Verbandsbetrieb etwa 100 Beschäftigte mehr als der Branchendurchschnitt. An dieser Stelle sei auf eine Vergleichszahl aus der westdeutschen Metallindustrie hingewiesen: 1998 zählte dort der durchschnittliche Branchenbetrieb 175 Beschäftigte; dagegen waren es zur gleichen Zeit in den fünf neuen Ländern nur 87.

An der Wiege der ostdeutschen Metallarbeitgeberverbände standen 1990 die Kombinate Nach ihrer Zerstückelung blieben nur noch 53 große Betriebe mit mehr als 500 Beschäftigten (1997/1998) übrig. Davon waren 1997 insgesamt 43 Betriebe (81,1 Prozent) Mitglieder in den ostdeutschen Arbeitgeberverbänden. Binnen eines Jahres ist ihre Zahl auf 39 (73,6 Prozent) gesunken, womit sich der Organisationsgrad in diesem Segment um 7,5 Prozent reduzierte. Im Gegensatz zu Westdeutschland sind in Ostdeutschland auch die VW-Betriebe Mitglieder in den regionalen Arbeitgeberverbänden, um den höheren VW-Haustarifvertrag zu umgehen.[57] Dagegen gehörten 14 der großen Betriebe keinem regionalen Arbeitgeberverband mit Tarifbindung mehr an Während die Tochter der Heidelberger Druckmaschinen oder die größeren ostdeutschen Tochterunternehmen des Bosch-Konzerns,[58] der in Westdeutschland über Jahrzehnte eine tragende Rolle in den dortigen Arbeitgeberverbänden spielte, erst gar keine Mitgliedschaft eingegangen sind, schieden andere Betriebe im Verlauf des Transformationsprozesses aus dem Arbeitgeberverband aus Ein besonders prominentes und einflussreiches Mitglied dieser Gruppe ist das Jenaer Unternehmen Jenoptik.[59] Obwohl dieser Konzern seinerzeit zu fast 100 Prozent dem Land Thüringen gehörte, kehrte er 1996 dem Arbeitgeberverband den Rücken. Erst nachdem die Kritik an dieser Entscheidung auch öffentlichen Druck erzeugte, entschloss sich die Geschäftsführung im Vorfeld ihres Börsengangs (1998) zum Eintritt in den regionalen Arbeitgeberverband ohne Tarifbindung. 1999 sorgte das Unternehmen für bundesweites Aufsehen durch den Abschluss eines Tarifvertrages mit der CGM, dem erst nach heftigen öffentlichen und betriebsinternen Querelen und langwierigen Verhandlungen ein Haustarifvertrag mit der IG Metall folgte. In der folgenden Tabelle wird die Mitgliedschaft der größeren Betriebe nach Regionen unterschieden.

---

57 Vgl zur VW-Strategie in Mosel Jürgens, Ulrich, Implanting Change The Role of indigeneous transplants in transforming the German Productive Model, in· Boyer, Robert et al (Hrsg), Between imitation and innovation The transfer an hybridization of productive models in the international automobile industry, Oxford/New York 1998, S 319 ff

58 Auf Druck der westdeutschen Arbeitnehmervertreter im Aufsichtsrat traten die meisten ostdeutschen Bosch-Standorte 1999 den regionalen Arbeitgeberverbänden bei

59 Vgl die Selbstdarstellung des Arbeitsdirektors von Jenoptik Schleef, Heinz, Vom Kombinat zum Konzern Die Umgestaltung des VEB Carl Zeiss Jena, in: Industrielle Beziehungen 1997/4, S 335 ff

Tabelle 22: Mitgliedschaft der großen Betriebe in den regionalen Arbeitgeberverbänden

Region	Beschäftigte		Betriebe		AGV-Mitglied		AGV OT		kein Mitglied	
	Zahl	%	Zahl	%	Zahl	%	Zahl	%	Zahl	%
Berlin Ost/Brandenburg	10.715	19,3	9	17,0	7	17,9	0	0	2	16,7
Mecklenburg Vorpommern	7 589	13,6	8	15,1	8	20,5	0	0	0	0
Sachsen	23 835	42,8	21	39,6	14	35,9	1	50	6	50
Sachsen-Anhalt	4 573	8,2	6	11,3	5	12,8	0	0	1	8,3
Thüringen	9 000	16,2	9	17,0	5	12,8	1	50	3	25
Gesamt	55 712	100	53	100	39	100	2	100	12	100

Quelle Eigene Erhebung 1998　　　　　　　　　　　　　　　　© Wolfgang Schroeder

Die 39 großen Betriebe mit mehr als 500 Beschäftigten, die 1998 Mitglied in einem ostdeutschen Arbeitgeberverband der Metallindustrie waren, beschäftigten 43.224 Arbeitnehmer Damit arbeiteten in diesen 39 Betrieben - das waren 7,8% aller verbandsgebundenen Betriebe - fast 50 Prozent (48,9%)aller Beschäftigten, die durch die Verbandsbindung unter den Geltungsbereich des Flächentarifvertrages fallen. Zugleich können wir eine regionale Konzentration dieser Betriebe feststellen. Unterschieden nach Regionen haben die meisten großen ostdeutschen Betriebe ihren Sitz in Sachsen (39,6 Prozent), dort bestand zugleich die größte Diskrepanz zwischen dem Betriebs- und dem Mitgliederanteil. Während 1998 fast 40 Prozent der großen ostdeutschen Betriebe in Sachsen verankert sind, liegt ihr Anteil bei den ostdeutschen Arbeitgeberverbandsmitgliedern nur bei etwa 36 Prozent. Ein Drittel der großen sächsischen Betriebe ist nicht mehr Mitglied im dortigen Arbeitgeberverband. Von den neun großen Betrieben, die 1998 keinem Arbeitgeberverband angehörten, kommen die meisten aus der elektrotechnischen Industrie (5) und dem Maschinenbau (2). Von den großen ostdeutschen Metall- und Elektrobetrieben, die keine Verbandsmitgliedschaft besitzen, haben 50 Prozent ihren Sitz in Sachsen. Auch in Thüringen liegt ein negatives Verhältnis zwischen Betriebs- und Verbandsanteil vor. Dagegen ist der Verbandsanteil in Sachsen-Anhalt, Mecklenburg-Vorpommern und Berlin-Brandenburg höher als der Betriebsanteil. Zwei weitere Merkmale der nichtverbandsgebundenen Betriebe fallen ins Auge: Erstens wurden sie nach der deutschen Einheit neu gegründet.[60] Zweitens haben sie ihren Hauptsitz in den fünf neuen Ländern. Es scheint so, dass sich bei den Betrieben, die einen spezifisch ostdeutschen Weg für sich beanspruchen, die Verbandsabstinenz zu einem "Markenzeichen" entwickelt hat.

Neben der Betriebsgröße spielt auch die Erfahrung der Akteure mit dem westdeutschen Verbändesystem eine Rolle für Akzeptanz und Mitarbeit in den ostdeutschen

---

60　Alle vier nach 1990 neu gegründeten Betriebe gehören keinem Arbeitgeberverband an (BMW-Rover, Bosch-Siemens, Siemens Mikroelektronik und Heidelberger Druck) Zum gleichen Ergebnis kam 1994 auch das Hallenser Wirtschaftsforschungsinstitut bei seiner Umfrage zur Verbandsmitgliedschaft (Vgl Ettl/Heikenroth 1996, S 143)

Verbänden Es kann davon ausgegangen werden, dass solche Eigentümer und Manager, die in Westdeutschland positive Erfahrungen mit den Verbänden gesammelt haben, sich eher verbandspolitisch betätigen als ihre west- und ostdeutschen Kollegen, denen diese Erfahrungen fehlen. Während in den kleinen Betrieben meist ostdeutsche Geschäftsführer oder Eigentümerunternehmer das Sagen haben, sind dies in den großen Betrieben in der Regel westdeutsche Manager Und je höher die Führungsebene, desto großer ist der Anteil der westdeutschen Führungskräfte.[61] In den 53 großen Betrieben der ostdeutschen Metallindustrie dominierten 1997 nur in 13 Prozent aller Fälle ostdeutsche Manager; hinzu kamen 43 Prozent aller Betriebe, bei denen ostdeutsche Führungskräfte beteiligt waren. Dagegen gab es in nahezu 40 Prozent aller Betriebe nur westdeutsches Management.

Tabelle 23: **Herkunft und Erfahrungshintergrund der für Tarif- und Personalpolitik Verantwortlichen in den großen Betrieben (1997)**

Herkunft und Erfahrung	In der Geschäftsleitung zuständig		In der Personalabteilung zuständig	
	N	%	N	%
Westdeutsche Manager ohne tarifpolitische Erfahrung	7	13,7	1	2,0
Westdeutsche Manager mit tarifpolitischer Erfahrung	24	47,1	22	44,0
Ostdeutsche Manager	15	29,4	23	46,0
Ost- und westdeutsche Manager	4	7,8	3	6,0
Ausländisches Management	1	2,0	1	2,0
Gesamt	**51**	**100,0**	**50**	**100,0**

Quelle Eigene Erhebung 1997 © Wolfgang Schroeder

Das Management lässt sich hinsichtlich seiner tarifpolitischen Erfahrungen in drei Hauptgruppen aufteilen. Als erste Gruppe sind jene Manager zu nennen, die bereits in Westdeutschland für dieses Feld zuständig waren oder dort einschlägige Erfahrungen sammeln konnten Das waren in den großen Betrieben auf der Ebene der Geschäftsführung mit Zuständigkeit für Tarifpolitik rund 47 Prozent und auf der Ebene der Personalabteilungen etwa 44 Prozent Die zweite Gruppe umfasst die westdeutschen und ausländischen Manager ohne Erfahrung mit Tarif- und Verbandspolitik.[62] Die dritte Gruppe bilden die ostdeutschen Manager. Sie hatten zwar keine Erfahrung mit der westdeutschen Tarifpolitik, dafür besaßen sie den erfahrungsgesättigsten Bezug zur Belegschaft. In vielen Fällen war ihre fortwirkende Präsenz im Betrieb sogar das Ergebnis eines "Plebiszits", so dass sie für ihre Politik ein hohes Maß an Legitimation

---

61 Vgl Windolf, Paul/Brinkmann, Ulrich/Kulke, Dieter, Warum blüht der Osten nicht? Zur Transformation der ostdeutschen Betriebe. Berlin 1999, S 110
62 Eine größere Zahl von Personalmanagern soll aus dem Controller-Bereich gekommen sein

besaßen und teilweise noch immer besitzen. Bei den ostdeutschen Managern,[63] die 1997 insgesamt in 30 (56,6 Prozent) der großen Betrieben vertreten waren, fällt ihr Anteil auf den oberen Hierarchieebenen schwach und auf den unteren stark aus. Nur in ganz wenigen Fällen wird die Geschäftsleitung von einem ostdeutschen Manager angeführt. Aber in 15 (29,4 Prozent) Betrieben war ein ostdeutscher Manager in der Geschäftsleitung für Tarif- und Personalpolitik zuständig. Noch häufiger waren ostdeutsche Manager in der Personalabteilung für diesen Bereich zuständig (23 Betriebe = 46 Prozent) Dass insgesamt nur etwas mehr als 45 Prozent der westdeutschen Manager tarifpolitische Erfahrungen mitbrachten, war vermutlich ebenso ein Hemmnis für die Akzeptanz der Arbeitgeberverbände wie die häufigen Wechsel im Bereich der tarifpolitischen Verantwortlichkeit. In den Jahren 1991 bis 1997 fand in über einem Drittel (37,7 Prozent) der Betriebe mindestens einmal ein Wechsel der Zuständigkeit statt [64]

All diese Daten dokumentieren, wie schwierig das Terrain für die Verbandsarbeit war. Auch die fehlenden tarifpolitischen Erfahrungen und der häufige Wechsel im Bereich der Personalpolitik haben dazu beigetragen, dass der Aufbau von politischem Vertrauen auf der verbandspolitischen Ebene nur schwer möglich war. Aufgrund dieser prekären Situation besaßen die Veranstaltungen und Arbeitskreise der Arbeitgeberorganisationen eine wichtige Funktion, um die Verbindungen zwischen Management und Verbandsarbeit zumindest auf der Ebene fachlicher Arbeit zu pflegen und weiter zu entwickeln. Etwa ein Viertel der verbandsgebundenen großen Betriebe nahm regelmäßig an Arbeitskreisen teil. Etwas höher fiel die gelegentliche Teilnahme an Informationsveranstaltungen der Verbände aus; wobei dieses Angebot fallweise auch von nichtverbandsgebundenen Betrieben genutzt wurde. Vergleichsweise zurückhaltend war auch das Streben nach einem Wahlamt. Denn die 53 großen Betriebe stellten im Untersuchungszeitraum 1997/98 nur in einem der fünf regionalen Arbeitgeberverbände das Amt des Präsidenten. Der Dresdener Manfred Kreutel, Geschäftsführer der ABB-Energieanlagenbau, ist zugleich Präsident des Verbandes der sächsischen Metallindustrie und des neu gegründeten Zusammenschlusses Ostmetall. Stellvertretender Präsident von Nordmetall ist Oswald Müller, Geschäftsführer der MTW-Schiffswerft in Wismar. Bei Beiden handelt es sich um Sprecher der ostdeutschen Wirtschaft, die bereits vor 1989 als Manager in der DDR engagiert waren und im Transformationsprozess durch eine vergleichsweise enge Kooperation mit den Betriebsräten in der Lage waren, eine Privatisierungspolitik zu bewirken, die auch bei den Beschäftigten akzeptiert wurde. In Westdeutschland geht die Forschung von einem

---

63 Für die erste Hälfte der 90er Jahre kam beispielsweise Brinkmann in seinen Fallanalysen zu dem Ergebnis, dass etwa 85% der ManagerInnen aus Ostdeutschland stammten, noch auf der ersten Leitungsebene fanden sich 70% Ostdeutsche Geht man davon aus, dass die untersuchten Betriebe kleiner waren, als die in unserem Sample, so kann man daraus ableiten, dass mit zunehmender Betriebsgröße die Wahrscheinlichkeit zunimmt, dass das Management aus Westdeutschland kommt (Vgl Brinkmann, Ulrich, Neue Managementkonzepte in ostdeutschen Betrieben, in Pohlmann, Markus et al 1996, S. 237)

64 Dabei erfolgte in 11 Betrieben ein einmaliger Wechsel, in 3 Betrieben ein zweimaliger und in 6 Betrieben ein dreimaliger Wechsel.

"beherrschenden Einfluss der Großunternehmen"[65] in den dortigen Arbeitgeberverbänden aus Dies kann für Ostdeutschland nicht vorausgesetzt werden. Zwar sind diese auch in Ostdeutschland mehrheitlich verbandlich organisiert und haben in der Regel den materiell größten Nutzen durch den Flächentarifvertrag, doch anders als in Westdeutschland geht von ihnen bislang keine verbandspolitische Sogwirkung aus. Sie versuchen nicht, durch offensives Verbandsengagement die mittleren und kleinen Unternehmen auf eine tarifvertragskonforme Politik festzulegen Statt dessen wirken einzelne bedeutende Unternehmen, wie beispielsweise Jenoptik, durch einen öffentlichkeitswirksam arrangierten Verbandsaustritt als Katalysator für verbandsfeindliches Verhalten.

Gewerkschaftlicher Organisationsgrad

Im folgenden wird der Frage nachgegangen, ob es einen signifikanten Zusammenhang zwischen der Mitgliedschaft im Arbeitgeberverband und dem gewerkschaftlichen Organisationsgrad in den Betrieben gibt. Der durchschnittliche gewerkschaftliche Organisationsgrad in den 53 großen Betrieben lag 1997 bei 58,6 Prozent und 1998 bei 54,5 Prozent Wie hoch liegt er in den Betrieben, die nicht im Arbeitgeberverband organisiert sind? Mit einem durchschnittlichen Organisationsgrad von 39,3 Prozent (1997) beziehungsweise sogar nur 36,9 Prozent (1998) existiert zwischen den nichtverbandsgebunden und dem Gesamtdurchschnitt aller 53 Betriebe eine Differenz von 19,3 (1997) beziehungsweise 17,6 (1998) Prozentpunkten Vergleicht man die Durchschnittswerte der nichtverbandsgebundenen gar mit den verbandsgebundenen, so vergrößert sich die Differenz noch einmal: Die verbandsgebundenen Betriebe hatten 1998 einen durchschnittlichen gewerkschaftlichen Organisationsgrad von 59,7 Prozent. Die Differenz beim gewerkschaftlichen Organisationsgrad zu den nichtverbandsgebundenen beträgt 22,8 Prozent und bestätigt damit den aus Westdeutschland bekannten Zusammenhang zwischen der Höhe des gewerkschaftlichen Organisationsgrades und der Wahrscheinlichkeit einer Verbandsmitgliedschaft des Betriebes. Der idealtypische ostdeutsche Verbandsabstinenzler ist mit einem geringen gewerkschaftlichen Organisationsgrad konfrontiert, der Betrieb ist nach 1990 neu gegründet, der Firmensitz ist in Ostdeutschland, er kommt aus Sachsen und gehört zur elektrotechnischen Industrie.

In der 1996 von Schroeder/Ruppert durchgeführten Austrittsstudie konnte indes gezeigt werden, dass es keinen signifikanten Zusammenhang zwischen dem gewerkschaftlichen Organisationsgrad eines Betriebes und der Fähigkeit gibt, den Verbandsaustritt des Managements zu verhindern. In der ostdeutschen Metall- und Elektroindustrie existiert zwar nach wie vor ein höherer gewerkschaftlicher Organisationsgrad als in Westdeutschland, damit verbindet sich jedoch keine vergleichbare Handlungs-

---

65 Streeck. Wolfgang 1972, S 161

kompetenz, weil die Konstellationen[66] in der Regel ungünstiger sind. Insbesondere in wirtschaftlich prekären und in kleinen Betrieben wird der gewerkschaftliche Organisationsgrad derart relativiert, dass sich daraus keineswegs zwangsläufig verbandliches Engagement im Arbeitgeberverband einstellt. Im Hinblick auf die Einflussmöglichkeiten der IG Metall auf die Mitgliedschaft im Arbeitgeberverband lassen sich grob zwei Konstellationen unterscheiden: Erstens, die IG Metall war zu schwach, um einen Arbeitgeber zum Verbandsbeitritt zu bewegen, oder dessen Austritt zu verhindern. In solchen Fällen konnte es durchaus sein, dass sich die Belegschaft im Dissens mit der Geschäftsleitung befand. Zweitens, die betrieblichen Akteure waren sich mit der Geschäftsleitung einig, dass für ihre Belange der Arbeitgeberverband keine Hilfe darstellte, weil sie unabhängig von solch einer Einbindung mit der IG Metall einen Haus- oder Anerkennungstarif abschlossen. Die vorliegenden Studien lassen es nicht zu, die zwei Hauptfaktoren - gewerkschaftliche Schwäche und innerbetrieblicher Konsens - zu quantifizieren und zu gewichten.

Privatisierungsprozess Gelegenheit zum Verbandsaustritt

Am Beispiel des sächsischen Metallarbeitgeberverbandes lassen sich die konkreten Bedingungen und Modalitäten von Austritten für den Zeitraum 1992 bis 1995 näher spezifizieren. Die Grundlage der folgenden Ergebnisse bilden 73 untersuchte Austrittsbetriebe.[67] Zunächst ging es um die Klärung der Frage: Welchen quantitativen Einfluss hatten die Austrittsbetriebe auf den zurückgehenden Geltungsgrad des Flächentarifvertrages? Zwischen 1992 und 1994 reduzierte sich die Zahl der Beschäftigten in den VSME-Betrieben um 102.445 (66 Prozent); wovon lediglich ein Anteil von 9 Prozent (9.612 Beschäftigte) auf die Austrittsbetriebe entfiel. Schaut man sich an, welche Betriebe, unter welchen Bedingungen ihre Verbandsmitgliedschaft aufgaben, so fällt zudem auf, dass es nur wenige "echte" Austritte gab:

- 74 Prozent der in Ostdeutschland erfassten Austrittsbetriebe haben den Privatisierungsprozess genutzt, um anschließend nicht wieder in den Arbeitgeberverband einzutreten.
- Bei 34 Prozent der ausgetretenen Betriebe fand ein Wechsel des Managements statt, im gleichen Zeitraum war dies in Westdeutschland nur bei 21 Prozent der Austrittsbetriebe der Fall.
- Bei den nicht wieder eingetretenen Betrieben handelte es sich vor allem um Kleinbetriebe mit bis zu 100 Beschäftigten. Gemessen am Anteil von 40 Prozent Klein-

---

66 Vgl Weinert. Rainer, Einflußfaktoren auf die Akzeptanz flächentarifvertraglicher Regelungsstandards und Austauschmuster in Ostdeutschland, Berlin 1999.
67 Schroeder. Wolfgang/Ruppert, Burkard, Austritte aus Arbeitgeberverbänden· Eine Gefahr für das deutsche Modell? Marburg 1996, S 39

betrieben im VSME war der Austrittsanteil von 52 Prozent in dieser Betriebsgrößenklasse besonders hoch.

Während bis 1994 insbesondere der Privatisierungsprozess als Gelegenheit genutzt wurde, um keine Verbandsbindung einzugehen, nutzten einige Geschäftsführungen danach in ähnlicher Weise Outsourcingprozesse oder Branchenwechsel

Kritik an Niveau und Inhalt der Tarifverträge

Im Zentrum der offentlich begründeten Ablehnung einer Verbandsbindung stand die Tarifpolitik, deren Ergebnisse die aus- oder nicht eingetretenen Betriebe meist ablehnten. Die Kritik an der Angleichungstarifpolitik traf nicht nur die Gewerkschaften, sondern auch die Arbeitgeberverbände, denen es bisher nicht gelungen war, Verständnis für die positive Wirkung der Tarifpolitik zu entwickeln. Dies wurde auch dadurch erschwert, weil gleichzeitig in Westdeutschland die Bereitschaft abgenommen hatte, die geltenden tariflichen Normen einzuhalten Die Tarifpolitik wurde sowohl unter materiellen als auch unter strukturellen Gesichtspunkten kritisiert. Zu Letzterem gehörte, neben der obligatorischen Kritik an den angeblich zu starren, zu unflexiblen und zu komplizierten Tarifverträgen, der Vorwurf, die westdeutsche Tarifpolitik sei dem Osten gleich einer Besatzungstarifpolitik übergestülpt worden, um die dortigen Wettbewerbsvorteile zu beschneiden. Die Kritik konzentrierte sich anfangs auf den Stufentarifvertrag, dessen regelmäßig, hohe Steigerungsraten auch eine psychologische Legitimationskrise der Tarifpolitik bewirkten. Auch wenn es in der Anfangsphase zutreffend gewesen sein sollte, dass die Tariflöhne in Ostdeutschland "Obergrenzen dafür bilden, was die Arbeitgeber zu zahlen bereit oder in der Lage sind"[68], ist dies noch keine hinreichende Erklärung für die abnehmende Bereitschaft, sich verbandlich zu organisieren. Dass nicht alleine die Kostenproblematik dafür verantwortlich sein kann, zeigt auch die vergleichsweise hohe Zahl von Firmen- und Anerkennungstarifverträgen, die sich am Niveau des Flächentarifvertrages orientieren. Plausibel wird der Erklärungsfaktor Tarifpolitik als Barriere für tarif- und verbandskonformes Verhalten erst in Kombination mit anderen Faktoren.

---

68 Scheremet. Wolfgang, Tarifpolitik in Ostdeutschland Ausstieg aus dem Lohnverhandlungsmodell der Bundesrepublik Deutschland, in Beihefte der Konjunkturpolitik Zeitschrift für angewandte Wirtschaftspolitik. Berlin 1995/43, S 136

Traditionsloser Verband: Fehlende Verbandskultur und Anti-Verbändestimmung

Tarifflucht. Nichteintritt und Verbandsflucht werden nach den vorliegenden Untersuchungen in Ostdeutschland häufiger praktiziert als in Westdeutschland.[69] Im Gegensatz zu Westdeutschland gibt es keine etablierte Verbandstradition. Da die führenden ostdeutschen Initiatoren des Verbändeaufbaus in den meisten Regionen bald wieder zurücktreten mussten, ließ sich auch kein personalisierter Gründungsmythos als Basis verbandlichen Selbstbehauptungswillens entwickeln. Häufiger Wechsel an der Führungsspitze und Konflikte zwischen ost-und westdeutschen Verbandsfunktionären über den "richtigen Kurs" wirkten eher negativ auf die verbandliche Attraktivität, vor allem für kleine und mittlere Betriebe. Eine gewisse Fremdheit gegenüber den Verbänden resultierte in der Anfangsphase vermutlich auch daher, dass es aus Sicht der ostdeutschen Unternehmer vom Westen geschickte Funktionäre waren, die am "grünen Tisch" - abseits der Basis - die Interessen der ostdeutschen Arbeitgeber vertreten wollten. Aber nicht nur Ost-West-Konflikte und personelle Diskontinuität, sondern auch widersprüchliche strategische Optionen haben die Akzeptanz der Verbände eingeschränkt. Zu Letzterem gehörte das Hin- und Herschwanken zwischen offensiver und defensiver Tarifvertragspartei. Elemente einer offensiven Angriffsstrategie, die gegen die Substanz der Tarifautonomie gerichtet waren, bildeten die Einrichtung von OT-Verbänden, Angriffe auf das Repräsentationsmonopol der IG Metall bis hin zum Plädoyer für die Selbstauflösung der Arbeitgeberverbände. Da die ostdeutschen Verbände nicht auf eine selbst gestaltete Geschichte zurückgreifen konnten, stand ihnen unter dem Aspekt der Integration qua Tradition nur die Beschwörung des vorsozialistischen Erbes offen, so wie es insbesondere der sächsische Verband relativ offensiv betrieb. Dennoch können Legitimation und Integration kaum über Traditionsbezug realisiert werden. In einem traditionslosen Verband muss sich die Attraktivität für die Mitgliedschaft primär in ihrer ordnungspolitischen und ökonomischen Effizienz sowie in Gestalt von Beratungs- und Serviceleistungen ausdrücken.

Die öffentliche Stimmungsmache gegen Tarifverträge hat gleichsam die Verbände als Sachwalter der ökonomischen Interessen ihrer Mitglieder in Misskredit gebracht, so dass sich trotz der differenzierten Möglichkeiten des Tarifvertrages eine interessegeleitete Kritik ausbreitete, die den Resonanzboden für tariffreie Räume unter den Bedingungen der Massenarbeitslosigkeit bildete. Die Kritiker, die den Transformationsprozess öffentlich und lautstark begleiteten, versuchten zuweilen den Eindruck zu erwecken, als müssten nur die Verbände geschwächt werden, um die Bedingungen für die wirtschaftliche Entwicklung zu verbessern.[70] Diese publizistisch vor allem vom Kieler Weltwirtschaftsinstitut und der liberalen Wirtschaftspresse forcierte Debatte, die

---

69 DIW 1994. Ettl, Wilfried/Heikenroth . André 1996, Schroeder, Wolfgang/Ruppert, Burkard 1996
70 Besonders offensiv gingen einige Wirtschaftswissenschaftler vor. Exemplarisch kann dabei auf Hans-Werner Sinn verwiesen werden. der seit 1990 das Engagement der Tarifparteien kritisch begleitete. Anfang Oktober 1999 forderte er die ostdeutschen Unternehmen auf, sie sollten "noch mehr als schon bislang aus den Tarifverträgen aussteigen" (Ifo fordert Ost-Firmen zum Tarifausstieg auf, in: Stuttgarter Zeitung 4 10.1999)

auch in der ostdeutschen Regionalpresse aktiviert wurde, erinnerte in manchen Facetten an die Verbändestaatsdebatte der 50er Jahre [71] Sicher ist, dass in einer Situation, in der Verbände und Mindestnormen nicht als Förderer, sondern als Verhinderer wirtschaftlichen Erfolges betrachtet werden, besondere Aktivitäten notwendig sind, um eine verbandlich kontrollierte Regulierungsperspektive plausibel zu machen.

Im Zeitverlauf reduzierte sich die Zahl der Mitglieder Vor allem bestimmte Gelegenheitsstrukturen, wie der Wechsel innerhalb der Geschäftsleitung und die Unfähigkeit der Verbände auf die spezifischen Problemlagen der Unternehmen mit situationsadäquaten Angeboten zu reagieren, trugen dazu bei, dass es den Arbeitgeberverbänden bis heute nicht gelungen ist, eine engere verbandliche Bindung der Mitgliedsunternehmen herzustellen Fehlende Verbandskultur, enorme Streubreite in der ökonomischen Leistungsfähigkeit der Betriebe, krisenhafte ökonomische Konstellationen, unerwünschte Interventionen der westdeutschen Verbände und die vehemente Kritik an der Stufentarifvertragspolitik sind die Basis für Arbeitgeberverbände mit einer schwachen Verpflichtungsfähigkeit Gleichwohl ist die These, dass die in den neuen Bundesländern operierenden Arbeitgeberverbände in der Anfangszeit "in der Tendenz Organisationshülsen oder Apparate ohne Unterbau"[72] waren, überzogen. Zwar bestand keine gefestigte Mitgliederbindung, gleichwohl wirkten die Verbände gerade in der Anfangszeit als Transformationsagenturen, die in engem Kontakt mit ihren Mitgliedern für eine Stabilisierung der Rahmenbedingungen sorgten

3. Regionale Vielfalt

Die Entscheidungskompetenz der regionalen Arbeitgeberverbände ist in der jeweiligen Landesgeschäftsstelle konzentriert. Dagegen haben die Bezirksgeschäftsstellen, obwohl sie den direktesten Kontakt zu den Mitgliedern haben, nur eine nachgeordnete, dienstleistungsorientierte Funktion, die in der Betreuung liegt Die beiden wichtigsten regionalen Akteure des Arbeitgeberverbandes sind der ehrenamtliche Vorsitzende und der fest angestellte Hauptgeschäftsführer. Diese beiden haben eine herausgehobene Stellung, die nicht nur durch die Satzung gestützt wird, sondern insbesondere durch ihre faktische Schlüsselstellung im Netzwerk der Arbeitgeberaktivitäten: Sie wirken federführend in den Verbandsgremien, pflegen den regelmäßigen Kontakt zu den Mitgliedern und zur IG Metall. Zudem sind sie die direkten Ansprechpartner für Gesamtmetall, in deren Vorstand, der Hauptgeschäftsführerrunde sowie in verschiedenen Arbeitsgruppen sie präsent sind. Aufgrund der meist längeren Amtszeit und der allgegenwärtigen Präsenz im verbandlichen Alltagsleben kann es sein, dass der amtierende Hauptgeschäftsführer die zentrale Entscheidungsinstanz auf Arbeitgeberseite ist Denn der Vorsitzende hat häufig den Nachteil, dass er als ehrenamtlicher Verbandsfunktionär weiterhin als aktiver Eigentümerunternehmer oder Geschäfts-

---

71 Vgl Eschenburg. Theodor. Herrschaft der Verbände? Stuttgart 1955
72 Eichener, Volker 1992, S 41

führer stark beansprucht wird, so dass er sich nicht so intensiv um die Verbandsarbeit kümmern kann Es ist zwar denkbar, dass die strukturellen Nachteile - begrenzte Möglichkeiten zur Präsenz und damit einhergehende Informationsdefizite - durch extrafunktionale persönliche Kompetenzen ausgeglichen werden können, um den satzungsgemäßen Führungsanspruch auch real auszufüllen. Doch unabhängig von strukturellen Vor- und Nachteilen und daraus resultierenden Konkurrenzen zwischen den Führungspositionen besteht ihre gemeinsame Aufgabe darin, ein Management der Vielfalt zu leisten, indem sie die divergierenden Interessen so bündeln, dass kollektives Handeln möglich wird

Tabelle 24: Vergleich der ostdeutschen Arbeitgeberverbände in der M+E-Industrie

Tarifgebiet	Betriebe			Ø Betriebsgröße		Beschäftigte		AGV-Org. grad (%)
	alle M+E	AGV-Mitglieder	AGV-Org. grad (%)	Verbandsmitglieder	alle Betriebe M+E	alle M+E	davon in Verbandsbetrieben	
Berlin (Ost) - Brandenburg	586	112	19,1	161	78	48.174	18.025	37,4
Mecklenburg-Vorpommern	233	41	17,6	229	86	20 125	9.418	46,8
Thüringen	627	70	11,2	187	89	55.544	13.106	23,6
Sachsen	1 171	172	14,7	211	92	108.239	36 369	33,6
Sachsen-Anhalt	523	108	20,7	105	80	41 658	11.353	27,3
Summe/Ø	3.140	503	16	175	87	273.740	88.271	32,2

Quelle Gesamtmetall, Die Metall- und Elektroindustrie der Bundesrepublik Deutschland in Zahlen, Köln 1998, eigene Berechnungen © Wolfgang Schroeder

Tabelle 24 zeigt, dass zwischen den industriellen Strukturen der neuen Länder sowie zwischen den Mitgliedsstrukturen der regionalen Arbeitgeberverbände erhebliche Differenzen festzustellen sind, die sich insbesondere im Organisationsgrad und der durchschnittlichen Betriebsgröße in den Mitgliedsbetrieben niederschlagen. Die regionalen Disparitäten sind nur teilweise das Ergebnis der DDR-Industriepolitik; zum größeren Teil gehen sie auf das Konto des vorsozialistischen Erbes, der spezifischen Ergebnisse des industriepolitischen Transformationsprozesses sowie distinkter verbandlicher Integrationsfähigkeiten. Von der durchschnittlichen Betriebsgröße kann nicht ohne weiteres auf die Handlungsfähigkeit eines Verbandes rückgeschlossen werden; gleichwohl scheint es einen Zusammenhang zwischen der finanziellen Lage eines Arbeitgeberverbandes und der landesweiten Betriebsgrößenstruktur zu geben. Im folgenden werden jene regionalen Facetten dargestellt, die dazu beitrugen, dass sich im Laufe der Jahre ein eigenes verbandliches Regionalprofil herausbildete.

Sachsen: Der sächsische Verband (VSME) ist mit etwa einem Drittel der verbandsgebundenen Betriebe, in denen fast 40 Prozent aller Beschäftigten der ostdeutschen Verbandsbetriebe arbeiten, der mitglieder- und finanzstärkste ostdeutsche Arbeitgeberverband. Mit einer durchschnittlichen Betriebsgröße von 211 Beschäftigten (1998) je Mitgliedsbetrieb liegt Sachsen deutlich über dem ostdeutschen Durchschnitt (175), was im Umkehrschluss auch bedeutet, dass der Mitgliederanteil kleiner Betriebe im VSME in den vergangenen Jahren noch stärker gesunken ist als in den anderen Landesverbänden. Die größten VSME-Mitgliedsbetriebe sind das Volkswagenwerk in Mosel bei Zwickau und der Deutsche Waggon- und Anlagenbau (DWA). Für die Vorstandsarbeit konnten ostdeutsche Geschäftsführer gewonnen werden, die zur DDR-Zeit in den Kombinaten als Leiter auf der zweiten oder dritten Hierarchiestufe agierten. Dem VSME ist es bisher nicht gelungen, die neu errichteten und vergleichsweise beschäftigungsstarken Betriebe von Siemens und AMD als Mitglieder zu gewinnen. Wie kein anderer Arbeitgeberverband hat der sächsische Verband in der öffentlichen Auseinandersetzung mit der IG Metall auf eine Polarisierungsdynamik gesetzt, um das Kräftefeld in der Tarifpolitik neu zu strukturieren [73] Der VSME griff das Repräsentationsmonopol der IG Metall offensiv an, indem er eigenständige Tarifverträge mit der Christlichen Gewerkschaft Metall abschloss. Zudem betrieben die Dresdner Funktionäre die Bildung eines Dachverbandes (17.3.1998), der die rein ostdeutschen Arbeitgeberverbände der Metall- und Elektroindustrie zusammenfasst. Mit "Ostmetall" sollte das strategische Dilemma, das durch die Zebraverbände existierte, umgangen und eine nicht von westdeutschen Interessen belastete offensive Variante einer eigenständigen Osttarifpolitik eingefordert werden.

Die strategische Orientierung des VSME ist durch einige Kurswechsel geprägt. Zwischen 1990 und 1992 orientierte sich der sächsische Verband vor allem an seinem bayerischen Patenverband, der in der Dresdner Geschäftsstelle zeitweise auch einige seiner Funktionäre einsetzte Etwa ab 1992 kooperierte der VSME stärker und direkter mit dem nordrhein-westfälischen Verband sowie mit der Gesamtmetallführung, die auch bei der Organisation des Revisionsstreites federführend war Im Revisionsstreit wurde die Ost-West-Zusammenarbeit derart problematisch, dass es sogar zu öffentlichen Schuldzuweisungen zwischen Dresden und Köln kam, die nicht ohne personalpolitische Konsequenzen blieben. Wahrend der Startphase herrschte zwischen dem VSME und der Dresdner Bezirksleitung der IG Metall eine konstruktive Arbeitsatmosphäre. Diese Konfliktkooperation konnte selbst in der Phase des Revisionsstreites fortgeführt werden Seit etwa 1995 ist dieser Kurs zugunsten einer konfliktorientierten Polarisierungspolitik aufgegeben worden. Postuliert wurde das Ende der bedingungslosen Aufholjagd gegenüber dem Westen und der Wille, sich stärker von den spezifisch ostdeutschen Bedingungen leiten zu lassen. Eingebunden war dieser Kurswechsel in eine neue politische Konstellation, deren wichtigste Facetten rückblickend so beschrieben werden können Das Ende der ersten Phase der Transformationspolitik

---

73 Vgl "Wir bekennen uns zu sachsistischer Tarifpolitik", der Verband der sachsischen Metall- und Elektroindustrie schert aus dem Kartell aus, in Frankfurter Allgemeine Zeitung, 21 Juli 1997

war erreicht, die Bedeutung der Gewerkschaften als wichtiger ordnungspolitischer Faktor nahm ab, die IG Metall-Bezirksleitung in Dresden wurde aufgelöst, und es existierte eine rein ostdeutsche Verbandsführung beim VSME, die mittlerweile über eigene Erfahrungen verfügte. Hinzu kommt der spezifische Einfluss der klein- und mittelbetrieblichen Klientel aus dem Maschinenbau, der nicht nur über den VDMA-Regionalverband ausgeübt wurde.[74]

Die personelle Entwicklung des Verbandes war in den ersten Jahren durch ein hohes Maß an Unstetigkeit geprägt. Zwischen 1990 und 1996 wechselte der VSME-Vorsitz vier Mal.[75] Zwei Vorsitzende mussten ihr Amt aus politischen Gründen niederlegen, Heiner Rubarth wegen des Vorwurfs der Stasi-Mitarbeit und Erwin Hein wegen seines Verhaltens im Revisionsstreit. Nach ihren Rücktritten blieb ihre Position vorübergehend vakant. In der Funktion des Hauptgeschäftsführers gab es bisher drei Wechsel[76] Seit 1996 wird der Kurs des VSME von einem eingespielten ostdeutschen Tandem bestimmt. Sowohl der Hauptgeschäftsführer Winkler als auch der Vorsitzende Kreutel haben den Aufbau und die Entwicklung des Verbandes seit 1990 mitgeprägt, so dass auf dieser Ebene eine für ostdeutsche Verhältnisse vergleichsweise hohe Kontinuität besteht. Zugleich zeigt die Tatsache, dass Kreutel 1999 kurz nach seinem altersbedingten Ausscheiden als Geschäftsführer der ABB Energieanlagenbau in Dresden erneut zum Vorsitzenden des VSME gewählt wurde, welche Schwierigkeiten bestehen, geeignete Funktionäre unter den aktiven Unternehmern zu finden.

Thüringen: Im thüringischen Metallarbeitgeberverband waren Ende 1998 etwa 14 Prozent aller ostdeutschen Mitgliedsbetriebe organisiert. Vergleicht man diese Zahl mit dem Ausgangsjahr 1990, so hat die Thüringische Metall- und Elektroindustrie den stärksten Mitgliedereinbruch aller ostdeutschen Länder hinnehmen müssen. Im Gegensatz zu den beiden anderen reinen Ostverbänden kooperiert dieser Verband noch immer mit "Hessen-Metall", dem ursprünglichen westdeutschen Patenverband. Aus diesem Verband stammen auch die beiden bisherigen Hauptgeschäftsführer, die mit ihren ostdeutschen Verbandsvorsitzenden ohne öffentliche Konflikte zusammenarbeiten. Ähnlich wie in den anderen Verbänden haben die meisten Wechsel auf der Ebene des Vorsitzenden stattgefunden, der bisher drei Mal wechselte.[77] Der unmittelbare Einfluss von "Hessen-Metall" zeigte sich in den ersten Nachwendejahren auch daran, dass der hessische Tarifexperte Volker Fasbender zugleich auch informell für die Tarifpolitik in Thüringen verantwortlich war Neben einigen jungen westdeutschen Kräften arbeiten in der Erfurter Geschäftsstelle eine Reihe ostdeutscher Fachkräfte. Im

---

74 Vgl Maschinenbau-Verband Ost-West-Gegensatz oder bloßer Wettbewerb? Ein neuer Regionalverband in Chemnitz will außerhalb des VDMA Ost-Interessen vertreten, in· Frankfurter Allgemeine Zeitung 24 7 1992.
75 Heiner Rubarth (1990-22 4 1991), Erwin Hein (1991-1993), Dietrich Haselwander 20 9 1993-1996), Manfred Kreutel (seit 1996) Alle Vorsitzende sind ausgebildete Diplom-Ingenieure Bis auf Erwin Hein, der von der Hamburger DASA kam, und in Dresden bei den Elbe-Flugzeugwerken arbeitete, waren alle anderen Vorsitzenden osteutscher Herkunft
76 Georg Kochan (1990-1993), Rudolf W Bürger (1993-1996), Andreas Winkler (seit 1996); noch haufiger fielen die Veränderungen in den Referentenpositionen aus, beispielsweise im Pressebereich
77 Kunert (1990-1992), Otto Brandt (1992-1994) und Walter Boschatzky (seit 1994)

Vergleich zu den beiden anderen reinen Ostverbänden in Sachsen und Sachsen-Anhalt zeichnet sich der thüringische Verband durch eine kontinuierliche und relativ stabile Arbeitsbasis aus, die noch von keinen größeren verbandsinternen Querelen in Frage gestellt wurde

Mit einer durchschnittlichen Betriebsgröße von 187 Beschäftigten (1998) je Mitgliedsbetrieb liegt Thüringen über dem ostdeutschen Verbände-Mittelwert Die Opel-Werke in Eisenach, größter industrieller Arbeitgeber des Landes, konnten als Mitglied gewonnen werden Dagegen wurde die Verbandsarbeit bis 1999 stark belastet durch die Abstinenz der Boschbetriebe in Eisenach und Brotterode sowie durch das offensiv anti-verbandliche Verhalten der Jenoptik-Führung, die vor der Wende im Zeiss-Kombinat, dem bedeutendsten Unternehmen der Region, zusammengeschlossen waren. Nach vollzogener Privatisierung, enormem Arbeitsplatzabbau und der Trennung in die Betriebe Jenoptik und Carl Zeiss stellten sich beide ins verbandspolitische Abseits. Jenoptik hat unter Führung des früheren baden-württembergischen Ministerpräsidenten Lothar Späth dem Arbeitgeberverband den öffentlichen Kampf angesagt, indem es 1996 ausgetreten ist und sich für die Veränderung der Tarifpolitik zugunsten der betrieblichen Sphäre engagierte. Da Jenoptik zu den wenigen größeren Unternehmen gehört, die ihre Firmenzentrale in Ostdeutschland haben, und als eines der ersten ostdeutschen Unternehmen börsennotiert wurde, ging von seinen Aktivitäten eine außerordentliche öffentliche Sogwirkung aus Mit dem Austritt aus dem Arbeitgeberverband und mit dem Abschluss eines Tarifvertrages mit der Christlichen Gewerkschaft versuchte Späth[78], der in Ostdeutschland als Hoffnungsträger für einen gelingenden industriellen Umbau gilt, die These zu popularisieren, dass die Tarifparteien den weltmarktorientierten Umbau eher behindern als fördern Das öffentliche Vorgehen Späths belastete das Ansehen, die finanziellen Ressourcen und die Verpflichtungsfähigkeit des Verbandes Die stark gesunkene Mitgliederzahl drängte die Verbandsführung zu energischen Reaktionen, wozu neben einem deutlichen Personalabbau in der Verbandszentrale, der Aufbau eines mitgliederstarken Arbeitgeberverbandes ohne Tarifbindung und die Zusammenarbeit mit den beiden anderen ostdeutschen Verbänden zählte.

Sachsen-Anhalt: Mit 108 Mitgliedsbetrieben vertritt der sachsen-anhaltinische Verband nach Sachsen zwar die meisten Betriebe in der ostdeutschen Metall- und Elektroindustrie, repräsentiert aber nur etwa 13 Prozent (etwa 11.400) der verbandsgebundenen Beschäftigten. Mit einer durchschnittlichen Betriebsgröße von 105 (Ostdurchschnitt: 175) verfügt der sachsen-anhaltinische Verband über die kleinteiligste Mitgliedschaft unter den ostdeutschen Verbänden. Damit ist der finanzielle und organisatorische Bestand des sachsen-anhaltinischen Verbandes, sofern er nur auf die Funktion als Tarifträgerorganisation beschränkt bleibt, ähnlich gefährdet wie der

---

78 Seine Bedeutung würdigt auch der bekannte amerikanische Deutschlandforscher Charles Maier "Seine neuen Leute in Jena würdigen sein unternehmerisches Temperament auf witzige Weise, indem sie die große postmoderne Verwaltungszentrale, die er unweit vom Hauptplatz bauen ließ, Empire Späth Building tauften" (Maier, Charles Das Verschwinden der DDR und der Untergang des Kommunismus, Frankfurt 1999, S 452)

des thüringischen Verbandes Gleichermaßen dramatisch für die dortige Industriestruktur wie für die Verbandsarbeit wirkte sich der Zusammenbruch des strukturbeherrschenden Magdeburger SKET-Kombinates aus. Im Verbandsbereich befinden sich zwar auch heute noch einige wenige Betriebe, die mehr als 500 Beschäftigte haben, jedoch ist darunter kein Unternehmen mehr mit Ausstrahlungskraft.

In keinem anderen Verbandsgebiet kam es so frühzeitig zum Bruch mit dem Patenschaftsverband wie in Sachsen-Anhalt Ursächlich für den massiven Konflikt war das von Hannover betriebene Fusionsvorhaben, bei dem vermutlich zu wenig Rücksicht auf die Interessen der ostdeutschen Akteure genommen wurde. In der Konsequenz führte dies dazu, dass sich die Magdeburger Verbandsführung vergleichsweise unabhängig von westlichen Einflüssen entfaltete. Im Gegensatz zu den Verbandsführungen in Dresden und Erfurt arbeiteten keine Vertreter des Patenverbandes in der Geschäftsführung. Statt dessen wurde die Interessenvertretung von einheimischen Arbeitswissenschaftlern und Juristen wahrgenommen, die aus einem Kombinatsbetrieb oder einer Universität der DDR kamen. Zwei Hauptgeschäftsführer leiteten bisher die Geschicke des Verbandes: Der erste war zuvor Stellvertreter des SKET-Generaldirektors; sein 1996 eingeführter Nachfolger besaß zuvor weder Erfahrungen mit der Verbandsarbeit noch mit den Besonderheiten der Metall- und Elektrobranche. Während es mit nur einem Wechsel in der Position des Hauptgeschäftsführers dort eine relativ kontinuierliche Entwicklung gegeben hat, wechselte der Verbandsvorsitz bereits sechs Mal.[79] Interne Querelen innerhalb der Geschäftsleitung führten dazu, dass es in Sachsen-Anhalt zwei OT-Verbände gibt, in denen sich Metallbetriebe organisieren können Starker Mitgliederrückgang, finanzielle Probleme und große Unzufriedenheit der Mitglieder mit der Tarifpolitik hatten sogar zur Folge, dass man 1996 überlegte, ob es nicht besser wäre, den Verband aufzulösen. Dies scheiterte unter anderem am zu hohen Vermögenskapital. Außenstehende Beobachter konnten zeitweilig den Eindruck gewinnen, dass der sachsen-anhaltinische Verband sich als erster BDA-Mitgliedsverband in der tarifpolitischen Grundsatzdebatte auf die Seite des BDI gestellt habe und ebenfalls dafür plädierte, die von dessen Präsident Olaf Henkel bereits seit längerem geforderte Orientierung am Flächentarifvertrag aufzugeben.

Mecklenburg-Vorpommern: Im Gegensatz zum niedersächsischen Arbeitgeberverband hat Nordmetall, der Hamburger Patenschaftsverband für Mecklenburg-Vorpommern, die Integration der mecklenburg-vorpommerschen Industrie in seinen Bereich nicht nur effizient angegangen, sondern auch einfühlsam abgeschlossen. So konnte sich zwischen der west- und der ostdeutschen Küstenregion eine stabile Klammer entwickeln, um pragmatisch auf die anstehenden Entwicklungen zu reagieren. Die bereits 1990 erfolgte Fusion des Arbeitgeberverbandes Nord mit dem in Hamburg ansässigen Verband Nordmetall, zuständig für Hamburg und Schleswig-Holstein, führte dazu, dass sich die Präsenz in Mecklenburg-Vorpommern auf drei Regional-

---

[79] Bisherige Präsidenten: Klaus Oberländer, Lutz Modes, Jürgen Bruggraf, Franz Korsch, Karl-Friedrich Graup und Jens-Peter Kreft (seit Ende 1999).

geschäftsstellen[80] reduzierte, die den Kontakt zu den Betrieben pflegten und die Prozessvertretung vor Gericht wahrnahmen. Zwar gab es in der Hamburger Geschäftsleitung von Nordmetall keine ostdeutschen Vertreter, doch mit Oswald Müller, dem Geschäftsführer der Wismarer MTW-Werft, gehörte der renommierteste mecklenburgische Vertreter zum engeren Vorstand. Er war 1990 Vorsitzender des Arbeitgeberverbandes Nord und betrieb gemeinsam mit Gerhard Muller und Harald Detlefsen die Fusion. Diese enge Kooperation, abgestützt durch eine relativ homogene Mitgliederstruktur, bildete die Basis für den 1991 erfolgten Pilotabschluss, der als Stufentarifvertrag in die Tarifgeschichte einging.

Mit nur 41 Mitgliedsbetrieben, in denen 9.418 Menschen arbeiteten, bildete Mecklenburg-Vorpommern 1998 das Schlusslicht unter den ostdeutschen Verbänden. Dagegen war die durchschnittliche Beschäftigtenzahl von 229 (1998) pro Mitgliedsbetrieb so hoch wie in keinem anderen Bundesland. Die Dominanz der Werftenindustrie spiegelt sich nicht nur in der verbandlichen Größenstruktur wider; sie bildet auch die verbandskulturelle Basis für eine vergleichsweise homogene Mitgliedschaft. Als eine große Herausforderung wirkte die von vielen Rückschlägen geprägte Privatisierungspolitik im Werftenbereich, die mit der Vulkan-Krise ihren Höhepunkt fand. Während die großen Werften aufgrund ihrer Krisenlage über spezifische, mehrjährige Haustarifverträge eingebunden wurden, suchte der Hamburger Verband im Vergleich zu den anderen ostdeutschen Verbänden erst relativ spät nach Instrumenten, um die klein- und mittelständischen Betriebe einzubinden. Deshalb führte die Hamburger Verbandsführung 1995 die sogenannte Schnuppermitgliedschaft ein. Als skeptischer Nachzügler agierte man mit der erst 1997 erfolgten Bildung eines Arbeitgeberverbandes ohne Tarifbindung.

Berlin-Ost/Brandenburg: In der Berliner Region ist die westdeutsche Sogkraft am stärksten. Insofern lag es nahe, dass man den ost- und westdeutschen Verband schnell zusammenschloss. Mit der schnellen Fusion zwischen West-Berlin und dem Verband Berlin-Ost/Brandenburg sollte auch eine verbandspolitische Basis für den neuen politischen und wirtschaftlichen Großraum Berlin geschaffen werden. Tatsächlich findet durch die Ansiedlung von westdeutschen, insbesondere Westberliner Firmen, im Umfeld der Hauptstadt eine rege Vermischung statt, die durch die Verbandsarbeit ausbalanciert werden soll. Dazu, dass dieser Prozess bisher vergleichsweise stabil verlaufen ist, hat sicherlich auch beigetragen, dass der Hauptgeschäftsführer und seine Referenten von der ersten Wendestunde an die Geschicke maßgeblich beeinflussten, wozu ein hohes Maß an Erfahrung, Kompetenz und Kontinuität sowie hinreichende materielle Ressourcen eingesetzt werden konnten. Mit 112 Betrieben, in denen 18.025 Beschäftigte arbeiten, repräsentiert der Berliner Verband etwa 20 Prozent des ostdeutschen Verbandsanteils. In der geringen durchschnittlichen Betriebsgröße (161), die unter dem ostdeutschen Durchschnitt liegt, spiegelt sich wider, dass sich in dieser

---

80 In Rostock. Schwerin und Neubrandenburg

Region bisher nur wenige große Betriebe niedergelassen haben und davon einige bislang keine Verbandsmitglieder wurden.

Der Vergleich der ostdeutschen Landesverbände kann wie folgt bilanziert werden: In den Zebraverbänden existiert ein höheres Maß an Stabilität als in den rein ostdeutschen Verbänden. Ursächlich für diesen Unterschied ist die Einbindung in eine professionalisierte und routinisierte Verbandsstruktur, die auch in der Lage gewesen ist, die erheblichen Fluktuationen und Konflikte im östlichen Teil so auszutarieren, dass die Verbandsführung darunter selbst nicht gelitten hat. Demgegenüber mussten die reinen Ostverbände ein vielfach höheres Konfliktniveau auf sich nehmen, um angesichts erheblicher Friktionen innerhalb der eigenen Reihen und im Verhältnis zu den Westverbänden zu einer inneren Konsolidierung zu gelangen. Auf Seiten der Ostverbände sind es meist die Hauptgeschäftsführer, die Kontinuität und innere Stabilität im organisatorischen Gefüge entwickelt haben. Unter den ehrenamtlichen Akteuren ist es nach einer Phase häufiger Wechsel seit Mitte der 90er Jahre zu einer gewissen Stabilisierung gekommen, so dass mittlerweile auf einen kleinen, aber verlässlichen Kreis von Eigentümern und Geschäftsführern als Basis verbandlichen Handelns zurückgegriffen werden kann. Konflikte innerhalb der Mitgliedschaft bestehen nicht nur zwischen kleinen und großen Betrieben, vielmehr ist diese Konfliktlinie häufig auch eine zwischen westdeutschem Management und ostdeutschen Eigentümerunternehmern. Als Tendenz zeichnet sich in diesem Konfliktfeld ab: Die Mehrheit der westlichen Manager der größeren verbandsgebundenen Betriebe stellen sich gegen eine Abkopplungsstrategie, weil sie die eigentlichen Nutznießer des ostdeutschen Flächentarifvertrages sind. Dagegen sind ostdeutsche Leiter in den kleinen und mittleren Betrieben eher aufgeschlossen für eine Strategie, die auf Polarisierung und Experimente gegenüber der IG Metall setzt, weil sie davon keine negativen betrieblichen Rückwirkungen befürchten.

Die zwischen den ostdeutschen Arbeitgeberverbänden existierenden Differenzen über die "richtige" Strategie im Umgang mit der IG Metall und dem Flächentarifvertrag können jedoch nicht allein auf den Strukturunterschied zwischen Zebraverbänden und reinen Ostverbänden zurückgeführt werden, sondern ebenso auf regionale Sonderprofile, die vor allem durch folgende Faktoren geprägt werden: ökonomische Strukturen, das besondere Verhalten einzelner Großbetriebe, den Einfluss der westdeutschen Verbandsfunktionäre, die politisch moderierenden Kompetenzen der regionalen Verbandsführung sowie auf das regionalpolitische Umfeld respektive die eigene politische Einbindung. Wie hart um die Führungsrolle zwischen den Verbänden gerungen wird, zeigen die periodisch auftretenden Konflikte zwischen der berliner und der sächsischen Verbandsführung. Unter den Gesichtspunkten von Mitgliederzahl und politischer Polarisierungsfähigkeit dominiert der sächsische Verband. Dessen Führungsrolle wird jedoch insbesondere von den Berlinern nicht akzeptiert. Dieser Verband hat zwar in Ostdeutschland weniger Mitglieder, ist dafür aber zusammen mit West-Berlin insgesamt größer, ressourcenstärker und erfahrener. Kritisieren die Berliner an den Sachsen, dass sie auf einen zu eigenwilligen Ostkurs setzen, der zu leichtfertig über die Erfahrungen des bundesrepublikanischen Modells hinweggehe, so wirkt sich gegen den Führungsanspruch des Berliner Verbandes dessen Westorientierung aus Der entsprechende Vorwurf lautet· Berlin sei gar kein ostdeutscher Verband Hinzu kommen noch die aus der DDR-Zeit herrührenden Vorbehalte gegen die Hauptstadt, die je nach Gelegenheit herangezogen werden, um den Führungsanspruch dieses Verbandes abzuwehren. Im Streit um die ostdeutsche Sprecherrolle musste der Berliner Verband 1996 einen herben Rückschlag einstecken· Seinerzeit vereinbarte der Berliner Verband mit der IG Metall einen Tarifvertrag zur Anpassung der Sonderzahlung an das westdeutsche Niveau, der von den anderen ostdeutschen Verbänden rigoros abgelehnt wurde Nachdem in den anderen Regionen ein Tarifvertrag zustande kam, der unterhalb des Berliner Niveaus lag, führte dies auch auf der Ebene von Gesamtmetall zu einem vorübergehenden Reputationsverlust. Bisher war der Berliner Verband nicht bereit, sich auf die politischen Überlegungen des sächsischen Verbandes zugunsten einer offensiven ostdeutschen Abkopplungspolitik einzulassen.

4. Arbeitgeberverbände ohne Tarifbindung

Eine Konsequenz, mit der die ostdeutschen Arbeitgeberverbände auf zurückgehende Mitgliederzahlen und Bindungsschwäche reagierten, bestand in der Bildung von rechtlich eigenständigen Arbeitgeberverbänden ohne Tarifbindung (OT) [81] Diese Verbände werden in der Regel in Personalunion von den Geschäftsführern des ordentlichen Arbeitgeberverbandes geführt; sie bieten Serviceleistungen und umfassen in der Regel Unternehmen mehrerer Branchen. Solche Verbände existierten in einzelnen Regionen Westdeutschlands schon länger, ohne dass ihnen eine größere Bedeutung für die tarifpolitische Debatte beigemessen worden wäre. Dies änderte sich Anfang der 90er Jahre. als die Verbände nach neuen Wegen suchten, um den Veränderungsdruck auf die Gewerkschaften zu erhöhen und die Bindekraft gegenüber der eigenen Mitgliedschaft zu verbessern.[82] Mit der Einrichtung von OT-Verbänden verband sich die Idee einer Flexibilisierung der Verbandsmitgliedschaft, die zur offensiven Ergänzung der tarifvertraglichen Flexibilisierungsstrategie eingesetzt werden sollte Als Vorreiter für dieses Projekt wirkten in Ostdeutschland der thüringische und der berlin-brandenburgische Metallarbeitgeberverband, die durch offensive Werbung in relativ kurzer Zeit eine beträchtliche Zahl von Mitgliedern in die neu gegründeten OT-Verbände aufnehmen konnten.[83] In deren Windschatten kam es sukzessive zur Gründung von weiteren OT-Arbeitgeberverbänden in den anderen ostdeutschen Landesverbänden -

---

81 Die wissenschaftliche Debatte über die OT-Verbände ist bisher eine Domäne der Rechtswissenschaftler Vgl Besgen. Nicolai, Mitgliedschaft im Arbeitgeberverband ohne Tarifbindung Tarifflucht statt Verbandsflucht. Baden-Baden 1998, Ostrop, Markus H , Mitgliedschaft ohne Tarifbindung Besondere Gestaltungsformen einer tarifbindungsfreien Mitgliedschaft im Arbeitgeberverband, Frankfurt 1997
82 Seit der "Verband der Holz- und Kunststoffverarbeitenden Industrie Rheinland-Pfalz e V" 1989 das Konzept einer Vollmitgliedschaft ohne Tarifbindung einführte und die Arbeitsgemeinschaft selbstständiger Unternehmer (ASU) für dieses Modell mobilisiert, sind die Diskussionen über neue Auffanglinien, mit denen Abweichler und potentielle Verbandsfluchtlinge eingefangen werden können. nicht mehr verstummt
83 Leistung ohne Tarifbindung. in Potsdamer neueste Nachrichten, 13 2 1995

sogar in solchen, die dies zuvor noch abgelehnt hatten, wie dem VSME. Darüber hinaus strahlte dieses Projekt auch auf Westdeutschland aus, so dass auch dort dieser Verbandstypus auf der strategischen Agenda der Arbeitgeberverbände an Bedeutung gewann.

Tabelle 25: OT-Verbände in der M+E-Industrie der fünf neuen Länder

Bundesland	Name des Verbandes	Gründungsjahr	Eigenständig (E) Personalunion AGV (P)	alle Branchen (A) nur M+E (M)
Berlin/ Brandenburg	Allgemeiner Verband der Wirtschaft für Berlin und Brandenburg e. V	1993	P	A
Mecklenburg-Vorpommern	Arbeitgeberverband Nord	1997	P	M
Sachsen	Allgemeiner Arbeitgeberverband Sachsen e V	1994	P	A
Sachsen-Anhalt	1) Allgmeiner Arbeitgeberverband der Wirtschaft für Sachsen-Anhalt	1993	E	A
	2) Verband der mittelständischen Elektro- und Metallindustrie und industrienahen Dienstleister	1997	P	M
Thüringen	Allgemeiner Arbeitgeberverband	1993	P	A

Quelle Eigene Erhebung (Stand 1998) © Wolfgang Schroeder

Die Bildung von OT-Verbänden setzte in Ostdeutschland nach dem Revisionskonflikt 1993 ein. Sie ist aus der Sicht der Verbände ein Instrument, um die Exitdrohungen der Betriebe gegenüber der IG Metall glaubhafter artikulieren zu können, ohne damit die eigene verbandliche Finanzbasis in Frage zu stellen. Vor allem solche Betriebe haben ein Interesse an dieser Verbandsform, in denen die IG Metall nicht so stark ist, dass sie den Schutz des Verbandes und des kollektiven Tarifvertrages brauchen. Zugleich benötigen sie Ressourcen, die ihnen aufgrund ihrer geringen Größe nicht zur Verfügung stehen. Da in diesen Verbänden primär die kleineren Betriebe Mitglied sind, bestätigt sich der in der Ressourcentheoriediskussion vertretene Ansatz, dass bei Betrieben mit geringer Ressourcenausstattung durchaus ein hoher Organisationsbedarf besteht. Während Thüringen und Berlin sich dafür entschieden haben, die OT-Verbände für alle Branchen zu öffnen, votierten die Verbände in Sachsen, Mecklenburg-Vorpommern und Sachsen-Anhalt für ein branchenorientiertes Vorgehen. Bei gemischten Verbänden, die Beratung und Unterstützung für alle Branchen anbieten, kann es zu Effizienzproblemen kommen, weil das spezifische Interesse der Betriebe weniger professionell befriedigt werden kann als bei den Branchen-OT-Verbänden. Perspektivisch besteht die Gefahr, dass es durch die OT-Verbände zu einer Trennung der großen und kleinen Betrieben kommt. Das wäre dann der Fall, wenn die mittleren und großen Betriebe, in denen die IG Metall eine authentische Vetoposition besitzt, Mitglieder im Tarifträgerverband blieben und die kleinen Betriebe in die OT-Verbände gingen Setzt sich dieser Trend durch, dann zerfällt ein architektonischer Grundstein des deutschen Modells in der Metallindustrie: der gewissermaßen historische Kompromiss zwischen kleinen, mittleren und großen Unternehmen, sich unter dem Dach eines Arbeitgeberverbandes zusammenzufinden

5. Strategien der ostdeutschen Arbeitgeberverbände

Die Mehrheit der ostdeutschen Geschäftsführer artikuliert ein interessegeleitetes Unbehagen an den westdeutschen Tarif- und Verbändestrukturen. Dort, wo aufgrund gewerkschaftlicher Schwäche oder anderer Gelegenheitsstrukturen die Möglichkeit zur Absentierung bestand, wurde sie meist genutzt. Gefordert wurde von den Verbänden mehr Regelungsautonomie für Ostdeutschland, mehr Gestaltungsfreiheit gegenüber den westlichen Institutionen, Niveaus und Normen. Diesem Unbehagen in der eigenen Mitgliedschaft haben die ostdeutschen Verbände in unterschiedlicher Weise Rechnung getragen. Grob lässt sich eine defensive und eine offensive Strategie unterscheiden. Die defensive Strategie ging davon aus, dass es keine plausible und praktikable Alternative zum Prozess der evolutionären Anpassung an die westdeutschen Strukturen und Niveaus gibt. Danach bestand die Kampflinie mit den Gewerkschaften nicht auf der Struktur-. sondern primär auf der Geschwindigkeitsebene. Die Arbeitgeber insistierten darauf, dass angesichts des noch vorhandenen ökonomischen Rückstandes der Angleichungsprozess verlangsamt werden müsste. Die unzureichende Produktivität und die vermeintlich höheren ostdeutschen Lohnstückkosten wurden dabei als empirische Referenzpunkte für eine an den ostdeutschen Verhältnissen orientierte Tarifpolitik herangezogen. Diese Option wurde vor allem von den Zebraverbänden verfochten. Während die defensive Strategie nur die materiellen Standards kritisiert und zu verändern trachtete, ging der offensive Ansatz weiter. Er bezog sich nicht nur auf die materiellen Interessen der klein- und mittelständischen Klientel, sondern integrierte diese in eine übergreifende gesellschaftspolitische Strategie, in der die ostdeutsche Gesellschaft als der eigentliche innovative Referenzpunkt der deutschen Gesellschaft erschien Im Zentrum dieses Denkens stand das "Modell einer getrennten Entwicklung", das darauf hinausläuft, sich von der "nachholenden Modernisierung" zu verabschieden und eine offensive Thematisierung der eigenen Stärken im Sinne der Modernisierung des westdeutschen Modells zu betreiben. In diesem Verständnis wurde der Westen als ein hochgradig überreglementiertes Gemeinwesen dargestellt, dem die Kraft zu "Reformen" fehlte, wohingegen der Osten offener und stärker an Veränderungen interessiert sei Vorreiter dieser Strategie, deren politische Konzeption maßgeblich durch den sächsischen Ministerpräsidenten Kurt Biedenkopf[84] populairisiert wurde, war der VSME Anknüpfend an die historische Tradition der ostdeutschen Industrie und die Bildung eines eigenen ostdeutschen Arbeitgeberverbandes versuchte die VSME-Spitze den Prozess der Regionalisierung der Tarifpolitik offensiv abzustützen.

---

84 Biedenkopf, Kurt. Die neuen Bundesländer. Eigener Weg statt "Aufholjagd", in Dettling, Warnfried (Hrsg). Perspektiven für Deutschland, München 1994, S 62 - 78

Da die Grundpositionen beider Ansätze schwer vereinbar waren, kam es bisher nur punktuell zu gemeinsamen Aktivitäten. Falls der Prozess der Verbändeerosion weiter voranschreiten sollte, erübrigt sich freilich die Strategie der mittelstandsorientierten Regionalisierungspolitik, weil dann nur noch die großen Betriebe als Verbandsmitglieder auftreten würden.

III. Resümee: Prekäre verbandliche Normalität, polarisierender Regionalismus und betriebliche Flexibilisierungsgemeinschaften

In der Transitionsforschung besteht Konsens darüber, dass Institutionentransfer und Institutionalisierung nicht gleichgesetzt werden können Vielmehr ist gerade für die Funktionsfähigkeit des voraussetzungsvollen westdeutschen Systems industrieller Beziehungen eine relativ stabile Koalitions- und Vertrauensbildung zwischen den betrieblichen und verbandlichen Organisationsebenen notwendig [85] Wer zwischen diesen Sphären vermittelt, braucht Verhaltensweisen, die sich weder planen noch verordnen lassen, die allerdings erlernt und mit eigenen Akzenten geprägt werden können Da es bei der sozialen und politischen Aneignung der westdeutschen Institutionen vor allem um die Entwicklung von Akteursbeziehungen geht, ist dies ein zeitlich offener Prozess. Eine besondere Note erhält dieser Aneignungsprozess indes dadurch, dass das westdeutsche System selbst einem beschleunigten Veränderungsprozess ausgesetzt ist. Daraus folgt, dass es - trotz vorhandener Kontinuität in den wichtigsten Eckpunkten der institutionellen Rahmenbedingungen des westdeutschen Systems - keinen definierten Endpunkt für den Entwicklungsprozess kollektiven Handelns in den fünf neuen Ländern geben kann. Ungeachtet allen Wandels bedarf es angesichts vorgegebener struktureller Kontexte bestimmter Erfahrungen und Verhaltensweisen, um die Flexibilitätsspielräume des deutschen Modells zwischen betrieblicher und verbandlicher Ebene nutzen zu können Im Hinblick auf das Verhältnis zwischen Verbänden und Mitgliedern heißt eine zentrale Frage: Wie haben IG Metall und metallindustrielle Arbeitgeberverbände sich im zeitlichen Verlauf auf die veränderten Organisationsbedarfe ihrer Mitgliedschaft eingestellt, um ihre Organisationsfähigkeit zu erhalten oder gar zu verbessern?

In dieser Arbeit wird die These vertreten, dass die in der DDR-Institutionenordnung generierten Verhaltensweisen auch über den Transformationsprozess hinaus keineswegs bedeutungslos geworden sind. Dabei wird nicht von einer einfachen Kontinuität ausgegangen Denn auch dann, wenn bestimmte Verhaltensweisen fortgeführt werden, bestehen meist deutliche Wirkungs- und Bedeutungsunterschiede zur DDR-Zeit Zu einem dynamischen Einflussfaktor können solche Kontinuitäten häufig erst im Kontext bestimmter ökonomischer und politischer Konstellationen werden, wie dies exemplarisch in der Vereinigungskrise der Fall war. Auffallend ist, dass nicht nur die ostdeutschen, sondern auch die westdeutschen Akteure sich pfadabhängig im Sinne der eigenen Herkunft zu verhalten versuchen Bislang hat der ostdeutsche Transformationsprozess gezeigt, dass der Rückgriff auf tradierte Verhaltensformen für Ost- und Westdeutsche eine funktionale Reaktion war, um das Tempo und die Qualität der neuen Herausforderungen bewältigen zu können Die wohl herausragendste Kontinuität im hier thematisierten Kontext besteht in der engeren Kooperation zwischen

---

85 Insgesamt kommt es sogar auf die Vermittlungsfähigkeit zwischen drei Ebenen an Erstens zwischen betrieblichen und verbandlichen Akteuren, zweitens zwischen den regionalen Verbänden und ihren nationalen Spitzenverbänden und drittens zwischen den Verbänden des Kapitals und der Arbeit

Betriebsrat und Geschäftsleitung. Diese kooperative Abkapselung - damals zwischen Leitern und BGL - war schon ein Charakteristikum der sozialpolitischen Konfliktordnung der DDR. Im Sinne einer strategischen Herausforderung stellten sich die Tarifparteien erst etwa ab 1993 auf dieses Phänomen ein, ohne jedoch auch in der Praxis mehrheitlich akzeptierte Antworten geben zu können.

Der Unmut der Mitglieder über ihre Verbände wurde in den vergangenen Jahren nur selten als öffentlich artikulierter Widerspruch vorgetragen. Auf Gewerkschaftsseite bildete die Betriebsrätebewegung des Jahres 1992 eine kurze episodenhafte Ausnahme. Interne Konflikte in den gewerkschaftlichen Gremien wurden meist unter den westdeutschen Funktionären ausgetragen. Die Mehrheit der ostdeutschen IG Metall-Funktionäre hat sich mehr oder weniger stark mit der IG Metall arrangiert, ohne sich unbedingt mit ihrer Kultur, ihren Zielen und ihren Ansprüchen immer zu identifizieren. Dagegen wurde auf Arbeitgeberseite die Auseinandersetzung um den "richtigen Kurs" öffentlichkeitswirksamer und heftiger geführt. Verbandsaustritte und die Ankündigung einer eigenen betrieblichen Politik, wie sie von Jenoptik praktiziert wurden, bildeten dabei nur die Spitze des Eisberges. Bemerkenswert ist aber auch, dass die zuweilen heftige öffentliche Medienkritik an beiden Tarifparteien nicht dazu geführt hat, dass es zur Gründung neuer oder zum Aufstieg bereits in Westdeutschland etablierter Gegenorganisationen im Arbeitnehmer- oder Arbeitgeberbereich gekommen ist. Daran ändert auch die Instrumentalisierung der CGM durch die Arbeitgeberverbände nichts. Denn dieser Verband hat in den fünf neuen Ländern nicht nur eine äußerst geringe Mitgliederzahl, es gibt - soweit bisher bekannt - auch keine freigestellten Betriebsräte, die in dieser Organisation Mitglied sind.

Nach zehn Jahren lässt sich in den fünf neuen Ländern eine vergleichsweise starke regionale Differenzierung feststellen. Mit den betrieblichen und regionalen Differenzierungsprozessen haben auch die übergreifenden materiellen Normen, die auf ganz Ostdeutschland zutreffen sollen, langsam an Bedeutung verloren, während das Trennende zunimmt. In den wichtigsten Betrieben Mecklenburg-Vorpommerns sind andere tarifliche Bedingungen als im Berlin-Brandenburger Raum; die gut gehenden Konzerntöchter westdeutscher Mütter orientieren sich weniger am Ost- als am Westtarif. Daraus ergeben sich für die Verbände Gratwanderungen. Zugleich können wir beobachten, dass der regionale und betriebliche Differenzierungsprozess nach wie vor überlagert wird durch eine politische Homogenisierung, die über die Ost-West-Achse hergestellt wird. Der wichtigste Beleg für diese Überlagerungsthese ist in der Tarifpolitik bislang die Forderung, das ostdeutsche Niveau an das westdeutsche anzugleichen beziehungsweise sich nicht von diesem Niveau abkoppeln zu lassen. Beide Prozesse - regionale Differenzierung und abgekapselte betriebliche Arbeitspolitik - stellen außerordentliche Anforderungen an die kollektive Handlungsfähigkeit der Tarifparteien. Die Organisationsarchitektur der IG Metall, gekennzeichnet durch die Dominanz der Zentrale und die nachgeordnete Stellung der Regionen, bietet günstige Bedingungen, um regionale Unterschiede und Sonderwege abzuschwächen. In der innerorganisatorischen Ressourcenverteilung der IG Metall bestehen Handlungsvorteile gegenüber den Arbeitgeberverbänden, die eingesetzt werden, um den nationalen Arbeitsmarkt der Metallindustrie gemäß dem Gebot gleichwertiger Arbeits- und Lebensverhältnisse zu gestalten Während die IG Metall versucht, regionale Probleme in einem national definierten und zentral regulierten Kontext zu lösen, was vorübergehende regionale Sonderregelungen nicht ausschließen muss, präferieren die Arbeitgeberverbände im Kontext ihrer dezentralen Organisationsstruktur eine regionale Sichtweise, die jedoch durch die zentrale Handlungsfähigkeit und Durchsetzungsstärke der IG Metall relativiert werden kann. Diese Ressourcenverteilung besitzt einerseits eine große Sensibilität für die Folgen regionalen Handelns für die Gesamtorganisation; andererseits kann diese "nationale Gleichwertigkeitspolitik" aber auch dazu führen, dass die handelnden Akteure die besondere Problemlage einer Region zu spat erkennen oder mit Blick auf die gesamtdeutsche Kräftekonstellation nicht mit originären Instrumenten kollektiven Handelns bearbeiten, weil sie befürchten, dass selbst vorübergehende Konzessionen zu Nachteilen in allen anderen Regionen führen können Wenn sich der Vorteil der zentral regulierten Regionalisierung nicht einstellt, also Regionen, deren ökonomische Lage schwächer ist als der Landesdurchschnitt, nicht von der Durchsetzungsstärke der stärkeren Regionen (Pilotgebiet) profitieren, dann können sich auch negative Reaktionen einstellen In der ostdeutschen Konstellation führten tarifpolitische Defizite zwar bisher nicht zum artikulierten Widerspruch (Voice) der Mitglieder, sondern meist zur passiven Akzeptanz, zum stummen Rückzug und zum Austritt (Exit). In beiden Tarifparteien dominiert also die Exit-Option die Voice-Option

In der tarifpolitischen Startphase (1990/91) wirkten beide Verbände primär als gesellschaftspolitische Akteure, die sich dafür einsetzten, den Transitionsprozess durch eine mittelfristige Angleichungsperspektive sozial abzufedern. Die Arbeitgeberverbände gaben diese Politik bald auf und setzten statt dessen auf eine ostdeutsche Sonderpolitik, wobei sie sich eng an den Interessen ihrer Mitglieder zu orientieren versuchten. Dagegen hält die IG Metall auch weiterhin an der Anpassungsperspektive fest und versucht gleichzeitig, den Interessen der Arbeitslosen und Rentner Raum zu geben Darin drückt sich nicht nur ein übergreifender gesellschaftspolitischer Anspruch aus. Vielmehr hängt dies auch mit der eigenen Mitgliederstruktur zusammen. Über 50 Prozent der ostdeutschen IG Metall-Mitglieder stehen nicht mehr im Erwerbsleben Man könnte die IG Metall in dieser Region auch als größte Arbeitslosen- und Rentnerbewegung bezeichnen Auch wenn man berücksichtigt, dass die IG Metall - anders als beispielsweise die italienischen Gewerkschaften, die mitunter als mobilisierungsfähige Rentnerlobby im öffentlichen Raum in Erscheinung treten - keine explizite Rentner- oder Arbeitslosenpolitik betreibt, so ist sie in diesen Feldern engagiert oder ist logistischer Ausgangspunkt für eigene Aktivitäten dieser Gruppen.

Ein wichtiger Gradmesser für das Institutionalisierungsniveau der Tarifparteien liegt in ihrer Mitgliederentwicklung Da beide Organisationen 1990 in Ostdeutschland mit einer außergewöhnlich hohen Erfassung des vorhandenen Mitgliederpotentials starteten, gingen die verantwortlichen Akteure davon aus, dass nunmehr ein längerfristiger "Abschmelzprozess" folgen würde. Tatsächlich liegen mittlerweile bereits das neunte Jahr in Folge zurückgehende Mitgliederzahlen vor, ohne dass ein Ende dieser

Entwicklung absehbar ist Die Arbeitgeberverbände verzeichnen sogar den geringsten Organisationsgrad, der je nach 1945 in der deutschen Metallindustrie gemessen wurde. Berücksichtigt man jedoch, dass die industrielle Landschaft aufgrund der überwältigenden Dominanz kleiner Betriebe und der geringen Zahl großer Betriebe kaum mit der westlichen Struktur vergleichbar ist, ist hinsichtlich voreiliger Vergleiche und Schlüsse Vorsicht angebracht. Denn betrachtet man das Segment der größeren Betriebe, die mehr als 500 Beschäftigte haben, so wird man ein ähnliches Organisationsverhalten feststellen können wie im Westen. 1998 waren 73,6 Prozent aller Betriebe mit mehr als 500 Beschäftigten Mitglied in einem regionalen Arbeitgeberverband mit Tarifträgerschaft Neben der unterschiedlichen Industriestruktur ist zu berücksichtigen, dass neu gegründete Betriebe selten eintreten, Betriebe wegen Konkurs den Verband verlassen, kleine Betriebe sich nicht der Geltungsnorm des Flächentarifvertrages aussetzen wollen. Dies ist in Westdeutschland nicht anders. Schließlich gibt es auch eine gewisse Unzufriedenheit mit der Politik der Verbände, die der Vielfalt der Interessenlagen kaum noch entsprechen. Zudem versuchen manche westdeutsche Unternehmen in Ostdeutschland eine Verbandsmitgliedschaft zu umgehen, um eine neue Arbeitspolitik zu testen. Da bei der IG Metall der Netto-Organisationsgrad noch deutlich über dem westdeutschen Niveau liegt, besteht dort gegenwärtig weniger ein quantitatives Mitgliederproblem als vielmehr ein gravierendes qualitatives Beteiligungsproblem. Die Organisationserfolge in den High-Tech-Betrieben fallen gering aus. Trotz eines zuletzt sogar leichten Beschäftigtenzuwachses ist der Mitgliederrückgang nicht aufgehalten worden. Besonders problematisch ist die schwindende Zahl jugendlicher Mitglieder. Ihr Anteil an der Gesamtmitgliedschaft fiel von 10,7 Prozent (1992) auf 3,9 Prozent (1998). Ursächlich für die Mitgliederverluste sind neben dem Wegfall des Arbeitsplatzes die immer größer werdende Zahl kleiner Betriebe ohne Betriebsrat, die Enttäuschung darüber, dass die Gewerkschaften den Deindustrialisierungsprozess nicht aufzuhalten vermochten sowie eine Reihe organisationsinterner Gründe. Dass die Mitgliederentwicklung der IG Metall günstiger ausfällt als die der Arbeitgeberverbände, ist vor allem auf die Prägungen der arbeiterlichen Ausgangsgesellschaft zurückzuführen: Die IG Metall konnte einerseits an die Gewohnheitsmitgliedschaft im FDGB anknüpfen; andererseits agiert sie in einer Arbeitnehmergesellschaft, in der die Werte und Ziele der Gewerkschaften nach wie vor eine starke alltagsweltliche Verankerung besitzen, so dass auch jene Arbeitnehmer, die ein "apathisches" oder instrumentelles Verhältnis zur Gewerkschaft haben, deren Existenz als eine zusätzliche Risikoabsicherung nicht missen möchten. Im folgenden soll der Zusammenhang zwischen der Mitgliederentwicklung und den Reaktionen der Verbände in drei Phasen unterteilt werden:

Tabelle 26: Mitglieder und verbandliche Reaktionen

Erwartungen/ Verhalten	Expansionsphase: 1990/1991	Abschmelzphase: 1992-1993	Differenzierungs- und Flexibili- sierungsphase: 1994-1999	Prognose: mittel- fristiger Trend
Management	• großes Interesse an Verbands- zugehörigkeit, • Verbände treten an die Stelle des staatlichen Vor- gabesystems	• Unzufriedenheit • beginnende Ab- wanderung • neue Betriebe treten nicht ein • häufiger Wech- sel in der be- trieblichen Personalverant- wortung und verbandlichen Führungsgre- mien	• großer Teil der kleinen Betriebe tritt aus, • relativ stabile Beteiligung der großen Betriebe • Lohnkostenvor- teil gegenüber dem Westen ab- sichern	• Stabilisierung der Mitglied- schaft auf niedri- gem aber relativ homogenem Niveau
Arbeitgeber- verband Reaktionen	• organisatorische und rechtliche Dienstleistungen bei Personalabbau/ Eingruppierung/ Entgelt	• Arbeitgeberver- bände ohne Ta- rifbindung • Härtefallrege- lung • Abgruppie- rungspolitik	• Flexibilisierung der Verbands- mitgliedschaft • Beratungsgesell- schaft • Ostmetall • Sonderkündi- gungsrecht • Tarifvertrag mit CGM	• Flexibilisierung der Verbands- mitgliedschaft • Differenzierung und Flexibilisie- rung der Rege- lungsfelder
Beschäftigte/ Betriebsrate	• Lohnanglei- chung • Arbeitsplatzsi- cherheit • Qualifizierungs- politik • Unterstützung bei Sanierung/ Privatisierung/ Liquidation	• Artikulierte Unzufriedenheit • offensive Betriebsratebe- wegung • Mitgliederver- luste vor allem durch Arbeits- losigkeit	• defensive Ver- betrieblichung • wenig Voice, viel Exit • Mitgliederver- luste vor allem in KMU-Betrie- ben • mehr betriebs- bezogene An- forderungen	• weiterer Mit- gliederrückgang • betriebsbezoge- ne Anforderun- gen hoch
IG Metall Reaktionen	• Eigene Konzep- te zur sozialen Gestaltung des Einigungspro- zesses • Demonstratio- nen/ Betriebsbeset- zungen • Experten in Sozialplan-, Insolvenz- Privatisierungs- Sanierungspro- blemen • Qualifizierungs- und Beschäfti- gungsesellschaf- ten	• Revisionsstreik als Selbst- behauptung • Berliner Büro des Vorstandes, Beratung und Unterstützung der Verwal- tungsstellen/ Betriebe (1992-1999) • Betriebsratebe- ratungsfonds (1993 eingerich- tet)	• spezielle Unterstützungs- projekte für Verwaltungs- stellen/ Betriebe • Zunahme ost- deutscher Ver- waltungsstellen- leiter • Fusion von Ver- waltungsstellen/ Bezirke	• Fortführung der Einbindung in die Gesamtorga- nisation • Stärkere Be- rücksichtigung der großen Be- triebe • Gewerkschaftli- che Steuerung der Verbetriebli- chung

© Wolfgang Schroeder

In der Expansionsphase besassen die Verbände einen fast schon alternativlosen Nutzen für die Mitglieder. Dabei waren die Gewerkschaften als gesellschaftlicher und politischer Akteur in dieser Phase von unvergleichlich größerer Bedeutung als die Arbeitgeberverbände, was sich daran zeigte, dass sie die primären Ansprechpartner der Treuhandanstalt, der Landesregierungen und kommunalen Politik waren, indem sie in einer Art und Weise Krisenmanagement betrieben, wie es in dieser Form selbst in schwierigen westdeutschen Zeiten für eine Gewerkschaft eher ungewöhnlich ist. In der Vereinigungskrise setzten in den Verbänden Abschmelz- und Differenzierungsprozesse ein, die nicht nur als Ergebnis der schwierigen ökonomischen Bedingungen gedeutet werden können. Die Interessen der Betriebe differenzierten sich, und für eine Mehrheit der Mitglieder verflüchtigte sich die positive Rolle der Verbände; zuweilen schlug sie sogar ins Gegenteil um. Angesichts des beschleunigten Um- und Neubaus der Mitgliedschaft entwickelte sich in den Betrieben eine veränderte Interessenlage gegenüber den Verbänden, die zum Rückzug größerer Mitgliedergruppen führte. Auf die finanziellen Folgen des ständigen Mitgliederrückgangs reagierten beide Organisationen mit Personalabbau; die IG Metall schloss zudem Verwaltungsstellen und fusionierte die Bezirke Dresden und Berlin. Aus diesen Konsequenzen folgte eine abnehmende Versorgungsleistung in der Fläche, die durch spezielle Projekte und Hilfsangebote für einzelne Gruppen und Problemregionen kompensiert werden sollte Darüber hinaus sind die Reaktionen in den Tarifparteien gegensätzlich, was in der dritten Phase zu einer erheblichen Polarisierung zwischen der IG Metall und den Arbeitgeberverbänden führte. Mit dem Dresdner Kompromiss von 1993, dessen markanteste Veränderung in der Einführung der Härtefallklausel bestand, trat in die Tarifbeziehungen keine Beruhigung ein vielmehr suchten die Arbeitgeber nunmehr nach weiteren Wegen, um die Tarifbindung zu relativieren. Dabei konzentrierten sie sich auf eine Flexibilisierung der Mitgliedschaftsbindung: Mit der Gründung von Arbeitgeberverbänden ohne Tarifbindung (OT-Verbänden), der sogenannten unverbindlichen Schnuppermitgliedschaften und der Möglichkeit des Sonderkündigungsrechtes sollte der verbindliche Mitgliedschaftsstatus mit allen Pflichten zugunsten einer verflüssigten Bindung an den Tarifvertrag aufgeweicht werden. Das bekannteste Instrument dieser neuen Politik sind die Arbeitgeberverbände ohne Tarifbindung. Diese Organisationsform gibt es in Westdeutschland in einigen Regionen bereits seit 1945, ohne dass davon bis in die neunziger Jahre hinein ein größerer Einfluss auf die tarifpolitische Debatte ausging. Solche Verbände bieten ihren Mitgliedern die Leistungen des Tarifträgerverbandes, ohne dass die mit der IG Metall vereinbarten Tarifnormen verpflichtend eingehalten werden müssen. Die sogenannten OT-Verbände trugen dazu bei, die finanzielle Basis der Verbandstätigkeit zu sichern, sie ermöglichten Verbandseinfluss gegenüber den Betrieben und sie ließen sich als Druckmittel gegen die Gewerkschaften einsetzen Das in der Tarifrunde 1999 von manchen Verbänden eingerichtete Sonderkündigungsrecht gibt den Mitgliedsunternehmen die Möglichkeit, unmittelbar nach Nennung einer unerwünschten Gewerkschaftsforderung oder kurz vor Abschluss eines aus ihrer Sicht inakzeptablen Tarifvertrags den Verband zu verlassen Es waren vor allem die rein ostdeutschen Arbeitgeberverbände, die sich für eine solch offensive Organisationspolitik entschieden, wobei sie neben der Flexibilisierung der Verbandsmitgliedschaft auch auf eine Regionalisierung der Tarifpolitik setzten Doch alle Versuche, die ostdeutsche Arbeitgeberpolitik auch organisationspolitisch auf eine eigenständige, vom Westen unabhängige Grundlage zu stellen, sind bislang gescheitert. Dies betrifft sowohl die Konzepte zur Abkopplung der ostdeutschen Regionalverbände von Gesamtmetall als auch die Bildung eines ostdeutschen Dachverbandes. Die Bildung von Ostmetall, der gemeinsamen Holding der regionalen Verbände von Thüringen, Sachsen-Anhalt und Sachsen, ist bislang eher ein symbolisches Projekt, das für den Selbstbehauptungswillen der ostdeutschen Arbeitgeberakteure steht

Zwischen den "Zebraverbänden" (Ost-West-Verbände) und den rein ostdeutschen Arbeitgeberverbänden, aber auch innerhalb dieser Gruppen, wurde darüber gestritten, wie offensiv und wie weitgehend die Flexibilisierung der Verbandsmitgliedschaft getrieben werden kann, um die IG Metall zu schwächen, ohne selbst negative Konsequenzen befürchten zu müssen Ähnliche grundsätzliche Konflikte blieben in der IG Metall, die sich angesichts solcher Angriffe in der Defensive wähnte, bislang aus. Um die Handlungsfähigkeit der eigenen Organisation auch unter den verschärften Bedingungen verfestigter Massenarbeitslosigkeit und einer kaum konfliktorientierten Mitgliedschaft zu sichern, setzte man dort auf eine Normalisierungsstrategie, die darin bestand, die Anbindung an die Westorganisation zu stabilisieren. In vielen Regionen Westdeutschlands sind auch noch nie eigenständige Pilotabschlüsse erzielt oder größere eigenständige Streiks geführt worden. Indem Ostdeutschland tendenziell als normaler Teil der Organisation behandelt wird, versucht man, einen ostdeutschen Sonderweg zu verhindern, läuft aber zugleich Gefahr, die dortige Politik der arbeitspolitischen Abkapselung in den Betrieben zu zementieren.

Einige Beobachter hatten angesichts der geringen aktiven Partizipationsneigung der Ostdeutschen frühzeitig darauf aufmerksam gemacht, dass die Tarifparteien Gefahr laufen, "Apparate ohne Unterbau" zu bleiben.[86] Wenngleich der Vergleich hinkt, so erinnern diese Einschätzungen in einigen Facetten übrigens an die Debatte zur Mitgliederkrise in den deutschen Gewerkschaften der 60er Jahre. Damals war die Rede von der "Apathie"[87] der Mitglieder, der Motivationslücke, und vor allem von ihrer Konsumentenorientierung Letzteres gab Theo Pirker 1965 Anlass dazu, von den Gewerkschaften als einem "Versicherungsbetrieb" zu sprechen.[88] Solchen Einschätzungen wurde in den Gewerkschaften zwar keineswegs öffentlich zugestimmt, gleichwohl musste auch der IG Metall-Vorsitzende Otto Brenner Ende der 60er Jahre konstatieren: "Der elementare Tatbestand der Gewerkschafts- und Tarifpolitik der vergangenen zwei Jahrzehnte war, dass die große Masse der Arbeitnehmer passiv und mehr oder minder apathisch Gewerkschaftspolitik über sich ergehen ließ. So gut wie

---

86 Vgl Ettl, Wilfried/Wiesenthal, Helmut 1994, S 446
87 Vgl Schellhoss, Hartmut, Apathie und Legitimität Das Problem der neuen Gewerkschaft, München 1967.
88 Pirker. Theo, Die Gewerkschaften als Versicherungsbetrieb, in Horne', Alfred (Hrsg), Zwischen Stillstand und Bewegung, Frankfurt 1965

alle Tarifbewegungen in den vergangenen zwei Jahrzehnten sind von oben her angekurbelt, eingeleitet und durchgeführt worden Nirgends war Druck von unten für die gewerkschaftliche Aktion ausschlaggebend."[89] Doch während damals die Gewerkschaften davon ausgehen konnten, dass überall dort, wo sie "riefen", sich die "Arbeitnehmer diszipliniert ein(fanden)", lässt sich diese Annahme heute nicht einfach auf Ostdeutschland übertragen. Aufschlussreich ist vielmehr, dass wir es bei der Bewertung der Mitgliedermotivation mit einer Fülle normativer Grundannahmen zu tun haben, die weniger an die empirische Lebenslage der Arbeitnehmer rückgebunden sind als vielmehr an ein emphatisches demokratiepolitisches Verständnis des Verhältnisses zwischen "Basis und Führung" in den Gewerkschaften. Kommen wir zur ostdeutschen Problemdiagnose dieses Verhältnisses zurück: Manche sahen die schwache Beteiligungsbereitschaft auf Arbeitnehmerseite durch eine ostdeutsche Führungslücke bedingt und auf Arbeitgeberseite durch eine ostdeutsche Einflusslücke. Beide Probleme sind weiterhin vorhanden, sie haben aber im zeitlichen Verlauf durch eine faktische Starkung der endogenen Krafte an Bedeutung verloren: Beispielsweise werden in der IG Metall zehn Jahre nach dem Ende der IG Metall/DDR wieder etwa 25 % der Verwaltungsstellen von ostdeutschen Funktionären geleitet, auch auf Arbeitgeberseite hat die Prägekraft der ostdeutschen Funktionäre spürbar zugenommen.

Für die Funktionsfähigkeit des dualen westdeutschen Systems ist die flexible informelle Vernetzung zwischen betrieblicher und verbandlicher Ebene von entscheidender Bedeutung· Dabei konzentriert sich die Verbindung zwischen IG Metall und Beschäftigten primär auf die Betriebsräte. Hinsichtlich ihrer gewerkschaftlichen Einbindung liegen in Ostdeutschland zwei gegenläufige Befunde vor: Einerseits ist mittlerweile ein mit Westdeutschland vergleichbarer Anteil der Betriebsräte Mitglied in der IG Metall. Andererseits steigt der Anteil nicht organisierter Betriebsräte stärker an als in Westdeutschland und eine dezidiert gewerkschaftliche Orientierung der Betriebsräte ist eher die Ausnahme.[90] Viele Betriebsräte, vor allem in den kleinen Betrieben, sehen die IG Metall häufig nur als eine Service-, Beratungs- und Gefahrenabwehrgemeinschaft, zu der sie kaum politisch emotionale Bindungen aufbauen. Gründe dafür, dass die formellen und informellen Kooperationen zwischen Betriebsräten und IG Metall hinsichtlich der überbetrieblichen Strategiefähigkeit nur schwach ausgeprägt sind, liegen auf Seiten der betrieblichen Akteure in mangelndem Vertrauen, schwachem Selbstbewusstsein, unzureichender Konfliktbereitschaft gegenüber dem Management, einer Ablehnung von politischen Initiativen im betrieblichen Raum, fehlender Unterstützung durch die Belegschaft und einer Kontinuität friedlicher Kooperation zwischen BGL und Leitern aus DDR-Zeiten. Dass die betriebliche Abkapselung gegenüber der überbetrieblichen Ebene auch nach dem Ende der DDR fortbesteht, ist nur begrenzt durch hartnäckige habituelle Beharrlichkeiten zu erklären. Wichtiger sind vermutlich die Erfahrungen der Transformationsphase, wo sich dieses

---

89 Zit. nach Bahnmüller, Reinhard, Tarifpolitik und Beteiligung, Münster 1998, S 10.
90 Vgl Mense-Petermann, Ursula, Die Verbetrieblichung der industriellen Beziehungen in Ostdeutschland als Herausforderung für das duale System, in· Industrielle Beziehungen 1996/1, S. 65 ff

Verhalten in den Wirren der Privatisierungsprozesse im Sinne einer "Notgemeinschaft" aus der Sicht der Betroffenen ebenso zu bewähren schien wie späterhin als "Flexibilisierungsgemeinschaft", um unter den Zwängen des neuen marktwirtschaftlichen Umfeldes überhaupt bestehen zu können. Darüber hinaus ist zu berücksichtigen, dass die Zementierung betrieblicher Abkapselung nicht nur auf fehlende Erfahrungen zurückzuführen ist, sondern auch auf unzureichende Ressourcen und Fähigkeiten der IG Metall-Verwaltungsstellen, die Bedürfnisse ihrer betrieblichen Vertreter personell und inhaltlich abzudecken. Insgesamt kann man sagen, dass die spezifischen DDR-Erfahrungen und Verhaltensweisen vor allem im Zusammentreffen mit anderen Faktoren an politischer Relevanz gewinnen können, indem sie in die aktuellen Prozesse eingeschmolzen werden und somit unter anderen Bedingungen einen neuen Resonanzboden finden.

Die auf Seiten des Managements unschwer auszumachende Geringschätzung der verbandlichen Sphäre ist primär auf die geringe Konfliktbereitschaft der Beschäftigten zurückzuführen. Gleichwohl können die entsprechenden Motivlagen je nach Herkunft, Erfahrungen, Betriebsgröße sowie der konkreten Politik des Arbeitgeberverbandes, der IG Metall und des Betriebsrates sehr unterschiedlich ausfallen. Ungeachtet aller partiellen Abkapselungen, Regelabweichungen, Flexibilitäts- und Fluchtgemeinschaften können beide Tarifparteien mittlerweile auf einen recht stabilen kleinen Kern von Aktiven zurückgreifen, der über eine kontinuierliche Beteiligungserfahrung verfügt. Bis auf den Arbeitgeberverband Sachsen-Anhalt besteht in allen anderen ostdeutschen Regionalverbänden seit 1994 eine Kontinuität in der Person des gewählten Verbandsvorsitzenden, eine deutlich abnehmende Fluktuation in der Zusammensetzung der Vorstände sowie der Tarifkommissionen. Eine ähnliche Stabilisierung kann seit dieser Zeit auch bei den Betriebsräten festgestellt werden: Die aktiven Betriebsräte, vor allem jene aus den großen Betrieben, wirken in den gewerkschaftlichen Gremien mit und verfügen mittlerweile über längere Erfahrungen in den Akteursnetzwerken und kennen die Handlungsspielräume auf der überbetrieblichen Verhandlungsebene. Auch wenn die quantitative Beteiligung geringer und die inhaltliche schwächer ausfällt als in Westdeutschland, lässt sich auf dieser Ebene der Partizipation eine Verstetigung festhalten. Es gibt nicht nur eine Konsumentenhaltung unter der Mehrheit der Mitglieder gegenüber der IG Metall. Es gibt auch einen kleinen Kern aktiver ehrenamtlicher Gewerkschaftsfunktionäre, der zumindest eine passive Folgebreitschaft größerer Gruppen sicherstellen kann. In Warnstreiks und anderen Demonstrationsformen drückt sich diese Bereitschaft aus. Doch daraus resultiert bislang noch keine feste Orientierung an den Normen und strategischen Vorgaben der IG Metall und auch noch keine Verbreiterung des kleinen Kerns von Aktivisten. Auch wenn das öffentliche Ansehen der Gewerkschaften in den fünf neuen Ländern in den letzten Jahren ständig gesunken ist und die Grenzen der betrieblichen Flexibilisierungsgemeinschaft noch nicht erreicht sind, gibt es keine grundlegende Infragestellung der Gewerkschaften.

Ob es zukünftig zur Herausbildung von stabileren Koalitionen zwischen den Organisationsebenen kommen kann, hängt auf Arbeitgeberseite erstens von ihren eigenen Verbänden und zweitens von den großen Betrieben mit ihren Ost-West-Netzwerken ab. Hinsichtlich der Bedeutung der großen Betriebe ist an dieser Stelle noch einmal hervorzuheben, dass sich etwa 50 Prozent aller Beschäftigten, die unter den Geltungsbereich des Flächentarifvertrages fallen, auf nur 39 Betriebe verteilen.[91] Die ostdeutsche Entwicklung ist dadurch geprägt, dass der kollektive tarifpolitische Handlungsbedarf der kleinen ostdeutschen Betriebe ständig abgenommen hat und die Verbände ihnen gegenüber nur eine begrenzte Organisationsfähigkeit besitzen. Die eigentlichen Nutznießer des westdeutschen Systems in Ostdeutschland sind die großen Betriebe, die sich zu über 90 Prozent in westlichem Besitz befinden und in Ost-West-Netzwerke eingebunden sind. Dazu gehören nicht nur die Produktketten, sondern auch ihre tarif- und mitbestimmungspolitische Einbindung. Dadurch sind sie einerseits in der Lage, sich schnell zu informieren und an den Erfahrungen der westlichen Akteure zu partizipieren, andererseits sind sie in eine enorme Standortkonkurrenz eingebunden, die in einigen Fällen nicht auf Westdeutschland beschränkt bleibt, sondern von Polen bis Portugal reicht. Der Stand der organisatorischen Entwicklung ist nach zehn Jahren ambivalent, weshalb von einem Zustand prekärer Normalität gesprochen werden kann Beide Tariforganisationen haben einen festen Mitgliederkern, auf den sie bei ihren Aktivitäten setzen können; ihre Einbindung in die übergeordneten westdeutschen Organisationsebenen ist irreversibel. Die betrieblichen Flexibilisierungsgemeinschaften können durch die Verbände auf absehbare Zeit kaum nachhaltig beeinflusst werden. Die Zukunft der Verbände in Ostdeutschland wird auch davon abhängen, ob die Arbeitgeberverbände nach dem Auszug des überwältigenden Teils der kleinen Betriebe einen ähnlichen Exodus bei den mittleren und großen Betrieben verhindern und ob die Gewerkschaften im Bereich der Betriebsräte und jüngeren Arbeitnehmer wieder verloren gegangenen Boden gut machen können.

---

91 Diese Daten beziehen sich auf das Jahr 1998, sie wurden in einer eigenen Erhebung herausgearbeitet.

E. Tarifpolitik 1990 - 1999

In diesem Kapitel geht es um die Prozessdimension industrieller Beziehungen sowie um die dort stattfindende inhaltliche Produktion kollektiver Problemlösungen. Welche politische Rahmenkonstellation und welche innerverbandlichen Bedingungen waren maßgeblich für die Entscheidungsabläufe auf der tarifpolitischen Verhandlungsebene? Untersucht wird ein Prozess, der von der politischen Startprogrammierung über deren Infragestellung im Revisionskonflikt bis hin zur Pluralisierung der tarifpolitischen Arenen reicht. Da auch im Zentrum der Tarifpolitik in den fünf neuen Ländern bis auf den heutigen Tag der Flächentarifvertrag steht, werden im folgenden Schaubild, die wichtigsten Akteure benannt, die den Kampf um dessen materielles Niveau und dessen Anwendung bestimmten.

Schaubild 2: Einflussakteure auf Tarifbindung-Ost

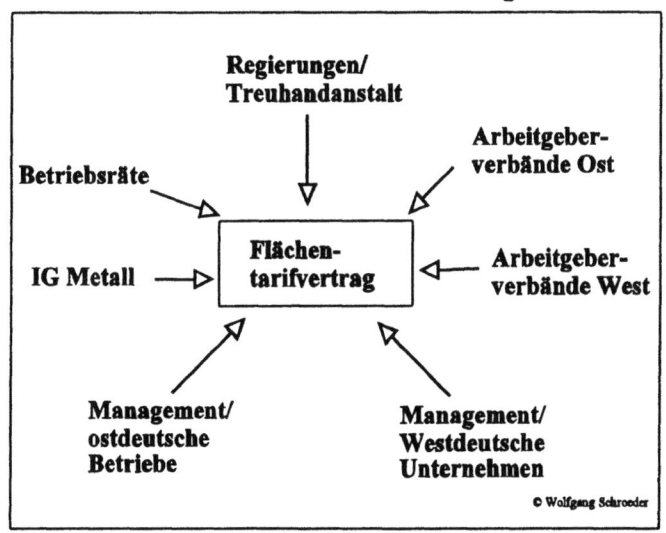

Die tarifpolitische Entwicklung wird in diesem Kapitel in drei Perioden untergliedert: Zunächst geht es um die tarifpolitische Startphase, welche mit der Bezugnahme auf die Währungs-, Wirtschafts- und Sozialunion beginnt und mit dem Stufentarifvertrag endete. Danach folgte die Revisionsphase, in der die Arbeitgeberverbände versuchten, die Ergebnisse aus der politischen Startphase zu korrigieren, was zum sogenannten Revisionsstreit führte. Beide Perioden waren in starkem Maße durch den exogenen Transformationsprozess geprägt. In der Dritten Phase, die etwa 1994 einsetzte, begannen sich zwar die industriellen Strukturen zu konsolidieren, eine vergleichbare Entwicklung ließ sich jedoch für die industriellen Beziehungen nicht feststellen. Offensichtlich war, dass diese stärker als zuvor von endogenen Prozessen geprägt wurden. Durch eine Rekonstruktion des Verlaufes der Verhandlungspolitik werden die wichtigsten Einflüsse, welche die Tarifpolitik in Ostdeutschland prägten, in ihrem dynamischen Entwicklungsprozess transparent gemacht

I. Tarifpolitische Startphase 1990/1991

Parallel zum Aufbau der Tarifverbände begannen bereits die ersten Tarifverhandlungen in Ostdeutschland, an denen auch die westdeutschen Tarifparteien beteiligt waren In der tarifpolitischen Startphase, die im Mai 1990 einsetzte und mit dem Stufentarifvertrag vom April 1991 abgeschlossen wurde, konnte eine Vertrauensbasis für den politischen und ökonomischen Transformationsprozess geschaffen werden. Prägend für den Beginn der Tarifpolitik in Ostdeutschland wurde eine in zweifacher Hinsicht politisch determinierte Startkonstellation. Erstens setzte die Regierung mit der WWSU sowie mit dem Angleichungsversprechen Rahmenbedingungen, auf die die Tarifparteien reagierten. Zweitens entschieden sich die Tarifparteien für eine Tarifpolitik, die ausdrücklich nicht an die aktuelle ökonomische Leistungsfähigkeit der ostdeutschen Wirtschaft gebunden war, sondern an die politisch gesetzten Prämissen des Einigungsprozesses als einem Angleichungsprozess Indem die Tarifpolitik dem Einigungsversprechen auf gleichwertige Lebensbedingungen mit der stufenvertraglich fixierten schnellen Ankopplung an das Westniveau folgte, schuf sie eine eigene Realität, die keinesfalls einen zwangsläufigen Charakter besaß. Den Entwicklungsprozess der politisch gesetzten und erkämpften Startlogik der Tarifpolitik nachzuzeichnen, die Bedingtheit der Entscheidungen zu profilieren, Alternativen zu berücksichtigen, ist das Ziel des folgenden Abschnittes

1. Wirtschafts-, Währungs- und Sozialunion als Referenzpunkt

Wenn es richtig ist, dass die Vorgaben des politischen Systems die Handlungslogik innerhalb der Tarifautonomie maßgeblich bestimmten, so sind diese als erstes zu analysieren Am Anfang der ostdeutschen Tarifpolitik stand die WWSU, die alleine die Regierung verantwortete, ohne dass die parlamentarische Opposition oder die Tarifverbände beteiligt wurden. Auch wenn Letztere keinen direkten Einfluß ausüben konnten, so unterstützten sie diese Politik passiv, in dem sie ihre zu einem früheren Zeitpunkt eingenommenen Positionen zur gradualistischen Reform des DDR-Systems zur Seite legten und die von der Bundesregierung vorgeschlagene Option als Bedingung ihres Handelns akzeptierten. Mit der WWSU waren die Weichen für die Tarifparteien irreversibel gestellt, ohne dass damit jedoch ihre konkrete Arbeit determiniert worden wäre.

Die am 6. Februar 1990 zwischen Kohl, Waigel und Lambsdorff verabredete Währungsunion beendete einen etwa zweieinhalbmonatigen Diskussionsprozess, in dessen Zentrum gradualistische Konzepte zur Reform des Währungs-, Wirtschafts-

und Sozialsystems in einer eigenständigen DDR standen.¹ Dass es sich hierbei, nicht wie verschiedentlich kolportiert, um eine "machiavellistische Staatsübernahmestrategie"² der westdeutschen Regierung handelte, die gegen den Willen der innenpolitischen Opposition, der Modrow-Regierung sowie der Bevölkerungsmajorität vollzogen worden ist, dafür sprechen gleichgerichtete Vorstöße aus der SPD-Bundestagsfraktion³, eigene Signale Ministerpräsident Modrows⁴ und lautstark vorgetragene Forderungen bei den Montagsdemonstrationen.⁵ Mit der Entscheidung zugunsten einer schnellen Währungsunion, die zunächst auf den Widerstand der Mehrheit der ökonomischen Beratungselite stieß⁶, reagierte die Regierung auf eine zunehmende Abwanderung, erodierende wirtschaftliche Leistungsfähigkeit und eine sich weiter destabilisierende politische Entwicklung in der DDR.⁷ Diese Entwicklungen forderten jedoch keineswegs zwingend eine solch schnelle Reaktion. Erst als sich im Kontext der Parteienkonkurrenz zeigte, das wichtige Vertreter der SPD ähnlich argumentierten, diese jedoch in ihren eigenen Reihen nicht mehrheitsfähig waren, änderte sich dies. In dieser Konstellation sah die Unionsspitze die Chance, durch einen Vorstoß, der eine konkrete materielle Perspektive beinhaltete und nur ihr zurechenbar war, den Parteienwettbewerb mit der SPD, deren Popularität in der Bevölkerung seit Herbst 1989 deutlich

---

1 Vgl zu den Alternativen Grosser, Dieter, Das Wagnis der Währungs-, Wirtschafts- und Sozialunion. Politische Zwänge im Konflikt mit ökonomischen Regeln, Geschichte der deutschen Einheit, Band 2, Stuttgart 1998, S. 183f./485ff.

2 Beyme, Klaus von, Der kurze Sonderweg Ostdeutschlands zur Vermeidung eines erneuten Sonderwegs: Die Transformation Ostdeutschlands im Vergleich der postkommunistischen Systeme, in: Berliner Journal für Soziologie 1996/3, S 313

3 Ingrid Matthäus-Maier "Der anhaltende Übersiedlerstrom aus der DDR erschwert dort die Reformen und verschärft in der Bundesrepublik die Probleme auf dem Wohnungs- und Arbeitsmarkt sowie bei den sozialen Sicherungssystemen Um den Exodus zu stoppen, muß den Menschen in der DDR auch rasch eine Zukunftsperspektive eröffnet werden, damit sie in ihrer Heimat bleiben. Die bisher vorgeschlagenen Reformansätze zur notwendigen Sanierung der DDR-Wirtschaft werden aber mehr Zeit beanspruchen, als die Menschen in der DDR und die Regierungen in Ost-Berlin und Bonn haben" Deshalb schlug sie die Bildung eines "deutsch-deutschen Währungsverbundes" vor (Signal zum Bleiben, in. Die Zeit, 19.1.1990).

4 Ministerpräsident Modrow schlug nach seinem Besuch in Moskau am 1. Februar 1990 vor der Presse in Berlin eine Vertragsgemeinschaft von Bundesrepublik Deutschland und DDR mit Wirtschafts-, Währungs- und Verkehrsunion sowie Rechtsangleichung vor.

5 "Kommt die DM, bleiben wir. Kommt sie nicht, geh'n wir zu ihr!" Laut Priewe/Hickel, 1991, S. 85, tauchte diese Forderung erstmals auf der Montagsdemonstration in Leipzig am 11 2 1990 auf.

6 Vgl hierzu die heftige Kritik des Sachverständigenrates an der Absicht, eine Währungsunion mit der DDR einzugehen vom 9 2 1990, (Dokumente zur Deutschlandpolitik Deutsche Einheit Sonderedition aus den Akten des Bundeskanzleramtes Bearbeitet von Küsters, Hanns Jürgen/Hofmann, Daniel, München 1998, S 778ff) Das DIW hat am 8.2 1990 nachdrücklich und ausführlich die Risiken der Währungsunion herausgestellt, in. DIW-Wochenbericht 6/1990.

7 Aus der Perspektive der Regierung standen drei Optionen zur Errichtung einer Währungsunion nebeneinander Erstens die sogenannte "Krönungstheorie", nach der erst dann ein Währungsverbund möglich würde, wenn die DDR Anschluss an das westdeutsche Niveau gefunden habe; zweitens eine Stützung der DDR-Mark mit gleichzeitiger Verklammerung mit der DM und drittens die Einführung der DM als gesetzlichem Zahlungsmittel in der DDR (vgl Schreiben Waigel an CDU/CSU-Fraktion vom 7.2.1990, in· Dokumente zur Deutschlandpolitik 1998, S. 769).

vor der der CDU/CSU lag, im Wahljahr 1990 wieder zu ihren Gunsten zu entscheiden [8]

In der Begründung für die Währungsunion spielten fortan drei Argumente eine zentrale Rolle Erstens, dass ein schneller Schnitt verhindern könne, die DDR-Wirtschaft ins Bodenlose sinken zu lassen und so einen Versorgungs- oder Systemkollaps abzuwenden Dieser Prozess werde nicht nur durch eine erodierende staatliche Steuerungskraft und mangelndes privates Kapital forciert, sondern vor allem durch die Abwanderung von Fachkräften. Auf diesen Aspekt zielte das zweite Hauptargument. 1989 verließen 330.000 Übersiedler, darunter 220.000 Arbeitskräfte die DDR. Vom Beginn der Fluchtwelle im August 1989 bis Ende 1990 reduzierte sich das Arbeitskräftepotential insgesamt um etwa 5 Prozent.[9] Während die argumentative Fixierung auf die Abwanderungswelle aufgrund des Lohngefälles retrospektiv als "eine der erfolgreichsten Mythologisierungen im Zusammenhang der Einheit" bezeichnet wird[10], stimmten damals wichtige konkurrierende politische Akteure in der Wahrnehmung der Brisanz dieses Problems überein Selbst Lafontaine, der sich entschieden gegen die Währungsunion aussprach, konnte sich der Problematik der Abwanderung nicht entziehen, er wollte sie nur anders gelöst sehen, nämlich dadurch, dass es DDR-Bürgern, die in die Bundesrepublik übersiedelten, zukünftig verwehrt werden sollte, deren soziale Sicherungssysteme zu beanspruchen Wie noch zu zeigen sein wird, war die Warnung vor der Gefahr weiterer Abwanderung nicht nur das wichtigste strategische Argument für die schnelle Einrichtung der Währungsunion[11], sondern auch für eine angleichungsorientierte Tarifpolitik. Eine dritte wichtige Denkfigur, um die Währungsunion zu popularisieren, war der Vergleich mit dem "Wirtschaftswunder" der Nachkriegszeit. So schrieb zum Beispiel Kanzlerberater Nehring zur Vorbereitung der Regierungsbefragung über die Währungsunion am 7.2.1990: "Auch Ludwig Erhard hatte 1948 zunächst mit der Währungsreform und sehr kurz darauf mit der Wirtschaftsreform begonnen. Gegen massive politische Widerstände schaffte er so den Weg von der Hoffnungslosigkeit zum späteren Wirtschaftswunder"[12]. Den Mythos der problemlosen Wiederholbarkeit des Wirtschaftswunders der frühen Bundesrepublik,

---

8 "Durch das Zehn-Punkte-Programm vom 28 November 1989 haben sie und die Unionsparteien sich einen deutlichen deutschlandpolitischen Kompetenzvorsprung erworben Es gilt jetzt, diesen Vorsprung zu halten und nach Möglichkeit auszubauen Auch für unsere künftigen Partner in der DDR ist es von wahlentscheidender Bedeutung, ihrer eigenen Wählerschaft ein griffiges, allgemein verständliches Konzept für einen raschen Neuaufbau der DDR-Wirtschaft präsentieren zu können ", Prill/Gotto/Mertes/Ludewig/Nehring an Helmut Kohl. 2 2 1990, zit. nach. Grosser, Dieter 1998, S.175.

9 Thilo Sarrazin, einer der wichtigsten strategischen Köpfe in der Entscheidung für die WWSU argumentierte Ende Dezember 1989 deshalb so "Zu bedenken ist auch, dass vor allem die Jungen und Qualifizierten gehen werden. Die Produktion der DDR wird weiter sinken, die Versorgungsmängel werden noch zunehmen ", zit. nach Grosser, Dieter, 1998, S 160

10 Wiesenthal, Helmut, Einheitsmythen Zur kognitiven "Bewältigung" der Transformation Ostdeutschlands, in Clausen, Lars (Hrsg), Gesellschaften im Umbruch, Verhandlungen des 27. Kongresses der Deutschen Gesellschaft für Soziologie in Halle an der Saale 1998, Frankfurt 1996, S 563 - 580

11 Als es kurz vor der Einführung der WWSU noch einmal eine kritische Debatte gab, warnte BDI-Präsident Tyll Necker "Wer jetzt Zweifel säe, handele unverantwortlich und ernte eine neue Fluchtwelle", in Frankfurter Rundschau 12 6 1990

12 Vermerk von Regierungsdirektor Nehring, zit. nach Dokumente zur Deutschlandpolitik 1998, S. 761.

wenn nur die ordnungspolitischen Bedingungen dafür geschaffen würden, propagierten insbesondere die westdeutschen Wirtschaftsverbände[13], die aufgrund der spezifischen Rückständigkeit der DDR-Wirtschaft sogar die Chance zur Schaffung des moderneren Deutschlands sahen.

Entscheidend für unsere Frage ist, welche Annahmen die Regierungsstrategen hinsichtlich des Zusammenhangs von schneller Währungsunion und Tarifpolitik unterstellten. Dabei können wir auf die strategisch relevanten Papiere von Thilo Sarrazin[14] zurückgreifen, der im Bundesfinanzministerium die konzeptionellen Grundlagen formulierte. Pointiert lautet seine Grundthese: entweder Schocktherapie oder es kommt zu einem Fall der DDR-Wirtschaft ins Bodenlose. Nur durch einen möglichst schnellen Übergang zur Marktwirtschaft könne die Produktivität der DDR-Wirtschaft gesteigert werden, worin der Dreh- und Angelpunkt aller weiteren Reformschritte zu sehen sei. Denn die Folge großer Produktivitätsunterschiede seien Einkommensunterschiede, womit wiederum die Abwanderung qualifizierter Kräfte nach Westdeutschland forciert würde In seiner Prognose unterstellte Sarrazin eine durchschnittliche Arbeitsproduktivität von etwa 40 Prozent der westdeutschen.[15] Eine schnelle Steigerung der ostdeutschen Arbeitsproduktivität ergebe sich schon daraus, dass in dem künstlich überdimensionierten Industriesektor "erhebliche Freisetzungen" stattfinden könnten, die "im Umfang von ca. 35 Prozent bis 40 Prozent der Industriebeschäftigten" lägen; damit "wäre der in der Bundesrepublik übliche Anteil der Industriebeschäftigten an der Wohnbevölkerung erreicht." Hinsichtlich der Lohnhöhe ging Sarrazin davon aus, dass selbst nach der Währungsumstellung von 1:1 der Lohnkostenvorteil der DDR-Industrie zunächst gewaltig sei: "Bedenkt man, dass die Industrielöhne auch in der Ausgangslage nach der Währungsumstellung zunächst nur 35 Prozent des westdeutschen Niveaus betragen, so kann einem großen Teil der Industrie durchaus eine sehr gute Wettbewerbschance eingeräumt werden", die sich zusätzlich dadurch verbessern ließe, dass die "Versorgungsprobleme mit Materialien und Geräten ein Ende haben"[16].

Die mittlerweile veröffentlichten Quellenmaterialien zur Vorbereitung der deutschen Einheit legen die Vermutung nahe, dass die Regierung zu keinem Zeitpunkt ernsthaft darüber nachdachte, die Tarifautonomie für einen gewissen Zeitraum außer Kraft zu setzen. Berücksichtigt man die hohe Bedeutung, die dem Vergleich mit dem Wiederaufbau nach 1945 eingeräumt wurde - damals verhängten die Besatzungsmächte einen dreijährigen Lohnstopp (1945-1948) -, so ist dies auf den ersten Blick

---

13 Vgl Berger, Ulrike, in. Wiesenthal, Helmut, Einheit als Interessenpolitik, Frankfurt 1995, S 102.
14 Im folgenden geht es um das für die Regierung Kohl relevante Strategiepapier vom 29. Januar 1990, zit. nach Grosser, Dieter, 1998, S 165ff
15 In Waigels - an die eigene Fraktion gerichteten - Erklärungsschreiben für die Währungsunion vom 7 2.1990 ging er sogar von einem noch höheren Produktivitätsniveau aus "Das Realeinkommensgefälle liegt begründet im Abstand der Arbeitsproduktivität, das von Fachleuten mit 50 Prozent angegeben wird" (zit nach. Dokumente zur Deutschlandpolitik 1998, S. 768)
16 Sarrazin, Thilo. 1990, zit nach· Grosser, Dieter, 1998, S 169. Ähnlich argumentierte zu dieser Zeit auch Ministerpräsident Modrow im Gespräch mit Kohl am 3 2 1990. "MP Modrow bemerkte, die DM als Alleinwährung sei eine Lösung Es müsse dann in der DDR entsprechend der niedrigeren Produktivität ein niedrigerer Lohn bezahlt werden", zit nach Dokumente zur Deutschlandpolitik 1998, S. 755.

keine Selbstverständlichkeit. Die Metapher vom "Wirtschaftswunder" besaß jedoch nicht die Funktion eines Bauplans, sondern fungierte als Legitimationsargument, um Akzeptanz herzustellen und die Regierung vor einem innenpolitischen Mehrfrontenkrieg zu bewahren. Angesichts der Wiederentdeckung demokratischer Beteiligungsverfahren und der zu erwartenden sozialen Turbulenzen wäre durch eine staatlicherseits diktierte Tarifpolitik ein großes Legitimationsproblem entstanden. Dagegen sah man in der Übertragung der Lohnpolitik auf die Tarifparteien eine Chance, sich selbst zu entlasten und somit in den Wirren des Einigungsprozesses, mit seinen vielen Unwägbarkeiten, besser bestehen zu können.

Den Tarifparteien sprach Sarrazin die Aufgabe zu, die Basis für den anstehenden sozialen und wirtschaftlichen Differenzierungsprozess auf der tarifvertraglichen Ebene zu schaffen. "Dieser Differenzierungsprozess ist wichtig, damit gerade die Tüchtigen aus der Bundesrepublik und aus der DDR in der DDR ihre Chance sehen, er darf aber nicht ausufern in eine schnelle und allgemeine Anhebung der Löhne und Gehälter. Auf die in der DDR sich erst noch formierenden Tarifpartner kommt hier eine schwierige Aufgabe zu"[17]. Sarrazin konzedierte zwar, dass sowohl Ausmaß als auch Konsequenzen der erwarteten Firmenzusammenbrüche und der Arbeitslosigkeit nicht "vorher zuverlässig abzuschätzen" seien, er relativierte diese Skepsis jedoch in zweifacher Weise Erstens indem er diese Probleme auf den industriellen Sektor beschränkte, und darauf setzte, dass die dort "freigesetzten Arbeitskräfte ... vom künstlich unterdimensionierten Dienstleistungsbereich aufgenommen werden" könnten.[18] Zweitens indem er sie als ein "Übergangsphänomen" darstellte Dieses Argument machten sich fortan all jene zu eigen, die den Prozess der schnellen Einigung unterstützten, wie beispielsweise BDI-Präsident Tyll Necker: "Die Angst vor großer Arbeitslosigkeit in der DDR wird erheblich übertrieben. Die Einführung einer Marktwirtschaft wird ja auch für einen dynamischen Aufschwungprozess sorgen, der schnell neue Arbeitsplätze schafft. In einer Übergangsphase ist allerdings mit Arbeitslosigkeit zu rechnen, bis all die Bürokraten und Stasi-Leute auf produktivere Tätigkeiten umgeschult sind."[19]

Die Debatte über das Für und Wider einer schnellen Währungsunion erfolgte primär innerhalb sowie zwischen den Ministerien und dem Kanzleramt. Der für die Bundesrepublik ansonsten typische Prozess der vernetzten Entscheidungsfindung zwischen Ministerialbürokratie, zuständigen Behörden, Interessenorganisationen und wissenschaftlichen Fachvertretern fand nicht statt.[20] Abgestützt durch die notwendigen außenpolitischen Flankierungen erfolgten Verhandlungen mit der DDR (Februar bis Juli 1990). welche in dem Staatsvertrag vom 18 Mai 1990 zur Einführung der WWSU ihren wichtigsten Ausdruck fanden. Das politische Kalkül der CDU/CSU, als gefeierte Partei der deutschen Einheit zu agieren, ging aufgrund der ostdeutschen Erwartungshaltung unmittelbar auf, während sich die Befürchtungen der Kritiker hinsichtlich der

---

17 Sarrazin, Thilo, 1990, zit nach Grosser, Dieter, 1998, S 169.
18 Ebd
19 Interview mit Tyll Necker, in Stern. 15 2 1990
20 Vgl Lehmbruch, Gerhard, Die improvisierte Vereinigung Die dritte deutsche Republik, in Leviathan, 4/1990, S 471

ökonomischen und arbeitsmarktpolitischen Konsequenzen dieses Schnittes in den meisten Fällen erst phasenverschoben einstellten.

Die am 2. Juli 1990 vollzogene Währungsunion wirkte als "exogener Schock"[21], der die bislang vom Weltmarkt weitgehend abgeschottete Wirtschaft der DDR ohne jede Anpassungsmöglichkeit, aber mit einer "kräftigen Aufwertung", die den Preis der Exportgüter bezogen auf die Reallöhne um das Viereinhalbfache steigen ließ, der internationalen Konkurrenz aussetzte.[22] Im Vereinigungsjahr 1990 fiel das ostdeutsche Bruttoinlandsprodukt um gut 16 Prozent und im darauffolgenden Jahr nochmals um etwa 30 Prozent; die Produktion im verarbeitenden Gewerbe ging sogar um 50 Prozent zurück.[23] Auch wenn die Währungsunion den Niedergang der ostdeutschen Industrie in geradezu dramatischer Weise beschleunigte, so ist angesichts der niedrigen Produktivität der DDR-Wirtschaft - welche zuvor von nahezu allen Beobachtern deutlich überschätzt wurde - und dem Fehlen hinreichend marktfähiger Produkte nicht mit letzter Sicherheit zu sagen, ob eine gradualistische Strategie geringere Kosten und mehr Stabilität erzeugt hätte.[24] Auf die improvisierte und problemvereinfachende Einigungspolitik ohne Beteiligung der Opposition, der Länder und Verbände folgte der Prozess des vernetzten, arbeitsteiligen Kleinarbeitens, wobei insbesondere die Tarifparteien eine wichtige Rolle spielen sollten Obwohl Gesamtmetall und IG Metall[25] gegen eine schnelle Währungsunion votierten, waren sie in der Lage, sich schnell auf die neuen Verhältnisse einzustellen und sich konzeptionell zu koordinieren. Mit der "gemeinsame(n) Erklärung zu einer einheitlichen Wirtschafts- und Sozialordnung in beiden deutschen Staaten" vom 9.3.1990 demonstrierten die Tarifparteien der Metallindustrie - vermittelt durch DGB und BDA -, dass sie zu einem konsensualen Vorgehen in Ostdeutschland bereit waren.[26]

---

21   Hoffmann. Lutz, Warten auf den Aufschwung. Eine ostdeutsche Bilanz, Regensburg 1993, S. 26.
22   Sinn, Gerlinde/Sinn, Werner 1991, S 42
23   Hoffmann, Lutz 1993, S 30 ff
24   In diesem Sinne argumentiert der damalige DIW-Präsident Lutz Hoffmann· "Jede Rekonstruktion von Alternativen einer historischen Entwicklung ist problematisch Das Zusammenwirken der verschiedenen gesellschaftlichen Kräfte ist so komplex, dass selbst ex-post-Prognosen mit großen Unsicherheiten behaftet sind Insofern kann niemand das Recht für sich beanspruchen, zuverlässig beurteilen zu können, was bei einer anderen Entscheidung über den Weg der deutschen Vereinigung tatsächlich geschehen wäre". (Hoffmann. Lutz 1993, S 25)
25   Seitens der Tarifabteilung der IG Metall wurde am 9 5 1990 folgende Position zur Währungsunion formuliert "Die IG Metall hat sich von Anfang an gegen die rasche Verwirklichung einer Wirtschafts- und Währungsunion gewandt Sie sieht sich heute in ihrer Auffassung bestätigt, dass die Wirtschafts- und Währungsunion am Ende und nicht am Beginn einer längerfristigen Umstellungsphase stehen sollte. Richtiger wäre es nach wie vor, den Umstellungsprozess der DDR außenwirtschaftlich durch eine politisch festgesetzte und schrittweise anzugleichende Parität der Mark der DDR zur DM zu steuern und nicht durch eine rasche Wirtschafts- und Währungsunion mit einem Umtauschkurs von unter 1:1 mit massiven binnenwirtschaftlichen und sozialen Nachteilen zu Lasten der Menschen in der DDR und zugunsten der Wirtschaft in der Bundesrepublik Deutschland." (IG Metall/Abteilung Tarifpolitik, Diskussionsgrundlage: Eckpunkte und Zielsetzungen für ein tarifpolitisches Aktionsprogramm für die Metallwirtschaft der DDR in der Übergangsphase, 9 5.1990 IG Metall, S 8)
26   Vgl. Schmid, Josef/Tiemann, Heinrich 1992, S 147.

Basisdaten zur Metall- und Elektroindustrie 1990/1991

Mit 1,5 Millionen Beschäftigten und etwa 44 Prozent der ehemaligen Betriebe - 1.491 von ehemals ca 3 400 Industriebetrieben - war die Metall- und Elektroindustrie der größte industrielle Sektor in der DDR.[27] Nach einer 1988 durchgeführten Studie des DIW lag die Arbeitsproduktivität des DDR-Stahl-, Maschinen- und Fahrzeugbaus im gleichen Jahr bei ca 56 Prozent des westdeutschen Niveaus; für die Elektronik-, Feinmechanik- und Optikbranche kam die gleiche Untersuchung sogar zu einem Wert von etwa 63 Prozent.[28] Dagegen schätzte man in der Zeit der Wende die Produktivität nur noch auf 30 Prozent des Westniveaus.[29] Sieht man einmal von den methodischen Erhebungsproblemen, den Branchen- und Zeitunterschieden ab, so besteht Übereinkunft, dass die Arbeitsproduktivität in der westdeutschen Metallindustrie mindestens doppelt so hoch war wie in der DDR. 1990 wurde davon ausgegangen, dass die durchschnittliche Stundenzahl pro Beschäftigtem in der ostdeutschen Metallindustrie bei 1.781 Stunden im Jahr lag; die nominelle Arbeitszeit betrug 43,75 Stunden pro Woche und der durchschnittlich gewährte Jahresurlaub lag bei 21,8 Tagen je Beschäftigtem.[30] Der durchschnittliche tarifliche Grundlohn wurde mit 3,00 bis 4,50 DDR-Mark je Stunde angegeben.

Als Anfang 1991 die Bundesanstalt für Arbeit erstmals eine Arbeitsmarktstatistik für die neuen Bundesländer erstellte, war die Gesamtzahl der Beschäftigten im ostdeutschen M + E-Sektor von etwa 1,5 Millionen Beschäftigten im Jahre 1988 auf 985.400 gefallen Nach dieser Statistik arbeiteten 1991 etwa 17 Prozent der Beschäftigten in der deutschen Metallindustrie in Ostdeutschland. Der Arbeitsplatzabbau verlief damals meist nach folgender Präferenz: In der ersten Phase des ökonomischen Transformationsprozesses (1989 bis 1991) wurden die sozialpolitischen (z.B. Feriendienste des FDGB) und die explizit politischen Funktionsbereiche (Stasi, Parteisekretariate etc.) sowie die politisch gewollte Überbeschäftigung in den Betrieben aufgelöst. Durch dramatische Einbrüche bei den angestammten Absatzmärkten im In- und Ausland schrumpfte die Produktion um zwei Drittel. Dabei blieben die Beschäftigungseinbußen (-370 000 = -27 Prozent) infolge insbesondere beschäftigungssichernder Maßnahmen (Kurzarbeit) hinter dem Produktionseinbruch (-64 Prozent) zurück. Wie dramatisch schnell der Zusammenbruch der Industrie verlief, drückte sich in dieser Phase nicht in den langsam ansteigenden Arbeitslosenzahlen aus, sondern in der Kurzarbeiterzahl, die sich zwischen Juli 1990 und März 1991 von rund 210.000 auf über 640 000 erhöhte.[31]

---

27 Handbuch der DDR - Betriebe 1990. S 112, Statistisches Jahrbuch der DDR 1990, S 157 f
28 Vgl Gorzig. Bernd/Gornig, Martin, Produktivität und Wettbewerbsfähigkeit der Wirtschaft der DDR, Berlin 1991. S 20
29 Vgl DIW/IWH/IWW 1999, S 2 ff
30 Vgl Dombrowsky, Hans-Michael 1997, S 48
31 Vgl Gesamtmetall, Geschäftsbericht 1989-1991, Köln 1991, S 58f

2. Vorstrukturierung durch die Verbandszentralen

Bevor auf die Politik der westdeutschen Verbandszentralen eingegangen werden kann, ist ein kurzer Rekurs auf die Politik der DDR-Akteure notwendig. Die tarifpolitische Situation in der DDR zwischen der Wende und dem Frühjahr 1990 war dadurch geprägt, dass die DDR-Akteure durch die Tarifpolitik ihre grundsätzliche Reformfähigkeit zu beweisen versuchten. Als die IG Metall/DDR am 27.2.1990[32] erstmals einen Rahmenkollektivvertrag kündigte, konnte dies als Bruch mit der herrschenden Lohnpolitik der DDR dargestellt werden.[33] Nicht nur auf Gewerkschaftsseite, sondern auch im Ministerium für Maschinenbau, das zu diesem Zeitpunkt als Verhandlungspartner auf der „Arbeitgeberseite" wirkte, bereitete man die Ablösung des DDR-Tarifsystems vor. Die tarifpolitischen Vorstellungen der Gewerkschaften zeichneten sich zwar durch ein höheres Maß an Lohndifferenzierung, vor allem durch Leistungszuschläge im Angestelltenbereich aus, blieben aber ansonsten ganz und gar im Fahrwasser der tradierten Lohnstrukturen der DDR.[34] Mit dem am 6.4 1990 zwischen der IG Metall/DDR und dem Maschinenbau-Ministerium abgeschlossenen Rationalisierungsschutzabkommen versuchte man eine Antwort auf die befürchteten Massenentlassungen zu geben.[35] Mit diesem Abkommen betrat man zwar einerseits Neuland in der DDR-Tarifpolitik, blieb aber andererseits einer statischen, weil allein sozialpolitischen Vorgehensweise verhaftet, so dass man damit sogleich den massiven Widerstand der westdeutschen Wirtschafts- und Arbeitgeberverbände[36] erntete, die diesen Vertrag als ein massives Investitionshindernis betrachteten und dessen Rechtmäßigkeit in Frage stellten.[37]

Da die Rahmenkollektivverträge durch die IG Metall/DDR am 27.2.1990 zum 30.6.1990 gekündigt worden waren, starteten noch vor der WWSU die Vorbereitungen von Verhandlungen mit dem Maschinenbauministerium. Doch bevor es überhaupt zu Gesprächen kommen konnte, zog sich das Maschinenbauministerium aus dieser Arena wieder zurück.[38] An dessen Stelle traten nun die neu gegründeten Arbeitgeberverbände der DDR Eingeschränkt wurden die Handlungsmöglichkeiten der ostdeutschen Akteure nicht nur durch unzureichende Informationen über den ökonomischen Status quo sowie dadurch, dass sie gänzlich ungeübt im Führen kontroverser Tarifverhandlungen waren, sondern auch durch die Einigungsdynamik des Frühsommers 1990. Insbesondere Erfahrungs- und Informationsdefizite, unzureichende Rollendifferenzierung sowie die akute Konkurrenzsituation zwischen der IG Metall/DDR und der

---

32 Der Beschluss dies zu tun, wurde im Zentralvorstand IG Metall/DDR zwar schon am 16 2.1990 getroffen; das diesbezügliche Schreiben ging aber erst am 27.2 1990 raus
33 Vgl Dombrowsky, Hans-Michael 1997, S 45 ff.
34 Vgl Stephan, Helga/Wiedemann, Eberhard, Lohnstruktur und Lohndifferenzierung in der DDR. Ergebnisse der Lohndatenerfassung vom September 1988, in: MittAB, 4/1990, S. 550ff
35 Vgl Dombrowsky, Hans-Michael 1997, S. 53 ff.
36 Vgl Ebd , S 117 f
37 Vgl den Streit um die Rechtmäßigkeit dieses Abkommens in: Dombrowsky, Hans-Michael 1997, S. 57 ff.
38 Die ministerielle Verhandlungskommission trat drei Mal zusammen (vgl. Dombrowsky, Hans-Michael 1997, S 46)

westdeutschen Metallgewerkschaft führten dazu, dass Vorbereitung und Durchführung der Tarifrunde als umfassender Mehrebenenprozess angelegt waren.[39] Erstens kam es zu direkten Gesprächen zwischen den überregionalen ostdeutschen Akteuren; zweitens gab es Verhandlungen, zu denen die Westdeutschen direkt hinzugezogen wurden; drittens suchte man wegen der akuten Informationsmängel hinsichtlich der wirtschaftlichen Situation den direkten Kontakt mit der DDR-Regierung; viertens verhandelten die regionalen Akteure wie auch in Westdeutschland üblich eigenständig und fünftens gab es vorstrukturierende und begleitende Verhandlungen der westdeutschen Verbandsspitzen Da die zentrale Ebene in der Startphase des Einigungsprozesses der maßgebliche Akteur war, wird im folgenden darauf eingegangen, wie die Zentralen diesen Prozess vorbereiteten und kontrollierten.

Als die westdeutschen Tarifpolitiker in den Monaten Februar bis Mai damit begannen, sich konzeptionell auf die Herausforderung in der DDR einzustellen, war zwar noch relativ offen, welche Rolle die ostdeutschen Akteure dabei spielen könnten; klar war aber zu diesem Zeitpunkt bereits, dass die westdeutschen Verbände nunmehr offensiv den Prozess der Transformation angehen mußten, wollten sie keine negativen Rückwirkungen für ihre politische Handlungskompetenz in der Bundesrepublik in Kauf nehmen Dass sich die westdeutschen Tarifverbände den Umbau des DDR-Tarifsystems und die Einführung der westdeutschen Strukturen zutrauten, dafür sorgte nicht nur die außerordentlich gute Konjunktur in Westdeutschland, die nach acht Aufschwungjahren durch die deutsche Einheit noch einen zusätzlichen Impuls erhielt, sondern auch der Anfang Mai in der bundesdeutschen Metall- und Elektroindustrie abgeschlossene Tarifvertrag.[40] Mit dem für beide Seiten akzeptablen "Göppinger Kompromiss" vereinbarten die westdeutschen Tarifparteien am 4.5 1990 nicht nur eine Lohn- und Gehaltserhöhung und eine Verkürzung der Wochenarbeitszeit auf 36 Stunden, sondern auch die Fixierung der 35-Stunden-Woche zum 1.10.1995. Zugleich erlangten die Unternehmen mit diesem Abschluss die Möglichkeit, dass 18 beziehungsweise 13 Prozent der Beschäftigten bis zu 40 Wochenstunden arbeiten können. Die außerordentlich positive ökonomische Situation in der Bundesrepublik und die mit dem Göppinger Abschluss unter Beweis gestellte Einigungsfähigkeit schufen eine günstige Ausgangsbasis für die tarifpolitischen Aktivitäten in Ostdeutschland.

Mit dem gerade abgeschlossenen Tarifvertrag in der Tasche konnten sich die bundesdeutschen Tarifexperten auf die Entwicklung in Ostdeutschland konzentrieren. Dies war deshalb wichtig, weil in beiden Organisationen letztlich nur einige wenige Personen den konzeptionellen Input leisteten, die Entscheidungen in den eigenen

---

39 Zwar konnten die DDR-Akteure mittlerweile auf westdeutsche Unterstützung zurückgreifen - beispielsweise fanden zwischen den Tarifexperten der west- und der ostdeutschen IG Metall zwei mehrtägige Seminare statt (21 3-24 3 1990) - gleichwohl konnte dies keinen direkt strukturverändernden Einfluß auf die Lohnfindungsarbeit in der DDR ausüben, weil die alten Verträge noch liefen
40 Vgl Bispinck, Reinhard, Tarifbewegungen im 1. Halbjahr 1990 Durchbruch zur 35-Stunden-Woche und Beginn der Tarifpolitik in der DDR, in WSI-Mitteilungen 9/1990, S 553.

Reihen durchsetzten und gegenüber der anderen Seite vertraten.⁴¹ In den Monaten April bis Juni arrangierten die bundesdeutschen Tarifparteien nicht nur die offiziellen Modalitäten für den Organisationstransfer, sie stellten in diesem Zeitraum auch die Weichen für den Transfer der tarifpolitischen Strukturen. In fünf Gesprächen⁴² auf der Arbeitsebene, an denen von jeder Seite in der Regel drei Personen beteiligt waren, wurden die wichtigsten Strukturentscheidungen für den Aufbau industrieller Beziehungen in Ostdeutschland festgelegt. Dazu gehörten die Frage nach den zukünftigen Tarifstrukturen, der Beschäftigungssicherung, der Angleichung der Entlohnungs- und Arbeitsbedingungen sowie die konkreten Forderungen für die Übergangszeit zwischen der Währungsunion und dem Inkrafttreten der neuen Tarifstrukturen.

Worin bestanden die grundsätzlichen Eckpunkte für die Tarifpolitik im Einigungsprozess? In ihrem "tarifpolitischen Aktionsprogramm für die Metallwirtschaft der DDR in der Übergangsphase"⁴³ vom 9. Mai 1990 postulierte die IG Metall, dass kein Weg am "Aufbau eines flächendeckenden Tarifvertragssystems in der DDR" vorbeiführe. Verschiedene Anzeichen gaben seinerzeit Anlass zu der Befürchtung, dass es in Ostdeutschland zu einer Verbetrieblichung der Tarifpolitik kommen könne. Da vergleichbare Entwicklungen auch in Westdeutschland festzustellen waren, kam der Bereitschaft einzelner Kombinate, betriebliche Vereinbarungen jenseits der Verbände abzuschließen⁴⁴, ein eminent politischer Charakter zu.⁴⁵ Die IG Metall forderte deshalb, dass betriebliche Vereinbarungen nur Übergangscharakter für künftige Flächentarifverträge haben dürften; andernfalls seien nachhaltige negative Folgen zu befürchten: "Eine völlige Unterschiedlichkeit und Zerklüftung in den Arbeits- und Lebensverhältnissen auf dem Gebiet der heutigen DDR und eine betriebszentrierte Verengung wären die Folge, die in den kommenden Jahren kaum wettgemacht werden könnte. Auch die Durchsetzungsbedingungen für aktive Tarifpolitik wären bei auf den Betrieb bezogenen Regelungen bestenfalls in der Anfangsphase in einem Teil der Betriebe scheinbar besser, auf Dauer gesehen aber für alle Arbeitnehmerinnen und Arbeitnehmer schlechter. Außerdem würden eher schwache Betriebe zusätzlich an den Rand gedrängt"⁴⁶. Auch in den Arbeitgeberverbänden gab es in dieser Situation kein Interesse, der Verbetrieblichung der Tarifnormen Vorschub zu leisten, wie dies im Unternehmerlager damals schon verschiedentlich als Chance diskutiert oder gar zum Gebot

---

41 In der bundesdeutschen IG Metall waren dies 1990 neben den beiden verantwortlichen Vorsitzenden (Franz Steinkühler, Klaus Zwickel) und einigen Bezirksleitern (Jürgen Peters, Werner Neugebauer, Walter Riester und Frank Teichmüller), vor allem Klaus Lang, Michael Kittner und Karlheinz Blessing. Konzeptionelle Vorarbeiten leistete die Tarifabteilung des Vorstandes Auf seiten von Gesamtmetall war dies neben dem damaligen Präsidenten Werner Stumpfe und dem Vizepräsidenten Gerhard Müller, vor allem dem Gesamtmetall Hauptgeschäftsführer Dieter Kirchner und sein Stellvertreter Friedrich Wilhelm Siebel
42 11 5, 23.5, 29.5, 11 6 und am 18.6.1990.
43 IG Metall/Abteilung Tarifpolitik, Diskussionsgrundlage· Eckpunkte und Zielsetzungen für ein tarifpolitisches Aktionsprogramm für die Metallwirtschaft der DDR in der Übergangsphase 9.5.1990.
44 Vgl. Zwickel, Klaus, DDR-Löhne durch Tarifverträge regeln, in: Metallpressedienst April 1990.
45 Vgl. Höland, Armin, Betriebliche Kollektivvereinbarungen im Übergangsjahr 1990, in: Maydell, Bernd Baron von/Wank, Rolf (Hrsg.), Transformation der Arbeitsrechtsordnung in den neuen Bundesländern, Opladen 1996, S. 23-48.
46 IG Metall, Diskussionsgrundlage 9 5 1990, S. 5.

der Stunde erhoben wurde. Stattdessen ließen sie zu keinem Zeitpunkt der Startphase einen Zweifel an ihrem Votum für den Flächentarifvertrag

Hinsichtlich der Übertragung des westdeutschen Flächentarifvertragsystems beriefen sich die westdeutschen Funktionäre auf ihre neuen ostdeutschen Verbandskollegen, die ihnen zu verstehen gaben, "dass das bisherige Tarifsystem in der DDR nicht reformiert werden könne, sondern ersetzt werden müsse"[47] In diesem Sinne lehnten sie in den Mai- und Juni-Gesprächen alle Versuche der IG Metall-Vertreter ab, die etablierten bundesrepublikanischen Tarifstrukturen zu verändern und gemeinsame Entgelttarifverträge für Arbeiter und Angestellte einzuführen. IG Metall-Vertreter deuteten dies so, dass Gesamtmetall es nicht für möglich halte, in einem vernünftigen Zeitraum auch nur minimale technische Veränderungen an diesen Tarifwerken vorzunehmen, um die Reform der Entgeltrahmentarifverträge voranzubringen. Dabei hat Gesamtmetall damit argumentiert, dass die Betriebsparteien in der DDR völlig unerfahren sind Befürchtet wurde diesbezüglich von Arbeitgeberseite, dass dort neue Tarifstrukturen vereinbart würden, für die es auch in der Bundesrepublik noch keine entsprechenden Erfahrungen gäbe, so dass bei deren Anwendung und betrieblicher Umsetzung die am Anfang dringend gebotene Starthilfe nicht geleistet werden könnte. Sie lehnten den von der IG Metall eingeklagten Reformbedarf ab, weil sie befürchteten, dass über die für sie ungünstigeren Kräfteverhältnisse in der DDR der Einstieg in eine von der Gewerkschaft verfolgte "Tarifreform 2000" erfolgen könne, die von ihnen in der Bundesrepublik bislang vehement abgelehnt worden war. Da sie den angemahnten Reformbedarf jedoch nicht grundsätzlich negieren konnten, stellten sie in Aussicht, "Verhandlungen über einen gemeinsamen Entgeltrahmentarifvertrag für die Tarifgebiete der heutigen DDR ab Anfang 1991 aufzunehmen, mit dem Ziel einen solchen Tarifvertrag spätestens Ende 1992 inkraftsetzen zu können"[48]

Der Veränderungswille der westdeutschen Arbeitgebervertreter richtete sich auf eine größere Lohnspreizung in den unteren Lohngruppen. Da sich die IG Metall diesem Ansinnen konsequent entzog, blieb letztlich nur eine auf Sicherheit bedachte Übertragungsoption, die aus Sicht der IG Metall so aussah: "Gesamtmetall betonte in diesem Zusammenhang, dass sie keine Rückwirkungen aus Regelungen in der DDR auf die Bundesrepublik wollen, und zwar weder im positiven, noch im negativen Sinne. Keiner Partei soll aus der Übertragung von Tarifverträgen Vorteile oder Nachteile erwachsen"[49]. Zu diesem Stabilitätsdenken gehörte auch, dass sie in Anlehnung an die neue verbandspolitische Realität in der DDR Tarifverhandlungen auf regionaler Ebene befürworteten, die nur im Bedarfsfall durch zentrale Verhandlungen ergänzt oder ersetzt werden sollten. Entscheidend für das Kalkül der Arbeitgeber war, dass die Basis der ostdeutschen Regionaltarifpolitik die Tarifstrukturen der bundesdeutschen Partnergebiete sein sollten, deren Übertragung man gerne schon im Mai 1990 für den 1 1 1991 vereinbart hätte.

---

47 Arbeitgeberverband Gesamtmetall, Geschäftsbericht 1989-1991, Köln 1991, S 115
48 Ebd
49 Gespräch mit Gesamtmetall über die DDR 15 6 1990, Material Tarifabteilung Vorstand IG Metall.

Parallel zu den Gesprächen auf der Arbeitsebene der Vorstände fanden auch unter den nicht an diesen Gesprächen direkt beteiligten Experten beider Organisationen Debatten über die neue Tarifpolitik in Ostdeutschland statt. Dabei entwickelten beispielsweise die vorübergehend in der DDR wirkenden westdeutschen Tarifexperten der IG Metall, Reimar Birkwald, Ernst Eisenmann und Berthold Huber im April 1990 in Leipzig ein tarifpolitisches Übergangskonzept, das ebenfalls auf dem Flächentarifvertrag aufbaute, sich aber durch eine stärkere Rücksichtnahme auf die unsichere ökonomische Entwicklungsperspektive sowie auf die Gewohnheiten der DDR-Lohnpolitik auszeichnete. Sie schlugen vor, "alle Vereinbarungen, die zwischen den Ministerien und dem FDGB beziehungsweise dem Zentralvorstand der IG Metall/DDR abgeschlossen wurden und am 30. Juni gültig waren, gelten ab dem 1. Juli als Tarifvertrag. Soweit Betriebs-Kollektivverträge Regelungen enthalten, die üblicherweise in Tarifverträgen geregelt wurden, gelten sie als Tarifvertrag"[50]. Mit dieser Struktur wollten sie dem Problem Rechnung tragen, dass angesichts der Fülle von Veränderungen, die binnen kürzester Zeit bewältigt werden mußte, für einen Übergangszeitraum eine Kontinuität hilfreich sei, damit die Beschäftigten und ihre Interessenvertreter in die Tarifautonomie hineinwachsen und ihre Interessen selbst in die Hand nehmen könnten. Zudem favorisierten sie wegen der unübersichtlichen ökonomischen Situation eine kurze Laufzeit, in der die "Tarifverträge ganz oder teilweise mit Monatsfrist zum Monatsende gekündigt werden" können. Dieser Vorschlag besaß angesichts des Votums der Arbeitgeber für eine Übertragung der Weststrukturen keine Chance.

Neben der Orientierung am Prinzip des Flächentarifvertrags war das zweite zentrale Ziel der IG Metall die "schnelle materielle Angleichung der Entlohnungs- und Arbeitsbedingungen in der Metallwirtschaft der DDR an das Niveau der Bundesrepublik Deutschland"[51]. Mit diesem Anliegen folgte die IG Metall der von der Regierung Kohl formulierten Zielsetzung einer schnellen Annäherung der Lebensverhältnisse durch die WWSU. Im Unterschied zur Regierung, die dafür plädierte, dass die Tarifparteien zunächst einmal das Lohnniveau einfrieren sollten, und erst bei eintretenden Produktivitätssteigerungen nachzuziehen, favorisierte die IG Metall den Weg einer aktiven Tarifpolitik, die der Produktivität vorauseilt. Im Frühjahr 1990 ging man innerhalb der Gewerkschaft davon aus, dass sich im Sog einer vergleichsweise schnellen Lohnanpassung - gedacht war damals an einen Zeitraum von etwa fünf Jahren - auch die Produktivität im "nacheilenden Gehorsam" an das Westniveau anpassen würde. Diese Anpassungspolitik, so das Kalkül, sei nicht nur vorteilhaft für einen hohen Mitgliederstand, sondern auch hinsichtlich der Balance von ost- und westdeutschen Interessen. In diesem Sinne signalisierten die IG Metall-Vertreter in den Gesprächen mit Gesamtmetall, dass eine aktive Lohnanpassung notwendig sei, um tarifpolitische Erfolge als Bindefaktoren der gewerkschaftlichen Arbeit einsetzen zu können. Andererseits verstand sich die so formulierte Anpassungspolitik als ein

---

50 Birkwald, Reimar/Eisenmann, Ernst/Huber, Berthold, Tarifvertragsentwurf, Material Birkwald, Leipzig 4/1990
51 IG Metall. Diskussionsgrundlage 9.5 1990, S. 6.

aktiver gesellschaftlicher Beitrag zur Herstellung der sozialen Einheit ("gleicher Lohn für gleiche Arbeit"), dessen wirtschaftliche Begründung sich dem tradierten Modell der keynesianisch argumentierenden Lohnpolitik anschloss.

Von der politisch gesetzten Angleichungsoption ausgehend, warnte die IG Metall die Arbeitgeberverbände davor, das Tarifniveau einzufrieren oder gar abzusenken, um dadurch die Wettbewerbsnachteile der DDR-Betriebe auszugleichen· "Die Masse der DDR-Beschäftigten im Einkommen noch unter das Sozialhilfeniveau der Bundesrepublik zu drücken, würde eine menschliche und soziale Katastrophe programmieren, die auch die wirtschaftliche Verbesserung blockieren müßte. Der Arbeitsmarkt in der DDR würde weiter ausbluten, der in der Bundesrepublik mit allen Folgeproblemen für Arbeitslosigkeit, soziale Sicherungssysteme, Sozialhilfe und steigender Feindseligkeit gegenüber DDR-Bürgern zusätzlich belastet"[52]. Diesen Argumenten konnten sich die Arbeitgeber nicht entziehen; schließlich wollten auch sie nicht dafür verantwortlich sein, dass der Weg von der Plan- zur Marktwirtschaft für die Beschäftigten mit einer Lohnreduzierung beginnt. Sie stimmten dem Ziel der Angleichung der Entlohnungs- und Arbeitsbedingungen von Anfang an prinzipiell zu, gingen dabei jedoch von längeren Anpassungsfristen aus, die sie jedoch im Frühsommer 1990 nicht in Gestalt eines Fahrplans festlegen wollten. Damit war auf der grundsätzlichen Ebene vorgeklärt, dass es für die Tarifpolitik keine Alternative zur Anpassung an das westdeutsche Niveau gab; gleichzeitig war jedoch auch deutlich geworden, dass der Modus der Anpassung zwischen den Tarifparteien von der ersten Minute an umstritten war, so dass diese Frage erst im konkreten Ringen der Kräfte zu klären sein würde.

Der vierte große Bereich - neben der Verhandlungsebene, den Tarifstrukturen sowie der materiellen Anpassung an das bundesdeutsche Niveau - ‚über den sich die Tarifparteien schon im Vorfeld der ersten Tarifrunden verständigen mußten, bestand darin, ob und wie sie einen eigenen Beitrag leisten können, um für die von Arbeitslosigkeit Betroffenen Qualifizierungs- und Beschäftigungschancen zu schaffen. Über das Ob scheint es keine längere Debatte gegeben zu haben. Schnell stimmte man darin überein, gemeinsame Initiativen zu ergreifen, bei denen tarifvertragliche Möglichkeiten mit den Instrumenten des Arbeitsförderungsgesetzes/DDR verbunden werden sollten. Konsens bestand darüber, dass Qualifizierung und Kurzarbeit Vorrang haben müßten vor Entlassungen, dass gemeinsame Clearingstellen geschaffen werden sollten, die auf der Ebene der Tarifgebiete in Absprache mit den Arbeitsämtern Beschäftigungsprogramme entwickeln sollten und dass ein betrieblicher Zuschuss zum Kurzarbeitergeld notwendig sei. Unterschiedliche Interessen gab es hinsichtlich der "konkreten Ausformulierung der Beschäftigungsgarantie", denn in einem grundsätzlichen Kündigungsverbot sahen die Vertreter des Arbeitgeberverbandes einen nicht zu tolerierenden Eingriff in die unternehmerische Entscheidungsautonomie Auf eine ähnlich grundsätzliche Ablehnung trafen die Gewerkschaftsvertreter bei ihrem Vorschlag, eine paritätische Kommission zur Gestaltung der Qualifizierungspolitik

---

52 Ebd, S 8

einzurichten. Darin sah Gesamtmetall eine nicht zu akzeptierende Ausdehnung der Mitbestimmung. Schließlich konnte auch kein Konsens hinsichtlich der Höhe des betrieblichen Zuschusses zum Kurzarbeitergeld erreicht werden .

In den Arbeitsgesprächen wurde der Korridor für die erste Tarifrunde abgesteckt: Dazu gehörte an erster Stelle die Frage, auf welcher Ebene die Verhandlungen geführt werden sollten. Man kam überein, regionale Verhandlungen zu präferieren. Zwar brächten zentrale Tarifverhandlungen eine schnellere Lösung, dafür müsse aber ein zu hoher Preis gezahlt werden. Befürchtet wurde, dass ohne Beteiligungsmöglichkeiten die Betroffenen den Eindruck gewännen, der alte Stil von Kollektivverhandlungen werde nur unter anderen Vorzeichen fortgeführt. In einem solchen Fall sei mit Konflikten zu rechnen Als besonders brisant schätzte man es zudem ein, dass durch eine zu enge tarifpolitische Kooperation mit der IG Metall/DDR der parallel vorzubereitende Kurs der „feindlichen Übernahme" gefährdet werden könnte. Auf Seiten der westdeutschen Arbeitgeber war es notwendig, die Interessen der neuen ostdeutschen Arbeitgeberverbände zu berücksichtigen. Deshalb einigte man sich auf regionale Verhandlungen, die zwar von den DDR-Repräsentanten geführt werden sollten, wobei man deren Handlungen jedoch durch eine straffe Koordinierung im Hintergrund und zentrale Empfehlungsvereinbarung steuern wollte. Dabei setzte man darauf, dass es zu einem Pilotabschluss in Berlin-Brandenburg käme, was für beide Seiten den Charme hätte, über West-Berlin einen starken bundesdeutschen Einfluss geltend machen zu können Aus Sicht des Frankfurter IG Metall-Vorstandes war damit auch der Vorteil verbunden, dass so der Einfluß des DDR-Zentralvorstandes minimiert werden konnte.

In den fünf Spitzengesprächen zwischen Vertretern der IG Metall und Gesamtmetall, deren Ergebnisse jeweils in die Entscheidungsgremien der beiden Organisationen rückgekoppelt wurden, konnten die wichtigsten Strukturen und Inhalte des neu zu errichtenden Systems industrieller Beziehungen innerhalb eines Zeitraumes von vier Wochen vorstrukturiert werden. Übereinstimmungen konnten sowohl hinsichtlich der Einschätzung der unzureichenden Konkurrenzfähigkeit vieler ostdeutscher Betriebe erreicht werden als auch in dem Willen, einen eigenen Beitrag zur Verhinderung von Massenentlassungen zu leisten. Letzterer sollte eng mit der staatlichen Arbeitsmarktpolitik gekoppelt werden und sowohl den Betrieben als auch den einzelnen Beschäftigten Zeit geben, sich auf die neuen Verhältnisse einzustellen. In diesem Sinne füllten beide Verbände ihre Rolle als vertrauensgenerierende Organisatoren im politischen Transformationsprozess aus. Flankiert wurden diese Vorklärungen durch zwei Gespräche, die zwischen Vertretern der ostdeutschen Arbeitgeber und der IG Metall/DDR geführt wurden[53], durch ein Gespräch der ostdeutschen Verbände mit Vertretern der Regierung der DDR unter Federführung der Ministerin für Arbeit und Soziales, durch regionale Gespräche sowie durch Ost-West Seminare der Gewerkschaften und der Arbeitgeberverbände.[54] Damit waren zwar die konkreten materiellen Niveaus und Sicherungsbereiche, welche von den jeweiligen Kräftekonstellationen abhingen, noch

---

53 Auch an diesen Gesprächen - 18.5 und 6.6 - nahmen Vertreter der westdeutschen Verbandsspitzen teil.
54 IG Metall im Gespräch mit Ministerin Hildebrandt am 5.6 1990, in. Tribüne 6.6.1990

keinesfalls determiniert, gleichwohl war damit auf zentraler Ebene eine Basis gelegt worden, von der jedoch niemand wusste, ob sie von den regionalen Akteuren auch akzeptiert werden würde Parallel zu den zentralen Gesprächen mußten die ostdeutschen Akteure für diese Politik gewonnen werden, was jedoch in Anbetracht der Akzeptanz, die den westdeutschen Experten in den Fragen der Tarifgestaltung entgegengebracht wurde, zunächst kein größeres Problem zu sein schien.

3. Stapellauf: Drei Tarifrunden in einem Jahr

Die Vorbereitung der ersten Tarifverhandlungen begann mit der Wahl der Tarifkommissionsmitglieder und der Aufstellung der Forderungen. Da der Aufbau neuer organisatorischer Strukturen zu diesem Zeitpunkt erst in den Anfängen steckte, gab es die Hoffnung, dass durch die Beteiligung der betrieblichen Akteure die Tarifautonomie von unten aufgebaut werden könne. In der Situation des Übergangs war symbolträchtiges Abgrenzungshandeln verlangt. Dazu konnten Aktivitäten beitragen, die deutlich machten, dass etwas Neues anfängt. Ohne Improvisation hätten die Organisationen in dieser Zeit nicht bestehen können. Da die Handlungen innerhalb der industriellen Beziehungen bereits frühzeitig in Institutionen eingebunden waren, die sich an den westdeutschen Verhaltens- und Niveaustandards orientierten, konnte der Eindruck entstehen, die ostdeutschen Akteure seien bereits hinreichend vertraut mit den neuen Verhältnissen. In diesem Sinne kann die erste Tarifrunde zugleich als öffentlicher Praxistest begriffen werden· der erste Ort an dem sich auch für die interessierte Öffentlichkeit zeigen sollte, in welchem Mischungsverhältnis alte und neue Strukturen. altes und neues Denken in Ostdeutschland zueinander stehen.

Wegen der prekären ökonomischen Lage war allen Beteiligten in den Verbänden bewusst, dass in einem Land mit zwei grundverschiedenen Leistungsniveaus eine an gleichen Spielregeln orientierte Tarifpolitik nicht funktionieren konnte. Deshalb folgte die Tarifpolitik, als Teil des Einigungsprozesses, dem Primat der Politik, um materiell nachvollziehbar zu machen, dass die versprochene Annäherung des Ostens an den Westen stattfindet Zudem konnte man gegenüber westdeutscher Kritik darauf verweisen, dass der zu zahlende politische Preis in Gestalt hoher Transferzahlungen eine Investition bedeute, die eine kaufkräftige Nachfrage schafft, welche auch dem Westen zugute komme. Im Bewusstsein, dass die Lohnhöhe in der Situation des Umbruchs weder einen entscheidenden Einfluß auf die Handlungsfähigkeit der Unternehmen noch auf die Arbeitsnachfrage ausüben könne, konzentrierten sich die Gewerkschaften primär auf die Interessen ihrer Mitglieder. Denn diese erwarteten, dass die IG Metall einen Beitrag leistet, um das Kohlsche Angleichungsversprechen[55] voranzubringen. Insofern besaß die tarifpolitische Angleichungsperspektive für die IG Metall eine dreifache Funktion: Erstens sollte die Heranführung der ostdeutschen Beschäftigten an

---

55 Kohl "Keinem wird es schlechter gehen, vielen aber besser"

das bundesdeutsche Lebenshaltungsniveau sukzessive realisiert werden; zweitens sollte der Anreiz zur Abwanderung für die Beschäftigten nach Westdeutschland verringert werden und drittens hoffte man so zu verhindern, dass es zusätzliche tarifpolitische Anreize zur Verlagerung industrieller Kapazitäten von West nach Ost gebe.

Den Arbeitgebern ging es in der ersten Tarifrunde auf der inhaltlichen Ebene vor allem darum, den finanziellen Spielraum für die erforderliche Umstrukturierung der Betriebe nicht einzuschränken und das Rationalisierungsschutzabkommen aufzulösen. Entgegen früheren Andeutungen signalisierten sie im zweiten Gespräch mit den Vertretern der westdeutschen IG Metall (23.5.1990) die Bereitschaft, einen Teuerungsausgleich für die im Zuge der WWSU zu erwartenden zusätzlichen finanziellen Belastungen der Beschäftigten durch Subventionsabbau, Steuererhöhungen und steigende Sozialversicherungsbeiträge zu akzeptieren. Sie wollten aber keine prozentuale Erhöhung vereinbaren, sondern für einen Übergangszeitraum sollten die Lohn- und Gehaltserhöhungen in Form von Einmalzahlungen auf der Grundlage der jetzigen Löhne und Gehälter in der DDR, wie sie sich zum 30.6.1990 in Mark der DDR darstellten, vorgenommen werden. Das gemeinsame Interesse von westdeutschen Arbeitgebern und IG Metall bezog sich auf einen Beitrag zur sozialen Stabilisierung der Rahmenbedingungen, insbesondere der Verhinderung weiterer Abwanderung.

Bevor die Tarifrunde in der Metallindustrie startete, lagen schon die ersten Tarifverträge aus anderen Branchen vor.[56] Den Anfang machten die 14.000 Beschäftigten der DDR-Versicherungen, für die bereits im Mai eine 50-prozentige Lohnsteigerung zum 1 Juli vereinbart werden konnte. Ein ähnliches Ergebnis wurde in der Kreditwirtschaft erreicht. Die Gewerkschaften forderten in der Tarifrunde der ostdeutschen Metall- und Elektroindustrie einen Abschluss, mit dem die nach der WWSU zu erwartenden Steuer-, Preis- und Sozialversicherungserhöhungen für alle gleichmäßig kompensiert werden sollten.[57] Erstens sollte der einkommenspolitische Handlungsbedarf durch eine pauschale Lohnerhöhung in Höhe von 400 DM realisiert werden. Zweitens gab es angesichts der zu befürchtenden Entlassungswellen einen zwingenden beschäftigungspolitischen Handlungsbedarf, dem durch ein zweijähriges Kündigungsverbot - verknüpft mit Qualifizierungsmaßnahmen - entsprochen werden sollte. Hinzu kamen Forderungen zur Einführung der 40-Stunden-Woche, zum Jahresurlaub und Urlaubsgeld, zur Freistellung der Tarifkommissionsmitglieder und zur Angleichung der Tarifstrukturen.

Im Anschluss an ein Spitzengespräch zwischen den Arbeitgeberverbänden der DDR und dem Zentralvorstand der IG Metall (6.6 1990), in dem bereits die 40-

---

56 Vgl Neubauer, Ralf, Tarifparteien in der DDR bewegen sich auf einem äußerst schmalen Grat, in: Frankfurter Rundschau 21 7.1990
57 Diese Forderung begründete Franz Steinkühler so: "Diese 400 Mark für jeden sind zunächst mal eine Notlösung. weil wir bis zum 1 Juli nicht in der Lage sind, Lohn- und Gehaltsgruppen einzuführen. Wenn mit dem 1. Juli nur die jetzigen DDR-Löhne in D-Mark umgewechselt würden, dann hätten die Arbeitnehmer einen Reallohnverlust von schätzungsweise 25 Prozent". Es sei "undenkbar, dass am 1. Juli die D-Mark in der DDR eingeführt wird und gleichzeitig das Nettoeinkommen massiv absinkt" (Interview mit Franz Steinkühler, in: Der Spiegel 18 6 1990).

Stunden-Woche verabredet wurde[58], begannen die regionalen Verhandlungen[59], welche von den ostdeutschen Verbändevertretern geführt wurden.[60] Bei allen Verhandlungsterminen waren Vertreter des Vorstandes der IG Metall/DDR und der Frankfurter Tarifabteilung sowie jeweils ein Vertreter des regionalen Arbeitgeberverbandes, von Gesamtmetall und des regionalen Partnerarbeitgeberverbandes anwesend. Diese erste ostdeutsche Tarifrunde wurde also auf beiden Seiten doppelt koordiniert: Es gab eine DDR- und eine bundesdeutsche Koordination der regionalen Gespräche, wobei die westdeutschen Vorgaben letztlich ausschlaggebend wurden Damit folgte man in Ostdeutschland dem Prinzip der zentral gesteuerten Regionalisierung, das in der westdeutschen IG Metall seit den 50er Jahren praktiziert wird.[61] Diese von beiden Seiten eingeschlagene doppelte Koordination brachte Friktionen mit sich, die sich in einer schwierigen Verhandlungspraxis niederschlugen. Schien ein Gegenstand einigungsfähig, so wurde er durch die Interventionen der westdeutschen Dachverbände wieder mit neuen Auflagen verbunden, so dass sich wechselseitige Vorwürfe nicht nur zwischen Gewerkschaft und Arbeitgeberverband, sondern auch zwischen den jeweiligen ost- und westdeutschen Partnerverbänden hochschaukelten.[62]

Die Praxis der ersten freien Tarifverhandlungen nach der WWSU waren nicht nur aufgrund der vielen Koordinierungsebenen und des Informationsmangels problematisch, sondern auch wegen der noch nicht existierenden Rollendifferenzierung auf ostdeutscher Seite, wo die Arbeitgebervertreter laut Teilnehmerberichten Schwierigkeiten hatten, sich von den Gewerkschaftsvertretern interessenpolitisch abzugrenzen [63] Da die regionalen Verhandlungen blockiert waren, bereiteten Vertreter von Gesamtmetall und des Vorstandes der bundesdeutschen IG Metall eine Empfehlungsvereinbarung vor, mit der sie unmittelbar an ihre gemeinsamen Vorgespräche auf der Arbeitsebene anknüpften Doch als die westdeutschen Verbandsspitzen am 27.6.1990 versuchten, die Basis für den ostdeutschen Tarifabschluss zu legen, sahen sie sich nicht nur der Kritik aus dem Kreis der Wirtschaftsverbände sowie der ihr nahestehenden Journalisten ausgesetzt, sondern auch der des Bundesfinanzministers und des Deutschen Instituts für Wirtschaftsforschung (DIW).[64] Kurz vor dem Spitzengespräch schlug das DIW eine mittelfristige Lohnleitlinie von etwa 10 Prozent vor, die im Falle einer wider Erwarten höher ausfallenden Produktivität nachgebessert werden könne.[65] Das Spitzengespräch scheiterte. Gesamtmetall war nicht bereit, die Forderungen der IG Metall nach einer pauschalen Zahlung von 400 DM und einem zweijährigen

---

58 Vgl 40-Stunden-Woche für die DDR-Metallindustrie. in Handelsblatt 8 6 1990
59 7 Juni 1990
60 Eine Ausnahme bildete Berlin-Brandenburg, wo auf seiten der IG Metall teilweise auch direkt ein Vertreter der West-Berliner Organisation die Verhandlungen leitete
61 Vgl Prigge, Wolfgang Ulrich 1987, S 226
62 "Metalltarifverhandlungen verlaufen chaotisch", in Frankfurter Allgemeine Zeitung 29 6 1990
63 Vgl Dombrowsky, Hans-Michael 1997, S 266
64 Zuruckhaltung der Tarifparteien bei den DDR-Lohnverhandlungen angemahnt, in Handelsblatt 22 6 1990
65 Die Lohnpolitik in der DDR - ein schwieriger Balanceakt, in Frankfurter Allgemeine Zeitung 29 6 1990

Kündigungsverbot zu akzeptieren,⁶⁶ während die IG Metall nicht bereit war, das Rationalisierungsschutzabkommen aufzulösen⁶⁷ und die über 60-Jährigen in den Vorruhestand zu schicken statt in die Beschäftigungssicherung.⁶⁸ Da nach dem Scheitern dieses zentralen Gespräches auch das Spitzengespräch des Zentralvorstandes der IGM/DDR und der ostdeutschen Arbeitgeberverbände scheiterte, wurden fortan nicht nur die wichtigsten Verhandlungen von Protestaktionen begleitet, auch auf betrieblicher Ebene nahm der Protest aus Angst vor Entlassungen massiv zu.⁶⁹ Während die Aktionen im Umfeld der Verhandlungen seitens der IG Metall gut organisiert und eingebettet waren, entwickelten sich auf betrieblicher Ebene auch unkontrollierte Protestaktivitäten.⁷⁰ Besonders brisant war die Situation, als in dem Unternehmen des Verhandlungsführers der brandenburgischen Arbeitgeber in Ludwigsfelde (IFA) eine Vereinbarung erzielt wurde, in der wichtige Verhandlungsziele der IG Metall in einer Betriebsvereinbarung abgesichert wurden.⁷¹ Dies war ein derart schwerer Schlag gegen die Solidarität im Arbeitgeberlager, dass der für den 2. Juli angesetzte erste Verhandlungstermin mit der IG Metall abgesagt wurde.⁷² Mittlerweile war die WWSU in Kraft gesetzt, doch noch immer lag kein Tarifvertrag vor. Der Druck auf einen baldigen Abschluss in der Metallbranche erhöhte sich weiter. Schon am 11. Juli war es zu einem Abschluss für die 300.000 Beschäftigten der Chemiebranche gekommen, mit dem rückwirkend zum 1. Juli die Grundlöhne um 35 Prozent erhöht, das Kurzarbeitergeld durch eine betriebliche Zulage auf 90 Prozent des Nettolohnes angehoben und das 13. Monatsgehalt tariflich vereinbart wurde.⁷³ Aus Sicht der IG Metall war dieser Vertrag aus zwei Gründen problematisch: Erstens weil keine Reduzierung der Wochenarbeitszeit vereinbart wurde, und zweitens, weil darin kein Kündigungsschutz vereinbart wurde, der das aus der Modrow-Zeit stammende Rationalisierungsschutzabkommen ablöste. Nur einen Tag nach dem Chemie-Abschluss und mehr als vier Wochen nach Beginn der Verhandlungen in der Metallindustrie, denen 11 regionale

---

66 Stumpfe sprach davon. dass die Forderungen der IG Metall einer "Totengräber-Aktion" für die Arbeitsplätze gleichkomme. vgl Maier-Mannhardt, Helmut, Die untauglichen Rezepte der IG Metall, in Süddeutsche Zeitung, 29 6 1990.
67 Den Widerstand gegen die Auflosung des Rationalisierungsschutzabkommens erklärte Franz Steinkühler damit, dass es sich dabei um den ersten Tariferfolg einer freien Gewerkschaft in der DDR handele: "Das ist unhygienisch, das kann man uns nicht zumuten Denn wir haben nicht die Absicht, uns in der DDR kaputt zu machen Wir sind ab 1 Januar 1991 die Interessenvertreter der Kollegen drüben Was hätten sie denken mussen, wenn wir sozusagen als erste Amtshandlung diesen ersten Erfolg wieder zerstorten?", Mundorf, Hans, Steinkühler zum Scheitern der Sondierungsgespräche mit Gesamtmetall, in Handelsblatt 2 7 1990
68 Vgl "Ubermut der Passagiere auf dem sinkenden Schiff", in Handelsblatt 28 6 1990
69 Steinkühler, Franz. Druck - einziges Mittel, vernünftige Tarife durchzusetzen, Tribüne 9 7 1990 Im Handelsblatt vom 8 Juni stand zu den Protestaktivitäten "Aus Protest gegen eine drohende Massenarbeitslosigkeit haben am Donnerstagmorgen die Beschäftigten verschiedener Großbetriebe im Ostberliner Stadtteil Teltow die Fernverkehrstraße zwischen Potsdam und Berlin eine Stunde lang blockiert"
70 Hinsichtlich der Streikfähigkeit in der ostdeutschen Metall- und Elektroindustrie urteilte Franz Steinkühler im Juni 1990 angesichts fehlender Erfahrungen und Strukturen negativ "Es kann Krawalle geben, es kann Aufstände geben, das alles schließe ich nicht aus. Aber ich schließe aus, dass wir da drüben organisiert streikfähig sind Die Strukturen, die man dafür braucht, haben wir erst in einem Jahr", Interview mit Franz Steinkuhler, in Der Spiegel 18 6 1990.
71 Vgl Dombrowsky, Hans-Michael 1997, S. 284.
72 Vgl Hoffmann. Günter 1997, S 128
73 "Durchbruch bei Tarifverhandlungen DDR-Chemie schließt ersten Vertrag", in Die Welt 12 7 1990

Verhandlungsrunden und 8 Spitzengespräche vorangegangen waren, konnte im Tarifgebiet Berlin-Brandenburg (12 7 1990) der erste Tarifvertrag unter den Bedingungen eines einheitlichen Wirtschafts- und Währungsgebietes abgeschlossen werden [74] Der erste Abschluss in der Metall- und Elektroindustrie setzte sich aus drei Verträgen zusammen. Erstens aus einem Lohn-/Gehaltsabschluss mit monatlichen Pauschalzahlungen mit einer Laufzeit von einem halben Jahr, zweitens einem Tarifvertrag über Kündigungsschutz und Qualifizierung und drittens einem Tarifvertrag zur Arbeitszeit und zum Jahresurlaub. Zwar versuchten sowohl die Arbeitgeberverbände als auch die IG Metall in den anderen Tarifgebieten noch einmal, das Blatt stärker zu ihren Gunsten zu wenden, doch letztlich führte kein Weg daran vorbei, den Berliner Pilotabschluss auch in den anderen Regionen zu übernehmen.[75] Systematisch gegenübergestellt wird das Verhältnis zwischen Forderungen, Angebot und Abschluss bei den ersten Tarifverhandlungen[76] in Tabelle 27.

Tabelle 27: Forderungen und Ergebnis der ersten ostdeutschen Tarifrunde nach der WWSU 1990

Regelungsfeld	Forderung IG Metall	Angebot Arbeitgeberverband	Ergebnis
Pauschaler Teuerungsausgleich	400 DM monatlich für alle	150 DM	3 Monate 250 DM 3 Monate. 300 DM
Arbeitszeitverkürzung	40-Stunden-Woche mit vollem Lohnausgleich	40-Stunden-Woche mit Abweichung (13 beziehungsweise 18 % der Belegschaft) wie im Westen	40-Stunden-Woche Abweichungen wie im Westen (Laufzeit bis 31.12.1991)
Beschäftigungssicherung	Verbot betriebsbedingter Kündigungen für 2 Jahre	Empfehlung an Betriebe Statt Entlassungen Kurzarbeit nach AFG, Wegfall des Rationalisierungsschutzabkommens zum 1.7.90	• 1 Jahr Verbot betriebsbedingter Kündigungen (längstens bis zum 30.6.1991) • Wegfall des Rationalisierungsschutzabkommen
Zuschuss zum Kurzarbeitergeld	auf 100% des Nettolohnes/-einkommens	+10%, mehr nur dort, wo wirtschaftliche Lage dies zulasst	90% beziehungsweise 85%
Urlaub	20 Tage Grundurlaub	20 Tage Grundurlaub	20 Tage Grundurlaub
Qualifizierungskommission	paritätisch besetzt	-	nur beratend
Angleichung an die westdeutschen Tarifstrukturen	Übertragung der westdeutschen Tarifstrukturen	Übertragung kostenneutral	ab 1 4 1991 Übernahme der Tarifstrukturen/West

Quelle Tarifverträge Metallindustrie © Wolfgang Schroeder

---

74 Vgl Arbeitgeberverband Gesamtmetall, 1991, S. 122
75 Das erste Sondierungsgespräch auf ostdeutscher Seite fand am 23 4 1990 statt, das erste Gespräch der beiden westdeutschen Verbandsspitzen am 11.5. Der letzte regionale Abschluss erfolgte am 18.Juli 1990 in Sachsen Beendet war die erste Tarifrunde Ende Juli mit der Annahme der Verhandlungsergebnisse in den Gremien der IG Metall und der Arbeitgeber (vgl Metallindustrie in Sachsen-Anhalt und Mecklenburg übernimmt Berliner Abschluss, in Handelsblatt 16.7.1990) Der Thüringer Arbeitgeberverband fällte im Hinblick auf den Pilotabschluss ein extrem negatives Urteil. "In einer fast ausweglosen Situation sieht sich die Elektro- und Metallindustrie Thüringens nach Angaben ihres Arbeitgeberverbandes als Folge des Tarifabschlusses" (Abschluss nach dem Berliner Modell, in. Handelsblatt 18 7.1990).
76 Vgl Dombrowsky, Hans-Michael 1997, S 281.

übergestellt wird das Verhältnis zwischen Forderungen, Angebot und Abschluss bei den ersten Tarifverhandlungen[76] in Tabelle 27.

Kritische Bewertung des ersten Tarifabschlusses

Der erste Tarifabschluss nach der WWSU bewegte sich zwar innerhalb des von den westdeutschen Verbandsspitzen zuvor ausgeloteten Rahmens; gleichwohl war der Weg dorthin relativ schwierig. Während der Abschluss auf Gewerkschaftsseite begrüßt wurde[77], reagierte man innerhalb der Arbeitgeberverbände[78] und seitens der Wirtschaftsverbände, Parteien, staatlichen Instanzen und der Wirtschaftspresse mit heftiger Kritik. Um angesichts der negativen Grundstimmung das Gesicht zu wahren, stellte Gesamtmetall positiv heraus, dass es gelungen sei, mit dem auf nur ein Jahr befristeten Kündigungsschutz das auf zwei Jahre fixierte Rationalisierungsschutzabkommen auszuhebeln und so eine erhebliche Kostenentlastung für die Betriebe zu erreichen.[79] Die Kritik der Arbeitgeber richtete sich insbesondere gegen die Pauschalzahlungen, welche mit einer produktivitätsorientierten Lohnpolitik nicht zu vereinbaren sei. Ursächlich für das aus Arbeitgebersicht schlechte Tarifergebnis sei der Druck durch "die Abschlüsse in den anderen Branchen"[80] und die fehlende Parität zwischen den Tarifparteien, die eine existentielle Voraussetzung der Tarifautonomie bilde. Verwiesen wurde auf die "Unerfahrenheit der Tarifvertragsparteien", den "angestauten Erwartungsdruck" bei den Beschäftigten und darauf, dass die Repräsentanten auf Arbeitgeberseite in der DDR nur "kommissarisch" tätig gewesen seien. Die Zugeständnisse der DDR-Arbeitgeber wurden darauf zurückgeführt, dass diese "auf die Zustimmung der Gewerkschaften angewiesen (seien), wenn sie nach der Privatisierung eines Betriebes eine Vorstandstätigkeit übernehmen wollten".[81] Zugespitzt wurde die Kritik mit dem Vorwurf vom "fehlende(n) Verantwortungsbewusstsein der Gewerkschaften", denen es bei diesem Abschluss nur darum gegangen sei, möglichst viele Mitglieder zu gewinnen. In der öffentlichen Debatte, die bald nach Bekanntwerden des Tarifabschlusses einsetzte, dominierte der Vorwurf, dass dieser Abschluss eine Gefähr-

---

76 Vgl. Dombrowsky, Hans-Michael 1997, S 281.
77 Der Vorstand der IG Metall/DDR ließ sich das Ergebnis des Tarifvertrages von früheren Mitarbeitern der Gewerkschaftsschule in Bernau, wie Heinz Kallabis, nachträglich in einer eigenen Studie bewerten: "Die Gewerkschaften haben mit ihrer Tarifpolitik mehr erreicht, als die Mitglieder vermutet hatten". Wobei die gewerkschaftlichen Forderungen mit besonderem Nachdruck von den Frauen, den älteren Beschäftigten und den unteren Lohngruppen unterstützt worden seien (Vgl Baumgarten, Irene, Analyse - zu Schade für die Schublade, in: Tribüne 18 September 1990).
78 Der brandenburgische Verhandlungsführer der Arbeitgeber, Lothar Heinzmann, kommentierte den Berliner Abschluss als "eigentlich wirtschaftlich nicht tragbar" (Einjährige Beschäftigungsgarantie für Metallarbeiter in der DDR, in. Frankfurter Rundschau 14 7.1990).
79 Vgl. "IG Metall fehlt Verantwortungsbewusstsein", in. Handelsblatt 16.7.1990.
80 Arbeitgeberverband Gesamtmetall 1991, S. 123.
81 Vgl. IG Metall fehlt Verantwortungsbewusstsein, in: Handelsblatt 16.7.1990.

dung für die Wettbewerbsfähigkeit der ostdeutschen Metall- und Elektroindustrie bedeute [82]

Die wichtigsten Kritikpunkte am ersten Tarifabschluss in der ostdeutschen Metall- und Elektroindustrie können unter systematischen Gesichtspunkten folgendermaßen zusammengefasst werden: Im Zentrum stand der Vorwurf, dass dieser Abschluss das Ergebnis einer "expansiven Lohnpolitik"[83] sei, die der Arbeitsproduktivität vorauseile und somit verhindere, "dass ein Aufbruchklima entsteht, in dem Wachstum, Beschäftigung und Wohlstand einen schnellen Aufschwung nehmen".[84] Das zentrale Problem der wirtschaftlichen Modernisierung Ostdeutschlands liege in einem unzureichenden Investitionsniveau, deshalb müsse alles getan werden, um Investoren zu gewinnen. Damit die Tarifpolitik nicht zu einer Investitionsblockade werde, präferierten die Kritiker aus den Arbeitgeber- und Wirtschaftsverbänden, Wirtschaftsminister Hausmann, die Bundesbank[85] und das DIW die Forderung nach einer produktivitätsorientierten Lohnpolitik.[86] Unterstützt wurden sie dabei auch von führenden Sozialdemokraten, wie Wolfgang Roth[87] oder DDR-Finanzminister Walter Romberg.[88] Auch der Sachverständigenrat kritisierte die fehlende Produktivitätsorientierung und das Kündigungsverbot[89] sowie die aus seiner Sicht unzureichende Lohn- und Gehaltsdifferenzierung [90] Kurzum, der erste Tarifabschluss zog die Kritik vieler Vertreter der wirtschaftspolitischen Reflexionselite auf sich. Meist richtete sich die aggressive Form der öffentlich geäußerten Kritik direkt gegen die IG Metall, die mit diesem Abschluss einmal mehr bewiesen habe, dass sie eine "maßlose Organisation" sei, die keine gesellschaftliche Verantwortung kenne, sondern nur organisationspolitisches Eigen-

---

82 Vgl Gorning, Martin/Schwarze, Johannes, Hohe pauschale Lohnsteigerungen in der DDR gefährden die Wettbewerbsfähigkeit, in Deutschland-Archiv 1990/10, S 1619-1624
83 Bundeswirtschaftsminister Hausmann mahnt gesamtwirtschaftliche Verantwortung der Tarifparteien an, in. Handelsblatt 20 7 1990
84 Ebd
85 Vgl Bundesbank stellt Tarifabschlusse in Frage, in Frankfurter Rundschau 24 7 1990
86 Das DIW kritisierte, dass Lohnsteigerungen in Größenordnungen von über 20 Prozent weit über den Teuerungsausgleich hinausgingen Solche Abschlusse "bedeuten nichts anderes, als dass noch mehr Unternehmen in der DDR als ohnehin zu erwarten die Umstrukturierung der Wirtschaft nicht überleben werden" Heiner Flassbeck räumte aber auch ein "Wenn die Löhne in der DDR nicht beträchtlich steigen, dann werden die Leute in die Bundesrepublik abwandern" daher könnten die Tarifpartner "keine Nullrunde" einlegen (DIW kritisiert Lohnsteigerungen in der DDR, in Süddeutsche Zeitung 13 7.1990)
87 Wolfgang Roth. damals wirtschaftspolitischer Sprecher der SPD-Bundestagsfraktion· "Die Lohnentwicklung droht ein eigenständiger Faktor zu werden, der zu Arbeitslosigkeit führt", Neubauer, Ralf, Tarifparteien in der DDR bewegen sich auf einem äußerst schmalen Grat, in Frankfurter Rundschau 21 7 1990.
88 "Ich halte die Abschlusse für nicht verantwortbar. Uns fehlt die Substanz, diese Löhne zu bezahlen", (Wachsende Kritik an den Tarifabschlussen in der DDR, in Stuttgarter Zeitung 21 7 1990)
89 Hans Schneider, Vorsitzender des Sachverständigenrates: "Es ist auch keine soziale Wohltat, wenn den Menschen vorübergehend eine Entlassungssperre zugestanden wird und nicht zuletzt dadurch das Arbeitgeber-Unternehmen in immer größere Schwierigkeiten gerät", Kipp, Helmut, Stärkere Differenzierung der Entlohnung gefordert, in Handelsblatt 19 7.1990.
90 Der Vorsitzende des Sachverständigenrates sah darin, das eigentliche Versagen der ersten Tarifrunde. "Die ausstehenden Differenzierungen plagen mich mehr als das Ausmaß der Lohnerhöhungen" (Ebd.) Auch die Wirtschaftsjournalistin Renate Merklein betrachtete die Pauschalbeträge als "die fatalste Komponente dieser ersten DDR-Tarifrunde", weil damit die "leistungshemmende sozialistische Gleichmacherei" fortgeschrieben worden sei, Merklein, Renate, DDR-Lohnpolitik Unheimliche Allianz, in Die Welt 27 7.1990

interesse.[91] Mit solchen Vorwürfen, wie sie umgehend nach Bekanntwerden des Tarifabschlusses an den DDR-Ministerpräsidenten de Maiziere in einem öffentlichen Brief formuliert wurden, forcierte insbesondere der BDI-Präsident Tyll Necker die Debatte gegen eine schnelle Anpassungstarifpolitik. Wenn auch von weniger prominenter Stelle, so traf auch die Arbeitgeberverbände eine ähnlich harte Kritik aus den Reihen der klein- und mittelständischen Unternehmer. Rudolf Stadermann, Präsident des "Unternehmerverbandes der DDR", distanzierte sich öffentlich von dem Tarifvertrag, der "ruinös für die mittelständischen Unternehmen wäre"[92]. Da der Unternehmerverband nicht zu den Tarifverhandlungen eingeladen worden war und die Arbeitgeberverbände nur die Großbetriebe repräsentierten, drohte Stadermann die Gründung von Branchenarbeitgeberverbänden für die klein- und mittelständische Industrie an, wozu es jedoch nicht kam. Insgesamt zielte die Kritik an den Arbeitgeberverbänden darauf, dass deren Repräsentanten gar nicht als "richtige" Arbeitgeberinteressenvertreter fungiert hätten, was in der sozialwissenschaftlichen Debatte schließlich als "Repräsentationslücke" interpretiert wurde.

In der öffentlichen Debatte wurden auch verschwörungstheoretische Überlegungen bemüht, um das aus neoliberaler Perspektive "unerhörte" Tarifergebnis zu erklären. Besonders pointiert formulierte die Wirtschaftsjournalistin Renate Merklein: "Spielen dort alte und nur zum Schein gewendete SED-Spezis, verkleidet nun als angeblich unabhängige Gewerkschafter auf der einen und als Arbeitgeber auf der anderen Seite fünfte Kolonne für Gysi & Co, um durch richtige Massenarbeitslosigkeit (die durch deftige Mindestlohnerhöhung allemal und leichterdings zu erzeugen ist) das Experiment "Marktwirtschaft" zu diskreditieren?"[93] Ausgehend vom Unbehagen an diesem Abschluss konzentrierte sich die weitere öffentliche Debatte zur Entwicklung der Tarifpolitik in Ostdeutschland auf drei Dimensionen: Die Metapher des zweiten Wirtschaftswunders auf deutschem Boden wurde nunmehr stärker als zuvor auf die Tarifpolitik angewandt. Dabei stellten die Kritiker heraus, dass die Bundesrepublik nach der Währungsreform sieben Jahre benötigt habe, um Vollbeschäftigung zu erreichen, wobei der Weg dorthin mit Tarifabschlüssen erreicht worden sei, die deutlich unterhalb der Produktivität gelegen hätten.[94] In der Transformationssituation könne die Forderung nach Lohnabschlüssen, die der Produktivität entsprechen oder sogar darunter liegen, angesichts unzureichender Informationen über die Entwicklung der Branchenproduktivität am besten durch eine betriebsnahe Tarifpolitik erreicht werden. So argumentierte nicht nur ein Teil der Wirtschaftspresse, sondern auch der Vorsitzende des Sachverständigenrates zur Begutachtung der gesamtwirtschaftlichen

---

91 Der Brief von Tyll Necker wurde am 18.7. in "die Welt" wiedergegeben Vgl auch die Antwort Steinkuhlers DDR braucht ein Klima der Zuversicht, in Die Welt 24.7 1990.
92 Badıng. Günther/Stadermann, Rudolf, Unternehmer erkennen Tarife nicht an, in. Handelsblatt 3 8 1990.
93 Vgl. Merklein, Renate, DDR-Lohnpolitik: Unheimliche Allianz, in Die Welt 27.7.1990
94 Hans Mundorf vom Handelsblatt pointierte diese Position "Wer die Sanierung der DDR will, muss die Arbeitslosigkeit in Kauf nehmen" (Mundorf, Hans, Marktwirtschaft ist nicht planbar, in· Handelsblatt 14 8 1990)

Entwicklung.[95] Solche Kritiker sahen in Ostdeutschland die Chance, die Dezentralisierung des Tarifsystems so voranzutreiben, wie dies beispielsweise von der 1988 eingerichteten "Deregulierungskommission" von der Bundesregierung bereits überlegt worden war. Die Spitze der westdeutschen Metallarbeitgeber sprach sich zu diesem Zeitpunkt ausdrücklich gegen solche Überlegungen aus, weil sie darin eine Gefährdung für den Institutionentransfer und eine funktionierende Tarifautonomie sah.[96] Aus dem Kreis derer, die nicht an einer betriebsorientierten Dezentralisierung der Tarifpolitik interessiert waren, gleichwohl aber Bedenken hinsichtlich der weiteren Entwicklung hegten, wurde der Vorschlag unterbreitet, ob angesichts des "Lohndilemmas" nicht das Modell einer "Konzertierten Aktion" wiederaufgelegt werden könnte.[97]

In der Transformationsphase waren auch die Arbeitgeberverbände weitaus stärker als unter "normalen" Bedingungen den Vorgaben und Interessen des staatlich-politischen Systems verpflichtet Mit dieser Aufgabe taten sich die Gewerkschaften leichter. Es blieb schließlich dem Handelsblatt vorbehalten, den Arbeitgebern in der tarifpolitischen Startphase ein rationales, politisch nachvollziehbares Verhalten zuzuschreiben: "Dass sich jetzt die Metallarbeitgeber auf Tarifabschlüsse auf Pump und weitgehende Beschäftigungs- und Einkommensgarantien bei Kurzarbeit eingelassen haben, dokumentiert, dass sie selbst wohl keinen anderen Weg gesehen haben, soziale Unruhe und ziellose Artikulation eines bestimmten Unbehagens an der derzeitigen Entwicklung bei der Arbeitnehmerschaft in richtige Bahnen zu lenken."[98] Da die Arbeitgeberverbände nicht bereit waren, die Tarifverträge offensiv zu verteidigen, sondern dies auf den Hinweis beschränkten, dass sie Schlimmeres verhindert hätten, war es vor allem Aufgabe der Gewerkschaften, gegen das öffentliche Feuerwerk der Kritik eine positive Perspektive zu stellen. Sie taten dies, indem sie einmal mehr den Tarifvertrag als eine gemeinwohlverträgliche Antwort auf die politisch erzeugten Rahmenbedingungen - befürchtete Massenarbeitslosigkeit, Signal gegen Abwanderung und einen Teuerungsausgleich, der die Kostensteigerungen kompensiere - darstellten und zugleich darauf hinwiesen, dass die Betriebe nicht durch diesen Abschluss gefährdet seien, sondern durch die Wucht des aufwertungsbedingten Zusammenpralls mit der Weltwirtschaft. Aus ihrer Sicht hatten die Tarifparteien mit dem Teuerungsausgleich ein materielles Signal zum Bleiben gegeben.

Die öffentliche Kritik an diesem Abschluss blieb nicht ohne Folgen für die Bereitschaft der Unternehmen, sich an den Tarifvertrag zu halten, so dass sich die Tarifparteien bald mit drei relevanten Umsetzungsproblemen konfrontiert sahen. Erstens

---

95 Vgl Kipp, Helmut, Stärkere Differenzierung der Entlohnung gefordert, in Handelsblatt 19 7 1990
96 Hierzu Werner Stumpfe "Aber wie sollte man sich Firmentarifverträge in der DDR vorstellen, wo die Vorstände der Unternehmen jetzt weitgehend von den Beschäftigten abhängig sind und ihre tarifautonome Rolle gar nicht erst spielen können?", Gespräch mit Werner Stumpfe, in Handelsblatt 27 September 1990
97 Dieser Vorschlag wurde im Juli 1990 von Karl Schiller, dem DDR-Finanzminister Walter Romberg, Vertretern des DIW und einigen Journalisten öffentlich propagiert. Dabei spielte für die DDR auch der Anschluss an die Praxis des runden Tisches eine Rolle Vgl Neubauer, Ralf, Tarifparteien in der DDR bewegen sich auf einem äußerst schmalen Grat, in Frankfurter Rundschau 21 7 1990, Martens, Erika, Maßlos oder machbar?, in Die Zeit 20 7 1990
98 Thelen, Peter, Tarifabschlüsse auf Pump, in Handelsblatt, 16 7 1990

mussten sie feststellen, dass eine Reihe von verbandsgebundenen Betrieben nicht bereit war, den Zuschuss zum Kurzarbeitergeld zu zahlen. Zweitens versuchten einige Firmen, den Beschäftigungsschutz zu umgehen, indem sie über Abfindungen Entlassungen zu erreichen versuchten. Drittens erwies sich auch die Umsetzung des Qualifizierungsauftrages als problematisch, denn es war noch keineswegs hinreichend geklärt, wohin und wofür qualifiziert werden sollte, wer qualifiziert werden kann und wer als Träger von Qualifizierungsmaßnahmen in Frage kam. Mit der Benennung von Qualifizierungsbeauftragten, der Einrichtung von paritätischen Kommissionen, der beabsichtigten Durchführung von Schulungen und Tagungen waren ja lediglich die formalen Voraussetzungen geklärt. Und die Erfahrungen, die die Tarifparteien in der Bundesrepublik mit solchen Instrumenten gesammelt hatten, vor allem in den Stahlregionen, waren zwar sehr hilfreich, sie besaßen aber anders als die ostdeutsche Herausforderung keinen flächendeckenden Charakter, sondern waren auf einzelne Betriebe, Branchen oder Teilregionen konzentriert.[99] Vielfach täuschten die neu geschaffenen Institutionen nur eine zukunftsträchtige Praxis vor, gleichwohl suchte insbesondere die IG Metall durch ein Engagement auf diesem Feld Chancen auszuloten Mitte Juli gab die IG Metall die Gründung der ersten Beschäftigungsgesellschaft in ihrem Sektor bekannt.[100]

Zweite Tarifrunde im Herbst 1990

Mit den Tarifabschlüssen vom Juli 1990 wurden nicht nur die materiellen Übergangsbedingungen fixiert, sondern auch bereits Vorentscheidungen über das weitere Procedere der Anpassung getroffen Die nächste Etappe der Tarifpolitik, welche diesmal im Gegensatz zur "Übergangsrunde" nicht mehr von der IG Metall/DDR geleitet wurde, sondern von den bundesdeutschen Partnerbezirksleitungen und den Bezirksleitungen Berlin und Dresden, sollte sich auf die Übertragung der regionalen Tarifstrukturen aus den westdeutschen Partnertarifgebieten konzentrieren. Dazu gehörten die Entgeltstrukturen (Zahl und Abstände zwischen den Lohn-, Gehalts- beziehungsweise Entgeltgruppen), die Verfahren der Arbeits- und Leistungsbewertung und die Struktur der zusätzlichen Leistungsbestandteile (Zuschläge).[101] Zu diesem Zweck sollten im Herbst 1990 reguläre regionale Tarifrunden geführt werden, um sicherzustellen, dass bis zum 1 4.1991 die tariflichen Strukturen für eine "normale" Tarifierung vorhanden sind. Die westdeutschen Arbeitgeberverbände insistierten auf einer kostenneutralen Übertragung der geltenden westdeutschen Tarifstrukturen und lehnten es ab, die Trennung in Arbeiter- und Angestelltentarife aufzuheben. Letzteres vor allem deshalb, weil sie befürchteten, dass von einer solchen Regelung ein nicht erwünschter Druck auf

---

99   Vgl Peinemann. Holger, Beschäftigungsgesellschaften im Netzwerk der Akteure. Eine Fallstudie, WZB-Paper, FS II 92-203, Berlin 1992.
100 Vgl Gründung der ersten Beschäftigungsgesellschaft, in Handelsblatt 17 7.1990
101 Vgl Bispinck, Reinhard, Tarifbewegungen im 1. Halbjahr 1990, in: WSI-Mitteilungen 9/1990, S. 563.

Westdeutschland ausgehen konnte Die Interessenlage der ostdeutschen Arbeitgeberverbände war diesbezüglich anders Sie sahen durchaus die Möglichkeit, gemeinsame Entgelttarife für Arbeiter und Angestellte zu schaffen, die einerseits kostenneutral ausfielen und andererseits das relativ egalitäre Entlohnungsverhältnis zwischen Arbeitern und Angestellten aus der DDR-Zeit fortschrieben. Bereits im Juli 1990 erzielten die sächsischen Arbeitgeber mit den bayerischen Gewerkschaften einen Konsens darüber, dass man über einen gemeinsamen Entgeltrahmentarif für Arbeiter und Angestellte sprechen könne. Genau solche Projekte hatte die Gesamtmetallspitze in den Vorgesprächen abgelehnt, weil sie befürchtete, dass dadurch die stabilitätsorientierte Übertragung in Frage gestellt werden könnte

Die in den Sommermonaten geführten Debatten[102] zeigten deutlich, dass es auch in den Reihen der IG Metall keine einheitlichen Vorstellungen im Hinblick auf die Übertragung gab, vielmehr standen dort drei mögliche Herangehensweisen nebeneinander Eine erste Gruppe plädierte dafür, die Tarifstrukturen des Partnergebietes auf "Punkt und Komma" zu übertragen [103] Eine zweite Gruppe sah die Chance für kleinere Verbesserungen. beispielsweise die Angleichung der Kündigungsfristen zwischen Arbeitern und Angestellten, den Wegfall von Karenztagen bei den Arbeitern und die Abschaffung von Unterschieden zwischen den Gehaltsgruppen der kaufmännischen und technischen Angestellten [104] Die weitestgehende Vorstellung verfolgte die Bezirksleitung München, die sich für die Übertragung neuer Forderungen einsetzte, wobei es ihr im Kern um einen gemeinsamen Entgeltrahmentarifvertrag für Arbeiter und Angestellte ging [105]

Als am 19. September 1990 die Tarifverhandlungen in Mecklenburg-Vorpommern begannen. war noch nicht entschieden, ob in Sachsen ein gemeinsamer Entgeltrahmentarifvertrag verhandelt werden sollte. Da sich auch bis zur IG Metall-Vorstandssitzung am 9 Oktober 1990 keine Einigung erzielen ließ, ob ein sächsischer Sonderweg möglich sei, musste dort die Entscheidung fallen. Nach einer längeren Diskussion einigte sich der Vorstand darauf, die "Forderungen des Tarifgebietes Sachsen nach einheitlichen Entgeltgruppen nicht zu genehmigen". Die Befürchtung, dass die IG Metall versuchen würde, weiterreichende Ziele bei der Übertragung zu erreichen, nahmen die westdeutschen Arbeitgeberverbände zum Anlass, um sich stärker als ursprünglich geplant in die Tarifrunde einzubringen und zu verhindern, dass "dort negative Präjudizien" geschaffen wurden.[106]

Während in Mecklenburg-Vorpommern und Sachsen-Anhalt bereits am 23.10. ein Abschluss erreicht wurde, bildete die Tarifregion Berlin-Brandenburg, in der erst am

---

102 Besonders sensibilisiert war man für die Probleme der unteren Lohngruppen, die durch die Übertragung in die DDR weiter ausgefächert wurden. da es dort bisher die Lohngruppen eins bis drei gar nicht gegeben hat Befürchtet wurde insbesondere, dass dies zu einer Benachteiligung der Frauen führen könne Ein zweiter sensibler Punkt betraf die Umkehrung des Verhältnisses zwischen Arbeitern und Angestellten
103 Dieses Vorgehen wurde vom Bezirk Hamburg und von der Vewaltungsstelle Berlin präferiert
104 Diese Option verfolgten die Bezirke Hannover und Frankfurt
105 Forderungs-Entwurf Zwischen dem Verband der sächsischen Metall- und Elektroindustrie e V und der Industriegewerkschaft Metall (Oktober 1990) Material IG Metall
106 Arbeitgeberverband Gesamtmetall. Geschäftsbericht, Köln 1991 S 124

28 11 ein Verhandlungsergebnis vorlag, das Schlusslicht. Insgesamt absolvierte die IG Metall, rechnet man Tarifkommissionen und Tarifverhandlungen zusammen, 36 Termine. Die Vielzahl der Veranstaltungen sollte auch dazu beitragen, die Tarifautonomie von unten aufzubauen, indem sich die Tarifkommissionsmitglieder möglichst intensiv mit den neuen Strukturen befassten und sich ein vertieftes Verständnis für deren Problematik sowie mögliche Alternativen aneigneten. Auf der Basis neuer Verträge konnte ab November 1990 die Neu-Eingruppierung aller Beschäftigten bis zum 1. April 1991 erfolgen Diese Arbeit, von Geschäftsführung und Betriebsrat gemeinsam durchgeführt, schuf die "leistungspolitische" Grundlage für die Tarifpolitik.[107] Der Vorstand der IG Metall bestand zwar darauf, dass die "Einführung der neuen Tarifstrukturen auf betrieblicher Ebene unter Mitwirkung entsprechender betrieblicher paritätischer Kommissionen und der regionalen Tarifvertragsparteien erfolgt"[108], sofern es jedoch keine grundlegenden Differenzen zwischen den betrieblichen Akteuren gab, reduzierte sich die überbetriebliche Flankierung durch die Tarifverbände auf Informationen sowie Schulungen und weniger auf die konkrete Eingruppierungspraxis Nicht nur die nachträgliche Arbeitgeberkritik an dem aus ihrer Sicht zu hohen Eingruppierungsniveau läßt die Vermutung zu, dass sich die Neueingruppierung haufig weniger an tariflich vorgegebenen Eingruppierungsnormen als an konkreten betrieblichen Kräfteverhältnissen und darauf aufbauenden sozialpolitischen Zielen orientierte

4. Stufentarifvertrag: Zwischen politischer Vernunft und politischer Hypothek

Die tarif- und verbandspolitische Lage war vor der dritten Teiletappe der Startphase durch eine recht unübersichtliche Gemengelage widerstreitender Interessen gekennzeichnet. IG Metall und Arbeitgeberverbände erreichten 1991 ihren höchsten Mitgliederstand auf dem Gebiet der ehemaligen DDR. Die IG Metall musste nach der erfolgreich verlaufenden Übertragung ihrer Organisation keine Rücksicht mehr auf ihre "Schwesterorganisation" nehmen, da diese mittlerweile durch einen Akt der Selbstauflösung von der politischen Landkarte verschwunden war. Die fünf regionalen Arbeitgeberverbände arbeiteten sich mit Unterstützung ihrer bundesdeutschen Partner an den westlichen Standards ab. Doch der Schein trog: Sowohl unter den Beschäftigten als auch auf der Ebene der Unternehmen führte der rasant verlaufende Transformationsprozess zu einer derart schnellen wirtschaftlichen und sozialen Differenzierung, dass dadurch auch die verbandliche Verpflichtungsfähigkeit sukzessive erschwert wurde.[109] Der Elan des Sommers 1990 war geschwunden Auf Seiten der

---

107 Einen exemplarischen Einblick in die Praxis dieser Neu-Eingruppierung gibt Ruppert, Burkard 1996, S. 182 f
108 Vgl Vorbereitung und Koordinierung der weiteren Tarifverhandlungen für die Tarifgebiete der DDR. Material IG Metall 10 9 1990
109 Vgl Bialas, Christiane/Ettl, Wilfried. Wirtschaftliche Lage und soziale Differenzierung im Transformationsprozess (Arbeitspapiere AG TRAP), Berlin 1992

Beschäftigten deuteten sich divergierende Interessenlagen an, die vor allem vom unterschiedlichen Grad der Arbeitsplatzsicherheit abhingen. Besonders ins Auge stachen dabei Interessenunterschiede zwischen Festangestellten und Kurzarbeitern, zwischen Beschäftigten in Betrieben mit einer schwierigen Marktlage ohne schnelle Privatisierungsperspektive und jenen Beschäftigten in neuen Betrieben oder solchen, die bereits einen Investor gefunden hatten. Zudem existierten Divergenzen, die sich aus der Nähe oder Ferne zur ehemaligen Grenze beziehungsweise zu West-Berlin ergaben Wenn auch staatliche Transferleistungen, die aktive Arbeitsmarktpolitik sowie das Engagement der Treuhandanstalt dazu beitrugen, dass viele dieser Konfliktlagen latent blieben, so konnte befürchtet werden, dass die weit verbreitete Zukunftsunsicherheit eine Entsolidarisierungsspirale in Gang setzte, die die gewerkschaftliche Handlungsfähigkeit gefährdete. Auf Arbeitgeberseite konnte Vergleichbares festgestellt werden: Die großen Kombinate waren aufgelöst, die daraus entstandenen kleinen Einheiten besaßen kaum Bewegungsspielraum; sie warteten darauf, privatisiert zu werden. Verschärfend kam hinzu, dass die einflussreichen westdeutschen Investoren mit vielen ihrer ostdeutschen Standorte noch keine Verbandsmitglieder waren.

Ungeachtet der Schwierigkeiten bei der Umsetzung des Tarifvertrages zum Kündigungsschutz und der massiven öffentlichen Kritik, schien es 1990 keine Alternative zu einer zeitlich überschaubaren Anpassung des Lohn- und Gehaltsniveaus zu geben. Ein solcher Druck ging auch von den Tarifergebnissen des öffentlichen Dienstes und des Dienstleistungssektors aus, wo bereits 1990 in zwei kleinen Tarifbereichen Stufenpläne zur Anhebung der Ost-Vergütungen auf 100 Prozent des Westniveaus vereinbart wurden Im Berliner Baugewerbe wurde dieses Ziel zum 1 April 1991 erreicht, im gesamten Dachdeckerhandwerk der neuen Bundesländer zum 1. April 1993.[110] Auch zwischen den Tarifparteien der Metall- und Elektroindustrie war es weder auf westdeutscher noch auf ostdeutscher Seite eine Frage des Ob, sondern eine Frage des Zeitraumes und des Verfahrens Während sich Gesamtmetall auf keine zeitliche Operationalisierung des Anpassungsprozesses einlassen wollte, lagen auf ostdeutscher Arbeitgeberseite bereits erste Absichtserklärungen vor. So erklärte beispielsweise die Spitze des Verbandes der sächsischen Metall- und Elektroindustrie am 15. Juni 1990 in Chemnitz "Die Tarifvertragsparteien setzen sich das hochgesteckte Ziel, innerhalb von fünf Jahren das Produktivitäts- und Realeinkommensniveau der BRD zu erreichen."[111]

Die Argumentation der Metall für die Angleichung des ost- an das westdeutsche Tarifniveau orientierte sich nicht primär an den tradierten Begründungskategorien der Tarifpolitik - Produktivitätsanstieg, Preisentwicklung und Umverteilung -, sondern am Primat der politischen Angleichungsnotwendigkeit. Weil die Grenzen einer Tarif-

---

110 Bispinck, Reinhard, Auf dem Weg zur Tarifunion, in WSI-Mitteilungen 3/1991, S. 150
111 Gemeinsame Erklärung zwischen dem Verband der sächsischen Metall- und Elektroindustrie e V (VSME) und der Industriegewerkschaft Metall über die am 15 Juni 1990 in Chemnitz geführte Verhandlung, Material IG Metall

politik im herkömmlichen Sinne offensichtlich waren, suchte man nach neuen Wegen, wie der Einzigartigkeit des Ereignisses der deutschen Einheit auch tarifpolitisch entsprochen werden könne. Mit der Begründung, dass "die Gestaltung der sozialen Einheit die historisch größte Herausforderung der Gewerkschaften seit Ende des Zweiten Weltkrieges"[112] sei, schlug der IG Metall-Vorsitzende Steinkühler auf dem IG Metall-Kongress in Bonn am 1./2.11.1990 vor, dass die westdeutschen Beschäftigten einen eigenständigen Solidarbeitrag zur Unterstützung des wirtschaftlichen und sozialen Erneuerungsprozesses in den neuen Bundesländern leisten könnten. Er deutete damit die Möglichkeit an, dass man damit die west- und ostdeutsche Tarifrunde verzahnen könne. Dabei dachte er daran, einen eigenen Solidarbeitrag der Arbeitgeber einzusetzen, indem man die Umverteilungskomponente in Westdeutschland nutzt, um die Einkommensangleichung in Ostdeutschland zu beschleunigen.[113] Mit diesem Konzept versuchten die Initiatoren das in den Gewerkschaften verankerte Konzept der sozialen Umverteilung durch eine Strategie der temporären regionalen Umverteilung zu erweitern. In der IGM-Vorstandssitzung vom 13. November 1990 wurde dieses Konzept jedoch aus grundsätzlichen Erwägungen abgelehnt. Die Kritiker führten an, dass alle tarifpolitischen Konzepte zur Durchsetzung einer Umverteilung bisher gescheitert seien, dass eine Fondslösung für die ehemalige DDR zu kompliziert sei, dass es um eine Angleichung der Lebensverhältnisse gehe, nicht aber um eine Umverteilung von West nach Ost. Als besonders problematisch wurde erachtet, dass dadurch eine Verzichtsdiskussion in Gang kommen könne, die sich negativ auf die Mobilisierungsfähigkeit der IG Metall in der kommenden westdeutschen Tarifrunde auswirken könne. Denn dort erwarteten die Mitglieder von der IG Metall eine kräftige Einkommenssteigerung. Man einigte sich schließlich darauf, dass die notwendige schnelle Angleichung der Lebensverhältnisse nur begrenzt von der Tarifpolitik vorangetrieben werden könne, die Hauptlasten müssten durch den Staat getragen werden, der durch seine Steuer- und Finanzpolitik die Voraussetzungen dafür schaffen müsse. Würde man nun von den Beschäftigten einen eigenständigen Solidarbeitrag auf der tarifpolitischen Ebene verlangen, müssten die Beschäftigten zweimal zahlen: Einmal durch den Verzicht bei der Lohnrunde und zum anderen durch höhere Steuern.

Im Vorfeld der Debatte über die weitere Entwicklung des Angleichungskurses standen zwei Konzepte nebeneinander: Einerseits das Konzept einer Tarifpolitik, die die Tarifauseinandersetzungen auch als gewissermaßen pädagogische Praxis für den Aufbau der Tarifautonomie von unten verstand. Für ein solches Konzept waren eine kurze Laufzeit und die Eigenständigkeit der ostdeutschen Tarifpolitik von Bedeutung. Dies deshalb, um in Ostdeutschland überhaupt die Bedingungen für eine sich selbst

---

112 Protokoll des zweiten außerordentlichen Gewerkschaftstages der IG Metall in Bonn am 1/2 November 1990, S 67
113 Konkretisiert wurde der Vorstoß Steinkühlers in der folgenden Debatte durch die frühere Leiterin der DGB-Tarifabteilung Ingrid Kurz-Scherf, die die Bildung eines Fonds vorschlug, der von den Gewerkschaften verwaltet werden solle und Zuschüsse und Kredite an Unternehmen und Einrichtungen in den östlichen Bundesländern geben könne Vgl Kurz-Scherf, Ingrid, Ein lohnpolitischer Solidaritätsbeitrag der IG Metall durch ein Fondsmodell für ostdeutsche Arbeitnehmer, in: Handelsblatt 28 11 1990.

tragende politische Mobilisierung zu schaffen, also eine Tarifpolitik, die sich auch durch eine eigene öffentliche Thematisierungsfähigkeit und Rollendifferenzierung auszeichnet Andererseits gab es die Vorstellung, dass der Anpassungsprozess angesichts fehlender Voraussetzungen bei den ostdeutschen Akteuren und einer unsicheren ökonomischen Entwicklung am besten über einen Stufenplan zu erreichen sei, der unmittelbar an die tarifpolitische Entwicklung in Westdeutschland gekoppelt werden musse Den Stufenautomatismus sah man seinerzeit durch zwei grundlegende Makel belastet. Erstens weil damit die verordnete Lohn- und Arbeitspolitik der alten DDR fortgesetzt werde und zweitens weil dadurch die Tarifauseinandersetzungen in Westdeutschland zu stark belastet werden könnten. So stand ein Konzept, das stärker auf Lernprozesse und Eigenständigkeit setzte, neben einem Konzept, das auf stabilitätsorientierte Effizienz und soziale Sicherheit setzte. Als der IGM-Vorstand am 13. November 1990 seine Leitlinie für die künftige Tarifpolitik in den ostdeutschen Bundesländern vorstellte, entschied er sich gegen den Stufenautomatismus und für das tarifpolitische Lernkonzept, mit dem er den Angleichungsprozess von Tarifrunde zu Tarifrunde weiter voranbringen wollte.

Bei der Tarifrunde 1991 sollte es um einen ersten Schritt zur Einkommensangleichung gehen, das Ausgangsniveau der Einkommen veranschlagte die IG Metall bei 41 Prozent des Westeinkommens. Der Angleichungsprozess sollte sich an der erwarteten Preissteigerung sowie an den absehbaren Produktivitätsfortschritten orientieren. Im Bewusstsein, dass weder die Preissteigerung noch die Produktivitätsfortschritte eine hinreichende Begrundungsbasis für den Einkommensanstieg boten, führte die IG Metall gewissermaßen offiziell den Begriff einer "politisch begründeten Angleichungskomponente"[114] ein Diese könnte bei Krisenbetrieben auf zwei Wegen finanziert werden. Falls es sich um ein ostdeutsches Tochterunternehmen handelt, durch das finanzkräftige Westunternehmen. Bei Firmen, die im Zuständigkeitsbereich der Treuhand lagen, sollte der Staat dafür aufkommen.[115] Der Vorstand der IG Metall verabschiedete in seiner Sitzung vom 10 Dezember 1990 folgende Forderungen· Die Löhne und Gehälter sowie die Ausbildungsvergutungen sollten ab 1 4.1991 auf 65 Prozent des Tarifniveaus der Partnerregionen angehoben werden, ebenso das Urlaubsgeld und die Sonderzahlungen. Da das Ziel der Beschäftigungssicherung auch tariflich flankiert werden sollte, wollte man die Fortsetzung des Kündigungsschutzes über den 1 Juli 1991 hinaus sichern. Damit forderte die IG Metall keinen Stufenplan von den Arbeitgebern, sondern die Fortsetzung des bereits im Sommer begonnenen Angleichungsprozesses bei den Löhnen und eine Fortschreibung der Beschäftigungssicherungs- und Qualifikationspolitik.

Die Arbeitgeberstrategie schwankte von Anfang an zwischen einer produktivitätsorientierten Lohnpolitik, die auf einer höheren Differenzierung als in Westdeutschland

---

[114] Lohnerhohungen von 50 Prozent und eine politische Angleichungskomponente, in Handelsblatt 15 11 1990
[115] Vgl Kirchner, Dieter, Fur Bleibepramien braucht man einen Tarifvertrag nicht, in Handelsblatt 23 11 1990

aufbauen sollte, und der Einsicht in die Notwendigkeit, einer letztlich nur politisch zu begründenden und zu finanzierenden Angleichung. So kritisierte Dieter Kirchner, Hauptgeschäftsführer von Gesamtmetall, dass die IG Metall den Staat als Ausfallbürgen für ihre Lohnpolitik verpflichten wolle. Dies sei "nichts anderes als die Fortsetzung des unseligen Lohnfonds in der DDR. Die volkseigenen Betriebe verfügten über einen solchen Fonds. der aus staatlichen Mitteln gespeist wurde und aus dem die Löhne gezahlt wurden. War der Fonds leer, gingen die Betriebe zum Staat und holten neues Geld. Wenn wir diese aus der Planwirtschaft kommende Einrichtung nun übernehmen, kann die Marktwirtschaft drüben nicht funktionieren."[116] Neben der Kritik an der ökonomisch nicht gedeckten, staatszentrierten Tarifpolitik konzedierte Gesamtmetall einen praktisch-politischen Konsens hinsichtlich der Angleichungs- und Beschäftigungssicherungspolitik, wobei sich die Abwanderungsproblematik zum konsensstiftenden Dreh- und Angelpunkt aller Überlegungen zwischen den Tarifparteien entwickelte: "Allerdings haben IG Metall und Gesamtmetall ein gemeinsames Dilemma, nämlich die Abwanderungsbewegung aus den Ost- in die Westgebiete. Entweder kommen nämlich die Leistungsträger aus den neuen Bundesländern, weil ihnen das Lohngefälle zu groß ist; oder aber es kommen, bei einem zu schnellen Abbau dieses Lohngefälles, die Arbeitslosen von drüben."[117]

Bei der Betrachtung des weiteren Gangs der Dinge drängt sich die Vermutung auf, dass die Arbeitgeber zu der Überlegung gekommen sind, zur Angleichung an das westdeutsche Niveau bestünde keine Alternative. Zugleich sahen sie aber die einzigartige Chance, den Einigungsprozess dazu zu nutzen, um eine neue ordnungspolitische Struktur in das Verhandlungssystem der Metall- und Elektroindustrie einzubauen. Die Verhandlungen begannen am 10. und 11. Januar 1991 in Sachsen und Mecklenburg-Vorpommern. Zwischenzeitlich signalisierten die Arbeitgeber der IG Metall ihr Interesse an einem Stufentarifvertrag. Genau diese Option des Stufenautomatismus hatte die IG Metall bis zu diesem Zeitpunkt als nicht opportun zur Seite gelegt, weil darin eine Gefährdung für den Aufbau der Tarifautonomie von unten gesehen wurde. In der Debatte über die Chancen und Risiken eines Stufenautomatismus setzten sich in der gewerkschaftlichen Debatte jene durch, die die Schwierigkeiten der tarifpolitischen Mobilisierung in den Vordergrund rückten und deshalb für eine mehrjährige Stufenpolitik votierten.[118] Deshalb schlug man in den ersten Verhandlungsrunden bereits vor, dass durch eine stufenweise Anpassung der Einkommen auf 100 Prozent des Westniveaus bis 1993 den Beschäftigten eine Perspektive geboten werde, die den Prozess der Abwanderung unterbinde. Mit diesem Vorschlag löste sich die bis zu diesem Zeitpunkt existierende Verhandlungsblockade auf, und es kam in rascher Folge zu einer Annäherung, die in der fünften Verhandlungsrunde zu einem Arbeitgeberangebot führte, das einen Stufenplan bis zum 1.4.1994 vorsah.[119] In der insgesamt 22.

---

116 Mundorf, Hans, Der Staat darf nicht zum Ausfallbürgen für die Tarifvertragsparteien werden, in Handelsblatt 16 11.1990
117 Ebd
118 Vgl Protokoll, Sitzung Vorbereitung Tarifbewegung Ost am 16.1 1991, Material IG Metall
119 Vgl Bispinck, Reinhard, Alle Dämme gebrochen?, WSI-Mitteilungen 8/1991, S. 469.

regionalen Tarifverhandlung wurde in Mecklenburg-Vorpommern am 1. März 1991 das endgültige Verhandlungsergebnis erreicht und der erste Stufentarifvertrag für die ostdeutsche Metall- und Elektroindustrie vereinbart.

Tabelle 28: Stufentarifvertragsrunde 1991 - Forderungen und Ergebnis

Regelungsfeld	IG Metall	Arbeitgeberverband	Ergebnis
Lohn/ Gehaltsanstieg 1 4 91	65% des schleswig-holsteinischen Tarifniveaus	50% des schleswig-holsteinischen Tarifniveaus	62,5% West (1 455 DM) (Facharbeiterecklohn)
Entgelt 100% West (Facharbeiter-ecklohn)	1 4 1993 (3 Stufen)	1 10 1995 (6 Stufen)	1 4 1994 71% 1.4.1993: 82% 1 4 1994: 100%
Arbeitszeit	Stufenweise Reduzierung	Status quo	ab 1 4 1994 auf 39 Stunden ab 1 10 1996 auf 38 Stunden (kündbar z. 31 12 1998)
Urlaub/ Urlaubsgeld	Tariflicher Urlaubsanspruch Urlaubsgeld	Tariflicher Urlaubsanspruch	1 1 1992 24 Tage 1 1 1993: 26 Tage 1 1 1994 27 Tage 1 1 1995: 29 Tage 1 1 1996: 30 Tage
Leistungszulage	Stufenweise Erhöhung	–	ab 1 4 1991 = 5% bis 1995 auf 16%
Revisionsklausel		Aufnahme einer Revisionsklausel unabdingbar	Revisionsklausel. ab 1 1 1993 muss neu verhandelt werden, wenn eine Seite das will Bei Nichteinigung wurde Schlichtungsverfahren vorgeschrieben Beschlussfähigkeit nur bei qualifizierte Mehrheit
Beschäftigungs-sicherung	Fortschreibung · Kündigungsschutz · Qualifizierungen · Kurzarbeitergeld	keine besonderen Regelungen	keine weiteren tariflichen Regelungen

Quellenbasis Tarifverträge/Flugblätter/Zeitungs- und Tarifberichte © Wolfgang Schroeder
* Die Forderungen spiegeln jeweils die erste Position wider, die der Gegenseite öffentlich vorgelegt wurde

Die öffentliche Resonanz auf diesen Tarifabschluss fiel diametral zu jener vom Juli 1990 aus. Wurde damals von einem irrationalen und ruinösen Abschluss gesprochen, so feierten 1991 vielfach die gleichen Kommentatoren diesen Abschluss als einen "Sieg der Vernunft"[120]. Der Stufentarifvertrag wurde von der Bonner Regierung als Vorbild für eine konstruktive, pragmatische Politik in einer schwierigen Situation bewertet [121] Selbst die Frankfurter Allgemeine Zeitung konzedierte, dass mit diesem

---

120 Vgl Linke. Thomas, Gleichheit bis 1994, in Die Welt 2 3 1991
121 Vgl Gruter. Michael. Blindflug. in Neue Hannover'sche Presse 2 3 1991. "Die Tarifparteien fanden in der Not zu gemeinsamen Lösungen Eine Leistung, die man in Bonn bei gleicher Lage noch vermisst "

Abschluss nunmehr ein positiver Investitionsanreiz für Ostdeutschland vorliege.[122] Auch der sächsische Ministerpräsident Kurt Biedenkopf bezeichnete diesen Abschluss als konsequent und realistisch, als einzige Möglichkeit für den gemeinsamen Arbeitsmarkt, der durch die Wiedervereinigung entstanden sei.[123] Wie lässt sich diese positive Reaktion auf einen Tarifvertrag verstehen, der in der finanziellen Belastung für die Unternehmen und den Staat weitaus höher ausgefallen ist als der zuvor heftig kritisierte Übergangstarifvertrag? Die Metallarbeitgeber begründeten ihre positive Resonanz damit, dass nunmehr eine vierjährige "verlässliche Planungsgrundlage" für Unternehmen und Investoren geschaffen worden sei, die sich nicht nur auf Löhne und Gehälter, sondern auch auf die im Vergleich zu Westdeutschland bis Ende 1998 um drei Stunden längere Arbeitszeit beziehe Somit böte dieses Tarifwerk einen Beitrag zum sozialen Frieden, der Arbeitskämpfe für einen längeren Zeitraum ausschließe.[124] Mit dieser Begründung betonten sie die Vorzüge eines primär ordnungspolitisch motivierten Tarifvertrages, der Planungssicherheit bedeute und ein Signal gegen die Abwanderung von Fachkräften sei. Dabei wurde die Kostenseite des Abschlusses von ihnen gänzlich anders als bisher diskutiert: Die Kostenbelastung wurde nicht in Relation zur Produktivität gesetzt, sondern zu den Vorteilen, die im Vergleich zu Westdeutschland über einen längeren Zeitraum noch bestehen würden. Hauptgeschäftsführer Kirchner pointierte diese Vermittlungsstrategie mit der Aussage, es sei "noch nicht die Zeit der Betriebswirte. (...) Wir können uns in den Beitrittsländern nicht tarifpolitisch totstellen. Die Dienstleistungsunternehmen bauen einfach eine Theke auf, machen Cash und zahlen 100 Prozent Westlöhne. In der Metallindustrie wird es Jahre dauern, bis die Betriebe saniert sind und produktiv werden, bis also vergleichbare Löhne gezahlt werden könnten. Wenn wir darauf warten würden, wären die Facharbeiter, die wir brauchen, abgewandert. Also mussten wir uns der allgemeinen Einkommensentwicklung anschließen."[125]

Während die öffentliche Resonanz und die Bewertung im Arbeitgeberlager positiv ausfielen, artikulierte sich in den Reihen der IG Metall Kritik, die sich an der Differenz zwischen Tarifergebnis und Tarifforderung festmachte. Darin schlug sich jener Unmut nieder, den diejenigen in der IG Metall vorausgesehen hatten, die sich für eine regelmäßige, von ostdeutscher Seite zu verantwortende Tarifpolitik ausgesprochen hatten. Andere sahen darin lapidar die Unerfahrenheit der neuen ostdeutschen Funktionäre im Umgang mit den westdeutschen Tarifritualen. Einzelne Funktionäre kritisierten, dass das Verhandlungsergebnis zu niedrig und der Angleichungsprozess zu lang sei. Höhepunkt der Kritik bildete eine Funktionärskonferenz des Bezirks

---

122 Vgl Barbier, Der Stufenplan, in. Frankfurter Allgemeine Zeitung 2 3.1991· "Mit dem Stufenplan versuchen die Tarifparteien, den schmalen Steg zu finden. Im vorgezeichneten Anstieg der Tariflöhne steckt für die potentiellen Investoren auch ein Anreiz zum schnellen Entschluss. Wer jetzt sofort investiert, der kann noch von der Lohndifferenz profitieren."
123 Vgl Den Tarifpartnern gibt Sachsens Ministerpräsident gute Noten - vor Überbewertung der hohen Arbeitslosigkeit gewarnt, in· Handelsblatt 7.3.1991.
124 Vgl Pilotabschluss für die Metallarbeiter im Osten, in· Frankfurter Allgemeine Zeitung 2 3 1991.
125 Mundorf. Hans, Ein Pilottarifvertrag für die Metall- und Elektroindustrie der Beitrittsländer, in: Handelsblatt 4 3 1991

Berlin-Brandenburg Dort wurde die Verhandlungskommission derart massiv angegriffen, dass es zu einer Auseinandersetzung zwischen ehrenamtlichen Funktionären und den für den Tarifvertrag verantwortlichen Funktionären kam.[126]

---

126 Vgl Zanker, Claus, Bedingungen und Folgen gewerkschaftlicher Strategiewahl in der ostdeutschen Tarifpolitik, Diplomarbeit, Konstanz 1994, S 55

II. Revision der Startphase 1991 - 1993

In etwa zeitgleich mit dem Ende der tarifpolitischen Startphase im Frühjahr 1991 war auch der Verbändeaufbau der Tarifparteien abgeschlossen. Doch weder die tarifpolitischen Weichenstellungen noch die Übertragung der westdeutschen Tariforganisationen schufen hinreichende Bedingungen für ein "normales" Funktionieren der Tarifautonomie. Es handelte sich um ungedeckte Wechsel, die nicht alleine von den Tarifparteien getragen werden konnten. Angesichts der außerordentlichen Brisanz des Deindustrialisierungsprozesses hing die Funktionsfähigkeit der Tarifpolitik stärker als in Westdeutschland von der Rolle des Staates ab. Nach Auslaufen des Kündigungsschutzes und mit dem schnellen Abschmelzen der Ostmärkte erfolgte 1992 der dramatischste Beschäftigungseinbruch, den Deutschland je in so kurzer Zeit im 20. Jahrhundert erlebt hatte. Waren 1991 noch etwa 17 Prozent der Beschäftigten der gesamten deutschen Metallindustrie in Ostdeutschland angesiedelt, so sank dieser Anteil binnen 3 Jahren auf 9 Prozent.[128] Für die wichtigsten Branchen sah die Entwicklung von 1991 bis 1994 so aus: Im Straßenfahrzeugbau verkleinerte sich die Beschäftigtenzahl von 98.000 auf 36.000; im Maschinenbau von 367.700 auf 87.500 und in der Elektrotechnik von 256.000 auf 75.000. Zwischen dem 1. Quartal 1991 bis zum 2. Quartal 1993 kam es zu einem statistisch erfassten Abbau von rund 600.000 Arbeitsplätzen in der ostdeutschen Metallindustrie. Verschärft wurde die Arbeitsmarktmisere durch die schrittweise Reduktion arbeitsmarktpolitischer Maßnahmen.

Die zweite Besonderheit dieser Phase bestand darin, dass sich ein erheblicher Teil der Betriebe auch 1992/93 noch im Besitz der Treuhandanstalt befand und eine ungewisse Zukunft vor sich hatte. Verschärft wurde die Handlungsproblematik der Tarifparteien, als sich mit Abschluss der Startphase zeigte, dass es mittelfristig kaum Hoffnungen auf einen bedeutenden Osthandel gab. Die Gelegenheitsstrukturen des Privatisierungsprozesses boten den neuen Eigentümern die Chance, sich "lautlos" aus der Tarifbindung zu entfernen. Da ohne die stille Teilhaberschaft des Staates die Tarifparteien in dieser Phase kaum handlungsfähig waren, hing es auch von ihren Entscheidungen ab, wie die weitere Entwicklung verlaufen würde. Nach dem Institutionentransfer wurde der industrielle Niedergang zur zweiten entscheidenden Bewährungsprobe für die Tarifparteien. Dabei bildete die sogenannte "Vereinigungskrise" den Rahmen für eine Neujustierung der Kräfteverhältnisse zwischen den Tarifparteien. Zwar hatten sie sich mit dem Stufentarifvertrag für einen Zeitraum von drei Jahren festgelegt; jedoch bestand durch die eingebaute Revisionsklausel die Möglichkeit eines früheren Kurswechsels. Infolgedessen waren vier Szenarien für die Tarifparteien denkbar:

---

128 Zu berücksichtigen ist dabei, daß in diesen Berechnungen nur jene Betriebe erfaßt sind, in denen mehr als 20 Beschäftigte arbeiten Da gerade in diesem ausgeblendeten Sektor in den letzten Jahren ein erheblicher Zuwachs erzielt wurde, kann davon ausgegangen werden, daß die reale Beschäftigtenzahl höher liegt Vom DIW (vgl DIW-Wochenbericht 31/1994, S. 560) gibt es eine Schätzung, nach der im verarbeitenden Gewerbe Ostdeutschlands 40 Prozent aller Beschäftigten in Betrieben mit unter 20 Arbeitnehmern tätig sind

- Kontinuitätspolitik· Trotz vorhandener Kritik halten die Tarifparteien an dem abgeschlossenen Vertrag fest
- Innere Erosion· Der Vertrag bleibt zwar äußerlich unangetastet; die betrieblichen Akteure einigen sich jedoch auf eigene Normen, die unterhalb der Mindeststandards im Flächentarifvertrag liegen.
- Konsenszäsur· Die Tarifparteien einigen sich im Rahmen der Revisionsgespräche auf eine modifizierte Variante des Stufenvertrages.
- Konfliktzäsur. Der Vertrag wird im Konflikt sowohl materiell wie auch regeltechnisch verändert.

Dies waren die vier idealtypischen Möglichkeiten, die sich aus dem Zusammenprall zwischen der Spezifik der Startphase und den Veränderungen in der nachfolgenden Privatisierungsphase ergeben konnten. Nachdem die Startpolitik in starkem Maße durch die Steuerungsstärke der Zentralen geprägt war, mußte sich nun beweisen, ob die Mitglieder beider Organisationen bereit waren, die solcherart entstandenen Bedingungen als Basis ihres Handelns zu akzeptieren Offen war auch, wie schnell und wie nachhaltig die Themen und Probleme, die das Verhältnis der Tarifparteien in Westdeutschland bestimmten, auch in Ostdeutschland zum Zuge kommen würden - also insbesondere die Folgen der Globalisierung und die damit einhergehende Dezentralisierung der industriellen Beziehungen. In der Vereinigungspolitik konnten die globalisierungsorientierten Interessenlagen in einer Art Waffenstillstand neutralisiert werden Wurden die Arbeitgeberverbände nun unter den sich verändernden Kräfteverhältnissen eine nachholende Dezentralisierungspolitik anstreben, um eine Neujustierung der Tarifpolitik in Ostdeutschland zu erreichen? Verbanden sie mit den sich zu ihren Gunsten veränderten Bedingungen sogar die Hoffnung, dass ausgehend von Ostdeutschland nunmehr sogar eine Entwicklung eingeleitet werden könnte, die eine gesamtdeutsche Veränderungsdynamik bewirkte? Beide Tarifparteien mußten sich nicht nur auf den historisch beispiellosen wirtschaftlichen Umbruch und dessen beschäftigungspolitische Auswirkungen einstellen, sondern ebenso auf eine forcierte Ausdifferenzierung ihrer Mitgliedschaft. Allerdings war auch klar, dass die Richtung, in welcher sich die industriellen Beziehungen in den fünf neuen Ländern entwickelten, die ostdeutschen Akteure nicht alleine entscheiden würden.

1. Rahmenbedingungen

Seit dem Sommer 1991 nahm die Unzufriedenheit mit dem eingeschlagenen Transformationspfad sowohl bei der ökonomischen und politischen Elite wie auch bei der Bevölkerung zu.[129] Franz Steinkühler vermerkte im September 1991 vor den Mit

---

129 Im Sommer 1991 kam das Mannheimer "Institut für praxisorientierte Sozialforschung" zu dem Ergebnis, dass sich in Ostdeutschland nur 21 % der befragten Burger mit der wirtschaftlichen Lage zufrieden zeigten, dagegen waren dies in Westdeutschland zur gleichen Zeit 82 % (Jeder zweite Ostdeutsche mit der Demo-

gliedern des IG Metall-Beirates, dass die Krisentendenzen im Transformationsprozess der ostdeutschen Wirtschaft "eine bedrohliche Dimension erreicht"[130] hätten. Tatsächlich bildete der Schock der ostdeutschen Wirtschaft durch den Zusammenbruch der Staatswirtschaft und die WWSU nicht das Ende, sondern erst den Anfang des außerordentlichen Umbauprozesses. Es folgten weitere tiefgreifende Belastungen wie der 1991 beginnende Absturz des Osthandels, die ernüchternd ausfallende Investitionsbereitschaft westlicher Investoren sowie der wirtschaftliche Abschwung in Westdeutschland, woraus sich zwischen 1992 und 1994 die tiefstgreifende ökonomische Krise der deutschen Nachkriegsgeschichte entwickelte. Dies alles schien jenen Kräften Auftrieb zu geben, die eine verstärkte Deregulierung und Dezentralisierung der industriellen Beziehungen forderten.

Während 1990 der Arbeitsplatzabbau noch vergleichsweise gering ausfiel, änderte sich dies in Folge der oben genannten Prozesse ab 1991 schlagartig. Es setzte nun ein in der Industriegeschichte historisch beispiellos schneller Abbau von Industriearbeitsplätzen ein: In der ostdeutschen Metallindustrie fand zwischen 1991 und 1992 eine Halbierung der Arbeitsplätzezahl statt (von 843.059 auf 429.799).[131] 1993 sank die Anzahl der Beschäftigten noch einmal um fast 100.000, womit sich die Zahl der Beschäftigten in der ostdeutschen Metall- und Elektroindustrie binnen dreier Jahre auf ein Drittel reduzierte.[132] In der ersten Phase des ökonomischen Transformationsprozesses wurden die sozialpolitischen (z.B. Feriendienste des FDGB) und die explizit politischen Funktionsbereiche (Stasi, Parteisekretariate etc.) sowie die politisch gewollte Überbeschäftigung in den Betrieben aufgelöst. Letzteres trug dazu bei, dass leistungsschwache und ältere Arbeitnehmer durch Vorruhestandsregelungen und andere soziale Abfederungen aus dem Arbeitsprozess ausschieden; während leistungsstärkere Beschäftigte weiterhin in den Westen abwanderten. Der Arbeitsplatzabbau erfolgte zeitversetzt zum Niedergang von Umsatz und Produktivität, seit 1991 allerdings in beschleunigtem Tempo, weil in diesem Sommer der tarifliche Kündigungsschutz endete.[133] Zwischen 1991 und 1993 stieg die jahresdurchschnittliche Arbeitslosenquote in den fünf neuen Ländern von 10,3 Prozent auf 15,8 Prozent.[134]

Während der ostdeutsche Beschäftigtenanteil an der gesamten deutschen Metallindustrie zwischen 1991 und 1993 von 17 auf rund 9 Prozent fiel, sank der Umsatzanteil

---

kratie unzufrieden, in Stuttgarter Zeitung 23 8 1991)
130 Steinkühler, Franz, Aktuelle gewerkschaftliche Situation - insbesondere in den neuen Bundesländern, Referat auf der IG Metall-Beiratssitzung in Leipzig 10 9 1991, Material IG Metall
131 IG Metall-Vorstand, Abteilung Wirtschaft, Die Metallwirtschaft in den neuen Bundesländern, Statusbericht. 1997. S 40 Es handelt sich bei diesen Zahlen um Jahresdurchschnittswerte 1992 war nicht nur das Schockjahr für die Metallindustrie, sondern auch für den übrigen Arbeitsmarkt, denn von 1991 auf 1992 stieg die ostdeutsche Arbeitlosenquote von 10,3 auf 14,8 %.
132 Im Jahresdurchschnitt des Jahres 1993 zählte die offizielle Statistik noch 336.337 Beschäftigte
133 Im Jahresdurchschnitt 1991 waren in Ostdeutschland ca 1 6 Millionen Personen in Kurzarbeit gemeldet, deren durchschnittlicher Arbeitsausfall mit ca. 56 % veranschlagt wurde (Sachverständigenrat 1991, S 105) Noch 1992 waren in der ostdeutschen M+E-Industrie 50 000 sogenannte Null-Kurzarbeiter und rund 110 000 normale Kurzarbeiter (Gesamtmetall-Pressegespräch 30.9 1992 in Berlin)
134 Vgl Schmid, Josef/Blancke. Susanne, Arbeitsmarktpolitik in Ostdeutschland. Aufstieg und Niedergang einer Policy?, in Deutschland Archiv Nr. 6 1998, S 939

der ostdeutschen M+E-Industrie sogar auf 4,4 Prozent. Positive Abweichungen der ostdeutschen Umsatzanteile lagen lediglich in der Stahlindustrie (6,6 Prozent), im Stahlbau/Schienenfahrzeugbau (15,3 Prozent) und im Schiffbau (20,3 Prozent) vor. Am Außenhandel der Bundesrepublik waren die neuen Länder sogar nur mit 1.9 Prozent beteiligt (1995). Besonders problematisch für die Tarifpolitik wirkte sich die Entwicklung der Lohnstückkosten aus 1989 lagen diese in der verarbeitenden Industrie angeblich bei rund 120 Prozent des westdeutschen Niveaus. In Folge des Produktions- und Absatzeinbruchs bei gleichzeitigen Lohnsteigerungen stiegen sie 1991 auf rund 140 Prozent des westdeutschen Niveaus, 1992 lagen sie immer noch bei etwa 135 Prozent [135] Über das Niveau der Lohnstückkosten und deren Ursachen gab es zwischen den Tarifparteien keinen Konsens, so dass dieser Punkt in der Debatte über den Einfluß der Tarifpolitik auf die wirtschaftliche Entwicklung gegensätzlich interpretiert wurde Für die Arbeitgeberverbände boten die Lohnstückkosten Anlass zur These, dass der eingeschlagene tarifpolitische Kurs die Beschäftigungssituation dramatisch verschlechtert habe Die Gewerkschaften bestritten diese Behauptung.

Für den "Übergang vom Planerfüllungspakt zum Produktivitätspakt"[136] war die Zerlegung ehemaliger DDR-Kombinate durch die Treuhandanstalt eine wichtige Vorbedingung Klar war allen Beteiligten, dass die Metallindustrie für eine konsistente Restrukturierungsstrategie - im Gegensatz zur Chemieindustrie - aufgrund einer Vielzahl von Unterbranchen mit einer Fülle von Spezialproblemen in den Bereichen Produkt-, Absatzmarkt-, Qualifikations-, Arbeits- und Technikentwicklung ungeeignet war. Im Bereich der Metallindustrie bildete lediglich der Schiffbau eine Ausnahme, der tatsächlich zeitweise Gegenstand von konzertierten Restrukturierungsbemühungen war [137] Die Privatisierung durch die Treuhandanstalt beförderte einen durchgängigen Trend zur Verkleinerung der Betriebsgröße, wodurch sich der Anteil von Betrieben mit über 500 Beschäftigten deutlich reduzierte und selbst der Anteil mittelgroßer Unternehmen mit mehr als 100 Beschäftigten rapide abnahm. Der Umbau der Gesamtbranche mit dem Ziel, eine weltmarktorientierte Konkurrenzfähigkeit zu erreichen, nahm seinen Ausgang bei den produktiven und innovativen Kombinatsteilen, die sich schon frühzeitig selbstständig machten. Bei der von der Treuhandanstalt zu verantwortenden Privatisierung drängten das Bundesfinanzministerium, die Länderregierungen und die Mehrzahl der privaten Investoren auf eine schnelle passive Privatisierung ohne beschäftigungs- und industriepolitische Steuerung [138] Dagegen votierte die IG Metall im Bündnis mit Teilen der christdemokratisch geführten ostdeutschen Länderregierungen, der Sozialdemokratie und der ostdeutschen CDU-Bundestagsabge-

---

135 Vgl IG Metall, Gegen eine Revision der Tarifverträge in der ostdeutschen Metallindustrie Wirtschaftliche und soziale Gründe, Frankfurt 1992, S 17 ff
136 Vgl Voßkamp, Ulrich/ Wittke, Volker 1991, S 51.
137 Vgl Der Spiegel 1995/33, S 66, Frankfurter Allgemeine Zeitung 6 9 1995.
138 Vgl Die Treuhandanstalt hat keinen Auftrag für eine Industrie- und Strukturpolitik, in Handelsblatt 19 7 1991 Eine so geartete Privatisierung wurde auch von internationalen Organisationen, wie der OECD oder der europäischen Kommission gefordert (vgl OECD für rasche Privatisierung in Ostdeutschland, in: Frankfurter Allgemeine Zeitung 26 7 1991)

ordneten für eine aktive Privatisierungsstrategie, bei der die Treuhandanstalt auch beschäftigungspolitische Verantwortung übernehmen sollte. Die Arbeitgeberverbände verhielten sich in dieser Frage, wie noch zu zeigen sein wird, zurückhaltend und widersprüchlich.

Nachdem der tarifvertraglich garantierte Kündigungsschutz zum 31.6.1991 ausgelaufen war, forderten die Gewerkschaften von der Treuhandanstalt, dass sie sich weiterhin an einer aktiven Arbeitsmarktpolitik beteilige. Dabei forderte die IG Metall einen "nahtlosen Übergang" - für die von Arbeitslosigkeit Bedrohten - von der "Kurzarbeit-Null" in eine Beschäftigungsgesellschaft. Zwar konnten im Bereich der Metallindustrie etwa 200 Beschäftigungsgesellschaften gegründet werden, doch beteiligte sich die Treuhandanstalt daran nur partiell[139], und in der Regel waren diese Gesellschaften eigenständig, also nicht an einen wirtschaftlich soliden Betrieb gebunden.[140] Der Treuhandanstalt ging es primär darum, die Kosten überschaubar zu halten und den Primat der passiven Privatisierungspolitik sowie der schnellen Selbstauflösung nicht dadurch zu gefährden, dass sie weitergehende Verpflichtungen im Kontext einer aktiven Sanierungs- oder Beschäftigungspolitik wahrnehmen musste. Diesem von der Regierung gewollten Vorgehen fielen auch die strukturpolitischen Konzepte der IG Metall zur Reform der Treuhandpolitik zum Opfer. Auch wenn solch weitgesteckte Reformkonzepte keine Chance bekamen, rechnete es sich die IG Metall[141] als Verdienst zu, dass die Bundesregierung im Rahmen der Solidarpaktdebatte (Frühjahr 1993) schließlich von der Treuhandanstalt auch den Erhalt der industriellen Kerne verlangte. Im Hinblick auf die geradezu explosiv anschwellende Arbeitslosigkeit sah die Treuhandanstalt ihre Aufgabe primär darin, diese monetär zu kompensieren. Zu diesem Zweck schloss sie mit den DGB-Gewerkschaften Sozialplanrichtlinien ab.[142] Die Kontroversen um den Kurs der Treuhandanstalt standen im Zusammenhang mit der grundlegenden Debatte über die Finanzierung der deutschen Einheit[143], die in der

---

139 Am 17.7.1991 kam es zu einem Kompromiss zwischen Treuhand, Arbeitgeberverbänden, Gewerkschaften und sächsischer Regierung uber die Finanzierung der Beschäftigungsgesellschaften (Vgl. Schroeder, Ingeborg Karen, Industriepolitik in Sachsen nach der Wende, München 1996, S. 96, vgl Hank, Rainer, Treuhand vom Streit um Beschäftigungsgesellschaften überrascht, in: Frankfurter Allgemeine Zeitung 16.7.1991.)
140 In ihrem Geschäftsbericht begründete Gesamtmetall die Ablehnung innerbetrieblicher Beschäftigungsgesellschaften damit, "dass diejenigen Metallunternehmen, die mit deutlich reduziertem Personal überlebensfähig sind, alle Kräfte zur Steigerung ihrer Produktivität bräuchten und sich nicht mit betriebsfremden Aufgaben befassen könnten" (Arbeitgeberverband Gesamtmetall, Geschäftsbericht 1991-1993, Köln 1993, S 132)
141 Steinkühler Solidarpakt für IG Metall denkbar, in. Metall Pressedienst 11.10 1992, IG Metall formuliert Mindestbedingungen für Solidarpakt, in: Metall Pressedienst 12 1 1993: Die IG Metall forderte eine verbindliche Regelung zur Sanierung von Unternehmen durch die Treuhandanstalt sowie eine gerechte Mittelaufbringung durch eine Ergänzungsabgabe für Gutverdienende, einen Arbeitsmarktbeitrag für Selbständige und Beamte sowie eine Investitionsabgabe für Unternehmen Damit die Gewerkschaften sich an einer Neujustierung der TH-Politik aktiv beteiligen, müßte die Regierung auf die Einführung von Öffnungsklauseln verzichten
142 Vgl Meyer, Cord, Die Sozialplanrichtlinien der Treuhandanstalt, Opladen 1996
143 Vgl Czada, Roland, Der Kampf um die Finanzierung der deutschen Einheit, in. Lehmbruch, Gerhard (Hrsg), Einigung und Zerfall Deutschland und Europa nach dem Ende des Ost-West-Konflikts. 19. Wissenschaftlicher Kongress der deutschen Vereinigung für politische Wissenschaft, Opladen 1995, S 73-102

Solidarpaktdebatte ihren prominentesten Ausdruck fand.[144] Auch hinsichtlich der staatlichen Arbeitsmarktpolitik fanden in regelmäßigen Abständen Debatten über die Ausgaben der Bundesanstalt für Arbeit statt. Gleichwohl konnten alle Versuche, die Kosten einzugrenzen, nichts daran ändern, dass die Ausgaben der Bundesanstalt für die arbeitsmarktpolitische Flankierung des Umbauprozesses in Ostdeutschland zwischen 1991 und 1993 von ca 30 Mrd. DM per anno auf ca. 50 Mrd. DM anstiegen.[145]

Im Umfeld von wirtschaftlichem Niedergang, anschwellender Arbeitslosigkeit, staatlichen Finanzierungsproblemen und Globalisierungsdebatte stritten die Tarifparteien über die weitere Ausrichtung der Tarifpolitik. Nachdem die positive Resonanz auf den Stufentarifvertrag nur von kurzer Dauer war, dominierte bald die Kritik an der "tarifpolitischen Aufholstrategie". Den Reigen der öffentlichen Tarifschelte eröffneten diesmal die Wirtschaftsforschungsinstitute mit ihrem Frühjahrsgutachten.[146] Dem dort ausgesprochenen Vorwurf von einem "Dammbruch" schlossen sich nicht nur führende Vertreter der Wirtschaftsverbände, der Wirtschaftspresse und der Politik an[147], sondern auch im Metallarbeitgeberlager wurden erste Stimmen laut, die auf eine Revision des wenige Monate zuvor abgeschlossenen und öffentlich gelobten Stufentarifvertrages drangten Ein wichtiger Orientierungspunkt für die weitere Kritik an der Tarifpolitik wurde der vom Sachverständigenrat im November 1991 proklamierte "Kurswechsel in der Tarifpolitik" Der Rat empfahl den Tarifparteien, dass die Lohnentwicklung wieder mit der "wirtschaftlichen Leistungskraft auf betrieblicher Ebene" in Einklang gebracht werden müsse.[148] Zu diesem Zweck sollten betriebliche Öffnungsklauseln[149] mit einer ertragsabhängigen Lohn- oder Investivlohnkomponente gekoppelt werden.[150] In der öffentlichen Debatte entstand zuweilen der Eindruck, dass die Tarifpolitik die wichtigste Ursache der Beschäftigungsmisere und des industriellen Verfalls sei. Am 24. Juni 1992 beschloss das Bundeskabinett sogar, eine gesetzliche Öffnungsklausel einzuführen, um in besonderen Fällen vom Tarifvertrag abweichen zu können.[151] Die

---

144 Vgl Lehmbruch, Gerhard, Dilemmata verbandlicher Einflusslogik 1994, S 385
145 Vgl Buttler, Friedrich, Globales Arbeitsmarktungleichgewicht und Arbeitsmarktpolitik im Einigungsprozeß. in· Beer, Doris et al (Hrsg), Der ostdeutsche Arbeitsmarkt in Gesamtdeutschland Angleichung oder Auseinanderdriften? Opladen 1997, S 65
146 Vgl Deutsches Institut für Wirtschaftsforschung, Die Lage der Weltwirtschaft und der deutschen Wirtschaft im Frühjahr 1991, in DIW-Wochenbericht Nr. 18 - 19, S 227 - 277, vgl Pohl, Reinhard, Die Lohnpolitik droht die ohnehin geringe Konkurrenzfähigkeit weiter zu schwächen, in Handelsblatt 6.8 1991
147 Vgl "Alle Damme sind gebrochen", in Der Spiegel 10 6 1991 Zitiert wurde in diesem Artikel Heinrich Weiss, der damalige Präsident des BDI, der davon sprach, dass der Vertrag eine "Katastrophe für die Beschäftigung in den Ostländern" sei Die Wirtschaftspresse bezeichnete den Stufentarifvertrag als eine "arbeitsplatzmordende Lohnexplosion", das "größte lohnpolitische Skandalon der überschaubaren Wirtschaftsgeschichte".
148 Sachverständigenrat zur Begutachtung der gesamtwirtschaftlichen Entwicklung Die Wirtschaftliche Integration in Deutschland Perspektiven - Wege - Risiken Jahresgutachten 1991/92, Stuttgart 1991, S 199
149 "Wann immer die Diskussion zum Punkt Lohnpolitik in den neuen Bundesländern kommt, ist die Forderung nach Öffnungsklauseln nicht weit", so schrieb die Süddeutsche Zeitung am 5 7 1991 (Ja zu Öffnungsklauseln, in Süddeutsche Zeitung 5 7 1991)
150 Ebd S 200
151 Die Kritik an diesem Vorgehen folgte umgehend Widerstand gegen Sondergesetz für Lohnzahlungen im Osten. in Sächsische Zeitung 26 6 1992

damit der Tarifpolitik quasi offiziell zugewiesene Sündenbockfunktion polarisierte sowohl die Auseinandersetzung zwischen wie auch innerhalb der Tarifparteien, wobei das Ausmaß der Verunsicherung zwischen Gewerkschaften und Arbeitgeberverbänden ebenso ungleich verteilt war wie zwischen West- und Ostdeutschland. Die Rahmenbedingungen des Revisionsstreites, der im Anschluss an den Tarifabschluss im Frühsommer 1991 einsetzte und im Frühjahr 1993 sein vorläufiges Ende fand, war durch industriellen Verfall, Privatisierung der ehemaligen Staatsbetriebe, Änderung der Treuhandpolitik, westdeutsche Globalisierungsdebatte, zunehmende Spannungen zwischen Ost- und Westdeutschland sowie durch eine veränderte Verbandsstrategie auf seiten des Arbeitgeberverbandes geprägt. In den ersten anderthalb Jahren wurde die Debatte durch die Öffentlichkeitsstrategie von Gesamtmetall bestimmt, erst im Herbst 1992 rückte der sächsische Raum als konkreter Ort des Geschehens ins Rampenlicht, ohne selbst Entscheidungszentrum der Kontroverse sein zu können.

2. Offensivstrategie der Arbeitgeber

Der 1990 abgeschlossene Stufentarifvertrag ging maßgeblich auf die Initiative der Arbeitgeberverbände zurück Dabei war weniger die unmittelbare Interessenlage ihrer Mitglieder ausschlaggebend, sondern vielmehr übergeordnete verbandspolitische Einflüsse. Unter dem Eindruck einer problematischer werdenden ökonomischen Lage und einer sich differenzierenden Interessenlage in der Mitgliedschaft versuchten die Verbandsfunktionäre, die Beziehung zwischen Einfluß- und Mitgliedschaftslogik im kollektiven Handeln der Arbeitgeberverbände neu zu bestimmen. Ausgangspunkt war die sich ausdifferenzierende Interessenlage der Verbandsmitglieder und der potentiellen Mitglieder. Die tarifpolitischen Kompromisse der ersten Stunde, die in einer vergleichsweise defensiven Haltung seitens der ostdeutschen Arbeitgeberverbände durch die Geschäftsführer der Treuhandunternehmen und die ehemaligen VEB-Direktoren akzeptiert worden wären; trafen unter den sich verändernden Rahmenbedingungen nicht nur bei den neu privatisierten Unternehmen auf große Skepsis. Die vergleichsweise homogene Interessenlage der Startphase, die primär auf eine sozialpolitische Flankierung des Umbruchs zielte, war keine verpflichtungsfähige Basis für eine ausdifferenzierte Industrielandschaft. Die Interessenlagen der Betriebe in den Jahren 1992/1993[152] lassen sich idealtypisch folgendermaßen klassifizieren:
- Westliche Unternehmen, die in Ostdeutschland einen Betrieb neu gründeten oder schnell in der Lage waren, den von der Treuhandanstalt erworbenen Betrieb als konkurrenzfähigen Wettbewerber zu entwickeln. Diese erfolgreich wirtschaftenden Unternehmen konnten auf hohe staatliche Unterstützungsleistungen zurückgreifen.

---

152 Vgl. Scheremet, Wolfgang, Tarifpolitik in Ostdeutschland: Ausstieg aus dem Lohnverhandlungsmodell der Bundesrepublik Deutschland, in: Beihefte der Konjunkturpolitik. Zeitschrift für angewandte Wirtschaftsforschung, Berlin 1995, S. 145 f; Ettl, Wilfried/Wiesenthal, Helmut 1994, S. 430f.

- Privatisierte Verlustbetriebe mit veraltetem Kapitalstock, überhöhtem Beschäftigungsstand und Altschulden, die große Probleme hatten, sich im Wettbewerb zu behaupten
- Klein- und mittelständische Betriebe, die die Chance eines tarif- und verbändefreien Handelns zu nutzen suchten, um die Lohnkosten zu senken. In den meisten dieser Betriebe war der gewerkschaftliche Einfluß gering oder gar nicht vorhanden. Bei einigen, den sogenannten 72ern[153], mischte sich das Lohnargument mit einer ausgesprochen regulierungsfeindlichen Haltung, die aus der Erfahrung mit der Enteignung in den 70er Jahren herrührte
- Das zunächst umfassendste, im Laufe der Zeit immer kleiner werdende Segment bildeten die Betriebe im Treuhandbesitz. Die erst zu einem späteren Zeitpunkt privatisierten Betriebe besaßen meist ein ungünstiges Produktsortiment, einen veralteten Kapitalstock, einen hohen Beschäftigungsstand und agierten mit nur geringen Investitionspotentialen. Zwar wurden die auflaufenden Verluste von der Treuhandanstalt kompensiert, gleichwohl geriet die Höhe der Lohnsumme im zeitlichen Verlauf auch unter Druck, nicht zuletzt hinsichtlich der Privatisierungsperspektive

Diese verschiedenen Mitgliedergruppen existierten bereits 1990/91, allerdings seinerzeit in einem Mischungsverhältnis, in dem der öffentlich administrierte Teil den privaten Sektor deutlich übertraf. Dementsprechend dominierte in der Praxis der Arbeitgeberverbände während der tarifpolitischen Startphase die Einflusslogik die Mitgliedschaftschaftslogik. Die Veränderung der Interessenlage der Betriebe schlug sich unmittelbar im Mitgliederstand nieder. In den fünf ostdeutschen Arbeitgeberverbänden wurde 1991 mit 1.365 Mitgliedern die höchste Mitgliederzahl erreicht. In den folgenden Jahren nahmen die Mitgliedsbetriebe, wie auch der Mitgliederorganisationsgrad ständig ab.[154] Auf ihren zurückgehenden Organisationsgrad mußten die Arbeitgeberverbände ebenso reagieren, wie auf den Druck aus den Unternehmen, Wirtschaftsverbänden und aus der Politik. Während sich die politische Großwetterlage im Einigungsprozeß schnell änderte und die Lohnpolitik ein leicht operationalisierbarer "Sündenbock" war, standen einer schnellen Reaktion der Arbeitgeberverbände einige Hindernisse gegenüber. Erstens weil sie sich durch den Stufenvertrag für einen Zeitraum von drei Jahren gebunden hatten und auf vertragskonformem Wege frühestens im Rahmen der 1993 greifenden Revisionsklausel eine Korrektur erreichen konnten. Zweitens bestand auch unter den Arbeitgebern eine divergierende Interessenlage hinsichtlich der Notwendigkeit einer solchen Kurskorrektur. Diese war nicht nur ökonomisch begründet, sondern auch konfliktpolitisch, denn vor allem die ostdeutschen Verbandsfunktionäre, die Geschäftsführer westdeutscher Konzernableger und

---

153 Diese Betriebe wurden 1972 enteignet; sie bauten sich nach der Wende eine eigene Interessenorganisation auf
154 Zwischen dem 31.12.1991 und dem 31.12.1992 reduzierte sich die Mitgliederzahl um 87. Dabei ist davon auszugehen, dass die Mehrzahl der Verbandsflüchtlinge im Zuge des Privatisierungsprozesses die Chance des Austritts bzw Nichtwiedereintritts gesucht hat.

solche von Treuhandbetrieben taten sich mit einem polarisierten Vorgehen gegenüber der IG Metall schwer. Drittens befürchteten auch Vertreter des politischen Systems, insbesondere die ostdeutschen Landesregierungen, dass ein parallel zum beschleunigten Beschäftigungsabbau stattfindender Prozeß der Polarisierung nicht nur zu einer Destabilisierung der industriellen Beziehungen, sondern auch zu einer unkontrollierbaren politischen Dynamik führen könnte. Viertens konnten die Verbandsspitzen 1991/1992 keineswegs zuverlässig einschätzen, wie stark die Gruppe derjenigen Betriebe sein würde, die einen tarifpolitischen Kurswechsel überhaupt positiv honorieren würden.

Aufgrund der vielen Unwägbarkeiten auf dem Gebiet der Tarifpolitik bediente Gesamtmetall zunächst einmal beide Möglichkeiten im Umgang mit dem Stufentarifvertrag gleichberechtigt nebeneinander. Im Sommer 1991 traten die beiden wichtigsten Funktionäre des Arbeitgeberdachverbandes, Kirchner und Stumpfe, mit unterschiedlichen Akzenten an die Öffentlichkeit. Während Gesamtmetallchef Stumpfe den Stufentarifvertrag als Beitrag zu einem gelingenden Einigungsprozeß verteidigte und damit die Vereinbarkeit der gesellschaftspolitischen Einflusslogik mit den längerfristigen Interessen der Verbandsmitglieder betonte[155], setzte Hauptgeschäftsführer Kirchner zur gleichen Zeit den Akzent auf die ökonomische Belastung für die Verbandsmitglieder und deutete damit an, dass die Suche nach Alternativen beginnen müsse. um den "Sinn der Verbandszugehörigkeit"[156] positiv zu klären. Nachdem bis 1991 alle Initiativen der IG Metall, die eine Veränderung der Tarifstrukturen anstrebten, von den Arbeitgebern mit dem Argument abgelehnt wurden, dass davon eine Gefährdung der Tarifautonomie ausgehe, weil diese Maßnahmen nicht durch eine Kräfteparität gedeckt seien, setzten sie nun selbst auf das Feld der Strukturveränderungen. Kirchner plädierte im Juni 1991 für eine "unternehmensverträglichere" Einkommensentwicklung, indem die anstehenden Lohnerhöhungen in Bar- und Investivlöhne gesplittet werden sollten.[157] Durch eine solche Strukturveränderung des Lohnes würde die Investitionskraft der Unternehmen gestärkt und zugleich könnte so eine demokratischere Struktur des Unternehmenskapitals ermöglicht werden. Mit diesem Vorstoß erreichten die Arbeitgeber nicht nur ein vergleichsweise positives publizistisches Echo, sie fanden auch bei einzelnen Arbeitnehmervertretern eine gewisse Akzeptanz. Insbesondere das aus den CDU-Sozialausschüssen kommende DGB-Bundesvorstandsmitglied Ulf Fink[158], die DAG[159] und der IG-Chemie-Vorsitzende Hermann Rappe[160]

---

155 Vgl Martens. Erika/Piper, Nikolaus. Besser als ihr Ruf Zeit-Gespräch mit Gesamtmetall-Chef Werner Stumpfe über die umstrittene Tarifpolitik in Ostdeutschland, in Die Zeit 21.6.1991
156 Mundorf, Hans, Gespräch mit Dieter Kirchner anläßlich der Mitgliederversammlung von Gesamtmetall, in: Handelsblatt 10.6.1991.
157 Kirchners Vorschlag lautete, dass "durch eine gemeinsame Regelung der Tarifvertragsparteien von den 25 % nur 15-%-Punkte ausgezahlt (werden), dass aber 10-%-Punkte im Betrieb als Arbeitnehmeranteil oder als Beteiligung im Unternehmen verbleiben." Mundorf, Hans, Tarifpolitik Gespräch mit Dieter Kirchner anläßlich der Mitgliederversammlung von Gesamtmetall, in. Handelsblatt 10.6.1991.
158 Vgl. Fink greift Kirchner-Uberlegungen auf, in. Handelsblatt 13.6 1991
159 Vgl Investivlohn Ein Modell für ostdeutsche Tarifverträge, in: Handelsblatt 13 6.1991.
160 Vgl Rappe "Wir müssen uns der Investivlohndebatte stellen, in: Handelsblatt 30.7.1991.

reagierten positiv Obgleich sich die IG Metall von diesem Vorschlag distanzierte, pladierten die Arbeitgeber weiterhin dafür, dieses Instrument einzuführen, um die Tarifpolitik in Ostdeutschland neu zu justieren

Eine deutliche Verstärkung erhielten die Versuche, den Stufentarifvertrag neu zu verhandeln, mit dem Wechsel an der Spitze von Gesamtmetall. Obwohl Werner Stumpfe, der sich im Sommer noch als Verteidiger des Stufentarifes engagierte, am 7 6 1991 für zwei weitere Jahre als Vorsitzender bestätigt wurde, entschied er sich im Oktober des gleichen Jahres dafür, den Verband zu verlassen und als Personalchef zum Axel Springer Verlag zu wechseln. Der Abgang von Stumpfe, der selbst kein Eigentümerunternehmer war, sondern Personalchef bei der Mannesmann-Demag AG, machte den Weg frei für die Wahl des mittelständischen Eigentümerunternehmers Hans-Joachim Gottschol, dem damaligen Vizepräsidenten und Verhandlungsführer des Arbeitgeberverbandes der Metall- und Elektroindustrie Nordrhein-Westfalens.[161] Gottschol, der sich selbst in dieser Situation als nationaler Patriot verstand und mit eigenen unternehmerischen Aktivitäten in den fünf neuen Ländern engagierte, suchte die Brücke zwischen Einfluß- und Mitgliederlogik in den Arbeitgeberverbänden wieder begehbar zu machen, indem er entschieden für eine Ablösung des 1991 fixierten Stufentarifvetrages warb. Dabei setzte die Gesamtmetallführung darauf, dass durch Inanspruchnahme der Revisionsklausel eine tarifvertragskonforme Neujustierung des Stufenvertrages erreicht werden könne.

Auf einer IG Metall-Konferenz (28.2.1992) zur aktiven Sanierungspolitik in Ostdeutschland stellte Gesamtmetall-Präsident Gottschol die neue Verbandslinie zur Revision des Stufentarifvertrages vor. Konzedierend, dass "die 100-Prozent-Perspektive" richtig sei, forderte er eine "konditionierte Öffnungsklausel", die es den Betriebsparteien erlauben sollte, die vereinbarten Erhöhungsstufen abzusenken und/oder zeitlich hinauszuschieben. Eine Voraussetzung für die Inanspruchnahme dieser Möglichkeit sollte sein, dass die Unternehmen die eingesparten Kosten für Investitionen oder für die Schaffung und den Erhalt von Arbeitsplätzen verwenden. Zweitens wiederholte er den Vorschlag, dass ein Teil der Lohn- und Gehaltserhöhungen, mindestens jedoch 20 Prozent, investiv in den Betrieben eingesetzt werden sollte. Die dritte Dimension seines Vorschlages - sie wurde schriftlich nachgereicht - zielte darauf, die vorhandenen "Auffassungsunterschiede hinsichtlich der Beurteilung der wirtschaftlichen und sozialen Situation in den neuen Bundesländern" durch eine gemeinsame Analyse zu versachlichen.[162] Während die IG Metall die ersten beiden Forderungen ablehnte, signalisierte sie Interesse an der Erarbeitung eines gemein-

---

161 Vgl Schroeder, Wolfgang, Die Unternehmerverbände Programmatik, Politik, Organisation, in Kittner, Michael (Hrsg), Gewerkschaftsjahrbuch 1992 Daten - Fakten - Analysen, Koln 1992, S 673
162 Gottschol, Hans-Joachim an Franz Steinkuhler (13 3 1992, Material IG Metall) "Aus unserer Sicht geht es dabei naturgemäß vor allem um die Frage, welchen Einfluß unsere Tarifabschlusse tatsächlich auf Investitionen. Beschäftigung und Wettbewerbsfähigkeit der Unternehmen haben und, falls sie nicht geändert würden, voraussichtlich zukünftig haben müßten "

samen Positionspapieres "zur langfristigen Sicherung des Wirtschaftsstandortes neue Bundesländer und Berlin aus der Sicht der Metall- und Elektroindustrie."[163]

Von Mitgliederprotesten und öffentlicher Kritik aus den Kreisen der Wirtschaftsverbände angetrieben, suchten die Metallarbeitgeberverbände nach einer neuen Chance, um das Kräfteverhältnis gegenüber der IG Metall zu ihren Gunsten zu verändern In Anlehnung an den Sachverständigenrat war die Rede von einer "Wende in der Tarifpolitik"[164], worunter die Arbeitgeberverbände eine produktivitätsorientierte Lohnpolitik, ergänzt um dezentrale, ertragsabhängige Lohnkomponenten sowie eine Korrektur der Arbeitszeitpolitik verstanden. Um diese Ziele zu verfolgen, sollten West- und Ostdeutschland derart miteinander verkoppelt werden, dass sie sich wechselseitig ergänzten. Für die gerade in Westdeutschland laufende Tarifauseinandersetzung gab der Hauptgeschäftsführer Dieter Kirchner im Frühjahr 1992 die Losung aus: "je mehr es uns gelingt, das Westwachstum zu stärken, um so mehr kann der notwendige Transfer West-Ost finanziert werden."[165] Gegenüber den zunehmend stärker werdenden Einflussversuchen von außen wurde der am 18. Mai 1992 erzielte Tarifabschluss in der westdeutschen Metall- und Elektroindustrie wegen seiner relativ langen Laufzeit (21 Monate.1.4.1992 bis 31.12.1993) und der als akzeptabel eingestuften Volumensteigerung von 4,8 Prozent als der "Beginn einer Trendwende in der Lohnpolitik"[166] bewertet Da BDI und VDMA nicht nur geringere Lohnkosten, sondern auch Veränderungen forderten, die den Interessen der Arbeitgeberverbände zuwiderliefen, wie beispielsweise der BDI-Vorschlag[167] für eine zeitlich begrenzte Aufhebung des Tarifvertragsgesetzes für Ostdeutschland (§ 3 Ziffer 3), mussten die Arbeitgeberverbände darauf achten, keine "Prämierung der Verbandsflucht"[168] vorzunehmen. Die Arbeitgeberzentrale von Gesamtmetall lavierte 1992 zwischen dem Interesse der ostdeutschen Arbeitgeberverbände an einer einvernehmlichen Revision des Stufentarifvertrages und der offensiven Infragestellung der tradierten Tarifpolitik durch die Wirtschaftsverbände hin- und her.

Die ostdeutschen Verbände waren im Vorstand von Gesamtmetall und in der Hauptgeschäftsführerrunde vertreten und sie standen in regelmäßigem, informellen Kontakt mit den wichtigsten westdeutschen Akteuren. Insofern kann unterstellt werden, dass die von der Kölner Zentrale öffentlich genannten Hauptziele nicht ohne Rücksprache mit den ostdeutschen Regionalverbänden erfolgten. Trotzdem war 1992 noch nicht hinreichend geklärt, welche Revisionsforderungen die ostdeutschen Regionalverbände selbst präferierten Der größte ostdeutsche Verband, der sächsische Metall- und Elektroarbeitgeberverband, plädierte noch bei seiner Mitgliederversamm-

---

163 Gemeinsames Positionspapier der Arbeitsgruppe Gesamtmetall/IG Metall, Köln, 20.1 1993
164 Die Arbeitgeber verlangen eine Wende in der Tarifpolitik. in. Frankfurter Allgemeine Zeitung 24 3 1992
   Vgl Schott, Norbert, Zur Entwicklung der industriellen Beziehungen nach der Wiedervereinigung: Arbeitgeberstrategien auf uberbetriebliche Ebene unter besonderer Berücksichtigung des "Revisionsstreits" in der ostdeutschen Metallindustrie, Diss Universität Frankfurt 1995, S 123 ff.
165 In dieser Runde steht auch das Aufbau Ost auf dem Spiel, in Kölner Stadt-Anzeiger 28 3.1992
166 Gesamtmetall sieht Beginn der Wende in der Lohnpolitik, in Berliner Zeitung 19 5 1992
167 Vgl Necker, Tyll, Ohne Tarifkorrekturen kein Aufschwung Ost, in Handelsblatt 11.9 1992.
168 Metallarbeitgeber widersprechen dem BDI, in· Frankfurter Allgemeine Zeitung 12 9.1992.

lung (22.5 1992) für eine konsensuale Revision des Stufentarifvertrages Dabei wies Hauptgeschäftsführer Kochan die Verbandsmitglieder darauf hin, dass man zum mehrjährigen Tarifabschluss mit der IG Metall stehe, weil er maßgeblich zum sozialen Frieden beigetragen habe Gemeinsam mit der IG Metall sei es gelungen, den betrieblichen Personalstand nach Ablauf des Kündigungsschutzabkommens dem Bedarf anzupassen, ohne dass es zu größeren gesellschaftlichen Konflikten gekommen wäre [169] Angesichts der schwierigen ökonomischen Situation sei 1992 "für die Metallarbeitgeber im Osten ein hartes Jahr der Vertragstreue."[170] Man stehe zwar zu dem mehrjährigen Tarifabschluss, es dürfe aber nicht zu einer unrealistischen Aufholjagd kommen Unter der Losung "pacta-sunt-servanda" verstand der VSME-Vorsitzende die Aufforderung, Maximalforderungen und Überspitzungen seitens der Arbeitgeber fallenzulassen und eine Lösung mit der IG Metall zu suchen Die Inanspruchnahme der Revisionsklausel bezeichnete er als Chance zur "Tarifmündigkeit"[171] für die ostdeutschen Tarifparteien, die damit die Möglichkeit hätten, "den weiteren Weg der Tarifpolitik im Osten real und kreativ zu beeinflussen"[172]. Auffallend war in dieser Phase die Diskrepanz zwischen der von westdeutscher Seite vorgenommenen Fixierung auf die Öffnungsklausel und der ablehnenden Haltung, die dazu innerhalb der ostdeutschen Verbände vorherrschte. Der VSME-Verhandlungsführer Münter begründete noch auf der außerordentlichen Mitgliederversammlung vom 27.10.1992 die Kritik seines Verbandes an dem Instrument der Öffnungsklausel: Dadurch könnte die Kreditwürdigkeit des betreffenden Unternehmens gefährdet werden, und zudem sehe sich der Verband selbst nicht in der Lage, die Kriterien zu definieren, "ab wann es einer Firma so schlecht geht, dass sie für eine Öffnung nach unten in Frage kommt"[173]. VSME-Präsident Erwin Hein befürchtete, dass dann, wenn "jede Firma nach ihrem Gusto über die Löhne entscheiden kann, der Wildwuchs ... nicht mehr zu kontrollieren"[174] wäre Angesichts dessen faßte der VSME-Vorstand den Beschluss, "die Lösung unseres Problems nicht in Öffnungsklauseln jedweder Art zu suchen."[175] Eine ähnliche Skepsis im Hinblick auf das Instrument der Öffnungsklausel herrschte zu dieser Zeit auch bei der BDA-Spitze Nachdem die BDA bereits längere Zeit für die Einführung von Öffnungsklauseln geworben hatte, zeigte sie sich gegen Ende 1992 skeptisch, ob es sinnvoll sei, dieses Projekt weiter zu verfolgen, wenn klar sei, dass die Gewerkschaften solche Möglichkeiten unterlaufen würden.[176] Deshalb gab sie zu bedenken, dass es unter diesen Bedingungen besser sei - vergleichbar der chemischen Industrie-, einen Flächentarifvertrag abzuschließen, der wieder "echte" Mindestbedingungen beinhalte, die für alle Verbandsmitglieder akzeptabel seien. BDA-Präsident Murmann

---

169 Protokoll der Mitgliederversammlung vom 22 5 1992 in Chemnitz
170 Hein, Erwin, Die M+E-Industrie in Sachsen, in Forum Vortragsreihe des Instituts der deutschen Wirtschaft. Nr 26, 23 6 1992
171 Ebd
172 Ebd
173 Münter, Bericht des Vorstands zur tarifpolitischen Lage, Dresden 27 10 1992, Material IG Metall
174 Eckstein. Kerstin, In die Tarifdebatte muß Sachverstand einziehen, in Sächsische Zeitung 16 10 1992
175 Munter. Bericht des Vorstands zur tarifpolitischen Lage, Dresden 27 10 1992
176 Vgl Schott, Norbert 1995, S 101

forderte damals eine Abschaffung des Stufenvertrages; statt dessen sollten fortan jährliche Tarifverträge abgeschlossen werden, deren Obergrenze die Inflationsrate sein solle.[177]

Gesamtmetall setzte in der öffentlichen Mobilisierung gegen den Stufentarifvertrag nicht nur auf eine Reduzierung der Lohnkosten, sondern auch auf eine betriebliche Öffnungsklausel, um so zu einer betriebsbezogenen Lohndifferenzierung zu kommen. Dagegen ging es den federführenden Akteuren in den ostdeutschen Verbänden zunächst lediglich um eine Kostenreduzierung durch Streckung des Stufentarifvertrages. Vermutlich läßt sich diese unterschiedliche Haltung zum Instrument der Öffnungsklausel mit Nähe und Ferne zu den betrieblichen Konflikten erklären: Während die Kölner Gesamtmetall-Funktionäre aus der Perspektive einer ordnungspolitischen Gesamtstrategie dachten und das Ganze als Test im Kontext einer günstigen Chancenstruktur begriffen, mußten die ostdeutschen Akteure die unmittelbaren betrieblichen Konsequenzen solcher Aktivitäten mitbedenken und konkret austragen. Angesichts der durch den Beschäftigungsabbau aufgeladenen Stimmung waren insbesondere Betriebe, in denen die IG Metall stark war, nicht daran interessiert, zusätzliche Fronten aufzubauen, die das angspannte Klima weiter belasten konnten. Wegen der Diskrepanz in der Frage der Öffnungsklauseln bereitete Gesamtmetall das Revisionsbegehren so vor, dass der Modus der Revision zu einer "eher technisch-organisatorischen Frage"[178] erklärt wurde. In ihrer Argumentation für eine Neujustierung der ostdeutschen Tarifpolitik stilisierten sie sich selbst zum Anwalt der Beschäftigteninteressen und der Wettbewerbsfähigkeit der ostdeutschen Industrie. Dabei konzentrierte sich ihr argumentatives Vorgehen auf vier strategische Hauptpunkte:

- Tarifpolitik sei nicht die zentrale Ursache der Krise: Die Arbeitgeberverbände versuchten, sich von den Repräsentanten der Wirtschaftsverbände und den neoliberalen Vertretern der Bundesregierung, die in der Tarifentwicklung eine zentrale Ursache für die Krise des Aufbaus Ost sahen, abzugrenzen, indem sie die These vertraten: "Die Tarifverträge sind nicht schuld an der Beschäftigungskrise, aber es gibt keine Chance, aus der Beschäftigungskrise ohne eine Entlastung bei den Lohnkosten herauszukommen."[179] Die Beschäftigungskrise in der ostdeutschen Metall- und Elektroindustrie habe ihren Ausgangspunkt im Wegfall der Absatzmärkte in der ehemaligen Sowjetunion, was zum Zeitpunkt der Tarifabschlüsse im Frühjahr 1991 von niemandem als dauerhaft, schon gar nicht in diesem Umfange erwartet worden sei. Doch mit diesem Prozeß sei gleichsam der "Wegfall der Geschäftsgrundlage"[180] für den Stufentarifvertrag eingetreten. Mit dieser Abgrenzungsstrategie warben sie in der Öffentlichkeit um Vertrauen für ihre Revisionspolitik.

---

177 Vgl Ebd
178 Kirchner, Dieter, Pressegespräch des Arbeitgeberverbandes Gesamtmetall 30 9 1992 in Berlin (Gesamtmetall Informationen für Presse, Funk und Fernsehen).
179 Ebd
180 Mit dem Verlust des Ostgeschäftes haben Metalltarife Geschäftsgrundlage verloren, in. Handelsblatt 5 11.1992

- Zu hohe Lohnstückkosten schwächten die Wettbewerbsfähigkeit der Unternehmen: Durch den Zusammenbruch des Ostgeschäftes habe sich 1991 nicht nur die Produktion halbiert, sondern zugleich auch die Produktivität Aus diesem Prozeß resultiere eine "Lohn-Produktivitats-Lücke", die dazu geführt habe, dass das ostdeutsche Lohnstuckkosten-Niveau zum ersten Vierteljahr 1991 147 Prozent der westlichen Lohnstuckkosten betrage. Mit der Tariflohnanpassung vom 1 4 1991 seien die Lohnstückkosten auf 179 Prozent West angestiegen. Erst im Zuge des Beschaftigungsabbaus und der damit einhergehenden Produktivitätssteigerung sei es zu einer Reduktion auf 143 Prozent West im zweiten Vierteljahr 1992 gekommen [181] Die anstehenden Lohnsteigerungen von 26 Prozent zum 1.4 1993 würden nicht nur die Produkte unverkäuflich machen, sondern auch weitere Investoren abschrecken. Vor allem die neu privatisierten Betriebe im Osten seien nicht in der Lage, diese Lohnsteigerung zu verkraften.[182] Mit derart hohen Lohnstückkosten könne man weder "die noch vorhandenen Absatzmöglichkeiten in den GUS-Ländern" ausschöpfen, noch könne so "auf den Märkten im Westen Fuß" gefaßt werden.[183] Zur Untermauerung ihrer These von der Zerstörung der Wettbewerbsfähigkeit bezog sich Gesamtmetall auf eine 1992 durchgeführte DIW-Betriebsumfrage, nach der drei Viertel aller Unternehmen den starken Anstieg der Lohne und Gehalter für ein sehr großes Problem erachteten Dabei hätten sogar 37 Prozent aller Firmen und 61 Prozent der Treuhand-Unternehmen dieses Problem für wichtiger gehalten als die Absatzschwierigkeiten in Osteuropa.

- Negative beschäftigungspolitische Folgen: Mit Bezug auf das Ifo-Institut prognostizierte Gesamtmetall, dass bei der geplanten Anhebung des Tarifniveaus eine Million Arbeitsplätze in der ostdeutschen Wirtschaft verloren gingen, "die erhalten werden könnten bei einer Streckung der Angleichung bis zum Jahre 2000."[184] Die hohen Lohnstückkosten hätten einen enormen "Rationalisierungsdruck" entfaltet, der den Abbau der Arbeitsplätze weiter forciert habe. An die Adresse der Arbeitnehmer gerichtet, versprach Gesamtmetall, dass auch bei einer Stabilisierung der Reallohne auf dem Niveau von 1992 plus eines Preissteigerungsausgleichs von 8,5 Prozent die seit der DM-Einführung erreichte Verbesserung des Lebensstandards bestehen bleibe Eine "argumentative Kehrtwendung"[185] unternahm man hinsichtlich des Abwanderungsarguments. "Kommt es dagegen zu einer Entlastung, kann man einerseits die Leistungsträger durch eine übertarifliche Zulage

---

181 Ebd
182 Die Metallarbeitgeber wollen tarifpolitische Fehler korrigieren, in Frankfurter Allgemeine Zeitung 30 10 1992
183 Kirchner, Dieter, Pressegesprach des Arbeitgeberverbandes Gesamtmetall, 30 9 1992 in Berlin (Gesamtmetall Informationen für Presse, Funk und Fernsehen)
184 Ebd
185 Bialas. Christiane 1994, S 37

zum Bleiben bewegen und zugleich vielen anderen Mitarbeitern das Los der Arbeitslosigkeit oder den Zwang zum Auswandern ersparen."[186]

- Eine wirtschaftspolitische Flankierung, so das Junktim der Arbeitgeber, könne man nur akzeptieren, wenn der Stufentarifvertrag revidiert werde: Erst wenn die IG Metall einer Revision des Stufenvertrages zustimmte, sei man bereit, gemeinsame Aktivitäten im Bereich der Wirtschaftspolitik zu ergreifen.[187] Als sich abzeichnete, dass die IG Metall der Revision nicht zustimmen würde, rückte der Adressat Steuerzahler stärker ins Zentrum der Arbeitgeberkampagne. Das Motto dieses Vorgehens lautete nun, die Tarifpolitik dürfe sich nicht zu Lasten des Steuerzahlers und des Staates auswirken.

Während die Arbeitgeber in der Startphase auf den Erhalt des Status quo bedacht waren, setzten sie in der Vereinigungskrise auf eine gesamtdeutsche Strategie der tarifpolitischen Wende, um ihren Einfluß zu erhöhen und das Verhältnis zwischen kollektiven Mindestbedingungen und ertragsabhängigen, betriebsbezogenen Entlohnungsbestandteilen neu zu justieren. Mit ihrer Forderung nach einer Revision des Stufentarifvertrages stellten sie sich nicht nur als Anwalt ihrer eigenen Mitglieder dar, sie versuchten sich darüber hinaus auch als Advokaten der Beschäftigten und der Steuerzahler zu präsentieren, um die Gemeinwohlorientierung ihres Handelns herauszustellen Im Hinblick auf die Beschäftigten setzten sie auf deren Angst vor dem Verlust des Arbeitsplatzes, die sie zu nutzen versuchten, um das Beschäftigungsinteresse vom Interesse an der Einhaltung des Tariflohns abzukoppeln. Eine offene Frage war, ob die konkrete Konfliktstrategie dazu führen würde, die vorhandene Mitgliederheterogenität in den Arbeitgeberverbänden zu reduzieren oder ob diese im Verlaufe des eingeschlagenen Prozesses sogar noch größer werden könnte. In der eigenen Mitgliedschaft bestand zwar durchweg ein Interesse an einer Kostenentlastung, gleichwohl war dieses Interesse nicht bei allen Gruppen so ausgeprägt, dass sie dafür bereit waren, einen solchen Konfliktkurs zu unterstützen Auch bei den Treuhandbetrieben und bei den Westdependancen war die Haltung zu einem konfliktorischen Vorgehen ambivalent. Selbst bei den privatisierten aber ökonomisch prekären klein- und mittelständischen Ostfirmen, die eine grundlegende Revision forderten, war man mit Blick auf die Gefährdung des kooperativen Verhältnisses zu Betriebsrat und Belegschaft vorsichtig. Zu den unkalkulierbaren Wirkungen des eingeschlagenen Konfliktkurses auf die eigene Mitgliedschaft gehörte auch, dass die arbeitsteilige Vorgehensweise zwischen Gesamtmetall und den ostdeutschen Regionalverbänden von letzteren nur bedingt akzeptiert wurde. Somit war zu befürchten, dass die offensive

---

186 Kirchner, Dieter, Pressegespräch des Arbeitgeberverbandes Gesamtmetall, 30 9 1992 in Berlin (Gesamtmetall Informationen für Presse, Funk und Fernsehen)
187 Dieter Kirchner. "Ohne wirtschaftspolitische Hilfen ist eine Lohnentlastung nichts wert Das gilt aber auch umgekehrt Ohne Lohnentlastung, mit einer Lohnsteigerung von 26 Prozent ist auch jede wirtschaftspolitische Maßnahme vergebens." (in "Das Vertrauen des Patienten wird durch eine todbringende Medizin geschützt.", in Handelsblatt 11.11.1992)

Vorgehensweise des Dachverbandes und die eher vorsichtig moderate Attitüde der ostdeutschen Verbände zusätzliche Zentrifugalkräfte freisetzten könnten, nach dem Motto "der Westen kolonialisiert den Osten".

In der Revisionsstrategie von Gesamtmetall besaß die Treuhandanstalt eine Schlüsselrolle Auch 1992/1993 gehörten noch immer etwa ein Drittel der Betriebe zum Einflussbereich der Treuhandanstalt. Als Institution, die dem Bundesfinanzministerium unterstand und in deren Verwaltungsrat sowohl Arbeitgeber- wie auch Gewerkschaftsrepräsentanten sassen, befand sich die Treuhandanstalt in einer heiklen Lage. Einerseits besaß sie aufgrund der hohen Lohnkosten in ihren Betrieben und des Zieles, diese möglichst schnell zu privatisieren, ein großes Interesse an einer Veranderung des Stufentarifvertrages; andererseits war die Treuhandanstalt als eigenständiger tarifpolitischer Akteur weder vorgesehen noch erwünscht. Denn als staatliche Institution war sie gewissermassen ihrer Natur nach ein Fremdkörper in der Tarifautonomie.

3. Verteidigungsstrategie der IG Metall

Trotz öffentlicher Anfechtungen insistierte die IG Metall auch 1992/1993 darauf, dass der Stufentarifvertrag als politisches Projekt einzuhalten sei [188] Die Tarifpolitik als Teil des politischen Angleichungsprozesses könne nicht mit den gleichen Kriterien beurteilt werden, wie die westdeutsche Tarifpolitik Vielmehr leisteten ostdeutsche Tarife, gerade weil sie der Produktivitätsentwicklung vorauseilten, einen wichtigen Beitrag zur inneren Einheit Damit die Tarifpolitik diesen Kurs durchhalten könne, müsse sie jedoch durch eine aktive staatliche Arbeitsmarkt-, Industrie- und Investitionspolitik flankiert werden, wobei der Treuhandanstalt eine besonders bedeutende Rolle zufalle. In diesem Sinne versuchte die IG Metall, auf Bundesregierung, Treuhandanstalt und Arbeitgeber Druck auszuüben

Nach Abschluss des Stufentarifvertrages lag der Schwerpunkt des IG Metall-Engagements auf dem Gebiet der arbeitsmarktpolitischen Lobbyarbeit. Mit den Mitteln öffentlicher Mobilisierung versuchte man Ressourcen zu organisieren, um den Betrieben und ihren Belegschaften eine Perspektive zu geben. So gelang es der IG Metall in einzelnen Regionen eine Bedeutung zu erlangen, die kurzzeitig der einer politischen Partei mit generalisiertem politischen Anspruch nahe kam Manchmal zog sie mit diesem Vorgehen - zu dem es in dieser Situation wegen des Primates der Beschäftigungssicherung kaum eine Alternative gab - derart hohe Erwartungen auf sich, dass sie mittelfristig nur Enttäuschungen hervorrufen konnte und dies nicht nur aufgrund fehlender Ressourcen Manche betrieblichen Akteure empfanden es als Widerspruch, dass die IG Metall einerseits die Arbeitsplätze der Mitglieder schützen wollte und andererseits in das industrielle Modernisierungsbündnis der Treuhandanstalt einge-

---

188 Steinkuhler, Franz, Die Tarifpolitik ist nicht die Ursache der Krise, in Handelsblatt 22 7 1991

bunden war. Die IG Metall kritisierte zwar die passive Privatisierungsstrategie der Treuhandanstalt mit ihren beschäftigungspolitischen Folgen, sie mobilisierte jedoch aus der Perspektive mancher interner Kritiker zu wenig offensiv gegen diese Politik, sondern übte sogar durch ihre eigene, als zu schwach eingeschätzte Präsenz im Verwaltungsrat der Treuhandanstalt Mitverantwortung für den Arbeitsplatzabbau aus. Tatsächlich besaß die IG Metall ein gewissermassen dialektisches Verhältnis zur Treuhandanstalt: Einerseits trug die Treuhandanstalt dazu bei, dass die Betriebe Mitglieder im Arbeitgeberverband blieben oder gar wurden und die Tarifverträge einhielten; andererseits war die Treuhandanstalt für die Gewerkschaften der Sündenbock, der durch eine passive, marktradikale Privatisierungspolitik das Scheitern der inneren Einheit riskierte. Ob und inwieweit die Treuhandanstalt als Gegner oder Bündnispartner der IG Metall in Erscheinung trat, war phasenabhängig. Zu Beginn überwog der Beitrag der Treuhandanstalt als ein wichtiger Stabilitätsgarant; im Laufe der Zeit wurde sie zunehmend mehr zum Adressaten der gewerkschaftlichen Kritik an den negativen Entwicklungen des Einigungsprozesses.

Mit der Verteidigung des Stufentarifvertrages hoffte die IG Metall, die Mitgliederinteressen zwischen Ost- und Westdeutschland am überzeugendsten verklammern zu können Gegenüber der ostdeutschen Klientel verstand sich die IG Metall als Anwalt der sozialen Einheit, und gegenüber den westdeutschen Interessen als Puffer, um den arbeitgeberseitig initiierten Lohn- und Deregulierungsdruck im Westen abzuschwächen. Nach der Liquidation der IG Metall/DDR, dem schnellen organisatorischen Aufbau, dem starken Mitgliederzulauf und den ersten wegweisenden Tarifabschlüssen standen große Teile des Funktionärskörpers der IG Metall in der Gefahr, ihre Rolle als Hoffnungsträger der ostdeutschen Bevölkerung zu überschätzen. Auch wenn den beteiligten Akteuren klar war, dass zwischen der Übertragung der Institutionen und deren verlässlichem Funktionieren noch ein weiter Weg lag, dominierte zeitweilig der Eindruck des maßgeblichen Einflussnehmens auf den Gang der Dinge Eine positive Resonanz konnte die IG Metall vor allem dann spüren, wenn sie für den Erhalt einzelner konkreter Unternehmen mobilisierte.

Trotz großer Akzeptanz zugunsten der Gewerkschaften blieb den Funktionären nicht verborgen, wie prekär die eigene organisationspolitische Realität war, die sich hinter der Selbsteinschätzung vom maßgeblichen Akteur der sozialen Einheit verbarg. Das erste wichtige Erlebnis bildete aus westdeutscher Sicht der Aufruf der IG Metall zu einer Großdemonstration am 17. April 1991 in Berlin. Statt der ca. 150.000 erwarteten Teilnehmer kamen nur etwa 15.000, so dass im Nachgang zu diesem Ereignis eine gewisse organisationsinterne Verunsicherung eintrat.[189] Mitgliederrückgang,

---

189 Vgl Vornbäumen, Axel, Zur geplanten Großdemonstration der IG Metall kamen nur wenige, und die waren durch Sprüche kaum zu beeindrucken, in Frankfurter Rundschau, 18 4.1991, Kugler, Anita, Großer Katzenjammer bei der IG Metall, in Die Tageszeitung 19 4 1991: "Die Abstimmung mit den Füßen sei aber keine grundsätzliche Entscheidung gegen die Gewerkschaft gewesen, sondern eine Fehleinschätzung des Vorstandes über die Mentalität der Kollegen im Osten " Diese Fehleinschätzung wurde insbesondere mit der Ortswahl in Verbindung gebracht "Vor allem aus Sachsen gab es Signale, dass Berlin der falsche Ort sei Dahin sei man früher abkommandiert worden." Zudem sei die schwache Beteiligung auch Ausdruck davon, dass die Identifikation mit ihrer Gewerkschaft sehr unterentwickelt sei "

Schwierigkeiten im Umgang zwischen Verwaltungsstellen und Betriebsräten und erst recht der mühsame und in vielen Betrieben erst gar nicht gelungene Aufbau eines Vertrauensleutekörpers verstärkten die Zweifel. Als schließlich 1992 sogar eine eigene Betriebsrätebewegung[190] den überbetrieblichen Alleinvertretungsanspruch der IG Metall bestritt, konnte nicht mehr ignoriert werden, dass der verbandliche Aufbauprozess keinesfalls als konsolidiert betrachtet werden konnte Im Frühjahr 1992 formierte sich aus einigen Berliner Betrieben und aus dem Bereich der Schiffbauindustrie an der Ostseeküste ein eigenständiger Protestansatz gegen die Politik der Treuhandanstalt.[191] Der Zorn der Betriebsräte richtete sich nicht nur gegen Bundesregierung und Treuhandanstalt, sondern auch gegen die gewerkschaftliche Politik, die einigen Aktivisten als zu wenig offensiv, zu bürokratisch und zu sehr auf die Interessenlage der jeweiligen Einzelgewerkschaft zugeschnitten erschien. Während die Mehrzahl der so engagierten Betriebsräte darin eine zusätzliche Form des Widerstandes sah, spielten einzelne Akteure wohl auch mit dem Gedanken, dass sich aus diesen Aktivitäten eine eigenständige ostdeutsche Bewegung oder gar Gewerkschaft entwickeln lasse, die nach dem Vorbild der PDS auch gesamtdeutsche Bedeutung erlangen könne Da man hinsichtlich der Integration der Betriebsräte weiterhin sehr unsicher war, gab es in der IG Metall kurzzeitig die Befürchtung, dass sich eine eigenständigere ostdeutsche Bewegung zu Lasten der eigenen Organisation Einfluß verschaffen könne. Auf die prekäre Verankerung der IG Metall in Ostdeutschland wies im September 1991 Jochen Kletzin, Bevollmächtigter der Verwaltungsstelle Leipzig, mit aller Deutlichkeit hin: "Wir haben Zeiträume vor uns, die alle bisherigen Planungen sprengen. Wer glaubt, der Aufbau der IG Metall in den neuen Bundesländern sei mit der Wahl der Bevollmächtigten abgeschlossen, der irrt Wir haben die organisatorische Hülle stehen, aber wir haben noch lange keine organisatorischen Formen, um aus den Mitgliedern auch die entsprechende Schlagkraft zu entwickeln. In Einzelfällen sind wir vor Ort mobilisierungsfähig, wenn wir die Kraft aufbringen, an einem konkreten Projekt den Leuten Alternativen zu zeigen, die wir als IG Metall entwickeln."[192]

Neben der eigensinnigen und unsicheren Mobilisierungslage sowie den Klagen über die Passivität der ostdeutschen Kolleginnen und Kollegen verunsicherte auch die Fluktuation in den gewerkschaftlichen Gremien sowie die schnell zurückgehende Mitgliederzahl den weiteren Kurs der IG Metall in Ostdeutschland: Zwischen 1991 und 1993 nahm die Zahl der IG Metall-Mitglieder von 990.553 (734.798) auf 618.249 (332.420) ab.[193] Auch wenn die zurückgehende Mitgliederzahl primär das Ergebnis

---

190 Oldag. Andreas, Notfalls ohne die Gewerkschaften Konferenz der Ost-Betriebsräte mit Pfiffen für die IG Metall, in Suddeutsche Zeitung 22 6 1992 Neubauer, Ralf, Ostdeutschland Die Betriebsräte fühlen sich von den West-Funktionaren der Gewerkschaften unverstanden, in Die Zeit 2 7 1992
191 Am 21 Juni 1992 versammelten sich etwa 500 Betriebs- und Personalrate aus den neuen Bundesländern in Berlin und am 22 November 1992 etwa 135 Betriebs- und Personalräte ebenfalls mit gleicher Stoßrichtung in Berlin Daruber hinaus führten sie betriebliche Protestaktionen durch, Mahnwachen vor der Treuhandanstalt und eine öffentlichkeitswirksame Demonstration vor dem Bundeskanzleramt
192 Kletzin. Jochen. in IG Metall-Beirat. Protokoll 10 9 1991, S 24. Material IG Metall
193 IG Metall (Abteilung Wirtschaft-Technologie-Umwelt). Metall und Textil/Bekleidung Mitgliederanalyse und -prognose, Frankfurt 1998, S 51 In der Klammer steht die Zahl der Vollbeitragszahler.

von Arbeitsplatzabbau und deshalb eine dramatisierende Sicht der Dinge fehl am Platze war, mußte bedacht werden, dass sich auch die Interessenlage der IG Metall-Mitglieder seit 1990 stark differenziert hatte. Dabei war für das tarifpolitische Kalkül weniger die Bandbreite zwischen den Arbeitslosen und den hochqualifizierten jungen Facharbeitern in den privatisierten High-Tech-Betrieben bestimmend, sondern vielmehr die folgenden drei gewerkschaftlichen Referenzgruppen[194]: Die erste Gruppe setzte sich aus den gut ausgebildeten Fachkräften in relativ gesicherten Beschäftigungsverhältnissen zusammen. Sofern sie in privatisierten Betrieben arbeiteten, vor allem in neu gebildeten Großprojekten westlicher Konzerne, hatten sie wenig Grund, auf die geplante Lohnerhöhung zu verzichten. Die dort Beschäftigten konnten aber auch unabhängig vom weiteren Schicksal des Stufentarifvertrages auf eine beschleunigte Angleichung ihrer Löhne setzen. Die zweite Gruppe setzte sich aus den Beschäftigten in überwiegend kleinen und mittleren, bereits privatisierten Betrieben zusammen, die um ihre Marktbehauptung kämpften. In solchen Betrieben waren weder die institutionellen Voraussetzungen noch die ökonomischen günstig. Aufgrund der vorhandenen wirtschaftlichen Probleme fiel es den neuen Eigentümern meist nicht schwer, den Beschäftigten den Zusammenhang zwischen der Lohnkostenbelastung und den prekären Zukunftsperspektiven des Betriebes glaubhaft zu vermitteln. Die dritte Gruppe bildeten Beschäftigte aus Treuhandbetrieben, die aufgrund ihrer spezifischen Situation das geringste Interesse an einer Revision des Stufentarifvertrages besaßen. Deren Interessenlage beschrieb Christiane Bialas so: "Solange der Betrieb bei der Treuhandanstalt verbliebe, hatte ohnehin der Staat für die Löhne aufzukommen; im Falle einer drohenden Betriebsschließung oder angesichts von Massenentlassungen gibt es noch weniger Grund zum Lohnverzicht, da sich dieser zwangsläufig auf die Höhe der späteren Lohnersatzleistungen ausgewirkt hätte. Allenfalls für den Fall einer Privatisierung wäre ein sozusagen prophylaktischer Lohnverzicht zwecks Erhaltung von Arbeitsplätzen überlegenswert gewesen, hätte aber auch die Inkaufnahme eines niedrigeren Ausgangsniveaus der künftigen Lohnentwicklung bedeutet."[195] Die IG Metall knüpfte ihre Strategie zur Wahrung der tarifpolitischen Kontinuität eng an die Interessenlage und die Mobilisierungsfähigkeit der Beschäftigten in den Treuhandbetrieben. Für dieses Vorgehen sprach, dass dieses Segment in den Jahren 1992/1993 den organisationspolitischen Schwerpunkt der IG Metall bildete. Dort war die IG Metall nicht nur besser organisiert als in den meisten anderen Betrieben, sie verfügte vor allem über günstigere Mobilisierungschancen.

Gegen das Begehren der Arbeitgeber, den Stufentarifvertrag zu revidieren, setzte die IG Metall folgende Argumentation:

- "Vertrauensschutz" für eine gesellschaftspolitische Tarifpolitik: Die ökonomischen Schwierigkeiten waren bei Vertragsabschluss 1991 bekannt. Gerade im Bewusstsein der daraus resultierenden sozialen Probleme habe man sich für einen Vertrag

---

194 Bialas. Christiane 1994, S 50
195 Ebd

entschieden, der Planungssicherheit für Arbeitnehmer und Unternehmen bieten sollte, den Abzug der qualifizierten Kräfte einschränkt und einen Beitrag leistet, um mittelfristig einheitliche Lebenschancen, wie von der Verfassung versprochen, herstellt Da dieser Tarifvertrag dem Primat gesellschaftspolitischer Überlegungen folgte, trage seine Revision zu einer weiteren "Entwertung des politischen Vertrauens" bei [196]

- Die Tarifpolitik sei nicht die Ursache der ostdeutschen Arbeitsmarktkrise: Die Arbeitgeber entwarfen ein Bild, demzufolge die Forcierung der beschäftigungspolitischen Krise auf zu hohe ostdeutsche Lohnstückkosten zurückgeführt wurde. Diese Argumentation lehnte die IG Metall als methodisch unhaltbar ab Denn das Lohnstuckkostenniveau, das auch im zweiten Quartal 1992 noch um gut 40 Prozent über dem Westniveau gelegen habe, sei seit dem ersten Quartal 1991 um 36 Prozent reduziert worden, so dass in diesem Faktor nicht die Ursache für die dramatisch zugespitzte Beschäftigungskrise liegen könne. Die "begrenzte Lohnstückkosten-Problematik" sei nicht "durch zu hohe Löhne, sondern durch zu niedrigen Absatz ausgelöst"[197]. Das zentrale realwirtschaftliche Problem der Unternehmen bestehe darin, dass "Produkte fehlen, die sich im internationalen Wettbewerb absetzen lassen, dass moderne Produktionsanlagen fehlen, mit denen solche Produkte hergestellt werden und dass es an der Stabilisierung der ehemaligen Absatzmärkte mangelt."[198] Auf all diese Probleme gebe die Reduzierung der Lohnkosten keine Antwort, damit würden aber vorhandene und neue Probleme weiter geschürt. Die Beschäftigungskrise sei weder durch den Stufenvertrag erklärbar noch durch eine Abkopplung vom Westniveau lösbar.[199]

- Weiter bestehende Kostenvorteile ostdeutscher Unternehmen nach Erreichen des Stufentarifvertrages: Auch wenn am 1.4.1994 das aktuelle westdeutsche Tarifniveau erreicht werde, liege das ostdeutsche tarifliche Einkommensniveau "noch immer um schätzungsweise 20 Prozent niedriger als in den alten Bundesländern"[200]. Zurückzuführen sei dies auf Differenzen in der Arbeitszeit, beim Urlaubsgeld, dem 13 Monatseinkommen, der Leistungsbemessung und bei den vermögenswirksamen Leistungen. Zu berücksichtigen sei zudem, dass westdeutsche Unternehmen ihre ostdeutschen Investitionsplane keineswegs ausschließlich an niedrigen Lohnkosten orientierten. In einer Umfrage benannten lediglich 11 Prozent der westdeutschen Unternehmen das Motiv geringere Personalkosten

---

196 IG Metall, Gegen eine Revision der Tarifverträge in der ostdeutschen Metallindustrie Wirtschaftliche und soziale Grunde. Frankfurt 1992, S 1
197 Ebd . S 55
198 Steinkuhler. Franz, Die Tarifpolitik ist nicht die Ursache der Krise, in Handelsblatt 22 7 1991
199 Steinkuhler, Franz, Lohnverzicht wurde keines der ostdeutschen Probleme lösen, in Handelsblatt 3 11 1992
200 Ebd

als ausschlaggebend für ihre Investitionen in den neuen Bundesländern, aber 82 Prozent den Faktor Marktnähe.[201]

- Die wirtschaftliche Situation der Beschäftigten: Durch eine Streichung oder Streckung des Stufentarifvertrages würden sich nicht nur die Realeinkommen der Beschäftigten reduzieren, sondern dies rufe auch Absatzeinbußen in Ostdeutschland hervor und könne zu einer verschärften Spaltung zwischen Ost- und Westdeutschland führen.[202] Um die Mitgliederorientierung dieser Argumentation zu unterstreichen, beauftragte die IG Metall ein Wirtschaftsforschungsinstitut mit der Erhebung der sozialen Lage von 3.092 Gewerkschaftsmitgliedern in Sachsen.[203]

Die IG Metall ließ in der Öffentlichkeit weder einen Zweifel daran aufkommen, dass sie den Stufentarifvertrag im Konfliktfall verteidigt noch daran, dass sie Investivlöhne und Öffnungsklauseln entschieden ablehnen würde. Im Anschluss an die Berliner Konferenz der IG Metall zur Reform der Treuhandpolitik (28.2.1992) fand ein erster Austausch zwischen der IG Metall-Spitze und Gesamtmetall über die Möglichkeit konditionierter Öffnungsklauseln statt. Franz Steinkühler lehnte dieses Anliegen ab, weil objektivierbare und von den Tarifparteien überprüfbare Kriterien schwer zu finden sein dürften, wenn man davon ausgehe, dass "alle die Verlustursachen aus(zu)schließen (seien), die auf keinen Fall mit der tariflichen Einkommensangleichung erklärbar sind"[204]. Zudem warnte er den Präsidenten von Gesamtmetall davor, in den Verdacht zu kommen, "lediglich auf dem Umweg über eine tarifliche Öffnungsklausel in der ostdeutschen Metallindustrie der (...) propagierten Wende zur produktivitätsorientierten Lohnpolitik in der westdeutschen Metallindustrie zum Durchbruch verhelfen zu wollen."[205] Die Akteure der IG Metall agierten in dem Bewusstsein, dass die Tarifpolitik in der historisch einzigartigen Situation des ostdeutschen Umbruchs überfordert ist und deshalb durch eine aktive Arbeitsmarktpolitik, gezielte Infrastrukturpolitik und vorausschauende Industriepolitik flankiert werden müsse. Als der IG Metall-Vorstand im November 1992 eine paritätische Kommission mit Gesamtmetall akzeptierte, die den industriepolitischen Handlungsbedarf gegenüber der Regierung zum Ausdruck bringen sollte, bestand nur geringe Hoffnung, dass so der Revisionskonflikt zu entschärfen sei und ein gemeinsames politisches Vorgehen gegenüber der Regierung zustandekommen könnte, denn die Dynamik des Konfliktes hatte eine derartige Wucht erreicht, dass eine Einigung am Verhandlungstisch unwahrscheinlich wurde und ein offenes Kräftemessen wahrscheinlich.

---

201 Zanker. Claus 1994, S 58
202 IG Metall, Gegen eine Revision der Tarifverträge in der ostdeutschen Metallindustrie Wirtschaftliche und soziale Gründe. Frankfurt 1992, S 17 ff
203 Vgl Speiser, Hans-Peter, Erwerbs- und Einkommensprofil der IG Metall-Mitglieder in Sachsen. Ergebnisse einer Mitgliederbefragung (Progress-Institut für Wirtschaftsforschung Bremen) 1993.
204 Steinkühler, Franz an Gottschol, Hans-Joachim 1.4.1992, Material IG Metall.
205 Ebd

4. Verhandlungen - Streik - Kompromiss

Nach dem Stufentarifvertragskompromiss drifteten die tarifpolitischen Strategien der metallindustriellen Arbeitgeberverbände und der IG Metall sukzessive auseinander: Wahrend die Arbeitgeberverbände damit drohten, den gesellschaftspolitischen Kompromiss vom Frühjahr 1991 aufzukündigen, um eine nachholende Mitgliederorientierung zu erreichen, verteidigte die IG Metall die gesellschaftspolitische Tarifpolitik der Startphase. Am 2.11 1992 beschloss der Gesamtmetall-Vorstand, von der Revisionsklausel Gebrauch zu machen Obwohl im anschließenden Spitzengespräch (6.11.1992) der IG Metall-Vorstand das Revisionsbegehren der Arbeitgeber zurückwies, mußte die IG Metall sich aufgrund des vertraglich fixierten Einlassungszwanges zu Gesprächen mit den Arbeitgeberverbänden bereit erklären.

Bis zur Jahresmitte 1992 verhielt sich die Treuhandanstalt öffentlich affirmativ zu den geltenden Stufentarifverträgen. Doch bereits lange bevor die Treuhandanstalt und damit der Staat in diese Auseinandersetzung öffentlich eingriff, waren sie hinter den Kulissen bereits stark involviert. Regelmäßige Kontakte zwischen Gesamtmetall-Hauptgeschäftsführer Kirchner und Treuhand-Personalchef Föhr ebneten den Weg, der in der zweiten Hälfte des Jahres 1992 dazu führte, dass die Treuhandanstalt sich für eine Revision der Stufentarifverträge aussprach und eine preisindex-orientierte Anpassung der Löhne forderte [206] Am 11.12.1992 gab die Treuhandanstalt ihren Geschäftsführern die Weisung, den tarifvertraglich vorgesehenen Anstieg von 26 Prozent zum 1 4 1993 zu verweigern und statt dessen die von den Arbeitgeberverbänden angebotene Steigerung von 9 Prozent zu zahlen.[207] Als zwischenzeitlich einzelne Geschäftsführer Verträge mit der IG Metall abschließen wollten, um die Kontinuität des Stufentarifvertrages zu sichern, übte die Spitze der Treuhandanstalt einen derartigen Druck auf diese aus, dass es in einzelnen Fällen auch zu deren Entlassung gekommen ist Damit hatte sich die Führung der Treuhandanstalt ganz auf die Seite des Arbeitgeberverbandes gestellt, ohne jedoch zu wissen, ob sich die noch an die Treuhand gebundenen Geschäftsführer auch an diese Weisung halten würden.

Ab Mitte November forderten die regionalen ostdeutschen Arbeitgeberverbände die IG Metall-Bezirksleitungen auf, in Verhandlungen über eine Revision einzutreten. Um die Ernsthaftigkeit ihres Revisionsprojektes zu unterstreichen, forderten sie in der ersten Verhandlung am 13.1 1993 in Sachsen-Anhalt eine Erhöhung der Einkommen um 9 Prozent entsprechend der damaligen Preissteigerungsrate, eine zwölfmonatige Laufzeit und eine Öffnungsklausel für betriebliche Regelungen unterhalb des Tarifvertrages Dieses Anliegen wurde nicht nur in allen Tarifgebieten der Metall- und Elektroindustrie vorgetragen, sondern auch in der ostdeutschen Stahlindustrie. In den Revisionsverhandlungen rückten die beiden Tarifparteien nicht von ihren festgelegten

---

[206] Vgl Hanau, Peter, Soziale Regulierung der Treuhandtätigkeit, in Fischer, Wolfram/Hax, Herbert/Schneider, Hans-Karl. Treuhandanstalt Das unmögliche Wagen, Berlin 1993, S 471 f.

[207] Vgl Karch, Heribert/Meine, Hartmut/Schulz, Hartmut, Der Kampf um die soziale Einheit Zur Tarifauseinandersetzung in der ostdeutschen Metallindustrie, in Sozialismus 1993/10, S 43.

Positionen ab. Es kam vielmehr zu zirkulären Argumentationsmustern, so dass sich im Laufe der zehn ergebnislosen Verhandlungen lediglich die Fronten verhärteten. Zwischenzeitlich wurde zwar von der Arbeitsgruppe IG Metall/Gesamtmetall ein Positionspapier zur Sicherung des Wirtschaftsstandortes "neue Bundesländer"[208] erarbeitet, womit die Bundesregierung zu einer umfassenderen wirtschaftlichen und finanzpolitischen Reformstrategie aufgefordert werden sollte Doch dieses Papier wurde vom Gesamtmetall-Vorstand nicht akzeptiert, weil es in seinen Augen eine Infragestellung des eingeschlagenen Revisionskurses bedeutete. Auch in den 20 regionalen Schlichtungsverhandlungen unter Federführung von unparteiischen Vorsitzenden[209] konnte keine neue Perspektive gewonnen werden. Damit waren alle rechtlichen Möglichkeiten, die der Tarifvertrag vorsah, ausgeschöpft und der Stufenvertrag weiterhin rechtsgültig. Weil die Arbeitgeber diesen Zustand nicht akzeptieren wollten, erklärten sie am 18.2.1993 in Sachsen und in den darauf folgenden Tagen auch in den anderen Tarifgebieten[210] die "außerordentliche Kündigung" des Stufenabkommens.[211] Gleichzeitig wiederholen sie ihr Angebot von 9 Prozent mit einer Laufzeit von zwölf Monaten und der Forderung nach einer Öffnungsklausel. Die IG Metall verurteilte das Vorgehen der Arbeitgeber als "eklatanten Rechtsbruch", der einen "einmaligen Fall in der Nachkriegsgeschichte der Tarifpolitik" darstelle[212] und artikulierte öffentlich die Befürchtung, dass bei einer Hinnahme dieser Kündigung das "Ende des einst beschworenen Modells Deutschland eingeläutet werde", weil dann die Sicherheit eines einmal abgeschlossenen Tarifvertrages nicht mehr gegeben sei.[213]

Mit der außerordentlichen Kündigung trat eine Entwicklung in Gang, die alle Momente des deutschen Konfliktmodells dynamisierte. Die außerordentliche Kündigung[214] führte zu einem Rechtsstreit, der die Fachjuristen ebenso beschäftigte wie den öffentlichen Diskurs über die Legitimität dieses Vorgehens.[215] Damit erhielt der

---

208 Dieses Papier wurde in drei Sitzungen (8.12.1992, 11.1.1993 und 19.1.1993) gemeinsam erarbeitet.
209 Diese Verhandlungen fanden vom 4 2 1993 bis zum 22 2.1993 statt Für Berlin-Brandenburg wirkten als unparteiische Vorsitzende Dietrich Stobbe und Hubertus Moser, für Mecklenburg-Vorpommern Herbert Ehrenberg und Jürgen Westphal, für Sachsen Rudolf Hickel und Günther Böhme, für Sachsen-Anhalt Herbert Schui und Harald Schliemann, für Thüringen Rudi Arndt und Peter Oberender
210 22 2 1993 für Berlin-Brandenburg, 25 2 1993 für Mecklenburg-Vorpommern, 2 3.1993 für Sachsen-Anhalt, 27 2 1993 für Thüringen und am 30.3.1993 für das Tarifgebiet Eisen und Stahl in Ostdeutschland.
211 Gesamtmetall-Hauptgeschäftsführer Kirchner begründete die Kündigung mit der außerordentlichen Situation "Die Kündigung ist ebenso einmalig wie die wirtschaftliche Lage in Ostdeutschland einmalig ist Kein Mensch kann durch einen Vertrag gezwungen werden, sich selbst umzubringen. Dafür müssen die IG Metall-Arbeitnehmer und die Öffentlichkeit Verständnis haben Grundsätzlich und für die Zukunft aber sind Tarifverträge zu respektieren. Denn sonst würden wir unser bewährtes Tarifsystem zerstören." (Handelsblatt 23 2.1993)
212 Bispinck, Reinhard, Tarifpolitik und Arbeitskämpfe 1993, in: Kittner, Michael (Hrsg), Gewerkschaften heute Jahrbuch für Arbeitnehmerfragen, Köln 1994, S. 144.
213 Steinkühler spricht von einem Arbeitgeberputsch, in Handelsblatt 26 4 1993
214 Für die Arbeitgeber formulierte Buchner von der Universität Augsburg ein Rechtsgutachten Buchner, Herbert. Kündigung der Tarifregelungen über die Entgeltanpassung in der Metallindustrie der östlichen Bundesländer, in Neue Zeitschrift für Arbeitsrecht 7/1993, S 289 ff. Gegen diese Rechtsmeinung stand die den Gewerkschaften zusprechende Position, Zachert, Ulrich, Möglichkeiten der fristlosen Kündigung von Tarifverträgen in den neuen Bundesländern, in: Neue Zeitschrift für Arbeitsrecht 7/1993, S 299ff
215 Vgl Wilmes, Frank, Tarifstreit fordert Juristen heraus, in Die Welt 20 2.1993, Rechtsbruch oder nicht? in: Frankfurter Rundschau, 20 2 1993.

Tarifkonflikt in Ostdeutschland eine grundsätzliche Dimension, die sich für die IG Metall als besonders günstiger Faktor zur Mobilisierung der eigenen Mitgliedschaft erwies Denn nunmehr konnte sie in der Konfliktrhetorik darauf hinweisen, dass es nicht mehr alleine um eine Prozentzahl ging, sondern um den weiteren Angleichungsprozess und den Fortbestand des deutschen Modells industrieller Beziehungen beziehungsweise der Akzeptanz der industriellen Rechtsordnung, als deren alleiniger Sachwalter sich nunmehr die IG Metall präsentierte. Demgegenüber führten die Arbeitgeberfunktionäre die Chemieindustrie als leuchtendes Beispiel ins Feld; dort hatte man sich für jährliche Tarifrunden entschieden Im Februar 1993 akzeptierte die IG Chemie eine neunprozentige Tariferhöhung, die umgehend der vorgesehenen Metallzuwachsrate von 26 Prozent gegenübergestellt wurde Eine genauere Analyse zeigte jedoch, dass diese Ziffer in abolute DM-Beträgen in etwa dem Niveau der 26 prozentigen Erhöhung aus dem Metallbereich entsprach.[216] Der Versuch, die IG Chemie gegen die IG Metall auszuspielen, setzte sich am Beispiel der feinkeramische Industrie und der Kautschukindustrie fort. In beiden Branchen hatte die IG Chemie 1991 auch Stufenverträge abgeschlossen und in beiden Bereichen war sie 1993 bereit, eine Revision dieser Verträge zu akzeptieren.[217]

Die IG Metall war in einer schwierigen Lage. Rechtmäßigkeit der vorhandenen Tarifverträge und eigenes Selbstverständnis ließen ihr keine andere Chance, als den Stufentarifvertrag auch durch einen Streik zu verteidigen. Zugleich ließ man sich damit auf ein risikoreiches Vorgehen ein. Es gab zwar durch die Konflikte mit der Treuhandanstalt bereits einige positive Anhaltspunkte für die Handlungsbereitschaft in dieser Region; doch ein Streik, der nicht auf die Sicherung eines konkreten Betriebes zielte und dessen Auswirkungen eine ganze Branche erfassen konnte, war etwas anderes - zumal wenn man berücksichtigt, dass seit mehr als 60 Jahren kein solcher Streik in dieser Region stattgefunden hatte. Trotz aller Ungewissheiten startete die IG Metall Anfang April mit ersten Warnstreikwellen Die mit der Konfliktdynamik einhergehenden Befürchtungen, dass die Konfrontation der Tarifparteien auch für die politische Landschaft nicht folgenlos bleiben würde, führten dazu, dass sich der sächsische Ministerpräsident Biedenkopf in den Tarifkonflikt einschaltete. Am 4. April 1993 startete er den ersten Vermittlungsversuch zwischen dem Vorsitzenden des sächsischen Metallarbeitgeberverbandes und dem sächsischen IG Metall-Bezirksleiter. Der in diesem Gespräch entwickelte Kompromissvorschlag sah vor, dass die außerordentliche Kündigung durch die Arbeitgeber zurückgenommen wird, der Tarifsprung zum 1. April 1993 erhalten bleibt und der Angleichungsprozess um neun Monate gestreckt wird. Während die IG Metall und der Vorsitzende des sächsischen Arbeitgeberverbandes diesen Vorschlag akzeptierten, lehnte der Gesamtmetall-Vorstand, der

---

216 Vgl Bispinck. Reinhard, Der Tarifkonflikt um den Stufenplan in der ostdeutschen Metallindustrie, in WSI Mitteilungen 8/1993, S 474 "Nach der Tarifsteigerung um 9% erreicht ein Chemiefacharbeiter in der mittleren Entgeltgruppe eine Grundvergütung von 2144 DM im Monat Dies entspricht bis auf eine Mark genau dem Ecklohn in der Metallindustrie nach dem alten Stufenplan, der zum 1 4 auf 2145 DM gestiegen wäre" Nach Bispinck erreichte die Metallindustrie in der Ost-Westrelation 56,5% und die IG Chemie 53%
217 Ebd

sich bereits auf eine Neuverhandlung dieses Ergebnisses festgelegt hatte, ab.[218] Im Vorstand des sächsischen Arbeitgeberverbandes führte das Vorgehen des VSME-Vorsitzenden zu derart heftigen Turbulenzen, dass dieser daraufhin sein Amt zur Verfügung stellte. Somit bestand vorübergehend eine verbandspolitische Spaltung, wie sie in dieser Form in Westdeutschland noch nicht vorgekommen ist.

In dem Maße, wie die Auseinandersetzung mit den Arbeitgebern über die materielle Ebene der Lohn- und Gehaltskosten hinausging und eine gesellschaftspolitische Dimension erreichte, setzte die IG Metall darauf, dass sich die bei vielen Beschäftigten vorhandenen Zweifel und Ängste an einem konfliktorischen Vorgehen gegenüber den Arbeitgebern prozesshaft relativieren ließen. Für die Akzeptanz einer solchen Strategie besaß der Biedenkopfsche Vermittlungsversuch und die davon ausgehende Dramaturgie eine herausragende Bedeutung. Denn damit war deutlich geworden, dass insbesondere die westdeutschen Arbeitgeberfunktionäre einer einvernehmlichen Lösung des Konfliktes im Wege standen. Zur prozessorientierten Strategie der IG Metall gehörten verlängerte Betriebsversammlungen, Diskussionsrunden, öffentliche Kundgebungen und schließlich Warnstreiks. Mit dieser abgestuften Mobilisierungsstrategie wurde die Urabstimmung vorbereitet.[219] Am 29. April legte der IG Metall-Vorstand den Streikbeginn in Sachsen für den 3. Mai fest, dabei wurden zunächst 20 Betriebe einbezogen, bevor am 4. Mai 24 weitere Betriebe in Mecklenburg-Vorpommern hinzugenommen werden sollten. Am Tag des Streikbeginns in Sachsen fand unter Moderation von Biedenkopf ein weiterer Versuch statt, um zur Aufnahme neuer Verhandlungen zu kommen. Dabei wurden die Rücknahme der außerordentlichen Kündigung, die Festlegung auf einen erneuten Stufenplan, an dessen Ende eine hundertprozentige Angleichung an die bayrische Metallindustrie stehen sollte, und die Absage an eine generelle Öffnungsklausel als Vorbedingung für neue Verhandlungen vereinbart.[220] Da die Arbeitgeber diesen Vorschlag wegen der Absage an eine Öffnungsklausel nicht zu akzeptieren bereit waren, weiterhin Differenzen über das Ende des Stufenplanes bestanden und ein am 6. Mai in Mecklenburg-Vorpommern stattgefundenes Tarifgespräch erfolglos endete, bereitete die IG Metall die Ausdehnung des

---

218 In einem Leserbrief an die Frankfurter Allgemeine Zeitung schrieb der sächsische Ministerpräsident Kurt Biedenkopf "Als ich den Gesamtmetall-Präsidenten am vergangenen Montag (5. April) ... anrief, ... sagte er mir, wenn Sachsen mit einer eigenen Lösung des Konfliktes aus der bisherigen Front der Arbeitgeber ausbreche, dann werde die gesamte Strategie der Unternehmer zusammenbrechen. Deshalb müsse er ablehnen. Der Inhalt des Kompromisses hat ihn nicht interessiert. Deshalb wollte er auch nichts davon wissen, dass die sächsische IG Metall bereit war, die Forderung zu verhandeln, im Jahre 1993 26 % Steigerung zu erhalten. In meiner Anwesenheit hatten die Bezirksleiter der IG Metall, Hasso Düvel, und der inzwischen zurückgetretene Vorsitzende des Verbandes der sächsischen Metall- und Elektroindustrie (VSME), Erwin Hein, bereits über 21 % gesprochen. Auch dies ware nicht das letzte Wort gewesen ( ) Weil die Arbeitgeber ihre Weigerung, einen Kompromiss zu suchen, nicht zugeben können, müssen sie ihren Mann in Sachsen, Erwin Hein, als 'Dummkopf' verkaufen." (Frankfurter Allgemeine Zeitung 13.4.1993)
219 Am 19. April genehmigte der Vorstand in einer außerordentlichen Sitzung die Urabstimmung, die in der Zeit vom 26. bis 28. April in Sachsen (84,95 % Ja-Stimmen) und Mecklenburg-Vorpommern (89,90 % Ja-Stimmen) stattfand. In der Zeit vom 10. bis 12.5. fand die Urabstimmung in Berlin-Brandenburg (81,45 % Ja-Stimmen), Sachsen-Anhalt (85,56 % Ja-Stimmen) und Thüringen (84,87 % Ja-Stimmen) statt.
220 Darüber hinaus sollte nach der Lösung des Tarifkonfliktes das Thema § 249 h Arbeitsförderungsgesetz von den Tarifparteien angegangen werden.

Streiks auf die drei anderen ostdeutschen Tarifgebiete in Berlin-Brandenburg, Sachsen-Anhalt und Thüringen vor.[221] Die IG Metall modifizierte zwischenzeitlich ihre Haltung zur Öffnungsklausel, indem sie den Arbeitgebern anbot, dass in besonderen Fällen die Möglichkeit zur Tarifunterschreitung dann wahrgenommen werden könne, wenn 75 Prozent der Belegschaft diesem Anliegen zustimmten Die Arbeitgeber lehnten dieses Angebot mit dem Hinweis auf dessen Unverbindlichkeit ab. Parallel zu den Streikvorbereitungen in anderen Bezirken einigten sich die Tarifparteien in Dresden darauf, ihre Gespräche wieder aufzunehmen, was nicht zuletzt darauf zurückgeführt werden kann, dass der IG Metall-Vorstand am 13. Mai beschloss, den Arbeitskampf auf ganz Ostdeutschland auszuweiten. Wiederum war es dem sächsischen Ministerpräsidenten Kurt Biedenkopf vorbehalten, die Moderation zwischen den Tarifparteien zu übernehmen, was am 14. Mai 1993 zu einem Verhandlungsergebnis führte, das schließlich von den Tarifvertragsparteien akzeptiert wurde.

Am Ende der Verhandlungen stand folgendes Ergebnis:
- Die außerordentliche Kündigung durch den sächsischen Arbeitgeberverband wurde zurückgenommen
- Die Tarifanpassung auf 100 Prozent des Westniveaus wurde vom 1.4.1994 auf den 1 7 1996 verschoben.[222] Die Löhne und Gehälter sollten im Laufe des Jahres 1993 in drei Stufen auf 80 Prozent des Westniveaus angehoben werden.[223] In drei weiteren Stufen war die weitere Angleichung auf 100 Prozent zwischen 1994 und 1996 festgelegt worden.[224]
- Es wurde eine sogenannte Härtefallklausel eingeführt, die fortan dann angewandt werden kann, wenn die Tarifparteien auf Antrag von Arbeitgeber oder Betriebsrat ein befristetes Abweichen von den Tarifvertragsbestimmungen erlauben. Die Tarifparteien entscheiden über das Vorliegen des Härtefalls, bei Nichteinigung entscheidet eine Schiedsstelle Die konkreten Bestimmungen werden von einer paritätischen Kommission vorgenommen. Kommt es zwischen den Tarifparteien zu keiner Einigung, so gilt der Tarifvertrag.

---

[221] Insgesamt beteiligten sich 41 500 Metaller an den Streiks, am 12 Mai 1993 kam es sogar zu einer bundesweiten Protestkundgebung, an der sich insgesamt 428 786 Beschäftigte beteiligten
[222] Diese Verschiebung wurde in der Treuhandanstalt so bewertet "Die Treuhandanstalt spart durch den Abschluss des Stufentarifvertrages Personalkosten in Höhe von 530 Mio DM Diese Berechnung geht von einem Lohnnebenkostenanteil von 30% aus Ohne diesen Anteil beträgt die Einsparung ca 400 Mio DM" (Vergleich der Kosten der alten mit denen des neuen Stufentarifvertrages für die Metall/Elektrobranche in Sachsen Quelle Archiv der Treuhandanstalt/BVS DISOS-AIS 21011)
[223] 1 6 1993 75 %, 1 9 1993 78 % und am 1 12 1993 auf 80 %
[224] 1 7 1994 87 %, 1 7 1995 94 %, 1 7 1996 100 % Bei der letzten Stufe ist ein Verschiebung +/- möglich, wenn dies acht Monate vorher beantragt wird (Revisionsklausel)

III. Vom Stufentarifvertrag zur blockierten Angleichung 1993-1999

Parallel zu den ersten beiden tarifpolitischen Etappen fand ein beispielloser Deindustrialisierungsprozess und eine damit einhergehende Vernichtung von Arbeitsplätzen statt. Dieser Prozess war zwar auch mit der Revision des Stufenvertrages noch nicht abgeschlossen, er verlangsamte sich aber deutlich: Während zwischen 1992 und 1995 die Zahl der Metallarbeitsplätze von etwa 466.000 auf rund 300.000 sank, passte sich die Arbeitsplatzentwicklung in den folgenden Jahren in etwa den westdeutschen Zyklen an. Seit 1996 schwankt die Zahl der Beschäftigten in der ostdeutschen Metallindustrie ungefähr zwischen 270.000 und 280.000. In den ersten beiden Phasen wurde der Wechsel von der extensiven zur intensiven Produktion vorbereitet oder durchgesetzt. Seither verfügte die Mehrzahl der Betriebe über marktfähige Produkte, effiziente Herstellungs- und Arbeitsmethoden sowie über flexible Arbeitszeitregime. Bis Mitte der 90er Jahre waren nahezu alle Betriebe privatisiert. Seither verzeichnen die Beschäftigungsschwankungen ein vergleichbares Niveau wie in der westdeutschen Metallindustrie, und auch die Lohnstückkosten haben sich ungefähr dem Niveau der alten Bundesländern angenähert Zugleich lagen die durchschnittlichen Arbeitskosten je Stunde deutlich darunter: Seit Mitte der 90er Jahre stagniert die ostdeutsche Metallindustrie bei 65-68 Prozent des realen westdeutschen Kostenniveaus.[225] Die Wettbewerbsfähigkeit vieler Betriebe blieb weiterhin durch eine geringe Eigenkapitaldecke sowie unzureichende Forschungs- und Entwicklungskapazitäten belastet.

Während auf der ökonomischen Ebene, ungeachtet nach wie vor bestehender Nachteile gegenüber den westdeutschen Betrieben und nicht zu unterschätzender Differenzen zwischen den einzelnen Branchen, die Tendenz zu einer regionalspezifischen Normalisierung nicht zu übersehen war, spitzte sich das Verhältnis zwischen den Tarifparteien in der zweiten Hälfte der 90er Jahre weiter zu. Dazu trug auch bei, dass der industrielle Strukturbruch eine kleinbetriebliche Landschaft entstehen ließ, was sich als problematische Basis für die industriellen Beziehungen westdeutschen Musters erwies. Eine wichtige institutionelle Zäsur bildete die Ende 1994 erfolgte Auflösung der Treuhandanstalt. Auch wenn damals noch nicht alle Betriebe privatisiert waren und mit der BVS weiterhin ein staatlicher Akteur präsent blieb, so verlor die politische Dimension des Angleichungsprozesses mit dem Ende der Treuhandanstalt doch enorm an Bedeutung. Zwar kam es unter Federführung der Regierung im Sommer 1997 zu einer "gemeinsamen Initiative für mehr Arbeitsplätze in Ostdeutschland". Diese Plattform kam jedoch über symbolische inszenierte Politik nicht hinaus: Die daran beteiligten Akteure konnten sich nicht auf eine übereinstimmende Analyse der Situation einigen, und gemeinsame Aktivitäten kamen nicht zustande.[226] Deutlich geworden war, dass die Gewerkschaften nach Abschluss der

---

[225] IG Metall, Metallkonjunktur Ost 1/99, Berlin 1999, S. 20
[226] Diese Initiative, die maßgeblich auf Johannes Ludewig, den ehemaligen Ostbeauftragten der Bundesregierung zurückging, führte nicht nur zu zusätzlichen Spannungen zwischen den Tarifparteien. Auch innerhalb der Gewerkschaften kam es zu heftigen Konflikten ("Schulte liefert Munition für Arbeitgeber, in: Handelsblatt. 2 6 1997)

Privatisierung, Deindustriealisierung und mit der Konsolidierung der industriellen Wettbewerbsfähigkeit ihre herausgehobene Rolle als Hoffnungsträger der ersten Aufbaujahre verloren hatten und das politische System sie nicht mehr brauchte, um politisch-soziale Stabilität herzustellen Die damit verbundenen politischen Kräfteverschiebungen führten auch dazu, dass der große öffentliche Konflikt zwischen den Tarifparteien ausblieb; statt dessen gab es eine Vielzahl kleiner Auseinandersetzungen, die sowohl zwischen den Tarifparteien wie auch innerhalb der Betriebe ausgefochten wurden. Dabei konnten die Arbeitgeber weiterhin die Massenarbeitslosigkeit als günstige Gelegenheitsstruktur für sich nutzen, um die vorhandenen Lohnkostenvorteile festzuschreiben.

1. Härtefallklausel: Unsicherheiten und Konflikte

Mit dem "Dresdener Kompromiss" vom 14. Mai 1993 wurde erstmals in der deutschen Metall- und Elektroindustrie Betrieben mit schwieriger ökonomischer Lage die tarifliche Möglichkeit eingeräumt, das geltende Mindestniveau des Flächentarifvertrages zu unterschreiten.[227] Voraussetzung für die Inanspruchnahme einer solchen Härtefallregelung war zunächst, dass Insolvenzgefahr drohte, Arbeitsplätze gesichert werden konnten und die Sanierungschancen sich aufgrund eines vorgelegten Sanierungsplans verbessern ließen.[228] Die Härtefallklausel kann als eine betriebsspezifische tarifliche Sonderregelung identifiziert werden, über deren Anwendung nicht die Betriebs-, sondern die Tarifparteien entscheiden. Das in Dresden geborene Entscheidungsprocedere sah vor, dass aus den Betrieben ein Antrag an die Tarifparteien gerichtet wird, die dann darüber entscheiden sollten, ob ein Härtefall vorlag. Kam auf dieser Ebene eine Entscheidung nicht zustande, so wurden die Anträge einer Schiedsstelle vorgelegt, die abermals prüfte, ob die Wirksamkeitsbedingungen vorlagen. Entschieden die Tarifvertragsparteien beziehungsweise die Schiedsstelle negativ, so wurde das Verfahren vorzeitig abgeschlossen. Wurde jedoch ein Härtefall festgestellt, so kam eine von den Tarifvertragsparteien zusammengesetzte paritätische Kommission zum Zuge, die den materiellen Inhalt der Regelung festlegte. Gelang es der Kommission nicht, binnen zweier Wochen eine Einigung zu treffen, so mussten sich die Tarifvertragsparteien innerhalb von drei Werktagen auf eine Härtefallregelung verständigen Kam es auch dabei zu keiner Einigung, so galt der Tarifvertrag.

Das Interesse an einer betrieblichen Öffnungsklausel war 1993 ungleich verteilt. Wahrend die westdeutschen Arbeitgeberverbände seit längerem für die Einführung einer betrieblichen Öffnungsklausel warben, wehrten sich die ostdeutschen Arbeitgeberfunktionäre noch vor dem Dresdener Kompromiss mehrheitlich dagegen. Nach-

---

[227] Vgl Sontowski, Sandra, Löhne in der Unternehmenskrise Flexibilisierung lohnbezogener Tarifvertragsnormen, Frankfurt 1998, S 193 ff In einigen anderen Branchen gab es bereits ähnliche Notfallklauseln
[228] Vgl Sontowski, Sandra 1998, S. 196

dem die westdeutsche Sicht obsiegte, interpretierten deren Sprecher dies als Möglichkeit, die "Richtigkeit" eines Tarifvertrages im Einzelfall zu überprüfen und gegebenenfalls korrigierend eingreifen zu können.[229] Damit bestand nunmehr einerseits die Chance, die wirtschaftliche Streubreite zwischen den Betrieben verbandspolitisch besser zu integrieren, und andererseits die Hoffnung, dass damit ein konkretes Referenzprojekt geschaffen worden sei, durch dessen Übertragung nach Westdeutschland, so die Forderung führender Funktionäre der Arbeitgeber, ein neues Kapitel der Tarifpolitik in ganz Deutschland beginnen könne. Die Sache besaß aus Arbeitgebersicht nur einen Haken: Die real existierende Öffnungsklausel Ost funktionierte als begründungspflichtiges, zeitaufwendiges und mit gewerkschaftlicher Vetomacht ausgestattetes Verfahren, bei dem die Betriebe ihre Bücher auf den Tisch legen mussten. Insbesondere Letzteres hatten die Arbeitgeber zu verhindern versucht, gaben aber schließlich nach, um den Einstieg in die Öffnung des Flächentarifvertrages nicht zu gefährden.[230] Die IG Metall scheiterte zwar mit dem Versuch, die Unabdingbarkeit des flächentariflichen Mindeststandards zu erhalten, sie wertete es aber als Teilerfolg, dass die Lohnfindungskompetenz nicht auf die Betriebsparteien beziehungsweise auf eine unabhängige Instanz in Gestalt einer Einigungs- oder Schlichtungsstelle übertragen wurde.[231] Stattdessen erzwangen sie durch ihren Widerstand ein gewollt aufwendiges Verfahren der kontrollierten, begründungspflichtigen Dezentralisierung.

Es zeigte sich sehr schnell, dass unterschiedliche verbandspolitische Interessenlagen, fehlende verbandliche und betriebliche Erfahrungen sowie vage gehaltene Anwendungskriterien die Akzeptanz des neuen Instrumentes ebenso behinderten wie weitergehende politische Pläne, die mit dieser Veränderung verbunden wurden. Der Dresdener Kompromiss bildete die Kräftearithmetik zwischen den Tarifparteien ab, ohne dass damit die Basis eines anwendungsorientierten inhaltlichen Konsenses zwischen ihnen bestand. Zuweilen konnte man in der Anfangsphase sogar den Eindruck gewinnen, dass die konkret verabredete Härtefallregelung weder von den Arbeitgeberverbänden noch von der IG Metall gewollt war, sie also gewissermaßen als ungeliebtes Findelkind der Tarifpolitik existierte. Da aber zugleich ein Handlungsdruck bestand, mit diesem Instrument umzugehen, suchten die Tarifparteien nach einem je eigenen Modus Vivendi. Im Gegensatz zu einem Kompromiss in der Entgeltfrage können bei ausgehandelten und neu entwickelten Institutionen tiefergehende Funktionsprobleme auftreten, zumal dann, wenn diese Institutionen mit der tradierten Verbandsideologie nicht übereinstimmen. Dieses Problem suchten beide Tarifparteien zu bewältigen, indem sie die Existenz dieser neuen Institution in ihre längerfristig ausgerichteten Verbandsstrategien integrierten. Während die Arbeitgeberverbände in der Härtefallklausel eine tarifpolitische Innovation sahen, mit der die politische

---

229 "Der Vertrag von Dresden beweist die Notwendigkeit der Vertragskündigung", in: Handelsblatt 21./22. Mai 1993
230 Der Vorschlag der Arbeitgeber lautete: ". durch betriebliche Absprachen, die von den Tarifvertragsparteien gebilligt werden müssen, von den Normen der Tarifverträge abweichen" (zit. nach: Die strittigen Härteklauseln. in Frankfurter Rundschau, 7.5 1993).
231 Arbeitgeberverband Gesamtmetall, Geschäftsbericht 1993-1995, Köln 1995, S 73.

Tarifarbeit der Startphase beendet werden sollte, bestritt die IG Metall diesen Strategiewechsel und insistierte darauf, dass es sich lediglich um ein Instrument für die "Ausnahme von der Ausnahme" handelte. Die tarifpolitische Normalität müsse weiterhin durch den unabdingbaren Flächentarifvertrag geprägt werden Weil die Härteklausel seitens der IG Metall zunächst als eine Konzession an die real existierenden Kräfteverhältnisse interpretiert wurde, waren Teile des Verbandes anfangs nicht bereit, darin eine Relativierung der mindestniveausetzenden Funktion des Flächentarifvertrages zu sehen. Denn zu diesem Zeitpunkt war der Flächentarifvertrag ohne materielle Abweichungsmöglichkeiten die unumstrittene Verbandsideologie, die Denken und Handeln der Mehrheit der Funktionäre leitete.

In der IG Metall wurde befürchtet, dass die Härteklausel einem Denk- und Praxismodell Vorschub leistet, das die Logik der Unterschreitung von Mindestnormen zum Regelfall erklärt. Damit einher ginge die Gefahr der Erpressbarkeit von Betriebsräten und IG Metall-Funktionären sowie die Spaltung von betrieblichen Akteuren und Gewerkschaft. Denn dort, wo Härtefallregelungen getroffen werden, könnte dies zur Berufungsinstanz für unmittelbare Konkurrenten werden, womit sich die Wettbewerbskonkurrenz zu Lasten der Beschäftigten verschärfe Es sollte verhindert werden, dass die Mindestnormen des Flächentarifvertrages aufgeweicht würden und dieser somit selbst an Relevanz verlöre Deshalb setzte die IG Metall auf den betrieblichen Begründungszwang[232] und ihre eigene Vetomacht. Befürchtet wurde, dass IG Metall-Funktionäre gegeneinander ausgespielt werden, was vor allem dort eintreten könnte, wo ein Unternehmen mehrere Standorte besass Zudem galt es, Mitnahmeeffekte und Missbrauch zu unterbinden. Dies waren die Motive, die den Vorstand der IG Metall dazu motivierten, frühzeitig eigene zusätzliche Härtefallkriterien festzulegen. Danach sollten weder Treuhandbetriebe noch Firmen, die sich im Besitz zahlungsfähiger westlicher Konzerne befanden eine Härtefallregelung beanspruchen dürfen.[233] Ihre Ablehnung gegenüber Härtefallregelungen in Treuhandbetrieben begründete die IG Metall damit, dass es die politische Aufgabe des Steuerstaates - als Besitzer der Betriebe - sei, die finanzielle Erblast der deutschen Einheit zu tragen. Dass die sich noch in Treuhandbesitz befindlichen Unternehmen während der Sanierungsphase Verluste machten, wurde als Normalfall deklariert Und bei privatisierten westlichen Konzernunternehmen komme es nicht auf die wirtschaftliche Lage des einzelnen Betriebes in Ostdeutschland an, sondern auf die wirtschaftliche Lage des Gesamtkonzerns Um das Vorliegen eines Härtefalles anzuerkennen, müssten umfassende Begründungen, ausführliche Darstellungen der Krisenursachen und überzeugende Konzepte für den Sanierungsprozess vorgelegt werden Schließlich sollte den Beschäftigten zugemutet werden, auf einen Teil ihres Lohnes zu verzichten. Dies könne

---

232 Hierzu pointiert Ehlscheid, Christoph/Lieberum, Kurt, Harteklauseln Eine Tarifregelung der Zukunft?, in. Sozialismus 10/1993, S 52 "Der Begründungszwang des Verfahrens erlaubt es damit der IG Metall in wesentlich stärkerem Maße als bei einer Öffnungsklausel, eine politische Auseinandersetzung gegen die Logik zu führen, dass eine Kürzung der Einkommen die einzige denkbare und wirkungsvolle Möglichkeit zur Sanierung eines Betriebes sei "

233 Der Bedingungskatalog der IG Metall bei Härtefällen, in Handelsblatt 17 6 1993.

nur dann akzeptiert werden, wenn kein anderer Geldgeber mehr in der Lage sei, die Zahlungsfähigkeit des Betriebes zu sichern, und sich das betreffende Unternehmen als Arbeitgeberverbandsmitglied stets an die vereinbarten Tarifnormen halte.

Die IG Metall versuchte, durch ihre politisch gesetzten Kriterien darauf hinzuwirken, dass der Härtefall eine "absolute Ausnahme"[234] ist. Die Härtefallregelung sei ein "Hilfsangebot zur Arbeitsplatzerhaltung"[235] und "keine zweite Senkung der Lohnkosten"[236], die im Belieben des Unternehmers liege. Den Arbeitgeberverbänden warf die IG Metall vor, dass es ihnen nicht um sachgerechte Einzelfalllösungen gehe, sondern um die Durchsetzung von Verbandsmacht. Um deutlich herauszustellen, dass der Tarifvertrag weiterhin mindestniveausichernde Erstinstanz sei, schlugen Vertreter der IG Metall vor, dass bei Vorliegen eines Härtefalles, diesen als eine "gesicherte Lohnstundung" - also eine Kreditgewährung seitens der Arbeitnehmer - zu akzeptieren, wenn dafür im Gegenzug eine Arbeitsplatzgarantie und eine temporäre Ausweitung der betrieblichen Mitbestimmung akzeptiert werde.[237] Die Arbeitgeber lehnten solche Überlegungen strikt ab. Angesichts dieses verbandspolitischen Hintergrundes existierte zwischen den tarifpolitischen Akteuren in den IG Metall-Bezirken eine gewisse Konkurrenz hinsichtlich der erstmaligen Anwendung dieses Instrumentes. Das Dilemma der am Verfahren beteiligten Gewerkschaftsfunktionäre bestand vermutlich darin, dass sie mit der Härtefallregelung ein Instrument anwenden sollten, das sie eigentlich ablehnten.

Bis es zu den ersten Härtefallvereinbarungen kam, die in der Öffentlichkeit genau registriert wurden, dauerte es eine gewisse Zeit, die insbesondere bei der IG Metall mit Verunsicherung verbunden war.[238] Das Damoklesschwert, das über allem zu schweben schien, war die mögliche Übertragung des Instrumentes nach Westdeutschland.[239] Mit den politisch gesetzten Selektionskriterien versuchte man jedoch nicht nur die Hürde für die Anwendung und Übertragung der Härtefallregelung hoch zu legen, man reagierte damit auch auf die Initiative der Treuhandanstalt, die unmittelbar nach Abschluss des Tarifkonfliktes die Geschäftsleitungen der ihr unterstellten Betriebe anwies, "alles zu unterlassen, was die Anwendung der Härteklauseln behindern

---

234 Die IG Metall nennt die Härteklausel eine absolute Ausnahme, in: Frankfurter Allgemeine Zeitung 18 6 1993
235 Klaus Zwickel Erste Härtefall-Vereinbarungen sind Hilfsangebote zur Arbeitsplatzerhaltung, in: Metall-Pressedienst 23 7 1993.
236 Zwickel. Klaus, Keine Härteklausel für Treuhandbetriebe, in: Metall Pressedienst 9 7 1993 "Einmal durch die materielle Änderung der Tarifverträge und noch einmal durch eine weitere Senkung der Einkommen durch die Härteklausel"
237 Die IG Metall nennt die Härteklausel eine absolute Ausnahme, in Frankfurter Allgemeine Zeitung 18. 6 1993
238 Vgl. erste Beratungen über die Metall-Härteklausel in Sachsen, in: Frankfurter Allgemeine Zeitung 8 6 1993, Erste Härteklausel-Anträge, in: Sächsische Zeitung 8.6.1993; Erster Härtefall in Ost-Metallindustrie, in: Sächsische Zeitung 19 6.1993, Vier Härtefälle in Sachsen anerkannt, in: Sächsische Zeitung 25 6 1993; Härteklausel scheidet die Geister, in. Die Welt 19 7 1993.
239 Barbier, Hans, Der Kampf um die Härteklausel, in. Frankfurter Allgemeine Zeitung 23.7 1993: "Die Härteklausel darf im Osten nicht erprobt werden, weil sie ein Modell für die ganze Bundesrepublik werden könnte "

könnte"[240] Seitens der IG Metall wurde dies als ein Verfälschen des Dresdener Kompromisses bewertet, womit versucht werde, "den Konflikt um die neuen Stufenverträge jetzt mittels der Härteklausel auf betrieblicher Ebene fortzusetzen"[241]. Die IG Metall insistierte darauf, dass mit der Härteklausel weder eine verfehlte Politik wettgemacht werden könne noch die Ursachen der wirtschaftlichen Misere

Die Arbeitgeberverbände strebten eine unbürokratische, schnelle und geräuschlose Härtefallpraxis an Sie befürchteten, dass die Betriebe nur unzureichend von der Härtefallregelung Gebrauch machten und damit sowohl die Glaubwürdigkeit der Arbeitgeberverbände als auch die Notwendigkeit von Öffnungsklauseln in Frage gestellt werden könnte [242] Tatsächlich blieb die Zahl der Härtefallanträge weit hinter den Erwartungen zurück, was die Arbeitgeberverbände auf die Schlüsselrolle der IG Metall innerhalb des Verfahrens zurückführten. Insbesondere kritisierten die Verbände die begründungspflichtige Transparenz[243] des Antragsverfahrens, wobei "die Firmen befürchteten, dass ihre schwierige Lage den Kunden und Banken bekannt würde, was katastrophale Folgen für ihre Existenz haben würde".[244] Mit der Kritik an der Pflicht, die wirtschaftliche Lage des Betriebs offen zu legen, verließen einzelne Unternehmen sogar den Arbeitgeberverband. Manche, wie beispielsweise Jenoptik, setzten dies sogar als öffentliches Druckmittel gegen die Tarifparteien ein.[245] Der Vorwurf der Arbeitgeber lautete deshalb, dass die IG Metall durch ihre Selektionsmechanismen Arbeitsplätze gefährde und dort, wo sie Härtefallregelungen vereinbare, handele es sich "nur um Alibi-Fälle"[246] Deshalb vertrat der Hauptgeschäftsführer des sächsischen Arbeitgeberverbandes im Sommer 1993 die Auffassung, dass "die Härtefallregelung in der Praxis tot"[247] sei Die Arbeitgeberverbände warfen der IG Metall schließlich vor, "Abweichungen von Tarifverträgen auf betrieblicher Ebene mit oder ohne Kenntnis und/oder Mitwirkung der Tarifvertragsparteien außerhalb des tariflichen Härtefallverfahrens"[248] zu fördern, indem sie auch in solchen Fällen Härteregelungen ablehne,

---

240 IG Metall droht Treuhand mit dem Staatsanwalt, in Handelsblatt 28 5 1993
241 Droge, Regina, Arbeitgeber verfälschen Abmachung, in Der Gewerkschafter 1993/6, S. 6.
242 Diese Befürchtung äußerte Gesamtmetall-Präsident Gottschol angesichts der Erfahrungen mit der westdeutschen Klausel zur Überschreitung der wöchentlichen Arbeitszeit durch einen bestimmten Prozentsatz (13 Prozent) der Angestellten, die bis zu diesem Zeitpunkt nur unzureichend genutzt wurde (Vgl "Wir haben die Ost-Unternehmen um sechs Milliarden entlastet", in Frankfurter Allgemeine Zeitung 21 5 1993).
243 In der Presse monierten Verbandsvertreter, "dass die Unternehmen sich im Hinblick auf ihren wirtschaftlichen Zustand "ausziehen" müssten und dennoch keine Chance auf Anerkennung als Härtefall hätten". (Harteklausel weitgehend gescheitert, in Frankfurter Allgemeine Zeitung 17 7 1993).
244 Die Härteklausel ist keine tarifpolitische Innovation, sondern ein wirklicher Flop, in· Handelsblatt 24 9 1993
245 Hierzu Jenoptik-Chef Lothar Späth: "Wir hätten die Bilanz schon offengelegt, aber die Erklärung, wir sind existenzgefährdet, wenn wir Tarife zahlen, hätte uns auf dem internationalen Markt in Taiwan, in Singapur und in Amerika erheblich geschadet Dort hätte man uns gesagt, mein Gott, mit Euch kann man ja keinen großen Vertrag abschließen Die Gewerkschaft sagt doch, wenn ihr normale Tariflöhne zahlt, seid ihr existenzgefährdet" (Spath, in Neues Deutschland 11.5 1996)
246 Die Härteklausel ist keine tarifpolitische Innovation, sondern ein wirklicher Flop, in Handelsblatt 24 9 1993
247 Ebd.
248 Arbeitgeberverband Gesamtmetall, Geschäftsbericht 1993 - 1995, Köln 1995, S. 75.

in denen die Belegschaft auf eine Anwendung dieses Instrumentes poche.[249]

Die Bilanz des ersten Jahres nach dem Dresdener Kompromiss fiel für beide Tarifparteien wenig befriedigend aus: Die Arbeitgeberverbände sahen sich nicht nur dem Vorwurf der IG Metall ausgesetzt, die Härteregel missbrauchen zu wollen und den Flächentarifvertrag zu gefährden, sie mussten vor allem konstatieren, dass die Zahl der Härtefallanträge weit hinter ihren eigenen Prognosen zurückgeblieben war. 1993 wurden in der gesamten ostdeutschen Metall- und Elektroindustrie 70 Anträge gestellt, davon akzeptierten die Tarifparteien lediglich 24 als Härtefälle.[250] Die IG Metall sah sich mit ihrem Versuch, die Normalität des Flächentarifvertages[251] in der ostdeutschen Metall- und Elektroindustrie zu retten, nicht nur dem Druck der Arbeitgeberverbände ausgesetzt, sondern zunehmend stärker auch dem der Betriebsräte. Denn die Zahl der Betriebsräte nahm zu, die auch dann bereit waren, mit der Geschäftsleitung eine Vereinbarung unterhalb des Flächentarifvertrages abzuschließen, wenn die IG Metall dagegen votierte.[252] Damit einhergehende Spannungen kamen dem strategischen Kalkül im Arbeitgeberlager entgegen, um den Druck auf die IG Metall zu erhöhen. Die Interessen einzelner Mitgliedergruppen und der öffentliche Eindruck, dass sich die Tarifparteien "gegenseitig Blockade-Politik"[253] vorwarfen, forcierte schließlich, dass die Tarifvertragsparteien im Rahmen von Spitzengesprächen nach Wegen suchten, um die Praxis der Härtefallregelung neu zu justieren.[254] Dazu trug sicherlich auch bei, dass mit der geringer werdenden Zahl von nicht privatisierten Betrieben und dem Ende der Treuhandanstalt sich die Konstellation veränderte.

Von Anfang an bestanden regionale Unterschiede in der Handhabung der Härtefallklausel. Dies drückte sich nicht nur in der Quantität aus, sondern auch in der Art und Weise, wie das Verfahren im Laufe der Zeit modifiziert wurde.[255] Ende 1995 kam es zur ersten Neufassung der Härteklausel, die im Vergleich zur ursprünglichen Fassung vereinfacht, verlängert und hinsichtlich der Verhandlungsgegenstände

---

249 Vgl Niethammer, Frank, Die Härtefallklausel muss mehr genutzt werden, in· Frankfurter Allgemeine Zeitung 8 12 1993
250 Vgl Hickel, Rudolf/Kurzke, Wilfried, Tarifliche Lohnpolitik unter Nutzung der Härtefallregelung, Köln 1997, S 26 1993 waren in den ostdeutschen Arbeitgeberverbänden 1 111 Betriebe organisiert, so dass die Zahl von 70 Härtefallanträgen einem Prozentsatz von 6,3 Prozent gleichgekommen ist Geht man von der Zahl von 24 anerkannten Härtefällen aus, so kommt man sogar lediglich auf einen Prozentsatz von 2,2 Prozent.
251 Kampagne 1994/95 "Tarifverträge schützen - Tarifverträge nützen."
252 Das Dilemma, in dem die IG Metall sich bald befand, beschrieb der Handelsblatt-Redakteur Hans Mundorf· "Es ist aber etwas anderes, ob man über den möglichen Untergang von Grenzbetrieben philosophiert, die die Bedingungen eines Tarifvertrages nicht mehr erfüllen können, oder ob man die Unterschriftenliste einer Belegschaft und eines Betriebsrates ignoriert, die, zusammen mit dem Arbeitgeber, nachdrücklich um mildernde Tarifumstände bitten" (Mundorf, Hans, Dennoch ein Fortschritt, in. Handelsblatt 16 7 1993)
253 Streit um die Härteklausel in Sachsen spitzt sich zu, in: Sächsische Zeitung 24 9 1993.
254 Vgl Verhandlungsergebnis nach erneuter Runde über Metall-Härteklausel, in· Sächsische Zeitung 2.11.1993.
255 Einen ersten quantifizierenden Überblick zur Inanspruchnahme der Härtefallregelung in den fünf neuen Ländern bot eine von *dpa* vorgenommene Umfrage: Härteklausel wird für Tarifparteien zum Härtefall, in: Sozialpolitische Nachrichten 13 12.1993, S 5 ff. Vgl. auch: Hickel, Rudolf/Kurzke, Wilfried 1997, S. 63ff.

erweitert wurde.[256] In den Regionen wurden Verträge abgeschlossen, die das vielstufige Verfahren ablösten. In allen Ländern wurde die externe Schiedsstelle aufgelöst, in manchen sogar die Institution des externen Schlichters abgeschafft, so dass sich das Verfahren auf die unmittelbare Konsultation der Tarifparteien unter Einbeziehung der betrieblichen Vertreter reduzierte. Mit gewissen Modifikationen wurde der Tarifvertrag zur Härteklausel in der Folge regelmäßig erneuert.[257]

Nach der Erhebung von Hickel/Kurzke richteten 181 Betriebe zwischen 1993 und Mitte 1996 Anträge an die Tarifparteien, von denen 98 anerkannt wurden.[258] Die wichtigsten Einsparungen ergaben sich durch Aussetzen beziehungsweise Verschieben der Lohn-Erhöhungen, durch nicht realisierte Arbeitszeitverkürzungen, durch Reduzierungen bei den Urlaubs- und Sondergeldzahlungen. "Im Durchschnitt wird die Einsparung durch Härtefallregelungen auf etwa 10 Prozent der Personalkosten geschätzt. Diese Summe deckte nicht einmal ein Drittel des durchschnittlichen Fehlbetrages ab."[259] Zwischen 1993 und 1996 lassen sich nach Hickel/Kurzke folgende Trends bei der Härtefallpraxis feststellen: Erstens eine Zunahme der Anträge und Vereinbarungen, was auf Lernprozesse bei den Tarifparteien wie auch bei den antragstellenden Betrieben zurückzuführen sei: "In stärkerem Maße beantragten nur solche Unternehmen einen Härtefall, die zum einen bereit waren ihre Situation vollständig offen zu legen und sich zum anderen ökonomisch tatsächlich in einer schwierigen Lage befanden. Mitnahmeeffekte sind mit Sicherheit seltener geworden".[260] Zweitens eine im Durchschnitt längere Laufzeit pro Härtefall, und drittens einen Anstieg von Folgeanträgen Mittlerweile war ein beträchtlicher Teil der Beschäftigten in verbandsgebundenen Betrieben nur noch durch eine Härtefallregelung tarifvertraglich einzubinden 1997 lag die Zahl der Beschäftigten, die über Härtefall eingebunden waren, gemessen am Beschäftigtenorganisationsgrad der regionalen Arbeitgeberverbände je nach Bundesland zwischen 20 und 60 Prozent.

Härtefallverfahren sind nicht nur mit Reduzierungen für die Beschäftigten verbunden, sondern auch mit Gegenleistungen der Arbeitgeber in Form von Beschäftigungssicherung, Qualifizierungsmaßnahmen, transparent gemachten Sanierungs- und Investitionsprogrammen. Die Plausibilität dieser Gegenleistungen besteht darin, dass der Lohnverzicht der Beschäftigten nur dann einen Beitrag zur Sanierung des Unternehmens leisten kann, wenn er in eine Reihe wirkungsvoller weiterer Maßnahmen eingebettet ist, die auch die Produktionsstrukturen, den Vertrieb, die Produkte und die

---

256 Vgl beispielsweise aus Sicht der sächsischen Arbeitgeber Verband der sächsischen Metall- und Elektroindustrie, Neufassung der Harteklausel für die sachsische Metall- und Elektroindustrie, Dresden 1996.
257 Tarifvereinbarung zwischen dem VSME und der IG Metall-Bezirksleitung Brandenburg-Sachsen vom 3 3 1999 "Protokollnotiz zu Harteklausel Sofern im Tarifgebiet Sachsen ein Härtefallantrag gestellt wird, der Regelungsbereiche dieser Tarifvereinbarung berührt, sollte diesem ein Regelungsvorschlag beigefügt werden "
258 Vgl Hickel, Rudolf/Kurzke, Wilfried, Tarifliche Lohnpolitik unter Nutzung der Härtefallregelung, Köln 1997 Unter den 98 akzeptierten Anträgen waren 20 Folgeanträge
259 Ebd , S 39
260 Ebd , S 26

Finanzierung verbessern [261] Kritisch eingewandt werden muss, dass deren Durchführung und Realisierung nicht immer zweifelsfrei überprüfbar ist und eingelöst wird. Sogenannte Besserungsklauseln sollen dazu führen, dass im Falle eines günstigeren Betriebsergebnisses, als in den Antragsunterlagen angenommen, mindestens die Hälfte bis zur Höhe des durch den Härtefall eingesparten Geldes wieder den Mitarbeitern zugute kommt. In den meisten Fällen konnte bis 1999 erreicht werden, dass die Arbeitszeit nicht Teil von Härtefallregelungen wurde.

Das Zustandekommen einer Härtefallregelung wurde im Laufe der Jahre stärker professionalisiert und zugleich konsensualer geregelt. Nach wie vor bestehen unterschiedliche Konstellationen, die zur Bewertung des Gesamtphänomens berücksichtigt werden müssen und unter systematischen Gesichtspunkten folgendermaßen unterschieden werden können.

- Konsensual im Sinne der Regelung: Darunter ist ein Härtefall zu verstehen, der in Übereinstimmung mit den tarifvertraglich fixierten Zielen beantragt und genehmigt worden ist und von den beteiligten Akteuren auch so akzeptiert wird.

- Auf Druck der Banken, der BVS oder Landesregierungen: In einzelnen Fällen waren es nicht die Geschäftsleitung oder der Betriebsrat, die den Flächentarifvertrag unterlaufen wollten; doch die Banken, die Landesregierung oder die BVS machten ihre Kreditzusagen davon abhängig, dass die Beschäftigten einen eigenen Beitrag leisten, indem sie einer Reduzierung der Lohnsumme zustimmen.

- Politischer Druck des Managements: Ohne ökonomische Notlage, unter Ausnutzung der prekären Arbeitsmarktsituation, droht das Unternehmen mit Arbeitsplatzabbau, Standortverlagerung oder dem Austritt aus dem Arbeitgeberverband. Um diesen Druck abzufedern, sind Betriebsrat und IG Metall in einigen wenigen Fällen bereit gewesen eine Härtefallregelung abzuschließen

- Initiative des Betriebsrates: Um einer weiteren Erpressung durch das Management zu entgehen, benutzen Betriebsräte den Härtefall gewissermaßen als Schutzschild. In einzelnen Fällen ergriff der Betriebsrat selbst die Initiative für eine Härtefallregelung, um beispielsweise die Anwendung eines materiell nachteiligeren Beschäftigungssicherungstarifvertrages oder einer anderen Betriebsvereinbarung zu vermeiden.

- Konfliktregelungen: Darunter sind vor allem solche Fälle zu verstehen, in denen zwar die Bedingungen für einen Härtefall vorliegen, es aber einen Dissens zwischen IG Metall und Belegschaft hinsichtlich der Höhe der Zugeständnisse gibt.

---

261 Vgl ebd , S 39

Die Anwendung der Härtefallklausel hat sich seit 1993 für ökonomisch prekäre Betriebe vom aufsehenerregenden Ausnahme- zum Regelfall entwickelt, indem sich bei den Tarifparteien im Laufe der Zeit ein pragmatisches Verhältnis dazu einstellte. Gleichwohl bestehen weiterhin kontroverse Einschätzungen über die tarifpolitischen Implikationen dieses Instruments und seine perspektivische Handhabung. Unter systematischen Gesichtspunkten lassen sich in der gewerkschaftlichen Debatte folgende kontroversen Argumente aufspüren.

Tabelle 29: Pro und contra Argumente in der Härtefalldebatte der IG Metall (1993-1998)

PRO Härtefallklausel	CONTRA Härtefallklausel
Gegen "heimliche, wilde Abweichungen" von Betriebsrat und Arbeitgeber	Weckt Begehrlichkeiten bei anderen Arbeitgebern
Absenkungen können an Gegenleistungen geknüpft werden, insbesondere an Beschäftigungssicherung und Sanierung	Unnötig, da Möglichkeit des Sondertarifvertrages durch § 4 Abs 4 TVG
verbandlicher Tabukatalog kann aufrecht erhalten werden (z B keine Verlängerung der Arbeitszeit)	Gefahr der Entwicklung zum Normalfall
Zeitliche und quantitative Eingrenzung der Abweichungen	Gefahr der Spirale nach unten aufgrund der zwischenbetrieblichen Konkurrenz
Eventuell Verhinderung eines Austritts aus dem Arbeitgeberverband oder sogar Motiv zum Ein- bzw Wiedereintritt	Tarifparteien und Betriebsräte sind unzureichend auf diese Herausforderung vorbereitet
Hilfe zur Stabilisierung des Tarifsystems	Härtefälle sind für AGVs nur Zwischenschritt zur generellen Ablehnung von Flächentarifverträgen
Ventil, um die große Streubreite in der Ertragslage tariflich zu regulieren	Löhne/Gehälter sind nicht die Ursache der betrieblichen Krise, Härtefälle nur Mitnahmeeffekte der Unternehmen
rationales und transparentes Verfahren mit Beteiligung der Tarifparteien	renditestarke Unternehmen erpressen Härtefälle - Druckmittel sind Verlagerung, Entlassungen, unterlassene Investitionen
Tarifbruch wird eingedämmt	Banken und Politik erpressen Härtefall-Regelungen, um eigene Versäumnisse zu vertuschen

© Wolfgang Schroeder

Kritiker wie auch Befürwortern der Härtefallregelung waren gleichermaßen an der konkreten Praxis der Härtefallregelung beteiligt. Die Kritiker der Härtefallklausel stellten nicht in Frage, dass es unkonventioneller Maßnahmen bedarf, um in ökonomischen Notlagen eine Sicherung der Arbeitsplätze sowie verbesserte Sanierungschancen für ein konkretes Unternehmen zu schaffen. Sie vertraten jedoch die Auffassung, dass es dafür keiner eigenen Regelung bedürfe, weil dies im Rahmen der bestehenden Möglichkeiten machbar sei. Stattdessen wecke eine konkrete Härtefallregelung Begehrlichkeiten und verschlechtere somit die Akzeptanz des Flächentarifvertrages Dagegen argumentierten die Befürworter stärker mit der voranschreitenden Erosion des Flächentarifvertrages, vor allem verwiesen sie auf die Zunahme weißer

Flecken auf der tarifpolitischen Landkarte Ostdeutschlands. Sie verbanden mit der Härteklausel die Hoffnung, die Neigung zum Tarifbruch einzudämmen, Abweichungen und Volumen zeitlich zu befristen und durch eine Beteiligungsorientierung beim Verfahren die Voraussetzungen zu schaffen, um letztlich den Flächentarifvertrag zu stärken. Aus der Sicht der Befürworter war entscheidend, dass es sich um ein transparentes und rationales Verfahren handelt, das an Bedingungen geknüpft ist und damit einer wilden, unkontrollierten Dezentralisierung Einhalt gebietet.

Zu einem Lackmustest hinsichtlich der Akzeptanz der Härtefallregelung innerhalb der IG Metall entwickelte sich die Debatte im Anschluss an die öffentliche Präsentation der Härtefallstudie von Hickel/Kurzke im Februar 1997.[262] Dabei plädierten die Autoren und späterhin auch Walter Riester, der damalige zweite Vorsitzende der IG Metall, dafür, dieses Instrument nach Westdeutschland zu übertragen, um auch dort den um sich greifenden Tarifbruch vieler Arbeitgeber einzudämmen. Zu diesem Zeitpunkt existierten bereits in den meisten westdeutschen Tarifverträgen sogenannte Sanierungsklauseln, die im Kern ein ähnliches Ziel verfolgten, allerdings ohne eine derart starke Kodifizierung des Prozesses. Die Kritiker an der Übertragung der ostdeutschen Regelung insistierten darauf, dass es sich bei der Härtefallregelung um ein Instrument handele, das "eine historische und ökonomische Ausnahmesituation regele"[263]. Sie verwiesen auf die Anreiz- und Missbrauchsgefahren und votierten dafür, keine weiteren Gelegenheitsstrukturen für Mitnahmeeffekte aufzubauen, sondern die vorhandenen Instrumente in Krisenfällen zu nutzen.

In dieser Situaton signalisierten die Arbeitgeber, dass ihnen an einer Übertragung der existierenden Härtefallklausel auf den Westen nicht gelegen sei, da die ostdeutsche Regelung zu viele Defizite aufweise. Sollte die IG Metall wirklich Interesse an einer Übertragung in den Westen haben, so sei dies nur auf der Basis einer modifizierten Regelung möglich, etwa angelehnt an die Vorschläge des Sachverständigenrates[264], dem es darum ging, dass nicht die Tarifvertragsparteien, sondern der Einigungswille im Unternehmen die zentrale Voraussetzung für die Nutzung von Öffnungsklauseln wird: "Wenn Unternehmensleitung, Betriebsrat und die Mehrheit der Belegschaft zustimmen, dann sollte eine solche Öffnungsklausel unverzüglich Anwendung finden. Zusätzlich könnte ein Widerspruchsrecht der Tarifvertragsparteien vorgesehen werden, dann aber muss ein verbindlich vereinbartes Schiedsverfahren gegebenenfalls unter Hinzuziehung eines neutralen Gutachters vorher festgelegt und gewährleistet werden, dass das Schiedsverfahren innerhalb kurzer Frist, beispielsweise innerhalb eines Monats, abgewickelt ist. Weitere Kontrollinstanzen insbesondere auf der Verbandsebene oder vor Arbeitsgerichten sind bei einer solchen Vorgehensweise dann überflüssig"[265]. Noch weiter ging das Hallenser Wirtschaftsforschungsinstitut, das vorschlug, eine "Ex-Ante-Differenzierung" vorzunehmen, und zwar dergestalt, dass im

---

262 "Lohnverzicht reicht als Rettungsanker nicht aus.", in: Frankfurter Rundschau 11.2.1997.
263 Tarife für Härtefälle?, Interview mit Bezirkschef Frank Teichmüller, in: Hamburger Abendblatt 22.2.1997.
264 Vgl. Bode, Britta, Härtefall-Regelung im Osten als Modell für den Westen, in: Handelsblatt 14.2.1997.
265 Vgl. Sachverständigenrat zur Begutachtung der gesamtwirtschaftlichen Entwicklung, Reformen voranbringen. Jahresgutachten 1996/97, Stuttgart 1996, S. 206.

Tarifvertrag die Merkmale der Tariflohnunterschreitungen fixiert und die Einzelfallprüfung aufgegeben werde.[266] Im Anschluss an diese Vorschläge forderte auch der sächsische Arbeitgeberverband eine durchgreifende Reform der Härtefallregelung, die so aussehen sollte, dass alle "Unternehmen, die noch kein West-Niveau bei der Produktivität erreichen unter 100 Prozent"[267] zahlen könnten. Die weitere Ausgestaltung stellte sich der Verbandshauptgeschäftsführer so vor: "Dabei kann natürlich nicht jede Firma tun und lassen, was sie will Vielmehr wird festgeschrieben, welche Elemente für die Abweichungen zugelassen sind, zum Beispiel das Weihnachtsgeld. Dabei hätten die Betriebsparteien die Gelegenheit, bei einem schlechten Jahr diese Sonderzahlung zu streichen, dafür gibt es Beschäftigungssicherung." Die Frage, ob die bisherige Härtefallpraxis die Erosion des Flächentarifvertrages stoppen konnte, ist empirisch nicht zu beantworten.[268] Da ein Härtefall nur beantragt werden kann, wenn das betroffene Unternehmen Mitglied des Arbeitgeberverbandes ist oder wird, kann dies ein Anreiz sein. Nach Hickel/Kurzke sind es nur wenige Unternehmen, deren Härtefallbegehren durch die Tarifvertragsparteien abgelehnt wurde und die daraufhin den Verband verlassen haben [269] Vermutlich hätte die Mitgliederzahl in den Arbeitgeberverbänden noch schneller abgenommen, wenn es dieses Instrument nicht gegeben hätte

2. Angleichung West, Dezentralisierung und Beschäftigungssicherung

Mit der Revision des Stufentarifvertrages war nicht verbunden, dass nunmehr die vereinbarten Anpassungsschritte automatisch in Kraft traten. Die Arbeitgeberverbände versuchten sowohl 1994 als auch im Vorfeld der letzten Etappe des Stufentarifvertrages, den weiteren Anpassungsprozess zu ihren Gunsten zu beeinflussen. Mit der IG Metall strebten sie 1994 ein Tauschgeschäft an: Die vereinbarte Entgeltanpassung werde nur dann akzeptiert, wenn sich die Gewerkschaft im Gegenzug bereit erkläre, die zum 1 April 1994 vorgesehene wöchentliche Arbeitszeitverkürzung (auf 39 Stunden) zu verschieben [270] Da die IG Metall sich in dieser Situation nicht in eine defensive Bittstellerrolle hineindrängen ließ, forderte sie ihrerseits die Angleichung jener Positionen, die bisher tarifvertraglich noch nicht erfasst waren [271] Während es der IG Metall darum ging, den abgeschlossenen Stufentarifvertrag zu verteidigen, versuch-

---

266 Schneider, Hilmar, Kommentar Härteklauseln in der ostdeutschen Metall- und Elektroindustrie, in Institut für Wirtschaftsforschung Halle (Hrsg), Wirtschaft im Wandel, 16/1995.
267 Interview mit Andreas Winkler "Ignoranz der IG Metall stinkt zum Himmel", in Leipziger Volkszeitung 26 1 1998
268 Vgl hierzu auch die ähnlich lautende Einschätzung von Hickel, Rudolf/Kurzke, Wilfried, 1997, S. 47
269 Hickel, Rudolf/Kurzke, Wilfried 1997, S 48.
270 Weitere Forderungen betrafen den Ausgleichszeitraum bei der durchschnittlichen wöchentlichen Arbeitszeit, der von sechs auf zwölf Monate erhöht werden sollte, sowie eine Verlängerung der befristeten Arbeitsverhältnisse auf bis zu 24 Monate
271 Dies betraf die Felder Kündigungsschutz für ältere Arbeitnehmer, Verdienstsicherung bei Abgruppierung, Zuschuss zum Kurzarbeitergeld, Übernahmegarantie der Auszubildenden und Beschäftigungssicherungstarifvertrag

ten die Arbeitgeberverbände, weitere Verschiebungen und betriebliche Öffnungen zu erreichen. Trotz dieser Anstrengungen erfolgte 1994 sowohl die Entgeltanpassung wie auch die Einführung der 39-Stunden-Woche im Sinne des revidierten Stufentarifvertrages. Vermutlich wurde die vergleichsweise friedliche Entwicklung in dieser Phase sowohl durch die günstige ökonomische Entwicklung in den fünf neuen Ländern wie auch durch den aus Arbeitgebersicht positiven Tarifabschluss in der westdeutschen Metall- und Elektroindustrie befördert.[272] Zugleich zeigte sich immer deutlicher, dass die verhandlungspolitische Bargaining Arena des Flächentarifvertrages, auch wenn sie die bedeutendste blieb, längst nicht mehr die zeitaufwendigste war. Denn die betriebliche Auseinandersetzung erhielt einen immer größeren Stellenwert, und dies nicht nur wegen der Härtefallregelung. Verbandsaustritte sowie das Unterlaufen geltender Entgeltbestimmungen standen schon seit längerem auf der Tagesordnung. Zusätzlich gewann die bereits aus Westdeutschland bekannte Auseinandersetzung um die Flexibilisierung der Arbeitszeit an Bedeutung.[273]

Wesentlich schwieriger als 1994 verlief die tarifpolitische Debatte im darauffolgenden Jahr, als die Niederlage der westdeutschen Arbeitgeber in der bayrischen Tarifauseinandersetzung[274] nicht nur heftige innerverbandliche Kontroversen sowie den Sturz des Hauptgeschäftsführers nach sich zog, sondern auch in einer nie zuvor gekannten Grundsätzlichkeit das Instrument des Tarifvertrages als solches infrage stellte. Zum Hauptschauplatz der ostdeutschen Auseinandersetzung entwickelte sich einmal mehr die sächsische Metall- und Elektroindustrie, wo der dortige VSME die letzten Etappen des Stufentarifvertrages mit einer großen Anzeigenkampagne zu verhindern suchte. Darin vertrat er die Behauptung, dass angesichts der schwierigen ökonomischen Lage der Zwang zur Einhaltung des Stufentarifvertrages für viele Betriebe zur Existenzvernichtung führen könne. Jedes zweite der damals 325 VSME-Mitgliedsunternehmen habe eine schlechte Ertragslage und müsse bei der Einhaltung des Stufentarifvertrages weitere Entlassungen vornehmen. Um dies zu verhindern, müsse der Tarifsprung auf 94 Prozent (1.7.1995) sowie der auf 100 Prozent (1.7.1996) für die Betriebe kompensiert werden. Zu diesem Zweck stellten die Arbeitgeberverbände wiederum ein Junktim auf: Diesmal wollten sie die vereinbarte Entgeltangleichung davon abhängig machen, ob die IG Metall im Gegenzug zu betrieblichen Abweichungen beim zusätzlichen Urlaubsentgelt und 13. Monatseinkommen bereit sein würde[275]. Sollte die IG Metall am Tempo der Anpassung festhalten, so sei sie letztlich für die Zerstörung des Flächentarifvertrages verantwortlich.

Um die Angriffe gegen den Stufentarifvertrag abzuwehren, startete die IG Metall

---

272 Am 5.3 1994 einigten sich die Tarifparteien im Hannoveraner Pilotabschluss auf eine geringe Lohnsteigerung (5 Null-Monate/6 Monate +2 Prozent, einmalige Absenkung der Jahressonderzahlungen), eine Verlängerung des Ausgleichszeitraums von 6 auf 12 Monate sowie auf einen Beschäftigungssicherungstarifvertrag (Vgl Bispinck, Reinhard, Tarifbewegungen im 1. Halbjahr 1994 in West- und Ostdeutschland, in: WSI Mitteilungen, 8/1994, S 470)
273 Vgl IG Metall-Bezirksleitung Dresden, Arbeitsprogramm Tarifpolitik im Betrieb, 25.3 1994.
274 Vgl Bispinck, Reinhard, Vom Lohnstreik zum "Bündnis für Arbeit", in. WSI Mitteilungen, 3/1996, S 152 ff
275 Vgl Kritik am Stufenplan, in· Handelsblatt 10.5.1995

ihrerseits eine Kampagne mit dem Motto "Tarifverträge schützen, Tarifverträge gestalten"[276] Dabei verwies sie auf die Härtefallklausel für Betriebe in schwieriger ökonomischer Lage und führte eigene Umfragen durch, um festzustellen, ob die Unternehmen durch den Vertrag ökonomisch überfordert werden und wie deren Tarifpraxis aussieht. Bei diesen Umfragen zeigte sich zwar ein differenziertes Bild, gleichwohl sah sich die IG Metall in der Einschätzung bestätigt, dass die Mehrheit der Unternehmen weder ökonomisch überfordert seien noch dass die Betriebe überproportional häufig den Tarifvertrag unterliefen. Daraus ergab sich die Schlussfolgerung, dass es weniger die Betriebe waren, die die Arbeitgeberverbände zu einem konfrontativen Kurs gegenüber der IG Metall aufforderten, sondern vielmehr die Verbandsfunktionäre selbst. In dem Maße, wie die Arbeitgeberverbandsfunktionäre den Stufentarifvertrag als "eine Fehlleistung der Tarifparteien"[277] darstellten und eine abermalige außerordentliche Kündigung nicht ausschließen wollten[278], polarisierten sich die Beziehungen zwischen den Tarifparteien und ein konsensuales Vorgehen rückte in weite Ferne. Dazu trug auch bei, dass die Arbeitgeberverbände die Austritte weiterer Unternehmen befürchteten und mancherorts gar die Auflösung der Arbeitgeberverbände androhten.[279] Nur zwei Jahre nach dem heftigen Konflikt um die Revision des Stufentarifvertrages prallten die Interessen und Einschätzungen zwischen den Tarifparteien in nahezu allen relevanten Referenzpunkten aufeinander, gleich ob es um die Bewertung der Lohnstückkosten, die Reform des Flächentarifvertrages, die Härtefallregelung, die Quantität der Tarifabweichungen oder darum ging, den Beschäftigungssicherungstarifvertrag, der am 5.3.1994 in der westdeutschen Metall- und Elektroindustrie verabschiedet worden war, nach Ostdeutschland zu übertragen.

In dem Bewusstsein, dass sich wieder eine ähnlich konfliktorische Situation wie 1993 anbahnen könnte, lud der sächsische Ministerpräsident Kurt Biedenkopf am 5.9.1995 die Spitze der IG Metall und der Arbeitgeberverbände zu einem Vermittlungsgespräch ein, um die Modalitäten der letzten Etappe des Stufentarifvertrages zu moderieren.[280] Da Tarifunterschreitungen und Härtefälle das Alltagsgeschäft der Gewerkschaften zunehmend bestimmten, suchte die IG Metall nach einem Weg, wie der Tarifsprung zur Hundertprozentanpassung realisiert werden konnte, ohne eine neuerliche Konfrontation mit dem Arbeitgeberverband eingehen zu müssen. Man setzte darauf, dass die Verlängerung der Härtefallregelung über den 30.6.1996 hinaus hinreichend sein müsse, um den Abschluss des Stufentarifvertrages zu sichern. Am 23.10.1995 kam es tatsächlich zu einem Tarifgespräch über die letzte Etappe des Stufentarifvertrages, bei dem die Akzeptanz des Stufentarifvertrages gegen die Veränderung und Verlängerung der Härtefallregelung getauscht wurde. Darüber hinaus

---

276 Düvel, Hasso im ND-Gespräch, in Neues Deutschland, 23.5.1995
277 Kritik am Stufenplan, in Handelsblatt 10.5.1995.
278 Metallarbeitgeber schließen Kündigung des Tarifs nicht aus, in: Dresdener neue Nachrichten, 11.5.1995.
279 In diesem Sinne äußerte sich beispielsweise der thüringische Hauptgeschäftsführer Stolle in einem dpa-Gespräch Tarifsprung nicht ohne Kostenentlastung möglich, in dpa-Basisdienst, 18.4.1995 "Wenn die Firmen keine Kostenentlastung spüren und austreten, stellt sich die Frage nach Auflösung des Verbandes "
280 Vgl Arbeitgeberverband Gesamtmetall, Geschäftsbericht 1995 - 1997, Köln 1997, S 61.

vereinbarten die Tarifparteien auch, dass der Beschäftigungssicherungstarifvertrag, der am 5. März 1994 in Westdeutschland vereinbart worden war, nach Sachsen übertragen werde.[281] Wer nun glaubte, dass mit diesem Vertrag eine gemeinsame Handlungsbasis geschaffen worden wäre, sah sich getäuscht. In der Folge trat eine schwere Krise zwischen den Tarifparteien ein, bei der es um die Umsetzung des Tauschgeschäfts ging.[282] Nachdem die Arbeitgeber die verabredete Beschäftigungssicherung auch nach zwei Verhandlungsterminen nicht akzeptieren wollten, sprach die IG Metall von einem "neuen Wortbruch der Arbeitgeber"[283]. Der Beschäftigungssicherungstarifvertrag wurde nicht abgeschlossen, der Stufentarifvertrag konnte jedoch realisiert werden.

Als am 1.7.1996 die nominelle hundertprozentige Westangleichung im Monatsecklohn erreicht war, wollte bei den Tarifparteien keine rechte Freude aufkommen. Eine ständig wachsende Zahl von Unternehmen hatte dem Arbeitgeberverband den Rücken gekehrt und/oder den Flächentarifvertrag unterlaufen und somit die Geltungskraft der Tarifverträge eingeschränkt. Die Arbeitgeberverbände machten von ihrer Einwirkungspflicht auf die Mitgliedsbetriebe nur selten Gebrauch und die den Gewerkschaften mögliche Einwirkungsklage erwies sich bis dahin als "stumpfe Waffe".[284] So warf die IG Metall den Arbeitgeberverbänden vor, dass sie sich weniger um die Durchsetzung der vertraglich fixierten Löhne kümmere als darum, die vorhandene Massenarbeitslosigkeit einzusetzen, um die Akzeptanz des Flächentarifvertrages öffentlich zu untergraben. Dagegen sahen die Arbeitgeberverbände im beharrlichen Insistieren der IG Metall auf dem Stufentarifvertrag die zentrale Ursache dafür, dass die Flächentarifvertrag nicht akzeptiert würde, denn die vorhandenen betrieblichen Probleme seien mit den vereinbarten Normen nicht adäquat zu lösen. Aus diesen wechselseitigen Schuldvorwürfen konnte sich kein stabiles Verhandlungsverhältnis entwickeln, so dass vorhandene Abneigungen der Mitgliedsunternehmen gegen die aus dem Westen kommende Tarifpolitik weiter forciert und die Sündenbockrolle der Tarifpolitik gefestigt wurde.

3. Tarifvertragliche Pluralisierung und verhandlungspolitische Polarisierung: Die Problematik der Tarifpolitik nach dem Ende des Stufentarifvertrages

Nicht erst mit dem Ende des Stufentarifvertrages begann für die Tarifparteien die Suche nach neuen Strategien, um ihre je eigene Handlungskompetenz zu Lasten der

---

281 Ergebnis des Tarifgespräches vom 23.10.1995 zwischen dem Verband der sächsischen Metall- und Elektroindustrie (VSME) und der IG Metall-Bezirksleitung Berlin
282 Aus Arbeitgebersicht: Winkler, Andreas, Der Flächentarifvertrag muss eine neue Basis finden, in: Institut der deutschen Wirtschaft (Hrsg), Gewerkschaftsreport, 2/1998, S. 29f.: "Die Gewerkschaft bestand auf der unveränderten Übertragung eines westdeutschen Tarifvertrages zur Beschäftigungssicherung, der zu diesem Zeitpunkt selbst im Westen schon verändert war, während die VSME die Bedingungen in Sachsen gebührend berücksichtigen wollte".
283 Neuer Wortbruch der Arbeitgeber, in: Metallnachrichten, 29.1.1996.
284 DIW/IWH/IWK (Hrsg) Gesamtwirtschaftliche und unternehmerische Anpassungsfortschritte in Ostdeutschland. 19. Bericht (Kieler Diskussionsbeiträge 346/347), Kiel 1999, S. 62.

jeweils anderen Seite zu verbessern Für die Arbeitgeber relativierte sich der politische Gebrauchswert des Stufentarifvertrages als Kausalerklärung für die schwierige ökonomische Situation und die zurückgehende Akzeptanz des Flächentarifvertrages. Der eigenen Schwäche suchten sie dadurch zu begegnen, dass sie nunmehr nicht nur den öffentlichen Druck gegen die Forderungen der IG Metall erhöhten, sondern indem sie auch stärker als zuvor auf neue institutionelle Angebote für ihre Mitglieder beziehungsweise potentiellen Mitglieder setzten. Dazu gehörten die bereits 1993 in verschiedenen Ländern gegründeten Arbeitgeberverbände ohne Tarifbindung.[285] Zudem versuchte man in Sachsen die IG Metall dadurch unter Druck zu setzten, dass Verträge mit der DAG, der Christlichen Gewerkschaft Metall (CGM) geschlossen und eine enge Verbindung mit der Arbeitsgemeinschaft unabhängiger Betriebsangehöriger (AUB) gesucht wurde. Mit diesen Verbänden verabredete der VSME Tarifverträge, die den Flexibilitäts- und Kostenbedürfnissen der mittelständischen Unternehmen entgegen kommen sollten. Durch exemplarische Projekte und neue institutionelle Angebote an die Mitgliedsunternehmen wollte man unterstreichen, dass die automatische Anpassung an das westdeutsche Tarifniveau zu beenden sei und die spezifischen Bedingungen der ostdeutschen Metall- und Elektroindustrie zum zentralen Referenzpunkt des tariflichen Handelns werden müssten.

Demgegenüber insistierte die IG Metall weiterhin darauf, dass auf der Ebene des Flächentarifvertrages die Angleichung an die westdeutschen Normen Maßstab der ostdeutschen Tarifpolitik bleiben müsse. In diesem Sinne widersetzte sie sich einer spezifisch ostdeutschen Tarifpolitik. Sie forderte stattdessen jene Bereiche, die in Ostdeutschland bisher noch unter dem Niveau der westdeutschen Metallindustrie lagen, auf deren Niveau anzuheben Zum ersten Probelauf der "Nachstufenära" entwickelte sich das 1996 beschlossene soziale Kürzungsprojekt der Bundesregierung, wobei der reduzierten Lohnfortzahlung im Krankheitsfall eine symbolisch herausragende Rolle zufiel.[286] Die IG Metall führte deshalb eine Kampagne, an deren Ende die tarifpolitische Kontinuität dieser Sicherungskomponente in der westdeutschen Metallindustrie stand. Zwar war die Übertragung des dabei abgeschlossenen Lohn- und Gehaltsabschlusses nach Ostdeutschland eher unproblematisch, gleichwohl waren die anderen Bestandteile dieses Übertragungsprozesses umstritten: Die anderen ostdeutschen Arbeitgeberverbände waren nämlich nicht bereit, den am 6.2.1997 für Berlin Ost/Brandenburg erreichten Abschluss zu übernehmen, und zwar nicht wegen des Beschäftigungssicherungsvertrages, sondern aufgrund der Aufstockung bei der Sonderzahlung von 50 auf 55 Prozent, welche zum 1 1.1998 erfolgen sollte. In dieser Situation spitzten sich die Konflikte, die zwischen den Arbeitgeberverbänden Sachsen, Thüringen, Sachsen-Anhalt auf der einen und Berlin auf der anderen Seite bereits seit längerem existierten, derart zu, dass auch die Stellung des Berliner Verbandes innerhalb von Gesamtmetall davon nicht unberührt blieb. Alle anderen ostdeutschen

---

285 Vgl Kapitel D I
286 Vgl Bispinck, Reinhard, Vom "Bündnis für Arbeit" zum Streit um die Entgeltfortzahlung, in WSI Mitteilungen, 1997/2

Verbände waren nämlich nicht bereit, die Sonderzahlung von 50 auf 55 Prozent heraufzusetzen und verzögerten infolgedessen auch die Übernahme des Beschäftigungs-Sicherungvertrages. In einem sich über mehrere Monate hinziehenden Verhandlungsprozess machten die anderen Verbände ihre Bereitschaft zur Übernahme des Berliner Vertrages davon abhängig, dass die Sonderzahlung bei 50 Prozent verbleibt. Um diesem Ansinnen Nachdruck zu verleihen, schloss der VSME am 23.3.1997 zuerst einen solchen Vertrag mit der DAG ab, die die gewünschte Niveaubestimmung akzeptierte, noch bevor es Mitte April auch mit der IG Metall in Sachsen zu einem solchen Tarifvertrag kam.

Einen Vorgeschmack auf den weiteren Gang des Angleichungskurses erhielt die IG Metall 1997 in der Stahlindustrie, wo nach einem Tarifabschluss im Westen[287] die Übertragung dieses Vertrages nach Ostdeutschland abgelehnt wurde. In Reaktion darauf gab es in den Monaten November und Januar 1997/98 ein zähes Ringen um die Übernahme des Westergebnisses für die etwa 8.000 Beschäftigten in der ostdeutschen Stahlindustrie. Angesichts der vergleichsweise guten Konjunktur in der ostdeutschen Stahlindustrie[288] ging die IG Metall von einfachen Verhandlungen aus. Die Arbeitgeber lehnten dieses Ansinnen jedoch kategorisch ab[289], weil nur eine Lohnpause zur Sicherung der Arbeitsplätze beitragen würde. Erst nach langwierigen Verhandlungen, einer ergebnislosen Schlichtung, der Spaltung des Arbeitgeberlagers[290] sowie der glaubhaften Androhung eines Streiks[291] konnte ein akzeptables Ergebnis[292] erreicht werden. Diese Verhandlungen signalisierten, dass das Konfliktniveau über den weite-

---

287 Verhandlungsergebnis vom 20 10.1997 für Stahl in Nordrhein-Westfalen 2,6 Prozent Lohnerhöhung von März 1998 bis Ende Februar 1999 sowie fünf monatliche Einmalzahlungen von 170 DM für die Zeit von Oktober 1997 bis einschließlich Februar 1998.

288 Gleichwohl schrieben die meisten der ostdeutschen Stahlunternehmen zu diesem Zeitpunkt noch rote Zahlen, was aber insbesondere auf die vorausgegangenen umfangreichen Investitionen zurückgeführt werden kann und weniger auf konjunkturelle Probleme.

289 So titelte die Frankfurter Allgemeine Zeitung am 25 11.1997 schon fast euphorisch. "Abkopplung der Stahllöhne möglich" Die Arbeitgeber boten schließlich. 14 Monate keine Lohnerhöhung, und vom 1 12 1998 bis zum 30.5 1999 eine Steigerung von 2 Prozent Dabei, so schien es zuweilen, setzten sie darauf, dass die Beschäftigten das Engagement der Firmen in Ostdeutschland bereits als Beitrag honorieren würden Besonders ausgeprägt war diese Einstellung bei den Arbeitgebervertretern des Edelstahlwerkes Freital. die für dieses Vorgehen auch die Unterstützung eines großen Teiles ihrer Belegschaft erreichen konnten, indem diese sich gegen einen Streik aussprachen (Kalte Dusche von Freitaler Stahlwerkern, in: Sächsische Zeitung 18 12 1997)

290 Am 23.12 1997 schloss die Preussag Stahl AG mit der IG Metall-Bezirksleitung einen Tarifvertrag, indem sie sich zur Übertragung des Westergebnisses für ihr Werk in Ilmenau verpflichtete (Erstes Unternehmen zahlt West-Abschluss, in: Presseinformation IG Metall Berlin-Brandenburg-Sachsen) Als schließlich auch das EKO-Stahlwerk in Eisenhüttenstadt sich gegen einen Streik entschied, war der Konfliktkurs des Arbeitgeberverbandes nicht mehr aufrechtzuerhalten (Stahlbetriebe Ost· Die Front der Arbeitgeber bröckelt, in Sächsische Zeitung 6 1 1998) Hierzu schrieb ein Mitglied des Arbeitgeberverbandes an die Verbandsführung "Den Arbeitgeberverband muss ich ebenfalls in Frage stellen Wo gibt es das, dass ein Mitglied des Vorstandes während der strittigen Tarifverhandlungen mit "Theaterdonner" einen Haustarif abschließt und den anderen Verbandsunternehmern öffentlich in den Rücken fällt!"(Winterhager an Verbandsführung Januar 1998, Material IG Metall)

291 Für Streik hatten sich 77,4 Prozent der stimmberechtigten Beschäftigten ausgesprochen. Auf Arbeitgeberseite wurde insbesondere die Verkettung mit der verarbeitenden Industrie in Westdeutschland als Risiko gesehen ("Wenn EKO streikt, geht bei VW die rote Lampe an", In: Sächsische Zeitung 8.1 1998).

292 Der Tarifabschluss vom 7 1 1999 sah vor, dass ab 1 1 1998 bis zum 31 3 1999 eine Erhöhung von 2,6 Prozent gezahlt werden muss Für die Monate Oktober/November/Dezember 1997 eine Einmalzahlung von 3330.- DM brutto

ren Angleichungskurs sowohl innerhalb der Konzerne, zwischen den Tarifparteien wie auch zwischen den Verbänden und den einzelnen Mitgliedern unverändert hoch bleiben würde.

Als sich im Anschluss an diesen Tarifabschluss zudem abzeichnete, dass die ostdeutschen Arbeitgeber nicht bereit sein würden, den Altersteilzeittarifvertrag, der in der westdeutschen Metallindustrie 1997 erstmals abgeschlossen wurde, zu übernehmen, setzte sich bei der IG Metall die Haltung durch, dass man nur durch eine offensivere Herangehensweise eine Abkopplung verhindern könnte. Die Arbeitgeber signalisierten nämlich nun, dass sie nur dann bereit seien, den Altersteilzeittarifvertrag zu akzeptieren, wenn die IG Metall ihrerseits darauf verzichte, eine weitere Angleichung der wöchentlichen Arbeitszeit anzustreben. Die ostdeutsche Führung der IG Metall war dazu nicht bereit und suchte nach den Erfahrungen in der Stahltarifrunde nach einer "Angriffsstrategie", um die Angleichung an das westliche Tarifniveau in den noch offenen Punkten vorantreiben zu können Auf keinen Fall wollte man einfach die Altersteilzeit gegen ein Einfrieren der 38-Stunden-Woche eintauschen. Mit ihrer insbesondere in Sachsen und Berlin-Brandenburg gestarteten Initiative für die 35-Stundenwoche[293] stieß die IG Metall nicht nur auf den erbitterten Widerstand der Arbeitgeberverbände[294] und der CDU.[295] Angesichts der betrieblichen Streubreite bei den materiellen Arbeitsbedingungen und der bei vielen Beschäftigten vorhandenen Angst um den Arbeitsplatz war diese Strategie auch ein Vabanquespiel gegenüber der eigenen Mitgliedschaft. Denn dort besaß diese Forderung keine tiefere Verankerung Organisationsintern wurde dieses Vorgehen flankiert durch die vom ersten Vorsitzenden der IG Metall angestoßene Überlegung zu einer weiteren Arbeitszeitverkürzung in der westdeutschen Metallindustrie in Richtung auf eine 32-Stunden-Woche. Doch in den ostdeutschen Tarifkommissionen der IG Metall ließ sich für die Arbeitszeitverkürzung nur mit dem Argument eine Mehrheit erreichen, dass dies eine notwendige Gegenstrategie zur Abkopplungsoption der Arbeitgeber sei. Zugleich war den Verantwortlichen bewusst, dass die bei den Funktionären vorhandene Zustimmung keineswegs bedeutete, dass dahinter auch eine betriebliche Mobilisierungsfähigkeit steht. In dem Maße, wie sich zeigte, dass für die Verkürzung der Arbeitszeit nicht die notwendige betriebliche Akzeptanz erreicht werden könne, rückten die Verantwortlichen den

---

293 Vgl IG Metall nimmt im Osten Kurs auf 35-Stunde-Woche, in Dresdener Neue Nachrichten, 9 3.1998. IG Metall-Ost fordert 35-Stunden-Woche, in· Handelsblatt 11 3 1998 In der sächsischen Zeitung vom 9 3 1998 gab IG Metall-Bezirksleiter Hasso Düvel folgende Losung aus. "Wir müssen die 35-Stunden-Woche ohne Lohneinbußen schon in der kommenden Tarifrunde angehen, um ein Abkoppeln der Ost-Metaller von den West-Tarifen auf Jahre hinaus zu verhindern".
294 Vgl VSME gegen 35-Stunden-Woche, in Freie Presse, 6 6.1998, VSME-Präsident Manfred Kreutel kritisierte die 35-Stunden-Woche, wie folgt· "Die IG Metall geht mit dieser Forderung ein hohes Risiko ein. Sie könnte damit den möglicherweise entscheidenden Schritt zur endgültigen Auflösung des Flächentarifvertrages verursachen" Weiter fährt er fort "Mit der Forderung einer 35-Stunden-Woche nimmt die IG Metall den hiesigen Unternehmen und ihren Mitarbeitern den letzten nennenswerten tariflichen Standortvorteil. Ostdeutschland ist dann für Investoren nicht mehr interessant Hinzu kommt, dass immer mehr Unternehmen uns zu verstehen geben, dass sie jetzt vorsorglich mit weiterer Rationalisierung und Verlagerung beginnen, um nicht von einem solchen Abschluss überrascht zu werden" (Rede. Manfred Kreutel, Leipzig 18 3 1998)
295 CDU Immer wieder diese alten Gewerkschaftsrezepte' in Dresdener Neue Nachrichten 9 3 1998

gesamten Kanon der noch offenen Angleichungspunkte ins Zentrum der Debatte.[296] Während die IG Metall für eine weitere Angleichung an die westdeutschen Standards warb, insistierten die Arbeitgeberverbände auf einer spezifisch ostdeutschen Tarifpolitik Zu diesem Zweck suchten die rein ostdeutschen Gebiete eine stärkere Zusammenarbeit zu institutionalisieren. Dahinter stand die Erfahrung, dass die Zebraverbände eine solch offensive Linie nur bedingt mittrugen.[297] Deshalb gründeten die Verbände von Sachsen, Sachsen-Anhalt und Thüringen am 17.3.1998 in Leipzig unter Federführung des VSME einen eigenen Dachverband (Ostmetall), der die Selbstständigkeit der regionalen Arbeitgeberverbände nicht berührte, sondern lediglich dazu dienen sollte, die Kräfte zu bündeln. Mit dieser Gründung, welche in der Öffentlichkeit reges Interesse fand[298], knüpfte man an die bereits im Oktober 1996 erfolgte Bildung einer Verhandlungsgemeinschaft dieser drei Verbände an, die allerdings seitens der IG Metall nicht akzeptiert wurde.[299] Da die IG Metall darin ein "Aktionskomitee zur Abkopplung vom westdeutschen Tarifniveau" sah, lehnte sie es ab, Verhandlungen mit "Ostmetall" zu führen.[300] Stattdessen verwies sie darauf, dass ihre Verhandlungspartner weiterhin die regionalen Arbeitgeberverbände in den drei Regionen sind.[301] Da sich die Mitgliedsfirmen der regionalen Arbeitgeberverbände auch nicht eindeutig zu Ostmetall bekannten, fand diese Gründung auch keine größere öffentliche Unterstützung, um ihrem selbstgesetzten Anspruch, als Verhandlungspartei der Gewerkschaften wirken zu können, Nachdruck zu verleihen.

Eine entscheidende Verschärfung der Konflikte trat ein, als "Ostmetall" Mitte Mai der Öffentlichkeit ein neues Tarifvertragspaket vorstellte, das mit der Christlichen Gewerkschaft Metall abgeschlossen worden war und den Namen "Phönix" trug.[302] Dieses aus insgesamt 8 Tarifverträgen[303] bestehende Tarifpaket präsentierten die

---

296 Vgl. Tabelle. Vergleich der tariflichen Mindeststandards Kapitel E III. 4.
297 Vgl. Kapitel D II.
298 Vgl Dachverband will künftig Tarifpolitik für den Südosten machen, in Handelsblatt 19.3.1998; Arbeitgeber gründen Ost-Metall, in. Sächsische Zeitung 19 3 1998, Ost-Metallarbeitgeber rücken zusammen, in. Freie Presse 19.3 1998;
299 Vgl neu gegründeter Arbeitgeber-Dachverband fordert eigenständige Lohnpolitik für die neuen Länder, in: Die Welt 19.3.1998.
300 Als am 20 3.1998 in Radebeul zwischen dem VSME und der IG Metall eine Tarifverhandlung über die Altersteilzeit stattfinden sollte, scheiterte dies, weil auf Arbeitgeberseite nicht der VSME, sondern Ostmetall die Verhandlungen führen sollte Die IG Metall war nur bereit, mit ihrem Verhandlungspartner VSME zu verhandeln (Vgl Tarifverhandlungen zu Altersteilzeit, Beschäftigungssicherung und Härtefällen vertagt, in Sachsische Zeitung 21.9.1998).
301 Vgl. "Ostmetall ist nicht unser Verhandlungspartner", in Volksstimme 25 3.1998.
302 In der Pressemitteilung von Ostmetall hieß es: "Am Freitag wurde in Dresden nach eineinhalbjährigen Verhandlungen zwischen Ostmetall und CGM ein vollkommen neues Tarifsystem für die Metall- und Elektroindustrie in Sachsen, Sachsen-Anhalt und Thüringen vereinbart" (Pressemitteilung Ostmetall 15 5 1998)
303 Manteltarifvertrag für Arbeitnehmer, Tarifvertrag über Monatsgrundentgelt und Ausbildungsvergütung, Tarifvertrag zur Erfolgs- und Mitarbeiterbeteiligung, Tarifvertrag Altersteilzeit, Tarifvertrag zu Auswärtsarbeiten, Manteltarifvertrag für Auszubildende, Tarifvertrag zur Beilegung von Konflikten bei Tarifauseinandersetzungen und ein Tarifvertrag zur Einführung der neuen Tarifstrukturen (Ostmetall/CGM, Die Metall- und Elektroindustrie im Wandel. Phönix - eine Chance für den Flächentarifvertrag 1998, S. 3).

345

Arbeitgeberverbände als "grundlegende Reform der Tarifverträge"[304] und warben mit dem Titel des "wahrscheinlich modernste(n) Industrietarifvertrag(es) Deutschlands"[305] Dieser Vertrag sei "eine der letzten Chancen, nach den deutschen ordnungspolitischen Grundsätzen zu einheitlichen tariflichen Auffassungen in der ostdeutschen Metall- und Elektroindustrie zu kommen - selbst dann und dort, wo ein Unternehmen nicht tarifgebunden ist"[306] Das besondere an dieser Vertragspräsentation bestand darin, dass sie in erster Linie an die Öffentlichkeit gerichtet war und in zweiter Linie an jene Betriebe. die zu diesem Zeitpunkt nicht an den Flächentarifvertrag gebunden waren.[307] Solche Betriebe - so das Kalkül - versuchte man durch die OT-Verbände, welche in Personalunion von den Hauptgeschäftsführern der Tarifverbände geführt werden, zu erreichen. Darüber hinaus hoffte man, dass einzelne Elemente auch von den verbandsgebundenen Betrieben angewandt werden. Hinsichtlich der Öffentlichkeit spekulierte man darauf, dass Verträge, die mit dem Reformstempel warben, per se öffentliches Interesse hervorrufen würden und so mittelbar auch in den Betrieben eine gewisse Relevanz erreichen könnten. Im Zentrum dieser Öffentlichkeitsstrategie stand das Signal, dass die ostdeutschen Arbeitgeber bereit waren, die Konfrontation mit der IG Metall im Interesse einer ostdeutschen Sonderlösung auf einem erhöhten Niveau fortzuführen Durch das öffentliche Interesse und die Kritik der IG Metall[308], die dies als einen die Tarifautonomie gefährdenden "Discounttarifvertrag" verurteilte, sahen sich die Initiatoren bestätigt[309].

Die Gesamtmetallzentrale in Köln nutzte die öffentliche Wirkung des Vertrages, um den Druck auf die IG Metall auch in Westdeutschland zu verstärken [310] Zugleich signalisierte sie mit ihrer am 5 3.1998 postulierten Strategie der "neuen Partnerschaft", dass ihr nicht an einer grundlegenden Konfrontation mit der IG Metall gelegen sei. Für eine konsensorientierte Strategie sprachen aus ihrer Sicht eigene Solidaritätsprobleme im Streikfall, die günstige konjunkturelle Entwicklung in den Hauptzentren der deutschen Metall- und Elektroindustrie und der Erfolg des niederländischen

---

304 Ostmetall/CGM, Die Metall- und Elektroindustrie im Wandel Phönix - eine Chance für den Flachentarifvertrag. 1998, S 1
305 Dienstleistungsgesellschaft der Metall- und Elektroindustrie GmbH Sachsen Anhalt an Geschäftsführer, Mai 1998, Material IG Metall
306 Ebd
307 In diesem Sinne argumentiert auch Gesamtmetall (vgl Ostdeutsches Lehrstuck, in Die Zeit 28.5.1998)
308 Vgl beispielsweise. Riester Ostdeutsche Arbeitgeber gefährden Tarifautonomie, in Metall-Pressedienst 15 5 1998
309 Phönix Neuer Tarifvertrag für Ost-Metallbranche, in Leipziger VolksZeitung 16 /17 5 1998: Konkurrenz für IG Metall-Verträge, in Suddeutsche Zeitung 18 5 1998, Phönix schwacht die Machtbasis der IG Metall, in Handelsblatt 18 5.1998, Ostmetall präsentiert Alternativ-Tarif, in Frankfurter Allgemeine Zeitung 18 5 1998, IG Metall hat Angst vor Ost-Tarifwerk "Phönix", in Tagesspiegel, 4 7 1998
310 Gesamtmetallpräsident Stumpfe "Ich hoffe, dass der Tarifabschluss "Phönix" für die IG Metall ein Grund ist. sich den notwendigen Reformen nicht langer zu entziehen" (Gesamtmetall-Präsident Stumpfe nennt ostdeutschen Tarifabschluss mit christlicher Gewerkschaft vorbildhaft, in· Rhein-Zeitung 28.5.1998). Der VDMA unterstrich genau diese Intention "Dennoch hat Gesamtmetall-Präsident Dr Werner Stumpfe die Möglichkeit anklingen lassen, dass über eine Ausweitung von "Phönix" auf die alten Bundesländer verhandelt werden wird Wenn dies geschähe, konnten auch im Altbundesgebiet die Tarifvorbehalte überwunden werden Man darf gespannt sein, wie sich die Position der IG Metall durch Phönix verändern wird" ("Phönix" - Tarifabschluss zwischen CGM und Ostmetall, in VDMA, Maschinenbau-Nachrichten 7/1998. S 4)

Modells, der schließlich im Konsens zwischen Gewerkschaft und Arbeitgeberverband erreicht wurde. Deshalb setzten die Arbeitgeber auch darauf, dass mit der IG Metall ein Kompromiss gefunden werden könnte zwischen einer ertragsorientierten betrieblichen Öffnung des Flächentarifvertrages und der Entgelterhöhung.

Es waren schließlich die Verbandsspitzen in Köln und Frankfurt, die eine kaum erwartete Deeskalation zwischen den ostdeutschen Akteuren herbeiführten. Um diese Befriedung zu erreichen, war es notwendig, dass in der Arbeitszeitfrage ein Kompromiss gefunden wurde. Die dafür notwendige Kursänderung der IG Metall erfolgte im Sommer 1998.[311] Damals zeigte sich, dass auch in den potentiellen Streikbetrieben keine Bereitschaft bestand, sich auf eine solche Auseinandersetzung einzulassen. Da allen Beteiligten klar war, dass die Arbeitszeit nur durch einen Streik angeglichen werden konnte, musste eine Kursänderung erfolgen. Dies sollte schnell geschehen, weil in den meisten ostdeutschen Tarifgebieten der Manteltarifvertrag nur bis Ende September gekündigt werden konnte.[312] Vor diesem Hintergrund suchten die Spitzen der Tarifparteien, unter Beteiligung der ostdeutschen Hauptakteure, einen Kompromiss zu erreichen, der den weiteren Gang der anstehenden Tarifverhandlungen entlastet. Am 21.9.1998 konnte man einen Vertrag vorlegen, der vorsah, dass die IG Metall die 38-Stunden-Woche bis zum 31.12. 2000 akzeptiert und die Härtefallregelung verlängert wird.[313] Im Gegenzug erklärten sich die Arbeitgeber bereit, die in Westdeutschland erreichte Tariferhöhung mit einem Monat Verzögerung in Ostdeutschland einzuführen. Mit dem Verhandlungsergebnis vom 21.9.1998 wurde die Polarität zwischen einem forcierten Angleichungskurs der IG Metall und einem dezidiert ostdeutschen Abkopplungskurs der Arbeitgeberverbände relativiert und eine Verabredung getroffen, die nicht nur in den Medien[314] positiv bewertet wurde. Auch wenn der Vertrag öffentlich positiv bewertet wurde, musste er in den eigenen Reihen erst vermittelt werden. Die Berliner IG Metall-Bezirksleitung wertete den Kompromiss als Erfolg, weil nun erstmals eine gemeinsame Lohn- und Gehaltsrunde in Ost- und Westdeutschland stattfinden könnte: "Wäre dieser Abschluss nicht gekommen, hätten wir wieder die Situation gehabt, dass die ostdeutschen Kolleginnen und Kollegen auf

---

311 Vgl. IG Metall-Bezirksleiter Hasso Duvel, in: Presse- und Funknachrichten 24.9.1998. Hinzu kam die Befürchtung, dass die ostdeutschen Arbeitgeber mit dem CGM einen Dienstleistungstarifvertrag für die fünf neuen Länder abschließen würden

312 In Berlin-Brandenburg, Sachsen-Anhalt und Sachsen musste die Kündigung des Manteltarifvertrags beziehungsweise einzelner Elemente dieses Vertrages drei Monate vor Jahresende erfolgen, also bis zum 30.9.1998 Dagegen erlaubten die Tarifverträge in Mecklenburg-Vorpommern und Thüringen, dass jeweils zum Monatsende gekündigt werden konnte

313 Diesem Tarifvertrag vorausgegangen war das Spitzengespräch zwischen der IG Metall und Gesamtmetall vom 30.6.1998 und die erste Verhandlung zwischen den beiden Spitzen am 2.9.1998 in Dresden. Der Vertrag, aus sieben Punkten bestehend, enthielt die Unterschriften von Gesamtmetall und der IG Metall.

314 So vermerkte das Handelsblatt, dass mit diesem Tarifvertrag die Strategie der neuen Partnerschaft "eine erste Bewährungsprobe bestanden" habe und damit "die Gefahr eines schweren Tarifkonflikts um die 35-Stunden-Woche" gebannt werden konnte (Partnerschaft in der Probezeit, in: Handelsblatt 23.9.1999). Die Thüringer Allgemeine stellte den Standortvorteil heraus, der mit der längeren Arbeitszeit verbunden sei (Vernunft, in Thüringer Allgemeine, 22.9.1998) Das Hamburger Abendblatt sah in dem Tarifabschluss sowohl einen "positiven Beitrag zum Zusammenwachsen Deutschlands als auch eine Ermutigung, wieder mehr auf Konsens statt auf Konfrontation zu setzen" (Stück deutscher Einheit, in: Hamburger Abendblatt 23.9.1998)

den Abschluss im Westen gewartet hätten und danach hätten sie in die Bettlerrolle gehen müssen, mit der Gefahr nicht auf den gleichen Betrag zu kommen"[315]. Die IG Metall-Spitze gab die Losung aus, dass man mit diesem Abschluss Sicherheit gewonnen habe, um auf dem Weg der Anpassung weiterzugehen Die überwältigende Mehrheit in den Tarifkommissionen stimmte dieser Einschätzung zu, so dass das Begehren, die Arbeitszeitbestimmungen in den Manteltarifverträgen zu kündigen, wieder fallen gelassen wurde Viele waren zwar erleichtert, weil so ein Konflikt vermieden werden konnte, den auszufechten zu dieser Zeit nur eine Minderheit bejahte Doch die innergewerkschaftliche Haltung zu dieser Verabredung fiel nicht einhellig aus Kritisiert wurde, dass die Mobilisierung für eine weitere Angleichung nicht ausgereizt worden sei, zudem würde mit diesem Vertrag die Passivierung der Basis gefördert. Manche waren enttäuscht, dass nun wieder keine reguläre Tarifrunde in Ostdeutschland stattfinden sollte, die von den Mitgliedern getragen werden müsste.[316] Hinter diesem Argument stand bei einigen auch die Einschätzung, dass die Kampagne für die Angleichung der Arbeitszeit demotivierend wirke und statt dessen eine gleichgerichtete Lohnkampagne wie in Westdeutschland das Gebot der Stunde gewesen sei. Diese Kritik konterte der Berliner Bezirksleiter der IG Metall mit dem Hinweis, dass ohne die Arbeitszeitkampagne kein Vertrag mit einer garantierten Lohnangleichung zustande gekommen wäre.

Während die Konfliktdynamik innerhalb der IG Metall vor allem zwischen den Bezirken angesiedelt war, lag diese bei den Arbeitgebern starker zwischen dem Vorstand des VSME und der Gesamtmetallspitze. Gesamtmetallpräsident Werner Stumpfe lobte den Vertrag von Berlin nicht nur als "eine wichtige Etappe auf dem Weg zu einer partnerschaftlichen Tarifpolitik"[317], die einen Streik verhinderte und einen materiellen Vorteil für die ostdeutschen Unternehmen gesichert habe. Von der Vereinbarung erwartete er auch, "dass die Erosion des Flächentarifs deutlich verlangsamt, möglicherweise sogar gestoppt wird"[318], und zudem hoffte er, dass die "Schwelle fur Neueintritte in unsere Verbände erheblich gesunken"[319] sei. Die positive Bewertung des Ergebnisses wurde von den Bezirksleitungen in Berlin und Hamburg mitgetragen. Anders sah es bei den Verbänden aus, die sich zu "Ostmetall" zusammengeschlossen hatten Denn mit diesem Vertrag war ihr Engagement für eine grundlegende Änderung der Tarifvertragspolitik zunächst einmal gebremst [320] Dennoch konnten auch sie sich positiv auf den Vertrag beziehen, weil dadurch der Angleichungskurs der IG Metall gestoppt wurde, was man insbesondere auf die Einsicht der Betriebsräte zurück-

---

315 Hasso Düvel Endlich aus der Bettlerrolle raus, in Presse- und Funknachrichten 24 9 1998.
316 Tarifkompromiss stößt auch auf Kritik, in Berliner Zeitung 23 9 1998
317 Hundt begrüßt Einigung bei Ost-Metall, in Handelsblatt 23 9 1998
318 In der positiven Bewertung wurde Stumpfe durch BDA-Präsident Hundt unterstützt, der damit die Verkürzung der Wochenarbeitszeit "von der tarifpolitischen Tagesordnung abgesetzt" sah (Hundt begrüßt Einigung bei Ost-Metall, in . Handelsblatt 23 9 1998)
319 Werner Stumpfe lobt den Kompromiss für die Ostmetaller, in Stuttgarter Zeitung 24 9 1998
320 Deshalb verwiesen sie gegenüber ihren Mitgliedern darauf, dass eine Angleichung in den noch offenen Punkten erst dann möglich werde, wenn "reformierte Tarifverträge zum Gegenstand einer Regelung für unsere Tarifgebiete werden" (VSME-Präsident Manfred Kreutel an die Mitgliedsunternehmen, 14.10 1998)

führte.[321] Als Niederlage begriff man es, dass die Tariferhöhung West automatisch übertragen werden sollte[322], ohne selbst noch einmal verhandeln zu können.[323] Um trotzdem die Interessen der ostdeutschen Industrie in der laufenden Tarifrunde gewahrt zu sehen, setzte man auf die öffentliche Kritik der IG Metall-Forderung und auf eine eigene Präsenz in den westdeutschen Verhandlungskommissionen der Arbeitgeber. Da beide Verbände ihre Mitglieder bereits längere Zeit auf einen Konfliktkurs mit der anderen Seite vorbereitet hatten, erscheint es rückblickend schon fast erstaunlich, dass durch den Akt der Zentralisierung eine derartige Deeskalation erreicht werden konnte und der innerverbandliche Widerstand gegen das gefundene Ergebnis vergleichsweise gering ausfiel. Inwieweit der Berliner Kompromiss halten würde und ob sich daraus sogar eine Wende in den industriellen Beziehungen ergeben könnte, darüber konnte aber erst das westdeutsche Tarifergebnis selbst Aufschluss geben.

Als im Dezember 1998 die Tarifverhandlungen begannen, waren die ostdeutschen Vertreter nur indirekt beteiligt[324], denn der Berliner Kompromiss sah für Ostdeutschland keine eigenen Verhandlungen vor. Gleichwohl bereiteten beide Tarifparteien ihre Mitgliedergruppen auf eine konflikthafte Auseinandersetzung vor. Die Arbeitgeber wetterten nicht nur öffentlich gegen die Forderungen der IG Metall, sie drohten zugleich damit - falls die "Situation der ostdeutschen Metall- und Elektroindustrie in die Entscheidungsfindung (nicht) gebührend einbezogen" werde - ‚das Verhandlungsergebnis abzulehnen.[325] Zudem forderten sie die IG Metall auf, "an den entscheidenden Tarifverhandlungen in den alten Bundesländern teil(zu)nehmen, um auf der jeweiligen Seite die Spezifik unserer Situation einzubringen"[326]. Erst wenn die Situation der ostdeutschen Unternehmen gebührend berücksichtigt worden sei, könne das West-Ergebnis übernommen werden. Um den Druck auf die IG Metall zu erhöhen und den

---

321 "Dank vielfältiger Bemühungen und auch dem großen Verständnis der Betriebsräte in dieser Frage für unsere Position konnten wir diese Forderung abwehren und die 38-Stunden-Woche festschreiben. Dies ist ein großer Erfolg für uns. aber auch für unsere Mitarbeiter, denn die längere Arbeitszeit sichert nicht unwesentlich die Arbeitsplätze in unseren Unternehmen" (VSME-Präsident Manfred Kreutel an die Mitgliedsunternehmen, 14 10 1998).

322 Diese Einschätzung teilte auch ein Teil der Wirtschaftspresse, wie z B die Frankfurter Allgemeine Zeitung· "Das Berliner Abkommen zwingt jetzt zum ersten Mal in der Tarifgeschichte vertraglich ausgerechnet die ostdeutschen Bezirke, blind einen westdeutschen Abschluss ( ) zu übernehmen Die Höhe dieser Lohnzahl, welche die IG Metall als "Ende der Bescheidenheit" vermarktet, kennt heute noch niemand (Hank, Rainer, Zentralisierung, in: Frankfurter Allgemeine Zeitung 23.9.1998). Die Welt schrieb "Die Arbeitgeber im Osten haben aber gewissermaßen die Katze im Sack gekauft" (Müller, Uwe, Berliner Kompromiss, in: Die Welt 23 9 1998).

323 Wahrend der Tarifverhandlungen bezogen sich die Arbeitgeber immer wieder darauf, dass der 1. Vorsitzende der IG Metall "in seinem Statement am 21 9.1998 zum Kompromiss für Ostdeutschland vor der Presse erklärt (habe), dass die Situation der ostdeutschen M+E-Industrie in der Tarifrunde 1999 gebührend beachtet werden muss An dieser Äußerung werden wir die IGM in den nächsten Wochen messen. Die Tarifforderung von 6,5 Prozent widerspricht dem vollständig!" (VSME-Präsident Manfred Kreutel an die Mitgliedsunternehmen, 14 10.1998) Mit anderen Worten· Nicht der Vertrag ist der Maßstab für die Tarifpolitik, sondern eine interpretierte Bemerkung des wichtigsten Funktionärs der IG Metall.

324 Tarifverhandlungen für die fünf neuen Länder fanden nicht statt, gleichwohl sassen in den Zebrabezirken Berlin-Brandenburg und Mecklenburg-Vorpommern die ostdeutschen Vertreter unmittelbar mit am Tisch. Zudem waren ostdeutsche Arbeitgeberfunktionäre in den zentralen Verhandlungskommissionen der westdeutschen Arbeitgeberverbände platziert worden.

325 Vgl Metall-Abschluss wird von Sachsen nicht übernommen, in· Sächsische Zeitung 16.1 1999.

326 VSME an IG Metall Bezirksleitung Berlin, 12.1.1999 (Material IG Metall)

aus der eigenen Mitgliedschaft abzupuffern, veränderten die Arbeitgeberverbände in Thüringen und Sachsen kurz vor beziehungsweise während der laufenden Tarifrunde ihre Satzung durch ein Sonderkündigungsrecht.[327] Damit wurde den Mitgliedern die Möglichkeit eingeräumt, den Verband unter Umgehung der üblichen Kündigungsfristen zu verlassen, um ein als nicht akzeptabel eingestuftes Tarifergebnis individuell zu unterlaufen Auf seiten der IG Metall unterstrich man den gesamtdeutschen Charakter der Tarifrunde, indem nach Ende der Friedenspflicht auch in den ostdeutschen Betrieben Warnstreiks durchgeführt wurden.[328] Entgegen eigener Befürchtungen und trotz öffentlicher und betriebsinterner Einschüchterungsversuche seitens der Arbeitgeber konnten einige Aktivitäten entfaltet werden, die auch die Arbeitgeber überraschten Nachdem am 18.2.1999 in Böblingen unter Federführung des Schlichters Vogel ein Kompromiss erreicht wurde, signalisierten die Führung von Gesamtmetall[329] und auch die Funktionäre der ostdeutschen Arbeitgeberverbände unverzüglich, dass dieses Ergebnis so nicht übertragen werden könnte.[330] Das Tarifergebnis sei nur durch die Streikdrohung der IG Metall und die besondere wirtschaftliche Situation in der baden-württembergischen Metallindustrie zustande gekommen, während die schwierigen wirtschaftlichen Bedingungen der neuen Bundesländer im allgemeinen ebenso wenig berücksichtigt worden seien wie die des Mittelstandes im besonderen.[331] Aufgrund der fehlenden Berücksichtigung der ostdeutschen Situation sei die "Geschäftsgrundlage" des Berliner Kompromisses hinfällig. Hinzu komme, dass die "Waffengleichheit" zwischen den Tarifparteien nicht mehr gegeben sei, weil sich die Betriebe gegen die Streikpolitik der IG Metall nicht adäquat wehren könnten. Durch diese Bilanz sah sich der Vorstand des VSME in seinem bisherigen Weg der Zusammenarbeit mit den Christlichen Gewerkschaften, der Gründung eines tariffreien Arbeitgeberverbandes und der Einrichtung eines Sonderkündigungsrechtes bestätigt, um die spezifischen Bedingungen Ostdeutschlands zum Ausgangspunkt einer "mittelstandstauglichen" Tarifpolitik zu machen.[332] Für diese Sichtweise erhielt der VSME auch Unterstützung seitens der sächsischen Regierung.

Der Wind drehte sich, als die Arbeitgeber von Nordmetall die Übernahme des Ergebnisses für Mecklenburg-Vorpommern[333] akzeptierten und wenige Tage später

---

327 Sachsen bietet Verbandsaustritt, in Tagesspiegel 16 1 1999 In Sachsen wurde dieser Beschluss am 26 1 1999 vollzogen
328 IG Metall droht in Sachsen mit Warnstreiks, in. Leipziger Volkszeitung 20.1 1999
329 Werner Stumpfe "Keine Empfehlung zur Übernahme ( ) Insbesondere für die ostdeutsche M+E-Industrie sei es unbedingt notwendig, Marscherleichterungen im Tarifvertrag zu gewähren Darüber seien besondere Verhandlungen zu führen" (Gesamtmetall-Information für Presse, Funk und Fernsehen 18 2 1999)
330 Ost-Metall-Arbeitgeber akzeptieren Schlichterspruch nicht, in· Handelsblatt 19 2 1999.
331 Der VSME-Präsident Kreutel sah sich deshalb darin bestätigt, dass die Tarifautonomie einmal mehr gescheitert sei "Ich meine, eine solche Tarifpolitik ist am Ende, weil sie nicht auf die unterschiedlichen Bedingungen zwischen Regionen, Branchen und Betrieben reagiert" (Manfred Kreutel an VSME-Mitgliedsunternehmen, 23 2 1999, Material IG Metall) Diese Einschatzung wurde von der Mehrheit der Journalisten unterstützt Beispielsweise die sächsische Zeitung· "Der Kompromiss von Böblingen dürfte das Ende des Flächentarifs eingelautet haben" (Mehr Geld, großer Schaden, 19.2 1999)
332 Manfred Kreutel an VSME-Mitgliedsunternehmen, 23 2 1999, Material IG Metall
333 Tarifvertrag am 22 2 1999 abgeschlossen

auch der Arbeitgeberverband von Berlin-Brandenburg diesem Beispiel folgte.[334] Zunächst distanzierte sich der VSME von diesem Vorgehen und versuchte, das Rad noch einmal zurückzudrehen. Doch als sich zeigte, dass die Ostmetall-Mitglieder nicht mitzogen und Warnstreik- und Streikdrohungen[335] das Geschehen bestimmten, in deren Gefolge namhafte Vertreter der sächsischen Industrie die Verbandsführung zu einem Einlenken aufforderten, um eine Eskalation des Konfliktes zu verhindern, lenkte auch der VSME ein. Wie sehr die sächsische Verbandsführung überzogen hatte, zeigte sich nicht nur daran, dass sie von den Mitgliedern zum Einlenken gezwungen wurde, sondern noch mehr daran, dass trotz öffentlicher Aufforderungen, das Sonderkündigungsrecht zu nutzen[336], keine relevante Zahl von Austritten zu verzeichnen war. Ähnlich verlief die Entwicklung in Sachsen-Anhalt[337] und Thüringen[338].

4. Tarifrealität Ost: Flexibel regulierte Leuchttürme und unregulierte Kleinbetriebe

Die Startlogik der Tarifpolitik war auf Kontinuität, Stabilisierung und Sicherheit bedacht. Um eine Verbetrieblichung und ein damit einhergehendes Machtvakuum abzuwehren, einigten sich die Tarifparteien auf eine schnelle Übertragung des Flächentarifvertrages. Die tarifpolitische Flankierung des Einigungsprozesses wurde durch die Treuhandanstalt und die aktive Arbeitsmarktpolitik geleistet. Verhindert werden sollten mit der schnellen Angleichung einerseits politische Turbulenzen, Abwanderung und langfristige Disparitäten zwischen Ost- und Westdeutschland, andererseits wollte man durch eine der Produktivitätsentwicklung vorauseilende Tarifpolitik die wirtschaftliche Dynamik forcieren. Parallel zur Implementierung der Tarifpolitik erfolgte eine enorme Reorganisation der industriellen und betrieblichen Strukturen, gewissermaßen eine Neugründung der industriellen Landschaft, die sich von einer zuvor großbetrieblich geprägten hin zu einer kleinbetrieblichen entwickelte. In diesem Prozess, der durch den Primat der Politik geprägt war, erodierte der Wirkungsgrad des Flächentarifvertrages hin zu einer minoritären Größe. Im Zuge der Differenzierung der industriellen Landschaft verließen sukzessive Unternehmen den Arbeitgeberverband oder unterschritten bei weiterhin vorhandener Verbandsbindung die Mindestnormen des Flächentarifvertrages. Auf diesen Prozess reagierten die

---

334 Tarifvertrag am 25.2.1999 abgeschlossen
335 IG Metall rüstet in Sachsen zum Streik, in: Dresdener Neue Nachrichten 26.2.1999 Dabei verwies die IG Metall auch darauf, dass in der sächsischen Metallindustrie "keine wirtschaftlichen Gründe für eine Abkopplung vom West-Abschluss" sprächen (Presseinformation, IG Metall-Bezirksleitung Berlin 26.2.1999)
336 Metall-Arbeitgeber lenkten ein - und werben für Tarifflucht, in: Dresdener Morgenpost 27./28.2.1999: "Vorsitzender Kreutel warb anschließend in einer Pressekonferenz unverhohlen für einen Austritt mittelständischer Betriebe aus dem VSME, um die Lohnerhöhung zu vermeiden. Sie könnten sich statt dessen dem "tariffreien Arbeitgeberverband Sachsen anschließen".
337 Dort kam es am gleichen Tag (2.3.1999) wie in Sachsen zu einem Tarifergebnis.
338 Tarifergebnis am 8.3.1999

Tarifparteien, indem sie 1993 den Angleichungsprozess streckten und den Tarifvertrag für ökonomisch prekäre Betriebe öffneten.

Tabelle 30: Vergleich der tariflichen Mindeststandards zwischen der ost- und westdeutschen Metall- und Elektroindustrie (Stand 2000)

Regelungsfeld	Ost	West
Tarifliche Arbeitszeit	38-Std.-Woche	35-Std.-Woche
Vermögenswirksame Leistungen	ab 1.5.2001: 26,00 DM/Monat 1.5.2003 39,00 DM/Monat 1.1.2005: 52,00 DM/Monat	52,00 DM/Monat
Kündigungsschutz für ältere Arbeitnehmer	nein	ab 55 Jahre und mindestens 10-jähriger Betriebszugehörigkeit ab 50 Jahre und mindestens 15-jähriger Betriebszugehörigkeit
Entgeltausgleich bei Leistungsminderung	nein	ja
Zuzahlung zum Kurzarbeitergeld	nein	ja
Altersteilzeit	ja	ja
13. Monatseinkommen	50 % (Sachsen u.a.) 55 % (Brandenburg)	55 %

Quelle Tarifverträge der Metall- und Elektroindustrie (Stand 2000) © Wolfgang Schroeder

Auf der Ebene des Flächentarifvertrages erfolgte bis zum 1.7.1996 eine fast vollständige Angleichung an das nominale westdeutsche Monatsgrundlohnniveau. Seitdem ist dieser Angleichungsprozess blockiert: Die im Sommer 1996 noch offenen Positionen konnten mit Ausnahme der vermögenswirksamen Leistungen bislang nicht geschlossen werden Dies gilt insbesondere für die um drei Stunden längere Arbeitszeit (38 statt 35 Stunden). Die vermögenswirksamen Leistungen werden erst im Jahre 2005 das westdeutsche Niveau erreichen.[339] Infolgedessen liegt auch das nominale Lohnniveau in der ostdeutschen Metall- und Elektroindustrie noch nicht bei 100 Prozent, sondern ungefähr bei 91 Prozent des vergleichbaren westdeutschen Niveaus. Vertieft wird die blockierte Angleichung dadurch, dass die Bemessungsbasis der Arbeitsleistung für Akkordlöhner in Ostdeutschland ungünstiger ausfällt als in den westdeutschen Betrieben. Zudem gibt es einen geringeren Anteil der Akkordlöhner und einen höheren Anteil von Prämienlöhnern.[340] Seit einigen Jahren läßt sich beobachten, dass

---

339 Die Angleichungsperspektive bei den vermögenswirksamen Leistungen wurde in der hier nicht mehr behandelten Tarifrunde des Jahres 2000 erreicht
340 Nach der von Gesamtmetall vorgelegten Statistik ist der Zeitlohnanteil in den alten (50,9%) und neuen (49,0%) Bundesländern 1998 in etwa gleich, deutliche Unterschiede gibt es bei den Akkordlöhnern (West 28.2% und Ost 10,7%) sowie bei den Prämienlöhnern (West 20,9% und Ost 40,3%) Eine Erhebung der IG Metall-Bezirksleitung Hannover für Sachsen-Anhalt (1995) zeigt, dass es signifikante regionale Unterschiede gibt Dort waren damals 63% im Zeitlohn, 6% Akkordlöhner und 31% Prämienlöhner (IG Metall Bezirksleitung Hannover, Eingruppierungs- und Verdienststatistik für die Metall- und Elektroindu-

die Lohndifferenz zu Westdeutschland wieder ansteigt, wozu vor allem die abnehmende Geltungskraft des Flächentarifvertrages beigetragen hat. Die "negative Lohndrift"[341] innerhalb Ostdeutschlands wird im Bericht der Wirtschaftsforschungsinstitute zur Anpassung der ostdeutschen Wirtschaft so erklärt: "Eine wachsende Zahl von Unternehmen ging dazu über, Vergütungen 'unter Tarif' zu zahlen, sei es, weil sie keiner Tarifbindung unterlagen, sei es aber auch, weil sie sich über Tarifverträge mit Einverständnis der Betriebsräte und Mitarbeiter hinwegsetzten."[342] 1998 lagen die statistisch erhobenen Arbeitskosten in der ostdeutschen Metallindustrie bei etwa 66 Prozent des westdeutschen Niveaus, die Produktivität jedoch schon bei etwa 75 Prozent.[343] Beim Vergleich der Bruttolohnverdienste liegt das ostdeutsche Lohnniveau für das produzierende Gewerbe bei den männlichen Arbeitern (1997) bei 76 Prozent des vergleichbaren Westlohnniveaus.[344] Bei der negativen Lohndrift innerhalb der ostdeutschen Metallindustrie ist zu berücksichtigen, dass die generelle Problematik von Durchschnittswerten in Ostdeutschland dadurch verschärft wird, dass dort eine noch größere Streubreite zwischen den Branchen[345] und Betrieben besteht als in Westdeutschland.

In der ostdeutschen Metall- und Elektroindustrie lässt sich eine beständig abnehmende Geltungskraft des Flächentarifvertrages konstatieren. Das wichtigste Messinstrument dafür ist der Beschäftigtenorganisationsgrad der Arbeitgeberverbände, der in der ostdeutschen Metallindustrie nach Angaben der Arbeitgeberverbände zwischen 1992 und 1998 von 61,7 Prozent auf 32 Prozent gesunken ist.[346] Will man jedoch die Zahl der Beschäftigten erheben, für die das Niveau des Flächentarifvertrags gilt, so reicht es nicht aus, nur auf die Verbandsmitgliedschaft der Betriebe zu schauen, denn durch die steigende Zahl der Anerkennungs- und Haustarifverträge konnte in den letzten Jahren seitens der IG Metall in einer Reihe von verbandsungebundenen Betrieben eine Tarifbindung hergestellt werden.[347] Nach einer Analyse des VSME[348], die sich auf die Angaben des sächsischen Tarifregisters bezieht, wurden zwischen 1992 und 1999 insgesamt 42 Firmentarifverträge[349] mit der IG Metall abgeschlossen. Dabei sind die meisten Verträge mit solchen Firmen abgeschlossen worden, die zuvor Mitglied im

---

strie Sachsen-Anhalt 1995. Hannover 1996, S 11)
341 DIW/IWH/IWK (Hrsg) Gesamtwirtschaftliche und unternehmerische Anpassungsfortschritte in Ostdeutschland 19. Bericht (Kieler Diskussionsbeiträge 346/347), Kiel 1999, S 62.
342 Ebd. S 62
343 Vgl IG Metall, Metallkonjunktur Ost 199/1, Berlin 1999
344 Kieler Diskussionsbeiträge, gesamtwirtschaftliche, unternehmerische Anpassungsfortschritte in Ostdeutschland, 19 Bericht, Kiel 1999, S. 61
345 Während die Arbeitskosten Ost/West je Stunde 1996 im sonstigen Fahrzeugbau (Werften, Bahntechnik etc) bei 69,5% lagen, lag der Wert für die Automobilindustrie bei etwa 53% (Vgl IG Metall, Metallkonjunktur Ost 1999/1, Berlin 1999)
346 Vgl Kapitel D II
347 Während für die ostdeutsche Metallindustrie keine veröffentlichten Zahlen vorliegen, können wir auf die Gesamtzahl der Firmentarifverträge rekurrieren, die im Bundesarbeitsministerium gemeldet werden Dabei ist ein rasanter Anstieg dieser Vertragsform zwischen 1990 und 1998 zu verzeichnen; von 450 (1990) auf 1765 (1998) Verträgen (vgl Informationsdienst des Instituts der deutschen Wirtschaft 1999/9, S.2).
348 VSME, Firmentarifverträge der IG Metall in der sächsischen Metall- und Elektroindustrie. Eine Analyse, Dresden 1999
349 Wegen Insolvenz wurden vier Betriebe nicht in die Analyse einbezogen, so dass für die folgenden prozentualen Berechnungen von 38 Firmen ausgegangen wird

Arbeitgeberverband waren (21=55,2 Prozent). Unterschieden nach ihrer Branchenzugehörigkeit kamen 42 Prozent der Betriebe aus dem Maschinenbau. Neben den Firmentarifverträgen ist aber auch zu berücksichtigen, dass einige Betriebe, beispielsweise die meisten ostdeutschen Bosch-Standorte, ohne eigene vertragliche Bindung das Entgeltniveau des Flächentarifvertrages zahlten

Hinsichtlich der Pluralisierung der materiellen Entgeltniveaus lassen sich drei Grundtypen beim Verhalten der Betriebe unterscheiden. Erstens jene, die sich an den Mindestnormen des Flächentarifvertrages orientieren oder sogar darüber hinausgehen. Zweitens solche Betriebe, die eine durch den Flächentarifvertrag legitimierte Härtefall- oder Beschäftigungssicherungsregelung in Anspruch nehmen oder durch Firmentarifverträge eine direkte Regelung mit der Gewerkschaft vereinbaren. Neben diesen ordnungspolitisch konformen Regelungen, die im Mindestniveau durchaus eine erhebliche Spanne abbilden, befinden sich in der dritten Kategorie jene Betriebe, deren Arbeitsbedingungen primär nach betrieblichen Gesichtspunkten geregelt werden. Vermutlich verteilt sich die Zahl der Betriebe in einer Art Drittelparität auf diese drei Kategorien. Bevor wir auf die Ursachen der "negativen Lohndrift" eingehen, schauen wir uns die unterschiedliche Tarifbindung in West- und Ostdeutschland an, wie sie durch das IAB-Betriebspanel für die Investitions- und Verbrauchsgüterindustrie für 1998 gemessen wurde·

Tabelle 31: Vergleich West-/Ostdeutschland der Tarifbindung Investitions- und Verbrauchsgüterindustrie 1998 (Anteil der Beschäftigten in Prozent)

	Branchentarifvertrag		Firmentarifvertrag		kein Tarifvertrag	
	West	Ost	West	Ost	West	Ost
Investitionsguter	74,0	40,0	5,9	10,8	20,2	49,2
Verbrauchsgüter	75,9	38,2	7,2	15,3	16,9	46,5

Quelle IAB-Betriebspanell, 6 Welle West/3 Welle Ost 1998

Der Ost-West-Vergleich zeigt erstens, dass die Zahl der Beschäftigten, die in den fünf neuen Ländern unter den Flächentarifvertrag fielen, 1998 fast nur halb so hoch war wie im Westen der Republik. Zweitens geht aus dieser Tabelle hevor, dass im Osten 1998 die Arbeitsbedingungen von mehr Beschäftigten durch einen Firmentarifvertrag geregelt wurden als im Westen. In der Debatte über die Ursachen der "negativen Lohndrift" werden neben der Hypothek der Startprogrammierung vier zentrale Erklärungsstränge herangezogen:
- Wettbewerbshindernis: Dieses Argument geht von der Auffassung aus, dass die Tarifflucht auf eine fehlende Differenzierung der Tarifpolitik zurückzuführen sei. Danach habe das geltende Niveau des Flächentarifvertrages zu einer ökonomischen Überforderung eines Teils der Betriebe geführt. Während die Arbeitgeberverbände und die Mehrheit der politikberatenden Wirtschaftswissenschafter die Ansicht vertreten, dass die Wettbewerbsfähigkeit der ostdeutschen Unternehmen unter zu hohen Lohnkosten leide, weist das statistische Bundesamt aus, dass der Anteil der

Lohnkosten am Umsatz bei den ostdeutschen Unternehmen des verarbeitenden Gewerbes schon seit mehreren Jahren geringer ist als in Westdeutschland.[350] Die Forderung der Arbeitgeberverbände nach niedrigeren ostdeutschen Löhnen stützt sich allerdings nicht auf die Lohn- und Gehaltsquote, sondern auf die Lohnstückkosten, die in den ersten Nachwendejahren deutlich über dem westdeutschen Niveau lagen, mittlerweile in der Metallindustrie jedoch fast auf dem gleichen Niveau liegen. Die These, dass die Lohnstückkosten über die Wettbewerbsfähigkeit von Unternehmen entscheiden, ist Teil des neoklassischen Theoriegerüsts der Wirtschaftswissenschaften. Obwohl der Niveauvergleich von Lohnstückkosten aufgrund statistisch konzeptioneller Probleme, insbesondere den unterschiedlichen Branchen-, Betriebsgrößen- und Marktstrukturen, höchst umstritten ist, spielt er in der öffentlichen Debatte eine wichtige Rolle, um die Abkopplung des ostdeutschen Lohnniveaus zu begründen.[351] Entscheidend für den politischen Prozess war bislang, dass auf dieser argumentativen Basis Tarif- und Verbandsflucht als "Notwehr" gedeutet wurden, um den "wettbewerbsfeindlichen Bedingungen der Tarifautonomie" zu entkommen. Daran hat auch die Installierung der Härtefallklausel nichts geändert, die aufgrund der gewerkschaftlichen Vetoposition von einem Teil der Arbeitgeberverbände mitunter als bürokratische Gefährdung der Wettbewerbsfähigkeit hingestellt wird. Kurzum, die Tarifautonomie hat in der öffentlichen Debatte das Signum erhalten, dass sie in manchen Fällen die Wettbewerbsfähigkeit der Unternehmen gefährde, in der Mehrzahl der Fälle keine Vorteile erbringe, sondern eine Belastung bedeute, die das notwendige flexible Agieren am Markt behindere. Demgegenüber finden nicht genutzte Flexibilitätspotentiale, Managementdefizite, staatlich garantierte Extraleistungen durch Subventionen, Lohnbeihilfen etc. sowie der soziale Frieden in der öffentlichen Debatte kaum Erwähnung.

- Verschiebung der politischen Kräfteverhältnisse: Durch die mittlerweile erreichte relative Konsolidierung der ostdeutschen Metallindustrie und durch die Möglichkeit, für ökonomisch prekäre Betriebe eine Härtefallklausel einzusetzen, ist die betriebliche Anwendung der Tarifverträge weniger zu einer Frage des Könnens als vielmehr des Wollens geworden, zumindest, wenn man dies im Vergleich zu Westdeutschland betrachtet. Eine wichtige Veränderung der politischen Rahmenbedingungen bildete der Wegfall der Treuhandanstalt. Die in der Führung der Treuhandanstalt für tarif- und personalpolitische Fragen Zuständigen[352] waren Verfechter des deutschen Modells: Sie plädierten für eine Verbandsbindung der Betriebe

---

350 In der Statistik des Arbeitgeberverbandes Gesamtmetall wird die gleiche Lohn- und Gehaltsquote West/Ost (20,8%) für die Metall- und Elektroindustrie erstmals für das Jahr 1998 ausgewiesen (Gesamtmetall, Die Metall- und Elektroindustrie der Bundesrepublik Deutschland in Zahlen, Köln 1999, S. 11).
351 Vgl Görzig, Bernd, Lohnstückkosten und Wettbewerbsfähigkeit in der Strukturanalyse (DIW-Diskussionspapiere 181), Berlin 1998
352 Von 1990 bis 1992 war Alexander Koch im Vorstand der Treuhandanstalt für Tariffragen zuständig Er war zuvor nicht nur in der Geschäftsführung verschiedener großer westdeutscher Unternehmen aktiv, sondern auch als ehrenamtlicher Funktionär in den Arbeitgeberverbänden Sein Nachfolger, Horst Föhr (1992-1994), war zuvor Justitiar der IG Bergbau und Energie.

und setzten sich für die Implementierung von Tarifverträgen ein. Eigentlich war diese Institution in der Tarifautonomie nicht vorgesehen, tatsächlich übte sie in den ersten Jahren einen permanenten Einfluss auf die Tarifparteien aus. Anfangs wirkte sich dies eher positiv für die IG Metall aus Später führte ihre Parteinahme zugunsten der Arbeitgeberverbande (Revisionsstreit) zu einer erheblichen Polarisierung mit der IG Metall Darüber hinaus bot die Treuhand der Gewerkschaft einen länderübergreifenden politischen Bezugspunkt, der sich positiv auf ihre Aktionsmoglichkeiten auswirkte. Der Wegfall dieses politischen Referenzpunktes hatte auch negative Konsequenzen für die Arbeitgeberverbände, denn nun fehlte der noch nicht sozial eingebetteten Unternehmerlandschaft ein ordnungspolitischer Partizipationsanreiz Der maßgebliche Anreiz zur Unterschreitung tariflicher Mindestnormen dürfte im politischen Gesamtklima zu suchen sein. Denn in der Debatte über Legitimität und Effizienz der Tarifautonomie in Ostdeutschland dominiert weiterhin deren offizielle Infragestellung. Dabei haben einige namhafte Persönlichkeiten die Chance genutzt, um diesen Erosionsprozess zu forcieren. Zu nennen ist insbesondere der BDI-Vorsitzende Hans-Olaf Henkel und der Jenoptik-Chef Lothar Späth Insgesamt kann man davon ausgehen, dass der Respekt vor der Norm und dem Rechtsinstitut des Flächentarifvertrags enorm aufgeweicht wurde, wozu auch die außerordentliche Kundigung des Stufentarifvertrages ihren Beitrag leistete. So erodierte die Akzeptanz der normsetzenden Kraft der Tarifparteien nicht im Diskurs der besseren Argumente, sondern vor dem Hintergrund einer Verschiebung der politischen Kräfteverhältnisse Darin liegt wiederum eine Ursache dafur, dass es den Tarifparteien bisher nicht gelang, einen für beide Seiten akzeptablen Kurs der kontrollierten Dezentralisierung zu fundieren

- Schwachung der Gewerkschaften: Die IG Metall verfugt in Ostdeutschland bislang über einen hohen Organisationsgrad, gleichzeitig ist ihre Durchsetzungsfähigkeit durch die Massenarbeitslosigkeit und das spezifische Beziehungsgeflecht zwischen Management und Betriebsrat stark geschwächt. Eine offensichtliche Durchsetzungsschwäche der IG Metall, reduziert nicht nur den Anreiz fur die Arbeitgeber, sich verbandlich zu organisieren, sondern vermindert auch den Druck, sich an die geltenden Mindestnormen des Flächentarifvertrages zu halten.

- Kleinbetriebliche Struktur. Infolge der Privatisierungs- und Zerlegungspolitik kam es in der ostdeutschen Metallindustrie zu einer "Verkleinbetrieblichung".[353] Zwar ist der kollektive Organisationsbedarf kleiner Betriebe grundsätzlich sogar höher als jener der größeren Betriebe; gleichwohl gibt es hinsichtlich der materiellen Normierungspolitik der Tarifparteien einen stark ausgeprägten Selbstbehauptungswillen der Betriebs- gegenüber der Tarifautonomie. Schon fur das Jahr 1994 kam das IWH im Anschluss an eine Umfrage über Tariftreue zu folgendem Ergebnis.

---

353 Vgl Blum. Katharina. Regionale Strategien unter Handlungsdruck, in Bergmann, Joachim et al 1996, S 139

"Während 97 Prozent der Unternehmen mit über 500 Beschäftigten Tariflöhne und -gehälter zahlten, betrug dieser Anteil bei Unternehmen unterhalb dieser Belegschaftsstärke nur noch 68 Prozent. Dabei wichen gravierende zwei Drittel der Kleinbetriebe mit bis zu 49 Beschäftigten von den geltenden Tarifregelungen ab."[354] Dieser Trend hat sich bis heute fortgesetzt. Bedenkt man, dass im durchschnittlichen ostdeutschen Metallbetrieb 1998 etwa 87 Beschäftigte und im durchschnittlichen Westbetrieb etwa 175 Beschäftigte waren, so wird deutlich, dass wir über ganz unterschiedliche Industrielandschaften sprechen. Da die kleinen Betriebe einen größeren Beschäftigtenanteil auf sich vereinen als in der westdeutschen Metallindustrie, liegt darin nicht nur ein Schlüssel zur Erklärung der unterschiedlich ausgeprägten Tariftreue in Ost- und Westdeutschland, sondern auch für die Verbetrieblichung der industriellen Beziehungen in Ostdeutschland. In Kleinbetrieben ist häufig die gewerkschaftliche Präsenz gering, nicht selten fehlt sogar ein Betriebsrat, so dass dort der Anreiz zu einer vertragsorientierten Lohnpolitik auf Arbeitgeberseite nur schwach ausgeprägt ist. Auf Seiten der Arbeitgeberverbände wird der hohe Anteil der klein- und mittelständischen Betriebe dazu herangezogen, um Tarifforderungen zu begründen, die sich vor allem an deren Situation orientieren.

Tarifrealität in den großen Betrieben: Flexibel regulierte Leuchttürme

Auch wenn die ostdeutsche Metall- und Elektroindustrie als eine kleinbetriebliche Industrielandschaft zu charakterisieren ist, so darf man die Tarifrealität und das politische Verhalten der größeren Betriebe nicht außer Acht lassen, um die ostdeutsche Dynamik zu verstehen. In den 53 großen ostdeutschen Metallbetrieben mit mehr als 500 Beschäftigten arbeiteten 1998 etwa 20 Prozent aller Beschäftigten der ostdeutschen Metall- und Elektroindustrie Über 90 Prozent dieser Betriebe sind Zweigwerke westdeutscher oder ausländischer Unternehmen. Die Häufigkeit der Tarifbindung in den größeren Betrieben unterschied sich kaum von der westdeutschen Praxis in diesem Betriebssegment. Denn etwa 90 Prozent der Beschäftigten, die 1998 in den großen ostdeutschen Betrieben arbeiteten, konnten sich auf kollektivvertraglich geregelte Arbeitsbedingungen berufen. Dabei ist hervorzuheben, dass es gegenüber dem Jahr 1997 sogar einen deutlichen Anstieg bei den Beschäftigten gab, die das geltende Niveau des Flächentarifvertrags in Anspruch nehmen konnten. Traf dies 1997 nur auf 36 Prozent der Beschäftigten zu, so stieg ihr Anteil 1998 auf 58 Prozent.

---

354 Ettl, Wilfried/Heikenroth, Andre, Strukturwandel, Verbandsabstinenz, Tarifflucht Zur Lage ostdeutscher Unternehmen und Arbeitgeberverbände (Arbeitspapiere AG TRAP), Berlin 1995, S 24

Tabelle 32: Form der Tarifbindung in den großen ostdeutschen Metallbetrieben (> 500 Beschäftigte)

Form der Tarifbindung	1997				1998			
	N		B		N		B	
	Zahl	%	Zahl	%	Zahl	%	Zahl	%
Tarifbindung	47	89	47 136	89	46	87	48 726	92
FTV	18	34	19.327	36	28	53	30 837	58
Anerkennungs-TV	4	8	3 022	6	5	9	3 930	7
Härtefallregelung	14	26	13 864	26	10	19	10.015	19
Beschäftigungssicherungs-TV	11	21	10 923	21	3	6	3.944	7
keine Tarifbindung	6	11	5.926	11	7	13	6.986	13

Quelle Eigene Untersuchung 1997 und 1998 © Wolfgang Schroeder
N = Betriebe, B = Beschäftigte

Das geltende Niveau des Flächentarifvertrages wurde 1997 nur von einer Minderheit von 18 großen Betrieben umgesetzt, was insgesamt 36 Prozent der Beschäftigten im Segment der großen Betriebe betraf. Dagegen mussten sich 47 Prozent der Beschäftigten mit einer niedrigeren Härtefall- oder Beschäftigungssicherungsregelung abfinden. Trotz dieser Abweichungen war das Niveau des Flächentarifvertrages doch in weitaus mehr Betrieben verankert. Denn nicht nur bei einem Teil der Betriebe mit Haustarifvertrag, sondern auch bei solchen, die keine rechtliche Anbindung an den Flächentarifvertrag besaßen, orientierte man sich an dem Niveau des Flächentarifvertrages. Beispielsweise waren unter den sechs Betrieben, die 1997 über keine Tarifbindung verfügten, drei Boschbetriebe, die nahezu alle Positionen des Flächentarifvertrages in ihrem Betrieb umsetzten

Im Vergleich zu 1997 ergab sich 1998 eine erhebliche Dynamik hinsichtlich der Anwendung des Flächentarifvertrages. Statt in 18 Betrieben, die dieses Instrument 1997 umsetzten, waren dies ein Jahr später 28 Betriebe und damit erstmals wieder deutlich über 50 Prozent der Betriebe und Beschäftigten. Die verbesserte ökonomische Situation der größeren Betriebe drückte sich darin aus, dass die Härtefall- und Beschäftigungssicherungsregelungen deutlich abnahmen Arbeiteten 1997 noch deutlich uber ein Viertel aller Beschäftigten der großen Betriebe in einem Härtefallstandort, so reduzierte sich diese Zahl 1998 auf unter 20 Prozent. Das bedeutet aber immer noch, dass fast jeder fünfte Beschäftigte in einem Betrieb arbeitete, dessen Entgeltniveau deutlich unter dem der flächentariflichen Mindestregelungen lag. In den vergangenen Jahren haben die größeren Betriebe eine forcierte Flexibilisierungspolitik im Bereich des Entgelts und der Arbeitszeit vorgenommen, die sich meist im Rahmen der geltenden Tarifverträge bewegte. Auch wenn die Anwendung des Flächentarifvertrages in den größeren Betrieben unterschiedlich ausfällt, manche sogar einen offensiven Kampf gegen ihn initiierten, zeigt sich auch, dass die ökonomische Konsolidierung und die Einbindung der westlichen Zweigwerke in ostdeutsche Kontexte dazu führt, dass der positive Bezug auf dieses Regelungsinstrument an Bedeutung gewinnt. Die Schieflage zwischen Ost- und Westdeutschland wird stark relativiert, wenn man nicht die kleinbetriebliche Struktur zum Maßstab macht, sondern die Entwicklung in den großen ostdeutschen Betrieben, die am ehesten mit den typischen westdeutschen Verbandsbetrieben vergleichbar sind und in denen insgesamt etwa 20 Prozent aller in der ostdeutschen Metallindustrie Beschäftigten arbeiten. Im Vergleich zu den kleineren Betrieben, die mehrheitlich "fluchtorientiert" sind und sich jenseits der Normen des Flächentarifvertrags bewegen, können die größeren Betriebe als "flexibilitätsorientiert" bezeichnet werden. Sie tun dies meist entweder im legalen Kontext des Flächentarifvertrages oder im Grenz- und Ausnahmefall mit informeller Duldung der Tarifvertragsparteien.

Im Hinblick auf die normsetzende Institution des Flächentarifvertrags lässt sich folgendes festhalten· Die unbestrittene Stellung des unabdingbaren Flächentarifvertrages, der für alle und in allen Bereichen gilt, gehört der Vergangenheit an - nicht nur in Ostdeutschland. Trotzdem sieht es so aus, dass dieses Instrument weiterhin eine zentrale Leitgröße bleiben kann, an der sich nicht nur diejenigen orientieren, die ihn qua Verbandsmitgliedschaft akzeptieren. Denn auch jene, die ihn ausdrücklich unterschreiten, weichen von seiner Norm ab und beziehen sich damit auf ihn, wenn auch negativ. Klar ist aber, dass in Ostdeutschland die Abweichung die Regel ist, wenngleich in vielen Fällen auf den Flächentarifvertrag bezogen und im Falle der Härtefallklausel und Beschäftigungssicherung sogar ausdrücklich durch ihn legitimiert.

IV. Resümee: Von der Angst vor Differenzierung zur Pluralisierung der Handlungsarenen

Das tarifpolitische Umfeld in den fünf neuen Ländern stellte die Tarifparteien in den 90er Jahren vor Probleme, die sie so massiv in den Jahrzehnten der Bonner Republik nicht gekannt haben. Maßgeblich war, dass die "normalen" ökonomischen Funktionsbedingungen der Tarifautonomie in Gestalt einer okonomisch soliden Grundbasis mit relativ homogenen Branchen- und Betriebsstrukturen in den ersten Jahren fehlten und statt dessen politische Setzungen dominierten. Da die Spannungen zwischen wirtschaftlicher Leistungsfähigkeit und politisch-sozialen Zielen von den Tarifparteien nicht situationsadäquat bearbeitet werden konnten, nahmen im Laufe der Zeit individuell abweichende Verhaltensweisen zu. Die IG Metall suchte einerseits nach Antworten auf Massenarbeitslosigkeit und Ausgrenzungsängste; andererseits wollte sie die Angleichung an den Westen. Diese beiden Ziele waren nicht immer zweifelsfrei miteinander zu verbinden. Die Arbeitgeber waren einerseits mit einer Fülle leistungsschwacher Betriebe konfrontiert, andererseits aber auch mit den Ergebnissen "schöpferischer Zerstörung" oder mit ganz neuen Betrieben, die das ökonomisch-technische Niveau vergleichbarer westlicher Firmen schnell adaptierten oder sogar darüber hinausgingen, wobei freilich die Steuerungszentralen sowie die Forschungs- und Entwicklungsressourcen überwiegend in den alten Ländern konzentriert blieben Die Tarifparteien waren also gleichermassen mit den politischen Imperativen des Aufbaus Ost, den sich schnell verändernden Wettbewerbs- und Mitgliederstrukturen konfrontiert und mußten eigendynamischen Selbstbehauptungsstrategien verschiedener Mitgliedergruppen Rechnung tragen. Sie sollten also sowohl standortsicherungs- und beschäftigungssichernde Ziele verfolgen wie auch einen Beitrag zur Herstellung der "inneren Einheit" leisten, indem sie die Osttarife möglichst schnell an die Westtarife anpassten Diese Quadratur des Kreises erwies sich in den vergangenen Jahren als eine Überforderung.

Das entlastete politische System und die belastete Tarifautonomie

Tarifautonomie als bindende, autonome Normsetzungsbefugnis der Tarifparteien ist ein historisch gewachsener Mechanismus der Delegation staatlicher Hoheitsrechte[354], dessen Funktionsfähigkeit mit der Stabilität seiner Träger und deren faktischer Normsetzung einhergeht.[355] Kommt schon unter „normalen" Bedingungen die Tarifautonomie nicht ohne Legitimationskrisen aus, so galt dies erst recht für die außerordentliche Belastungssituation des Transformationsprozesses. Dabei ist rückblickend zunächst einmal verwunderlich, dass es 1990 gleichsam zwangsläufig zu einer vorauseilenden

---

354 Vgl Weitbrecht, Hansjörg, Effektivität und Legitimität der Tarifautonomie Eine soziologische Untersuchung am Beispiel der deutschen Metallindustrie, Berlin 1969, S. 18ff.
355 Vgl ebd , S 19

Inkraftsetzung der Tarifautonomie in Ostdeutschland kam. Theoretisch bestanden damals drei Möglichkeiten, die Arbeitsbedingungen in der Übergangssituation von der DDR zur Bundesrepublik zu regeln. Erstens: Man überträgt die Regelung der Arbeitsbedingungen übergangsweise an die Betriebe. Dafür wäre es notwendig gewesen, den im Tarifvertragsgesetz geregelten Vorrang des überbetrieblichen Tarifvertrages zeitweise auszusetzen Mit diesem Vorgehen hätte man an die sich entwickelnde betriebliche Tarifpraxis in der Endphase der DDR (Frühjahr 1990) angeknüpft. Zweitens. Man hebt die Tarifautonomie zugunsten einer staatlich geregelten Einkommenspolitik auf. Drittens: Man läßt das Tarifvertragsgesetz direkt zum Zuge kommen und orientiert sich damit an der westdeutschen Praxis. Die beiden ersten Möglichkeiten waren „keine echten Alternativen zur Tarifautonomie"[356], da sie mit der politischen Logik der exogenen Transformation nicht kompatibel waren. Denn unter den Bedingungen eines einheitlichen Arbeitsmarktes drängten hohe Erwartungen auf Seiten der ostdeutschen Bevölkerung, eine starke wahlkampfbedingte Parteienkonkurrenz und eine defensive Haltung der Tarifparteien auf die schnelle Übertragung aller westdeutschen Regeln und Institutionen.

Trotzdem war es nicht selbstverständlich, dass die Regierung die Tarifautonomie unangetastet ließ und zunächst auf lohnpolitische Interventionen verzichtete. Dies ist umso erstaunlicher, wenn man bedenkt, dass die Hoffnung auf ein zweites Wirtschaftswunder nach dem Vorbild der fünfziger Jahre eine wichtige Orientierung für den schnellen Einigungsprozeß bildete. 1945 verhängten die Besatzungsbehörden einen dreijährigen Lohnstopp. Zu berücksichtigen ist auch, dass in den Nachbarländern Polen, Ungarn und Tschechien bis Mitte der neunziger Jahre eine staatliche Teilkontrolle der Löhne praktiziert wurde.[357] Die exogene Transformation war schon deshalb ein riskanter "Aufbruch ins Unplanbare"[358], weil es schließlich nicht um die Bewältigung eines konventionellen industriellen Interessenkonfliktes ging, sondern um einen umfassenden Systemwechsel mit erheblichen arbeitsmarktpolitischen Konsequenzen. Während die anderen ehemaligen RGW-Länder den Transformationsprozess zeitlich streckten, wirkte der Beitritt zur Bundesrepublik als eine Zeitmaschine besonderer Art.

Dass sich die Regierung trotz dieser unvergleichbaren Herausforderungen dafür entschied. die Tarifautonomie (1.7.1990) noch vor der staatlichen Einheit einzuführen, läßt sich im wesentlichen auf drei Motive zurückführen: Erstens war gerade den Befürwortern der Schocktherapie bewusst, dass damit vielfältige soziale, ökonomische und politische Schwierigkeiten verbunden sein würden. Um in dieser schwierigen Gemengelage bei einem radikalen Wechsel der Eigentumsverhältnisse Regierung und Betriebe zu entlasten, übertrug man den Tarifparteien ihre in Westdeutschland einge-

---

356 Göbel, Johannes, Tarifpolitik in den neuen Bundesländern von 1990-1995, in Wlotzke, Otfried, Entwicklungen im Arbeitsschutzrecht, München 1996, S. 316
357 Vgl Deppe, Rainer/Tatur, Melanie, Ökonomische Transformation und gewerkschaftliche Politik Umbruchprozesse in Polen und Ungarn auf Branchenebene, Münster 1998, S 12; vgl auch: Bönker, Frank, Wage bargaining, income policy, and the transitions to a capitalist economy. General reflections and some observations on the Bulgarian, Czechoslovak and Hungarian cases, Bremen Ms 1992.
358 Frankfurter Allgemeine Zeitung 28 4 1990.

spielten Hoheitsrechte Die Regierung nutzte also die Tarifautonomie, um die sozialen Folgen, die von der Wirtschafts-, Währungs- und Sozialunion ausgingen, zu kanalisieren, weil man es den Tarifparteien zutraute, die „Isolierung des industriellen Konflikts von anderen gesellschaftlichen Konflikten, insbesondere von politischen Konflikten"[359], zumindest temporär zu bewerkstelligen Zweitens waren Gewerkschaften und Arbeitgeberverbände nicht bereit, ihre Einflußdomäne aufzugeben Sie sahen durch eine auch nur temporäre Aussetzung der Tarifautonomie ihre eigene zukünftige Regulierungskompetenz gefährdet. Drittens mußte die Regierung davon ausgehen, dass angesichts des demokratischen Neuanfangs eine oktroyierte Normsetzung Misstrauen erweckte, was der Opposition zum Vorteil gereichen konnte. Hätte die Regierung sich damals auf eine staatliche Lenkung der Tarifpolitik eingelassen, so wäre dafür entweder eine erhebliche Konfliktfähigkeit gegenüber der Opposition und den Tarifverbänden notwendig gewesen oder eine Kooperations- und Integrationsstrategie in der Art einer konzertierten Aktion, was jedoch aufgrund der Parteienkonkurrenz nicht im Interesse der Akteure lag. Die Regierung befand sich also gegenüber der Öffentlichkeit in einer widersprüchlichen Lage, wenn sie die Tarifautonomie ausgesetzt hätte: Sie konnte ja nicht einerseits die schnelle, problemlose Einheit versprechen und andererseits einen quasi-Notstand verhängen.

Intensivere Debatten, ob es nicht doch ein direkteres staatliches Engagement in der Tarifpolitik geben könne, um diese zumindest zeitlich befristet mit zu steuern, setzten ein, als der erste Abschluss im Sommer 1990 zu kritischen öffentlichen Reaktionen führte. Damals schlug eine Forschergruppe aus Berkeley/USA[360] vor, den Übergang von der Plan- zur Marktwirtschaft über staatliche Lohnsubventionen zu flankieren. Da dieser durch den damaligen BDI-Präsidenten Tyll Necker[361] popularisierte Vorschlag weder auf seiten der Regierung noch bei den Tarifparteien auf Akzeptanz[362] stieß und reine Maßhalteappelle wenig Realisierungschancen boten, plädierten einige westdeutsche Ökonomen für die Kombination eines Lohnstillhalteabkommens mit einer Beteiligung der Arbeitnehmer am ostdeutschen Volkseigentum, das in der Obhut der Treuhandanstalt lag. Aber auch dieses Konzept, das vor allem bei der Privatisierung in der slowakischen Republik eine Rolle spielte, wurde in Deutschland abgelehnt Ein

---

359 Weitbrecht, Hansjörg 1969, S 17
360 Vgl Ackerlof, George/Rose, Andrew/Yellen, Janet/Hessenius, Helga, East Germany in from the Cold. The Economic Aftermath of Currency Union, in Brookings Papers on Economic Activity, Washington D C. 1991/1. S 1-106, vgl auch Sinn, Gerlinde/Sinn, Hans-Werner, 1991, S 158 ff
361 Vgl Rabe, Brigitte, Lohnsubventionen in den neuen Bundesländern. Theoretische Grundlagen und Programmentwürfe, WZB-FS I 93-207, Berlin 1993, S. 68, vgl Grosser, Dieter, 1998, S. 491ff.
362 Grosser führt fünf Gründe an. die seinerzeit gegen eine Lohnsubventionierung sprachen: 1 die Hohe der Kosten, 2 die Gefahr, dass daraus eine Dauereinrichtung werde, 3 die Befürchtung, dass daraus eine grundsatzliche Subventionierungsverpflichtung des Staates im Falle von Arbeitslosigkeit resultiert, 4 die Befürchtung, dass dies ein grundsätzlicher Eingriff in die Tarifautonomie sei und 5 weil die Treuhandanstalt mit ihrer Verkaufspolitik schon eine kleine Form der Lohnsubventionierungspolitik betreibe (Grosser, Dieter 1998, S 492)

ähnliches Schicksal erlebten auch die verschiedentlich unterbreiteten Vorschläge für eine konzertierte Aktion.[363]

Auch wenn die Tarifautonomie 1990 von den maßgeblichen Akteuren als alternativlose Institution des Transformationsprozesses definiert wurde, blieb sie in der Übergangsphase nicht auf sich alleine gestellt. Sie wurde einerseits durch die Bundesanstalt für Arbeit mittels einer beispiellosen aktiven Arbeitsmarkt- und einer flächendeckenden Arbeitsstillegungspolitik und andererseits durch die Treuhandanstalt flankiert Beide traten jedoch nicht nur als Pufferinstanzen auf, um die Tarifpolitik zu entlasten; sie intervenierten auch im eigenen Interesse, so dass im zeitlichen Verlauf Kontroversen und Zielkonflikte mit einer oder beiden Tarifparteien nicht ausblieben. Während die Bundesanstalt für Arbeit durch Beschäftigungsgesellschaften, Vorruhestandsregelungen oder Altersübergangsgelder, Qualifizierungsmaßnahmen und erweitertes Kurzarbeitergeld zur Entlastung des Arbeitsmarktes beitrug, entwickelte sich ausgehend von der 1993 eingeführten untertariflichen Förderung von AB-Maßnahmen durch AFG 249h eine handfeste Kontroverse mit der IG Metall. Die Treuhandanstalt wurde einerseits durch ihre schnelle Privatisierungspolitik ohne Sanierungsanspruch und ihre Parteinahme zugunsten der Arbeitgeberverbände im Stufentarifvertragskonflikt zu einem zentralen Gegner der IG Metall; andererseits trug sie durch die Übernahme der Lohnkosten und später durch die Beschäftigungsverpflichtungen der Investoren dazu bei, den unmittelbaren Druck auf die Lohnpolitik abzufedern. Mit den tripartistischen Gremien innerhalb der Bundesanstalt für Arbeit und der Treuhandanstalt bestanden in gewisser Weise Äquivalente für eine konzertierte Aktion. Aus der Logik der Regierungspolitik war es jedoch einfacher, ohne eine weitere Institution mit Beteiligungs- und Vetorechten opponierender Gruppen zu agieren.

Es ist sowohl der Parteienkonkurrenz als auch der Angst vor blockierenden multilateralen Tauschgeschäften zuzuschreiben, dass es nicht zu einer direkten Form der konzertierten Aktion kam. Statt dessen gab es einen symbolischen und informellen Korporatismus, der vor allem auf bilateralen Tauschgeschäften basierte. Die Tarifparteien blieben formell unter sich, selbst wenn die Treuhandanstalt eine ubiquitäre Präsenz besaß. Auch die Sozialplanpolitik der Treuhandanstalt wurde meist nicht tripartistisch, sondern unter Umgehung der Arbeitgeberverbände direkt zwischen den Gewerkschaften und der Treuhandanstalt ausgehandelt. Nicht zu vergessen sind die Kanzlerrunden, die jedoch eher symbolischen Charakter besassen. Entscheidend für die Absage an eine konzertierte Aktion war der Wille, Handlungsspielräume zu informalisieren, um die relative Autonomie der Politik besser nutzen zu können und gleichzeitig Schuldzuweisungen gegenüber anderen Institutionen, wie der Tarifautonomie, formulieren zu können.

Kommen wir wieder zurück zu den Tarifparteien, für die es wichtig war, sich für Instrumente zu entscheiden, mit denen sie das eigene organisationspolitische Risiko

---

363 Vgl Kleinfeld, Ralf, Korporatistische Formen der Interessenvermittlung, in Eichener, Volker et al. (Hrsg.), Probleme der Einheit Organisierte Interessen in Ostdeutschland (12/1), Marburg 1992, S. 81 ff.

bei der Bewältigung des Angleichungsprozesses kontrollierbar halten konnten. Auch wenn die Tarifparteien auf die Angleichungslogik, als einer der Tarifpolitik vorgelagerten raison d'etre, keinen direkten Einfluß ausüben konnten, so war damit noch nichts über die konkrete Geschwindigkeit und den Modus dieses Prozesses gesagt Es kam also für sie darauf an, Instrumente und Verfahren zu bestimmen, um diesen Prozess zu steuern und zu kontrollieren [364] Im Dickicht widerstreitender Ziele, ökonomischer und politischer Sachzwänge, Interessenlagen und Erwartungshaltungen entschieden sich die Tarifparteien schließlich für einen mehrjährigen Tarifvertrag, mit dem binnen vier Jahren das westdeutsche Nominallohnniveau erreicht werden sollte. Damit waren jene unterlegen, die sich in beiden Organisationen für jährliche Tarifrunden ausgesprochen hatten, um den ostdeutschen Akteuren eine langsame Heranführung an die neue Tarifpolitik zu ermöglichen Darüber hinaus gingen sie davon aus, dass man so schneller auf den unkalkulierbaren Wandel der ökonomischen Verhältnisse reagieren könne Maßgeblich für die Implementierung eines Tarifvertrages mit langer Laufzeit waren indes die Arbeitgeberverbände, die sich davon nicht nur Planungssicherheit, sondern auch einen großen Schritt hin zu einer neuen sozialen Friedensordnung zwischen den Verbänden erhofften Die IG Metall votierte zunächst aus demokratiepolitischen Gründen dagegen, revidierte ihre Position jedoch mit Blick auf die eigene Unsicherheit hinsichtlich der noch nicht konsolidierten organisationspolitischen Basis So gab sie bald die Devise aus, dass die jährliche Anpassung ohne "Geländer" und Garantie schwieriger sein würde als ein vertraglich garantierter Angleichungsautomatismus.

Angesichts der unsicheren ökonomischen Entwicklungsperspektive entschieden sich die Tarifparteien mit dem Stufentarifvertrag zwar für das unter ökonomischen und verhandlungspolitischen Gesichtspunkten riskanteste aller Projekte. Gleichzeitig wirkte dieser Vertrag, wie dessen positive öffentliche Aufnahme zeigte, zunächst stabilisierend. Gerade weil klar war, dass Deindustrialisierung und massiver Beschäftigtenabbau danach erst beginnen würden (aus der Perspektive Frühjahr 1991), zündeten die Tarifparteien mit diesem Abschluss ein Licht am Ende des Tunnels und definierten die Krise auf dem Arbeitsmarkt als Teil einer zeitlich begrenzten Übergangssituation. Damit gaben sie der prognostizierten Normalität (Weststandard) in einer Situation ungewisser Verhältnisse eine materiell greifbare Vertrauensbasis und transformierten so das Angleichungsversprechen von der Ebene der politischen Propaganda auf die der materiellen Naherwartung. Da dieses Vorgehen weder durch einen Konsens hinsichtlich der Externalisierung der (Teil)Kosten zu Lasten des Staatshaushaltes (Treuhandanstalt) noch durch die Interessenlage der gerade erst privatisierten Betriebe gedeckt war (rückblickende Einschätzung), kann der Stufentarif als ein ungedeckter Wechsel charakterisiert werden. Er bildete kurzfristig eine poli-

---

364 Dazu gehörten vor allem Erstens das Tempo der Angleichung und die Vertragsdauer (mehrjähriger Stufenplan oder jährliche Anpassung), zweites eine Revisionsklausel, um korrigierend zu wirken, wenn sich durch außerordentliche Veränderungen die prognostizierte wirtschaftliche Entwicklung nicht einstellen sollte und drittens eine Öffnungsklausel für Betriebe, die von der unterstellten ökonomischen Mindestnorm nach unten abweichen

tisch hergestellte Interessenallianz ab, die zwar mit der Handlungslogik aller beteiligten Akteure in der Startphase kompatibel war, aber nur situative politisch-psychologische Ziele und Interessen bedienen konnte. Um die Unwägbarkeiten, die mit der abrupten Umstellung der Planwirtschaft auf die Marktwirtschaft verbunden waren, zu bearbeiten, sollte schnell und pragmatisch gehandelt werden, ohne dass daraus Positionsveränderungen im Kräfteverhältnis zwischen den Tarifparteien entstehen durften. Dieser oberste Grundsatz der schnellen Einigungsfähigkeit zwischen den Verbandsspitzen war allen anderen Überlegungen vorgeschaltet. Dabei wähnten sich die Arbeitgeberverbände gegenüber den Gewerkschaften im Sommer 1990 in der Defensive. Vor diesem Hintergrund war es ihnen ein zentrales Anliegen, die "Revolution der Eigentumsverhältnisse" abzustützen. Indem sie auf das zwischen den westdeutschen Verbandsspitzen nicht Umstrittene zurückgriffen, wollten sie Transaktionskosten vermeiden.[365] Dass es den Tarifparteien möglich war, einen schnellen Konsens zu finden, ist neben der Normativität des Faktischen vermutlich auch auf prognostische Fehleinschätzungen (über die ökonomische Substanz und Investitionsbereitschaft) sowie auf weitere Komplexitätsreduzierungen zurückzuführen. Zu den verhaltensorientierenden Leitbildern des Aufbaus gehörte auch, dass eine wichtige Gruppe verantwortlicher Westexperten die verdichtete Erfolgsbilanz des zum Teil von ihnen persönlich mitverantworteten westdeutschen Wiederaufbaus vor Augen hatte und in dieser Retrospektive auch den Aufbau in Ostdeutschland als Chance begriff.

Die Tarifautonomie leistete einen wesentlichen Beitrag dazu, die Politik in der schwierigen Startphase und später in der Vereinigungskrise zu entlasten. Dagegen wirkte sich die tarifpolitische Startphase für die Tarifparteien selbst mittel- und längerfristig als Hypothek aus, die ihre weitere Handlungsfähigkeit stark einschränkte. Als nicht intendierte Folge läßt sich eine Überforderung der Tarifautonomie diagnostizieren, weil weder hinsichtlich der organisatorischen Dimension noch hinsichtlich der ökonomischen Normsetzung die notwendigen Grundlagen bestanden, um innerhalb der Tarifautonomie Ergebnisse zu erreichen, die eine verpflichtungsfähige Basis für die flächendeckende Regelung sozialer Mindestnormen geboten hätten. Diese Entwicklung war das Ergebnis veränderter politischer Kräfteverhältnisse und einer insbesondere beschäftigungspolitisch bedingten Schwächung der Gewerkschaften. Im Windschatten dieser Verschiebungen entwickelten sich Verbands- und Tarifflucht zu probaten individuellen Handlungsformen, die weitreichende Auswirkungen auf die kollektive Interessenvertretungspolitik nach sich zogen. Mit dieser Machtverschiebung schwand nicht nur der Nutzen einer Arbeitgeberverbandsmitgliedschaft; auch die Beziehungen zwischen einem Teil der Betriebsräte und der IG Metall wurde dadurch erheblich belastet.

In der Übergangssituation konnte die Tarifautonomie nur improvisiert werden, weil die notwendigen organisatorischen Voraussetzungen fehlten. Hinzu kam, dass es

---

365 Vgl Schmid, Josef/Tiemann, Heinrich, Gewerkschaften und Tarifverhandlungen in den fünf neuen Bundesländern Organisationsentwicklung, politische Strategien und Probleme am Beispiel der IG Metall, in Eichener. Volker et al. (Hrsg), Organisierte Interessen in Ostdeutschland, Marburg, 1992, S. 152.

sich nicht um einen konventionellen Verteilungskonflikt handelte, sondern um eine Überlappung sozialer, wirtschaftlicher und politischer Phänomene. Im Zuge der Differenzierung der Eigentumsverhältnisse, deren Umbau länger dauerte als die Implementierung der Tarifpolitik, den bald gesunkenen Wachstumsraten, der verstetigten Massenarbeitslosigkeit und einer Kräfteverschiebung, die maßgeblich auf die Synthese von Vereinigungskrise Ost und Standortkrise West zurückgeführt werden kann, deuteten manche Arbeitgeberfunktionäre die Ergebnisse der Startphase als Erpressung. Folglich sahen sie sich, gewissermassen in Notwehr handelnd, zur Tarifflucht legitimiert, um die Hypothek der Startphase zu korrigieren. Kurzum: Die an zweckoptimistischen Positivszenarien orientierte Tarifpolitik hat den sozialen Frieden gestützt und die Politik entlastet, dabei aber sich selbst derart überfordert, dass eine nicht intendierte Realität entstand. Hätte man in der Startphase noch zusätzlich versucht, die bereits vor 1989 in eine Plausibilitätskrise geratenen Strukturen des Tarifvertragssystem zu reformieren, wäre aus der einfachen eine doppelte Überforderung geworden. Denn dadurch wäre die zwingende Voraussetzung des stabilitätsorientierten Institutionentransfers, alle Veränderungsoptionen inhaltlicher und struktureller Art auszugrenzen, untergraben worden. Dies hätte vermutlich bedeutet, dass es den "Zentralen" nicht möglich gewesen wäre, schnell zu agieren.

Beschleunigte Differenzierung der Niveaus und Pluralisierung der Handlungsarenen

Tarifpolitik ist in starkem Maße von den politisch Rahmenbedingungen abhängig. Prägend für die tarifpolitische Entwicklung in Ostdeutschland war die exogene Startprogrammierung, die im Verlauf des Prozesses an Bedeutung verlor, während ostdeutsche Einflüsse, wie solche der betrieblichen Größenstruktur und der Politik der Verbäande, bedeutender wurden. Auch wenn es keine einheitlichen Periodisierungskriterien geben kann, so läßt sich doch eine Aufteilung der tarifpolitischen Entwicklung zwischen 1990 bis 1999 in drei deutlich voneinander zu unterscheidende Abschnitte vornehmen. Unterscheidungskriterien sind der Wandel der Steuerungskräfte, das Verhalten der Öffentlichkeit zur Tarifpolitik, die präferierten Strategien der Verbände, der Zustand des Verhandlungssystems und die Geltungskraft des Flächentarifvertrags.

In der Startphase, die vom Sommer 1990 bis zum Abschluss des Stufentarifvertrages im Jahre 1991 reichte, dominierte eine politische Tarifpolitik, die den Systemwechsel sozial friedlich flankierte und damit die materielle Basis für die Akzeptanz eines transparenten Angleichungsprozesses legte. Zugleich wurde die beginnende Differenzierung der Arbeitsbedingungen abgebremst und eingebettet in die Strukturen des westdeutschen Tarifsystems. Auch wenn diese Etappe der exogenen Transformation nicht frei von Elementen des konventionellen Tarifkonfliktes[366] war, so bestimmten

---

366 Dazu zahlte eine Vielzahl von Verhandlungen, die alle Ebenen von der Betriebs- bis zur Regierungsebene umfassten sowie begleitende Warnstreiks bis hin zu Betriebsbesetzungen

Tabelle 33: Tarifpolitische Entwicklung in der ostdeutschen Metall- und Elektroindustrie 1990-1999

	Phase I: 1990/1991 Startphase	Phase II: 1992/1993 Korrekturphase	Phase III: 1994-1999 Differenzierungs- und Pluralisierungsphase	Prognose: mittelfristiger Trend
Verhältnis der Steuerungsinstanzen in der Tarifpolitik	• Primat der Politik bremste die beginnende Differenzierung der Arbeitsbedingungen	• Verbände unter marktinduziertem Differenzierungsdruck	• Verfestigte Pluralisierung zwischen verbandlicher und marktlicher Regelungsmacht	• Marktdruck stärker • Verbände schwach • verfestigte Pluralisierung • beschleunigte Differenzierung
Öffentliche Erwartungshaltung gegenüber der Tarifpolitik	tarifpolitische Flankierung des Systemwechsels	Anpassungskurs beibehalten, ihn aber so strecken, dass Aufbau Ost nicht behindert wird	• Beschäftigungspolitik flankieren • keine offensive Abkopplung vom Westniveau	• Präferenz für eine beschäftigungsfördernde Tarifpolitik • Gegen Abkopplung
Tarifpolitische Ziele der Arbeitgeberverbände	• Unterstützung des politischen Prozesses • Sozialer Friede • Planungssicherheit • Abwanderung verhindern	• Revision des Stufenplans • Dezentralisierung • Differenzierung • Kostenentlastung Handlungsfähigkeit beweisen	• IG Metall in die Defensive drängen • Vertretungsmonopol in Frage stellen • Pluralisierung und Differenzierung stabilisieren	• defensive Abkopplung • Angleichung hinauszögern
Ansehen der Arbeitgeberverbände	hoch	abnehmend	niedrig	niedrig
Tarifpolitische Ziele der IG Metall	• Unterstützung des politischen Prozesses • schnelle Angleichungspolitik • Abwanderung verhindern	• zeitlich definierten Angleichungsprozeß erhalten • Kontrollierte Dezentralisierung (Härtefallklausel)	• weitere Angleichung (35 Stunden-Woche) • Abkopplung verhindern • Altersteilzeit • mehr Firmentarifverträgen	• Angleichung • Pilotergebnisse West nach Ost übertragen • Abkopplung verhindern • Firmentarifpolitik fortführen
Ansehen der IG Metall	außerordentlich hoch	hoch; Kritik an den Rändern (Betriebsrätebewegung)	Annäherung an das westdeutsche Niveau	Annäherung Westniveau
Zustand des Verhandlungssystems	• unprofessionell durch westdeutsche Flankierung gemildert	• Rollenunsicherheit • Kompetenzkonflikte Ost/West	• Destabilisierung durch verhandlungspolitik • Angriffe auf das Repräsentationsmonopol der IG Metall	• professionellere und berechenbarere Konfliktkooperation
Geltungskraft Flächentarifvertrag (FTV)	• hoch • kaum Differenzierung	• abnehmend • zunehmende Differenzierung	FTV Leitgröße für größere Bandbreite der Tarifkonditionen	FTV orientiert Differenzierung

367

diese doch nicht die Ergebnisse des von den Verbandsspitzen vorstrukturierten Prozesses Als entscheidender Faktor wirkte in dieser Situation die gewerkschaftliche Stärke, in der sich weniger konventionelle Organisations- und Kampfkraft widerspiegelte als vielmehr eine ihr öffentlich zugesprochene ordnungspolitische Potenz, die befürchteten Folgen des Umbruchs kanalisieren zu können Diese Stärke wurde von den Kritikern der Startphase nicht nur als entscheidender Faktor für die relativ weitgehenden Zugeständnisse der Arbeitgeberseite gewertet, sondern nachträglich definierten sie auch den Stufenvertrag als das Ergebnis von Erpressung sowie fehlender Repräsentativität und Kampfparität, um so die Delegitimität der Tarifautonomie in Ostdeutschland begründen zu konnen. Hinsichtlich der Legitimität der Tarifpolitik muß von einer gegenläufigen Mitgliederlogik bei der IG Metall und den metallindustriellen Arbeitgeberverbänden ausgegangen werden. Während die IG Metall mit dem Ergebnis der Startphase eng an die aktuellen Mitgliederinteressen und Erwartungen heranreichte, war der Interessensbezug auf der Seite der Arbeitgeberverbände prekär. Die Verbandsspitze unterstützte mit ihrer Initiative zur Implementierung eines Stufentarifvertrages unmittelbar den politischen Transformationsprozess, belastete aber gleichzeitig den Handlungsspielraum der Mehrzahl der kleinen und mittleren Betriebe. Aus dieser Konstellation heraus entwickelte sich die tarifpolitische Praxis der Startphase zum Sprungbrett dafur, dass aus der alternativlosen Institution Tarifautonomie in den folgenden Jahren eine der umstrittensten Institutionen der Republik wurde, mithin ein idealer Sündenbock für die Verwerfungen des Transformationsprozesses

In der zweiten Phase der tarifpolitischen Entwicklung (1992 und 1993) verknüpfen sich die Vereinigungskrise Ost und die Standortkrise West zu einer spannungsreichen Mischung Die tarifpolitische Flankierung des Systemwechsels wurde seit 1992 als problematische Belastung für den Aufbau einer leistungsfähigen Ökonomie in Ostdeutschland gedeutet So wuchs der teils marktinduzierte und teils politikinduzierte Druck auf eine Differenzierung der tariflichen Instrumente wie auf eine Reduzierung der Kosten Im Zentrum dieser Etappe stand infolgedessen der Kampf um die Revision der Stufentarifverträge Während die Arbeitgeber nunmehr eine grundlegende Korrektur der Startpolitik verlangten, agierte die IG Metall als Anwalt der inneren Einheit und der Glaubwürdigkeit des Westens. Da die von den Arbeitgebern angestrebte Korrektur zudem rechtlich umstritten war, kam es in Ostdeutschland zu einer stellvertretenden Auseinandersetzung mit gesamtdeutscher Relevanz, nämlich um die Legitimtät des Tarifvertrages als solchem

Das Ziel der Arbeitgeberverbände, den Stufentarifvertrag zu korrigieren, folgte sowohl dem eigenen ostdeutschen Mitgliederdruck als auch dem in Westdeutschland schon länger verfolgten Ziel einer grundlegenderen Veränderung der Tarifverträge Letzteres wurde in der ostdeutschen Mitgliedschaft nicht einhellig akzeptiert, so dass der von westlicher Seite organisierte Konflikt immer auch eine Überforderung der ostdeutschen Klientel zur Folge haben konnte. Ein besonderes Moment dieses Konfliktes bestand darin, dass der Staat durch die Treuhandanstalt direkt zugunsten einer Partei intervenierte und damit substantiell in die Tarifautonomie eingriff, ohne dafür ein Mandat zu besitzen Dieser Konflikt war ein Test dafür, inwieweit die Verbände auf die Folgebereitschaft ihrer Mitglieder zählen konnten. Für beide Seiten spielte zwar die Auseinandersetzung mit der Öffentlichkeit eine herausragende Rolle; entscheidend war aber die Unsicherheit darüber, ob die eigenen Mitglieder den durch die Verbandsstrategen verfolgten Kurs mittragen würden. Die Arbeitgeber befürchteten, dass eine Fortschreibung des Stufentarifvertrages die Motivation zur Verbandsmitgliedschaft enorm abschwächen würde, weil die Betriebe ihre Handlungsfähigkeit durch die Geschwindigkeit des Angleichungsprozesses zu stark eingeschränkt sahen. Die IG Metall befürchtete, dass ein Abrücken vom Stufentarifvertrag zu einer Schwächung ihrer Stellung in der ostdeutschen Arbeitnehmerschaft beitragen könnte.

Kennzeichnend für den Verlauf des ersten ostdeutschen Großkonfliktes war, dass er den bisherigen Einigungsprozeß nicht infrage stellte. Vielmehr hofften die Verbandsfunktionäre auf beiden Seiten darauf, durch eine gewissermaßen nachholende Mitgliederpartizipation die eigene Organisation zu stärken. Die schwierige Gemengelage dieses polarisierten Konflikts drückte sich auch darin aus, dass alle Akteure des deutschen Konfliktmodells zum Zuge kamen und dabei zugleich ihre Grenzen evident wurden. Da die Auseinandersetzung in die gesamtdeutsche Konfliktdynamik über die Finanzierung der deutschen Einheit und die zukünftige Richtung des Modells Deutschland eingebunden war, handelt es sich um einen gesamtdeutschen Konflikt, der an seiner schwächsten Stelle ausgetragen wurde. Die Verquickung zwischen ost- und westdeutschen Problemlagen führte zu einer Stabilisierung der vorhandenen Fremd- und Selbstwahrnehmung und ermöglichte auf diesem Wege auch einen Stellvertreterkrieg in der Ressourcenverteilung zwischen West und Ost. Das wichtigste materielle Ergebnis des Tarifkonfliktes bestand darin, dass der Stufentarifvertrag als Instrument erhalten blieb, gleichwohl - den veränderten wirtschaftlichen Bedingungen und politischen Kräfteverhältnissen Rechnung tragend - zeitlich gestreckt wurde. Die entscheidende Neuerung bestand in einer konditionierten Öffnung im Flächentarifvertrag Mit der sogenannten Härtefallklausel, die es Betrieben unter definierten Bedingungen gestattet, vom geltenden Tarifvertrag abzuweichen, vollzog sich in der noch jungen Tarifgeschichte der ostdeutschen Metall- und Elektroindustrie eine institutionelle Veränderung bei der Gestaltung der Lohn- und Arbeitsbedingungen, die es bislang in Westdeutschland in dieser ausformulierten Form nicht gegeben hatte.

In der dritten Phase kam es zur Pluralisierung der Verhandlungsarenen und zu einer forcierten Differenzierung der Arbeitsbedingungen. Die Realität der Arbeitsbedingungen hat sich in den fünf neuen Ländern binnen weniger Jahre schnell differenziert. Im Verhältnis zu den Normen des Flächentarifvertrages lassen sich die Betriebe in drei Gruppen einteilen: Erstens jene, die sich an den Mindestnormen des Flächentarifvertrages orientieren oder sogar darüber hinausgehen. Zweitens solche Betriebe, die eine durch den Flächentarifvertrag legitimierte Härtefall- oder Beschäftigungssicherungsregelung in Anspruch nehmen, oder durch Firmentarifverträge eine direkte Regelung mit der Gewerkschaft vereinbaren. Neben diesen ordnungspolitisch konformen Regelungen, die allerdings im Niveau durchaus eine erhebliche Lohnspreizung besitzen, befinden sich in der dritten Kategorie jene Betriebe, deren Arbeitsbedingungen primär nach betrieblichen Gesichtspunkten geregelt werden. Vermutlich verteilt sich die Zahl der Betriebe in einer Art Drittelparität auf diese drei Kategorien. Im Verhältnis zwischen tariflichem Mindestniveau und betrieblicher Realität besteht in der gesamten ostdeutschen Metallindustrie eine „negative Lohndrift", eine solche gibt es auch im Ost-West-Vergleich, wo der Angleichungskurs seit 1996 blockiert ist. Auf einen Nenner gebracht: In Ostdeutschland existiert mittlerweile eine entwickelte Form der tariflichen und marktlichen Entgeltdifferenzierung. Wenngleich der Flächentarifvertrag weiterhin die wichtigste normative Referenzkategorie ist, prägte er nur noch für eine Minderheit der Beschäftigten das konkrete Entgeltniveau.

Der Streit um die Revision des Stufentarifvertrages führte nicht zu einer Konsolidierung des Verhältnisses zwischen den Tarifparteien. Im Gegenteil, seit 1994 nahm der Prozess der Differenzierung zu und die Pluralisierung der Verhandlungsarenen wurde zementiert. Die Auflösung der Treuhandanstalt, der Druck einzelner Unternehmen und eine schwach ausgeprägte Kooperationsfähigkeit auf der Verhandlungsebene trugen dazu bei, dass es bei fast allen westdeutschen Tarifergebnissen, die auf die fünf neuen Länder übertragen werden sollten, zu Unstimmigkeiten, Verzögerungen und Ungleichzeitigkeiten kam, so dass Legitimation und Effizienz des Tarifsystems auch auf dieser Ebene sukzessive belastet wurden. Eine besondere Zuspitzung ging von der Politik des sächsischen Arbeitgeberverbandes aus, der teilweise in Reaktion auf Unzufriedenheiten in der eigenen Mitgliedschaft und teilweise in Eigeninitiative das Verhandlungsmonopol der IG Metall auf Arbeitnehmerseite öffentlich in Frage stellte. Dabei setzten die Arbeitgeberfunktionäre darauf, dass relevante Betriebsräte sich mit ihnen für eine spezifisch ostdeutsche Tarifpolitik gegen die IG Metall aussprechen würden. Da sich die IG Metall ihren Vorstellungen von einer ostdeutschen Tarifpolitik verweigerte, schufen sie schließlich eigene Tarifverträge, die ihrer Auffassung nach eine adäquatere Regulierung moderner Arbeitsverhältnisse ermöglichten. Zu diesem Zweck gewannen die Arbeitgeber die Christliche Gewerkschaft Metall zum Verhandlungspartner.

Auch vier Jahre nach dem Ende des Stufentarifvertrages (1 7.1996) ist die tarifpolitische Situation in den fünf neuen Ländern deutlich anders als in den meisten westdeutschen Tarifgebieten. Nachdem die tarifpolitische Entwicklung zunächst von der exogenen Startpolitik, die primär dem Prinzip der Einflusslogik folgte, geprägt war, gewannen die endogenen Kräfte, die das Prinzip der Mitgliederlogik in der ostdeutschen Verbandsarbeit aufwerteten, sukzessive an Bedeutung. Diese Entwicklung führte nicht nur zu einer Pluralisierung der Arenen und Niveaus, sie schränkte auch die Kompromissfähigkeit auf der Verhandlungsebene derart ein, dass es auch nach 10 Jahren Tarifpolitik noch der Intervention der westdeutschen Verbandsspitzen bedarf, um die sich wechselseitig blockierenden Kräfte in der ostdeutschen Tarifpolitik zu einer beiderseits akzeptierten Verhandlungsfähigkeit zu bringen. Die Verhandlungsebene zwischen Gewerkschaft und Arbeitgeberverband - im Bereich der rein ostdeutschen Arbeitgeberverbände - ist seit 1993/94 durch ein Verhältnis wechselseitigen Misstrauens geprägt. In permanenten Querelen und Kleinkriegen signalisierten beide Seiten, dass sie sich von ihrem Gegenüber überfordert fühlten und deshalb um ihre innere Handlungsfähigkeit bangten. Über jene Ursachen hinaus, die vor allem mit dem Transitionsprozeß zusammenhängen, drückt sich darin ein zugunsten der Arbeitgeber verändertes Kräfteverhältnis wider: Trotz einer gewissen ökonomischen und arbeitsmarktpolitischen Konsolidierung in der Metall- und Elektroindustrie (seit etwa 1995/96) ist die vor Arbeitslosigkeit sowie die Hoffnung, einen Arbeitplatz zu finden, derart dominant, dass eine an materiellen Verteilungsfragen ausgerichtete Tarifpolitik auch viele Hürden in der eigenen Mitgliedschaft überwinden muß. Dies ist auch der Hintergrund dafür, dass der Angleichungsprozess an das Westniveau seit 1996 blockiert ist und die Übertragung westdeutscher Tarifergebnisse meist äußerst schwerfällig und widersprüchlich verlief. Zusammenfassend kann die tarifpolitische Problemkonstellation in Ostdeutschland auf drei Hauptlinien konzentriert werden:

- Erstens wird die abnehmende Geltungskraft des Flächentarifvertrages von einer Verbetrieblichung und Pluralisierung der Arbeitsbedingungen begleitet. Bezogen auf die Gesamtbranche resultiert daraus eine "negative Lohndrift".

- Zweitens ist der Tarifprozess durch eine stecken gebliebene Angleichung geprägt, der eine "paralytische" Situation auf der Verhandlungsebene entspricht, die seitens der Arbeitgeberverbände durch eine offensive Infragestellung des Repräsentationsmonopols der IG Metall verschärft wurde. Ursächlich für diese Entwicklung waren die Startprogrammierung, die dann folgende Verschiebung politischer Kräfteverhältnisse und die Durchsetzungsschwäche der Gewerkschaften.

- Drittens erklärt sich diese Situation nicht nur durch ökonomische und politische Einflüsse, sondern auch durch die im Zuge von Privatisierung und Outsourcing entstandene kleinbetriebliche Struktur. Zwar fehlen größere Betriebe in den fünf neuen Ländern nicht gänzlich, aber von ihnen ging bislang noch keine hinreichende Sogwirkung aus, um die Tarifautonomie in Ostdeutschland zu stabilisieren.

Kommen wir abschließend zur Frage, welche Rolle die Tarifrealität für die Strategien der Verbände besitzt. Die tarifpolitische Strategie der IG Metall kann im zeitlichen Verlauf als relativ kohärent bezeichnet werden. Sie kaprizierte sich durchweg auf den Ausgleich der Differenzen zwischen Ost und West und praktiziert zugleich einen Spagat zwischen den Zielen Beschäftigungssicherung und Entgeltbeteiligung. In den ersten zwei Jahren verfolgte man einen offensiven Angleichungskurs. Im Kontext veränderter Kräfteverhältnisse erhielt dieses Vorgehen jedoch einen defensiveren Charakter Seit Abschluss des Stufentarifvertrages steht der Kampf gegen eine Abkopplung vom Westniveau im Mittelpunkt, ohne dass die Angleichungsperspektive aufgegeben wurde. Während die Arbeitgeber auf einer spezifisch ostdeutschen Vertragspolitik insistierten, forderte die IG Metall die Übernahme westdeutscher Pilotabschlüsse. Damit versucht man, die betriebliche Mobilisierungs- und Durchsetzungsschwäche zu kompensieren. Zwar wurden in der Vergangenheit in periodischen Abständen innerorganisatorische Debatten darüber geführt, dass eine eigenständige ostdeutsche Tarifrunde notwendig sei, um eine autonome ostdeutsche Konfliktfähigkeit zu entwickeln und die Zurechenbarkeit von Tarifergebnissen möglich zu machen Diese unter konfliktpädagogischen Gesichtspunkten opportune Überlegung scheiterte indes an den realen Machtverhältnissen, Erwartungshaltungen und an der Architektur der IG Metall. Auch in vielen Regionen Westdeutschlands haben noch nie eigenständige Tarifbewegungen stattgefunden, in denen Abschlüsse erstreikt werden mußten

Ungeachtet ihres Plädoyers für eine nachhaltige Normalisierung der ostdeutschen Situation mußte die IG Metall in den letzten Jahren auf die Gefahr einer weiteren Zunahme weißer Flecken auf der tarifpolitischen Landkarte reagieren. Sie tat dies, indem sie vermehrt Firmentarifverträge abschloss, die mitunter auch unterhalb des geltenden Flächentarifniveaus liegen. Einerseits schuf man damit tarifpolitische Berufungsfälle, die von den Arbeitgeberverbänden für ihre Zwecke instrumentalisiert werden; andererseits wird so auf die Sicherheitsinteressen der betroffenen Beschäftigten (Mitgliederlogik) eingegangen und eine kooperative Mittelfristperspektive entwickelt, die ihnen Rechtssicherheit und eine Angleichungsperspektive an das Niveau des Flächentarifvertrages gibt. Mit dieser betriebsbezogenen Regelungsstrategie versuchte die IG Metall, eine sich verfestigende Verbetrieblichung mit gewerkschaftlichen Mitteln aufzubrechen.

Im Vergleich zur IG Metall ist die tarifpolitische Strategie der Arbeitgeberverbände weitaus diskontinuierlicher. 1990 verlangten sie einen langjährigen Stufentarifvertrag, um die soziale Sprengkraft des Umbruchprozesses zu pazifieren Danach schwenkten sie auf eine Streckung und Öffnung des Stufentarifvertrages ein. Seit Mitte der 90er Jahre blockieren die Arbeitgeberverbände nicht nur die weitere Angleichung, sondern sie versuchten zudem eine Abkopplung vom westdeutschen Niveau zu erreichen. Auf dem Feld der Abkopplungspolitik schwankten sie in den vergangenen Jahren zwischen einer offensiven und einer defensiven Gangart. Die Arbeitgeberstrategie kann als doppelt paradox beschrieben werden: Erstens vollzog sich mit der Pluralisierung der Verhandlungsarenen und der Verbetrieblichung der Arbeitsbedingungen eine Entwicklung, die 1990 nicht intendiert war, zweitens suchten sie die Erosion der Tarifautonomie in Ostdeutschland als gesamtdeutsches Drohpotential einzubringen, um die Gewerkschaften auch in Westdeutschland unter Druck zu setzen, wohlwissend, dass deren immer wieder angedrohte Aufhebung auch nicht im eigenen Interesse liegt

F. Fazit: Ostdeutschland im deutschen Modell. Zwischen Eigensinn und Paternalismus

Ausgangspunkt der vorliegenden Arbeit ist die These, dass der sektorale Transformationsprozess keine Stunde Null kannte. Er war sowohl von den spezifischen Verhaltensdispositionen der DDR-Gesellschaft geprägt als auch von den handlungsbestimmenden Interessen und Strukturen der westdeutschen Akteure, die ihre fertigen Instrumente, Spielregeln sowie ihr Personal nach Ostdeutschland exportierten. Die richtungsweisende Kraft des Institutionentransfers war die stabilitätsorientierte Machtstrategie der westdeutschen Akteure, deren kurz- und mittelfristigen Ziele dabei recht erfolgreich verwirklicht werden konnten: In der Frühphase des Transformationsprozesses stieg die Mitgliederzahl rasch an, der Flächentarifvertrag wurde anstelle des verschiedentlich geforderten Vorrangs betrieblicher Regelungen weitgehend akzeptiert, die Tarifverbände leisteten durch unkonventionelles, improvisiertes Handeln einen nachhaltigen Beitrag zur politischen Abpufferung des Transformationsschocks, und es konnte ein Fahrplan zur materiellen Angleichung an das westdeutsche Tarifniveau vereinbart werden, ohne dass unauflösbare Konflikte zwischen den Tarifparteien entstanden. Allerdings ist längerfristig gesehen die sektorale Konstellation auch zehn Jahre nach dem Ende der DDR alles andere als konsolidiert. Es handelt sich gleichsam um eine Phasenverkehrung der in transformationstheoretischen Konzepten üblicherweise unterstellten Abfolge. Nach einer außergewöhnlich schnell durchlaufenen Liberalisierungs- und Demokratisierungsphase sowie einem ungewöhnlich raschen Eintritt in eine Konsolidierungsphase - trotz des Transformationsschocks - sind mittlerweile Zeichen der Entkonsolidierung unübersehbar. Belege dafür sind ein anhaltender Mitgliederrückgang bei den Verbänden und mannigfaltige Abweichungen vom Flächentarifvertrag bis hin zu dessen grundlegender ordnungspolitischer Infragestellung. Zudem ist der Anpassungsprozess an das westdeutsche Tarifniveau seit 1996 blockiert, und in einigen ostdeutschen Ländern bestand zwischen den Tarifparteien eine scheinbar unauflösbare "Gefechtslage", in der gegensätzliche Ziele und wechselseitiges Misstrauen aufeinander prallten. Statt eines konstruktiven dynamischen Beziehungsgeflechts innerhalb und zwischen den Verbänden waren die verbandlichen Akteure mit einer gewissen Verselbstständigung ihrer jeweiligen betrieblichen Basis konfrontiert, so dass mit fortschreitender Distanz zur Startphase die intermediären Organisationen immer weniger "Herren des Verfahrens" blieben.

In und zwischen den Verbänden besteht eine nach wie vor offene Entwicklungsdynamik. So kann - am Beispiel der ostdeutschen Metall- und Elektroindustrie - nach nunmehr zehn Jahren bestenfalls eine Zwischenbilanz über die Entwicklung der industriellen Beziehungen in den fünf neuen Ländern vorgelegt werden. Die Gründe dafür liegen allerdings nur zu einem kleinen Teil in der Transformationsproblematik, deren bedeutendste Herausforderungen von den Tarifparteien in den ersten Aufbaujahren pfadabhängig angegangen wurden. Vielmehr sind sie auf dynamische Veränderungsprozesse in der gesamtdeutschen Ökonomie im Kontext von Europäisierung, Globalisierung und sozialem Wandel zurückzuführen, die weitgehend unabhängig von den Einflüssen des Transformationsprozesses verlaufen. Im folgenden werden die wichtigsten Hauptergebnisse dieser Studie in drei Schritten zusammengefasst: Erstens werden die wichtigsten Etappen rekapituliert, die das Profil der industriellen Beziehungen in Ostdeutschland in den ersten zehn Jahren geprägt haben, um deren Entwicklungsdynamik als konflikthafte Aushandlungsprozesse herauszuarbeiten. Zweitens werden Thesen diskutiert, die im Modus der sogenannten Startprogrammierung eine wesentliche Ursache für die Probleme des Aufbaus Ost sehen. Und drittens geht es um die Einordnung der vorliegenden Ergebnisse in den Kontext des "Modell Deutschland-Ansatzes".

Prekäre Konsolidierung: Die Pluralisierung der Handlungsarenen und die Gleichzeitigkeit von Steuerung und Eigendynamik

Der ostdeutsche Transformationsprozess von der Plan- zur Marktwirtschaft erfolgte vor allem durch den Beitritt der DDR zur Bundesrepublik Deutschland Mit der Zusammenführung zweier höchst unterschiedlicher Volkswirtschaften wurden an die politischen Akteure Anforderungen gestellt, wie sie nie zuvor in der Nachkriegsgeschichte bewältigt werden mußten. Damit sind nicht nur die quantitativen und qualitativen Dimensionen gemeint, sondern auch die zeitliche Verdichtung der auftretenden Probleme. Unter enormem Zeitdruck sollten Antworten auf die Massenarbeitslosigkeit, Deindustrialisierung, den institutionellen Zerfall und den grundlegende Wandel der Lebens- und Arbeitsbedingungen sowie der politischen Kultur gefunden werden. Die maßgeblichen Impulse gingen zunächst von der Bundesregierung aus, die in der Phase der Startprogrammierung entgegen den üblichen Gepflogenheiten des "semi sovereign state" auf eine enge Konsultationspolitik mit der parlamentarischen Opposition und den intermediären Organisationen verzichtete. Deren Beteiligung stand erst auf der Tagesordnung, nachdem die Regierung die wichtigsten Eckpunkte des außenpolitischen Abstimmungsprozesses geklärt hatte. Entsprechend der Struktur des deutschen politischen Systems erfolgte dann die Transformation im Kontext des föderalen und sektoralen Mehrebenensystems, wobei sich in der Startphase über Interessengrenzen hinweg ein hoher Grad an Gemeinsamkeiten zwischen den Akteuren herstellen ließ Dies trifft auch auf das Verhältnis zwischen der IG Metall und den metallindustriellen Arbeitgeberverbänden zu, die als Ergebnis ihrer Aushandlungspolitik gleichsam einen Fahrstuhl installierten und bedienten, mit dem die ostdeutsche Bevölkerung sukzessive an das westdeutsche Sozialniveau herangefahren werden sollte.

Vergleicht man die Zwischenbilanzen der Transformationsprozesse in den ehemaligen RGW-Ländern, so fällt vor allem auf, dass das ostdeutsche Realeinkommensniveau deutlich über dem aller anderen RGW-Länder und über dem im alten Regime erreichten Niveau liegt.[1] Im vergleichsweise hohen Wohlstands- und Konsumniveau der Bundesrepublik bestand aus der Perspektive der DDR-Bevölkerung schon im geteilten Deutschland ein zentraler Orientierungspunkt. In der Revolutionsphase war dies sogar die mitunter wichtigste Triebkraft für einen schnellen Beitritt, weshalb wir auch von einer Konsumentenrevolution sprechen können. Da auch die westdeutschen Akteure ihre Strategien an dieser Präferenz ausrichteten, avancierte die Beteiligung der ostdeutschen Bevölkerung am westdeutschen Lebensstandard zu einem der wichtigsten Bestimmungsfaktoren für die Richtung des Transformationsprozesses. In der Entscheidung für eine vertraglich abgesicherte Anbindung an das westdeutsche Einkommensniveau wurden bestimmte Elemente der DDR-Sozialpolitik, wie die Entkopplung von Einkommen, Leistung und Produktivität, fortgeschrieben und damit auch die sogenannte Schocktherapie relativiert. Zu berücksichtigen ist auch, dass der dramatische Beschäftigungseinbruch durch umfangreiche arbeitsmarktpolitische Maßnahmen und Sozialtransfers aufgefangen wurde. Von entscheidender Bedeutung für die soziale Einigungsdynamik war der kollektive Wunsch nach schneller Partizipation am westdeutschen Wohlstandsniveau, der zugleich zum Katalysator und Indikator des Transformationsprozesses wurde. Indem die Perspektive einer schnellen Einkommensangleichung zum legitimatorischen Kernelement der "Einheitspolitik" wurde, wuchs auch die Bedeutung der sozialstaatlichen und intermediären Organisationen der Verteilungspolitik vorübergehend über das in Westdeutschland bekannte Maß hinaus

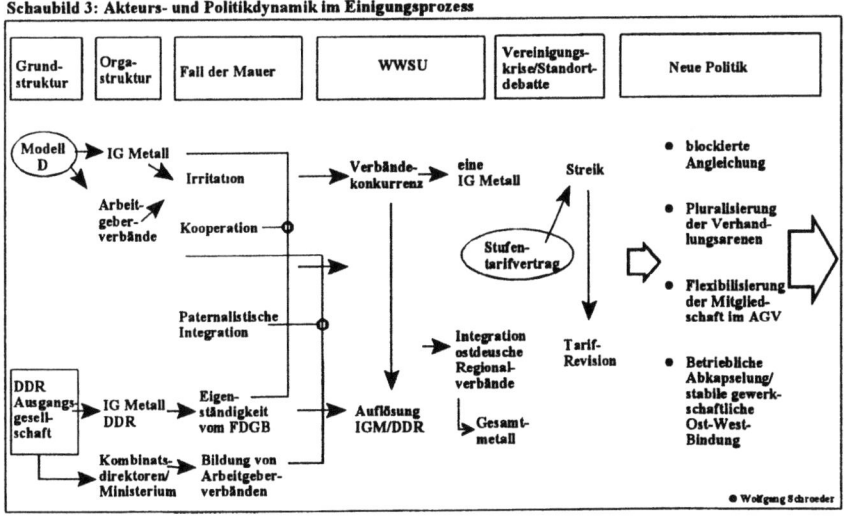

---

1 Vgl. Wiesenthal, Helmut, Die Transformation der DDR. Verfahren und Resultate, Gütersloh 1999, S. 61/42· "Auch hat es wohl noch nie zuvor einen ähnlich ambitionierten Versuch gegeben, die Realeinkommen einer Population von 16 Million Menschen binnen weniger Jahre nachhaltig um 50 Prozent und mehr zu erhöhen."

Die wichtigsten Einflüsse auf den Verlauf der Akteurs- und Politikdynamik gingen von der doppelten Erbschaft (Ost und West), dem Verhalten der Unternehmen, der staatlichen Transformationspolitik und den organisationspolitischen Strukturen und Strategien der Verbände aus. Damit waren Aufbau und Entwicklung industrieller Beziehungen in Ostdeutschland nicht nur in das Spannungsverhältnis sozialer Interessenkonflikte von Arbeit und Kapital eingebunden, sondern auch in jenes zwischen West- und Ostdeutschland und damit auch zwischen exogener Steuerung und endogenen Kräften In der Umbruchphase des Winters 1989 und des Frühjahrs 1990 sah es kurzfristig so aus, als ob die DDR-Kräfte selbst den Um- und Neubau eigener intermediärer Institutionen verantworten würden, während die zunächst überraschten und irritierten westdeutschen Verbände lediglich konzeptionelle und logistische Hilfe leisteten, ohne die Steuerungskompetenz der ostdeutschen Seite in Frage zu stellen. Im Gewerkschaftsbereich bestand für einige Monate eine sichtlich belastende Konkurrenzsituation zwischen der bundesdeutschen IG Metall und der IG Metall/DDR. Mit der Ankündigung der Währungsunion und der Präferenz für das Beitrittsmodell ging die Federführung auf die westdeutsche Seite über Für Arbeitgeberverbände und IG Metall ergaben sich daraus unterschiedliche organisationspolitische Strategien. Auf Arbeitgeberseite wurden zwar die ostdeutschen Funktionäre formal bestätigt; real wurde jedoch für einen nicht weiter definierten Zeitraum ein paternalistisches Lehrer-Schüler-Verhältnis installiert, mit dem die faktische tarifpolitische Entscheidungskompetenz bei den westdeutschen Verbänden lag. Während die ostdeutschen Arbeitgeberverbände integriert wurden, mußte sich die IG Metall/DDR auflösen. Deren Führungselite wurde durch eine westdeutsche Funktionärsschicht ersetzt, die den Aufbau nach westdeutschen Vorgaben und Erfahrungen gestalten sollte.

Den federführenden westdeutschen Funktionären beider Verbände ging es um einen stabilitätsorientierten Institutionentransfer, der negative Rückwirkungen auf den westdeutschen Status quo vermeiden sollte. Der Konsens zwischen IG Metall und Arbeitgeberverbänden bestand darin, weder Veränderungen gegenüber den Instrumenten des westdeutschen Ursprungskontextes vorzunehmen noch Anleihen bei den Instrumenten der ostdeutschen Ausgangsgesellschaft zu machen, also keine Abweichungen zuzulassen, die den besonderen Bedingungen der Transformationsphase Rechnung getragen hätten. Beiden Verbänden gelang es, die Mehrheit des vorhandenen Mitgliederpotentials zu integrieren und die Normen des Flächentarifvertrages zur Regel zu erheben. Der Osterweiterung des deutschen Systems industrieller Beziehungen entsprach eine tarifpolitische Homologie, die in dem 1991 abgeschlossenen Stufentarifvertrag ihre wichtigste materielle Vertragsform gefunden hatte. So wie zuvor durch die Regierung alle wichtigen Bereiche des Beitritts per Vertrag definiert worden waren, wurde nunmehr auch der Prozeß der materiellen Angleichung vertraglich für einen längeren Zeitraum geregelt. Angesichts der beginnenden Vereinigungskrise wurde dieses Vorgehen von allen Beteiligten beziehungsweise der politischen Öffentlichkeit als ein positives Signal für einen gelingenden Einigungsprozeß begrüßt, mit dem die Abwanderung bekämpft, die Angleichungsschritte definiert und somit eine klare Perspektive für eine schnelle Integration der ostdeutschen Wirtschaft gleichsam als "Licht am Ende des Tunnels" gegeben sei. Auf diese situativ positive Rezeption, die als gelungene Inszenierung gelten kann, folgte mit einer gewissen Phasenverschiebung eine grundlegende Kritik aus der Wirtschaft, den Parteien und der veröffentlichten Meinung an der exogenen Steuerung, die sich auf Struktur und Niveau des Stufentarifvertrages sowie auf die Rolle der Gewerkschaften im Treuhandkomplex konzentrierte. Auch wenn die rückblickende Bewertung des Stufentarifvertrages durch Lehmbruch "als letzte wichtige Manifestation der korporatistischen Strategietradition in den Arbeitsbeziehungen"[2] sicher überzogen ist, so stellte dieser Tarifvertrag zweifellos eine deutliche Zäsur in der ostdeutschen Entwicklung dar. Damit war rückblickend die emphatische Einigungs- und Aufbauphase gewissermaßen abgeschlossen.

Mit der Verschmelzung von Vereinigungs- und Standortkrise (1992/1993) gerieten die Tarifparteien und ihre Politik unter öffentlichen Dauerbeschuss, wodurch insbesondere die Mitgliederbindung der Arbeitgeberverbände strapaziert und schließlich massiv geschwächt wurde Daraus entwickelte sich im Frühjahr 1993 eine erste dramatische Konfliktkonstellation zwischen den Verbänden. Sie begann mit der außerordentlichen Kündigung des Stufentarifvertrages durch die Arbeitgeber und fand mit dem ersten großen Flächenstreik in Ostdeutschland seit dem Ende der DDR ihren Höhepunkt Zwar konnten beide Tarifparteien entgegen allen Befürchtungen ihre Konflikt- und Kompromissfähigkeit beweisen, doch kam es trotz der vertraglich vereinbarten Einführung der Härtefallklausel und der Streckung des Angleichungsfahrplans zu keiner Konsolidierung der industriellen Beziehungen. Im Gegenteil: Nach dem Streik und dem Ende der Treuhandzeit begann eine Phase permanenter Unstimmigkeiten und kleiner Konflikte zwischen den Tarifparteien, die auf grundlegende Interessen- und Strategiedifferenzen zurückgingen. Dazu gehört auch der Versuch der Arbeitgeberverbände, in den fünf neuen Ländern mittels der Christlichen Gewerkschaft einen "Gewerkschaftspluralismus" zu installieren, um das Repräsentationsmonopol der IG Metall auf der Arbeitnehmerseite in Frage zu stellen. Obwohl die Christliche Gewerkschaft über keine hinreichend große Mitgliederbasis und Organisationsmacht verfügt, um tarifpolitisch eigenständig agieren zu können, trafen die zwischen ihr und den Arbeitgeberverbänden abgeschlossenen Verträge auf eine enorme öffentliche Resonanz. Neben den Arbeitgeberverbänden und den Christlichen Gewerkschaften übten auch einzelne Unternehmen, beispielsweise Jenoptik, Druck aus, um das etablierte Flächentarifvertragssystem gegen den Willen der IG Metall neu zu justieren. Als wichtigster Resonanzboden für die Strategien der Arbeitgeber wirkten Massenarbeitslosigkeit, verfestigte betriebliche Flexibilisierungsgemeinschaften und eine mangelnde Fähigkeit der IG Metall, sich auf dem symbolischen Feld der regionalen Politik auch medien- und tarifpolitisch zu behaupten.

---

2   Lehmbruch, Gerhard, Zwischen Institutionentransfer und Eigendynamik: Sektorale Transformationspfade und ihre Bestimmungsgründe, in Czada, Roland/Lehmbruch, Gerhard (Hrsg), Transformationspfade in Ostdeutschland Beiträge zur sektoralen Vereinigungspolitik, Frankfurt 1998, S. 18

Hatten IG Metall und metallindustrielle Arbeitgeberverbände anfangs ein gleichgerichtetes Interesse, das sich sowohl auf die Stabilisierung des bundesdeutschen Status quo wie auch auf die Abpufferung des Transformationsschocks richtete, so wandelte sich in den folgenden Jahren die gemeinsame Interessenlage in einigen Regionen in eine Gegnerschaft, die nur noch wenig Raum für gezielte Kooperationen ließ. Während die IG Metall den Prozeß der Angleichung fortschreiben wollte, insistierten die Arbeitgeber auf einer grundlegenden Revision der tariflichen Grundlagen Dabei kamen nicht nur veränderte politische Rahmenbedingungen zum Ausdruck, sondern auch weitreichende Verschiebungen der Unternehmensstrukturen (Dominanz der Kleinbetriebe)[3] und infolgedessen auch der verbandlichen Mitgliederbasis. War es den Verbänden in den ersten Jahren möglich, eine exogen gesteuerte und einflusslogisch ausgerichtete Politik zu praktizieren, so dominierten in den letzten Jahren endogene Problemlagen das verbandspolitische Handlungskalkül. Der Bedeutungsverlust der Einflusslogik basiert primär auf dem Desinteresse der Regierung den Vereinigungskorporatismus fortzuführen und sich statt dessen für eine Deregulierung des westdeutschen Modells industrieller Beziehungen einzusetzen. Die Arbeitgeberverbände setzten deshalb darauf, sich von westdeutschen Vorgaben und Anpassungsparametern zu befreien und präferierten statt dessen eine stärker kontextuelle Tarifpolitik, die auf lohnpolitische Sonderkonditionen und weitergehende Flexibilitätsbedürfnisse der Unternehmen zugeschnitten war. Diese offensive Politik gegenüber der IG Metall vermochte indes nicht, den verbandlichen Rückzug der kleinen und mittelgroßen Betriebe aus den Arbeitgeberverbänden aufzuhalten, deren Exodus nach wie vor auf hohem Niveau stattfindet. Demgegenüber ist die IG Metall zwar nicht mit einem ähnlich starken Mitgliederrückgang konfrontiert, dafür aber mit dem Problem, dass ein großer Teil ihrer aktiven Mitglieder sich primär an betrieblichen Kompromissstrukturen orientiert. Folglich war eine offensive gewerkschaftliche Mobilisierung für eine Angleichungspolitik in der Fläche bislang kaum möglich. Die geringe Partizipationsbereitschaft kann auf Verhaltensdispositionen zurückgeführt werden, die in der ostdeutschen Ausgangsgesellschaft funktional waren und die durch die exogene Transformation eher bestätigt als verändert wurden. Zwar sind ähnliche Verhaltensweisen auch in Westdeutschland konstatierbar, dort jedoch ohne vergleichbar "lähmende" verbandspolitische Wirkung. Aufgrund der geringen Durchsetzungsfähigkeit konzentrierte sich die IG Metall in der zweiten Hälfte der 90er Jahre darauf, die im Westen ausgehandelten Ergebnisse nach Ostdeutschland zu übertragen, um die Ost-West-Kluft nicht wieder größer werden zu lassen.

Nach der stabilisierungsorientierten Anfangsphase des exogenen Institutionentransfers, in der beide Tarifparteien als Transfer- und Pufferinstitutionen wirkten, kam es zu immanenten Erosionsprozessen in Form einer Pluralisierung der Handlungsarenen und Tarifnormen. Dabei entwickelte sich der kollektive Tarifvertrag zur Rahmennorm, von der viele Betriebe mit und ohne Unterstützung der Tarifparteien

---

3 1991 arbeiteten im Durchschnitt 384 Beschäftigte in einem ostdeutschen Metallbetrieb, 1998 waren es nur noch rund 87

abwichen. Folglich sind die Tarifparteien seit Mitte der 90er Jahre primär mit der nachsorgenden Austarierung neuer betrieblicher Flexibilisierungsmuster beschäftigt. Der damit einhergehende Aufgaben- und Strategiewechsel wurde durch die normative Kraft des Faktischen erzwungen. Er setzte Lernprozesse in Gang, deren nicht intendiertes Ergebnis darin bestand, dass die Kluft zwischen der betrieblichen Realität und der sektoralen Norm sich weitete. Zugleich hat die Praxis der Tarifparteien mittlerweile dazu beigetragen, dass sie deutliche Einbussen ihrer Verpflichtungsfähigkeit hinnehmen mussten. Die Arbeitgeberverbände haben sowohl durch die von ihnen betriebene Flexibilisierung der Verbandsmitgliedschaft wie auch durch die Pluralisierung der Entgelt- und Arbeitszeitrealitäten die Hürde für normabweichendes Verhalten bewusst niedrig gehalten, damit aber zugleich die eigene Autorität als Normsetzungskraft untergraben. Demgegenüber liegt das Dilemma der IG Metall in ihrer Firmentarifvertragspolitik. Durch die Zustimmung zu betrieblichen Sonderkonditionen unterhalb der Norm des Flächentarifvertrages fördert die IG Metall zwar die tarifpolitische Beteiligungsorientierung der Belegschaften und stärkt damit meist die Organisationszugehörigkeit der Mitglieder in solchen Betrieben. Aber gleichzeitig schafft sie so niedrigere tarifliche Referenzwerte, auf die sich andere Betriebe zu beziehen versuchen, wodurch die IG Metall wiederum tarifpolitisch erpressbar wird. In einem solchen Konflikt, wo sich Mitglieder- und Einflusslogik gegenüberstehen, wird meist nach dem Prinzip der Güterabwägung und Schadensbegrenzung verfahren. Wenn in einem solchen Fall der Differenzierungs- und Flexibilisierungsprozess als verbandlich kontrollierter oder flankierter Dezentralisierungsprozess verläuft, bedeutet dies auch, dass rechtsfreie Räume und einseitige, unkontrollierte Belastungen der Arbeitnehmer vermieden werden, um eine ansonsten nur noch schwer zu regulierende Abwärtsspirale zu verhindern.

Der Wechsel von der gesellschaftspolitischen Ausnahmesituation des stabilitätsorientierten Institutionentransfers hin zur flexibilitätsorientierten betrieblichen Modernisierung ging mit einer abnehmenden exogenen Steuerungspolitik und mit einer zunehmenden endogenen Eigendynamik einher. Die Akteure der industriellen Beziehungen in Ostdeutschland konnten durch die Tarifrunden, den Revisionsstreik, die Routinisierung verbandlicher Politik und ein im Zeitraffer stattfindendes kollektives Lernen ein eigenes erfahrungsgesättigtes Profil entwickeln - ohne indes auch nach zehn Jahren über den Zustand einer prekären Konsolidierung hinausgewachsen zu sein. Mit der Veränderung der Kräfteverhältnisse, der enormen Zunahme betrieblicher Eigenlösungen und den großen Schwierigkeiten, eine konsensuale Strategie zwischen den Tarifparteien zu verankern, entwickelte sich innerhalb und zwischen den Verbänden keine Vertrauensbasis für einen transparenten und weithin anerkannten überbetrieblichen Aushandlungsmodus. Im Gegenteil: die industriellen Beziehungen in der ostdeutschen Metallindustrie sind durch Turbulenzen und Unübersichtlichkeiten geprägt, wobei der Einfluß der betrieblichen Akteure als außerordentlich hoch zu veranschlagen ist und die Verpflichtungsfähigkeit der Verbände als eher gering.

Transferprogrammierung: Kein Sündenfall, sondern nicht intendierter, stabilitätsorientierter Preis der Einheit

Bei der Bewertung der industriellen Beziehungen in Ostdeutschland stehen sich konträre Positionen gegenüber: Die Pessimisten befürchten, dass in Ostdeutschland eine längerfristig abweichende Entwicklung zu Westdeutschland eintrete, von der zugleich eine nachhaltige Schwächung des westdeutschen Modells ausgehen könne. Als archimedischen Punkt identifizierten Verfechter der Erosionsthese den spezifischen Modus der Transferprogrammierung. Beziehen sich manche dabei primär auf die tarifpolitische Startprogrammierung, so verweisen andere eher auf den Umgang mit den ostdeutschen Akteuren und die sich daraus entwickelnde Repräsentationslücke Demgegenüber relativieren Optimisten die von der Startprogrammierung ausgehenden längerfristigen Belastungen und verweisen auf die Robustheit und Flexibilität des westdeutschen Modells. Ich interpretiere den eingeschlagenen Kurs als eine stabilitätsorientierte, komplexitätsreduzierende Machtstrategie der Westakteure, die damit den sicherheitsorientierten Erwartungen in beiden Teilen Deutschlands entsprachen Die nicht intendierten Folgen haben den handelnden Akteuren zwar erhebliche Zumutungen und Kosten aufgebürdet, die jedoch gemessen an der Bedeutung des Jahrhundertereignisses durchaus verkraftbar waren. Sie haben zu keinem grundlegenden Wandel des deutschen Modells geführt, sondern zu dessen Bestätigung in modifizierter Form.

Was die Handlungsmotive und -folgen angeht, so formulieren eine Reihe prominenter Autoren die These, dass die Entscheidung zugunsten einer schnellen Lohnangleichung dem längerfristigen Interesse der westdeutschen Akteure nach Ausschaltung einer ostdeutschen Billigkonkurrenz entsprach Dieses den Tarifparteien in der tarifpolitischen Startprogrammierung unterstellte Handlungskalkül wird dabei in einen intentionalen Zusammenhang mit der Deindustrialisierung und der Massenarbeitslosigkeit gebracht. Besonders öffentlichkeitswirksam und pointiert ist diesbezüglich die Kritik der Wirtschaftswissenschaftler Gerlinde und Hans-Werner Sinn: "Die Tarifvereinbarungen für Ostdeutschland kommen einem Beschäftigungsverbot in einem Landesteil gleich. Wirtschaftlich betätigen darf sich nur, wer es zu westlichen Bedingungen kann Nur mit der Technologie einer der produktivsten Volkswirtschaften dieser Erde und zu ihren Löhnen darf ab 1995 noch produziert werden."[4] Die Begründung der Tarifparteien für die "Hochlohn-Hightech-Strategie", dass man den "Investoren nicht falsche Signale für die Wahl ihrer Technologien" geben und so eine hohe Produktivität erzwingen sowie die Abwanderung der Bevölkerung in den Westen aufhalten wolle[5], bewerteten die Sinns als eine paternalistische Strategie, die massive Effizienznachteile mit sich bringe und den Staat und die Steuerzahler in die Pflicht nehme So wird den Tarifparteien gewissermassen die Hauptschuld für den schnellen Beschäftigungsabbau gegeben; zudem wird eine quasi verschwörungstheoretische

---

4 Vgl Sinn, Gerlinde/Sinn, Hans-Werner 1991, S 150
5 Vgl ebd. S 151 ff

Langfriststrategie der westdeutschen "Kartellbrüder" unterstellt, die auf die Abwehr ostdeutscher Konkurrenz gezielt habe.

Ähnlich pointiert fällt die organisationspolitisch ausgerichtete akteurstheoretische Rekonstruktion der tarifpolitischen Startphase durch Ettl/Wiesenthal aus. Sie gehen von einem "strukturellen Repräsentationsdefizit"[6] auf Seiten der Arbeitgeber aus, in deren Folge sich eine auf "Konfliktvermeidung" und das Abwenden von "Billiglohnkonkurrenz" orientierte Politik durchgesetzt habe. Der Mangel an "präventiver Bearbeitung aufkommender Probleme" sei das Ergebnis "egoistische(r) Ignoranz"[7]. Indem die Arbeitgeberverbände das Interesse an niedrigen Lohnabschlüssen nicht massiv zur Geltung brachten, verletzten sie das Prinzip der Mitgliederlogik massiv und agierten letztlich als "Gesellschaftspolitiker"[8]. Auch Ettl/Wiesenthal kommen zu dem Ergebnis, dass von der tarifpolitischen Startprogrammierung negative Auswirkungen auf die Beschäftigungshöhe, das Investitionsvolumen und das Partizipationsniveau ausgegangen seien.

Während beide Erklärungsansätze mit unterschiedlicher Gewichtung die schnelle Angleichung auf die Interessenlage der Westakteure zurückführen, setzt von Fürstenberg mit der "Endgame Rational"-These bei der Interessenkonstellation der ostdeutschen Akteure in der Endphase der DDR an. Angesichts der tiefen ökonomischen Krise, des offensichtlichen Personalüberschusses und der zu erwartenden Arbeitslosigkeit unter den Bedingungen des deutschen Sozialstaates sei es den ostdeutschen Akteuren in der ersten Hälfte 1990 darum gegangen, die Löhne schnell nach oben zu treiben, um später eine möglichst hohe Kompensation durch die Bundesanstalt für Arbeit zu erhalten. Darin sieht Fürstenberg auch die zentrale Ursache für die unterschiedlich verlaufene Arbeitsmarktentwicklung in Ostdeutschland und den RGW-Nachbarländern: "If East German politicians, managers and workers had taken advantage of the prospect of unification to maximise the wage bill just before the regime's end, the West German receivers would have been handed an extra adjustment problem to contend with that could not have arisen in post-communist Poland and Hungary."[9]

Diese Erklärungsansätze beziehen sich nur auf einzelne, partikulare Handlungskalküle: sie beanspruchen aber zu unrecht eine Erklärung fürs Ganze, denn sie unterstellen damit, dass die strategischen Ziele einzelner Gruppen mit dem Ergebnis des Prozesses identisch sind. Es ist zwar denkbar, dass die intendierten Ziele partikularer Interessen als nicht intendiertes Ergebnis eines umfassenden komplexen Aushandlungsprozesses entstehen. Nur von den Zielen auszugehen, ist jedenfalls unzureichend. In solchen Fällen lässt sich aber kein Kausalzusammenhang herstellen, um den Ursachen und der Dynamik eines Prozesses Rechnung zu tragen. Schließlich findet wirtschaftliches und politisches Handeln nicht am "grünen Tisch" statt, vielmehr ist

---

6 Ettl, Wilfried/Wiesenthal Helmut 1995. S 436
7 Ebd . S 435 f
8 Ebd , S 437
9 Fürstenberg. Georg M von, Overstaffing as an Endgame and Prelude to the Employment Collapse in Eastern Germany?, in Communist Economies & Economic Transformation, 1995/3, S. 299.

dieses eingebunden in komplexe Institutionenordnungen Das gilt erst recht für den Institutionentransfer, der durch eine komplexe, politisch überformte Mischung von parteipolitischen, wirtschaftlichen und verbandlichen Interessen geprägt war. Dabei agierten alle Akteure mit einem unzureichenden Informationsniveau über die aktuelle Lage, aber erst recht hinsichtlich der weiteren Entwicklung. Unzureichend berücksichtigt bleibt bei den erwähnten Betrachtungsweisen auch die zufällige und vor allem die normative Dimension kollektiven Handelns. Ohne die normative Dimension läßt sich jedoch nicht erklären, warum die überwältigende Mehrzahl der Mitglieder und relevante Teile der Öffentlichkeit den kollektiven Akteuren im Einigungsprozeß ein über Partialinteressen hinausreichendes glaubwürdiges Handeln zusprach. Während in der Analyse von Sinn/Sinn die institutionellen, politischen und normativen Rahmenbedingungen weitgehend ausgeblendet werden, ignorieren Ettl/Wiesental vor allem die machtpolitische, prozesshafte Aushandlungsdimension als Grundlage verbandlichen Handelns

Eine anders akzentuierte Perspektive auf die Startprogrammierung ergibt sich, wenn man die unrealisierten Alternativen zur schnellen Übertragung westdeutscher Tarifstrukturen bedenkt. Denn die Thematisierung von Alternativen und nicht genutzten Chancen bietet die Möglichkeit, Vor- und Nachteile, Kosten und Konsequenzen unterschiedlicher Entscheidungen zu reflektieren. Alternative Gestaltungsoptionen in der Tarifpolitik waren erstens eine längere Übergangsregelung auf der Grundlage der DDR-spezifischen Lohn- und Gehaltsdifferenzierungen und zweitens die Entwicklung eines Lohn- und Gehaltsrahmentarifvertrages mit neuen Eingruppierungsbestimmungen und Entlohnungsgrundsätzen. Während ein langsamer Übergang vom DDR-Tarifsystem auf das bundesdeutsche kein Gegenstand öffentlicher Debatten war, stieß der Wille zur immanenten Reform des Tarifsystems auf eine große innergewerkschaftliche Resonanz. In Sachsen hatten die Tarifparteien im Herbst 1990 einen Konsens darüber hergestellt, gemeinsam diesen Weg einzuschlagen. Statt eines neuen Entgeltrahmentarifvertrages wurde indes die Trennung in Arbeiter- und Angestelltenstrukturen auf Ostdeutschland übertragen, die zwar den Qualifikations- und Leistungsanforderungen der neuen Arbeitswelt nicht mehr entspricht, jedoch das "nachholende Abgrenzungsbedürfnis" der Angestellten erfüllte, eine in der ehemaligen DDR bisher nicht vorhandene Differenz zwischen Arbeitern und Angestellten zu etablieren.[10]

Weshalb wurde die Gelegenheit des Systemwechsels nicht genutzt, um das Tarifsystem den in den 80er Jahren in Westdeutschland bereits sich veränderten Bedingungen anzupassen? Welche Rolle spielten dabei die von den oben angegebenen Autoren ins Zentrum gerückten Interpretationen eines interessegeleiteten Eigennutzes einzelner Gruppen oder einer ostdeutschen Repräsentationslücke? Hier wird von der These ausgegangen, dass eine so komplexe und unüberschaubare Entscheidungssituation wie die Startphase eine dezidierte Ursachen-Ergebnis-Zuschreibung kaum zulässt. Gleich-

---

10 Vgl Mahnkopf, Birgit 1991, S 289

wohl lassen sich mit Blick auf das sicherheitsorientierte Verhalten der kollektiven Akteure aber folgende Einflussfaktoren auf die Startphase benennen:
- Es herrschte ein enormer Zeitdruck, der dazu führte, dass improvisiertes Handeln den Prozess der Transformation gestaltete.
- Zwischen den westdeutschen Verbandsspitzen bestand kein Konsens über die Richtung des Umbaus auf der inhaltlichen und strukturellen Ebene, weil es auch keine gemeinsame Analyse über die Defizite der industriellen Beziehungen in Westdeutschland gab.
- Statt eines gemeinsamen Grundverständnisses, wie der Umbau im Umbruch zu bewältigen wäre, dominierte die Angst davor, dass sich Positionsverschiebungen zu Lasten der eigenen Organisation ergeben könnten.
- Zu berücksichtigen ist auch, dass jede der Tarifparteien die Plausibilitätsdefizite des westdeutschen Tarifvertragssystems nicht als genügend krisenhaft empfand, um eine Veränderung der eigenen Instrumente und Regeln als das unumstössliche Gebot der Stunde zu begreifen.

Im Ergebnis bedeutete dies, dass die Tarifparteien sich durch den Systembruch überfordert sahen und sich deshalb im eigenen Gestaltungsbereich "eine Unterforderung" auferlegen mußten, um die zwischenverbandliche Handlungsfähigkeit des tarifpolitischen Netzwerkes nicht weiter zu gefährden und sich damit noch stärker zu überfordern. Daraus entwickelte sich als nicht intendierte Folge im zeitlichen Verlauf eine zusätzliche Hypothek hinsichtlich der Akzeptanz von Organisationen und Verfahren. Eng mit der Frage der Überforderung verzahnt ist der "Kolonialisierungsvorwurf". So deuteten große Teile der ostdeutschen Arbeitgeber - aber auch Teile der Beschäftigten - nachträglich die Übertragung des westdeutschen Modells als "Kolonialisierung" beziehungsweise als Überstülpungsvorgang. Zutreffend an der "Überstülpungskritik" war der Hinweis auf die fehlende Beteiligung ostdeutscher Akteure an der konzeptionellen Startprogrammierung. Der Kolonialisierungsvorwurf wirkte unter den Bedingungen der Vereinigungskrise auch als Resonanzboden für die Betriebsrätebewegung, die Gerechtigkeitskomitees und die vielen anderen Aktivitäten wie beispielsweise den Revisionsstreik. Dabei ging es jeweils auch um die ostdeutsche Identität im Sinne von mehr Anerkennung und Beteiligung, wofür bis auf den heutigen Tag die Rede von der "Ostalgie" steht. Sowohl die Arbeitgeberverbände wie auch die IG Metall bezogen sich auf diese Wahrnehmung für ihre je eigenen Organisationsinteressen. So begründeten die Arbeitgeber mit dem Hinweis auf die besondere ostdeutsche Lage nicht nur ihre Forderung nach einer spezifisch ostdeutschen Tarifpolitik, sondern auch die realen betrieblichen Abweichungen vom Tarifvertrag. Demgegenüber rekurrierte die IG

Metall auf die spezifisch ostdeutsche Gefühlslage, wenn die Arbeitgeber versuchten, die ostdeutschen gegenüber den westdeutschen Arbeitnehmern zu benachteiligen.[11]

Ostdeutschland: Vom Haupt- zum Nebenschauplatz des deutschen Modells

Die Inkorporation der ehemaligen DDR in das westdeutsche Modell erfolgte per Beitritt zur Bundesrepublik Im Kontext einer vergleichsweise radikalen Transformation, die angesichts der massiven staatlichen Interventions- und Transferleistungen als semi-Schocktherapie bezeichnet werden kann, kam es in den fünf neuen Ländern zu Deindustrialisierung, Massenarbeitslosigkeit, einer ungleichen Vermögensverteilung und einem dominanten Einfluß der westdeutschen Konzerne. Der Vergleich mit den Transformationsprozessen in anderen mittel- und osteuropäischen Ländern zeigt, das ähnliche Ergebnisse - wenngleich zeitlich gestreckt - auch bei einer eher gradualistischen Strategie eingetreten wären [12] Denn mit der Zusammenführung zweier Volkswirtschaften, die gänzlich unterschiedliche Leistungsniveaus hatten, setzte ein Verdrängungsprozess ein, der dazu führte, dass sich die industrielle Basis Ostdeutschlands auf eine Schrumpfgröße reduzierte. Ostdeutschland ist aber nicht zum Mezzogiorno geworden, wie verschiedentlich befürchtet wurde. Die ostdeutsche Metall- und Elektroindustrie hat sich seit 1996 auf einem niedrigen Niveau konsolidiert und ist nunmehr fest in die Wertschöpfungsketten der westdeutschen Konzerne als abhängige, aber durchaus dynamische Regionalökonomie eingebunden. Wichtige Kennzeichen der ostdeutschen Dependenzökonomie, in der etwa 8 Prozent (1998) aller Beschäftigten der deutschen Metallindustrie arbeiten, sind eine kleine Zahl großer Betriebe (53 Betriebe mit mehr als 500 Beschäftigten), die zugleich meist dem Modell der verlängerten Werkbank entsprechen, also nur selten über alle wichtigen Funktionen des Wertschöpfungsprozesses verfügen Besonders deutlich wird der Dependenzcharakter, wenn man berücksichtigt, dass nur drei der großen Metallbetriebe ihren Hauptsitz in Ostdeutschland haben. Da die Mehrheit der kleinen Betriebe als regional ausgerichtete Nischenproduzenten agieren, ist die Exportorientierung als ökonomisch konstitutives Element des deutschen Modells bislang in den fünf neuen Ländern nur schwach ausgeprägt Während die Exportquote in den alten Bundesländern bei 44,4 Prozent liegt, kommt die Metallindustrie der neuen Bundesländer nur auf einen Wert von 26,5 Prozent. Allerdings konnten auf diesem Gebiet in den vergangenen Jahren erstaunli-

---

11 Vgl Hondrich, Karl Otto, Rashomon in Deutschland, in Hondrich, Karl Otto/Joost, Angela/Koch-Arzberger, Claudia/Worndl Barbara, Arbeitgeber West - Arbeitnehmer Ost Vereinigung im Konflikt, Berlin 1993, S 117 f In diesem Sinne interpretiert Hondrich den Streik 1993 "Die Rationalität des Streiks lag für sie nicht so sehr in der Sphäre ihrer Interessen als in der ihrer kollektiven Identität Schluß mit dem Ducken und mit den Demütigungen Sie zeigten damit ihren westdeutschen Arbeitgebern, den westdeutschen Kollegen und sich selbst, dass sie sich nicht wie die 'Lämmer zur Schlachtbank' führen lassen".
12 Vgl Wiesenthal, Helmut 1999. S 61 "Nicht nur ist die Industrieproduktion Ostdeutschlands in ungefähr demselben Verhältnis geschrumpft wie in Polen, Ungarn und der Tschechischen Republik, sondern auch der Wiederanstieg des industriellen Produktionsvolumens erfolgte im selben Tempo wie in Ländern, die weder etwas Vergleichbares wie die Wirtschafts- und Währungsunion erfahren haben noch umfangreiche Finanzhilfen verbuchen konnten "

che Zuwachsraten verzeichnet werden: Zwischen 1996 und 1998 stieg die Exportquote der ostdeutschen Metallindustrie von 15,8 Prozent auf 26,5 Prozent.

Die ostdeutsche Metallindustrie kann nach zehn Jahren als ökonomisch relativ konsolidierte Industrielandschaft gelten. Obwohl die Lohnstückkosten wie auch Umsatz und Rendite sich in der Mehrzahl der Betriebe dem westdeutschen Niveau angenähert haben, geht davon jedoch noch kein hinreichend beruhigender Einfluß auf die Funktionsfähigkeit des dualen Systems industrieller Beziehungen aus. Statt dessen verbanden sich unter den Bedingungen der Massenarbeitslosigkeit das paternalistisch-gemeinschaftsstiftende DDR-Erbe und die Wirkungen des exogen gesteuerten Transformationsprozesses zu einem Amalgam, das die Konservierung betrieblicher Abkapselungsstrategien gegenüber verbandlichen Handlungsoptionen förderte. Die strategischen Schlüsselakteure dieses Prozesses sind die ostdeutschen Manager. Ihnen scheint es bisher zu gelingen, den betrieblichen Zusammenhang als Schicksalsgemeinschaft zu deuten, die sich nur dann gegenüber den Gefährdungen des Weltmarktes behaupten könne, wenn sie gemeinsam für die Zukunft des Unternehmens einstehe und sich dabei nicht von außen vorschreiben lasse, mit welchen sozialen Standards man sich auf dem Markt zu behaupten habe. Die Basis dieser betrieblichen Flexibilisierungsgemeinschaften, die durchaus offen sind für von ihnen selbst als positiv erachtete Interventionen der Tarifparteien, besteht in der gemeinsamen kulturellen und politischen Herkunft sowie in der Priorität für den Erhalt des eigenen Arbeitsplatzes.[13]

Auch wenn personenzentrierte Netzwerke in den kleinen Betrieben sicherlich eine größere Bedeutung haben als in den großen, so findet sich dieser Faktor auch dort. Die Fixierung auf die kulturell und personell fundierte Wettbewerbsgemeinschaft kann allerdings nicht darüber hinwegtäuschen, dass sich auch in Ostdeutschland mittlerweile eine Bandbreite unterschiedlicher betrieblicher Konstellationen findet. Entscheidend ist jedoch, dass das hier skizzierte betriebliche Verhaltensprofil für die industriellen Beziehungen der ostdeutschen Metallindustrie vorherrschend ist. Der Unterschied zu Westdeutschland, wo ähnliche Flexibilisierungsgemeinschaften anzutreffen sind, besteht darin, dass dort die Personalisierung dieses Politikmusters weniger stark ausgeprägt ist und formale Verfahren sowie Institutionen eine größere Akzeptanz besitzen.

Das Ideal der deutschen Verbändedemokratie ist eine Verknüpfung von hoher Mitgliederzahl und starker Mitgliederbeteiligung. Angesichts dieses Leitbildes ist es folgerichtig, Mitgliederrückgänge und eine schwache aktive Mitgliederbeteiligung ab einer bestimmten Grenze als bedrohlich zu empfinden. Hinsichtlich der Funktionsfähigkeit des deutschen Modells geschieht dies gemeinhin mit Blick auf das geringe

---

13 Weinert, Rainer, Einflussfaktoren auf die Akzeptanz flächentarifvertraglicher Regelungsstandards und Austauschmuster in Ostdeutschland, Berlin 1999, S 45: Hierzu eine pointierte Bewertung von Rainer Weinert "Geschäftsführer und Betriebsräte kennen sich im Regelfall seit mehreren Jahrzehnten, es besteht ein freundschaftlich-gemeinschaftliches Wir-Gefühl. Man hat den Umbruch in der DDR überstanden sowie die prekären Stufen der Privatisierungsphase. Die gemeinsame politisch-kulturelle Verwurzelung in der DDR wird in dieser Perspektive als ein entscheidender Wettbewerbsvorteil gesehen, da zugemutete Einschnitte und Leistungskürzungen auf der Basis dieser kollektiven Verbundenheit erfolgen, deren Charakteristikum "Ehrlichkeit" und "Offenheit" seien "

Mitgliederniveau in den ostdeutschen Arbeitgeberverbänden, die das seit 1945 geringste Organisationsniveau in der deutschen Metallindustrie aufweisen. Dabei fällt auf, dass die kleinen Betriebe selten, die mittleren Betriebe unterproportional und die großen Betriebe überproportional häufig Verbandsmitglieder sind Bei letzteren besteht etwa ähnlich häufig wie in Westdeutschland eine Verbandsmitgliedschaft. Vermutlich ist der informelle Grad an Tarifabweichung höher als im Westen. Für die kleinen Betriebe scheint eine Nichtmitgliedschaft in der Tarifträgerorganisation vorteilhafter zu sein; während die Großen die Mitgliedschaft als Vorteil begreifen - nicht zuletzt, weil sie mit Hinweis auf die kleinen Betriebe eine für sie günstigere Entgeltentwicklung erwarten Während die großen Betriebe in der Regel Verbandsmitglieder sind und zugleich ein eigentümliches Flexibilitätspotential herausgebildet haben, sind die kleinen Betriebe meist verbandsabstinent oder fluchtorientiert. Diese Entwicklung könnte bedeuten, dass das "historische Bündnis" zwischen kleinen und großen Betrieben an eine Grenze gelangt ist, die dessen Fortführung unwahrscheinlich erscheinen läßt. Es ist aber auch denkbar, dass es sich nur um eine Übergangserscheinung handelt, nach deren Überwindung wieder eine größere Zahl der kleinen und mittleren Betriebe eine Verbandsmitgliedschaft anstrebt. Schließlich könnte es auch sein, dass die Relevanz von Mitgliederstruktur und -potential für die Funktionsfähigkeit des Systems industrieller Beziehungen an Bedeutung verliert, weil andere Einflussfaktoren an diese Stelle treten Dann würde so verfahren wie bisher, indem so getan wird, als existierten die alten Grundlagen noch. An dieser Stelle muß aber noch einmal deutlich unterstrichen werden, das der entscheidende Unterschied in der kleinbetrieblichen ostdeutschen Betriebsstruktur liegt. Es sind also nicht die vorhandenen, auf fehlender Tradition und Erfahrung beruhenden Verhaltensunterschiede zwischen Ost- und Westdeutschland ausschlaggebend, sondern die strukturellen Effekte, die mit den Betriebsgrößenunterschieden zusammenhängen.[14]

Worin bestehen nun die Besonderheiten der industriellen Beziehungen in den fünf neuen Ländern? Meist wird diese Frage beantwortet mit dem Hinweis auf die Häufigkeit des Tarifbruchs, eine hohe Verbandsabstinenz, eine geringe aktive Partizipationsbereitschaft der Verbandsmitglieder und eine offensive Arbeitgeberverbandsstrategie zugunsten einer Aufweichung der juristischen Unabdingbarkeit des Flächentarifvertrages sowie eine informelle Flexibilisierung der Arbeitsbedingungen. Auch wenn man konzediert, dass diese Problemlagen bereits vor 1989 in Westdeutschland existierten und sich anschließend in der Standortkrise der 90er Jahre verschärften, so läßt sich in den fünf neuen Ländern eine bislang beispiellose regionale Verdichtung dieser Phänomene identifizieren, deren Relevanz vor dem Hintergrund der Massenarbeitslosigkeit und der schwierigen Aneignung des dualen Systems thematisiert wird. Mit der unzureichenden Integrationsfähigkeit der Arbeitgeberverbände gegenüber den kleinen Betrieben besteht die Gefahr einer Zweiteilung der Arbeitgeberverbände entlang der Betriebsgröße, was durchaus Vorbildcharakter für Westdeutschland haben könnte. Da

---

14 Der durchschnittliche ostdeutsche Metallbetrieb beschäftigt etwa 87 Personen (1998), während dies in Westdeutschland rund 175 sind

Tabelle 34: Organisations- und tarifpolitische Reaktionen der Tarifparteien in West- und Ostdeutschland 1990-1999

Zeitraum	Herausforderungen		IG Metall		Arbeitgeberverbände		Tarifsystem	
	Ost	West	Ost	West	Ost	West	Ost	West
1990 – 1992	• Transformationsschock • Massenarbeitslosigkeit • Angleichungspolitik • Deindustrialisierung	• Eingangsboom • Keine negativen Rückwirkungen auf Status quo West	• Kündigungsschutz/Qualifikation • Beschäftigungsgesellschaften • Stufentarifvertrag • Sanierungspolitik	• Durchsetzung 35-WAZ • Partizipation am Einigungsboom	• schneller Verbandsaufbau • Abwanderung • Investitionsanreize • Stufentarifvertrag	• 35-WAZ hinauszögern • Flexibilisierungspolitik fortsetzen	• Transfer des Tarifsystems • Stufentarifvertrag	• Fahrplan 35-WAZ • Differenzierung der Arbeitszeit
1992 – 1996	• Vereinigungskrise • Veränderung der Unternehmensstrukturen • Abkapselung der Betriebsparteien	• tiefste Krise in der westdeutschen Metallindustrie • starker Beschäftigtenabbau	• Revisionsstreik • kontrollierte Dezentralisierung • Zunahme von Haustarifverträgen	• Mitgliederrückgang • Zunahme Haustarifverträge • Beschäftigungssicherungsverträge	• Austritte aus den AGV • Aufbau AGV-OT	• Austritte aus den AGV nach Bayernstreik Verbandskrise (1995)	• Härtefallklausel (ab 93) • Ende des Stufentarifvertrags (1996) • Pluralisierung der Verhandlungsarenen	• Beschäftigungssicherungspolitik
1996 – 1999	• ökonomische Konsolidierung der ostdeutschen Metallindustrie	• Wirtschaftliche Expansion • Beschäftigungsanstieg • Abbau sozialstaatlicher Leistungen	• Übertragung der Westverträge • Abkopplung verhindern	• Kampf gegen Sozialabbau • Altersteilzeitverträge	• Flexibilisierung der Verbandsmitgliedschaft • Mitgliederrückgang schreitet voran	• Aufbau AGV-OT • Differenzierung und Flexibilisierung des Lohns	• Misstrauen zwischen den Tarifparteien • widerwillige Übernahme West • Blockierte Anpassung West	• Übernahme sozial-politischer Verantwortung: Altersteilzeit/Lohnfortzahlung

© Wolfgang Schroeder

der Angleichungsprozess seit Mitte der 90er Jahre blockiert ist, haben die ostdeutschen Betriebe gegenüber den westdeutschen einen signifikanten Lohnkostenvorteil, für dessen Verlängerung sich die Arbeitgeberverbände engagieren. Dagegen sind ihre Versuche, die recht umstrittenen Daten über die Lohnstückkosten in Ostdeutschland als Druckmittel in der gesamtdeutschen Lohnpolitik einzusetzen, bisher ebenso gescheitert, wie ihre Anstrengungen sich gänzlich aus dem tarifpolitischen Verbund mit der westdeutschen Industrie zu lösen und das Prinzip des Pilottarifvertrages außer Kraft zu setzen Beides scheiterte bislang am Widerstand der Gewerkschaften und dem ordnungspolitischen Interesse der meisten westdeutschen Konzerne. Gleichwohl versuchen einige ostdeutsche Verbände weiterhin, innerhalb des Verbundnetzes der Arbeitgeberverbände einen offensiven Part zu übernehmen. In diese Rolle wurden sie anfangs von westdeutschen Funktionären gedrängt; seit Mitte der 90er Jahre haben sie diesen Part selbst in die Hand genommen Ihrem Selbstverständnis entsprechend begreifen sie Ostdeutschland als Laboratorium, in dem sie durch ihre Initiativen einen Beitrag leisten wollen, um die Zukunft der gesamtdeutschen industriellen Beziehungen zu gestalten In Westdeutschland wird Ostdeutschland von den Arbeitgebern zuweilen als Vorbild und Druckmittel eingesetzt, als Referenzsystem für eine weitere Deregulierung der industriellen Beziehungen. Es spielt insofern mitunter eine wichtige Rolle im Diskurs über die Weiterentwicklung des westdeutschen Systems der industriellen Beziehungen. Zudem läßt sich in einzelnen Fällen ein unmittelbarer, von Ostdeutschland ausgehender Verdrängungsdruck zwischen Konkurrenten im gleichen Marktsegment feststellen

Aus alldem läßt sich bislang nicht ableiten, dass Ostdeutschland ein Laboratorium ist, in dem ein neues, stärker voluntaristisches Muster industrieller Beziehungen entsteht, das den historisch gewachsenen Pfad des westdeutschen Modells verlässt. Insgesamt kann festgestellt werden, dass neben betrieblichen Einzelfällen und einer diskursiven Instrumentalisierung keine weitergehenden ostdeutschen Einflüsse auf die westdeutsche Gesamtkonstellation nachzuweisen sind. Das Ergebnis meiner Analysen ist, dass die ostdeutschen Belastungsproben nicht der Anfang vom Ende des deutschen Modells waren, wie manche Sozialwissenschaftler noch Mitte der 90er Jahre mutmaßten Im Gegenteil: Die Verbände haben dazu beigetragen, die Wucht des Anpassungsschocks abzupuffern und das politische System zu entlasten Als nicht intendierte Folgen und aufgrund der im Zeitraffer veränderten Umweltbedingungen traten dann Belastungsprobleme auf, die ihre Strategie in Frage stellten. Auf den industriellen Strukturwandel reagierten die Tarifparteien mit einem Strategiewechsel. Das gilt auch dann, wenn man konzedieren muß, dass die Tarifparteien unterschiedlich auf den Strukturwandel reagierten. Während der Strukturwandel für die Arbeitgeber eine Gelegenheitsstruktur bildete, um ihre Deregulierungsinteressen schnell voranbringen zu können, suchte die IG Metall diesen Prozeß abzubremsen. So entstanden zwischen ihnen erhebliche Kommunikationsprobleme, jedoch wurde die kooperative sektorale Regulierungspolitik nicht abgeschaltet. Vielmehr kam es zu einer Pluralisierung der Arenen, ohne dass bisher eine Zunahme von Streiks zu verzeichnen ist. Die sektorale Ebene verlor zwar an Bedeutung, ohne jedoch überflüssig zu werden. Es ist die

Kombination aus Beharrlichkeit und flexibler Handhabung der vorhandenen Instrumente, die dazu beigetragen hat, dass sich das deutsche Modell industrieller Beziehungen unter den besonderen Bedingungen Ostdeutschlands bislang bewährte. Alle Versuche, das "goldene Zeitalter" zum Bewertungsmaßstab für die ostdeutsche Entwicklung zu machen, landen bei perspektivlosen Verfallsthesen. Es kann keine Identität mit dem "goldenen Zeitalter" geben, weil sich die Bedingungen seit Ende der 70er Jahre zu stark verändert haben. Für eine "realistische" Interpretation der Entwicklungen ist als erstes das, was den Kern des deutschen Modells ausmacht, von seinen variablen Elementen und Veränderungsmöglichkeiten zu unterscheiden. Der Kern des deutschen Modells industrieller Beziehungen sind die mitgliederstarken Verbände, die durch Konflikt-Kooperation eine überbetriebliche, sektorale Verteilungspolitik durchführen. Aus dieser Perspektive erscheinen hinsichtlich der ostdeutschen Situation insbesondere zwei Dimensionen als prekär: Erstens die Mitgliederschwäche der Arbeitgeberverbände und zweitens die schwache Geltungskraft des Flächentarifvertrages. Bezieht man sich hinsichtlich der Mitgliedschaft auf die besondere kleinbetriebliche Industrielandschaft einerseits und die ausgeprägt hohe Verbandsmitgliedschaft der größeren Betriebe andererseits, so verliert das Problem der Mitgliederschwäche an Dramatik, ohne gänzlich gegenstandslos zu werden. Schwieriger ist die Beurteilung von Veränderungen beim Flächentarifvertrag: Im "goldenen Zeitalter" war der kollektive Tarifvertrag als unabdingbarer Regulierungsanspruch zur definitiven Mindestnorm ohne Abweichungsmöglichkeiten erklärt worden und wurde in den Betrieben auch mehrheitlich so gehandhabt. Seither ist auch durch die von den Tarifparteien selbst geschaffene Öffnungsklausel eine Zunahme der betrieblichen Abweichungspraxis festzustellen. Man könnte also weiterhin die These vertreten, dass sowohl das Leitbild wie auch die Realität des Flächentarifvertrages als eines umfassenden Instrumentes juristischer Unabdingbarkeit irreversibel in einer Krise steckt. Hingegen lässt sich dies hinsichtlich seiner politischen Wirkung als Gravitationszentrum nicht so ohne weiteres sagen. Denn aus dieser Perspektive ist der Flächentarifvertrag eine politisch auszuhandelnde Referenzinstitution, deren Ausgestaltung unter konkreten ökonomischen Rahmenbedingungen von den politischen Kräfteverhältnissen abhängt Aus dieser Argumentation ergibt sich, dass nicht der Kern des deutschen Modells betroffen ist, wenn die Funktionsfähigkeit einzelner Elemente geschwächt ist. Aus der Perspektive pfadabhängiger Entwicklung ist es entscheidend, dass die Fähigkeit zu einer kooperativen Regulierungspraxis im sektoralen Mehrebenensystem besteht und die Verbände in einem arbeitsteiligen Aushandlungsprozess mit den betrieblichen Akteuren diesen Prozeß gestalten und sich dabei an einem zentralen Referenzinstrument orientieren können, das die Arbeitsbedingungen der Mehrheit der Beschäftigten prägt.

In den vergangenen Jahren hat es keine nachhaltige Beeinflussung des westdeutschen Systems industrieller Beziehungen durch die ostdeutsche Entwicklung gegeben. Zugleich läßt sich feststellen, dass die westdeutschen Einflüsse in Ostdeutschland mit zunehmender Distanz vom Transferstart abgeschwächt wurden. Nachdem in der Aufbauphase eine zentrale sektorale Steuerung vorgenommen werden konnte, arbeiteten sich die Tarifparteien in der folgenden Zeit an den nicht intendierten Ergebnissen dieser Steuerungsleistung ab In diesem Prozeß versuchten die Arbeitgeber zunächst, Ostdeutschland zum Einfallstor für eine Neujustierung der gesamtdeutschen Kräfteverhältnisse zu nutzen Doch seit längerem gibt es keine offensiven Versuche der westdeutschen Arbeitgeberseite mehr, diesen Weg zu gehen. Statt dessen übernahm der sächsische Arbeitgeberverband diese Rolle und versuchte das Repräsentationsmonopol der IG Metall in Frage zu stellen. Der Druck der großen ostdeutschen Betriebe und der IG Metall führten letztlich dazu, dass die fünf neuen Länder auch unter den Bedingungen stark ausgeprägter Sezessionstendenzen im ostdeutschen Arbeitgeberlager in die föderale gesamtdeutsche Tarifstruktur formal eingebunden wurden. Die ostdeutsche Metallindustrie zeichnet sich durch eine deutlich andere Industriestruktur und andere Kooperationsformen als die westdeutsche aus. Innerhalb des deutschen Systems industrieller Beziehungen ist es durchaus möglich, dass eine Regionalökonomie, in der weniger als 10 Prozent aller Beschäftigten der deutschen Metallindustrie arbeiten, mit abweichenden Regulationspraktiken existiert, ohne dass dies den Geamtkontext prägt. Wenn es zudem so ist, dass diese Abweichungen in anderen Regionen in ähnlicher Weise auftreten, dann handelt es sich um einen Teil eines größeren industriellen und sozialen Übergangsprozesses. Entscheidend ist die Fähigkeit der Tarifparteien, auf den verschiedenen Aushandlungsebenen eine handlungsfähige Präsenz zu organisieren, um den Wandel mit zu gestalten und die notwendige Organisationsmächtigkeit zu erhalten. Unter den veränderten Bedingungen kann sich verbandliche Organisationsmächtigkeit nicht auf eine einzelne Ebene beziehen, es wird vielmehr stärker als zuvor eine gleichzeitige Handlungsstärke auf der Makro-, Meso- und Mikroebene notwendig sein

Wichtige Merkmale des deutschen Modells industrieller Beziehungen sind:
- Mitgliederstarke und konfliktfähige Verbände;
- überbetriebliche Normierungsfähigkeit auf der Basis von Flächentarifverträgen;
- lose Verkopplung mit dem politischen und sozialstaatlichen System; wobei der Staat sich in der Regel mit der prozeduralen Interventionskompetenz begnügt;
- Verzahnung zwischen verbandlicher und betrieblicher Sphäre.

Entlang dieser Indikatoren gliedere ich in Tabelle 35 die wichtigsten Perioden der industriellen Beziehungen in der Bundesrepublik.

Betrachtet man die Ergebnisse dieser Arbeit, so zeigt sich, dass der seit 1990 zurückgelegte Weg in der Kontinuität der vorhergehenden Phasen steht. In einer längerfristigen Betrachtung erscheint der Einigungsprozess als eine kurze Unterbrechung Die Politik des "mittleren Weges" wird neu justiert, aber fortgesetzt, auch wenn einige Faktoren in den fünf neuen Ländern nicht so funktionieren wie in Westdeutschland Die ostdeutsche Situation zeichnet sich dadurch aus, dass es gleichzeitig Phänomene der Ent-Konsolidierung wie auch solche der Konsolidierung gibt. Aber nicht nur aufgrund der Einbindung in die gesamtdeutsche Konstellation, sondern auch weil wichtige Kräfte in den fünf neuen Ländern in Richtung Konsolidierung tendieren, läßt sich ein insgesamt eher positives Bild zeichnen. Dabei gehe ich davon aus, dass es so schnell nicht zu einer Konvergenz zwischen west- und ostdeutschen Standards

Tabelle 35: Periodisierung des deutschen Systems industrieller Beziehungen (1949-1999)

Phase	Staatlicher Einfluss	Gewerkschaften	Arbeitgeberverbände	Zustand der Tarifpolitik	Klassifizierung
1949-1955	• Rahmengesetzgebung für die industriellen Beziehungen	• schneller Mitgliederzulauf • offensive Politik, weitreichende Reform des wirtschaftlich-politischen Systems	• schneller Mitgliederzulauf erfolgreiche allgemein- und tarifpolitische Verteidigungspolitik	• ungeordnetes System	• Erprobungsphase
1956-1966	• defensive Stabilisierung der industriellen Beziehungen	• Mitgliederstagnation • positive Lohndrift	• Organisationsgrad wächst • Aussperrungsfähigkeit (1963) demonstriert • Zentralisierungsfähigkeit	• Dominanz der verbandlichen Spitzenebene	• goldenes Zeitalter I
1967-1977	• offensive Stabilisierung: gewerkschaftsfreundliche Reform des BetrVG • Konzertierte Aktion	• aktive Lohn- und neue Gestaltungspolitik • Organisationsgrad wächst/ Mitgliederzahlen steigen	• Mitgliederstagnation auf hohem Niveau • zurückgehende Zentralisierungsfähigkeit	• regionalzentrierte Konfliktkooperation	• goldenes Zeitalter II
1978-1989	• Dregulierung des Arbeitsmarktes/BetrVG • arbeitgeberfreundliche Änderung von AFG 116	• Konfliktfähigkeit beweisen (1978+84) • Arbeitszeitverkürzungspolitik • sinkender Organisationsgrad	• sinkender Organisationsgrad • Verpflichtungsfähigkeit nimmt ab	• Neujustierung der industriellen Beziehungen durch neue Differenzierungsinstrumente beginnt	• Umbauphase I
1990-1999	• Vereinigungskorporatismus • Arbeitszeitgesetz (1994) • Kündigungsschutz abgebaut (1996) • Lohnfortzahlung im Krankheitsfall gekürzt (1996) • Veränderung der Vorruhestandsregelung (1996)	• Organisationsgrad sinkt • positive Lohndrift sinkt • Beschäftigungssicherungspolitik • Bayernstreik (1995) • Bündnis für Arbeit (1995) • Kampf gegen staatliche Kurzungspolitik	• Organisationsgrad und Mitgliederzahlen sinken • angeschlagene Verpflichtungsfähigkeit und zurückgehende Konfliktfähigkeit • etablierte Verbandsstrukturen in der Krise • Flexibilisierung der Verbandsmitgliedschaft (OT-Verbände)	• Pendelbewegung zwischen kooperativer und konfliktorischer Krisenpolitik West/Ost • Stärkung der betrieblichen Ebene • Übernahme sozialstaatlicher Elemente in die Tarifpolitik	• Umbauphase II

© Wolfgang Schroeder

und Verhaltensweisen kommen wird Im Gegenteil Die ostdeutsche Entwicklung ist ein Beleg dafür, dass es im Rahmen des deutschen Modells zukünftig mehr regionale Abweichungen und Differenzen zwischen Zentrum und Peripherie geben wird, ohne die Einbindung in einen gemeinsamen institutionellen Kontext aufzugeben. Die Startphase des Transfomationsprozesses hat dazu geführt, dass der Umbauprozess der industriellen Beziehungen eher verlangsamt wurde Seither wird der Umbauprozess beschleunigt fortgeführt, wobei die Kernelemente des deutschen Modells modifiziert erhalten bleiben. Dabei ist die Rolle der ostdeutschen industriellen Beziehungen durchaus vergleichbar mit der der ostdeutschen Ökonomie: Es handelt sich bei beiden um abhängige regionale Größen, die zwar durchaus dynamischen Charakter besitzen und somit auch eigene Akzente setzen können, ohne jedoch den Kern des deutschen Modells aus eigenen Kräften nachhaltig zu prägen.

Literaturverzeichnis

Ackerlof, George/Rose, Andrew/Yellen, Janet/Hessenius, Helga, East Germany in from the cold The economic aftermath of the currency union, in: Brookings Papers on economic activity, Washington D.C. 1991/1, S 1 - 106

Abromeit, Heidrun, Die "Vertretungslücke". Probleme im neuen deutschen Bundesstaat, in: Gegenwartskunde Gesellschaft, Staat, Erziehung 1993/3, S. 281 - 292

Adler, Frank, Zur Rekonstruktion des DDR-Realsozialismus, in: Thomas, Michael (Hrsg.), Abbruch und Aufbruch, Sozialwissenschaften im Transformationsprozeß. Berlin 1992, S 36 - 59.

Alemann, Heine von, Reflexivitätspotentiale von Wissenschaftlern im Transformationsprozeß der ostdeutschen Wissenschaft, in. Soziologische Revue 1995, S. 197 - 204.

Arbeitgeberverband Gesamtmetall, Die Metall- und Elektroindustrie der Bundesrepublik Deutschland in Zahlen, Köln 1980 ff.

Arbeitgeberverband Gesamtmetall, Geschäftsbericht 1989 - 1991, Köln 1991.

Arbeitgeberverband Gesamtmetall, Geschäftsbericht 1991 - 1993, Köln 1993

Arbeitgeberverband Gesamtmetall, Geschäftsbericht 1993 - 1995, Köln 1995.

Arbeitgeberverband Gesamtmetall, Geschäftsbericht 1995 - 1997, Köln 1997.

Arbeitgeberverband Gesamtmetall, Geschäftsbericht 1997 - 1999, Köln 1999

Armingeon, Klaus, Die Entwicklung der westdeutschen Gewerkschaften 1950 bis 1985, Frankfurt/M. 1985.

Armingeon, Klaus, Ende einer Erfolgsstory? Gewerkschaften und Arbeitsbeziehungen im Einigungsprozeß, in: Gegenwartskunde 1991/1, S. 29 - 42.

Armingeon, Klaus, Gewerkschaftliche Politik im Prozeß der deutschen Vereinigung, in. Liebert, Ulrike/Merkel, Wolfgang (Hrsg.), Die Politik zur deutschen Einheit Probleme - Strategien - Kontroversen, Opladen 1991, S 285 - 296.

Artus, Ingrid, Tarifpolitik in den neuen Bundesländern - Akteure, Strategien, Problemlagen, in: Bergmann, Joachim et al. 1996, S 71 - 100.

Artus, Ingrid, Die Etablierung der Gewerkschaften, in: Bergmann, Joachim et al. 1996, S. 21 - 48

Artus, Ingrid/Sterkel, Gabriele, Brüchige Tarifrealität. Ergebnisse einer empirischen Studie zur Tarifgestaltungspraxis in Betrieben der ostdeutschen Metall-, Bau- und Chemieindustrie, in: WSI-Mitteilungen 1998/7, S 431 - 441.

Bäcker, Gerhard, Gespaltene Gewerkschaften in einem gespaltenen Land, in: Blätter für deutsche und internationale Politik 1992/5, S. 605 - 615.

Bähr, Johannes/Petzina, Dietmar (Hrsg), Innovationsverhalten und Entwicklungsstrukturen: vergleichende Studien zur wirtschaftlichen Entwicklung im geteilten Deutschland 1945 - 1990, Berlin 1996

Bahnmüller, Reinhard, Der Streik Tarifkonflikt um Arbeitszeitverkürzung in der Metallindustrie 1984, Hamburg 1985

Bahnmüller, Reinhard, Tarifpolitik und Beteiligung, Münster 1998

Bahnmüller, Reinhard/Bispinck, Reinhard, Vom Vorzeige- zum Auslaufmodell? Das deutsche Tarifsystem zwischen kollektiver Regulierung, betrieblicher Flexibilisierung und individuellen Interessen, in Bispinck, Rainer (Hrsg.), Tarifpolitik der Zukunft. Was wird aus dem Flächentarifvertrag? Hamburg 1995, S 137 - 172.

Bauer, Jürgen, Aktivitäten des BDI in den neuen Bundesländern, in: Apuz B 13/91, S. 12 - 19.

Bauer, Petra, Ideologie und Politische Beteiligung in der Bundesrepublik Deutschland. Eine empirische Untersuchung politischer Überzeugungssysteme, Opladen 1993.

Beer, Doris et al (Hrsg), Der ostdeutsche Arbeitsmarkt in Gesamtdeutschland: Angleichung oder Auseinanderdriften? Opladen 1997.

Berger, Ulrike, Engagement und Interessen der Wirtschaftsverbände in der Transformation der ostdeutschen Wirtschaft: Industrieverbände im Spannungsfeld von Mitgliederinteressen und

Gemeinwohl, in Wiesenthal, Helmut, Einheit als Interessenpolitik, Frankfurt 1995, S 95 - 125

Berghahn, Volker, Unternehmer und Politik in der Bundesrepublik, Frankfurt/M 1985

Bergmann, Joachim/Jacobi, Otto/Muller-Jentsch, Walther, Gewerkschaften in der Bundesrepublik Gewerkschaftliche Lohnpolitik zwischen Mitgliederinteressen und ökonomischen Systemzwangen, Frankfurt 1975

Bergmann, Joachim, Organisationsstruktur und innergewerkschaftliche Demokratie, in. Bergmann, Joachim (Hrsg), Beitrage zur Soziologie der Gewerkschaften, Frankfurt/M 1979

Bergmann, Joachim, The structuration of the working class and the development of trade unions in Germany, in. ders /Tokunaga, Shigeyoshi (Hrsg), Economic and social aspects of industrial relations A comparison of the German and the Japanes systems, Frankfurt 1987, S 36 - 56

Bergmann, Joachim/Schmidt, Rudi (Hrsg), Industrielle Beziehungen Institutionalisierung und Praxis unter Krisenbedingungen, Opladen 1996.

Bergmann, Joachim, Industrielle Beziehungen in Ostdeutschland· Transferierte Institutionen im Deindustrialisierungsprozeß in Lutz, Burkart/Nickel, Hildegard M /Schmidt, Rudi/Sorge, Arndt (Hrsg), Arbeit, Arbeitsmarkt und Betriebe, Opladen 1996, S. 257 - 292

Berwinkel, Dieter, Das Friedensabkommen in der Schweizer Maschinen- und Metallindustrie und die Möglichkeit seiner Übertragung auf die Bundesrepublik Deutschland, Dissertation, Freiburg 1962

Besgen, Nicolai, Mitgliedschaft im Arbeitgeberverband ohne Tarifbindung Tarifflucht statt Verbandsflucht, Baden-Baden 1998; Ostrop, Markus H , Mitgliedschaft ohne Tarifbindung. Besondere Gestaltungsformen einer tarifbindungsfreien Mitgliedschaft im Arbeitgeberverband, Frankfurt 1997

Beyme, Klaus von, Aspekte der Gewerkschaftsentwicklung in einem geeinten Deutschland - Historische Chancen oder strukturelle Sackgassen?, in. Gewerkschaftliche Monatshefte 1990, S 332 - 339

Beyme, Klaus von, Systemwechsel in Osteuropa, Frankfurt 1994.

Beyme, Klaus von, Transformationstheorie - ein neuer interdisziplinärer Forschungszweig?, in. Geschichte und Gesellschaft 1994, S. 99 - 118

Beyme, Klaus von, Verfehlte Vereinigung - verpasste Reformen?, in Holtmann, Everhard/Sahner, Heinz (Hrsg), Aufhebung der Bipolarität Veränderungen im Osten - Rückwirkungen im Westen, Opladen 1995, S. 41 - 68.

Beyme, Klaus von, Der kurze Sonderweg Ostdeutschlands zur Vermeidung eines erneuten Sonderwegs Die Transformation Ostdeutschlands im Vergleich der postkommunistischen Systeme, in Berliner Journal für Soziologie 1996/3, S 305-316

Bialas, Christiane/Ettl, Wilfried/Wiesenthal, Helmut, Interessenverbände im Transformationsprozeß Zur Repräsentations- und Steuerungsfähigkeit des Verbändesystems der neuen Bundesländer (Max-Planck-Gesellschaft. AG TRAP), Berlin 1992/3.

Bialas, Christiane, Organisationsaufbau und Organisationsprobleme der IG Metall in den neuen Bundesländern (Max-Planck-Gesellschaft: AG TRAP), Berlin 1994

Bialas, Christiane/Ettl, Wilfried, Wirtschaftliche Lage, soziale Differenzierung und Probleme der Interessenorganisation in den neuen Bundesländern, in· Soziale Welt 1993/1, S 52 - 74

Biedenkopf, Kurt, Die neuen Bundesländer Eigener Weg statt "Aufholjagd", in· Dettling, Warnfried (Hrsg), Perspektiven für Deutschland, München 1994, S. 62 - 78.

Birkwald, Reimar, "Wir sprechen noch zwei Sprachen, wir sind in unterschiedlichen Welten großgeworden", in. Gatzmaga Ditmar/Voß, Thomas/Westermann, Klaus , Marburg 1991,

Bispinck, Reinhard, Tarifbewegungen im 1 Halbjahr 1990 Durchbruch zur 35-Stunden-Woche und Beginn der Tarifpolitik in der DDR, in· WSI-Mitteilungen 1990/9, S 546-563

Bispinck, Reinhard, Die Gratwanderung Tarifpolitik in den neuen Bundesländern, in Gewerkschaftliche Monatshefte 1991/12, S 744 - 755

Bispinck, Reinhard, Auf dem Weg zur Tarifunion, in WSI-Mitteilungen 1991/3, S. 145-155

Bispinck, Reinhard, Alle Dämme gebrochen?, in WSI-Mitteilungen 1991/8, S 466 - 478.

Bispinck, Reinhard, Tarifpolitik in der Transformationskrise - Eine Bilanz der Tarifbewegungen in den neuen Ländern im Jahre 1991, in: WSI-Mitteilungen 1992, S. 121 - 135.
Bispinck, Reinhard, Sind die Löhne schuld? - Die Tarifpolitik in den neuen Ländern in dem Jahr 1992, in WSI-Mitteilungen 1993, S. 141 - 153
Bispinck, Reinhard, Der Tarifkonflikt um den Stufenplan in der ostdeutschen Metallindustrie. Anlaß, Entwicklung, Ergebnis, in WSI-Mitteilungen 1993/8, S 469 - 481.
Bispinck, Reinhard, Tarifpolitik und Arbeitskämpfe 1993, in: Kittner, Michael (Hrsg.), Gewerkschaften heute Jahrbuch für Arbeitnehmerfragen, Köln 1994, S. 124 - 159.
Bispinck, Reinhard, Zwischen Beschäftigungssicherung und Tarifabsenkung Eine Bilanz der Tarifpolitik in Westdeutschland im Jahr 1994, in: WSI-Mitteilungen 1995/3, S. 145 - 163.
Bispinck, Reinhard, Tarifangleichung in kleinen Schritten. Eine Bilanz der Tarifrunde Ost 1994, in WSI-Mitteilungen 1995/3, S. 164 - 174.
Bispinck, Reinhard, Vom Lohnstreik zum "Bündnis für Arbeit". Tarifpolitik im Umbruch - eine Bilanz des Jahres 1995, in WSI-Mitteilungen 1996/3, S. 141 - 167.
Bispinck, Reinhard, "Bündnis für Arbeit" Zum Streit und die Entgeltfortzahlung, in WSI-Mitteilungen 1997/2, S 69-89
Bispinck, Reinhard, Von niedrigen Lohnabschlüssen zum "Ende der Bescheidenheit"? Eine tarifpolitische Bilanz des Jahres 1997, in: WSI-Mitteilungen 1998/2, S. 73 - 91.
Bispinck, Reinhard, Akutelle Entwicklungen in der deutschen Tarifpolitik. Eine Bilanz des ersten Halbjahres 1998, in. WSI-Mitteilungen 1998/7, S. 421 - 430.
Blank, Karl, Beiträge zum innerdeutschen Gewerkschaftsdialog, Bonn 1971.
Blessing, Karlheinz, "Die Wirklichkeit drängt zum demokratischen Sozialismus" - Eine Replik auf die Dieter Wunder, in. Gewerkschaftliche Monatshefte 1990/1, S. 2 - 9
Blessing, Karlheinz, Gewerkschaften im Einheitsstaat. Eckpunkte zukünftiger Gewerkschaftspolitik, in Ruhr-Universität Bochum/IG Metall (Hrsg.), Ringvorlesung 1990/1991, Bochum 1991, S 72 - 79.
Bluhm, Katharina, Regionale Strategien unter Handlungsdruck - ostdeutsche Arbeitgeberverbände im Dezentralisierungsprozeß der industriellen Beziehungen, in. Bergmann, Joachim et al 1996, S. 135 - 160.
Bönker, Frank, Wage bargaining, income policy, and the transitions to capitalist economy. General reflections and some observations on the Bulgarian, Czechoslovak and Hungarian cases, Ms Bremen 1992.
Boll, Bernhard, Organisation und Akzeptanz Eine empirische Analyse der IG Metall im Transformationsprozeß Ostdeutschlands, Opladen 1997.
Borchardt, Knuth, Im anderen Teil Deutschlands, in: Stolper, Gustav et al. (Hrsg), Deutsche Wirtschaft seit 1870, Tübingen 1964, S. 331 - 354
Borsdorf, Ulrich, Hans Bockler Arbeit und Leben eines Gewerkschafters von 1875 bis 1945, Köln 1982.
Bosch, Gerhard, Das Ende von Arbeitszeitverkürzungen? Zum Zusammenhang von Arbeitszeit, Einkommen und Beschäftigung, in: WSI-Mitteilungen, 6/1998, S 345 - 359
Bourdieu, Pierre, Okonomisches Kapital, kulturelles Kapital, soziales Kapital, in: Kreckel, Soziale Ungleichheiten 1983, S 183 - 198.
Brandt, Hans-Jürgen/Dinges, Martin, Kaderpolitik und Kaderarbeit in den "bürgerlichen" Parteien und den Massenorganisationen in der DDR 1984.
Braun, Dietmar, Theorien rationalen Handelns in der Politikwissenschaft Eine kritische Einführung, Opladen 1999.
Braunthal, Gerard, The federation of German industry in politics, Cornell University 1965.
Breit, Ernst, Deutsche Einigung - ohne und gegen die Gewerkschaften?, in: Gewerkschaftliche Monatshefte, 1990/3, S 129 - 132
Brie, Michael, Die Ostdeutschen auf dem Weg vom "armen Bruder" zur organisierten Minderheit? (Max-Planck-Gesellschaft: AG TRAP) Berlin 1994/4.
Briege, Kurt/Habermann, Peter/Krippner, Horst/Micheel, Renate/Scharffenberg, Wolfgang/Wehrmuth, Gerd/Wetzky, Mario/Hemmer, Hans O /Hegger, Stephan, Die Unsi-

cherheit wächst - Gespräch mit Gewerkschaftern der Firma Bergmann-Borsig über die betriebliche und gewerkschaftliche Lage, in Gewerkschaftliche Monatshefte,1990, S 393ff

Brinkmann, Ulrich, Magere Bilanz Neue Management-Konzepte in transformierten ostdeutschen Betrieben, in Pohlmann, Markus et al (Hrsg) 1996, S 215 - 248

Brunner, Detlev (Hrsg), Der Wandel des FDGB zur kommunistischen Massenorganisation Das Protokoll der Bitterfelder Konferenz des FDGB am 25./26 November 1948, Essen 1996

Brunner, Georg (Hrsg), Politische und ökonomische Transformation in Osteuropa, Berlin 1996

Bubeck, Peter, Das Scheitern der Arbeitgeberverbande bei der Durchsetzung der Senkung der Entgeltfortzahlung im Krankheitsfall Folge eines Wandels der korporatistischen Logik? Diplomarbeit, Konstanz 1998

Buchholz, Goetz, Politik und Organisation der Arbeitsgemeinschaft Unabhängiger Betriebsangehoriger (AUB), Frankfurt 1998

Bulmahn, Thomas, Vereinigungsbilanzen Die deutsche Einheit im Spiegel der Sozialwissenschaften (WZB-Papier FS III 96-403), Berlin 1996

Bundesministerium für Arbeit, Tarifvertragliche Arbeitsbedingungen, Bonn 1999.

Burklin, Wilhelm P (Hrsg) Kontinuität und Wandel der deutschen Fuhrungsschicht. Potsdam 1996

Burklin, Wilhelm P /Rebenstorf, Hilke, Eliten in Deutschland Rekrutierung und Integration. Opladen 1997

Buraway, Michael, The Politics of Production, Norfolk 1985.

Burgmer, Inge Maria, Die Zukunft der Wirtschaftsverbande Am Beispiel des Bundesverbandes der deutschen Industrie e V , Bonn 1999

Buttler, Friedrich, Globales Arbeitsmarktungleichgewicht und Arbeitsmarktpolitik im Einigungsprozeß, in Beer, Doris et al. (Hrsg), Der ostdeutsche Arbeitsmarkt in Gesamtdeutschland Angleichung oder Auseinandertriften?, Opladen 1997, S. 51 - 72

Casper, Steven/Vitols, Sigurt, The German Model in the 1990th: Problems and Prospects, in Industry and Innovation 1997/4, S 2 - 13.

Cattero, Bruno (Hrsg) Modell Deutschland - Modell Europa Probleme, Perspektiven, Opladen 1998

Clausen, Lars (Hrsg), Gesellschaften im Umbruch Verhandlungen des 27 Kongresses der Deutschen Gesellschaft fur Soziologie in Halle an der Saale Frankfurt/M 1995

Cornelsen, Doris, Die Volkswirtschaft der DDR Wirtschaftssystem - Entwicklung - Probleme, in Deutschland-Handbuch Eine doppelte Bilanz 1949 - 1989, Bonn 1989, S. 276 - 291

Cséfalvay, Zoltàn, Aufholen durch regionale Differenzierung? Von der Plan- zur Marktwirtschaft - Ostdeutschland und Ungarn im Vergleich, Stuttgart 1997

Czada, Roland/Windhoff-Héritier, Adrienne, Political Choice Institutions, Rules and the Limits of Rationality, Fankfurt/M 1991

Czada, Roland/Schmidt, Manfred G (Hrsg), Verhandlungsdemokratie, Interessenvermittlung, Regierbarkeit, Opladen 1993

Czada, Roland, Die Treuhandanstalt im politischen System der Bundesrepublik, in. Apuz B 43 - 44/94, S 31 - 42

Czada, Roland, Der Kampf um die Finanzierung der deutschen Einheit, in Lehmbruch, Gerhard (Hrsg), Einigung und Zerfall Deutschland und Europa nach dem Ende des Ost-West-Konflikts 19 Wissenschaftlicher Kongreß der deutschen Vereinigung für politische Wissenschaft, Opladen 1995, S 73 - 102

Czada, Roland, Vereinigung und Systemtransformation als Governance Problem, in Corsten, Michael/Voelzkow, Helmut (Hrsg), Transformation zwischen Markt, Staat und drittem Sektor, Marburg 1997, S 181 - 209

Czada, Roland, Der Vereinigungsprozeß - Wandel der externen und internen Konstitutionsbedingungen des westdeutschen Modells, in Simonis, Georg, Das Modell Deutschland - Strukturmerkmale und Entwicklungslinien eines theoretischen Ansatzes, in: ders. (Hrsg.), Deutschland nach der Wende Neue Politikstrukturen, Opladen 1998, S 55 - 86

Czada, Roland, Vereinigungskrise und Standortdebatte Der Beitrag der Wiedervereinigung zur Krise des westdeutschen Modells, in: Leviathan 1998/1, S. 24 - 59.

Däubler, Wolfgang, Arbeitsbeziehungen und Recht - Überlegungen zur Situation in der DDR, in: Gewerkschaftliche Monatshefte 1990/5, S 353 - 361.

Dahrendorf, Ralf, Gesellschaft und Demokratie in Deutschland, München 1965

Dahrendorf, Ralf, Der moderne soziale Konflikt, Stuttgart 1992

Deppe, Rainer/Hoß, Dietrich, Arbeitspolitik im Staatssozialismus, Zwei Varianten. DDR und Ungarn Frankfurt/M 1989

Deppe, Rainer/Tatur, Melanie, Ökonomische Transformation und gewerkschaftliche Politik Umbruchprozesse in Polen und Ungarn auf Branchenebene, Münster 1998.

Deregulierungskommission, Marktoffnung und Wettbewerb, Stuttgart 1991.

Derlien, Hans-Ulrich, Elitenzirkulation zwischen Implosion und Integration. Abgang, Rekrutierung und Zusammensetzung ostdeutscher Funktionseliten 1989 - 1994, in: Wollmann, Helmut et al (Hrsg), Transformation der politisch-administrativen Strukturen in Ostdeutschland, Opladen 1997.

Deutsches Institut für Wirtschaftsforschung (Hrsg.), Wochenberichte, Berlin 1990 ff.

Deutsches Institut für Wirtschaftsforschung, DDR: Hohe pauschale Lohnsteigerungen gefährden die Wettbewerbsfähigkeit. Stärkere Differenzierung des Lohngefüges erforderlich, in: DIW-Wochenbericht 1990/32, S 441 - 445

Deutsches Institut für Wirtschaftsforschung Berlin/Institut für Wirtschaftsforschung Halle/Institut für Weltwirtschaft an der Universität Kiel, Gesamtwirtschaftliche und unternehmerische Anpassungsfortschritte in Ostdeutschland (19. Bericht), Kiel 1999

Deutscher Sparkassen- und Giro-Verband e V., Ostdeutsche Wirtschaft im Wandel. Bonn 1992.

Deutscher Metallarbeiterverband (Hrsg), Der DMV in Zahlen, Berlin 1932

Dokumente zur Deutschlandpolitik Deutsche Einheit Sonderedition aus den Akten des Bundeskanzleramtes Bearbeitet von Küsters, Hanns Jürgen/Hofmann, Daniel, München 1998

Domasky-Davidsohn, Elisabeth, Der Großbetrieb als Organisationsproblem des Deutschen Metallarbeiter-Verbandes vor dem Ersten Weltkrieg, in: Mommsen, Hans (Hrsg.), Arbeiterbewegung und industrieller Wandel. Studien zu gewerkschaftlichen Organisationsproblemen im Reich und an der Ruhr, Wuppertal 1980, S 95-116.

Dombrowsky, Hans-Michael, Vom Tarifsystem der DDR zur Tarifautonomie der Bundesrepublik Der Umbau des Tarifvertragssystems der (ehemaligen) DDR im Jahre 1990, dargestellt am Beispiel der Metall- und Elektroindustrie in der DDR unter besonderer Berücksichtigung des Rationalisierungsschutzabkommens zum Rahmenkollektivvertrag Nr. 106/80, Berlin 1997.

Dumcke, Wolfgang/Vilmar, Fritz (Hrsg.), Kolonialisierung der DDR. Kritische Analysen und Alternativen des Einigungsprozesses, Münster 1995.

Dufour, Christian, Industrielle Beziehungen - wie modellhaft ist das deutsche Modell?, in: Cattero, Bruno (Hrsg) 1998, S 248

Eckelmann, Wolfgang/Hertle, Hans-Hermann/Weinert, Rainer, FDGB intern - Innenansichten einer Massenorganisation der SED 1990

Ehlscheid, Christoph/Lieberum, Kurt, Härteklauseln Eine Tarifregelung der Zukunft?, in Sozialismus 1993/10, S. 53ff

Eichener, Volker/Schmid, Josef, Die Gründung eines Interessenverbandes als Instrument staatlicher Industriepolitik Einige theoretische Überlegungen zum Verhältnis von Verbänden und Staat am Beispiel des Verbandes innovativer Unternehmen, in: Eichener, Volker et al , Probleme der Einheit Organisierte Interessen in Ostdeutschland, Marburg 1992, S. 225 - 247

Eichener, Volker et al (Hrsg), Organisierte Interessen in Ostdeutschland. (Probleme der Einheit Bd. 12) Marburg 1992.

Eichener, Volker et al , Determinanten der Formierung organisierter Interessen in den neuen Bundesländern, in dies (Hrsg), Organisierte Interessen in Ostdeutschland. (Probleme der Einheit Bd 12) Marburg 1992, S 545 - 582.

Eisen, Andreas/Kaase, Max, Transformation und Transition Zur politikwissenschaftlichen Analyse des Prozesses der deutschen Vereinigung, in Kaase, Max/Eisen, Andreas/Gabriel, Oscar W /Niedermayer, Oskar/Wollmann, Hellmut, Politisches System (KSPW-Berichte, Bd 3), Opladen 1996, S 5 - 46

Eisold, Holger/Geitz, Thomas, Zwischen ökonomischer Vernunft und politischen Zwängen, in Der Arbeitgeber 1990/42, S 15 - 18

Engelmann, Roger, Zur Struktur, Charakter und Bedeutung der Unterlagen des Ministeriums für Staatssicherheit, Berlin 1994

Engler, Wolfgang, Die zivilisatorische Lücke Versuche über den Staatssozialismus, Frankfurt/M 1992

Engler, Wolfgang, Die ungewollte Moderne: Ost-West-Passagen Frankfurt/M. 1995

Engler, Wolfgang, Die Ostdeutschen Kunde von einem verlorenen Land, Berlin 1999

Erdmann, Gerhard, Die deutschen Arbeitgeberverbände im sozialgeschichtlichen Wandel der Zeit, Neuwied 1966

Erdmann, Kurt, Sozialistischer Wettbewerb, in Bundesministerium für innerdeutsche Beziehungen (Hrsg), DDR-Handbuch, 3 Auflage 1985

Ermischer, Irina/Preusche, Evelyn, Betriebsräte zwischen Mitbestimmung und Abwicklungs-"Co-Management", in Schmidt, Rudi (Hrsg), Zwischenbilanz. Analysen zum Transformationsprozeß der ostdeutschen Industrie Berlin 1993

Eschenburg, Theodor, Herrschaft der Verbände? Stuttgart 1955

Eschenburg, Theodor, Das Jahrhundert der Verbände Lust und Leid organisierter Interessen in der deutschen Politik, Berlin 1989

Esser, Hartmut, Soziologie Frankfurt/M. 1995

Esser, Josef et al , Das "Modell Deutschland" und seine Konstruktionsschwächen, in Leviathan 1979/1, S 1 - 11

Esser, Josef/Fach, Wolfgang/Simonis, Georg, Grenzprobleme des "Modell Deutschland", in. Prokla 1980/40, S 40 - 63

Esser, Josef, Gewerkschaften in der Krise, Frankfurt/M 1982

Esser, Josef, Das Modell Deutschland in den 90er Jahren - wie stabil ist der soziale Konsens?, in Simonis, Georg (Hrsg), Deutschland nach der Wende Neue Politikstrukturen, Opladen 1998, S 119-139

Ettl, Wilfried/Wiesenthal, Helmut, Tarifautonomie in de-industrialisiertem Gelände Analyse eines Institutionentransfers im Prozeß der deutschen Einheit, in· KZfSS 1994/3, S. 425 - 452

Ettl, Wilfried, Arbeitgeberverbände als Transformationsakteure Organisationsentwicklung und Tarifpolitik im Dilemma von Funktionalität und Repräsentativität, in· Wiesenthal, Helmut (Hrsg), Einheit als Interessenpolitik Studien zur sektoralen Transformation Ostdeutschland Frankfurt 1995, S 34 - 94

Ettl, Wilfried/Heikenroth, André, Strukturwandel, Verbandsabstinenz, Tarifflucht· Zur Lage der Unternehmen und Arbeitgeberverbände im ostdeutschen verarbeitenden Gewerbe, in. Industrielle Beziehungen 1996/3, S 134 - 153

Eurostat, Die Arbeitszeit in der Europäischen Union Schätzungen der tatsächlichen Jahresarbeitszeit 1983-1993, in dies , Statistik kurzgefaßt, Heft 4 Luxemburg 1995

FDGB-Bundesvorstand, Abt Organisation, Statistische Übersichten Ergebnisse der Gewerkschaftswahlen 1989, o J Berlin-Ost 1989.

Feldmann, Gerald D /Steinisch, Irmgard, Industrie und Gewerkschaften 1918-1924 Die überforderte Zentralarbeitsgemeinschaft (Schriftenreihe der Vierteljahreshefte für Zeitgeschichte, Nr 50), Stuttgart 1985

Fichter, Michael, From Transmission Belt to Social Partnership? The Case of Organized Labor in Eastern Germany, in German Politics and Society 1991, S 21 - 39

Fichter, Michael, A House Divided German Unification and Organised Labour, in· German Politics 1993, S 21 - 39

Fichter, Michael/Kurbjuhn, Maria, Spurensicherung. Der DGB und seine Gewerkschaften in den neuen Bundesländern 1989 - 1991, Düsseldorf 1993.
Fischer, Alexander, Der industrielle Strukturwandel in den neuen Bundesländern. (Reihe Wirtschafts- und Sozialwissenschaft Bd. 9), Regensburg 1994.
Franz, Wolfgang, Die Lohnfindung in Deutschland in einer internationalen Perspektive: Ist das deutsche System ein Auslaufmodell? (Diskussionspapier Fakultät für Wirtschaftswissenschaften, Universität Konstanz) 1995.
Frerich, Johannes/Frey, Martin, Handbuch der Geschichte der Sozialpolitik in Deutschland, Bd. 2. Sozialpolitik in der Deutschen Demokratischen Republik, München 1993
Fritsch, Michael, Die Entwicklung des ostdeutschen Unternehmensbestandes in der ersten Hälfte der neunziger Jahre, in: Beer, Doris et al. (Hrsg.), Der ostdeutsche Arbeitsmarkt in Gesamtdeutschland Angleichung oder Auseinanderdriften? Opladen 1997, 115 - 134.
Fröhlich, Dieter/Kindler, Beate/Sombetzki, Monika, Drahtseilakt Die angestelltenpolitische Initiative der IG Metall zwischen Organisationsreform und Mitgliederwerbung, München 1996
Fulbrook, Mary, Anatomy of a Dictatorship Inside the GDR 1949-1989, Oxford 1995.
Furstenberg, Friedrich, Der Betriebsrat - Strukturanalyse einer Grenzinstitution, in: KZfSS 1958, S. 418-429
Furstenberg, Georg M von, Overstaffing as an Endgame and Prelude to the Employment Collapse in Eastern Germany?, in: Communist Economies & Economic Transformation, 1995/3, S 299 - 318
Gabriel, Oscar W (Hrsg), Politische Orientierungen und Verhaltensweisen im vereinigten Deutschland, Opladen 1997
Gatzmaga, Ditmar/Voß, Thomas/Westermann, Klaus, Auferstanden aus Ruinen Arbeitswelt und Gewerkschaften in der frühen DDR, Marburg 1991.
Geißler, Rainer, Transformationsprozesse in der Sozialstruktur der neuen Bundesländer, in: Berliner Journal für Soziologie 1991/1
Geißler, Rainer, Neue Strukturen der sozialen Ungleichheit im vereinten Deutschland, in: Hettlage, Robert/Lenz, Karl (Hrsg) Deutschland nach der Wende. Fünf-Jahres-Bilanz, München 1995
Gensicke, Thomas, Deutschland im Wandel. Sozialer Wandel und Wertewandel in Deutschland vor und nach der Wiedervereinigung (Speyerer Forschungsberichte 154), 2. Auflage, Speyer 1996
Gensior, Sabine, Die Bedeutung von Gruppenstrukturen und sozialer Bindung - Frauenerwerbstätigkeit in ostdeutschen Betrieben, in: Heidenreich, Martin (Hrsg.), Krisen, Kader, Kombinate - Kontinuität und Wandel in ostdeutschen Betrieben, Berlin 1992, S. 273 - 282.
Gerlach, Knut/ Lehmann, Karen/Meyer, Wolfgang, Die Entwicklung der Tarifbindung. Tarifbindung im verarbeitenden Gewerbe Niedersachsens, in: Gerlach, Knut et al. (Hrsg.), Ökonomische Analysen betrieblicher Strukturen und Entwicklungen Das Hannoveraner Firmenpanel, Frankfurt/M 1998, S 30 - 54.
Giesen, Bernd/Leggewie, Claus (Hrsg), Experiment Vereinigung Ein sozialer Großversuch, Berlin 1991
Gill, Ulrich, Der Freie Deutsche Gewerkschaftsbund (FDGB) Theorie - Geschichte - Organisation - Funktionen - Kritik, Opladen 1989.
Gill, Ulrich, FDGB Die DDR-Gewerkschaft von 1945 bis zu ihrer Auflösung, Köln 1990, 1991.
Gilles, Franz/Hertle, Hans-Hermann, Sicherung der Volkswirtschaft Struktur und Tätigkeit der "Linie XVIII" des MfS, in Deutschland-Archiv 1996/1, S. 48 - 57
Gilles, Franz-O /Hertle, Hans-Hermann, "Wie Phönix aus der Asche?" Zur Rekonstruktion der industriellen Beziehungen in der chemischen Industrie auf dem Gebiet der ehemaligen DDR, in: Beckenbach, Nils/Treek, Werner von (Hrsg.), Umbrüche gesellschaftlicher Arbeit (Soziale Welt Sonderheft 9), Göttingen 1994, S 585 - 604

Gissenhammer, Scott, Transfer or Transformation? What the German Social Science Literature has to say about Unification and its Systemic Effects, in German Politics 1996/5, S 460 - 484

Gleixner, Wolfgang, Die Koordinierung der Tarifpolitik durch die Bundesvereinigung der Deutschen Arbeitgeberverbande (BDA), Diplomarbeit Trier 1980

Gloede, Doreen, Der Aufbau von Arbeitgeber- und Unternehmerorganisationen in den neuen Bundeslandern Eigenständiger Ansatz oder Übernahme westdeutscher Organisationsstrukturen und Programmatik? Diplomarbeit FU Berlin 1995

Glotz, Peter/Ladensack, Klaus, Personeller Wandel im Management ostdeutscher Unternehmen, in Schmidt, Rudi/Lutz, Burkard (Hrsg.), Chancen und Risiken der Restrukturierung in Ostdeutschland Berlin 1994, S 245 - 272.

Gobel, Johannes, Tarifpolitik in den neuen Bundesländern von 1990 bis 1995, in Wlotzke, Otfried, Entwicklungen im Arbeitsschutzrecht, München 1996

Gobel, Johannes, Tarifanpassung Ost-West Eine Zwischenbilanz, in. Arbeitgeber 46-1994/19, S 652 - 655, Arbeitgeber 20/46, S 705 - 709

Gohler, Gerhard, Wie verändern sich Institutionen? Revolutionärer und schleichender Institutionenwandel, in· Göhler, Gerhard (Hrsg), Institutionenwande, (Leviathan Sonderheft 16), Opladen 1996, S 21 - 56

Golden, Miriam A /Wallerstein, Michael/Lange, Peter, Postwar Trade Union Organization and Industrial Relations in Twelve Countries, in Kitschelt, Herbert et al. (Hrsg.) 1999, S. 194 - 230

Gorzig, Bernd/Gornig, Martin, Produktivität und Wettbewerbsfähigkeit der Wirtschaft der DDR (Beiträge zur Strukturforschung H 121), Berlin 1991

Gorzig, Bernd, Lohnstückkosten und Wettbewerbsfähigkeit in der Strukturanalyse (DIW-Diskussionspapiere 181), Berlin 1998

Gorning, Martin/Schwarze, Johannes, Hohe pauschale Lohnsteigerungen in der DDR gefährden die Wettbewerbsfähigkeit, in Deutschland-Archiv 1990/10, S 1619 - 1624.

Grabher, Gernot, Neue Bundesländer? Zur Rolle des historischen Erbes in der Reorganisation von Betrieben und Regionen in Brandenburg (WZB-Discussion-Paper FS I 96-104), Berlin 1996

Groh, Dieter, Negative Integration und revolutionarer Attentismus, Frankfurt 1973

Grohmann, Peter/Sackstetter, Horst, Plakat 10 Jahre Betriebsratsarbeit bei Daimler-Benz, Berlin 1979

Groser, Manfred, Verbände im vereinigten Deutschland, in Sonde, 1992/1, S 15 - 24

Grosser, Dieter, Das Wagnis der Währungs-, Wirtschafts- und Sozialunion Politische Zwänge im Konflikt mit ökonomischen Regeln (Geschichte der deutschen Einheit, Bd 2), Stuttgart 1998

Grunert, Holle/Bernien, Maritta/Lutz, Burkart, Das Beschäftigungssystem der DDR· Funktionsweise, Entwicklungstendenzen und Folgewirkungen, in Beer, Doris et al (Hrsg), Der ostdeutsche Arbeitsmarkt in Gesamtdeutschland Angleichung oder Auseinandertriften?, Opladen 1997, S 17 - 50

Grunert, Holle, Beschäftigungsstrategie der DDR. Frühe Erfolge und zunehmende Erstarrung, in Apuz B 36/98, S. 17 - 25

Gut, Peter/Heering, Walter/Rudolph, Joachim/Schroeder, Klaus, Normative Regulierung von Arbeit Zum Wandel betrieblicher Arbeitsbeziehungen in Unternehmen der ehemaligen DDR, Berlin 1992

Habermas, Jürgen, Die nachholende Revolution, in ders , Die nachholende Revolution, Frankfurt/M 1990, S 179 - 204

Hacker, Jens, Deutsche Irrtümer Schönfärber und Helfershelfer der SED-Diktatur im Westen, Berlin 1992

Hall, Peter A , The Political Economy of Europe in an Era of Interdependence, in: Kitschelt, Herbert/Lange, Peter/Marks, Gary/Stephens, John D. (Hrsg.), Continuity and Change in Contemporary Capitalism, Cambridge 1999, S. 136 - 145.

Hanau, Peter, Soziale Regulierung der Treuhandtätigkeit, in. Fischer, Wolfram/Hax, Herbert/Schneider, Hans-Karl, Treuhandanstalt Das unmögliche Wagen, Berlin 1993, S. 444 - 480

Handbuch der DDR - Betriebe, Berlin 1990.

Hantsche, Wolfgang/Otto, Stefan, Die Situation der Gewerkschaften nach der Wende und der Einfluß der gewerkschaftlichen Tätigkeit auf die Arbeits- und Sozialordnung, in Hantsche, Walter et al. (Hrsg), Aufbau der Verbände und Arbeitsgerichte, Opladen 1997, S. 18 - 22.

Hartmann, Heinz, Der deutsche Unternehmer: Autorität und Organisation, Frankfurt/M 1968.

Hartwich, Hans-Hermann, Arbeitsmarkt, Verbände und Staat 1918-1933. Die öffentliche Bindung unternehmerischer Funktionen in der Weimarer Republik (Veröffentlichung der historischen Kommission zu Berlin Bd. 23) Berlin 1967.

Hassel, Anke, Gewerkschaften und sozialer Wandel, Mitgliederrekrutierung und Arbeitsbeziehungen in Deutschland und Großbritannien, Baden-Baden 1999.

Hauser, Karl, Die Teilung Deutschlands, in Die Teilung Deutschlands, S. 203 - 252.

Heering, Walter/Schroeder, Klaus, Vom Kollektiv zur Sozialpartnerschaft? Arbeitsbeziehungen im ostdeutschen Transformationsprozeß, in: Schmidt, Rudi/Lutz, Burkart (Hrsg.), Chancen und Risiken der industriellen Restrukturierung in Ostdeutschland, Berlin 1995, S. 159 - 182

Heidenreich, Martin, Zur Doppelstruktur planwirtschaftlichen Handelns in der DDR, in. Zeitschrift für Soziologie 1991/20, S. 411 - 429.

Heidenreich, Martin, Vom volkseigenen Betrieb zum Unternehmen, Transformationsprobleme betrieblicher Produkt-, Organisations- und Personalkonzepte in Ostdeutschland, in: KZfSS 1993, S 76 - 96

Hein, Erwin, Die M+E-Industrie in Sachsen, in: Forum Vortragsreihe des Instituts der deutschen Wirtschaft 23 6 1992/26

Heinze, Rolf G /Schmid, Josef, Mesokorporatistische Strategien im Vergleich: Industrieller Strukturwandel und die Kontingenz politischer Steuerung in drei Bundesländern, in: Streeck, Wolfgang (Hrsg), Staat und Verbände (PVS-Sonderheft 25), Opladen 1994.

Heinze, Rolf G /Schmid, Josef/Voelzkow, Helmut, Wirtschaftliche Transformation und Governance, der Beitrag der Verbände zum industrie-strukturellen Wandel in Ostdeutschland, in Corsten, Michael/Voelzkow, Helmut, Transformation zwischen Markt, Staat und drittem Sektor, Marburg 1997, S. 211 - 236.

Henneberger, Fred, Transferstart: Organisationsdynamik und Strukturkonservatismus westdeutscher Unternehmerverbände - aktuelle Entwicklungen unter besonderer Berücksichtigung des Aufbauprozesses in Sachsen und Thüringen, in: PVS 1993/4, S. 604 - 673.

Henneberger, Fred, Interessenverbände der Unternehmer in Deutschland. Aktuelle Entwicklungen unter besonderer Berücksichtigung der Situation in den neuen Bundesländern, in: Sozialer Fortschritt, 1993, S. 242 - 251.

Henneberger, Fred, Arbeitgeber- und Wirtschaftsverbände in den neuen Bundesländern. Konfliktlinien und Organisationsprobleme, in: Schmid, Josef et al. (Hrsg.), Probleme der Einheit Organisationsstrukturen und Probleme von Parteien und Verbänden, Marburg 1994, S. 129 - 147.

Henneberger, Fred/Rosdütscher, Jörg, Zur Integration ostdeutscher Arbeitgeberinteressen in das gesamtdeutsche Verbändesystem, in Industrielle Beziehungen 1995/3, S. 293 - 311

Hertle, Hans-Hermann/Schroeder, Wolfgang, Der DGB vor der deutschen Einheit Der 14. ordentliche Bundeskongreß des Deutschen Gewerkschaftsbundes in Hamburg, 20. bis 25. Mai 1990 (Berliner Arbeitshefte und Berichte zur sozialwissenschaftlichen Forschung Nr. 44), Berlin 1990 (a)

Hertle, Hans-Hermann, Nicht-Einmischung. Die DGB/FDGB-Beziehungen von 1972 bis 1989 oder der Beitrag der Spitzenfunktionärs-Diplomatie zur gewerkschaftlichen Lähmung im demokratischen Umbruch- und deutschen Einigungsprozeß (Berliner Arbeitshefte und Berichte zur sozialwissenschaftlichen Forschung Nr 50), Berlin 1990 (b)

Hertle, Hans-Hermann/Weinert, Rainer, "Wir haben gedacht, dass wir länger dran sind " Interview mit Annelis Kimmel, Vorsitzende des FDGB, über ihren Versuch einer Wende der Gewerkschaftspolitik in einem erneuerten Sozialismus (Berliner Arbeitshefte und Berichte zur sozialwissenschaftlichen Forschung Nr. 31), Berlin 1990 (c)

Hertle, Hans-Hermann/Weinert, Rainer, "DGB, hau rin!" Vom "Erneuerungsgewerkschaftstag" im Januar 1990 über den Auflösungskongreß zur Gewerkschaftseinheit unter dem Dach des DGB, in Die Mitbestimmung 1990/36, S 659 - 661 (d)

Hertle, Hans-Hermann/Weinert, Rainer, Die Auflösung des FDGB und die Auseinandersetzung um sein Vermögen (Berliner Arbeitshefte und Berichte zur sozialwissenschaftlichen Forschung Nr 45) Berlin 1991

Hertle, Hans-Hermann, "Das reale Bild war eben katastrophal!" Gespräch mit Gerhard Schürer, in Deutschland Archiv 1992/10, S 1031 - 1039

Hertle, Hans-Hermann, Funktion und Bedeutung der Massenorganisationen in der DDR am Beispiel des FDGB, in Deutscher Bundestag (Hrsg), Machtstrukturen und Entscheidungsmechanismen im SED-Staat und die Frage der Verantwortung - Materialien der Enquete-Kommission "Aufarbeitung der Geschichte und Folgen der SED-Diktatur in Deutschland", 1995 Bd II/1, S 390 ff

Hertle, Hans-Hermann, Der Fall der Mauer. Die unbeabsichtigte Selbstauflösung des SED-Staates, Opladen 1996

Herzog, Dietrich, Politische Führungsgruppen Probleme und Ergebnisse der modernen Elitenforschung, Darmstadt 1982.

Helfert, Mario, Arbeitspolitische Aspekte industrieller und sozialer Modernisierung der DDR, in WSI-Mitteilungen, 1990/10, S 668 - 680

Henkel, Rüdiger, Im Dienste der Staatspartei - Über Parteien und Organisationen der DDR, Baden-Baden 1994.

Herbst, Andreas/Ranke, Winfried/Winkler, Jürgen, So funktionierte die DDR, Bd 1 - 3, Hamburg 1994

Herrmann, Christa/Promberger, Markus/Singer, Susanne/Trinczek, Rainer, Forcierte Arbeitszeitflexibilisierung Die 35-Stunden-Woche und gewerkschaftliche Praxis, Berlin 1999

Hickel, Rudolf/Kurzke, Wilfried, Tarifliche Lohnpolitik unter Nutzung der Härtefallregelung, Köln 1997

Hildebrandt, Eckart, Thesen zu gewerkschaftlichen Entwicklungspotentialen unter den Bedingungen der Vereinigung - 6 Thesen, in Forschungsinstitut der Friedrich-Ebert-Stiftung, Abt Arbeits- und Sozialforschung (Hrsg), Industriebetriebe an der Schwelle zur Marktwirtschaft, Gesprächskreis Arbeit und Soziales Nr. 2, Bonn 1990, S 28 - 38

Hirschmann, Albert O , Abwanderung und Widerspruch, Tübingen 1974

Hockerts, Hans Günter, Grundlinien und soziale Folgen der Sozialpolitik in der DDR, in Kaelble, Hartmut/Kocka, Jürgen/Zwahr, Hartmut (Hrsg), Sozialgeschichte der DDR, Stuttgart 1994, S 519 - 544

Höland, Armin, Betriebliche Kollektivvereinbarungen im Übergangsjahr 1990, in. Maydell, Bernd Baron von/Wank, Rolf (Hrsg), Transformation der Arbeitsrechtsordnung in den neuen Bundesländern, Opladen 1996, S 23 - 48

Hoffmann-Lange, Ursula, Eliten, Macht und Konflikt in der Bundesrepublik Opladen 1992

Hoffmann, Gunter, Die Entstehung von Arbeitgeberverbänden im neuen Bundesgebiet am Beispiel des VME Berlin-Brandenburg, in Hantsche, Walter et al , Aufbau der Verbände und Arbeitsgerichte, Opladen 1997, S 93 - 139

Hoffmann, Lutz, Warten auf den Aufschwung Eine ostdeutsche Bilanz, Regensburg 1993

Homburg, Heidrun, Externer und interner Arbeitsmarkt Zur Entstehung und Funktion des Siemens-Werkvereins 1906 bis 1918, in Pierenkamper, Tony/Tilly, Richard (Hrsg), Historische Arbeitsmarktforschung Entstehung, Entwicklung und Probleme der Vermarktung von Arbeitskraft (Kritische Studien zur Geschichtswissenschaft, Band 49), Göttingen 1982, S 215 - 248

Homburg, Heidrun, Rationalisierung und Industriearbeit. Das Beispiel des Siemens-Konzerns Berlin 1900 - 1939, Berlin 1991

Hondrich, Karl Otto, Die Ideologien von Interessenverbänden. Eine strukturell-funktionale Analyse öffentlicher Außerungen des Bundesverbandes der Deutschen Industrie, der Bundesvereinigung der Deutschen Arbeitgeberverbande und des Deutschen Gewerkschaftsbundes, Berlin 1963.

Hondrich, Karl Otto, Rashomon in Deutschland, in: ders et al., Arbeitgeber-West, Arbeitnehmer-Ost Vereinigung im Konflikt, Berlin 1993, S. 80 - 127.

Hondrich, Karl Otto, Gemeinschaftsbildung und Individualisierung in industriellen Beziehungen Der Streit um die "Lohnfortzahlung", in. Gewerkschaftliche Monatshefte,1997/1, S 14 - 25

Hornbostel, Stefan (Hrsg), Sozialistische Eliten Horizontale und vertikale Differenzierungsmuster in der DDR, Opladen 1999

Huber, Berthold, Work and the Unions, in German Politics and Society 1991, S 40 - 46.

Hubner, Peter, Balance des Ungleichgewichts Zum Verhältnis von Arbeiterinteressen und SED-Herrschaft, in Geschichte und Gesellschaft 1993/19, S 15 - 28

Hubner, Peter, Die Zukunft war gestern· Soziale und mentale Trends in der DDR. Industriearbeiterschaft, in. Kaelble, Hartmut et al. 1994, S. 171 - 187.

Hubner, Peter, Konsens, Konflikt und Kompromiß Soziale Arbeiterinteressen und Sozialpolitik in der SBZ/DDR 1945 - 1970, Berlin 1995

Hubner, Peter, Zur Rolle der "Massenorganisationen" im Alltag des DDR-Burgers, in: Deutscher Bundestag (Hrsg), Machtstrukturen und Entscheidungsmechanismen im SED-Staat und die Frage der Verantwortung - Materialien der Enquete-Kommission "Aufarbeitung der Geschichte und Folgen der SED-Diktatur in Deutschland", 1995, Bd. II/3, S 1723 ff

Hubner, Peter, "Sozialistischer Fordismus?" Oder Unerwartete Ergebnisse eines Kopiervorganges Zur Geschichte der Produktionsbrigaden in der DDR, in. Lüdtke, Alf et al (Hrsg), Amerikanisierung Traum und Alptraum im Deutschland des 20 Jahrhunderts, Stuttgart 1996, S 96 - 115.

Hubner, Peter, Industrielle Manager in der SBZ/DDR Sozial- und mentalitätsgeschichtliche Aspekte, in Geschichte und Gesellschaft 1998, S 55 - 80.

Hubner, Peter, Durch Planung zur Improvisation Zur Geschichte des Leitungspersonals in der staatlichen Industrie der DDR, in· Archiv für Sozialgeschichte, Bonn 1999, S. 197 - 233.

Icks, Annette, Der Transformationsprozeß in der ehemaligen DDR 1989 - 1991 Politische, soziologische und wirtschaftliche Aspekte, Hamburg 1991

IG Chemie, Dokumentation "Neue Bundesländer" Die Industriegewerkschaft Chemie-Papier-Keramik im Prozess der deutschen Einheit (Vom Herbst 1989 bis Sommer 1992), Hannover 1993

IG Metall, Protokoll des 4 ordentlichen Gewerkschaftstages der IG Metall in Dortmund vom 10 bis 15 September 1956, Frankfurt 1956

IG Metall, Vorstand, Die andere Zukunft Solidarität und Freiheit Leitlinien der IG Metall zur gesellschaftlichen und gewerkschaftlichen Reform, Frankfurt/M März 1989

IG Metall, Protokoll des 16 ordentlichen Gewerkschaftstag der Industriegewerkschaft Metall für die Bundesrepublik Deutschland 22 bis 28. Oktober 1989, Frankfurt/M 1989

IG Metall, Vorstand, Abt Tarifpolitik, Diskussionsgrundlage. Eckpunkte und Zielsetzungen für ein tarifpolitisches Aktionsprogramm für die Metallwirtschaft der DDR in der Übergangsphase, 09 05.1990

IG Metall, Vorstand, Zur solidarischen Finanzierung der sozialen Einigung (Schriftenreihe der IG Metall Nr. 128), Frankfurt/M. 1991.

IG Metall, Vorstand, Aktive Sanierung - solidarische Finanzierung. Verteilungspolitische Konferenz der Industriegewerkschaft Metall (Schriftenreihe der IG Metall 131), Frankfurt/M 1992

IG Metall (Hrsg), Der Gewerkschaftliche Einigungsprozeß, Frankfurt/M 1992
IG Metall, Bezirksleitung Dresden, Arbeitsprogramm Tarifpolitik im Betrieb, 25 03 1994
IG Metall (Hrsg), Tarifpolitik im Strukturwandel, Koln 1988
IG Metall (Hrsg), Tarifreform 2000 - Ein Gestaltungsrahmen für die Industriearbeit der Zukunft, Frankfurt 1991
IG Metall, Geschaftsbericht 1989 bis 1991, Frankfurt/M 1992

IG Metall, Geschaftsbericht 1992 bis 1994, Frankfurt/M 1995
IG Metall, Geschaftsbericht 1995 bis 1998, Frankfurt/M 1999
IG Metall, Metallkonjunktur Ost, Berlin 1995 ff
Institut der deutschen Wirtschaft (Hrsg), Zahlen zur wirtschaftlichen Entwicklung der Bundesrepublik Deutschland, Koln 1998/149
Jander, Martin/Voß, Thomas, Mangel an Perspektiven - die bundesdeutschen Gewerkschaften im Vereinigungsprozeß, in Ditmar Gatzmaga/Thomas Voß/Klaus Westermann (Hrsg.), Auferstehen aus Ruinen Arbeitswelt und Gewerkschaften in der früheren DDR, Marburg 1991, S 147 - 155
Jander, Martin/Kadtler, Jürgen/Kottwitz, Gisela/Lutz, Stefan, Betriebsräterebellion im Osten, in links, 1992/11, S 16 - 17
Jander, Martin, Formierung und Krise der DDR-Opposition Die "Initiative für unabhangige Gewerkschaften" - Dissidenten zwischen Demokratie und Romantik, Berlin 1996.
Jansen, Peter, Europäische Regulierung und verbetrieblichte Anarchie. Perspektiven der Mitbestimmung im neuen Europa, in Nutzinger, Hans G , Perspektive der Mitbestimmung, Marburg 1999, S 305 - 333
Jaschke, Hans-Gerd, Streitbare Demokratie und innere Sicherheit Grundlagen, Praxis, Kritik, Opladen 1991
Jessen, Ralph, Die Gesellschaft im Staatssozialismus Probleme einer Sozialgeschichte der DDR, in· Geschichte und Gesellschaft 1995, S 96 - 110
Joas, Hans/Kohli, Martin, Der Zusammenbruch der DDR Fragen und Thesen, in dies (Hrsg), Der Zusammenbruch der DDR, Frankfurt/M 1993
Jürgens, Ulrich, Implanting Change The Role of Indigeneous Transplants in Transforming the German Productive Model, in Boyer, Robert et al (Hrsg), Between Imitation and Innovation The transfer an hybridization of productive models in the international automobile industry, Oxford/New York 1998, S 319-341
Kaase, Max/Eisen, Andreas/Gabriel, Oscar W /Niedermayer, Oskar/Wollmann, Hellmut, Politisches System (KSPW-Berichte, Bd 3), Opladen 1996
Kaelble, Hartmut, Industrielle Interessenpolitik in der wilhelminischen Gesellschaft. Der Centralverband deutscher Industrieller 1895 bis 1914, Berlin/West 1967.
Kadtler, Jürgen/Hertle, Hans-Hermann, Sozialpartnerschaft und Industriepolitik Strukturwandel im Organisationsbereich der IG Chemie-Papier-Keramik, Opladen 1997.
Kadtler, Jürgen/Kottwitz, Gisela , Industrielle Beziehungen in Ostdeutschland Durch Kooperation zum Gegensatz von Kapital und Arbeit, in· Industrielle Beziehungen Zeitschrift für Arbeit, Organisation und Management 1994/1, S 13 - 38
Kadtler, Jürgen/Kottwitz, Gisela/Weinert, Rainer, Betriebsrate in Ostdeutschland, Opladen 1997.
Kallabis, Heinz, Gewerkschaften im "Transformations"prozeß Gewerkschaften in der Krise? in. BISS public, 1993/11, S 69 - 79
Karch, Heribert/Meine, Hartmut/Schulz, Hartmut, Der Kampf um die soziale Einheit. Zur Tarifauseinandersetzung in der ostdeutschen Metallindustrie, in Sozialismus 1993/10, S. 42-50
Kasse, Max/Lepsius, M Rainer, Transformationsforschung, in Deutsche Forschungsgemeinschaft (Hrsg), Perspektiven der Forschung und ihrer Förderung Aufgaben und Finanzierung 1997-2000, Weinheim/New York 1997, S 121 - 140.

Kassel, Brigitte, Frauen in einer Männerwelt. Frauenerwerbsarbeit in der Metallindustrie und ihre Interessenvertretung durch den deutschen Metallarbeiterverband (1891 - 1933), Köln 1997.

Katzenstein, Peter J, Policy and Politics in West Germany The Growth of a Semisovereign State, Philadelphia 1987

Katzenstein, Peter J, Ein Blick auf Deutschland von draußen, in Kaase, Max/Schmid, Günther (Hrsg), Eine lernende Demokratie 50 Jahre Bundesrepublik Deutschland (WZB-Jahrbuch 1999), Berlin 1999, S 563 - 582

Keller, Berndt, Einführung in die Arbeitspolitik, 3. Auflage, München 1997

Kitschelt, Herbert/Lange, Peter/Marks, Gary/Stephens, John D, Convergence and Divergence in Advanced Capitalist Democracies, in. dies. (Hrsg), Continuity and Change in Contemporay Capitalism, Cambridge 1999, S 427-460.

Kittner, Michael, Rechtsfragen der Vereinigung von Bundesrepublik Deutschland und DDR - Zum Zeitpunkt der Entscheidung, in· Löbler, Frank/Tiemann, Heinrich/Schmid, Josef (Hrsg), Wiedervereinigung als Organisationsproblem Gesamtdeutsche Zusammenschlüsse von Parteien und Verbänden (Beiträge zur Deutschlandforschung - Bd 8), Bochum 1991, S 88 - 110

Kleinfeld, Ralf, Zwischen rundem Tisch und konzertierter Aktion Korporatistische Formen der Interessenvermittlung in den neuen Bundesländern, in Eichener, Volker et al (Hrsg.), Probleme der Einheit Organisierte Interessen in Ostdeutschland (12/1), Marburg 1992, S. 73 - 134

Kleinhenz, Gerhard, Tarifpartnerschaft im vereinten Deutschland, in· Apuz B 12/92, S. 14 - 24

Kleßmann, Christoph, Die "verstaatlichte Arbeiterbewegung": Überlegungen zur Sozialgeschichte der Arbeiterschaft der DDR, in. Rudolph, Karsten/Wickert, Christl (Hrsg.), Geschichte als Möglichkeit Über die Chancen von Demokratie (Festschrift für Helga Grebing), Essen 1995, S 109 - 119

Klinzing, Larissa, Zwischen Anpassung und Öffnung - Gewerkschaftsstrukturen im beigetretenen Teil Deutschlands, in Naßmacher, Hiltrud/Niedermayer, Oskar/Wollman, Hellmut (Hrsg), Politische Strukturen im Umbruch, Berlin 1992.

Knips, Achim, Deutsche Arbeitgeberverbände der Eisen- und Metallindustrie, 1888 - 1914 (Vierteljahresschrift für Sozial- und Wirtschaftsgeschichte, Beihefte-Nr. 124), Stuttgart 1996.

Koch, Holger, Konservatismus zwischen Kontinuität und Neuorientierung. Zum Einfluß von Epochenumbruch, deutscher Vereinigung und ostdeutschem Transformationsprozeß auf weltanschaulichem Gehalt und politisch-ideologische Programmatik des Konservatismus, Diss Humboldt-Universität Berlin 1998.

Koch, Thomas/Thomas, Michael, Soziale Strukturen und Handlungsmuster neuer Selbständiger als endogene Potentiale im Transformationsprozeß, in. Kollmorgen, Raj et al. (Hrsg.), Sozialer Wandel und Akteure in Ostdeutschland, Empirische Befunde und theoretische Ansätze, Opladen 1996, S. 217 - 241.

Kocka, Jürgen, Lohnarbeit und Klassenbildung, Bonn 1983.

Kocka, Jürgen, Eine durchherrschte Gesellschaft, in. Kaelble, Hartmut u. a (Hrsg), Stuttgart 1994, S. 547 - 553

Kocka, Jürgen/Sabrow, Martin (Hrsg), Die DDR als Geschichte Fragen - Hypothesen - Perspektiven Berlin 1994, S 116 - 121.

Kohaut, Susanne/Bellmann, Lutz, Betriebliche Determinanten der Tarifbindung in Westdeutschland Eine empirische Analyse auf der Basis des IAB-Betriebspanels, in. Industrielle Beziehungen 1997/4, S 317-334

Kohl, Helmut, Kontinuität oder Neubeginn. Rechtsgutachten auf Anregung der IG Metall der DDR i. L., Frankfurt/M. o. J.

Kohli, Martin, Die DDR als Arbeitsgesellschaft? Arbeit, Lebenslauf und soziale Differenzierung, in: Kaelble, Hartmut/Kocka, Jürgen/Zwahr, Hartmut (Hrsg.), Sozialgeschichte der DDR, Stuttgart 1994, S. 31 - 61.

Kollmorgen, Raj, Auf der Suche nach Theorien der Transformation Überlegungen zu Begriff und Theoretisierung der postsozialistischen Transformation, in Berliner Journal für Soziologie 1994/4, S 381 - 399

Kollmorgen, Raj/Reißig, Rolf/Weiß, Johannes (Hrsg), Sozialer Wandel und Akteure in Ostdeutschland, Empirische Befunde und theoretische Ansätze, Opladen 1996

Kotthoff, Hermann, Betriebsrate und Bürgerstatus, München 1994

Kowalsky, Wolfgang, Projekt Europa Die Zukunft der europäischen Integration, Opladen 1997

Krebs, Walter, Sind die Beitragseinnahmen des FDGB und die mit diesen Einnahmen erworbenen Grundstücke und sonstigen Vermögensgegenstände materiell-rechtsstaatlich erworbenes Vermögen im Sinne des Parteiengesetzes? Rechtsgutachten im Auftrag der IG Metall/DDR i L , Berlin o J

Kreißig, V , "Realsozialistische" betriebliche Machtstrukturen und industrielle Beziehungen im Transformationsprozeß zur Marktwirtschaft, in: Schmidt, Rudi (Hrsg.), Zwischenbilanz, Analysen zum Transformationsprozeß in der ostdeutschen Industrie Berlin 1993, S 109 - 130

Kuda, Rudolf, Die Durchsetzung der 35-Stunden-Woche in der Metallindustrie 1989/90 aus gewerkschaftlicher Sicht, in Hampe, Peter (Hrsg), Zwischenbilanz der Arbeitszeitverkürzung, München 1993, S 45 - 58

Kusters, Hanns-Jürgen/Hofmann, Daniel (Bearbeiter), Dokumente zur Deutschlandpolitik (Deutsche Einheit, Sonderedition aus den Akten des Bundeskanzleramtes 1989/90), München 1998

Kurbjuhn, Maria/Fichter, Michael, Auch im Osten brauchen die Gewerkschaften Gestaltungskompetenz, in Gewerkschaftliche Monatshefte 1993/1, S 35 - 45

Landfried, Christine, Architektur der Unterkomplexität, in Lehmbruch, Gerhard (Hrsg.), Einigung und Zerfall Deutschland und Europa nach dem Ende des Ost-West-Konflikts, Opladen 1995, S 31 - 71

Lang, Klaus/Sauer, Joachim, Wege zu einer europäischen Tarifpolitik, in Steinkühler, Franz (Hrsg), Europa 1992 Industriestandort oder Lebensraum, Hamburg 1989, S 207 - 229

Lang, Klaus, Die deutsche Einheit - eine Herausforderung für die Tarifpolitik, in. Gatzmaga Ditmar et al Marburg 1991, S 140 - 146

Lang, Klaus, Tarifpolitik im Spannungsfeld zwischen Angleichung der Lebensverhältnisse und ökonomischen Möglichkeiten, in Hickel, Rudolf/Huster, Ernst-Ulrich/Kohl, Heribert (Hrsg), Umverteilen Schritte zur sozialen und wirtschaftlichen Einheit Deutschlands Köln 1993, S 156 - 173

Langer, Axel, Arbeitgeberverbandsaustritte - Motive, Abläufe und Konsequenzen, in. Industrielle Beziehungen 1994/1, S 133 - 154.

Lash, Scott/Urry, John, The End of Organized Capitalism, Cambridge 1987

Hemmer, Hans O /Hegger, Stephan, Wir wollen keine Richtungsgewerkschaften, Gespräch mit Karl-Otto Launike, Hermann Ratz, Michael Seidel über die Gewerkschaftssituation in der DDR, in Gewerkschaftliche Monatshefte 1990, S. 376 - 381.

    Lecher, Wolfgang, Gewerkschaften in Deutschland Ost-West-Zukunft, in WSI-Mitteilungen 1990/5, S 320 - 327

Leckebusch, Roswitha, Entstehung und Wandlung der Zielsetzungen, der Struktur und Wirkungen von Arbeitgeberverbänden, Berlin/West 1966

Lehmbruch, Gerhard, Wandlungen der Interessenpolitik im liberalen Korporatismus, in Alemann, Ulrich von/Heinze, Rolf G (Hrsg), Verbände und Staat, Opladen 1979, S 50 - 71

Lehmbruch, Gerhard, Die improvisierte Vereinigung· Die dritte deutsche Republik. Unentwegter Versuch, einem japanischen Publikum die Geheimnisse der deutschen Transformation zu erklären, in· Leviathan 1990/4, S. 462 - 486.

Lehmbruch, Gerhard, Institutionentransfer Zur politischen Logik der Verwaltungsintegration in Deutschland, in Seibel, Wolfgang/Benz, Arthur/Mäding, Heinrich (Hrsg), Verwaltungsreform und Verwaltungspolitik im Prozeß der deutschen Einigung, Baden-Baden 1993, S 41 - 67

Lehmbruch, Gerhard, Dilemmata verbandlicher Einflußlogik im Prozeß der deutschen Vereinigung, in Streeck, Wolfgang (Hrsg.), Staat und Verbände, Opladen 1994, S. 370 - 392.

Lehmbruch, Gerhard, Institutionen, Interessen und sektorale Variationen in der Transformationsdynamik der politischen Ökonomie Ostdeutschlands, in: Journal für Sozialforschung, 1994/1, S 21 - 44.

Lehmbruch, Gerhard (Hrsg), Einigung und Zerfall. Deutschland und Europa nach dem Ende des Ost-West-Konflikts (19 Wissenschaftlicher Kongreß der deutschen Vereinigung für politische Wissenschaft), Opladen 1995

Lehmbruch, Gerhard Die Rolle der Spitzenverbände im Transformationsprozeß. Eine neoinstitutionalistische Perspektive, in Kollmorgen, Raj/Reißig, Rolf/Weiß, Johannes (Hrsg), Sozialer Wandel und Akteure in Ostdeutschland, Opladen 1996, S 119 - 146.

Lehmbruch, Gerhard, Zwischen Institutionentransfer und Eigendynamik: Sektorale Transformationspfade und ihre Bestimmungsgründe, in: Czada, Roland/Lehmbruch, Gerhard (Hrsg), Transformationspfade in Ostdeutschland Beiträge zur sektoralen Vereinigungspolitik, Frankfurt/M 1998, S. 17 - 57

Lempke, Michael (Hrsg), Sowjetisierung und Eigenständigkeit in der SBZ/DDR (1945 - 1953), Köln 1999

Lepsius, M Rainer, Modernisierungspolitik als Institutionenbildung: Kriterien institutioneller Differenzierung, in ders , Interessen, Ideen und Institutionen, Opladen 1990, S. 53 - 62

Lepsius, M Rainer, Ein unbekanntes Land Plädoyer für soziologische Neugierede, in: Gießen, Bernd/Leggewie, Claus (Hrsg), Experiment Vereinigung. Ein sozialer Großversuch. Berlin 1991, S 71 - 77

Lepsius, M Rainer, Rahmenbedingung der Sozialgeschichte der DDR, in Kaelble, Hartmut/Kocka, Jürgen/Zwahr, Hartmut (Hrsg.), Sozialgeschichte der DDR. Stuttgart, 1994, S 17 - 30

Lepsius, M Rainer, Das Legat zweier Diktaturen für die demokratische Kultur im vereinigten Deutschland, in Holtmann, Everhard/Sahner, Heinz (Hrsg), Aufhebung der Bipolarität: Veränderungen im Osten, Rückwirkungen im Westen. Opladen 1995, S. 25 - 39.

Lepsius, M Rainer, Handlungsräume und Rationalitätskriterien der Wirtschaftsfunktionäre in der Ara Honecker, in Pirker, Theo et al., Der Plan als Befehl und Fiktion 1995, S. 347 - 362

Lepsius, M Rainer, Institutionenanalyse und Institutionenpolitik, in: Nedelmann, Birgitta (Hrsg), Politische Institutionen im Wandel (KZfSS Sonderheft 35), Opladen 1995, S. 392 - 403

Lindenberger, Thomas (Hrsg), Herrschaft und Eigen-Sinn in der Diktatur. Studien zur Gesellschaftsgeschichte der DDR, Köln 1999.

Löbler, Frank/Schmid, Josef/Tiemann, Heinrich, Wiedervereinigung als Organisationsproblem: Gesamtdeutsche Zusammenschlüsse von Parteien und Verbänden (Beiträge zur Deutschlandforschung - Bd 8), Bochum 1991.

Lüdtke, Alf, "Helden der Arbeit" - Mühen beim Arbeiten Zur mißmutigen Loyalität von Industriearbeitern in der DDR, in Kaelble, Hartmut et al 1994, S 188 - 213.

Ludtke, Alf, Die DDR als Geschichte Zur Geschichtsschreibung über die DDR, in: Apuz, B 36/98, S 3 - 16

Ludz, Peter Christian (Hrsg), Studien und Materialien zur Soziologie der DDR (KZfSS Sonderheft 8), Köln 1964

Ludz, Peter Christian, Parteielite im Wandel. Funktionsaufbau, Sozialstruktur und Ideologie der SED-Führung Eine empirisch-systematische Untersuchung, 3. Auflage Köln/Opladen 1970.

Mahnkopf, Birgit, Vorwärts in die Vergangenheit? Pessimistische Spekulationen über die Zukunft der Gewerkschaften in der neuen Bundesrepublik, in: Westphal, Andreas/Herr, Hansjorg/Heine, Michael/Busch, Ulrich (Hrsg), Wirtschaftspolitische Konsequenzen der deutschen Vereinigung Wirtschaftspolitische Konsequenzen der deutschen Vereinigung, Frankfurt/M 1991, S. 269 - 294.

Maier, Charles, Das Verschwinden der DDR und der Untergang des Kommunismus , Frankfurt/M 1999
Mallmann, Luitwin, 100 Jahre Gesamtmetall - Perspektiven aus Tradition, Köln 1990
Mann, Siegfried, Macht und Ohnmacht der Verbände, Baden-Baden 1994.
Martens, Helmut, Organisatorisch konsolidiert-institutionell nicht gefestigt. Gewerkschaftlicher Organisationsaufbau und Mitbestimmung in Ostdeutschland - eine Zwischenbilanz nach fünf Jahren, Dortmund 1995
Martens, Helmut, Zur Institutionalisierung von Mitbestimmung in Ostdeutschland im Kontext der Modernisierung der industriellen Beziehungen in der Bundesrepublik Deutschland, in. Kollmorgen, Raj et al. 1996, S. 19 -165-178.
Marx, Doris, Die verteilungstheoretische und verteilungspolitische Konzeption der IG Metall in gesamtwirtschaftlicher Sicht, Frankfurt 1980
Marz, Lutz, "Mit 5-A-Angsten" in die 90er? Ms , Berlin 1990
Mason, Timothy W , Sozialpolitik im Dritten Reich, Opladen 1978
Maydell, Bernd Baron von/Wank, Rolf (Hrsg), Transformation der Arbeitsrechtsordnung in den neuen Bundesländern, Opladen 1996
Mayer, Karl Ulrich, Vereinigung soziologisch. die soziale Ordnung der DDR und ihre Folgen, in Berliner Journal für Soziologie 1994/4, S. 307 - 321
Mayer, Karl Ulrich/Solga, Heike/Diewald, Martin, Kontinuitäten und Brüche in den Erwerbs- und Berufsverlaufen nach der deutschen Vereinigung, in Beer, Doris et al. (Hrsg), Der ostdeutsche Arbeitsmarkt in Gesamtdeutschland. Angleichung oder Auseinandertriften?, Opladen 1997
Mayntz, Renate/Scharpf, Fritz W , Der Ansatz des akteurzentrierten Institutionalismus, in. Mayntz, Renate/Scharpf, Fritz W (Hrsg), Gesellschaftliche Selbstregelung und politische Steuerung, Frankfurt/M 1995, S 39 - 72
Meier, Arthur, Abschied von der sozialistischen Ständegesellschaft, in Apuz B 16 - 17/90, S. 3 - 14
Mense-Petermann, Ursula, Die Verbetrieblichung der industriellen Beziehungen in Ostdeutschland als Herausforderung für das duale System, in Industrielle Beziehungen 1996/1, S 65 - 79
Merkel, Wolfgang (Hrsg), Systemwechsel 1. Theorien, Ansätze und Konzepte der Transitionsforschung, Opladen 1996 (2 Auflage)
Merkel, Wolfgang/Puhle, Hans-Jürgen, Von der Diktatur zur Demokratie Transformationen, Erfolgsbedingungen, Entwicklungspfade, Opladen 1999
Merton, Robert K , Soziologische Theorie und soziale Struktur, Berlin 1995.
Meulemann, Heiner, Werte und Wertewandel. Zur Identität einer geteilten und wieder vereinten Nation, Weinheim/München 1996
Meuschel, Sigrid, Legitimation und Parteiherrschaft in der DDR, Frankfurt/M. 1992
Meyer, Cord, Die Sozialplanrichtlinien der Treuhandanstalt, Opladen 1996
Meyer, Holger, Faktoren unterschiedlichen Tarifverhaltens Gesamtmetall und Gesamttextil im Vergleich, Diss FU Berlin 1998
Mommsen, Hans (Hrsg), Arbeiterbewegung und industrieller Wandel Studien zu gewerkschaftlichen Organisationsproblemen im Reich und an der Ruhr, Wuppertal 1980
Mooser, Josef, Arbeiterleben in Deutschland 1900 - 1970, Frankfurt 1984.
Moser Eva, Bayerns Arbeitgeberverbände im Wiederaufbau. Der Verein der bayrischen Metallindustrie 1947 bis 1962, Stuttgart 1990.
Muckenberger, Ulrich, Produktionsverflechtung und Risikoverantwortung Verfassungsfragen zur Neufassung von § 116 AFG, Baden Baden 1992
Muckenberger, Ulrich, Aktuelle Herausforderungen an das Tarifwesen, in. Kritische Justiz, Baden-Baden 1995/1, S 26 - 44 (a)
Muckenberger, Ulrich, Aktuelle Herausforderungen an die Tarifpolitik, in Blanke, Thomas/Schmidt, Eberhard (Hrsg), Tarifpolitik im Umbruch, München/Mering 1995, S 19 - 35 (b)

Mühler, Kurt/Wippler, Reinhard, Die Vorgeschichte der Wende in der DDR: Versuch einer Erklärung, in KZfSS 1993, S. 691 - 711.

Muller, Meike, Gewerkschaftsmarketing. Eine vergleichende empirische Analyse in den alten und in den neuen Bundesländern. Exemplarisch durchgeführt am Beispiel der IG Metall, München/Mering 1997

Müller, Werner, Zur Geschichte des FDGB - eine vorläufige Bilanz, in: Gewerkschaftliche Monatshefte, 1990/5/6, S 340 - 352.

Müller, Werner, Freier Deutscher Gewerkschaftsbund (FDGB), in Broszat, Martin/Weber, Hermann (Hrsg), SBZ-Handbuch, München 1990, S. 626 - 664

Müller-Jentsch, Walther, Versuch über die Tarifautonomie. Entstehung und Funktionen kollektiver Verhandlungssysteme in Großbritannien und Deutschland, in: Leviathan 1983/1, S. 118 - 1150

Müller-Jentsch, Walther, Das (Des)Interesse der Arbeitgeber am Tarifsystem, in: WSI-Mitteilungen 1993/8, S. 469 - 452.

Müller-Jentsch, Walther, Soziologie der industriellen Beziehungen. Eine Einführung, Frankfurt/M 1997.

Müller-Jentsch, Walther, Krise oder Modernisierung der kollektiven Interessenrepräsentation? Uber die Zukunft der Mitbestimmung, in: Cattero, Bruno (Hrsg), Opladen 1998, S. 139 - 157.

Münkler, Herfried, Antifaschismus und antifaschistischer Widerstand als politischer Gründungsmythos der DDR, in Apuz B 45/98, S. 16 - 29

Murmann, Klaus, Kontrakt für die Zukunft: Was mich bewegt (Klaus Murmann im Gespräch mit Rainer Hank und Rolf-Dietrich Schwartz), Berlin 1997.

Mynitz, Reinhard, Management-Kompetenz ostdeutscher Führungskräfte, in: Personal. 1993/1, S. 10 - 13

Nachrichten-Verlags-Gesellschaft, Gewerkschaften in der DDR, Frankfurt/M. 1972.

Naphtali, Fritz, Wirtschaftsdemokratie. Ihr Wesen, Weg und Ziel, Berlin 1928.

Nedelmann, Birgitta (Hrsg), Politische Institutionen im Wandel (KZfSS Sonderheft 35), Opladen 1995

Neugebauer, Gero/Reister, Hugo, PDS und Gewerkschaften (hrsg. von der Friedrich Ebert Stiftung), Bonn 1996

Neifer-Dichmann, Elisabeth, Arbeitsbedingungen im deutsch-deutschen Vergleich, in: Deutschland-Info der BDA, Köln 1990, S. 1 - 36

Neuhaus, Frank, DGB und CDU Analysen zum bilateralen Verhältnis von 1982 bis 1990, Köln 1996

Niedermayer, Oskar (Hrsg), Intermediäre Strukturen in Ostdeutschland Beiträge zu den Berichten zum sozialen und politischen Wandel in Ostdeutschland, Opladen 1996

Niethammer, Lutz, Volkspartei neuen Typs? Sozialbiographische Voraussetzungen der SED in der Industrieprovinz, in: PROKLA 1990/80, S 40 - 70

Niethammer, Lutz/Plato, Alexander v /Wierling, Dorothee, Die volkseigene Erfahrung. Eine Archäologie des Lebens in der Industrieprovinz der DDR, Berlin 1990.

Niethammer, Lutz, Annäherung an den Wandel. Auf der Suche nach der volkseigenen Erfahrung in der Industrieprovinz der DDR, in· Bios. Zeitschrift für Biographieforschung 1988/1, S. 19-66.

Noe, Claus, Gebändigter Klassenkampf. Tarifautonomie in der Bundesrepublik Deutschland Der Konflikt zwischen Gesamtmetall und IG Metall vom Frühjahr 1963, Berlin 1970.

Offe, Claus, The Attribution of Public Status of Interest Groups, in· ders , Disorganized Capitalism, Oxford 1985.

Offe, Claus/Wiesenthal, Helmut, Two Logics of Collectiv Action. Theoretical Notes on Social Class and Organizational Form, in: Political Power and Social Theory, 1980/1, S. 67 - 115.

Offe, Claus, Der Tunnel am Ende des Lichts. Erkundungen der politischen Transformation im neuen Osten, Frankfurt/M. 1994

Offermann, Volker, Dilemmata der Tarifpolitik in Ostdeutschland, in Deutschland-Archiv 1994, S 954 - 962
Olson, Mancur, Die Logik des kollektiven Handelns, Tubingen 3 Auflage 1992
Opel, Fritz, Der deutsche Metallarbeiter-Verband während des ersten Weltkrieges und der Revolution (4 Auflage) Frankfurt 1980
Patzelt, Werner/Algasinger, Klaus, Das Parteiensystem Sachsens, in Niedermayer, Oskar (Hrsg) Intermediäre Strukturen in Ostdeutschland, Opladen 1996
Peinemann, Holger, Beschäftigungsgesellschaften im Netzwerk der Akteure Eine Fallstudie (WZB-Paper, FS II 92-203), Berlin 1992
Pester, Gert/Prang, Jürgen, Der Umbruch und die Gewerkschaften in der DDR "Wer zu spät kommt, den bestraft das Leben", in: Hemmer, Hans O /Stolt, Frank D. (Hrsg.), Gleichheit, Freiheit, Solidarität - Fur ein "Zusammenwachsen" in gemeinsamer Verantwortlichkeit, Köln 1990
Pierenkamper, Tony/Tilly, Richard (Hrsg), Historische Arbeitsmarktforschung Entstehung, Entwicklung und Probleme der Vermarktung von Arbeitskraft (Kritische Studien zur Geschichtswissenschaft, Band 49), Göttingen 1982
Pirker, Theo/Hertle, Hans-Hermann/Kadtler, Jürgen/Weinert Rainer, FDGB Wende zum Ende Auf dem Weg zu unabhängigen Gewerkschaften? Koln 1990
Pirker, Theo, Restauration und Reform, in. Weinert, Rainer (Hrsg), Theo Pirker - Soziologie als Politik Schriften von 1949 bis 1990, Berlin 1991, S 263 ff
Pirker, Theo/Lepsius, M Rainer/Weinert, Rainer/Hertle, Hans-Hermann, Der Plan als Befehl und Fiktion Wirtschaftsführung in der DDR Gespräche und Analysen, Opladen 1995
Pizzorno, Allessandro, Political Exchange and Collective Identity in Industrial Conflict, in Crouch, Colin/Pizzorno, Allessandro (Hrsg), The Resurgence of Class Conflict in Western Europe since 1968, Bd 2, London 1978, S 277 - 298.
Plumpe, Werner, Industrielle Beziehungen, in Ambrosius, Gerold et al (Hrsg), Moderne Wirtschaftsgeschichte Eine Einfuhrung für Historiker und Ökonomen, Munchen 1996, S. 389 - 420
Pogge von Strandmann, Hartmut, Widersprüche im Modernisierungsprozeß Deutschlands Der Kampf der verarbeitenden Industrie gegen die Schwerindustrie, in: Stegmann, Dirk/Wendt, Bernd-Jurgen/Witt, Peter-Christian (Hrsg), Industrielle Gesellschaft und politisches System Beiträge zur politischen Sozialgeschichte. Festschrift für Fritz Fischer zum 70. Geburtstag (Schriftenreihe des Forschungsinstituts der Friedrich-Ebert-Stiftung, Band 137), Bonn 1978, S 255 - 240
Pohl, Hans (Hrsg), Der Einfluß auslandischer Unternehmen auf die deutsche Wirtschaft vom Spätmittelalter bis zur Gegenwart (Zeitschrift fur Unternehmensgeschichte, Beiheft 65), Stuttgart 1992
Pohlmann, Markus/Schmidt, Rudi (Hrsg), Management in der ostdeutschen Industrie, Opladen 1996
Pohlmann, Markus et al , Manager im Sozialismus, in: ders et al (Hrsg), Management in der ostdeutschen Industrie, Opladen 1996, S. 21 - 62
Pohlmann, Markus/Gergs Hans-Joachim, Manageriale Eliten im Transformationsprozeß, in: ders et al (Hrsg) 1996, S 63 - 98
Pollack, Detlef, Das Ende einer Organisationsgesellschaft Systemkritische Überlegungen zum gesellschaftlichen Umbruch in der DDR, in Zeitschrift für Soziologie 1990/4, S 292 - 307.
Pollack, Detlef, Sozialstruktur und Mentalität in Ostdeutschland, in Meyer, Hansgünter (Hrsg), Soziologen-Tag Leipzig 1991. Soziologie in Deutschland und die Transformation großer gesellschaftlicher Systeme, Berlin 1992, S 272 - 285
Pollack, Detlef, Literaturbericht zum Stand der DDR-Forschung, in PVS 1993/1, S 119 - 139.
Pollack, Detlef, Sozialstruktureller Wandel, Institutionentransfer und die Langsamkeit der Individuen, in Soziologische Revue 1996/19, S 412 - 429
Pollack, Detlef, Das Bedurfnis nach sozialer Anerkennung Der Wandel der Akzeptanz von Demokratie und Marktwirtschaft in Ostdeutschland, in Apuz B 13/97, S 3 - 14

Pollack, Detlef, Die konstitutive Widersprüchlichkeit der DDR. Oder. War die DDR-Gesellschaft homogen? in. Geschichte und Gesellschaft 1998/1, S 110 - 131.

Priewe, Jan/Hickel, Rudolf, Der Preis der Einheit. Bilanz und Perspektiven der deutschen Vereinigung, Frankfurt/M. 1991

Prigge, Wolfgang Ulrich, Metallindustrielle Arbeitgeberverbände in Großbritannien und in der Bundesrepublik Deutschland, Opladen 1987

Rabe, Brigitte, Lohnsubventionen in den neuen Bundesländern Theoretische Grundlagen und Programmentwürfe (WZB-FS I 93-207), Berlin 1993

Rabenschlag-Kraußlich, Jutta, Parität statt Klassenkampf? Zur Organisation des Arbeitsmarktes und Domestizierung des Arbeitskampfes in Deutschland und England 1900 - 1918, Frankfurt/M 1983

Rebenstorf, Hilke, Die politische Klasse. Zur Entstehung und Reproduktion einer Funktionselite, Frankfurt/M /New York 1995.

Revel, Saul W , Tarifverhandlungen in der Bundesrepublik Deutschland. Eine Untersuchung der Bedeutung verschiedener Verhandlungsebenen für die sozial-ökonomische Entwicklung, Baden-Baden 1994.

Reißig, Rolf, Transformation - Theoretisch-konzeptionelle Ansätze und Erklärungsversuche, in: Berliner Journal für Soziologie 1994/3, S. 323 - 343.

Reißig, Rolf, Transformationsforschung - Gewinne, Desiderate und Perspektiven (WZB-Papers P97-001), Berlin 1997

Reutter, Werner, Korporatismustheorien. Kritik, Vergleich, Perspektiven, Frankfurt/M 1991.

Rieble, Volker, Die Bildung gesamtdeutscher Gewerkschaften, in Arbeit und Recht. Zeitschrift für Arbeitsrechtspraxis, 1990/12, S. 365 - 372

Rieger, Elmar, Strategien der Institutionenbildung, in: Jornal für Sozialforschung 1992, S 157 - 175

Rochtus, Dirk, Zwischen Realität und Utopie. Das Konzept des "dritten Weges" in der DDR 1989/90, Leipzig 1999

Röbenack, Silke, Betriebe und Belegschaftsvertretungen, in: Bergmann, Joachim et al. (Hrsg) 1996, S. 161 - 235.

Roesler, Jörg, Probleme des Brigadealltagsarbeitsverhältnisse und Arbeitsklima in volkseigenen Betrieben 1950 - 1989, in: Apuz B 38/97, S. 3 - 18

Roller, Edeltraud, Sozialpolitische Orientierungen nach der deutschen Einigung, in· Gabriel, Oscar (Hrsg), Politische Orientierungen und Verhaltensweisen im vereinigten Deutschland 1997, S 115 - 146

Rose, Richard/Haerpfer, Christian, The Impact of a Ready-Made-State Die privilegierte Position Ostdeutschlands in der postkommunistischen Transformation, in: Wiesenthal, Helmut (Hrsg), Einheit als Privileg, Frankfurt 1996, S. 105 - 140.

Rottenburg, Rolf, "Der Sozialismus braucht den ganzen Menschen". Zum Verhältnis vertraglicher und nichtvertraglicher Beziehungen in einem VEB, in: Zeitschrift für Soziologie 1991/20, S 305 - 322

Ruppert, Burkard, Die Transformation betrieblicher Interessenvertretung im Übergang von der DDR zur Bundesrepublik. Eine Untersuchung am Beispiel des Chemnitzer Apparate- und Anlagenbauunternehmens Germania (Oktober 1989 - März 1991), Frankfurt/M. 1996.

Ruppert, Burkard, Das Metall- und Elektrohandwerk in Ostdeutschland Gewerkschafts- und tarifpolitische Herausforderung für die IG Metall, Frankfurt 1998.

Ruysseveldt, Joris Van/Visser, Jelle (Hrsg.), Industrial Relations in Europe. Traditions and Transitions, London 1996

Sachverständigenrat zur Begutachtung der gesamtwirtschaftlichen Entwicklung, Zur Unterstützung der Wirtschaftsreform in der DDR. Voraussetzungen und Möglichkeiten, Ms Wiesbaden 1990.

Sachverständigenrat zur Begutachtung der gesamtwirtschaftlichen Entwicklung, Jahresgutachten, Stuttgart 1991 ff

Sahner, Heinz, Aufhebung der Bipolaritat - Veränderungen im Osten, Rückwirkungen im Westen, in: Holtmann, Everhard/Sahner, Heinz (Hrsg), Aufhebung der Bipolaritat, Opladen 1995

Sarrazin, Thilo, Die Entstehung und Umsetzung des Konzepts der deutschen Wirtschafts- und Wahrungsunion, in Waigel, Theo/Schell, Manfred (Hrsg), Tage, die Deutschland und die Welt veranderten, München, 1994.

Sattler, Friederike, Die Funktion der Massenorganisationen, in Deutscher Bundestag (Hrsg), Machtstrukturen und Entscheidungsmechanismen im SED-Staat und die Frage der Verantwortung - Materialien der Enquete-Kommission "Aufarbeitung der Geschichte und Folgen der SED-Diktatur in Deutschland", 1995, Bd. II/4, S. 2638 ff.

Schabedoth, Hans-Joachim/Schmitz, Kurt Thomas/Thiemann, Heinrich, Demokratie und kapitalistische Marktwirtschaft, in perspektiven ds 1991/ 1, S 15 - 24

Schellhoss, Hartmut, Apathie und Legitimität Das Problem der neuen Gewerkschaft, München 1967

Scheremet, Wolfgang, Tarifpolitik in Ostdeutschland: Ausstieg aus dem Lohnverhandlungsmodell der Bundesrepublik Deutschland, in Beihefte der Konjunkturpolitik Zeitschrift für angewandte Wirtschaftspolitik, Berlin 1995/43, S 135 - 169

Schleef, Heinz, Vom Kombinat zum Konzern Die Umgestaltung des VEB Carl Zeiss Jena, in Industrielle Beziehungen 1997/4, S. 335-350

Schlegelmilch, Cordia, "Ich vergleiche heute vieles mit damal"" Zu Tradition und Aufbauethos des neuen alten Mittelstandes in Wurzen, in. BISS public, Heft 23/24, 1997, S 115 - 139

Schluchter, Wolfgang, Institutionen und Mentalitäten Über die Gleichzeitigkeit des Ungleichzeitigen oder Von dem schließlich doch nur allmählichen Untergang der DDR, in Schluchter, Wolfgang, Neubeginn durch Anpassung? Frankfurt/M 1996, S 11 - 59

Schmid, Josef/Tiemann, Heinrich, Gewerkschaften und Tarifverhandlungen in den fünf neuen Bundesländern Organisationsentwicklung, politische Strategien und Probleme am Beispiel der IG Metall, in Eichener, Volker et al. (Hrsg), Organisierte Interessen in Ostdeutschland (Probleme der Einheit Bd 12) Marburg 1992, S 135 - 158

Schmid, Josef, Ein aktueller "West-Ost-Konflikt" in der deutschen Gewerkschaftsbewegung?, in Sowi 1993/2, S 110-116

Schmid, Josef/Blancke, Susanne, "Gelungene Anpassung" oder "prekare Normalisierung" und erfolgreiches Scheitern"? Gewerkschaften im Prozeß der Einheit, in Gewerkschaftliche Monatshefte 1995/9, S 566 - 576

Schmid, Josef, Politik und Ökonomie der deutschen Einheit Die Beiträge zu den Berichten der KSPW und weitere Bande zum Transformationsprozeß, in Deutschland-Archiv 1998/1, S. 408 - 487

Schmid, Josef/Blancke, Susanne, Arbeitsmarktpolitik in Ostdeutschland, Aufstieg und Niedergang einer Policy?, in: Deutschland-Archiv 1998/6, S 937 - 947

Schmidt, Gert/Trinczek, Rainer (Hrsg), Globalisierung. Ökonomische und soziale Herausforderungen am Ende des zwanzigsten Jahrhunderts (Soziale Welt, Sonderband 13), Baden-Baden 1999

Schmidt, Manfred G., "Die Politik des mittleren Weges", in. Apuz B 9 - 10/90, S 23 - 31.

Schmidt, Manfred G, Immer noch auf dem "mittleren Weg"? Deutschlands politische Ökonomie am Ende des 20 Jahrhunderts, Ms 1999

Schmidt, Rudi (Hrsg), Zwischenbilanz Analysen zum Transformationsprozeß der ostdeutschen Industrie, Berlin 1993

Schmidt, Rudi/Trinczek, Rainer, Duales System Tarifliche und betriebliche Interessenvertretung, in. Müller-Jentsch, Walther (Hrsg), Konfliktpartnerschaft Akteure und Institutionen der industriellen Beziehungen, München/Mering 1993

Schmidt, Rudi, Restrukturierung und Modernisierung der industriellen Produktion, in: Lutz, Burkart et al (Hrsg), Arbeit, Arbeitsmarkt und Betriebe, Opladen 1996, S 227 - 256

Schmidt, Werner, Metamorphosen des Betriebskollektivs zur Transformation der Sozialordnung in ostdeutschen Betrieben, in. Soziale Welt 1995, S 305 - 325

Schmidt, Werner, Betriebliche Sozialordnung und ostdeutsches Arbeitnehmerbewußtsein im Prozeß der Transformation, München/Mering 1996
Schmierl, Klaus, Umbrüche in der Lohn- und Tarifpolitik Neue Entgeltsysteme bei arbeitskraftzentrierter Rationalisierung in der Metallindustrie, Frankfurt/M 1995
Schmitter, Philippe C, Sektoren im modernen Kapitalismus. Steuerungsformen und ihre Performanzunterschiede, in: Kenis, Patrick/Schneider, Volker (Hrsg.), Organisation und Netzwerk Institutionelle Steuerung in Wirtschaft und Politik, Frankfurt 1996, S. 313 - 355.
Schmitz, Thomas/Tiemann, Heinrich, Auf dem Weg zur Gewerkschaftseinheit - Ein Bericht, in. Deutschland-Archiv 1990/10, S 608 - 619.
Schnabel, Claus, Tariflohnpolitik und Effektivlohnfindung, Frankfurt/M. 1997.
Schneider, Hilmar, Kommentar, Härteklauseln in der ostdeutschen Metall - und Elektroindustrie, in Institut für Wirtschaftsforschung Halle (Hrsg), Wirtschaft im Wandel 1995/16.
Schneider, Michael, Unternehmer und soziale Demokratie, in Archiv für Sozialgeschichte 1973, S 243 - 288
Schneider, Volker/Kenis, Patrick (Hrsg), Organisation und Netzwerk. Institutionelle Steuerung in Wirtschaft und Politik, Frankfurt/M 1996
Schott, Norbert, Zur Entwicklung der industriellen Beziehungen nach der Wiedervereinigung. Arbeitgeberstrategien auf überbetriebliche Ebene unter besonderer Berücksichtigung des "Revisionsstreits" in der ostdeutschen Metallindustrie, Diss. Universität Frankfurt 1995.
Schönhoven, Klaus, Expansion und Konzentration, Studien zur Entwicklung der Freien Gewerkschaften im Wilhelminischen Deutschland 1890 - 1914, Stuttgart 1980.
Schroeder, Ingeborg Karen, Industriepolitik in Sachsen nach der Wende, München 1996.
Schroeder, Wolfgang, Die Unternehmerverbände Programmatik, Politik, Organisation, in Kittner, Michael (Hrsg), Gewerkschaftsjahrbuch 1992
Schroeder, Wolfgang, Die politische Blockade der Arbeitgeberverbände, in· Die neue Gesellschaft/Frankfurter Hefte, 1993, S. 485 - 488
Schroeder Wolfgang, Politik und Programmatik der Unternehmerverbände, in: Kittner, Michael (Hrsg), Gewerkschaftsjahrbuch 1993 Daten - Fakten - Analysen, Köln 1993, S. 695 - 719.
Schroeder, Wolfgang, Die Unternehmerverbände Programmatik, Politik, Organisation, in: Kittner, Michael (Hrsg), Gewerkschaften heute Jahrbuch für Arbeitnehmerfragen 1994, Köln 1994, S 623 - 642
Schroeder, Wolfgang, Arbeitgeberverbände in der Klemme Motivations- und Verpflichtungskrisen, in Bispinck, Reinhard (Hrsg), Tarifpolitik der Zukunft. Was wird aus dem Flächentarifvertrag? Hamburg, 1995, S. 44 - 63
Schroeder, Wolfgang, Arbeitgeber- und Wirtschaftsverbände: Strategie und Politik, in· Kittner, Michael (Hrsg), Gewerkschaften heute. Jahrbuch für Arbeitnehmerfragen 1995, Köln 1995, S 577 - 596
Schroeder, Wolfgang, Westdeutsche Prägung - westdeutsche Bewährungsproben: Industrielle Beziehungen in der Metall- und Elektroindustrie, in· Bergmann, Joachim et al. 1996, S. 101 - 134
Schroeder, Wolfgang/Ruppert, Burkard, Austritte aus Arbeitgeberverbänden. Eine Gefahr für das deutsche Modell? Marburg 1996
Schroeder, Wolfgang/Ruppert, Burkard, Austritte aus Arbeitgeberverbänden. Motive - Ursachen - Ausmaß, in WSI - Mitteilungen 1996/5, S 316 - 328
Schroeder, Wolfgang/Weinert, Rainer, Anmerkungen zum Wandel industrieller Beziehungen in Deutschland Kontrollierte oder unkontrollierte Dezentralisierung?, in· Zeitschrift für Politikwissenschaft 1999/4, S 1295 - 1317
Schubert, Klaus (Hrsg), Leistungen und Grenzen politisch-ökonomischer Theorie: Eine kritische Bestandsaufnahme zu Mancur Olson, Darmstadt 1992.
Schwarz, Rainer, Kommentierte Literaturübersicht zur Transformationsforschung. Ökonomische Rahmenbedingungen der Transformation (WZB P 93-003), Berlin 1993.

Schwarzer, Doris, Arbeitsbeziehungen im Umbruch gesellschaftlicher Strukturen Bundesrepublik Deutschland, DDR und neue Bundeslander im Vergleich (Beitrage zur Wirtschafts - und Sozialgeschichte Bd 67), Stuttgart 1995
Shonfield, Andrew, Modern Capitalism The Changing Balance of Public and Private Power, Oxford 1965
Sebaldt, Martin, Verbande und Demokratie Funktionen bundesdeutscher Interessengruppen in Theorie und Praxis, in Apuz B 36 - 37/97.
Seideneck, Peter, Die soziale Einheit gestalten Uber Schwierigkeiten des Aufbaus gesamtdeutscher Gewerkschaften, in Apuz B 13/91, S 3 - 11
Seifert, Wolfgang/Rose, Richard, 1994, Lebensbedingungen und politische Einstellungen im Transformationsprozeß Ostdeutschland und Osteuropa im Vergleich (Discussion Paper FS III 94-104, WZB), Berlin 1994
Senghaas-Knobloch, Eva/Lange, Hellmuth (Hrsg), DDR-Gesellschaft von innen Arbeit und Technik im Transformationsprozess, Friedrich-Ebert-Stiftung, Abt Technik und Gesellschaft, Bonn 1992
Siebert, Horst, Das Wagnis der Einheit Eine wirtschaftspolitische Therapie. Stuttgart 1993
Siegel, Tilla, Leistung und Lohn in der nationalsozialistischen "Ordnung der Arbeit", Opladen 1989
Silvia, Stephen J , "Holding the Shop Together" Old and New Challenges to the German System of Industrial Relations in the mid 1990s (Berliner Arbeitshefte und Berichte zur sozialwissenschaftlichen Forschung, Nr 83) Berlin 1993
Silvia, Stephen, J , German Unification and Emerging Divisions within German Employers' Associations, in Comparative Politics, 1997/29, S. 187 - 208
Simonis, Georg, Das Modell Deutschland - Strukturmerkmale und Entwicklungslinien eines theoretischen Ansatzes, in ders (Hrsg), Deutschland nach der Wende Neue Politikstrukturen, Opladen 1998, S 257 - 281
Sinn, Gerlinde/Sinn, Hans-Werner, Kaltstart. Volkswirtschaftliche Aspekte der deutschen Vereinigung, Tubingen 1991
Sinn, Gerlinde, Lohnentwicklung und Lohnpolitik in den neuen Bundeslandern, in Oppenländer, Karl Heinrich, Wiedervereinigung nach sechs Jahren, Berlin 1997, S 249 - 280
Sinzheimer, Hugo, Arbeitsrecht und Rechtssoziologie, Gesammelte Aufsätze und Reden, Bd 1, Frankfurt 1976
Soldt, Rudiger, Zum Beispiel Schwarze Pumpe. Arbeiterbrigaden in der DDR, in Geschichte und Gesellschaft 1998/1, S 88 - 109
Sontowski, Sandra, Lohne in der Unternehmenskrise Flexibilisierung lohnbezogener Tarifvertragsnormen, Frankfurt 1998
Solga, Heike, "Sytemloyalität" als Bedingung sozialer Mobilität im Staatssozialismus, am Beispiel der DDR, in Berliner Journal für Soziologie 1994/4, S 523 - 542
Solga, Heike, Auf dem Weg in eine klassenlose Gesellschaft? Klassenlagen und Mobitat zwischen Generationen in der DDR, Berlin 1995
Solga, Heike, Klassenlagen und soziale Ungleichheit in der DDR, in. Apuz B46/96, S. 18-27.
Sorgel, Werner, Metallindustrie und Nationalismus Eine Untersuchung ihrer Struktur und Funktion industrieller Organisationen in Deutschland 1929 bis 1939, Frankfurt 1965
Soskice, David, Wage Determination the Changing Role of Institutions in Advanced Industrialized Countries, in Oxford Review of Economic Policy 1990/4, S. 1 - 23
Soskice, David, German Technology Policy, Innovation and National Institutional Frameworks, in Industry and Innovation 1997/1, S. 76 - 96
Speiser, Hans-Peter, Erwerbs- und Einkommensprofil der IG Metall-Mitglieder in Sachsen Ergebnisse einer Mitgliederbefragung, Bremen 1993
Suckut, Siegfried, Die Betriebsratebewegung in der SBZ 1945 - 1948, Frankfurt/M 1982
Statisches Jahrbuch der DDR, Berlin 1990
Steinkühler, Franz/Bleicher, Siegfried (Hrsg), Zwischen Aufstieg und Rationalisierung Die Angestellten, Hamburg 1988

Steinkühler, Franz (Hrsg), Europa '92 Industriestandort oder sozialer Lebensraum, Hamburg 1989

Steiner, Viktor/Pohani, Patrick A , Die Entwicklung der Lohnstruktur im ostdeutschen Transformationsprozeß, in: Oppenländer Karl Heinrich, Wiedervereinigung nach sechs Jahren, Berlin 1997, S 281 - 316

Stephan, Helga/Wiedemann, Eberhard, Lohnstruktur und Lohndifferenzierung in der DDR. Ergebnisse der Lohndatenerfassung vom September 1988, in MittAB 1990/4, S 550 - 562

Stinglwagner, Wolfgang, Die zentralgeleiteten Kombinate in der Industrie der DDR. Überblick und detailliertes Branchenprofil des Industriezweigs Elektrotechnik/Elektronik (Gesamtdeutsches Institut Bundesanstalt für gesamtdeutsche Aufgaben, 2. Auflage) Bonn, 1990

Stolper, Gustav/Häuser, Karl/Borchardt, Knut, Deutsche Wirtschaft seit 1870, Tübingen 1964

Streeck, Wolfgang, Das Dilemma der Organisation - Tarifverbände zwischen Interessenvertretung und Stabilitatspolitik, in Meißner, Werner/Unterseher, Lutz (Hrsg), Verteilungskampf und Stabilitätspolitik Bedingungen der Tarifauseinandersetzung, Stuttgart 1972, S. 130 - 167.

Streeck, Wolfgang, Gewerkschaftliche Organisationsprobleme in der sozialstaatlichen Demokratie, Konigstein 1981

Streeck, Wolfgang, Vielfalt und Interdependenz Überlegungen zur Rolle von intermediären Organisationen in sich andernden Umwelten, in KZfSS 1987, S. 471 - 495.

Streeck, Wolfgang, Social Institutions and Economic Performance. Studies of Industrial Relations in Advanced Capitalist Economies, London/Beverly Hills 1992.

Streeck, Wolfgang, Der deutsche Kapitalismus: Gibt es ihn? Kann er überleben?, in: IG Metall (Hrsg) Interessenvertretung, Organisationsentwicklung und Gesellschaftsreform Gewerkschafts- und gesellschaftspolitisches Forum der IG Metall (15/16.6.1995), Frankfurt/M 1995, S. 33 - 61

Streeck, Wolfgang, Anmerkungen zum Flächentarif und seiner Krise, in: Gewerkschaftliche Monatshefte 1996/2, S 86 - 97.

Streeck, Wolfgang/Schmitter, Philippe C., Gemeinschaft, Markt, Staat - und Verbände? Der mögliche Beitrag von privaten Interessenregierungen zu sozialer Ordnung, in Schneider, Volker/Kenis, Patrick (Hrsg), Organisation und Netzwerk. Institutionelle Steuerung in Wirtschaft und Politik, Frankfurt/M./New York 1996, S. 123 - 163.

Streeck, Wolfgang, Das Zukunftsmodell - der Flächentarifvertrag, in: Gewerkschaftliche Monatshefte 1998/1, S. 6 - 18.

Streeck, Wolfgang/Visser, Jelle, An Evolutionary Dynamic of Trade Union Systems (MPIFG Discussion Paper 98/4), Köln, 1998.

Streeck, Wolfgang, Korporatismus in Deutschland. Zwischen Nationalstaat und Europäischer Union, Frankfurt/M 1999

Strubelt, Wendelin, Regionale Disparitäten Fragen wissenschaftlicher Analyse und politischer Gestaltung, in. BISS public 1997/23, S. 141 - 153

Thelen, Kathleen, Beyond Corporatism, Toward an New Framework for the Study of Labor in Advanced Capitalism, in: Comparative Politics, October 1994, S 107 - 124.

Thelen, Kathleen A , Union of Parts Labor Politics in Postwar Germany, Ithaka/London 1991.

Tiemann, Heinrich/Schmitz, Kurt/Löhrlein, Mitgliederentwicklung Gewerkschaftseinheit und Gewerkschaftsaufbau in Deutschland, in: Kittner, Michael (Hrsg),Gewerkschaftsjahrbuch 1992, Köln 1992, S 72 - 86.

Tiemann, Heinrich/Schmid, Josef/Löbler, Frank, Gewerkschaften und Sozialdemokratie in den neuen Bundesländern - Bestandsaufnahme und Perspektiven nach zwei Jahren deutscher Einheit, in Deutschland-Archiv 1993, S. 40 - 51.

Tornow, Ingo, Die deutschen Unternehmerverbände 1945 - 1949, in: Becker, Josef/Stammen, Theo/Waldmann, Peter (Hrsg.), Vorgeschichte der Bundesrepublik Deutschland, München 1979, S. 235 - 260

Traxler, Franz, Interessenverbände der Unternehmer Konstitutionsbedingungen und Steuerungskapazitäten, analysiert am Beispiel Österreichs, Frankfurt/M. 1986

Traxler, Franz, Gewerkschaften und Arbeitgeberverbände Probleme der Verbandsbildung und Interessenvereinheitlichung, in Müller-Jentsch, Walther (Hrsg), München/Mering 1991, S 139 - 164

Traxler, Franz, Collective Bargaining and Industrial Change A Case of Disorganization?, in European Sociological Review 1996/12, S. 271 - 287

Traxler, Franz, Nationale Tarifsysteme und wirtschaftliche Internationalisierung Zur Positionierung des "Modell Deutschland" im internationalen Vergleich, in WSI-Mitteilungen 1998/4, S 249 - 255.

Turner, Lowell, Changing World Markets and the Future of Labor Unions, Ithaca 1991

Turner, Lowell (Hrsg.), Negotiating the New Germany Can Social Partnership Survive? Cornell 1997

Turner, Lowell, Fighting for Partnership. Labor and Politics in Unified Germany, Cornell 1998.

Veitinger, Franz, Der deutsche Metallarbeiter-Verband, Erlangen 1924

Verband der Metallindustrie Baden-Württemberg e V. 1947 - 1987 40 Jahre VMI, 1987

Vester, Michael/Hofmann, Michael/Zierke, Irene (Hrsg.), Soziale Milieus in Ostdeutschland Gesellschaftliche Strukturen zwischen Zerfall und Neubildung, Köln 1995

Vieregge, Henning von, Sundenbock Tarifautonomie? Systemerweiternde oder -sprengende Alternativen, in Unternehmen und Gesellschaft, Baden-Baden 1994/2, S 20 - 23.

Vilmar, Fritz, Politik und Mitbestimmung, Kronberg 1977

Visser, Jelle, Corporatism beyond repair? Industrial relations in Sweden, in Ruysseveldt, Joris van/Visser, Jelle, Industrial Relations in Europe. Traditions and Transitions, London 1996

Völkl, Martin, Krise des Flächentarifvertrages und Integrationsfähigkeit von Arbeitgeberverbänden Empirische Untersuchung am Beispiel zweier mittelständiger baden-württembergischer Branchen, in Industrielle Beziehungen 1998/2, S 165 - 192

Vogel, Berthold, Ohne Arbeit in den Kapitalismus Der Verlust der Erwerbsarbeit im Umbruch der ostdeutschen Gesellschaft, Hamburg 1999

Voßkamp, Ulrich/Wittke, Volker, Aus Modernisierungsblockaden werden Abwärtsspiralen - zur Reorganisation von Betrieben und Kombinaten der ehemaligen DDR, in SOFI-Mitteilungen, Gottingen 1990/18, S 12 - 30

Voßkamp, Ulrich/Wittke, Volker, Aus Modernisierungsblockaden werden Abwärtsspiralen - zur Reorganisation von Betrieben und Kombinaten der ehemaligen DDR, in. Berliner Journal für Soziologie, 1991/1, S. 17 - 39.

Waarden, Frans van, Zur Empirie kollektiven Handelns: Geschichte und Struktur von Unternehmerverbanden, in Schubert, Klaus (Hrsg), Leistungen und Grenzen politisch-ökonomischer Theorie. Eine kritische Bestandsaufnahme zu Mancur Olson, Darmstadt 1992, S 139 - 168

Wagner, Heinz, Der Gewerkschaftsaufbau in den neuen Bundesländern - untersucht am Beispiel von Verwaltungsstellen der IG Metall, Diplomarbeit FU Berlin 1993.

Wagner, Ulrich, Von der Arbeitskräftebilanzierung zur Tarifautonomie - Der Weg der neuen Bundesländer in die Arbeitslosigkeit· Gutmann, Gernot/Wagner, Ulrich (Hrsg), Ökonomische Erfolge und Mißerfolge der deutschen Vereinigung - eine Zwischenbilanz, Stuttgart, Jena 1994, S 185 - 211

Waschkuhn, Arno/Thumfart, Alexander, Politik in Ostdeutschland Lehrbuch zur Transformation und Innovation, München 1999

Weber, Adolf, Der Kampf zwischen Kapital und Arbeit Gewerkschaften und Arbeitgeberverbände in Deutschland, Tübingen, 6. Auflage 1954.

Weber, Hajo, Soziologie des Betriebsrates, Frankfurt/M 1981

Weber, Hajo, Konflikt in Interorganisationssystemen Zur Konfliktlogik organisierter Arbeitsmarktparteien im Tarifkonflikt vor '84, in Soziale Welt, 1986/2, S 263 - 279

Weber, Hajo, Unternehmerverbände zwischen Markt, Staat und Gewerkschaften Zur intermediären Organisation von Wirtschaftsinteressen, Frankfurt/M 1997.

Wehler, Hans-Ulrich, Deutsche Gesellschaftsgeschichte Bd 3, Von der "Deutschen Doppelrevolution" bis zum Beginn des Ersten Weltkrieges 1849-1914, München 1995

Weidenfeld, Werner/Zimmermann, Hartmut (Hrsg), Deutschland - Handbuch. Eine doppelte Bilanz 1949 - 1989, Bonn 1989

Weinert, Rainer, Betriebsräte und technischer Wandel, Frankfurt/M. 1985.

Weinert, Rainer (Hrsg), Theo Pirker - Soziologie als Politik, Schriften von 1949 bis 1990, Berlin 1991

Weinert, Rainer, Intermediäre Institutionen oder die Konstruktion des "Einen", in· Nedelmann, Birgitta (Hrsg.), Politische Institutionen im Wandel, Opladen 1995, S. 237 - 253.

Weinert, Rainer, Wirtschaftsführung unter dem Primat der Parteipolitik, in Pirker, Theo et al , Der Plan als Befehl und Fiktion, Opladen 1995, S 285 - 308

Weinert, Rainer, Institutionenwandel und Gesellschaftstheorie. Modernisierung, Differenzierung und neuer okonomischer Institutionalismus, in· Göhler, Gerhard (Hrsg.), Institutionenwandel (Leviathan Sonderheft), Opladen 1996, S. 70 - 93.

Weinert, Rainer, Der Zusammenbruch des Freien Deutschen Gewerkschaftsbundes, in. Berliner Journal für Soziologie 1997/7, S 227 - 244

Weinert, Rainer, Die Wirtschaftsfuhrer der SED. Die Abteilungsleiter im ZK im Spannungsfeld von politischer Loyalität und ökonomischer Rationalität, in. Hornbostel, Stefan (Hrsg.) 1999, S 59 - 84

Weinert, Rainer, Einflußfaktoren auf die Akezeptanz flächentarifvertraglicher Regelungsstandards und Austauschmuster in Ostdeutschland (Otto Brenner Stiftung, Arbeitsheft Nr. 6), Berlin 1999.

Weisbrod, Bernd, Schwerindustrie in der Weimarer Republik. Interessenpolitik zwischen Stabilisierung und Krise, Wuppertal 1978

Weisbrod, Bernd, Die Befreiung von den "Tariffesseln". Deflationspolitik als Krisenstrategie der Unternehmer in der Ara Brüning, in: Geschichte und Gesellschaft 1985, S. 295 - 325.

Weisser, Wilhelm (Hrsg), Der Kampf um die Arbeitszeit in der Metallindustrie 1984, Koln 1984

Weitbrecht, Hansjorg, Effektivität und Legitimität der Tarifautonomie. Eine soziologische Untersuchung am Beispiel der deutschen Metallindustrie, Berlin 1969

Wendl, Michael, Gewerkschaftskanibalismus. Zum Verhältnis der BRD- zu den DDR-Gewerkschaften, in Sozialismus 1990/4, S. 44

Wentzel, Lothar, Inflation und Arbeitslosigkeit Gewerkschaftliche Kämpfe und ihre Grenzen am Beispiel des deutschen Metallarbeiter-Verbandes 1919 - 1924, Hannover 1981.

Weltz, Friedrich, Kooperative Konfliktverarbeitung, in Gewerkschaftliche Monatshefte 1997/5/8, S 291 ff

Weßels, Bernhard, Bürger und Organisationen in Ost- und Westdeutschland Vereint und doch verschieden?, in Eichener, Volker et al. (Hrsg), Organisierte Interessen in Ostdeutschland. (Probleme der Einheit Bd 12). Marburg 1992, S 509 - 544.

Weßels, Bernhard, Erosion des Wachstumsparadigmas. Neue Konfliktstrukturen im politischen System der Bundesrepublik? Opladen 1992.

Weßels, Bernhard, Einstellungen zu den Institutionen der Interessenvermittlung, in: Gabriel, Oscar (Hrsg), Politische Einstellungen 1997, S 189 - 210.

Weßels, Bernhard, Die deutsche Variante des Korporatismus, in. Kaase, Max/Schmid, Günther (Hrsg), Eine lernende Demokratie. 50 Jahre Bundesrepublik Deutschland (WZB-Jahrbuch 1999), Berlin 1999, S 87 - 115

Westermann, Klaus, Vertane Chancen? in Gatzmaga, Ditmar/Voß, Thomas/Westermann, Klaus, Auferstanden aus Ruinen. Arbeitswelt und Gewerkschaften in der frühen DDR, Marburg 1991.

Wieglohs, Jan/Wiesenthal, Helmut (Hrsg.), Einheit und Differenz Die Transformation Ostdeutschlands in vergleichender Perspektive, Berlin, 1997

Wiesenthal, Helmut, Konventionelles und unkonventionelles Organisationslernen, in: Zeitschrift für Soziologie 1995/24, S. 563 - 579.

Wiesenthal, Helmut (Hrsg), Einheit als Interessenpolitik Studien zur sektoralen Transformation Ostdeutschlands, Frankfurt/M 1995.

Wiesenthal, Helmut, Einheit als Privileg Vergleichende Perspektiven auf die Transformation Ostdeutschlands, Frankfurt/M 1996

Wiesenthal, Helmut, Einheitsmythen Zur kognitiven "Bewaltigung" der Transformation Ostdeutschlands, in Clausen, Lars (Hrsg), Gesellschaften im Umbruch, Verhandlungen des 27 Kongresses der Deutschen Gesellschaft für Soziologie in Halle an der Saale 1998, Frankfurt 1996

Wiesenthal, Helmut, Die Transformation der DDR Verfahren und Resultate, Gutersloh 1999

Wilke, Manfred/Müller, Hans - Peter, Zwischen Solidarität und Eigennutz Die Gewerkschaften des DGB im deutschen Vereinigungsprozeß, Melle 1991

Wilke, Manfred/Hertle, Hans-Hermann, Das Genossen-Kartell. Die SED und die IG Druck und Papier/IG Medien, Frankfurt/M 1992

Williamson, Oliver, The Economic Institutions of Capitalism, New York 1985

Windolf, Paul, Die Transformation der ostdeutschen Betriebe, in Berliner Journal für Soziologie 1996/6, S 467 - 488

Windolf, Paul/Brinkmann, Ulrich/Kulke, Dieter, Warum blüht der Osten nicht? Zur Transformation der ostdeutschen Betriebe, Berlin 1999

Winkler, Gunnar (Hrsg), Geschichte der Sozialpolitik der DDR 1945 - 1985, Berlin 1989.

Winkler, Gunnar, Zur sozialen Lage in den neuen Bundesländern, in WSI-Mitteilungen 1999/10, S 661 - 672

Wittemann, Klaus Peter, Ford-Aktion Zum Verhaltnis von Industriesoziologie und IG Metall in den 60er Jahren, Marburg 1994

Wochenzeitung "Die Wirtschaft" (Hrsg), Kombinate Was aus ihnen geworden ist, Berlin 1993

Wolf, Herbert/Sattler, Friederike, Entwicklung und Struktur der Planwirtschaft der DDR, in Machtstrukturen und Entscheidungsmechanismen im SED - Staat und die Frage der Verantwortung - Materialien der Enquete - Kommission "Aufarbeitung der Geschichte und Folgen der SED - Diktatur in Deutschland", 1995, Bd II/4, S 2889 ff

Wollmann, Helmut, Institutionenbildung in Ostdeutschland Neubau, Umbau und "schöpferische Zerstorung", in Kaase, Max/Eisen, Andreas/Gabriel, Oscar W /Niedermayer, Oskar/Wollmann, Hellmut, Politisches System (KSPW-Berichte, Bd 3), Opladen 1996, S 47 - 154

Wunder, Dieter, Der Zusammenbruch des "realen Sozialismus" und das Selbstverstandnis der Gewerkschaften, in Gewerkschaftliche Monatshefte 1989/12, S. 714 - 718.

Zanker, Claus, Bedingungen und Folgen gewerkschaftlicher Strategiewahl in der ostdeutschen Tarifpolitik, Diplomarbeit, Konstanz 1994

Zapf, Wolfgang, Der Untergang der DDR und die soziologische Theorie der Modernisierung, in Giesen, Bernd/Leggewie, Claus (Hrsg), Experiment Vereinigung, Berlin 1991, S. 38 - 51

Zapf, Wolfgang (Hrsg), Die Modernisierung moderner Gesellschaften Verhandlungen des 25 Deutschen Soziologentages in Frankfurt am Main 1990, Frankfurt/M , 1991

Zapf, Wolfgang/Habich, Roland, (Hrsg), Die sich stabilisierende Transformation - ein deutscher Sonderweg, in dies , Wohlfahrtsentwicklung im vereinten Deutschland Sozialstruktur, sozialer Wandel und Lebensqualitat, Berlin 1996, S 329 - 350

Zapka, Klaus, Politisch-okonomische Entwicklungs- und Durchsetzungsbedingungen des Tarifvertragssystems Historisch-systematische Untersuchung zur Verrechtlichung industrieller Arbeitskonflikte, Frankfurt 1983.

Zimmermann, Hartmut, Freier Deutscher Gewerkschaftsbund (FDGB), in Bundesministerium für innerdeutsche Beziehungen (Hrsg), DDR - Handbuch, 3. Aufl , 1985, S 459 - 473

Abkürzungen

ABM	Arbeitsbeschaffungsmaßnahme
ADGB	Allgemeiner Deutscher Gewerkschaftsbund
AFG	Arbeitsförderungsgesetz
AG	Arbeitsgemeinschaft
AGB	Arbeitsgesetzbuch
AGL	Abteilungsgewerkschaftsleitung
AG TRAP	Arbeitsgruppe Transformationsprozesse in den neuen Bundesländern an der Humboldt-Universität (Max-Planck-Gesellschaft)
AGV	Arbeitgeberverbände
Apuz	Aus Parlament und Zeitgeschichte
Art.	Artikel
AUB	Arbeitsgemeinschaft Unabhängiger Betriebsangehöriger
BAG	Bundesarbeitsgericht
BDA	Bundesvereinigung der Deutschen Arbeitgeberverbände
BdI	Bund der Deutschen Industriellen
BDI	Bundesverband der Deutschen Industrie
BetrVG	Betriebsverfassungsgesetz
Besch.	Beschäftigte
BGL	Betriebsgewerkschaftsleitung
BISS	Berliner Institut für Sozialwissenschaftliche Studien
BRD	Bundesrepublik Deutschland
BPL	Betriebsparteileitung
BVS	Bundesanstalt für vereinigungsbedingte Sonderaufgaben
CDU	Christlich-Demokratische Union
CGD	Gesamtverband der Christlichen Gewerkschaften Deutschlands
CGM	Christliche Gewerkschaft Deutschlands
CMV	Christlicher Metallarbeiterverband
CSU	Christlich-Soziale Union
CVDI	Centralverband Deutscher Industrieller
DAG	Deutsche Angestellten-Gewerkschaft
DASA	Deutsche Aerospace AG
DDR	Deutsche Demokratische Republik
DGB	Deutscher Gewerkschaftsbund
DIHT	Deutscher Industrie- und Handelstag
DKP	Deutsche Kommunistische Partei
DM	Deutsche Mark
DMV	Deutscher Metallarbeiterverband
dpa	Deutsche Presse-Agentur
DPG	Deutsche Postgewerkschaft
DSU	Deutsche Soziale Union
DWA	Deutsche Waggonbau AG
EKO	Eisenhüttenkombinat Ost
et al.	und andere
FDGB	Freier Deutscher Gewerkschaftsbund

FDP		Freie Demokratische Partei
FTV		Flächentarifvertrag
GDM		Gesamtverband Deutscher Metallindustrieller
GDSF		Gesellschaft für Deutsch-Sowjetische Freundschaft
GEW		Gewerkschaft Erziehung und Wissenschaft
GG		Grundgesetz
Hrsg.		Herausgeber
IFA		Industrieverwaltung Fahrzeugbau
IFEP		Institut für empirische Politikforschung
IG		Industriegewerkschaft
IGBE		Industriegewerkschaft Bergbau und Energie
IGM		Industriegewerkschaft Metall
IHK		Industrie- und Handelskammer
i L		in Liquidation
IPOS		Institut für praxisorientierte Sozialforschung
IWH		Institut für Wirtschaftsforschung Halle e. V.
IWK		Institut für Weltwirtschaft an der Universität Kiel
KMU		Klein- und Mittel-Unternehmen
KSPW		Kommission für die Erforschung des sozialen und politischen Wandels in den neuen Bundesländern e. V.
KZfSS		Kölner Zeitschrift für Soziologie und Sozialpsychologie
LDPD		Liberal-Demokratische Partei Deutschlands
M+E		Metall- und Elektroindustrie
MfS		Ministerium für Staatssicherheit
MitbstG		Mitbestimmungsgesetz
MittAB		Mitteilungen zur Arbeitsmarkt- und Berufsforschung
MP		Ministerpräsident
NS		Nationalsozialismus
NSDAP		Nationalsozialistische Deutsche Arbeiterpartei
OECD		Organization for Economic Cooporation and Development
o J.		ohne Jahr
OT		ohne Tarifbindung
PDS		Partei des Demokratischen Sozialismus
PGH		Produktionsgenossenschaften des Handwerks
PVS		Politische Vierteljahresschrift
RGW		Rat für gegenseitige Wirtschaftshilfe
SAPMO-BArch		Stiftung Archiv Parteien und Massenorganisationen im Bundesarchiv
SED		Sozialistische Einheitspartei Deutschlands
SKET		Schwermaschinenbau-Kombinat Ernst Thälmann
SPD		Sozialdemokratische Partei Deutschland
Stasi		Staatssicherheitsdienst
SVRJG		Sachverständigenrat zur Begutachtung der gesamtwirtschaftlichen Entwicklung Jahresgutachten
THA		Treuhandanstalt
TOP		Tagesordnungspunkt
TVG		Tarifvertragsgesetz

UdSSR	Union der Sozialistischen Sowjetrepubliken
UV	Unternehmerverband der DDR
VCI	Verband der Chemischen Industrie
VDA	Verband der Automobilindustrie e. V.
VDMA	Verband Deutscher Maschinen- u. Anlagenbau e. V.
VEB	Volkseigener Betrieb
vH	von Hundert
VME	Verband der Metall- und Elektroindustrie Berlin
VSME	Verband der Sächsischen Metall- und Elektroindustrie
VW	Volkswagen
WAZ	Wochenarbeitszeitverkürzung
WSI	Wirtschafts- und Sozialwissenschaftliches Institut
WWSU	Wirtschafts-, Währungs- und Sozialunion
WZB	Wissenschaftszentrum Berlin für Sozialwissenschaften
Z-Betrieb	Zentralbetrieb
Z-BGL	Zentralbetriebsgewerkschaftsleitung
ZV	Zentralvorstand
ZVEI	Zentralverband der Elektroindustrie

Verzeichnis der Tabellen und Schaubilder

Tabelle 1	Divergierende Ansätze in der vergleichenden OECD-Kapitalismus-Analyse	18
Schaubild 1	Duales Interessenvertretungssystem Modell Deutschland	24
Tabelle 2	Rolle des Staates im zeitlichen Wandel der industriellen Beziehungen der Bundesrepublik (1949 - 1989)	28
Tabelle 3	Periodisierung des deutschen Systems industrieller Beziehungen (1949 - 1989)	34
Tabelle 4	Typologie industrieller Beziehungen in ausgewählten europäischen Ländern	36
Tabelle 5	Herausforderungen für das deutsche Modell industrieller Beziehungen Ende der 80er Jahre	39
Tabelle 6:	DMV-Mitgliederzahl in den Agitationsbezirken Ende 1931	64
Tabelle 7	Verteilung der Hauptamtlichen in der IG Metall/DDR (Februar 1990)	95
Tabelle 8	Vergleich der Selbsttransformationsbedingungen der ostdeutschen Arbeitgeber- und Gewerkschaftsfunktionäre	116
Tabelle 9	Umfrage zur Bewertung der beiden deutschen Metallgewerkschaften in der DDR (Mai/Juni 1990)	150
Tabelle 10	Einflussnahme der westdeutschen Patenschaftsverbände	192
Tabelle 11.	Strategien und Motive bei der Übertragung westdeutscher Institutionen nach Ostdeutschland (1990)	198
Tabelle 12	IG Metall- und metallindustrielle Arbeitgeberverbände im Organisationsvergleich (vor 1989)	201
Tabelle 13	Herausforderungen der westdeutschen industriellen Beziehungen in der Metallindustrie vor 1989	204
Tabelle 14	Regionale Verteilung der großen Metallbetriebe in Ostdeutschland	207
Tabelle 15	Mitgliederentwicklung der IG Metall in den fünf neuen Ländern (1991 - 1998)	216
Tabelle 16	IG Metall-Mitgliederentwicklung differenziert nach Gruppen	218
Tabelle 17	Betriebsrate in den großen ostdeutschen Metallbetrieben	220
Tabelle 18	Mitarbeit der Betriebsratsvorsitzenden großer Betriebe in gewerkschaftlichen Gremien	221
Tabelle 19·	Betriebs- und Beschäftigtenorganisationsgrad in den ostdeutschen Arbeitgeberverbänden (1991 - 1998)	232
Tabelle 20	Mitglieder- und Beschäftigtenentwicklung in den ostdeutschen Arbeitgeberverbänden (1990 - 1998)	234
Tabelle 21	Durchschnittliche Beschaftigtenzahl in der ostdeutschen Metallindustrie/ Arbeitgeberverbänden	235
Tabelle 22	Mitgliedschaft der großen Betriebe in den regionalen Arbeitgeberverbänden	237
Tabelle 23	Herkunft und Erfahrungshintergrund der für Tarif- und Personalpolitik Verantwortlichen in den großen Betrieben (1997)	238

Tabelle 24	Vergleich zwischen den regionalen ostdeutschen Arbeitgeberverbänden	245
Tabelle 25.	OT-Verbände in der M+E-Industrie der fünf neuen Länder	253
Tabelle 26·	Mitglieder und verbandliche Reaktionen	260
Schaubild 2	Einflussakteure auf Tarifbindung-Ost	267
Tabelle 27	Forderungen und Ergebnis der ersten ostdeutschen Tarifrunde nach der WWSU (1990)	286
Tabelle 28:	Stufentarifvertragsrunde 1991 - Forderungen und Ergebnis	298
Tabelle 29	Pro und contra Argumente in der Härtefalldebatte der IG Metall (1993-1998)	336
Tabelle 30	Ost-West-Vergleich der tariflichen Mindeststandards in der M+E-Industrie (Stand. März 2000)	352
Tabelle 31	Ost- Westvergleich der Tarifbindung in der Investitions- und Verbrauchsguterindustrie 1998 (Anteil der Beschäftigten in Prozent)	354
Tabelle 32	Formen der Tarifbindung in den großen Betrieben der ostdeutschen Metallindustrie (mehr als 500 Beschäftigte)	358
Tabelle 33	Tarifpolitische Entwicklung in der ostdeutschen M+E-Industrie (1990-1999)	367
Schaubild 3.	Akteurs- und Politikdynamik im Einigungsprozess	375
Tabelle 34	Organisations- und tarifpolitische Reaktionen in West- und Ostdeutschland (1990-1999)	387
Tabelle 35	Periodisierung des deutschen Systems industrieller Beziehungen (1949-1999)	391

AUS DEM PROGRAMM

Sozialpolitik

Gerhard Backer, Reinhard Bispinck, Klaus Hofemann, Gerhard Naegele
Sozialpolitik und soziale Lage in Deutschland

Band 1: Okonomische Grundlagen, Einkommen, Arbeit und Arbeitsmarkt, Arbeit und Gesundheitsschutz
3., grundlegend uberarb. und erw. Aufl. 2000. 476 S. mit 40 Abb.
Geb. DM 49,80
ISBN 3-531-13333-0

Band 2: Gesundheit und Gesundheitssystem, Familie, Alter, Soziale Dienste
3., grundlegend uberarb. und erw. Auf. 2000. 410 S. Geb. DM 49,80
ISBN 3-531-13334-9

Das zweibandige Handbuch bietet einen breiten empirischen Uberblick uber die Arbeits- und Lebensverhaltnisse in Deutschland und die zentralen sozialen Problemlagen. Im Mittelpunkt der Darstellung stehen Einkommensverteilung und Armut, Arbeitsmarkt, Arbeitslosigkeit und Arbeitsbedingungen, Krankheit und Pflegebedurftigkeit sowie die Lebenslagen von Familien und von alteren Menschen.

Jurgen Mackert, Hans-Peter Muller (Hrsg.)
Soziologie der Staatsbürgerschaft
Ein einfuhrendes Lehrbuch
2000. ca. 240 S. Br. ca. DM 49,80
ISBN 3-531-13369-1

Der Band vereinigt klassische und zeitgenossische Beitrage, die eine sozialwissenschaftliche Perspektive eroffnen, und wendet sich an die Sozial-, Politik-, Wirtschafts- und Geschichtswissenschaften ebenso wie an Philosophie und Padagogik.

Klaus Holz (Hrsg.)
Staat und Citizenship
2000. ca. 220 S. Br. ca. DM 59,30
ISBN 3-531-14000-0

Der Band untersucht die politische In- und Exklusion von Individuen aus einer differenzierungstheoretischen Perspektive. Ob und wie die Staatsburgerschaft die Vielfalt sozialer In- und Exklusionen integrieren kann, lasst sich nur beurteilen, wenn die Differenzierungsformen der modernen Gesellschaft systematisch berucksichtigt werden. In dieser Perspektive analysiert der Band citizenship im Kontext des Politischen, einschließlich des Nationalismus, der civil society und der Sozialpolitik.

www.westdeutschervlg.de

Abraham-Lincoln-Str. 46
65189 Wiesbaden
Tel. 06 11 78 78 - 285
Fax 06 11 78 78 - 400

Erhaltlich im Buchhandel oder beim Verlag
Anderungen vorbehalten. Stand April 2000

If you have any concerns about our products,
you can contact us on
ProductSafety@springernature.com

In case Publisher is established outside the EU,
the EU authorized representative is:
**Springer Nature Customer Service Center GmbH
Europaplatz 3, 69115 Heidelberg, Germany**

Printed by Libri Plureos GmbH
in Hamburg, Germany